鄧長春 著

漢書刑法志
考釋

上海古籍出版社

本書係國家社科基金規劃項目
"晉唐時期法典體系構建的歷史邏輯研究"
(項目編號:22BFX017)階段性成果

作者與俞榮根先生夫婦

序

　　本書原是俞榮根老師八秩壽誕的獻禮之作。半成之稿已於先生壽典敬獻呈閱。獻禮云者，錢鍾書認爲是"精巧的不老實"。但那只是他的自謙之詞，不必當真。況且，"文化昆侖"高不可攀，吾輩庸碌，没有資格去比附。話説回來，這書還真是爲俞老壽誕所作，敲鍵碼字雖是最近一年多的事情，緣起卻可以追溯到十年前。

　　記得那是俞老七十大壽過後的某一日。我與同學去看他，晚飯時間照例被盛情挽留。席間，俞老提起上一學期研讀《晉書·刑法志》的話題，問我們可曾認真閱讀十三篇正史"刑法志"。在得到肯定答覆後，他建議我們注釋和翻譯一下這些最基本的古籍史料，説這很有意義。我當時暗下決心要努力完成這個任務，並初步決定對《漢書·刑法志》進行"考釋"，既要"釋"也要"考"。可惜後來俗務纏身，遷延日久，這事也就擱置了下來。時光匆匆，韶華易逝，轉眼之間，數年已去。撰寫博論，娶妻生子，求職謀生，人海浮游，可謂節奏緊湊，身心疲憊，但我始終没有忘卻當年的那一份心願。

　　時近俞老八十大壽，晚輩不自量力，想著爲老人家做一點事情。尤其是念及過往，教學研討期間的學識傳授，出任婚禮家長角色的熱心關愛，提攜參加學術會議的諄諄教誨，以及不遠千里到洛陽來給我"扎場子"。當然，難以釋懷的還有任性逃課惹他生氣、遠道而來接待寒酸、平素拜問多有疏失。每念及此，内心又總會泛起不安。在這複雜的心境下，我開始認真對待以書獻禮這件事，並從2021年下半年開始正式寫作本書，歷時一年半完成初稿，又經數月打磨後成定稿。然而，撰述倉促本已窘迫，付梓出版更非易事，到本書刊行時俞老八十壽典已過，以書獻禮之説也已淪爲笑談。儘管如此，對於老人家當年留下的這份作業，寧可遲交也不願敷衍。況且，筆者内心竊以此書作爲俞老儒家法思想研究的小小注腳，還是要盡量拿得出手才行。

《漢書·刑法志》是傳統正史十三篇"刑法志"之首，也是中國法律史學最基礎的傳世文獻之一。對於後世正史來説，班固既開創了"刑法志"的體例，也樹立了法律理念、敘事框架乃至表述方式的標杆。其非凡的價值，不僅在於對法律事件的忠實記録與系統梳理，還在於對法律制度的現實關切與具體主張，更在於對法律思想的融匯創新與時代發揚，從而深度參與到對中國法律文化傳統的原創性塑造與經典式表達。尤其是，其以儒家色調渲染法律史實、以儒學理論指引法制建設，對中國古代法律的儒家化産生了深遠影響。非凡的價值與深遠的影響使其受到歷代學者重視，成爲法律史學研究的群英薈萃之地。從《漢書》古注到《漢書·刑法志》今釋今譯，再到涉及其中具體問題的大量論文和著作，古今學人已經積累下豐碩的研究成果，對其是非得失很有必要做一番去粗取精、去僞存真的整理工作。本此旨意，我廣泛搜羅各種文獻資料，以傳世文本爲主綫，串聯衆説，熔思想、制度、器物於一爐，解字釋詞，比勘文獻，校核史事，考索史源，離章析句，提要鉤玄，裁成新作二十餘萬言，力圖在前賢基礎上把此工作再推向前。私以爲，以此規模獻壽俞老，勉强還算拿得出手。當然，由於筆者能力有限，書中謬誤之處在所難免，在此誠請方家指正，以待來日改進。

就個人體驗而言，本書的撰寫如長途遠行，雖爲苦旅，亦有妙趣。遠行之妙，在大、小兩端。所謂"大"就是胸懷全局，極目遠眺，憑水觀瀾。所謂"小"就是關注細節，下馬看花，盈科後進。古人説："至大無外，至小無内。"其實，大與小本屬一體，可以互通，正如漢學可以通宋學，訓詁可以通義理。本書也嘗試在此方向上尋求突破：既以考據、注釋爲本，又注意闡發主旨，探尋法理；既緊密依托有形文本，又試圖超脱文本追求無形哲思；

既著力於細微處求其確解與真相,又力求在古今貫通的時代脈絡中明其價值與意義。儘管力有不逮,但自認爲至少這個努力方向應該没錯。由於才思不敏,積學不厚,考釋之旅也頻遭厄困,屢遇難關。幸有先賢大作的燭照和同行師友的襄助,加之自己志力不懈、精勤自勉,才得以跋涉險遠,穿越幽暗,秘境攬勝,不負初心。驀然回首間,悟得一言:"只要身心始終在路上,就可以在希望之旅中收獲快樂。"這或許就是前人所説的"行而不輟,未來可期"吧!

是爲序。

鄧長春於洛陽
2022年12月30日初稿
2023年6月13日定稿

目　　錄

序 ……………………………………………………… 1

引言 ……………………………………………………… 1
第一章　夫人宵天地之貌 ……………………………… 23
第二章　自黃帝有涿鹿之戰 …………………………… 49
第三章　周道衰 ………………………………………… 74
第四章　春秋之後 ……………………………………… 92
第五章　故曰善師者不陳 ……………………………… 122
第六章　漢興高祖躬神武之材 ………………………… 137
第七章　古人有言天生五材 …………………………… 147
第八章　昔周之法 ……………………………………… 154
第九章　春秋之時 ……………………………………… 185
第十章　陵夷至於戰國 ………………………………… 228
第十一章　漢興高祖初入關 …………………………… 241
第十二章　即位十三年 ………………………………… 270
第十三章　景帝元年 …………………………………… 322
第十四章　及至孝武即位 ……………………………… 330
第十五章　宣帝自在閭閻 ……………………………… 344
第十六章　元帝初立 …………………………………… 361
第十七章　漢興之初 …………………………………… 375
第十八章　《周官》有五聽 …………………………… 390

第十九章　孔子曰如有王者 …………………………………… 418
第二十章　善乎孫卿之論刑 …………………………………… 443
第二十一章　孫卿之言既然 …………………………………… 454

附錄一：《漢書·刑法志》相關文獻書影 ……………………… 473
附錄二：君子仁風——俞榮根先生側記 ……………………… 488

引　　言

一、《漢書·刑法志》略論

　　在夜晚路燈的光照下，小區裏的孩子們在玩"踩影子"的游戲。他們互相追逐，搶著去踩別人的影子。路燈不止一個，孩子們又在不停奔跑，所以影子也在不停變幻。詩人説："影子在前，影子在後，影子是一條小黑狗，我走他也走。"①世界上許多事物都有影子隨行。意識是物質的影子，敘事是事件的影子，言説是觀念的影子……我們不能把實物和影子混爲一談，也不能忽略影子和實物的關聯。不同的燈光照到同一個實物上會映出不同的影子。這些影子彼此參照，就可以大概勾勒出實物的輪廓。當然，如果是皮影戲，就是另一回事了。皮影戲是對影子原理的運用，卻不是對實物的直接反映。它借用人爲設定的道具，有臺前幕後的配合，是標準的障眼法。

　　史書是史實的影子，卻不是可以隨意編排的皮影戲。這個影子的形成，一要有史實的依據，二要有思想的光源。同樣的史實，不同的思想光源可能會照出深淺不一、形狀各異的影子。由於思想光源不同，在同一部史書中甚至會出現斑駁交錯的影子。儘管影子容易走樣變形，史實卻仍然離不開思想光芒的照耀，或憑藉思想而獲得生機和意義，或因缺乏思想而淪爲斷爛朝報。我們讀史書時，既要注意透過影子去探尋史實，也不能忽視投影成像的思想光源。②

---

① 林焕彰：《影子》，長江文藝出版社2018年版，第6頁。
② 魯西奇："歷史研究者的任務，也許並非透過歷史資料去探索所謂'歷史真相'，弄清'唯一'的客觀歷史；更重要的乃將各種歷史資料看作不同時代、不同的人或人群（轉下頁）

西漢時,司馬遷以《太史公書》對標《春秋》,通過"見之於行事"的方式自成一家之言。所以《太史公書》不是單純的史書,而是一部志在自成經典、爭鳴諸子的思想著作。在司馬遷的思想世界裏,百家雜陳,視角多元,照出來的影子也就顯得豐富多彩,不拘一格。同樣的,班固接續父志撰寫《漢書》也不僅是爲了記錄歷史,而且在其中寄寓了特定的思想理念。但與《太史公書》不同的是,《漢書》在儒學已獲獨尊地位的時代按照"旁貫五經"的旨意"綜其行事",主要服膺於儒家經義,可以說是儒學思想光源投射漢代史實的產物。

"本紀—表—書—世家—列傳"體例是《太史公書》的偉大創新,支撐起司馬遷"通古今之變"的壯志。《漢書》在其基礎上繼續創新,以創立"十志"成就最高。① 不過,"十志"並非憑空原創,而是有其文字、話語和觀念的來源。② 《漢書》雖是一部斷代史書,但其"十志"卻都是不折不扣的通史文章。"紀""傳"以人爲中心展開敘事,"志"以事爲中心展開敘事。人的生命有限,事的沿革無窮,所以不述古就無法論今,以"志"爲載體梳理漢家制度就必須從頭說起。③ 這種宏大敘事,既是班固"通古

(接上頁)對歷史的述說與認識,去分析這些述說與認識是如何形成的、爲什麽會如此敘述與認識,以及這些述說與認識對怎樣的群體有意義、有怎樣的意義,等等。"(魯西奇:《何草不黄——〈漢書〉斷章取義》,廣西師範大學出版社 2015 年版,第 76 頁)

① 王樹民:"《漢書》是續補《史記》而作的……所增補者,以十志爲最好。"(王樹民:《中國史學史綱要》,中華書局 1997 年版,第 63 頁)引者注:班固由於突遭橫禍死於獄中而只完成了其中九篇,《天文志》由其門生馬續補撰。

② 其中,有六志根據《太史公書》的"八書"改寫而得:改《律書》《曆書》爲《律曆志》,改《禮書》《樂書》爲《禮樂志》,改《平準書》爲《食貨志》,改《封禪書》爲《郊祀志》,改《天官書》爲《天文志》,改《河渠書》爲《溝洫志》。《地理志》《藝文志》和《刑法志》受諸子思想啓發而來。(南朝宋)沈約:"《律曆》《禮樂》,其名不變,以《天官》《天文》,改《封禪》爲《郊祀》,易《貨殖》《平準》之稱,革《河渠》《溝洫》之名;綴孫卿之辭,以述《刑法》;采孟軻之書,用序《食貨》。劉向《鴻範》,始自《春秋》;劉歆《七略》,儒墨異部,朱贛博采風謠,尤爲詳洽。固並因仍,以爲三志。"(《宋書·志序》《史通·書志》略同)此外,《地理志》也有《尚書·禹貢》《周禮》以及官方檔案的依據。《五行志》也有《尚書·洪範》、天人感應、陰陽災異、讖緯迷信等多重因素的影響。

③ 《史通·書志》:"夫刑法、禮樂、風土、山川,求諸文籍,出於《三禮》。及班、馬著史,別裁書志。考其所記,多效《禮經》。且紀傳之外,有所不盡,隻字片文,於斯備錄。語其通博,信作者之淵海也。"《文獻通考·自序》:"昔江淹有言:修史之難,無出於志。誠以志者,憲章之所繫,非老於典故者不能爲也。"

今"①理念的具體表現,也是對漢家制度來歷的儒學總結。當然,這裏所謂的"儒學"元素其實也很複雜。其中既有孔子所傳六經的原初理念,也有孔、孟、荀各有側重的具體學說,還有《周禮》《禮記》等後儒文獻的制度設計和漢代經學支派紛繁的學理發揮。這些不同階段、不同人物的思想元素本有視角和主張的差異,班固卻能根據需要融入"十志"的撰述之中,在思想上自成一體。可見,"十志"都是重要的思想創新之作,反映出作者"以史宗經"的實踐創獲和"以我爲主"的理論自覺。

作爲"十志"之一,班固新創的"刑法志"是儒學光芒照耀東漢以前法律史實所映出的影子,蘊含著豐富的儒學理念。在這篇志中,他對《荀子》《尚書》《周禮》《左傳》《詩經》《論語》等儒家著作的重要觀點都有引用,或照錄原文,或斷章取義,或推衍發揮,但總體上仍不離儒家"仁學"的立場。此志沒有纖芥無遺地網羅周秦漢的兵制、法制史事,②而是揀選若干話題,連綴史料,夾敘夾議,寫成了一篇具有個人風格、反映時代風貌、飽含思想價值的法史述論文章。③

---

① 《漢書·敘傳下》:"凡《漢書》,敘帝皇,列官司,建侯王。準天地,統陰陽,闡元極,步三光。分州域,物土疆,窮人理,該萬方。緯《六經》,綴道綱,總百氏,贊篇章。函雅故,通古今,正文字,惟學林。"
② (清)周壽昌《漢書注校補》卷十六《刑法志第三》"周道既衰,穆王眊荒,命甫侯度時作刑,以詰四方"條:"何焯曰:'《志》中雖敘《甫刑》,而無一言及於金贖。蓋以衰世敝法,不可以訓,故從削略,而於《蕭望之傳》中駁難張敞之議致其意焉。'壽昌案:何氏特本蔡九峰駁論《呂刑》之說。其實金作贖刑,自虞舜時已然。《周官》職金掌受士之法金罰貨罰,入於司兵。皆古帝王遺制,不盡爲衰世敝法也。即漢孝惠初令民有罪得買爵三十級以免死罪。孝文納晁錯言,募民入粟塞下贖罪。武帝天漢四年令死罪人贖錢五十萬減死罪一等。《張釋之傳》注如氏曰:'《乙令》:蹕先至而犯者罰金四兩。'是金贖之法,漢行之已久。惟宣帝以蕭望之之議,元帝以貢禹上疏而止。則以其時入金過多,死罪可贖,並不能如《甫刑》所論之適中也。此亦西漢刑制一大端。班志絕不敘入,俱不可解。"又,"此皆法令稍定,近古而便民者也"條:"《志》歷敘西漢刑法,遞有增減,世輕世重,近古便民。然如董仲舒《春秋決事比》引經斷獄,當時必遵,《志》未引及。又如廷尉詔獄,孝武時置。中都官獄,若盧詔獄,則繫治將相大臣。考工室禁繫百官,一名共工獄。成帝時掖庭秘獄,用法尤酷。外此,如宗正屬官有左右都司空,鴻臚有別火令丞郡邸獄,執金吾有寺互都船獄。又有上林詔獄、水司空及暴室、請室、居室、内官、徒官、導官之名,後復有黄門北寺都内諸獄。《張湯傳》注引蘇林云:'《漢儀注》:獄二十六所。'此皆係一代刑法之制。《志》中絕不敘述,後世何徵? 此不得不咎其疏舛也。"
③ 冨谷至:"《漢書·刑法志》作者班固的意圖,並不是爲了正確地記述西漢一朝的刑罰、法律制度的實態和現實,只不過是從儒家思想的角度(濾色鏡)來論述法——經常與禮對峙而被相提並論的法,或稱爲刑……《刑法志》的行文跌宕起伏,也說明了《刑(轉下頁)

文章開篇討論社會運轉和法律秩序的基本原理,首先從"人"講起。這一點就具有鮮明的儒家特色。① 他一方面禮贊人的道德心智,另一方面又承認人的個體弱點,從而得出唯有"成群""尊君"才能發展進步的結論。在"君主治理"的模式下,禮和刑是維繫秩序的兩種基本手段。關於禮的價值,他在《禮樂志》中有所闡發,所以《刑法志》就著重講"刑"的問題,從而為此志篇名點題。

班固所說的"刑"與上古和今天的理解都不一樣,是從先秦儒家典籍中提煉出來的概念。今人提到"刑",一般理解為"刑法"或"刑罰"。前者是定罪量刑的法律依據,後者是犯罪行為的法律後果。而在古老的西周金文中,"刑"字並不特指刑法或刑罰,僅指一般的法律規範。② 其含義逐漸縮窄、單純指代刑事處罰手段,應該是春秋戰國以後的事。③ 但在《漢書·刑法志》中,班固沒有局限於此史實綫索,而是以儒家"兵刑合一"之說作為基本思路展開他的法律敘事。

班固把用兵視為放大的刑罰,即廣義的"刑"。他使用的語句雖然出自《國語》,這種觀念卻可以追溯到古老的《尚書》。在《湯誓》《牧誓》所宣揚的"天罰"觀念中,正義的戰爭是代表上天意志對被討伐者所犯罪過的終極懲罰。班固順此思路展開對上古以來兵制變遷的追述。在追述中,他對《尚書》《周禮》《管子》《荀子》《禮記》等文獻進行裁剪拼接,緊密圍繞

(接上頁)法志》不是制度之'志',而是政治思想之'志'."([日]冨谷至:《論出土法律資料對〈漢書〉〈晉書〉〈魏書〉"刑法志"研究的幾點啓示——〈譯注中國歷代刑法志·解說〉》,薛夷風譯,周東平校,載韓延龍主編:《法律史論集》第 6 卷,法律出版社 2006 年版,第 345 頁)

① 先秦諸子論述法義貌似各有主張,實則有兩大路進:一是從人事出發,漸次推衍匯及天道;二是從天道出發,一貫而下統攝人事。儒家屬於前者,不僅注重人,而且發現了人。他們提出"仁道",把"仁"視為人性的本質表達和禮制的先決條件。這種強調"仁心是人之為人的標準"的主張,被後世學者高度評價,認為是"人的發現"(郭沫若:《十批判書》,東方出版社 1996 年版,第 91 頁)。

② 王沛:《"刑"字古義辨正》,載《上海師範大學學報(哲學社會科學版)》2013 年第 4 期。收於王沛:《刑書與道術:大變局下的早期中國法》,法律出版社 2018 年版,第133—152 頁。

③ 例如,《商君書·賞刑》:"禁姦止過,莫若重刑."《韓非子·二柄》:"何謂刑德?曰:殺戮之謂刑,慶賞之謂德."《周禮·地官司徒·司市》:"以刑罰禁虣而去盜."引者注:"虣"(bào)即"暴"。

禮誼仁義和刑錯兵寢的儒學主張展開敘事。這些敘事自然不能視爲客觀實錄。

對狹義"刑"的演進歷史，班固同樣運用儒家法思想的筆調進行描繪：他關於周代刑法的描述，源於《周禮》和《尚書》；他對子產鑄刑鼎的批評，取義於孔子和曾子；他對文景時期刑罰改革和後來刪減律令的記録雖有原始文獻的依據，卻要站在儒家立場點評一番；他總結西漢以來"合古便今"的法律改革，主要附會《論語》《周禮》的説法；在文章的最後，他對當時"刑獄繁多"現象的集中批判，更是連引《尚書》《詩經》《論語》《荀子》《韓詩外傳》中的儒家觀點進行"輪番轟炸"。當然，在其行文中也不乏對黄老、陰陽、法、兵諸家思維意識的隱形借用。然而即便是借用，也只是吸收元素而不亮明身份，兼采衆家卻近乎不露痕跡。這同時也反映出漢代新儒學的時代特色。

《漢書》創立"志"體形成標杆效應，許多後出的史書都設有"志"。但並非每個有"志"的史書都有"刑法志"。司馬彪《續漢書》、沈約《宋書》、蕭子顯《南齊書》都有"志"而無"刑法志"。《東觀漢記》由於失傳而不知有無"刑法志"。范曄《後漢書》原有模仿"十志"的計劃，理應包含"刑法志"，可惜由於作者受誣被殺而没有完成。魏收《魏書》有專門記載法律事件的"志"，但稱爲"刑罰志"。何法盛《晉中興書》則改"志"爲"説"而另立"刑法説"。① 臧榮緒《晉書》中有法律專志，但不確定是"刑法志"還是"刑德志"。② 總體來看，即便班固已經創立"刑法志"，但其體例在隨後的數百年間仍未穩固成型，"刑法志"的關注焦點也在"刑"和"法"之間游移不定。唐初官修《五代史志》中的"刑法志"後來被編入《隋書》。它雖以《隋書·刑法志》的名義行世，卻是記載南北朝法制的通史，敘事重點也開

---

① （清）章宗源：《隋書經籍志考證》卷二"晉中興書條"，開明書店1937年版，第7頁。又見於《二十五史藝文經籍志考補萃編》卷十四，清華大學出版社2020年版，第20頁。又，《史通·書志》："原夫司馬遷曰書，班固曰志，蔡邕曰意，華嶠曰典，張勃曰録，何法盛曰説。名目雖異，體統不殊。"

② 《北堂書鈔》卷四三《刑法部上·刑法惣一》："刑以正刑。臧榮緒刑法志云云。"（清）孔廣陶校注："今案：本序以音近而訛，此臧《晉書》之刑法志也。陳、俞本皆'法'誤'德'。俞又'正'作'止'。"《隋書·刑法志》："彪、約所制，無刑法篇，臧、蕭之書，又多漏略。"

始从"刑"转向"法"。① 其後,唐官修《晉書》正式確立斷代史"刑法志"的規範體例,爲後世正史所遵循。從這個角度來說,《晉書·刑法志》②是一篇堪與《漢書·刑法志》相提並論的經典法制文獻。此二者,一個是開創"刑法志"的體例,一個是確定"刑法志"的範式。

由於自幼受到良好的家庭教育,班固不僅通曉儒學經典,而且遍覽群書,精擅辭賦,是東漢傑出的儒學思想家、史學家和文學家。③ 他在《漢書·刑法志》中展示的法律敘事視野宏闊,品格高邁,立場鮮明,筆力雄健。從《漢書·刑法志》開始,歷代正史共有十三篇"刑法志"。作爲十三篇之首,《漢書·刑法志》堪稱開宗明義。④ 其以儒家思想爲主導的理論基調和夾敘夾議的敘事方式,是後世效法的範例。但無論是行文風格還是思想見地,《漢書·刑法志》都給人一種"一直被模仿,從未被超越"的感覺。原因可能有三:一是個人原因。班固的文筆和見識在古今史家中都屬一流。後世撰史者就個人素質而言大都難以望其項背。二是模式原因。《漢書·刑法志》是班固私撰,個性突出,後世正史多爲集體官修,從形式到內容再到思想都更容易流於窠臼。三是時代原因。班固首創《刑法志》,之前並無定法成規,所以能夠自由發揮。尤其是在篇末,班固長達一千二百餘字的大段議論,在"十志"中獨此一例,是後世史家撰述"刑法志"時想不到或做不到的。⑤ 而這也正顯示出《漢書·刑法志》超凡的理論

---

① 陳俊強:"《刑法志》的書寫,自《漢志》的'刑主法從'變爲《魏志》的'詳刑略法',再變爲《晉志》《隋志》的'刑法並重',名符其實的《刑法志》於焉確立,並爲後世繼承。"(陳俊強:《漢唐正史〈刑法志〉的形成與變遷》,載《臺灣師大歷史學報》第43期,2010年6月刊)

② 關於《晉書·刑法志》的注釋考證作品已有多部,以周東平主編的《〈晉書·刑法志〉譯注》(人民出版社2018年版)爲最精。

③ 《後漢書·班彪列傳附班固傳》:"固字孟堅。年九歲,能屬文誦詩賦。及長,遂博貫載籍,九流百家之言,無不窮究。所學無常師,不爲章句,舉大義而已。"

④ 俞榮根先生曾指出:《漢書·刑法志》完全貫徹了儒家的法思想,給正史十三篇"刑法志"確定了理論基調(俞榮根:《儒家法思想通論》[修訂本],商務印書館2018年版,第2—4頁)。

⑤ 陳其泰:"班固在篇末所加的議論三千餘字,約占《刑法志》七分之一,此不僅《漢書》所獨有,在《史記》以下所有'正史'中也屬罕見。"(陳其泰:《歷史編纂學視角展現的學術新視域——以〈漢書·刑法志〉爲個案的分析》,載《天津社會科學》2008年第4期)長春按:此說有誤,據筆者統計應爲一千二百餘字,而且《漢書·刑法志》正文只有六千八百餘字,也遠没有二萬字之多。

價值和強烈的現實關懷。①

然而,由於影響巨大,《漢書·刑法志》造成的另一方面效應也同樣不容忽視。中國古代法律史本有從疏到密、後出轉精的漸進式發展過程。但在儒家法思想的敘事下,古聖先王樹立的法律標杆至精至純,堪稱典範,反倒是春秋戰國以後,由於王道敗壞、人心不古,良法善治的法律精神逐漸走向墮落。"三代之隆""今不如昔"幾乎成爲漢代以後中國人普遍認可的集體法律記憶。《漢書·刑法志》對這種塗抹歷史真相、意在借題發揮的法史觀念無疑起到重要的推波助瀾作用。

這也就意味著,《漢書·刑法志》並非全無缺點。首先,班固采取儒家學說敘述法史,自然在展現史實方面容易走形。因爲儒家對古史的許多說法都與史實不符,班固在其基礎上進一步發揮,有些記載更顯得離題千里。其次,《漢書·刑法志》以思想見解著稱,但在法律專業性方面卻有所不足。班固既非法律學者,也不熟悉刑獄實務,他對法制問題的總結並不客觀全面,主要擇取其個人較爲關注或相對瞭解的一些問題;對其原因的分析也不夠全面、透徹,主要從儒家仁本、禮法的角度進行發揮。再次,他的"兵刑合一"理念雖然很有見地,但無論是對兵制的著墨還是對法律史實的記載,都顯得話題單調、記載疏略。這或許也與其史料取材較爲局限有關。在此方面,後出的"刑法志"憑藉官方修史、集體撰述、專業分工、材料充足等特有優勢,較之《漢書·刑法志》就要勝出一籌。可見就"刑法志"而言,班固與後世史家實際上各有所長。

當然,古今之間在關注焦點和思想理念方面的差別,不能抹殺《漢書·刑法志》的文獻和思想價值。②《漢書·刑法志》保留、發展並宣揚了儒家的法理念,記載了一些重要的法律事件,有意識地對法制弊病進行總

---

① 内田智雄認爲,班固不但繼承了儒家的正統,而且對刑罰的歷史與優劣頗有別具一格的見解,是一位充滿現實感的歷史學家([日]内田智雄:《〈漢書·刑法志〉雜記》,載《同志社法學》第48號)。
② 守屋美都雄:"就其本來意義而言,《漢書·刑法志》的記載並不完全是真實的歷史,但是,與其將它們作爲完全虛構的内容一舉抛棄,還不如以此爲起點,挖掘出到達這一點之前的歷史性過程。"([日]守屋美都雄:《中國古代的家族與國家》,錢杭、楊曉芬譯,上海古籍出版社2010年版,第403頁)

結和批判,反映出東漢以前法制和法思想的發展成果。這些貢獻都有重要意義,直到今天仍然值得我們認真對待,潛心挖掘。①

二、本書的文獻基礎

(一)《漢書》的版本與本書的文本依據

《漢書》版本的流行情況極爲複雜。現存主要版本包括:宋"景祐本"、南宋湖北提舉茶鹽司本(簡稱茶鹽司本)、南宋兩淮江東轉運司本(僅存殘本,簡稱轉運司本)、南宋前期建刻十二行本(僅存殘本)、慶元本、蔡琪本、所謂南宋"福唐郡庠本"、元白鷺洲本、元大德本、明正統本、明南監本、明汪文盛本、明北監本、明汲古閣本、清殿本、清局本等。②

對《漢書》文本的考訂校讎,前代學者已經取得豐碩成果,③1949 年前以王先謙《漢書補注》集其大成,1949 年後以陳直《漢書新證》成就最高。王先謙《漢書補注》最初由長沙王氏虛受堂刊刻於清光緒二十六年(1900)。中華書局 1962 年出版以之爲底本點校的《漢書》,又於 1983 年出版長沙王氏虛受堂刊本《漢書補注》的影印本。上海古籍出版社也於 2011 年出版《漢書補注》的點校本。這三個版本的《漢書補注》是本書考釋《漢書·刑法志》的重要文本依據。《漢書新證》最大的特色在於以出土資料作爲補證,主要有天津人民出版社本(1959 年初版、1979 年增訂

---

① 守屋美都雄:"如要探究中國古代刑罰沿革與刑罰思想的發展,雖有《尚書》《周禮》《荀子》《韓非子》等一大批文獻,但最系統的或許還是班固《漢書》中的那篇《刑法志》。此後的中國歷代正史中即便也有如《晉書·刑法志》《魏書·刑罰志》《隋書·刑法志》等名篇,但《漢志》仍是基本範式,特別是關於刑罰思想的部分,若對《漢志》沒有充分的理解,就難以解讀。"([日]守屋美都雄:《中國古代的家族與國家》,錢杭、楊曉芬譯,第 469 頁)
② 參見馬清源:《〈漢書〉版本之再認識》,載沈乃文主編:《版本目錄學研究》第 5 輯,北京大學出版社 2014 年版。
③ 《漢書》專注如沈欽韓《漢書疏證》、周壽昌《漢書注校補》、錢大昭《漢書辨疑》、朱一新《漢書管見》、沈家本《漢書瑣言》、楊樹達《漢書窺管》、劉咸炘《漢書知意》、吳恂《漢書商注》、施丁《漢書新注》、施之勉《漢書集釋》等。此外還有其他學者的兼及之作。如王念孫《讀書雜志》、王鳴盛《十七史商榷》、錢大昕《廿二史考異》等。

版)和中華書局本(2008年)。儘管《漢書新證》中有關《漢書·刑法志》的內容只有數條,但其餘篇章中內容也有一定參考價值。

敦煌殘卷中有兩件是唐高宗時的《漢書·刑法志》抄本殘卷,且出自同一寫本,注釋采用東晉蔡謨的《漢書集解》。①"法藏 P.3669"起自"也。其定箠令,丞相劉",訖於"廷尉亦",共七十五行,首尾都有缺字殘泐。"法藏 P.3557"起自"浸廣。此刑之所以蕃也",訖於"萬民賴之者也",並有卷後題"刑法志第三",共四十九行。這兩件抄本無論是正文還是注釋都與傳世《漢書》存在不少差異,可以作爲校正傳世文本的重要參考。對此,堀毅曾做過精詳的比照式考證,可資參照。此外,日本學界對《漢書·刑法志》的其他文本分析與考證成果也比較多,同樣值得高度關注。②

經過近兩千年的流傳,《漢書》早已不復當初的容貌。現存各版《漢書·刑法志》也有多種異文。遺憾的是,筆者不通金石、簡牘、版本、音韻之學,也無法親眼閱遍各種傳世秘本和出土資料,本書以中華書局點校本《漢書》和三版《漢書補注》爲文本基礎,配合常見的相關史料和已公開披露的出土文獻展開考釋。缺漏之處唯有留待他日另得機緣再做補正了。

(二) 歷代《漢書》注

班固是當時知名的大學者,《漢書》在撰寫時就受到朝廷和學界的關注,撰成後更備受推崇。③究其原因,可能有三:一是《漢書》敘事精煉完備,上下洽通,確屬古代史書的上乘之作;二是《漢書》主要弘揚儒學思想,在儒術盛行的社會環境中廣獲認同;三是《漢書》多用古字、典故,典章制度信息豐富,遣詞用語多有深旨奧義,耐人尋味,是學者們熏習古典傳統、增廣文史才學的熱門選項。④

東漢延篤《漢書音義》開啓《漢書》注的先河,⑤並進而引發了近二千年

---

① 王重民:《敦煌古籍敘錄》,中華書局2010年版,第76—78頁。
② 參見俞榮根、胡攀、俞江:《中國法律史研究在日本》,法律出版社2002年版。
③ 《後漢書·班彪列傳附班固傳》:"當世甚重其學,學者莫不諷誦焉。"
④ (唐)司馬貞《史記索隱·序》:"彪既後遷而述,所以條流更明,是兼采衆賢,群理畢備,故其旨富,其詞文,是以近代諸儒共行鑽仰。"
⑤ 陳直:《漢書新證》,中華書局2008年版,第188—189頁。

延綿不絕的"漢書學"。① 在某些歷史時期,《漢書》學的地位甚至僅次於經學。②

歷史上,《漢書》學的發展有兩大高峰:一是魏晉南北朝隋唐時期,以顏師古注爲代表;二是清代,以王先謙的補注爲代表。顏師古及其以前的《漢書》注,重在音義訓詁,解釋字詞,是輔助閱讀正文的基礎。王先謙的補注則充分吸收清代乾嘉考據成果,廣泛涉及文字、史實等問題,內容更爲充實。

1949年以來,由於版本對照和材料比勘的條件都遠勝前人,理論層次和交流水準不斷提升,所以相關研究取得長足進步。這些成果主要以專著、論文形式出現,考察的視角和內容更加豐富多元,傳統的史學考釋作品已不多見。

(三)《漢書·刑法志》注譯專著

據筆者所見,專門對《漢書·刑法志》進行注釋或翻譯的著作主要有以下八種。

第一種,何嘉《漢書刑法志通釋》(簡稱"何釋")。

何嘉(1911—1990),字之碩,號顗齋,江蘇嘉定(今上海市嘉定區)人,畢業於中國公學,曾留學日本。他先後任教於中國公學、中央大學,還曾擔任南方大學教務長,主持《時事新報》,兼職律師,是民國時期上海文人(報人)律師的代表。③ 何釋於1933年2月6日至26日分十八期連載於上海《民報》的"法言"欄目。其師郭衛(字元覺,民國著名法學家)作有短序一篇。據《民報》的"編者按",全文約二萬八千字。《民報》所載也不完整,缺"周道衰法度墮"至"必先利其器"一節。無法確定是作者未注還是《民報》未載。《新嘉定》第1卷第1期也曾載何釋的"緒論"。"緒論"前

---

① 《新唐書·儒林傳·敬播》:"是時《漢書》學大興。"
② 《史通·古今正史》:"始自漢末迄乎陳世,爲其注解者凡二十五家,至於專門受業,遂與五經亞。"
③ 陳同:《在法律與社會之間:民國時期上海本土律師的地位和作用》,載《史林》2016年第1期。

的"編者按"稱"將出單行本",但今未得見;又稱"全書原文二十餘萬言",也難以確證。

秦濤博士曾對此書撰寫"提要",稱其體例有三:"一曰注,注解專門名詞、術語。以顔注爲主,多陋略不足觀,但間亦有逸出顔注外者。此外,何氏援現代法學以注古代法律術語,則非顔師古所能;二曰釋,常在文義之外發揮,或進行中西比較。能以刑法史的視野,觀照孤立的立法事件,即便今天仍有參考價值;三曰提要,概括段落大意。"又説:"此書蓋1930年代法律民族主義運動'重建中華法系'思潮下的産物,故得郭衛作序,表彰其'有裨於中華法系者良非淺鮮'云云。要之,《通釋》雖注釋簡陋,畢竟是第一種正史《刑法志》注釋專書。作者雖文史功底不足,但具有法學背景,在將正史《刑法志》的文言轉釋爲法學語言方面,有首創之功。"[①]

第二種,曹辛漢《漢書刑法志講疏》(簡稱"曹疏")。

曹辛漢(1892—1973),乳名錫昌,學名鴻文,浙江嘉興人。1928—1949年間,曾在中國公學、上海法科大學(1930年改爲私立上海法學院)長期任教。抗戰期間堅持内遷辦學,曹疏應該完成於此期間。

曹疏正文前有一大段"引論",對我國古代法律的發展脈絡進行簡單梳理,並列出從"法律"(引者注:應爲"法經")到"律清"(引者注:應爲"清律")的"律系表"。在行文中,曹氏把中國法律與西方的拿破崙法典、羅馬銅表法進行比較評論,還把儒家"刑以弼教""刑期無刑"等主張與近代西方法理學中的預防主義(*Prevetions Theary*)相比附,展示出一定的國際視野和近代法學理論素養。"引論"開篇的"我國法系"等文字表明,其同樣受到1930年代"重建中國法系"思潮的影響。

曹疏沒有對《漢書·刑法志》全文進行注釋講解,而是截取"昔周之法,建三典以刑邦國"以後的内容。即删去了開頭的總論内容和隨後的兵制内容,只對狹義的法律内容進行注釋。但在"引論"中,曹氏也對總論中"兵刑合一"的法理念有所交代,並明確點出其與《史記·律書》兵制内容的内在關聯。

[①] 西南政法大學秦濤待刊稿。在此,特别感謝秦濤博士在《漢書刑法志通釋》《漢書刑法志講疏》文本資料搜集時提供的幫助。

由於《漢書·刑法志》廣泛取材於儒家典籍,所以曹疏不局限於前人的《漢書》注,還大量徵引《周禮》《尚書》《左傳》《詩經》等經典的歷代注疏文獻,注意引用《史記》《竹書紀年》《漢舊儀》《墨子》《吕氏春秋》《鹽鐵論》《後漢書》《晉書》等重要史料對《漢書·刑法志》所載法律史實進行考證辨析,並且充分吸收後世研究成果,具有一定學術價值。又由於受到近代西方法學理論影響,論及"懲役刑"時提到"經濟主義""勞動主義""奴辱主義",論及"比附"時析出"比附法文""比附條理""比附經義"三種情况,論及刑事責任能力時引用"現行刑法"中的相關內容進行比較,諸如此類的理論解析都是很有法學風格和時代特色的新事物。

　　第三種,何四維《〈漢書〉卷 22、23 注譯與研究》(簡稱"何譯")。

　　早在一百多年前,歐洲漢學界就已出現對《漢書·刑法志》的譯介文章。① 對《漢書·刑法志》的專門注譯研究,則以何四維最善。

　　何四維(A. F. P. Hulsewé,② 1910—1993),祖籍荷蘭格羅寧根,生於德國夏洛滕堡,後移居荷蘭阿姆斯特丹。1927 年進入萊頓大學師從荷蘭漢學家戴文達,1931 年到北京師從梁啓超之弟梁啓雄,學習法律史並著

---

① 意大利學者阿方索·安德萊奥奇(Alfonso Andreozzi,1821—1894)於 1878 年出版《論古代中國人的刑法》(Le Leggi Penali Degli Antichi Cinesi)。該書第二部分有《刑法志——刑法的簡要歷史(作爲班固對前漢歷史書寫的一部分)》(Hin'-fa-ce,Sunto storico delle leggi penali [tratto della storia della dinastia dei han anteriori scritta da Pan Ku])。德國學者沃納·沃熱爾(Werner Vogel)於 1923 年在《比較法雜誌》(Zeitschrift für vergleichende Rechtswissenschaft)第 40 卷(斯圖加特)發表《中國刑法的歷史基礎》(Die historischen Grundlagen des chinesischen Strafrechts)一文。其中一部分的標題就是《翻譯自前漢書(〈前漢書〉)的刑法史(〈刑法志〉)》(Die Geschichte des Strafrechts [hing-fa-tschi] übersetzt aus den Büchern der Früheren Han Dynastie [Ts'ien Han schu])。參見[荷]何四維:《漢法譯叢》(Remnants of Han Law,Leiden. E. J. Brill,1955),萊頓布雷爾出版社 1955 年版,第 316 頁。在此特別感謝陝西師範大學向東副教授對這些外文書名翻譯提供的建議。
　　1920 年,漢學界元老福蘭閣(Otto Franke,1863—1946)的著作《儒道與中國國教史研究:〈春秋〉問題與董仲舒的〈春秋繁露〉》中也有對《漢書·刑法志》部分內容的節譯。參見楊倩如:《〈漢書〉在歐美的譯介與研究》,載《中國史研究動態》2010 年第 5 期;李秀英、溫柔新:《〈漢書〉在西方:譯介與研究》,載《外語教學與研究》2007 年第 6 期。
② 有譯者把此名譯爲"霍爾色韋"或"胡四維"。例如,陳兼、劉昶譯《叫魂》(上海三聯書店 1999 年版),張建國、李力譯《中國家族法原理》(法律出版社 2003 年版),錢杭、楊曉芬譯《中國古代的家族與國家》等。但這兩種譯法都值得商榷。參見羅鑫:《名從主人:幾種海外中國法學譯著中的人名漢譯指瑕》,載范忠信、陳景良主編:《中西法律傳統》第 7 卷,北京大學出版社 2009 年版。

手翻譯《刑法志》。他於 1955 年出版专著《漢法譯叢》(Remnants of Han Law,或譯爲"漢律輯逸""漢律輯佚""漢律拾零""漢法律殘簡"),編爲"萊頓漢學書系"(Sinica Leidensia)第 9 卷。該書第 1 册《〈漢書〉卷二二、二三注譯與研究》(Introductory Studies and Annotated Translation of Chapters 22 and 23 of the History of the Former Han Dynasty),就是對《漢書》中《食貨志》《刑法志》兩篇的考證、注釋和翻譯。值得一提的是,他除了對《漢書·刑法志》正文和注釋进行字面翻譯外,還以嚴謹的學術態度對漢代的立法、司法、刑罰等相關問題展開較爲深入的考證和論析。

何譯把《漢書·刑法志》全文分爲三大部分。第一部分是總論,從開始到"因天討而作五刑"。第二部分講軍制,從"大刑用甲兵"到"帝王之極功也"。第三部分講刑制,從"昔周之法"到最後。第三部分又分爲漢代以前法制和漢代法制兩節。其中,有關漢代法制的内容又被分爲四層:從"漢興,高祖初入關"到"聖智之所常患者也",介紹西漢主要的立法活動;從"故略舉漢興以來"到"而況庸材溺於末流者乎",介紹"合古便今"的罪名刑制改革;從"周官有五聽"到"近古而便民者也",按照《周禮》的標準梳理西漢的刑獄制度改革;從"孔子曰"到最後,介紹班固對法制改革的意見。儘管這個段意劃分還可再商榷,但其分析方法卻足以啓發後學。①

第四種,内田智雄等《譯注〈漢書刑法志〉》(簡稱"内譯")。

日本學界對《漢書·刑法志》也很重視。守屋美都雄曾有一段介紹其内容的文字。他把《漢書·刑法志》分爲四部分:第一部分發揮《荀子》學説,解釋法律的重要性;第二部分從軍事角度討論"刑"的沿革;第三部分説明"兵"的本意和宗旨;第四部分討論自古以來法典的沿革歷史。他還從中提煉出班固的五個基本觀點。② 他的這些文字是内田智雄組織的《漢

---

① 該書目前只有英文版,尚無漢譯版。本書主要據其英文版展開介紹和討論。國内學界對何四維翻譯《漢書·刑法志》並研究漢律的情況有所涉及的包括:仲禮《荷蘭萊頓大學漢學研究院簡況》(載《上海經濟研究》1982 年 1 期)、李秀英、温柔新《〈漢書〉在西方:譯介與研究》(載《外語教學與研究》2007 年第 6 期)、楊倩如《〈漢書〉在歐美的譯介與研究》(載《中國史研究動態》2010 年第 5 期)、秋葉《荷蘭萊頓大學的漢學研究》(載《國際漢學》2016 年第 3 期)等文。
② [日] 守屋美都雄:《中國古代的家族與國家》,錢杭、楊曉芬譯,第 401—403 頁。

書·刑法志》譯讀活動的成果。

内田智雄(1905—1989),法學博士,日本同志社大學教授。1956年,在内田智雄的倡導和主持下,守屋美都雄(大阪大學)、重澤俊郎(京都大學)、平中苓次(立命館大學)、西田太一郎(京都大學)、森三樹三郎(大阪大學)等人共讀《漢書·刑法志》並將其譯爲日文。① 哈佛燕京同志社東方文化講座委員會於1958年出版内田智雄主編的《譯注〈漢書刑法志〉》。② 這成爲後來《譯注中國歷代刑法志》(創文社1964年版)的開篇之作。

《譯注〈漢書刑法志〉》在每段翻譯正文之後,都有"校"和"注"兩個小單元。爲避免由於意見分歧而影響翻譯效果,正文的翻譯以簡潔爲宗旨,文意解釋遵循顏師古注,基本上沒有對細節問題進行深入辨析。③ 但是,"校"對不同版本異字的提示和"注"對個別字句的簡單考證也有一定啓發意義。而且,文意在中日文字之間的轉譯也藴含著譯者對相關概念的理解和思考,對此仍需重視。

第五種,趙增祥、徐世虹、高潮《〈漢書·刑法志〉注釋》(簡稱"趙徐高注")。

該書由趙增祥、徐世虹注,高潮審訂,法律出版社1983年出版。三位

---

① 參見[日]内田智雄編:《譯注〈漢書·刑法志〉》,創文社1964年版"序",第1頁;[日]守屋美都雄:《中國古代的家族與國家》,第453、469頁。長春按:值得注意的是,内田、守屋二人所提供的兩份參譯名單有一定差異。前者有日原利國(愛知學藝大學)而無重澤俊郎(京都大學)。如果兩者記録都沒錯的話,那最有可能的情況就是,日原利國參與了《譯注中國歷代刑法志》中其他《刑法志》(《晉書·刑法志》《魏書·刑罰志》)的譯注卻没有參加《漢書·刑法志》的譯注工作,重澤俊郎只是參與過《漢書·刑法志》的共讀而沒有正式或全程參與對其譯注工作。除二氏以外,堀毅也提供過一個譯者名單:内田智雄、平中苓次、森三樹三郎、守屋美都雄、日原利國([日]堀毅:《秦漢法制史論考》,法律出版社1988年版,第341頁)。但他的這個名單涵蓋了對三部刑法(罰)志的翻譯工作,而且列舉不甚詳細,所以也無法推翻筆者前面的推測。
② 守屋美都雄中譯文本稱此書出版於1957年([日]守屋美都雄:《中國古代的家族與國家》,第469頁)。但大庭脩對《譯注〈漢書·刑法志〉》的介紹信息卻顯示該書發行於1958年(昭和三十三年)六月(參見本書附録書影)。本書以後者爲准。
③ 守屋美都雄:"與霍爾色韋(A. F. P. Hulsewe)著《漢法譯叢》的詳密性正好相反,這個譯注表面上幾乎没有出現完成某一譯本之前通常會有的那種反復的、甚至執著的討論過程。而且作爲原則,注解完全遵照顏師古所注。由於研究立場的不同,這種簡潔性自然是有利有弊的。"([日]守屋美都雄:《中國古代的家族與國家》,第469—470頁)引者注:"霍爾色韋"即"何四維"。

注者當時都任教于北京政法學院(1983年更名爲中國政法大學)。①

高潮(1922—2019)，又名馬驥，號千里，筆名巨瀾，河北吳橋人。他於1952年調入北京政法學院，1984年11月創建中國政法大學法律古籍整理研究所並任第一任所長，還曾擔任中國法律古籍文獻研究會(現爲中國法律史學會法律古籍整理專業委員會)首任會長、《政法論壇》和《司法文書與文書寫作》主編、中國司法文書研究會會長、全國高等院校古籍整理工作委員會委員等職。

徐世虹(1954—)，山東沂水人，1979年畢業於北京師範學院中文系，2004年於日本皇學館大學獲得博士學位，現爲中國政法大學教授，曾擔任法律古籍整理研究所第三任所長(1996—2014)、中國法律史學會常務理事、法律古籍整理專業委員會會長，研究領域爲秦漢法制史、出土法律文獻。

趙增祥原爲北京政法學院教師，後調往連雲港教育學院。其餘信息不詳。

趙徐高注把《漢書·刑法志》正文分爲十大部分，然後依次對文中字詞進行注釋。注釋內容包括三類：一是對古文字詞的現代翻譯，二是對文中人物事蹟的簡要介紹，三是對個別文句的史料來源進行説明。整體來説，注釋形式較爲簡潔，主要是字面解釋，對其思想淵源較少深入發掘；注釋內容主要依循顏師古注和王先謙補注，對史實缺乏考證辨析。該書共計五萬六千字。

第六種，辛子牛《漢書刑法志注釋》(簡稱"辛注")。

辛子牛(1930—2004)，原名德貴，筆名立丁，上海市人，1963年畢業於復旦大學中文系，後任教於華東政法學院(2007年更名爲華東政法大學)、復旦大學，曾擔任華東政法大學法律古籍整理研究所的首任常務副所長，編著有《中國歷代名案集成》《申城舊獄：上海灘十大名案》等書。②

辛注由群眾出版社於1984年出版，行文力求簡潔，風格與趙徐高注

---

① 感謝法大古籍所趙晶教授幫忙查證和介紹注者信息。
② 感謝華政古籍的王沛、王捷教授幫忙查證和介紹注者信息。

類似,繁簡字轉換時也存在一些錯誤。但辛注不僅在具體注釋上與前者有不少差異,而且在注釋體例上也有一定創新。他先把正文分爲二十九個自然段,在每段正文後都寫有簡短的段落大意,然後再進行具體詞句的注釋。他又把這些自然段分爲四個大段:從篇首到"未正治兵振旅之事也"是第一大段,即把與法律關係不夠密切的所有內容都歸到一處;從"古人有言"到"法令稍定而合古便今者"是第二大段,歷述西周、春秋、戰國、秦、漢的法制基本情況;從"漢興之初"到"而刑本不正"是第三大段,敘述從西漢初到東漢初的刑法改革以及班固的評價;從"善乎孫卿之論刑也"到最後是第四大段,爲班固發表的個人刑法改革主張。

書後附有蘇經逸的《〈漢書·王莽傳〉注釋(節錄)》。蘇經逸也就職於華政古籍所,曾與同事合著《〈史記·酷吏列傳〉譯注》(蘇經逸注釋、馮樹棵今譯,群衆出版社 1982 年版)、《折獄新語注釋》(華東政法學院法律古籍整理研究所陸有珣、辛子牛、蘇經逸、孟國均編著,吉林人民出版社 1989 年版)、《唐律疏議譯注》(曹漫之主編,王少棠、辛子牛副主編,吉林人民出版社 1989 年版)等書。

第七種,高潮、徐世虹《〈漢書·刑法志〉注譯》(簡稱"高徐注")。

收錄於法大古籍所編著的《中國歷代刑法志注譯》(高潮、馬建石主編,吉林人民出版社 1994 年版)中。高徐注是對趙徐高注的升級改進本,行文風格與前著大體一致,但修正了一些具體説法,而且在每段"注釋"後增加了"今譯"。

第八種,謝瑞智注譯《漢書·刑法志》(簡稱"謝注")。

謝瑞智(1935—),我國臺灣地區學者,學術研究側重於憲法、刑法、警察法以及法律史等領域。他曾獲日本明治大學法學士、早稻田大學法學碩士、維也納大學法政學博士等學歷,先後擔任臺灣師範大學、政治大學、中興大學、東吳大學教授以及臺灣警察大學校長。

謝注由千華圖書出版事業公司於 1993 年出版,共計 91 頁。後還曾於 1998 年由地球出版社出版。該書體例,原文後有同於中華書局本的諸家注釋,翻譯後有作者本人的注釋。由於各種原因,該書筆者尚未親見。

近百年來,對《漢書·刑法志》文本的專門整理,先後見於四個版本的

《歷代刑法志》中。商務印書館 1938 年出版丘漢平(1903—1990)編著的《歷代刑法志》。這個版本於 1962 年被群衆出版社翻印出版。後來，群衆出版社又於 1988 年根據中華書局點校本二十四史重新編輯出版《歷代刑法志》，並在《漢書·刑法志》後面附上《漢書·王莽傳》的節錄。這應該是受辛子牛《〈漢書刑法志〉注釋》的影響。2017 年，商務印書館出版丘漢平《歷代刑法志》時也加有《漢書·王莽傳》的節錄。

以上這些著作在《漢書·刑法志》的考釋工作方面，有重要的奠基價值和啓發意義，但毋庸諱言，也存在一定不足。主要表現在以下幾個方面：一是文本基礎選擇方面，字詞審定不夠精細，存在一些明顯的書寫和解釋錯誤；二是文章結構解析方面，斷句分層不夠合理，對原作的行文要義存在一些誤解；三是具體史實考證方面，場景還原不夠清晰，缺乏對歷史細節的深入辨析；四是思想淵源挖掘方面，文獻比對不夠充分，缺乏對史料來源和敘事理念的有效梳理。

（四）相關論著成果

除以上專門的注釋著作外，國內外學界還有許多論文著述涉及《漢書·刑法志》的相關問題。其中有代表性的作品包括：

1. ［日］内田智雄：《〈漢書·刑法志〉雜記》，載《同志社法學》第 48 號，1958 年刊。

2. ［日］若江建三：《秦漢時代的完刑——〈漢書〉刑法志解讀試論》，載《愛媛大學法文學部論集文學科篇》第 13 號，1981 年刊。

3. 何東義：《略論〈漢書·刑法志〉》，載《法學雜誌》1985 年第 5 期。

4. ［日］堀毅：《漢律淵源考——〈漢書〉刑法志再探討》，載《中國正史》，1985 年。中譯本（于敏譯）收於氏著：《秦漢法制史論考》，法律出版社 1988 年版，第 337—367 頁。

5. 劉篤才：《讀〈漢書·刑法志〉劄記兩則》，載《遼寧大學學報》1987 年第 5 期。

6. ［日］堀毅：《〈漢書·刑法志〉考證》，載《法學論叢》（中央學院大學）創刊號，1988 年。中譯本（蕭紅燕譯）收於氏著：《秦漢法制史論考》，法律出版社 1988 年版,第 22—97 頁。

7. ［日］滋賀秀三:《前漢文帝的刑制改革——〈漢書·刑法志〉脱文獻疑》,載《東方學》第 79 號,1990 年刊;後收於氏著:《中國法制史論集——法典與刑罰》,創文社 2003 年版。

8. 王健:《〈漢書·刑法志〉中的法本源思想》,載《研究生法學》1997 年第 2 期。

9. 何勤華:《中國古代第一部法律史著作〈漢書·刑法志〉評析》,載《法學》1998 年第 12 期。

10. 關健瑛:《〈漢書·刑法志〉中的德法觀》,載《高校理論戰綫》2002 年第 12 期。

11. 趙永春、蘭婷:《論班固的刑法思想》,載《吉林師範大學學報(人文社會科學版)》2003 年第 1 期。

12. 張建國:《論文帝改革後兩漢刑制並無斬趾刑》,載《中外法學》1993 年第 4 期;《前漢文帝刑法改革及其展開的再探討》,載《古代文化》第 48 卷 10 號;《漢文帝改革相關問題點試詮》;《漢文帝除肉刑的再評價》;四文收於氏著:《帝制時代的中國法》,法律出版社 1999 年版。

13. 關健瑛:《從〈漢書·刑法志〉看西漢的德治與立法》,載《求是學刊》2003 年第 2 期。

14. 李媛媛:《〈漢書·刑法志〉評述》,載《呼蘭師專學報》2003 年第 3 期。

15. ［日］籾山明:《〈漢書〉刑法志的錯誤與唐代文獻》,載《法史學研究會會報》第 9 號,2004 年刊。

16. ［日］冨谷至:《論出土法律資料對〈漢書〉〈晉書〉〈魏書〉"刑法志"研究的幾點啟示——〈譯注中國歷代刑法志·解說〉》,薛夷風譯,周東平校,載韓延龍主編:《法律史論集》第 6 卷,法律出版社 2006 年版。

17. 張爍、虞振威:《歷代刑法志中的法律敘事史》,載《理論月刊》2007 年第 2 期。

18. 陳其泰:《歷史編纂學視角展現的學術新視域——以〈漢書·刑法志〉爲個案的分析》,載《天津社會科學》2008 年第 4 期。

19. 朱鳳祥:《〈漢書·刑法志〉的歷史編纂學價值》,載《蘭臺世界》2009 年 6 月上半月刊。

20. 謝偉先:《從〈漢書·刑法志〉論班固以"刑"爲教化基礎的理想》,載《輔大中研所學刊》第 16 期,2009 年 10 月。

21. [日]石岡浩:《北宋景祐刊〈漢書·刑法志〉第十四頁的復原——圍繞西漢文帝刑法改革文字的增減》,載《東方學》第 111 號,2006 年;中譯本收入徐世虹主編:《中國古代法律文獻研究》第 4 輯,法律出版社 2010 年版。

22. 周啓陽:《從〈漢書·刑法志〉看肉刑存廢相關問題》,載《江蘇警官學院學報》2010 年第 2 期。

23. 陳俊强:《漢唐正史〈刑法志〉的形成與變遷》,載《臺灣師大歷史學報》第 43 期,2010 年 6 月刊。

24. 郭林:《敦煌殘卷〈漢書·刑法志〉疑證》,載《語文學刊》2012 年第 11 期。

25. 王彤彤:《〈漢書·刑法志〉與西漢法律制度管窺》,載《蘭臺世界》2012 年 10 月下旬刊。

26. [德]陶安:《復作考——〈漢書〉刑法志文帝改革詔新解》,載《法制史研究》第 24 期,2013 年刊。

27. 陳坤:《論〈漢書·刑法志〉所見之正統史觀》,載《寧夏社會科學》2014 年第 6 期。

28. 趙晶:《正史〈刑法志〉"文本"研究路徑舉要》,載《法制史研究》第 29 期,2016 年 6 月,後收入中國政法大學法律古籍整理研究所編:《中國古代法律文獻概論》,上海古籍出版社 2019 年版。

29. 李力:《秦漢法制史研究的兩椿公案——關於〈漢舊儀〉〈漢書·刑法志〉所載刑制文本解讀的學術史考察》,載徐世虹主編:《中國古代法律文獻研究》第 10 辑,社會科學文獻出版社 2017 年版。

30. 鄧建鵬、楊瀟:《儒學視界與法制敘事的局限:〈漢書·刑法志〉再研究》,載《法治現代化研究》2019 年第 6 期。

31. 陳偉:《胡家草場漢簡律典與漢文帝刑制改革》,載《武漢大學學報(哲學社會科學版)》2022年第2期。

32. 李天虹:《漢文帝刑期改革——〈漢書·刑法志〉所載規定刑期文本與胡家草場漢律對讀》,載《江漢考古》2023年第2期。

以上這些直接研究成果,有個別外國文獻筆者亦未親見。此外,間接涉及《漢書·刑法志》具體內容的論著還有很多,詳見於本書各處注釋,茲不贅錄。

(五) 相關古籍文獻

班固自幼飽讀古籍文獻,撰寫《漢書·刑法志》時大量引用或者化用前人文句,借用或者發揮前人觀點。這些古籍文獻,有些已經失傳,今不得見;有些雖然流傳至今,但也與原本存在差異;有些則幸賴於考古發掘而得窺端倪。重新解讀《漢書·刑法志》,必須對這些古籍文獻有所涉獵,略經耳目。①

據統計,涉及的文獻主要包括:《詩經》《尚書》《周禮》《禮記》《周易》《逸周書》《左傳》《公羊》《穀梁》《韓詩》《國語》《論語》《老子》《孫子兵法》《墨子》《孟子》《莊子》《商君書》《管子》《文子》《鶡冠子》《列子》《晏子春秋》《孫臏兵法》《吳子兵法》《荀子》《韓非子》《吕氏春秋》《黃帝書》等先秦文獻;《新語》《新書》《鹽鐵論》《淮南子》《春秋繁露》《史記》《法言》《白虎通義》《論衡》《説苑》《前漢紀》《漢舊儀》等漢代文獻,以及《文選》《後漢書》《魏書》《晉書》《唐律疏議》《唐六典》《通典》《北堂書鈔》《藝文類聚》《資治通鑑》《太平御覽》《文獻通考》《大學衍義補》等後世文獻。在參考這些古籍文獻的相關內容時,還要旁及各書的版本和古注問題,並配合近年來出土的簡帛、碑誌文獻進行綜合考察。

其中,尤應重視《尚書》《荀子》《周禮》《白虎通義》《論衡》等書。《尚書》是儒家政治思想的淵藪,後世許多重要的政治法律理念都可以追溯

---

① 守屋美都雄:"除了追溯《漢書》中大量引用的《尚書》《周禮》等儒家經典之外,還需要收集甲骨文、金文至《左傳》《國語》,以及以春秋戰國諸子、《淮南子》《説苑》爲代表的有關法制史的記錄,並對各單獨事項做出歷史性評價,同時與《漢書·刑法志》記載進行比較。"[日]守屋美都雄:《中國古代的家族與國家》,錢杭、楊曉芬譯,第403頁)

至此。《荀子》是先秦禮法理論的集大成者,《周禮》是先秦禮法制度設計的精華之作,這兩本書在從漢到唐的漫長歷史時期內,對政治、法律制度都曾產生重大實際影響。《白虎通義》是東漢群儒辯論、統一經學義理的重要成果,在當時具有法典意義。這部書最後由班固撰寫完成,其中的義理自然與《漢書》及其《刑法志》相爲表裏。王充曾師事班彪,與班固可謂學出同源。所以,《論衡》與《漢書》可以共同反映出某種時代思想風貌。

最後,對《漢書·刑法志》的考釋,還必須與《漢書》其餘內容比勘互證。例如,有關漢代立法活動的記載,要與"本紀"相對照;有關法律人物官職、事蹟的記載,要與《百官公卿表》和相應人物的"傳"相對照;有關歷史時段的劃分梳理與敘事方式還要和其他"志"相對照;有關措辭表意習慣的考察,更應該廣泛檢索全書,羅列辨析。

三、本書的旨趣

(一) 宗旨

本書宗旨有三:一曰,集舊注,留精粹,定訟爭,議得失;二曰,明術語,析文句,證史實,求確解;三曰,考淵藪,辨源流,闡幽微,覓宏旨。

有關《漢書·刑法志》,前人的注釋與研究已經解決大半問題,但由於散見各處或轉相套引,非常不便於讀者省覽。因此本書的第一個宗旨就是采集舊注,匯於一爐,以供研學之便。然而舊注也有歧見或者錯解,所以必得判定是非,辨別得失,力爭去其雜蕪,存其精華。

對於前人舊注辨析不精、討論不確的地方,本書也嘗試略作新釋,粗陳己意。求新方向有二:一是細節考據,二是大義闡發。"細節考據"是指,對《漢書·刑法志》中的字、詞、句、人物、史實進行詳盡考證,力求文獻基礎扎實,文字考訂嚴謹,人物背景清楚,法律史實準確。"大義闡發"是指,根據《漢書·刑法志》概念和資料的來源,考察作者法理念的淵源脈絡、文字背後的時代話題、文章身後的歷史影響,通過《漢書·刑法志》窺探更宏大的思想境域和制度議題。①

(二) 體例

第一,基礎文獻依據王先謙補注校勘的版本。主要參考中華書局 1962 年出版的以長沙王氏虛受堂刊本爲底本的點校本《漢書》,輔之以中華書局於 1983 年影印出版的長沙王氏虛受堂刊本《漢書補注》。

第二,爲便於展示文獻原貌而采用繁體。《漢書》在傳寫過程中有古字俗化、古俗並存現象,如"誼"與"義"、"虖"與"乎"、"繇"與"由"、"並"與"并"、"於"與"于"、"屍"與"尸"等,一仍其舊。

第三,《漢書·刑法志》中有許多古字,例如"貉""恧""墠"等,因爲出現次數不多,因此保留並作注釋。個別異體字由於出現太多而妨礙閱讀,所以改爲今天的通行字,如"㠯"(以)、"湻"(淳)、"旣"(既)、"卽"(即)、"黃"(黃)、"羣"(群)"等。

第四,本書對班固的正文和顏師古的注文進行考釋,采取夾注形式,以不同字體加以區別。理由是:一方面,顏注成就非凡,對輔助理解《漢書》貢獻巨大;另一方面,顏注在長期流播過程中已經與正文融爲一體,甚至存在互相竄入的情況,必須綜合處理。

第五,根據文意劃分章節。本書將《刑法志》全文共分爲二十一章、五十五節。每一章先述主旨,再分節逐句考釋。從字到詞,從詞到句,從句到節,從節到章,再配合章旨要論,略合漢人訓詁的章句之體。

第六,引用前人注釋成果時,儘量查證、取用原人原作,避免套引、轉引帶來的繁瑣和訛誤。引用前人觀點時,如果原文表述簡練明瞭則引用原文,如果原文過於冗長則概括提煉,並以腳注標明出處。

第七,引用古籍文獻,除《太平御覽》等類書或《目耕帖》等稀見文獻之外,一般不標明卷數;除個別不常見的文獻之外,一般不標明作者及其朝代。

---

① 法大張中秋教授曾在學術會議上建議:"'考''釋'之外還可適當加'論',從而提升理論價值。"其説甚是! 惜乎筆者材力不濟,積澱不足,所以本書理論闡發仍嫌薄弱。

第一章
夫人宵天地之貌

【主旨】

本章從人性特點和社會治理的角度出發,討論法律起源的必要性與必然性,進而引申出"兵刑合一"視角下的刑法觀。具體內容可以分爲三節:第一節説明人類社會以"群"和"君"爲核心的組織形式及其原理;第二節説明以"禮"和"刑"爲核心的社會治理模式及其原理;第三節著重對"刑"進行發揮,抛出以刑具爲分類標準、包括殺伐與肉刑在内的廣義"五刑"概念。

第一節

【原文】

夫人宵天地之貌,應劭曰:"宵,類也。頭圜象天,足方象地。"孟康曰:"宵,化也,言稟天地氣化而生也。"師古曰:"宵義與肖同,應説是也。故庸妄之人謂之不肖,言其狀貌無所象似也。貌,古貌字。"懷五常之性,師古曰:"五常,仁、義、禮、智、信。"聰明精粹,師古曰:"精,細也,言其識性細密也。粹,淳也,音先遂反。"有生之最靈者也。

【考釋】

〔一〕人宵天地之貌

"宵"通"肖",即相似、相像。"貌"通"貌",即形象特徵。①

---

① 《禮記‧雜記下》:"某之子不肖。"鄭玄注:"肖,似也。"《説文解字‧兒部》:"兒,(轉下頁)

對於"天地之貌",應劭注比附於"天圓地方"的說法。古人所謂"天圓地方",既指有形的"體",①也指無形的"道"。② 應劭取前一種解釋,也可能是受董仲舒"天人感應"附會之說的影響。③ 但這種解釋流於表淺,較爲牽強。

孟康注從"氣"的角度描述人與"天地之貌"的關係。這符合戰國秦漢時人的一般觀念。④ 班固此處也據該説而來。但這裏"人"與"天地"的所謂"宵貌"關係,應該超越形體具象,進入抽象層面加以理解,意即側重精神之"氣"而非物質之"氣"。孟康注囿於形體,把"宵"釋爲"化",不免拘泥。

〔二〕懷五常之性

前人對"五常"主要有三種解釋:一指五倫,即父義、母慈、兄友、弟恭、子孝,又稱五典、五品、五教。⑤二指五行,即金、木、水、火、土。⑥ 三指人格修養的五種品性或五條標準,即仁、義、禮、智、信。這種解釋更符合漢代説法和班固本意,顔師古也作此解。⑦《白虎通義》認爲五常之性是人性

(接上頁)頌儀也。从人,白象人面形。凡兒之屬皆从兒。貌,兒或从頁。"另,《隸釋》卷三《嚴訢碑》有"棠棠容貌"語(參見陳直:《漢書新證》,第161頁)。

① 《莊子·説劍》:"上法圓天以順三光,下法方地以順四時,中和民意以安四鄉。"《説文解字·口部》:"圓,天體也。"《史通·書志》:"圓首方足,含靈受氣。"
② 《吕氏春秋·季春紀·圜道》:"天道圜,地道方。聖王法之,所以立上下。"《大戴禮記·曾子天圓》:"天道曰圓,地道曰方,方曰幽而圓曰明。"《淮南子·天文訓》:"天道曰圓,地道曰方;方者主幽,圓者主明。"
③ 《春秋繁露·人副天數》:"頸以上者,精神尊嚴,明天類之狀也。頸而下者,豐厚卑辱,土壤之比也。足布而方,地形之象也。"
④ 《黄帝内經·素問·寶命全形論》:"人以天地之氣生,四時之法成……人生於地,懸命於天,天地合氣,命之曰人。"《白虎通義·性情》:"人稟陰陽氣而生,故内懷五性六情。"《白虎通義·社稷》:"人無不含天地之氣,有五常之性者。"《論衡·本性》:"人稟天地之性,懷五常之氣。"
⑤ 《尚書·泰誓下》:"狎侮五常。"孔穎達疏:"五常即五典,謂父義、母慈、兄友、弟恭、子孝。"《尚書·舜典》:"慎徽五典,五典克從。"僞孔傳:"五典,五常之教,父義、母慈、兄友、弟恭、子孝。"孔穎達疏:"此五典與下文五品、五教其事一也。"《左傳·文公十八年》:"舉八元,布五教於四方,父義、母慈、兄友、弟共、子孝,内平外成。"
⑥ 《春秋繁露·五行之義》:"天有五行:一曰木,二曰火,三曰土,四曰金,五曰水。"《白虎通義·京師》:"五行者,何謂也?謂金、木、水、火、土也。言行者,欲言爲天行氣之義也。"這兩處漢代文獻都重在解釋"五行"而非"五常"。《禮記·樂記》:"道五常之行,使之陽而不散,陰而不密。"鄭玄注:"五常,五行也。"
⑦ 《漢書·董仲舒傳》:"夫仁誼禮知信五常之道,王者所當脩飭也。"《論衡·問孔》:"五常之道,仁、義、禮、智、信也。"《漢書·地理志下》:"凡民函五常之性。"《漢書·禮樂志》:"至於陷大辟受刑戮者不絶,繇不習五常之道也。"顔師古注:"五常,仁、義、禮、智、信,人性所常行之也。"

稟賦,但不能自然成熟,需要聖人根據天道規律啓發、教化才行。① 這種說法也爲宋明理學所繼承,對後世影響至深至遠。②

以上三種解釋之間有一定關聯。《漢書》多次涉及"五行""五常""五事"的對應關係。③ 概括來說,"五行"是天地秩序的内在規定性,"五常"是"五行"的外在表現,又是人性的内在規定性,"五事"又是"五常"的外在表現。

這裏的"五常"是董仲舒從孟子的"四端"學說發展而來。④ 以董仲舒爲代表的漢代人性理論注重性、情之別,五常之性正是"中民之性"稟賦於天、待教爲善的根基。⑤《漢書·刑法志》(以下簡稱《漢志》)後文提到"人性相近"時,顔師古注也從"人同稟五常之性"的角度有所發揮。

〔三〕聰明精粹

"聰明"有三層含義:一是對耳朵和眼睛生理功能的描述,即耳聰目明。⑥ 二是指心智水準高於常人。耳聰目明的人信息接收能力强,反應靈敏,顯得智商高。⑦ 三是指超越蒙昧或欲望的靈性標籤。"聰明"是生民本

---

① 《諫諍》:"人懷五常,故有五諫……諷諫者,智也……順諫者,仁也……窺諫者,禮也……指諫者,信也……伯諫者,義也……"《三綱六紀》:"人皆懷五常之性,有親愛之心。"《性情》:"五性何爲? 謂仁、義、禮、智、信也……得五氣以爲常,仁、義、禮、智、信是也。"《五經》:"經所以有五何? 經,常也。有五常之道,故曰《五經》:《樂》仁、《書》義、《禮》禮、《易》智、《詩》信也。"《五經》:"人情有五性,懷五常,不能自成,是以聖人象天五常之道而明之,以教人成其德也。"
② (宋)朱熹《大學章句序》:"蓋自天降生民,則既莫不與之以仁義禮智之性矣。然其氣質之稟或不能齊,是以不能皆有以知其性之所有而全之也。一有聰明睿智能盡其性者出於其間,則天必命之以爲億兆之君師,使之治而教之,以復其性。此伏羲、神農、黄帝、堯、舜,所以繼天立極,而司徒之職、典樂之官所由設也。"
③ 《漢書·律曆志上》:"協之五行,則角爲木,五常爲仁,五事爲貌。"《漢書·天文志》:"曰東方春木,於人五常仁也,五事貌也……仁義禮智以信爲主,貌言視聽以心爲正,故四星皆失,填星乃爲之動。"長春按:"五事"即貌、言、視、聽、心(思),《尚書》"洪範九疇"之一。
④ 《孟子·公孫丑上》:"惻隱之心,仁之端也;羞惡之心,義之端也;辭讓之心,禮之端也;是非之心,智之端也。人之有是四端也,猶其有四體也。"又可參見趙增祥、徐世虹注,高潮審訂:《〈漢書·刑法志〉注釋》,法律出版社1983年版,第8頁。
⑤ 《漢書·宣元六王傳·東平思王宇》載元帝詔書曰:"夫人之性皆有五常,及其少長,耳目牽於耆欲……故五常銷而邪心作。"
⑥ 《尚書·皋陶謨》:"天聰明自我民聰明。"僞孔傳:"言天因民而降之福,民所歸者天命之。天視聽人君之行,用民爲聰明。"《後漢書·班超傳》:"衰老被病,頭髮無黑,兩手不仁,耳目不聰明。"
⑦ 《史記·五帝本紀》:"長而敦敏,成而聰明。"張守節《正義》:"聰明,聞見明辯也。"這裏隱含從第一層含義到第二層含義的延伸。《尚書·舜典》:"堯聞之聰明,將使嗣位,歷試諸難。"《漢書·趙廣漢傳》:"廣漢聰明,下不能欺。"這些例子就完全是第二層含義了。

性和天賜稟賦,是人生來就有的精神潛質。有的人由於受到外在事物或自身情欲的蒙蔽干擾,其"聰明"稟賦未能得到自然發展和充分開發。① 班固此處,從其字面義出發,落腳於引申義,是對人類智慧和靈性的讚譽之辭。

內田智雄等人把它翻譯爲"知性"(ち-せい),②按照現代日語理解應該說也不錯。不過應該注意的是,"知性"一詞在中國古籍文獻中更偏向于"聰明"的第三層意思,與其第一、二層意思有一定距離。③

"精粹"表示純而不雜,④形容人類智慧與情感的純美和高潔。⑤

〔四〕有生之最靈者

把人視爲靈性生物的觀念由來已久。⑥ 班固此處用語可能出自《桓子新論》。⑦ 而後,《文心雕龍》《唐律疏議》對此用語又再度化用。⑧

"人宵天地之貌"意味著,人雖然與天地存在密切聯繫,但畢竟具有相對獨立性,而非絕對附屬於天地;也意味著,人在天地萬物之中具有特殊性,相對於飛禽走獸而言具有優越性。其優越性主要表現在道德(懷五常之性)和心智(聰明精粹)兩個層面。在儒家學說中,人因爲具有這兩項特殊能力而超越禽獸,⑨與天地並立,⑩所以最有靈性,最爲可貴。這種"人

---

① 《漢書·揚雄傳下》:"天降生民,倥侗顓蒙,恣於情性,聰明不開。"
② 〔日〕內田智雄編:《譯注中國歷代刑法志》,創文社1964年版,第3頁。
③ 《藝文類聚》卷二十八《人部十二·賦》引班彪《冀州賦》:"美周武之知性,謀人神以動作。"
④ 《說文解字·米部》:"粹,不雜也。"段玉裁注:"粹,本是精米之稱。"《說文解字·米部》:"精,擇也。"段玉裁注:"擇米也。"
⑤ 《後漢書·張衡傳》:"歘神化而蟬蛻兮,朋精粹而爲徒。"李賢等注:"粹,美也。"《周易·乾卦》:"大哉乾乎! 剛健中正,純粹精也。"孔穎達疏:"六爻俱陽,是純粹也,純粹不雜是精靈,故云純粹精也。"
⑥ 《尚書·泰誓上》:"惟天地萬物父母,惟人萬物之靈。"僞孔傳:"靈,神也。天地所生,惟人爲貴。"
⑦ 《桓子新論·正經》:"人抱天地之體,懷純粹之精,有生之最靈者也。"長春按:桓譚(約公元前23年—公元56年)生活年代早於班固。班彪去世(公元54年)後,班固繼承父親遺志續寫《漢書》,《刑法志》撰寫更在其後。而且班固曾在桓譚死後爲其整理遺書。《後漢書·桓譚傳》:"初,譚著書言當世行事二十九篇,號曰《新論》,上書獻之,世祖善焉。《琴道》一篇未成,肅宗使班固續成之。"綜上,如果今本《桓子新論》文獻沒有問題,那就極有可能是《漢書·刑法志》化用於《桓子新論》。
⑧ 《文心雕龍·序志》:"夫有肖貌天地,稟性五才,擬耳目於日月,方聲氣乎風雷;其超出萬物,亦已靈矣。"《唐律疏議·名例》:"夫三才肇位,萬象斯分。稟氣含靈,人爲稱首。"
⑨ 《孟子·離婁下》:"人之所以異於禽於獸者幾希,庶民去之,君子存之。舜明於庶物,察於人倫,由仁義行,非行仁義也。"
⑩ 《禮記·中庸》:"唯天下至誠,爲能盡其性;能盡其性,則能盡人之性;能盡人之性,則能盡物之性;能盡物之性,則可以贊天地之化育;可以贊天地之化育,則可以與天地參矣。"

爲稱首"的思想不僅是中國文化的精髓,也是中國傳統法的精神特質所在,是其道德人文性的重要表現之一。① 班固此句行文實際上是爲後文反對窮武極詐和刑獄酷濫、反對廢除肉刑、主張勝殘去殺預留伏筆,樹立理論依據。

【原文】

爪牙不足以供耆欲,趨走不足以避利害,師古曰:"耆讀曰嗜。"無毛羽以禦寒暑,必將役物以爲養,任智而不恃力,此其所以爲貴也。

【考釋】

〔一〕爪牙不足以供耆欲,趨走不足以避利害,無毛羽以禦寒暑

"爪牙"有兩種意思:字面義指猛禽、猛獸鋒利的爪子和牙齒,在捕獵中常發揮關鍵作用;引申義指某種社會勢力的打手、幫兇。② 此處用其字面義,以人的手足比擬動物的爪牙,意在説明人在捕食本能方面的先天不足。

"耆欲"通"嗜欲",即生理欲望。③ 儒家認爲,失去禮度節制的嗜欲正是犯罪和刑罰的源頭。④

"趨走"有兩種意思:一是指人體移動,小步爲"趨",快跑爲"走";二是指受人驅使,奔走服役。⑤ 此處用第一個意思,説明人避難能力的局限。

"毛羽"是指動物身上用以禦寒的毛和羽。實際上,走獸(主要是哺乳綱動物)通常都有細毛,除禦寒外還有僞裝、保護等作用;飛禽都有羽,主要用於輔助飛行而非禦寒。辛子牛注指出,"避利害""禦寒暑"都是偏義

---

① 參見張中秋:《中國傳統法理法哲學論》,法律出版社 2023 年版,第 27—28 頁。
② 在傳統社會,"爪牙"一詞常用來代指黑惡勢力或官府暴力機關的基層吏員,且含有道德譴責的意味。其行爲和作用常被定性爲助紂爲虐或爲虎作倀。近代以來,學術研究的中立視角逐漸興起,基層組織人員的作用也逐漸得到正視。例如,近期出版的美國學者白德瑞譯著《爪牙:清代縣衙的書吏與差役》(尤陳俊、賴駿楠譯,廣西師範大學出版社 2021 年版)。
③ 《禮記·月令》:"節耆欲,定心氣。"《漢書·晁錯傳》:"宮室過度,耆欲亡極。"
④ 《孔子家語·五刑解》:"刑罰之源,生於嗜欲不節。夫禮度者,所以禦民之嗜欲,而明好惡,順天之道。禮度既陳,五教畢修,而民猶或未化,尚必明其法典以申固之。"
⑤ 《列子·周穆王》:"昔昔夢爲人僕,趨走作役,無不爲也。"《吳越春秋·勾踐入臣外傳》:"蒙大王鴻恩,得君臣相保,願得入備掃除,出給趨走,臣之願也。"

複詞,意爲"避害""禦寒"。① 實際上,"毛羽"也可以做此理解。

這三個短句意在説明人類某些生理局限,化用於《吕氏春秋》(見下文腳注)。

〔二〕**必將役物以爲養,任智而不恃力**

"役物"即役使外物。有人以《荀子·修身》"君子役物,小人役於物"注解此句,②雖然找到了近似的語句,卻未關注到具體的語境和語意。"君子役物,小人役於物"意思是,道德境界高的人不因物質利益的誘惑而放棄道德理想,道德境界低的人做事總被物質欲望所左右。這是在講人的道德修養問題,與班固此處把人作爲一個整體、描述其借助外物謀求種群生存和發展的意思不是一回事。

這裏的"養"既包括對物質欲望的滿足,也包括秩序規則和精神性情兩個層面的提升。按照荀子的設計,"養"的載體就是"禮"。③ 而禮對人的養既有滿足基本生活需求的養口、養鼻、養目、養耳、養體,也有體現貴賤等差秩序的養體、養鼻、養目、養耳、養信、養威、養安,還有通過出死要節而養生,通過出費用而養財,通過恭敬辭讓而養安,通過禮義文理而養情(詳見《荀子·禮論》)。

"役物以爲養"意思是,人借助外物彌補身體構造上的局限,通過製造和使用工具來駕馭自然環境,滿足自身需要。結合上下文意可知,這裏的"物"應側重指動物。商周時代及其以前,動物常因具有某種生理優勢而爲人類所敬慕乃至崇拜。到春秋戰國時代,生產力的飛躍式發展讓人類逐漸能夠理性看待自身優勢,④面對動物時的心態也不再卑微。⑤

---

① 辛子牛:《漢書刑法志注釋》,群衆出版社 1984 年版,第 2 頁。
② 趙增祥、徐世虹、高潮:《〈漢書·刑法志〉注釋》,第 8 頁。
③ 《荀子·禮論》:"禮起於何也? 曰:人生而有欲,欲而不得,則不能無求。求而無度量分界,則不能不争;争則亂,亂則窮。先王惡其亂也,故制禮義以分之,以養人之欲,給人之求。使欲必不窮乎物,物必不屈於欲。兩者相持而長,是禮之所起也。故禮者養也。"
④ 《荀子·王制》:"力不若牛,走不若馬,而牛馬爲用。"《吕氏春秋》所載詳見下注。
⑤ 張光直:"在商周早期,神奇的動物具有很大的支配性的神力,而對動物而言,人的地位是被動與隸屬性的……到了周代後期,人從動物的神話力量之下解脱出來,常常以挑戰的姿態出現,有時甚至成爲勝利的一方。"[美]張光直:《中國青銅時代》,生活·讀書·新知三聯書店 2013 年版,第 417 頁)

"任智而不恃力"意思是,由於在心智方面的優勢和力量上的弱勢,人類選擇揚長避短,主要依靠心智而非力量去生存、生產和生活。在班固之前,董仲舒對此問題剖析最爲深入、論證最系統深刻。① 班固此處表述正得其精華。

〔三〕**此其所以爲貴也**

"以人爲貴"的理念常見於先秦典籍。② 其中,孔子的表述在漢代常被引用和發揮。③ 東漢的張敏更把它與法律問題聯繫在一起。④ 荀子把"人爲貴"的理由分出四個層次:氣、生、知、義。其中,"義"最爲關鍵。⑤ 董仲舒則突出強調道德和心智兩個層面(詳見前文),並指出其現實意義。⑥ 這個邏輯正爲班固所借用,成爲推動《漢志》論述聖王治理秩序和禮刑共治模式的邏輯綫索:開篇第一句話定下道德和心智兩條論證理路,得出"人最靈"的結論;這裏一句著重強調其心智方面的優勢;下文一句強調其道德方面的優勢。這裏的"人爲貴"與"人最靈"是互文現義的寫法。

【原文】

故不仁愛則不能群,不能群則不勝物,不勝物則養不足。群而不足,争心將作。

---

① 《漢書·董仲舒傳》:"人受命於天,固超然異於群生,人有父子兄弟之親,出有君臣上下之誼,會聚相遇,則有耆老長幼之施;粲然有文以相接,驩然有恩以相愛,此人之所以貴也。生五穀以食之,桑麻以衣之,六畜以養之,服牛乘馬,圈豹檻虎,是其得天之靈,貴於物也。故孔子曰:'天地之性人爲貴。'"《春秋繁露·天地陰陽》:"天、地、陰、陽、木、火、土、金、水、九,與人而十者,天之數畢也,故數者至十而止,書者以十爲終,皆取之此。聖人何其貴者,起於天,至於人而畢,畢之外,謂之物,物者,投其所貴之端,而不在其中,以此見人之超然萬物之上,而最爲天下貴也。"
② 《黄帝内經·素問·寳命全形論》:"天覆地載,萬物悉備,莫貴於人。"《孫臏兵法·月戰》:"間於天地之間,莫貴於人。"《孝經·聖治章》:"子曰:'天地之性人爲貴。'"
③ 《漢書·五行志下》:"劉歆以爲……天地之性人爲貴。"《漢書·平當傳》:"《孝經》曰:'天地之性人爲貴……'"《漢書·宣元六王傳·楚孝王囂》:"(成帝)下詔曰:'蓋聞天地之性人爲貴……'"《白虎通義·三軍》:"人者,天之貴物也。"《論衡·無形》:"天地之性,人最爲貴。"《説文解字·人部》:"人,天地之性最貴者也。"
④ 《後漢書·張敏傳》:"臣愚以爲天地之性,唯人爲貴。殺人者死,三代通制。"
⑤ 《荀子·王制》:"人有氣,有生,有知,亦且有義,故最爲天下貴也。"
⑥ 《漢書·董仲舒傳》:"明於天性,知自貴於物;知自貴於物,然後知仁誼;知仁誼,然後重禮節;重禮節,然後安處善;安處善,然後樂循理;樂循理,然後謂之君子。"

【考釋】
〔一〕不仁愛則不能群,不能群則不勝物,不勝物則養不足

"群"即合群,過群體生活。"勝物"即《漢志》前文之"役物"。這句話以"群"爲中心概念,意在闡明人類合群的必要和可能:爲求控御外物,供養充足,人需要結合成群;因爲特有的情智屬性,人可以通過發揚仁愛精神而結合成群。

對"群"的合作機理,前人已有論述,或側重於"義",或落腳於"利"。① 班固此處落腳於"仁愛",與前說有所不同。

〔二〕群而不足,爭心將作

内田智雄等認爲"群而不足"譯爲"養而不足"更爲妥當。② 從前後語義上講,這種理解似乎沒錯,但不符合班固的行文風格和語義邏輯。首先,在"群而不足"之前已有"養不足"三字,此處應該不會再重複出現。其次,"群而不足"中的"而"字有輕微轉折的意思,描述雖然有"群"但也有可能"不足"的情況。如果單純表示"養"的"不足",則不存在轉折意味,也就不需要畫蛇添足地用"而"字。最後,"群而不足"四字雖然表面上看有些不通,但實際上應該是一種省略式的表達。按照班固的邏輯思路,要想供養充足就要成"群",但有"群"不一定供養充足。"群"是供養充足的必要條件但非充分條件。如果"群"的組織方式不合理,也會出現供養不足而引發爭心。所以荀子説:"人生不能無群,群而無分則爭,爭則亂,亂則離,離則弱,弱則不能勝物。"③這就引出下文聖王治理模式的話題,即以"善群"的"君"避免群而有爭的局面。④

---

① 《荀子·王制》:"力不若牛,走不若馬,而牛馬爲用,何也? 曰:人能群,彼不能群也。人何以能群? 曰:分。分何以能行? 曰:義。義以分則和,和則一,一則多力,多力則強,強則勝物。"《吕氏春秋·恃君覽》:"凡人之性,爪牙不足以自守衛,肌膚不足以扞寒暑,筋骨不足以從利辟害,勇敢不足以卻猛禁悍。然且猶裁萬物,制禽獸,服狡蟲,寒暑燥濕弗能害,不唯先有其備,而以群聚邪! 群之可聚也,相與利之也。利之出於群也,君道立也。故君道立則利出於群,而人備可完矣。"
② 〔日〕内田智雄編:《譯注中國歷代刑法志》,第3頁。
③ 參見《荀子·王制》。
④ 《荀子·王制》:"君者,善群也。群道當,則萬物皆得其宜,六畜皆得其長,群生皆得其命。故養長時,則六畜育;殺生時,則草木殖;政令時,則百姓一,賢良服。"《荀子·富國》:"人之生不能無群,群而無分則爭,爭則亂,亂則窮矣。故無分者,人之大害也;有分者,天下之本利也;而人君者,所以管分之樞要也。"

人欲不能滿足則必有所爭的說法來自荀子,①而班固所用"爭心"一詞則可能源於《左傳》所載叔向之語。②

【原文】

上聖卓然先行敬讓博愛之德者,衆心説而從之。師古曰:"説讀曰悦。" 從之成群,是爲君矣;歸而往之,是爲王矣。師古曰:"言爭往而歸之也。"

【考釋】

〔一〕上聖卓然先行敬讓博愛之德者,衆心説而從之

"卓然"即思想見解和實際行動都很突出,超過一般人。③ "衆"即民衆。"説"通"悦",即高興、喜歡。④ "上聖",有譯爲"道德高尚的人"或"德才最高超的人",⑤似有疑問。

根據行文,這句話的主語是"……者"。"者"代指的是此前十二個字構成的一個從句而非僅指"上聖"。這個從句由狀語(上聖、卓然、行)、謂語(行)、賓語(敬讓博愛之德)三部分組成。在這裏,"上聖"是狀語、副詞,可譯爲"至爲崇高、無比聖明地"。

〔二〕敬讓博愛之德

"敬"和"讓"都是禮的重要精神。⑥ 孔子提倡的"禮讓爲國"爲漢代人所推重。⑦ 在漢代人看來,提倡"敬讓"可以有效制約爭心,輔助法律秩序。⑧ 但"敬讓"需要聖人君主先行,然後民衆才會心悦誠服地追隨效法。

---

① 《荀子·禮論》:"人生而有欲,欲而不得,則不能無求。求而無度量分界,則不能不爭;爭則亂,亂則窮。"
② 《左傳·昭公六年》載叔向信中有"懼民之有爭心""並有爭心"等語。詳見後文。
③ 《説文解字·匕部》:"卓,高也。"
④ 《孟子·公孫丑上》:"以德服人者,中心悦而誠服也。"正與本句主旨相通。
⑤ 趙增祥、徐世虹、高潮:《〈漢書·刑法志〉注釋》,第 8 頁;辛子牛:《漢書刑法志注釋》,第 2 頁。
⑥ 《孝經·廣要道章》:"禮者,敬而已矣。"《禮記·經解》:"恭儉莊敬,《禮》教也。"《禮記·曲禮》:"毋不敬。"鄭玄注:"禮主於敬。"《左傳·襄公十三年》:"讓,禮之主也。"
⑦ 《論語·里仁》:"子曰:'能以禮讓爲國乎,何有? 不能以禮讓爲國,如禮何?'"《漢書·匡衡傳》載匡衡引孔子此言。《漢書·韋賢傳》:"聖王貴以禮讓爲國。"
⑧ 《漢書·元帝紀》載元帝詔曰:"蓋聞明王之治國也,明好惡而定去就,崇敬讓而民興行,故法設而民不犯,令施而民從。"《漢書·禮樂志》:"樂以治内而爲同,禮以修外而爲異;同則和親,異則畏敬;和親則無怨,畏敬則不爭。揖讓而天下治者,禮樂之謂也。"

"博愛"和"仁愛"都是儒家的基本概念。"博愛"從屬於"仁愛",①是"仁愛"的高級狀態。"仁愛"偏重愛的方向,即出於本心,漸次擴大,是仁人的標準;"博愛"偏重愛的境界,即受衆廣泛,寬懷博大,是聖人和王者的標準,②與"上聖"相呼應。

班固此處化用自《孝經》。③

〔三〕從之成群,是爲君矣;歸而往之,是爲王矣

這句是說:衆人追隨成群,就產生了君;衆人欣然歸往,就產生了王。

以"群"釋"君",以"往"釋"王"。這種以音訓字的方法在戰國秦漢儒家典籍中比較常見。④ 值得重視的是,荀子從這種聯繫出發,明確提出了君王的職責與使命。⑤

第二節

【原文】

《洪範》曰:"天子作民父母,爲天下王。"師古曰:"《洪範》,周書也。"聖人取類以正名,而謂君爲父母,明仁愛德讓,王道之本也。

【考釋】

〔一〕《洪範》

《洪範》是《尚書·周書》中的一篇。《洪範》提出的所謂"洪範九

---

① (唐)韓愈《原道》:"博愛之謂仁。"
② 《論語·雍也》:"子貢曰:'如有博施於民而能濟衆,何如? 可謂仁乎?'子曰:'何事於仁,必也聖乎!'"《漢書·谷永傳》:"王者躬行道德,承順天地,博愛仁恕,恩及行葦。"
③ 《孝經·三才章》:"先王見教之可以化民也,是故先之以博愛,而民莫遺其親,陳之以德義,而民興行。先之以敬讓,而民不爭,導之以禮樂,而民和睦;示之以好惡,而民知禁。"
④ 《穀梁傳·莊公三年》:"其曰王者,民之所歸往也。"《荀子·王制》:"君者,善群也。"《荀子·正論》:"天下歸之謂之王。"《韓詩外傳》卷五:"王者,往也。天下往之謂之王。"《春秋繁露·滅國》:"君者不失其群者也。"《白虎通義·號》:"王者,往也,天下所歸往。"長春按:班固較爲抵觸讖緯之學,《文耀鉤》《元命苞》等書雖然也有"王者往也"之文,應該不在其參考範圍內。
⑤ 《荀子·君道》:"道者,何也? 曰:君之所道也。君者,何也? 曰:能群也。能群也者,何也? 曰:善生養人者也,善班治人者也,善顯設人者也,善藩飾人者也……四統者俱,而天下歸之,夫是之謂能群。"

疇"(意爲"大法九種"),是儒家重要的法哲學概念。

《尚書》是先秦許多重要政治文獻的彙編,分爲《虞書》《夏書》《商書》《周書》四部分,內容涉及春秋以前若干古史事件。這些文獻可能有較爲古老的原始檔案底本,後來逐漸被儒家所傳習、改造和增補。到戰國時,《尚書》已經有許多篇,被其他先秦古籍廣爲引用。《尚書》在傳抄過程中被灌注大量儒家的政治理念和思想學說,因而成爲秦代焚書的重點對象。到漢初,伏生根據藏於屋壁的《尚書》古本整理出用漢代隸書書寫的"今文尚書"二十八篇。漢景帝時魯恭王拆孔府宅時又發現用戰國篆文書寫的《尚書》,孔安國以伏生所傳版本進行校定整理,共得五十九篇,是爲"古文尚書"。西晉末年,官府所藏今、古文尚書都亡於戰火。東晉時,豫章內史梅賾獻"僞古文尚書"五十八篇和"僞孔安國傳"。在唐代,孔穎達作《尚書正義》以之爲底本。"僞古文尚書"中有三十三篇內容與伏生所傳的"今文尚書"相同,被認爲是比較可靠的漢代篇目。多出的二十五篇,被宋、清以來的學者普遍認定爲僞作。清代閻若璩《尚書古文疏證》是該說的定讞之作。在近現代,顧頡剛、劉起釪師徒對傳世《尚書》文獻的研究成就最高。近年來,"清華簡"中發現多篇先秦《尚書》文獻,繼續證明"僞古文尚書"與先秦《尚書》存在巨大差異,又將相關研究推向新的高潮。當然,古書真僞與其是否有學術價值是兩回事,應該區別看待。①

〔二〕天子作民父母

"天子"即君王的別稱。西周最高統治者宣稱"受命於天",自稱"天子"。它起初只是天命觀念背景下用來增強統治合法性的政治概念,後來逐漸被注入道德價值的內涵。② "天子作民父母"是這個過程的重要理論

---

① 梁啟超《古書真僞及其年代》:"僞書非辨不可,那是當然的。但辨別以後,並不一定要把僞書燒完。固然也有些僞書可以燒的,如唐、宋以後的人所僞造的書。但自唐以前或自漢以前的僞書卻很可寶貴,又當別論。其故因爲書斷不能憑空造出,必須參考無數書籍,假中常有真寶貝⋯⋯例如《古文尚書》采集極博,它的出處在有一大半給人找出來了,還有小半找不出,那些被采集而亡佚的書反賴僞《古文尚書》以傳世。"(梁啟超:《梁啟超全集》,北京出版社1999年版,第5038頁)
② 《論語・季氏》:"天下有道,禮樂征伐自天子出。"《墨子・尚同》:"天子者,固天下之仁人也。"《孟子・離婁上》:"天子不仁,不保四海。"

成果。這句話出自"洪範九疇"之五"建皇極"。① 班固撰《白虎通義》對此概念也有所發揮。② 這裏的"天子"與上文的"君"和"王"意思大體相當。如此行文意在避免重複。

把君王視爲民之父母的説法在古籍中比較常見,影響深遠。③ 按照儒家學者的説法,"作民父母"意味著君王要一心爲民,④要承擔教化、規範、保護等職責,⑤要在威嚴與慈惠之間尋求平衡。⑥ 但在法家的思想觀念中,"作民父母"應該以嚴法愛民,通過深督嚴責達到以刑去刑的目的。⑦ 在漢代,無論是對君主還是對守吏而言,"作民父母"多傾向於儒家的

---

① 《尚書·洪範》:"天子作民父母,以爲天下王。"僞孔傳:"言天子布德惠之教,爲兆民之父母,是爲天下所歸往,不可不務。"
② 《白虎通義·爵》:"爵所以稱天子何?王者父天母地,爲天之子也……帝王之德有優劣,所以俱稱天子者何?以其俱命於天……何以'言皇'亦稱天子也?以其言天覆地載,俱王天下也。"
③ 《尚書·泰誓上》:"亶聰明作元后,元后做民父母。"僞孔傳:"人誠聰明,則爲大君,而爲衆民父母。"《左傳·昭公三年》:"其愛之如父母,而歸之如流水。"《大戴禮記·小辨》:"夫政善則民説,民説則歸之如流水,親之如父母。"《詩經·大雅·泂酌》:"豈弟君子,民之父母。"
④ 《禮記·大學》:"《詩》云:'樂只君子,民之父母。'民之所好好之,民之所惡惡之。此之謂民之父母。"《荀子·王霸》:"湯武者,修其道,行其義,興天下同利,除天下同害,天下歸之。故厚德音以先之,明禮義以道之,致忠信以愛之,賞賢使能以次之,爵服賞慶以申重之,時其事,輕其任,以調齊之,潢然兼覆之,養長之,如保赤子。生民則致寬,使民則綦理,辯政令制度,所以接天下之人百姓,有非理者如豪末,則雖孤獨鰥寡,必不加焉。是故百姓貴之如帝,親之如父母,爲之出死斷亡而不愉者,無它故焉,道德誠明,利澤誠厚也。"
⑤ 《禮記·孔子閒居》載孔子曰:"夫民之父母乎,必達於禮樂之原,以致五至,而行三無,以橫於天下,四方有敗,必先知之。此之謂民之父母矣。"《荀子·彊國》:"禮義則修,分義則明,舉錯則時,愛利則形。如是,百姓貴之如帝,高之如天,親之如父母,畏之如神明。"
⑥ 《禮記·表記》:"君子之所謂仁者,其難乎!《詩》云:'凱弟君子,民之父母。'凱以強教之,弟以説安之。樂而毋荒,有禮而親,威莊而安,孝慈而敬。使民有父之尊,有母之親。如此而後可以爲民父母矣。"費孝通:"儒家很有意思想形成一個建築在教化權力上的王者,他們從没有熱心於横暴權力所維持的秩序。'苛政猛於虎'的政是横暴性的,'爲政以德'的政是教化性的。'爲民父母'是爸爸式權力的意思。"(費孝通:《鄉土中國》,人民出版社 2008 年版,第 83 頁)
⑦ 《管子·法法》:"惠者多赦者也,先易而後難,久而不勝其禍;法者先難而後易,久而不勝其福。故惠者,民之仇讎也;法者,民之父母也。太上,以制度;其次,失而能追之,雖有過,亦不甚矣。"《韓非子·顯學》:"夫嚴家無悍虜,而慈母有敗子,吾以此知威勢之可以禁暴,而德厚之不足以止亂也。"李斯也很認可韓非子的這個觀點,並加以引用。(《史記·李斯列傳》)

理解。①

　　從理論上講,"天子作民父母"的説法既增强了統治的合法性,也提出了較高的責任要求。如果執政失職,君王就會遭到責難或者進行自責。②這可以説是儒家思想對君王權力進行軟性約束的一種表現。

〔三〕聖人

　　"聖人"有三層含義:一是在道德修養、聰明才智、思想見解等方面都達到極高境界的人。這是專從個人素質而言的。二是擁有統治權力的君王。這是專從政治身份而言的。三是具備卓越個人素質的聖王。這是前面二者的綜合,爲儒家所推崇,是地位和境界最高的一類人。③班固此處的"聖人"是第三層含義,與下文的"先王"大體相當。

〔四〕取類以正名

　　"取類"即取象比類,根據某些屬性的類似性把不同事物放在一起進行比附。這是中國古代常見的思維方式。④此處取象比類的本體是君民關係,喻體是父母與子女的關係。

　　"正名"即核定名實、確定名分。"正名"是先秦名學的重要概念,儒、法諸家都把它運用於政治社會生活。⑤班固此處是説君王既然有父母之

---

① 《漢書·刑法志》載漢文帝詔:"《詩》曰:'愷弟君子,民之父母。'今人有過,教未施而刑已加焉,或欲改行爲善,而道亡繇至,朕甚憐之。夫刑至斷支體,刻肌膚,終身不息,何其刑之痛而不德也!豈稱爲民父母之意哉?"《漢書·酷吏傳·田延年傳》載其母訓誡之辭:"幸得備郡守,專治千里,不聞仁愛教化,有以全安愚民,顧乘刑罰多刑殺人,欲以立威,豈爲民父母意哉!"《後漢書·章帝紀》載章帝詔:"今吏多不良,擅行喜怒,或案不以罪,迫脅無辜,致令自殺者,一歲且多於斷獄,甚非爲人父母之意也。"

② 《孟子·梁惠王上》:"爲民父母行政,不免於率獸而食人,惡在其爲民父母也?"《漢書·文帝紀》載文帝詔:"方春和時,草木群生之物皆有以自樂,而吾百姓鰥寡孤獨窮困之人或阽於死亡,而莫之省憂。爲民父母將何如? 其議所以振貸之。"《漢書·元帝紀》載元帝詔:"元元大困,流散道路,盜賊並興。有司又長殘賊,失牧民之術。是皆朕之不明,政有所虧。咎至於此,朕甚自恥。爲民父母,若是之薄,謂百姓何!"

③ 《白虎通義·聖人》:"聖人者何? 聖,通也,道也,聲也。道無所不通,明無所不照,聞聲知情,與天地合德,日月合明,四時合序,鬼神合吉凶。《禮别名記》曰:'五人曰茂,十人曰選,百人曰俊,千人曰英,萬人曰傑,萬傑曰聖。'"《漢書·古今人表》分爲聖人、仁人、智人、中人、愚人等。

④ 《周易·繫辭上》:"聖人有以見天下之賾,而擬諸其形容,象其物宜,是故謂之象。"《文心雕龍·比興》:"比之爲義,取類不常,或喻於聲,或方於貌,或擬於心,或譬於事。"

⑤ 孔子提出的"正名"就是君君、臣臣、父父、子子(《論語·子路》)。荀子則主張"後王"通過"正名"而正天下(《荀子·正名》)。此外,《商君書》有《定分篇》,《吕氏春秋》(轉下頁)

名，就應有父母之實，即按照父母的標準要求君王，使其名實相符，做好分內的事。

〔五〕仁愛德讓，王道之本

民之父母的標準就是"仁愛德讓"。前文說"仁愛"是合"群"的前提，又說"敬讓博愛"是"君""王"得位的要旨。這裏從"作民父母"的角度提出"仁愛德讓"，是對二者的綜合，同時又側重於寬柔的一面而切割掉"敬"的要素，爲下面的行文做鋪墊。此處的"德讓"既有古籍所本，①也爲漢代人所重視。②

"王道"即先王之道，不僅是指先王治國的方式與策略，更蘊含著公平、正直、仁義、愛民、禮讓、教化等價值理念和德行標準。所謂"先王"不僅是指具體的堯、舜、禹、湯、文王、武王，更指抽象的理想聖王。"王道"是儒家政治哲學的核心概念，最早可以追溯到"洪範九疇"之五的"建皇極"。③ 這裏提到"王道"，正可以與前文呼應。"仁"和"德"是王道政治的核心。④ 實行王道，無論是"衆心悦而從之"還是"作民父母"，都是從人之常情講起。⑤ 以上這些説法綜合起來，或許就是班固此處用語的淵源。

【原文】

愛待敬而不敗，德須威而久立，故制禮以崇敬，作刑以明威也。

（接上頁）有《正名篇》。長春按："名"是中國法哲學最具原創性的核心概念之一，相關最新研究成果參見蔣海松：《法與名》，知識產權出版社 2023 年版。
① 《國語·周語下》："昔史佚有言：'動莫若敬，居莫若儉，德莫若讓，事莫若咨。'"
② 《漢書·匡衡傳》："孔子曰：'能以禮讓爲國乎，何有？'朝廷者，天下之楨幹也。公卿大夫相與循禮恭讓，則民不爭；好仁樂施，則下不暴；上義高節，則民興行；寬柔和惠，則衆相愛。四者，明王之所以不嚴而成化也。"
③ 《尚書·洪範》："無偏無頗，遵王之義。無有作好，遵王之道。無有作惡，遵王之路。無偏無黨，王道蕩蕩。無黨無偏，王道平平。無反無側，王道正直。會其有極，歸其有極。曰皇極之敷言，是彝是訓，於帝其訓。凡厥庶民，極之敷言，是訓是行，以近天子之光。曰天子作民父母，以爲天下王。"相關討論參見俞榮根：《王道政治——儒學政治智慧與治國之術》（重訂本），法律出版社 2020 年版。
④ 《孟子·公孫丑上》："以德行仁者王。"《春秋繁露·俞序》："霸王之道，皆本於仁。"
⑤ 《新序·善謀》："王道如砥，本乎人情，出乎禮義。"

【考釋】

"待"即依靠、需要。"須"即必須、依賴。"不敗""久立"意思相通,即長期發揮作用、不會衰敗没落。辛子牛注認爲"待"通"恃","須"通"需",① 但没有明確的文本依據。實際上,不這樣調整也可以講得通。

這句是説,"愛"與"德"有賴於"敬"與"威"才能不敗,從而突出"敬"與"威"的重要性。作爲民之父母,君王爲政要以"仁愛德讓"爲主,但也離不開必要的"敬"和"威"。由此引出禮和刑這兩種基本治理手段。荀子最早把二者放在一起加以重視。② 漢代人對其關係又有重要的補充和發展。③

【原文】

聖人既躬明悊之性,師古曰:"躬謂身親有之。"必通天地之心,制禮作教,立法設刑,動緣民情,而則天象地。師古曰:"則,法也。"

【考釋】

〔一〕躬明悊之性

"躬"即自身具備。"悊"是"哲"的古字。④ "明悊之性"是指聰明智慧的心性,⑤漢代以後逐漸成爲聖人、君王的標籤。⑥

〔二〕通天地之心

"天地之心"原指萬物生生不息的生機源泉,具有宇宙論的意味。⑦ 後來《禮記》提出"人是天地之心"。⑧ 這是對人地位的推崇。後來董仲舒又

---

① 辛子牛:《漢書刑法志注釋》,第2頁。
② 《荀子·成相》:"治之經,禮與刑,君子以修百姓寧。"
③ 《漢書·賈誼傳》:"夫禮者禁於將然之前,而法者禁於已然之後,是故法之所用易見,而禮之所爲生難知也。"《漢書·公孫弘傳》:"法之所罰,義之所去也;和之所賞,禮之所取也。"《後漢書·陳寵傳》:"禮之所去,刑之所取,失禮則入刑,相爲表裏者也。"
④ (清)周壽昌《漢書注校補》卷十六《刑法志第三》"聖人既躬明悊之性"條:"《集韵》:'哲'古作'悊'。"
⑤ 《尚書·説命上》:"知之曰明哲,明哲實作則。"
⑥ 《漢書·韋賢傳》:"赫赫天子,明悊且仁。"
⑦ 《周易·復卦·象傳》:"復,其見天地之心乎?"
⑧ 《禮記·禮運》:"人者,天地之心也,五行之端也,食味别聲被色而生者也。"孔穎達疏:"天地高遠在上,臨下四方,人居其中央,動靜應天地,天地有人,如人腹内有心,動靜應人也,故云'天地之心'也。王肅云:'人於天地之間,如五藏之有心矣。'人乃生之最靈,其心五藏之最聖也。"《文心雕龍·原道》:"仰觀吐曜,俯察含章,高卑定位,故兩(轉下頁)

提出,抽象的"仁"是天地之心。① 這既是對人精神本質的提煉和褒揚,也是對中國傳統法本體的較早成熟表達。②

《漢志》前文强調"仁"對合群、王道、禮刑的基礎性作用,此處講聖人制禮設刑也應該是以"仁"爲基礎。加之本句在"天地之心"前用的是"通",意即通曉或貫通。所以班固此處的"天地之心"應該是"仁"而非"人",即采用董仲舒的説法。

柳宗元在論孔子"乘桴浮於海"時,把"海"解説爲"至道"或"至道之本",並稱之爲"天地之心"。③ 這種受到佛家啓發的比喻,是對董仲舒學説的推進,啓發了宋明理學的"天心論"。④

〔三〕制禮作教,立法設刑

"制禮作教"即通過制定禮法規範以教化人民。"立法設刑"即通過發布法令而確立刑罰制度。古人認爲,禮制和刑罰都是聖人所制。⑤ 以制禮著稱的聖人是周公,⑥以作刑著稱的聖人是皋陶。⑦ 當然,這些説法都是後人構造的,不能等同於歷史事實。

〔四〕動緣民情,則天象地

"動"即動輒、每個舉動。"緣"即依據、遵從。"動緣民情"即做事順從人情。⑧

(接上頁)儀既生矣。惟人參之,性靈所鍾,是謂三才。爲五行之秀,實天地之心,心生而言立,言立而文明,自然之道也……言之文也,天地之心哉!"長春按:劉勰采《禮記》之説。

① 《春秋繁露·俞序》:"仁,天心。"陳來:"董仲舒以仁爲天心,這是漢代儒學宇宙論的重大發展。"(陳來:《宋明儒學的"天地之心"論及其意義》,載《江海學刊》2015年第3期)
② 參見武大波:《董仲舒法本體論初探》,載張中秋主編:《道與法:中國傳統法哲學新探》,中國政法大學出版社2016年版。
③ (唐)柳宗元《乘桴説》:"海者,聖人至道之本,所以浩然而游息者也……天地之心者,聖人之海也。"
④ 參見陳來:《宋明儒學的"天地之心"論及其意義》。
⑤ 《史記·趙世家》:"聖人觀鄉而順宜,因事而制禮,所以利其民而厚其國也。"《周易·豫卦·彖辭》:"聖人以順動,則刑罰清而民服。"《韓非子·姦劫弑臣》:"夫嚴刑者,民之所畏也;重罰者,民之所惡也。故聖人陳其所畏以禁其邪,設其所惡以防其姦。"
⑥ 《禮記·明堂位》:"武王崩,成王幼弱,周公踐天子之位,以治天下。六年,朝諸侯於明堂,制禮作樂。"
⑦ 《北堂書鈔·帝王部十七》引《竹書紀年》:"帝舜三年,命咎陶作刑。"《左傳·昭公十四年》引《夏書》曰:"昏、墨、賊,殺,皋陶之刑也。"
⑧ 《漢書·楊王孫傳》:"蓋聞古之聖王,緣人情不忍其親,故爲之制禮。"高恒:"所謂'動緣民情',即要求統治者立法定制應當合情合理,符合民心。"(高恒:《秦漢法制論考》,廈門大學出版社1994年版,第264頁)

"則""象"意思相通,即效法、仿效。"則天象地"即效法天地法則。① 内田智雄等把"天地法則"譯爲"天地の理法",②措辭應是受到宋明理學的影響。

這句是說,聖人制禮作刑有兩個根據:一是人心民情,二是天地法則。下文論述的重點轉向後者。

【原文】

故曰先王立禮,"則天之明,因地之性"也。師古曰:"《春秋左氏傳》載鄭大夫子太叔之辭也。"刑罰威獄,以類天之震曜殺戮也;師古曰:"震謂雷電也。"温慈惠和,以效天之生殖長育也。

【考釋】

〔一〕 先王立禮,則天之明,因地之性

"先王"即古代聖王。(說詳前文)"立禮"即制定禮制。"則"與"因"意思相通,即效法、遵從;"天之明"即日月星辰;"地之性"即高下剛柔。③ 此即上文"則天象地"。

《左傳·昭公二十五年》記載,趙簡子向鄭國執政子大叔詢問"揖讓周旋之禮",子大叔認爲那些只能算作"儀"而非"禮",並引用子產的話對"禮"進行描述和讚美。④ 班固此處是對這段話的濃縮化用。

---

① 《周易·繫辭上》:"天垂象,見吉凶,聖人象之。河出圖,洛出書,聖人則之。"《春秋繁露·天地之行》:"爲人君者,其法取象於天……爲人臣者,其法取象於地。"
② [日]内田智雄編:《譯注中國歷代刑法志》,第4頁。
③ 《左傳·昭公二十五年》孔穎達疏:"則天之明,杜以爲日月星辰者,以下傳云'爲父子兄弟,昏媾姻亞,以象天明',若衆星之共北辰,故知天明,日月星也。杜知高下剛柔,地之性者,以下傳云:'爲君臣上下,以則地義。'則君高臣下,臣柔君剛,地義則之性也。傳文上下,其理分明,人法天地,其事多種。杜以天明地義,舉要而言,故不備顯刑罰威獄,温慈惠和……天言則、地言因者,民見地有宜利,因取而法效之,因亦則之義也。既言天之經,不可復言地之經,故變文稱義。既言則之明,不可復言則地之性,故變文言因。因之與則,互相推也,正是變文使相辟耳。"
④ 《左傳·昭公二十五年》載子大叔曰:"吉也聞諸先大夫子產曰:'夫禮,天之經也,地之義也,民之行也。天地之經,而民實則之。則天之明,因地之性,生其六氣,用其五行。……爲君臣上下,以則地義;爲夫婦外内,以經二物;爲父子、兄弟、姑姊、甥舅、昏媾、姻亞,以象天明;爲政事、庸力、行務,以從四時;爲刑罰威獄,使民畏忌,以類其震曜殺戮;爲温慈惠和,以效天之生殖長育。民有好惡喜怒哀樂,生於六氣,是故審則宜類,以制六志……乃能協於天地之性,是以長久。'"

〔二〕刑罰威獄,以類天之震曜殺戮也;温慈惠和,以效天之生殖長育也

"獄"即牢獄。"威"是説牢獄的威嚴性、威懾性,可以同時用來修飾"刑罰"。"震"既指打雷閃電,也與《周易》"震卦"的意象相關聯。①"曜"(yào)即光明閃耀。②"震曜"即雷電閃耀,雷聲震動,電閃刺眼,有强烈的震撼力和破壞力。所以其後緊隨"殺戮"二字。八個字合在一起,表現"先王立禮"强硬的一面。③

"温"即温和,"慈"即慈善,"惠"即仁愛,"和"即和順。④ 這四個字的含義彼此交叉。"温慈惠和"是説,態度温和,心懷慈愛,予民實惠,和平恭順。"生殖長育"是説,提供生長繁育的有利條件。八個字合在一起,表現"先王立禮"柔和的一面。⑤

班固此處也化用自《左傳·昭公二十五年》。根據原文,無論是刑罰威獄還是温慈惠和都從屬於"先王立禮"的總體框架。《漢書·敘傳下》先説"先王觀象,爰制禮樂……述《禮樂志》第二",後説"靁電皆至,天威震耀……述《刑法志》第三"。可見班固也認爲禮樂爲主,刑法爲輔,前者對後者有統攝作用,即所謂"威實輔德,刑亦助教"。⑥

《漢書》之前,類似表述還見於出土帛書《黄帝書》。⑦《漢書》之後,也有人沿用發揮。⑧總體思路都是禮主刑輔,慎用刑罰。但也有反過來爲任

---

① 《説文解字·雨部》:"震,劈歷,振物者。"引者注:"劈歷"即"霹靂"。在《周易》八卦和六十四卦中,震卦也象雷。《漢書·敘傳下》:"靁電皆至,天威震耀。"劉德注:"震下離上,噬嗑,利用獄。雷電,取象天威也。"顔師古注:"《周易·象辭》曰:'雷電,噬嗑,先王以明罰敕法。'故引之。"
② 《釋名·釋天》:"曜,耀也,光明照耀也。"
③ 《左傳·昭公二十五年》杜預注:"雷震電曜,天之威也。聖人作刑戮,以象類之。"《漢書·敘傳下》:"靁電皆至,天威震耀,五刑之作,是則之效。"
④ 《詩經·邶風·燕燕》:"終温且惠,淑慎其身。"毛亨傳:"惠,順也。"鄭玄箋:"温,謂顔色和也。"《説文解字·心部》:"慈,愛也。"《説文解字·叀部》:"惠,仁也。"《尚書·皋陶謨》:"安民則惠,黎民懷之。"僞孔傳:"惠,愛也。"《廣韻·戈韻》:"和,順也。"
⑤ 《左傳·文公十八年》:"宣慈惠和。"孔穎達疏:"慈者,愛出於心,恩被於物也。惠者,性多哀矜,好拯窮匱也。和者,體度寬簡,物無乖争也。"
⑥ 參見《漢書·敘傳下》。
⑦ 《黄帝書·經法·君正》:"天有死生之時,國有死生之正(政)。因天之生也以養生,謂之文;因天之殺也以伐死,謂之武;[文]武並行,則天下從矣。"
⑧ 《後漢書·應劭傳》:"夫刑罰威獄,以類天之震耀殺戮也;温慈和惠,以放天之生殖長育也。"《册府元龜》卷一五一《帝王部·慎罰夫》:"震曜殺戮上天之顯道也。刑罰(轉下頁)

意擅刑作辯護的例子。①

第三節

【原文】

《書》云："天秩有禮""天討有罪"。師古曰："此《虞書·皋繇謨》之辭也。秩，敘也。言有禮者天則進敘之，有罪者天則討治之。"故聖人因天秩而制五禮，師古曰："五禮，吉、凶、賓、軍、嘉。"因天討而作五刑。師古曰："其說在下也。"

【考釋】

〔一〕《書》云："天秩有禮""天討有罪"

"書"即《尚書》。"秩"即次序，這裏是動詞用法，意即提高次序等級，換言之就是給予獎賞。

"天秩有禮""天討有罪"出自《尚書·皋陶謨》，意即，只要依循禮法，上天就加爵進秩；只要觸犯罪名，上天就進行討伐懲處。②

〔二〕因天秩而制五禮

"天秩"即符合上天意志的爵命禮法。這裏的"秩"作名詞。

《尚書·皋陶謨》這句話中的"五禮"，僞孔傳認爲是"公、侯、伯、子、男五等之禮"。對《尚書·舜典》"修五禮"中的"五禮"，僞孔傳卻釋爲"吉、凶、賓、軍、嘉之禮"。後一種説法最早出於《周禮》，影響更

(接上頁)威獄王者之大柄也。聖人則象天明，司牧民命，所以糾處姦慝，章明軌度則。刑辟之設，禮樂之助也。"（清）李光地《御纂周易折中》："蘇氏軾曰：《傳》有'爲刑罰威獄，以類天之震曜'，故《易》至於雷電相遇，則必及刑獄，取其明以動也。至於離與艮相遇，曰'無折獄'，無留獄，取其明以止也。"

① 《隋書·刑法志》："帝嘗發怒，六月棒殺人。大理少卿趙綽固爭曰：'季夏之月，天地成長庶類。不可以此時誅殺。'帝報曰：'六月雖曰生長，此時必有雷霆。天道既於炎陽之時，震其威怒，我則天而行，有何不可？'遂殺之。"

② 《尚書·皋陶謨》："天秩有禮，自我五禮五庸哉……天討有罪，五刑五用哉！"孔穎達疏："典禮德刑皆從天出……天又次敘爵命，使有禮法，故人君爲政，當奉用我公、侯、伯、子、男五等之禮接之，使五者皆有常哉！接以常禮，當使同敬合恭而和善哉……天又討治有罪，使之絶惡，當承天意爲五等之刑，使五者輕重用法哉！"

大。①《漢書》中《郊祀志》化用《舜典》和《刑法志》化用《皋陶謨》的兩處"五禮",顏師古注都采後說,似有問題。班固此處據於《皋陶謨》,"五禮"應該是指五等爵之禮。這也可在《白虎通義》中找到旁證。②

〔三〕因天討而作五刑

"天討"即符合上天意志的討伐。這裏的"討"也作名詞。

"五刑"有廣義和狹義等不同說法(說詳後文)。班固此處采用的是先秦時期的一種廣義說法,即甲兵、斧鉞、刀鋸、鑽鑿、鞭扑之刑。

【原文】

大刑用甲兵,張晏曰:"以六師誅暴亂。"其次用斧鉞;韋昭曰:"斬刑也。"中刑用刀鋸,韋昭曰:"刀,割刑。鋸,刖刑也。"其次用鑽鑿;韋昭曰:"鑽,臏刑也。鑿,黥刑也。"師古曰:"鑽,鑽去其髕骨也。鑽音子端反。髕音頻忍反。"薄刑用鞭扑。師古曰:"扑,杖也,音普木反。"大者陳諸原野,師古曰:"謂征討所殺也。"小者致之市朝,應劭曰:"大夫以上尸諸朝,士以下尸諸市。"其所繇來者上矣。師古曰:"繇讀與由同。"

【考釋】

〔一〕大刑用甲兵

"大刑",辛子牛注爲"最重的刑罰",③準確講應釋爲"最大的刑罰"。大的含義有四項:一是規模大,二是代價大,三是影響範圍大,四是死傷數字大。

"甲兵"即甲胄和兵器,引申爲軍隊或軍事討伐。張晏所說的"六師",也稱"六軍",起初是指周天子直接掌握的軍隊,④後來代指國家軍隊。張晏所說的"暴亂",即所謂"強暴作亂",⑤是指通過武力行動致使社會秩序發生重大變亂和嚴重動盪。這個罪名,輕則屬於現代刑法所說的危害國

---

① 《周禮·春官宗伯·大宗伯》:"以吉禮事邦國之鬼神示……以凶禮哀邦國之憂……以賓禮親邦國……以軍禮同邦國……以嘉禮親萬民……"
② 《白虎通義·五刑》:"聖人治天下,必有刑罰何? 所以佐德助治,順天之度也。故懸爵賞者,示有勸也;設刑罰者,明有所懼也。"這句話的意思與《漢志》此處正相符合。
③ 辛子牛:《漢書刑法志注釋》,第 4 頁。
④ 《詩經·大雅·文王之什·棫樸》:"周王于邁,六師及之。"《左傳·襄公十四年》:"周爲六軍,諸侯之大者,三軍可也。"《周禮·夏官司馬·敘官》:"凡制軍,萬有二千五百人爲軍。王六軍,大國三軍,次國二軍,小國一軍。"
⑤ 《尚書·周官》:"司寇掌邦禁,詰姦慝,刑暴亂。"僞孔傳:"刑強暴作亂者。"

家安全罪,重則類似於現代國際法所説的"戰争罪""反人類罪"。對此類犯罪,只有動用軍事手段才能給予有效打擊。上古帝王的軍事活動通常都以平定暴亂爲理由,①後世起兵的梟雄也都以征討暴亂爲旗號。② 所以作爲"大刑"的"甲兵",其正當性和權威性存在某種不確定性。

《漢志》采用"兵刑合一"説,字面上是引用《國語·魯語下》的話,③實際上是繼承古老的"天罰"觀念。④ "天命"是動用"甲兵"這個"大刑"的先決條件和正當性來源,"甲兵"只有秉承"天命"才能稱爲"大刑"。⑤ "天命"不能被隨意宣稱,還要取得道義倫理的認同。⑥ 作爲"大刑"的"甲兵"必須是"義師""義兵"。⑦ 這種觀念還可在古代的天文星象學説中覓得蹤跡。⑧

對於班固的"兵刑合一"説,後人多有評議。⑨ 這種觀念之所以流行,

---

① 《韓非子·五蠹》:"近古之世,桀紂暴亂,而湯武征伐。"《尚書·舜典》孔穎達疏引《國語》賈逵注:"用兵甲者,諸侯逆命,征討之刑也。"
② 《史記·陳涉世家》:"伐無道,誅暴秦。"《白虎通義·誅伐》:"誅猶責也。誅其人,責其罪,極其過惡。"《漢書·敘傳上》載班彪《王命論》:"世俗見高祖興於布衣,不達其故,以爲適遭暴亂,得奮其劍。"
③ 《國語·魯語上》載臧文仲曰:"夫衛君殆無罪矣。刑五而已,無有隱者,隱乃諱也。大刑用甲兵,其次用斧鉞,中刑用刀鋸,其次用鑽笮,薄刑用鞭扑,以威民也。故大者陳之原野,小者致之市朝。五刑三次,是無隱也。"長春按:《晉書·刑法志》的"古者大刑用甲兵,中刑用刀鋸,薄刑用鞭扑"也是對這句話的簡化。但中間繞不過《漢志》的影響。
④ 《尚書·甘誓》:"天用剿絶其命,今予惟恭行天之罰。"《墨子·非儒下》:"聖將爲世除害,興師誅罰。"《左傳·昭公二年》:"不速死,大刑將至。"《國語·晉語六》:"夫戰,刑也。"韋昭注:"言用兵猶用刑。"《漢書·敘傳下》所説"皇矣漢祖……龔行天罰"也屬同理。
⑤ 《白虎通義·三軍》:"王者受命,質家先伐,文家先正何? 質家之天命已也,使己誅無道,今誅,得爲王,故先伐。文家言天命已成,爲王者乃得誅伐王者耳,故先改正朔也。"
⑥ 《周禮·夏官司馬·大司馬》:"以九伐之法正邦國,馮弱犯寡則眚之,賊賢害民則伐之,暴内陵外則壇之,野荒民散則削之,負固不服則侵之,賊殺其親則正之,放弒其君則殘之,犯令陵政則杜之。外内亂,鳥獸行,則滅之。"
⑦ 《穀梁傳·宣公四年》:"伐莒,義兵也。"《吕氏春秋·仲秋紀·論威》:"舉兇器必殺,殺,所以生之也;行兇德必威,威,所以懼之也。敵懼民生,此義兵之所以隆也。"《後漢書·列女傳·董祀妻》:"海内興義師,欲共討不祥。"在儒家的理論中,義兵即仁義之兵,詳見後文。
⑧ 《漢書·五行志》:"辰星,殺伐之氣,戰鬥之象也……從辰以法。以法者,以法致天下也。"
⑨ (清)周壽昌《漢書注校補》卷十六《刑法志第三》"刑法志"條:"禮與樂合稱'禮樂志',則此宜合稱'兵刑',不得獨稱'刑法志'也。"(清)王鳴盛《十七史商榷》:"畢竟刑平時所用,兵征討所用,二者不可合。班氏雖有此作,後世諸史無從之者。"(清)朱一新《無邪堂答問》卷二:"刑罰得其平,則甲兵可以不用。民或玩法,或苦法,乃始鋌而走險,故兵刑有相因之勢。班史合之,爲能窺得其本原。"此後,胡玉縉(《許廎經籍題跋》卷二)、劉咸炘(《漢書知意》)都贊同是説。(兩家觀點參見[清]王鳴盛《十七史商榷》,上海書店2005年版,第79頁"校讀記")長春按:綜合來看,朱説更爲允當。

原因可能有五：一是兩者都表現爲對人的殺傷；①二是兩者都被視爲陰事、凶事；②三是古代死刑犯常被趕上戰場；③四是許多刑罰都來自軍法；④五是軍官是最早的行刑官。⑤

將軍事與法制、征伐與刑罰聯繫看待的觀念並不獨見於中國古代。例如，羅馬皇帝查士丁尼在頒布《法學階梯》的詔敕中説："撥亂圖治之同時，必須維護正義，因此在羅馬帝國的帝王，無不依靠兵力以制伏公敵，無不依靠法律以懲治罪過，戰勝者亦兼具法律保護者之資格。"⑥

〔二〕其次用斧鉞

辛注認爲"其次"是指"大刑中次一等"的刑罰，似乎是説"五刑"先分爲大、中、小三級，大刑中又分爲二等。⑦ 此説不確。這裏的"其次"意即"次一等"，是把五等刑放在一起依次排列。⑧ 只不過，第三等刑即"刀鋸之刑"剛好排在五等刑之中，所以被稱爲"中刑"。這樣表述可以避免"其次"一用到底，行文變化，不顯雷同。

"鉞"本作"戉"。⑨ "戉"是商周時期常見的青銅或玉制禮器，形狀似

---

① 《商君書·畫策》："黄帝作爲君臣上下之義，父子兄弟之禮，夫婦妃匹之合；内行刀鋸，外用甲兵，故時變也。"《國語·晉語六》載範文子曰："今吾司寇之刀鋸日弊而斧鉞不行，内猶有不刑，而況外乎？夫戰，刑也。"《尉繚子·天官》："刑以伐之。"《韓非子·二柄》："殺戮之謂刑。"
② 《周易·本命》："陰爲刑。"《老子》第三十二章："吉事尚左，凶事尚右。偏將軍居左，上將軍居右，言以喪禮處之。"《國語·越語下》："夫勇者，逆德也；兵者，凶器也。"《吕氏春秋·季夏紀·音律》："陰將始刑。"《吕氏春秋·仲秋紀·論威》："凡兵，天下之凶器也；勇，天下之凶德也。舉凶器，行凶德，猶不得已也。"《漢書·嚴助傳》："兵者，凶事，一方有急，四面皆從。"《白虎通義·三軍》："王者征伐，所以必皮弁素幘何？伐者凶事，素服，示有悽愴也。"
③ 《左傳·定公十四年》："勾踐患吴之整也，使死士再，禽焉，不動。使罪人三行，屬劍於頸，而辭曰：'二君有治，臣姦旗鼓，不敏於君之行前，不敢逃刑，敢歸死！'遂自剄也……"
④ 《説文解字·耳部》："聝，軍法以矢貫耳也。《司馬法》曰：'小罪聝，中罪刖，大罪刭。'"
⑤ 《國語·晉語三》："君令司馬説刑之。"韋昭注："司馬，軍司馬，説其名。"《漢書·百官公卿表上》："廷尉，秦官，掌刑辟。"應劭注："聽獄必質諸朝廷，與衆共之，兵獄同制，故稱廷尉。"
⑥ 轉引自［日］穗積陳重：《法典論》，李求軼譯，商務印書館2014年版，第80頁。
⑦ 辛子牛：《漢書刑法志注釋》，第4頁。
⑧ 《太平御覽》卷六三五《刑法部一·敘刑上》引《國語》："大刑用兵甲，次刑用斧鉞，中刑用刀鋸，薄刑用鞭朴，以威民也。"引文與今本《國語》有異，但也可説明此處的"其次"並非所謂"大刑"的"次一等"。
⑨ 《説文解字·戈部》："戉，大斧也……《司馬法》曰：'夏執玄戉，殷執白戚，周左杖黄戉，右秉白髦。'凡戉之屬皆從戉。"徐鉉注："今俗别作鉞，非是。"

斧,但尺寸比斧大,除作儀仗、喪葬之外也有劈砍的實際功用,可用作武器或刑具。① "斧鉞"也作"鈇鉞""斧鑕""斧質"。② 韋昭所説的"斬刑"即秦漢時代的腰斬。斧、鉞、鈇,正可滿足腰斬刑的需要。"斧鉞之誅"成爲死刑的代名詞。③ 古人伏斧鉞請罪,就是請死以求生。④

〔三〕中刑用刀鋸,其次用鑽鑿

刀、鋸、鑽(zuàn)、鑿(záo),這裏都特指刑具。刀、鋸是一類,級别較重;鑽、鑿是一類,級别較輕。

"刀",韋昭注爲"割刑";"鋸",韋昭注爲"刖刑"。"割刑"是指割鼻、去勢或斬首,即劓刑、宫刑或死刑。⑤ "刖刑"是刖足,又稱刖刑、斬止(趾)刑。劓刑用刀,刖刑用鋸,不僅分離肢體的效果類似,而且刑具分量相當,所以此處把二者歸爲一等。同樣因爲用刀而歸入這一等的還有墨刑。墨刑工具有多種,刀是其中之一。⑥ 可見,這裏五刑的分等是純粹依據刑具類型排序的,並不考慮行刑效果。

"鑽",韋昭注爲"髕刑"。"髕"又作"臏",即用鑽等工具挖掉人的膝蓋骨。"鑿",《國語・魯語上》作"笮",韋昭注其後文的"五刑"時又把"笮"改稱爲"鑿",可能二字相通。韋昭注"鑿"爲"黥刑",即墨刑。此處韋昭又把其工具解釋爲鑿。這可能是由於墨刑(或黥刑)在行刑時存在用刀、用鑿兩種情形;也可能是韋昭爲迎合《國語》行文而做不同解釋。由於鑽、鑿這

---

① 已出土的青銅鉞顯示,商代早期的銅鉞刃部多數無使用痕跡,應該主要是作爲禮器使用;晚期的部分銅鉞刃部存在磨損,可能兼有禮器、武器或刑具等用途。詳參王芃:《商周時期中國異形銅鉞淺析》,江西師範大學2012年碩士論文。
② 《周禮・秋官司寇・掌戮》:"掌斬殺賊諜而搏之。"鄭玄注:"斬以鈇鉞,若今要斬也。"《漢書・項籍傳》:"孰與身伏斧質,妻子爲戮乎?"顏師古注:"質謂鑕也。古者斬人,加於鑕上而斫之也。"
③ 《莊子・至樂》:"夫子貪生失理而爲此乎?將子有亡國之事,斧鉞之誅而此乎?"《漢書・趙充國傳》:"愚臣伏計孰甚,不敢避斧鉞之誅,昧死陳愚,唯陛下省察。"
④ 《漢書・天文志》:"梁王恐懼,布車入關,伏斧戉謝罪,然後得免。"
⑤ 《國語・魯語上》:"中刑用刀鋸。"韋昭注:"割劓用刀,斷截用鋸,亦有大辟,故《周語》曰:'兵在其頸。'"《周禮・秋官司寇・掌戮》:"掌斬殺賊諜而搏之。"鄭玄注:"殺以刀刃,若今棄市也。"長春按:可見,"刀"在古代也是死刑的行刑工具。只不過,斧、鉞、鈇等重型刑具可以執行腰斬刑,刀則只能執行劓刑或斬首刑。又可知,秦漢時代棄市刑應該是用以刀刎頸的方式剥奪犯人生命。宫刑用刀,又稱宫割(詳見下文)。
⑥ 《國語・周語上》:"刀墨之民。"韋昭注:"刀墨,謂以刀刻其額而墨涅之。"

兩樣工具較爲相似,①所以這裏把二者歸爲一等。但從行刑效果來看,用"鑽"的臏刑使人失去行走能力,顯然與用"鋸"的刖刑更爲接近。以上情況再次説明,這裏五等刑罰的劃分標準是行刑工具而非行刑效果。進一步説,此處五刑等級的劃分,純粹是站在行刑方的立場而來的。

《莊子·在宥》:"於是乎釿鋸制焉,繩墨殺焉,椎鑿決焉。""釿"即金屬斧鉞,代指死刑,"鋸"代指刖刑,"椎鑿"代指墨刑。這也是以刑具代指刑罰的例子。

〔四〕薄刑用鞭扑

"薄刑"即輕刑。這是説在五等刑中刑具威力最輕,而非把廣義上的"五刑"分爲大刑、中刑、薄刑三等。

"鞭扑"出自《尚書》。② 鞭刑和扑刑的區別主要體現在刑具上。

鞭起初只是用來毆打下人,而非用於驅趕馬匹。③ 而馬鞭起初稱爲"箠""策"。④ "鞭"字從"革",應該較爲柔軟,從材質上與竹杖一類的"箠"不同(説詳下文)。1975年陝西岐山出土的西周青銅器"𢐗匜"的銘文中有"鞭千""鞭五百"的記載,但不清楚其刑具是何材質。

"扑"又作"朴",是用木棍、荆條或竹條製成用於毆打人的器具,與"杖""笞""箠""棰""荆""楚"含義相近。這些字通常有名詞(刑具)、動詞(行刑)兩種用法,也常連在一起使用。⑤ 因爲具有懲戒的用途,也常成

---

① 《説文解字·金部》:"鑽,所以穿也。""鑿,穿木也。"《論衡·效力》:"鑿所以入木者,槌叩之也。"長春按:據此可推知,二者用在刑罰中,都是以尖鋭鋒利的工具穿刺皮膚。
② 《尚書·舜典》:"鞭作官刑,扑作教刑。"孔穎達疏:"官刑鞭扑俱用,教刑惟扑而已,古屬扑於教。"可見,所謂"官刑"和"教刑"區分界綫也很模糊。
③ 《説文解字·革部》:"鞭,驅也。"段玉裁注:"'驅'本當作'毆'。"《尚書·舜典》:"鞭作官刑。"《周禮·秋官司寇·條狼氏》:"掌執鞭而趨辟。凡誓,執鞭以趨於前。"《左傳·莊公八年》:"弗得,鞭之見血。"《左傳·襄公十四年》:"初,公有嬖妾,使師曹誨之琴,師曹鞭之。公怒,鞭師曹三百。"
④ 《漢書·王吉傳》:"手苦於箠轡。"顏師古注:"箠,馬策。"《説文解字·竹部》:"策,馬箠也。"又:"箠,擊馬也。"
⑤ 《荀子·儒效》:"用百里之地,而千里之國莫能與之爭勝,笞棰暴國,齊一天下,而莫能傾也。"《太平御覽》卷六五〇《刑法部十六·杖》引《家語》:"舜之事父,小杖則授,大杖則走。"《漢書·司馬遷傳》:"其次關木索,被箠楚。"《漢書·路温舒傳》:"棰楚之下,何求而不得?"《論衡·訂鬼》:"身體痛,則謂鬼持棰杖毆擊。"《後漢書·荀淑傳附荀悦傳》:"禮教榮辱,以加君子,化其情也;桎梏鞭扑,以加小人,化其刑也。"引者注:漢景帝改革刑制時,"棰""箠""笞"等字也都相通。詳見下文。

爲背負請罪的道具。①

在漢魏晉南北朝時，鞭杖之刑都是輕刑，意在督責、教化而非懲罰。西晉《泰始令》專設一篇《鞭杖令》對鞭杖之制進行規定，爲後世所效法。實踐中，鞭刑和杖刑通常混合在一起使用。隋唐時法典規定新五刑：笞、杖、徒、流、死。鞭刑在法典中消失，只剩下笞、杖刑，但懲戒兼教化的立法用意仍然存在。② 笞、杖的差別比較細微，主要體現在刑具和行刑數目上。

〔五〕大者陳諸原野，小者致之市朝

"陳"通"陣"，即排兵列陣。"諸"用作介詞，意即"之於"。"原"是平坦，"野"是郊外，③"原野"即開闊平坦的郊外之地。

"陳諸原野"即在開闊的郊野排兵列陣，發布誓詞，宣稱天意，聲討罪名，然後通過軍事手段進行懲罰，即《漢志》前文所言"大刑用甲兵"者。④ "代天宣判"的旗號促成了天意裁判的邏輯，進而強化了"甲兵"作爲"刑"的屬性。這個表述可能與黃帝戰於"阪泉之野""涿鹿之野"、夏啓與有扈戰於"甘之野"、商湯與夏桀戰於"鳴條之野"、周武王與商紂戰於"牧野"等說法有關。⑤

"致"即終極、完結，此處指終結生命，引申爲執行死刑。"之"即"之於"的省略，是爲與前文對仗。"市"即市場，"朝"即朝堂。市和朝都是古代都城重要的建築場所。"前朝後市"更是古代都市的經典布局之⸺。⑥

---

① 《公羊傳·昭公三十一年》："季氏負箠謝過。"《史記·廉頗藺相如列傳》："廉頗聞之，肉袒負荊，因賓客至藺相如門謝罪。"
② 《唐律疏議·名例》："笞者，擊也，又訓爲恥。言人有小愆，法須懲誡，故加捶撻以恥之。漢時笞則用竹，今時則用楚。故《書》云'扑作教刑'，即其義也……此則笞、杖之目，未有區分。笞擊之刑，刑之薄者也。隨時沿革，輕重不同，俱期無刑，義唯以措。"
③ 《釋名·釋地》："廣平曰原。"《說文解字·里部》："野，郊外也。"段玉裁注："邑外謂之郊，郊外謂之野。"
④ 古代作戰之前往往有誓命儀式。一方面是爲鼓舞士氣，振作軍威，宣示軍紀；另一方面是爲自稱天意，代天宣判，聲討罪名，做到師出有名，給作戰對方施加政治和心理壓力。《尚書》中的《甘誓》《湯誓》《牧誓》《費誓》《秦誓》《泰誓》等文獻大都與此有關。後世的各種檄文宣示敵人大罪，是先秦誓詞的遺風。
⑤ 分別見於《史記·五帝本紀》《尚書·甘誓》《尚書·湯誓》《尚書·牧誓》。
⑥ 《周禮·考工記·匠人》："前朝後市，市朝一夫。"

按照儒家的理想設計,公開執行死刑並曝屍主要有兩個場所:一是朝堂,二是市場。政治身份達到大夫以上的在朝堂執行,政治身份屬於士以下的在市場執行。① 但這種理想的設計未必符合歷史事實。②"市""朝"與前面的"原野"合在一起,被稱爲"三就"。③

所謂"大者""小者"並非在前面五等之外又另外設置一個分類模式,而是再次強調兵刑一體。班固此處更以之爲基點引出下文兵制的内容,借用轉换的行文功夫甚妙!

以上這一長句都引自《國語・魯語下》。《國語》在漢代以後素有"春秋外傳"之稱,已經進入經學的範疇,所以班固直接作爲經典加以引用。④

〔六〕其所繇來者上矣

"繇"(yóu)是"由"的古體。在《漢志》中,兩字都有出現,是由於傳抄過程中出現俗化現象。"繇來"即起源、來歷。"上矣"通"尚矣",意思是時間久遠、傳統悠久。

"其所繇來者上矣",這種句式表達也有所本。⑤

班固此章所作刑法總論,行文凝練,邏輯嚴謹,常被後人化用,可見影響極大。⑥

---

① 《周禮・秋官司寇・掌戮》:"凡殺人者,踣諸市,肆之三日,刑盜於市。"《禮記・檀弓下》:"君之臣不免於罪,則將肆諸市朝。"鄭玄注:"肆,陳屍也。大夫以上於朝,士以下於市。"《論語・憲問》:"夫子固有惑志於公伯寮,吾力猶能肆諸市朝。"
② 至少秦代丞相李斯、西漢御史大夫晁錯處以死刑都在市而非朝。李斯被腰斬於咸陽市,且俱五刑;晁錯衣朝衣被腰斬於長安東市。
③ 《尚書・舜典》:"五服三就。"偽孔傳:"既從五刑,謂服罪也。行刑當就三處,大罪於原野,大夫於朝,士於市。"
④ 《論衡・案書》:"《國語》,《左氏》之外傳也。左氏傳經,辭語尚略,故復選録《國語》之辭以實。然則《左氏》《國語》,世儒之實書也。"《説文解字》大量引用《國語》,也稱其爲《春秋國語》。
⑤ 《吕氏春秋・孟秋紀・蕩兵》:"兵之所自來者上矣。"
⑥ 參見《魏書・刑罰志》《晉書・刑法志》《隋書・刑法志》《唐律疏議・名例》《舊唐書・刑法志》《宋史・刑法志一》,文繁不録。

第二章
自黄帝有涿鹿之戰

【主旨】

本章根據《尚書》《周禮》《史記》《禮記》等材料剪輯而成，主要介紹先王兵制，並強調其典範意義。具體內容可以分爲三節：第一節舉聖王用兵的例子説明完善兵制的必要性。① 第二節介紹以井田制爲基礎的軍賦制。第三節簡略介紹先王的練兵制度。

第一節

【原文】

　　自黄帝有涿鹿之戰以定火災，鄭氏曰："涿鹿在彭城南。與炎帝戰，炎帝火行，故云火災。"李奇曰："黄帝與炎帝戰於阪泉，今言涿鹿，地有二名也。"文穎曰："《國語》云，黄帝，炎帝弟也。炎帝號神農，火行也，後子孫暴虐，黄帝伐之，故言以定火災。《律歷志》云'與炎帝後戰於阪泉'。涿鹿在上谷，今見有阪泉地黄帝祠。"師古曰："文説是也。彭城者，上谷北别有彭城，非宋之彭城也。"顓頊有共工之陳以定

---

① 《淮南子·兵略訓》："人有衣食之情，而物弗能足也。故群居雜處，分不均，求不澹，則爭；爭，則强脅弱，而勇侵怯。人無筋骨之强，爪牙之利，故割革而爲甲，鑠鐵而爲刃。貪昧饕餮之人，殘賊天下，萬人搖動，莫寧其所。有聖人勃然而起，乃討强暴，平亂世，夷險除穢，以濁爲清，以危爲寧，故不得不中絶。兵之所由來者遠矣！黄帝嘗與炎帝戰矣，顓頊嘗與共工争矣。故黄帝戰於涿鹿之野，堯戰於丹水之浦，舜伐有苗，啓攻有扈。自五帝而弗能偃也，又況衰世乎！"這段文字與《漢志》第一、二章的内容頗有相通之處，表述也很相似。

水害。文穎曰:"共工,主水官也,少昊氏衰,秉政作害,顓頊伐之。本主水官,因爲水行也。"師古曰:"共讀曰龔。次下亦同。"

【考釋】

〔一〕黄帝、顓頊

黄帝和顓(zhuān)項(xū)是傳説中古聖先王的典型代表。春秋戰國時,諸子百家出於争鳴需要而對古史各自發揮,導致傳世文獻對所謂三皇五帝事蹟的描述十分雜亂,令人不知所從。尤其是戰國時期興起的"黄帝熱"[1]更把黄帝渲染成全知全能、具有神性的複雜形象。司馬遷根據《世本》《大戴禮記》等文獻的記載,儘量排除各種荒誕不經的説法,把黄帝以後的傳説整理爲史,撰寫《五帝本紀》。根據他的描述,黄帝姓公孫,名軒轅,因在五行中對應土德而被稱爲黄帝。他不僅以文德治國著稱,而且武功卓著,通過軍事征討平定天下,因而被諸侯尊爲天子。[2] 顓頊,號高陽氏,是黄帝直系後裔。其"絶地天通"的功績,常被後世所高度評價。[3] 他們二人與後來的帝嚳、帝堯、帝舜共同構成"五帝"的聖王譜系。今天通常把他們理解爲酋邦時代的部落聯盟首領。

〔二〕有涿鹿之戰以定火災,有共工之陳以定水害

這句話化用自《史記・律書》:"昔黄帝有涿鹿之戰,以定火災;顓頊有共工之陳,以平水害;成湯有南巢之伐,以殄夏亂。"班固根據行文需要而改寫,銜接更爲順暢。

"涿鹿之戰"似有疑問。《史記・五帝本紀》記載,黄帝與炎帝三戰於

---

[1] 戰國時黄帝之書大量湧現,黄帝之學向道家理論縱深發展。參見郭沫若:《十批判書》,東方出版社1996年版;李零:《説"黄老"》,載陳鼓應主編:《道家文化研究》第5輯,上海古籍出版社1994年版;白奚:《先秦黄老之學淵源述要》,載《中州學刊》2003年第1期;李笑岩:《先秦黄老之學淵源與發展研究》,上海古籍出版社2018年版。

[2] 《史記・五帝本紀》:"軒轅之時,神農氏世衰。諸侯相侵伐,暴虐百姓,而神農氏弗能征。於是軒轅乃習用干戈,以征不享……炎帝欲侵陵諸侯,諸侯咸歸軒轅。軒轅乃修德振兵……以與炎帝戰於阪泉之野……蚩尤作亂,不用帝命。於是黄帝乃徵師諸侯,與蚩尤戰於涿鹿之野,遂禽殺蚩尤……天下有不順者,黄帝從而征之,平者去之。"

[3] 《尚書・吕刑》:"乃命重黎,絶地天通,罔有降格。"《國語・楚語下》:"古者民神不雜。民之精爽不攜貳者,而又能齊肅衷正,其智能上下比義,其聖能光遠宣朗,其明能光照之,其聰能聽徹之,如是則明神降之,在男曰覡,在女曰巫……及少皞之衰也,九黎亂德,民神雜糅,不可方物……顓頊受之,乃命南正重司天以屬神,命火正黎司地以屬民,使復舊常,無相侵瀆,是謂絶地天通。"

阪泉而克之。有關炎黃大戰地點問題的兩種說法，主阪泉說者占多數。①涿鹿之戰的主角，更多認爲是黃帝與蚩尤。② 爲了彌合這種分歧，李奇和文穎提出涿鹿、阪泉爲一地的說法。關於阪泉所在地有三種說法：第一種認爲在山西省運城縣西南，第二種認爲在河北省涿鹿縣東南，第三種認爲在山西省陽曲縣東北。③ 未知孰是。

"共工之陳"即傳說中共工與顓頊爭奪帝位的戰爭。④"陳"即"陣"。古史中的"共工"不僅具有神話色彩，爲水神的代表，而且貌似不是一個人而是一個部族或一個官職。因爲顓頊時有共工與之爭位，堯舜時又有共工因造成洪水而受刑（見下一句）。且其出場往往都與水有關。

"定火災""定水害"，即平定火災、水害。"火災"特指炎帝之亂，"水害"特指共工之亂。⑤ 因爲按照五德終始說，黃帝屬土德，炎帝屬火德，共工屬水德。⑥

【原文】

　　唐虞之際，至治之極，猶流共工，放驩兜，竄三苗，殛鯀，然後天下服。師古曰："舜受堯禪而流共工於幽州，放驩兜於崇山，竄三苗於三危，殛鯀於羽山也。殛，誅也，音居力反。"

---

① 《左傳·僖公二十五年》："遇黃帝戰於阪泉之兆。"杜預注："黃帝與神農之後姜氏戰於阪泉之野，勝之。"《列子·黃帝》："黃帝與炎帝戰於阪泉之野。"《大戴禮記·五帝德》："與赤帝戰於阪泉之野。"《漢書·律曆志下》："（黃帝）與炎帝之後戰於阪泉，遂王天下。"（清）馬驌《繹史》卷五引《新書》："黃帝行道而炎帝不聽，故戰於涿鹿之野，血流漂杵。"
② 《逸周書·嘗麥解》："蚩尤乃逐帝，爭於涿鹿之河。"（晉）崔豹《古今注》："大駕指南車，起黃帝與蚩尤戰於涿鹿之野。"（北魏）闞駰《十三州志》："傳言黃帝與蚩尤戰，克之於涿鹿之野。"
③ （宋）沈括《夢溪筆談·辯證一》："解州鹽澤方一百二十里……在阪泉之下，俚俗謂之'蚩尤血'。"解州位於今山西運城市鹽湖區西南。《史記正義·五帝本紀》引《括地志》："阪泉，今名黃帝泉，在嬀州懷戎縣東五十六里。"《嘉慶一統志·太原府》："阪泉山，在太原府東北八十里。"
④ 《淮南子·天文訓》："昔者共工與顓頊爭爲帝，怒而觸不周之山，天柱折，地維絕。天傾西北，故日月星辰移焉；地不滿東南，故水潦塵埃歸焉。"
⑤ 《淮南子·兵略訓》："炎帝爲火災，故黃帝擒之。共工爲水害，故顓頊誅之。"《文子·上義》："共工爲水害，故顓頊誅之。"
⑥ 《左傳·昭公十七年》："昔者，黃帝氏以雲紀，故爲雲師而雲名；炎帝氏以火紀，故爲火師而火名；共工氏以水紀，故爲水師而水名。"又見於《漢書·律曆志下》。

【考釋】

〔一〕**唐虞之際，至治之極**

"唐""虞"都是傳說中上古時期的朝代或國家名，在夏之前。唐的領袖是帝堯，虞的領袖是帝舜。放勳，號陶唐，謚"堯"，史稱唐堯、帝堯。① 重華，字都君，號有虞，姓姚，謚"舜"。② 堯、舜是上古聖王的代表、儒家理想君主的典範。其事蹟和言行散見於各種典籍。③《史記》對這些記載簡要梳理，然後寫入《五帝本紀》，後世注家又有許多補充。這些傳說記載由於缺乏確鑿的證據而一度受人質疑，但近年來的考古發掘卻在逐步印證其基本敘事背景的可靠性。④ 而"堯舜故事"在歷史上曾發揮的影響更是客觀而又重大的。

"唐虞之際"在古代一直被認爲是帝王盛德、天下太平的理想治世。"至治之極"即治理達到最理想、最完美的境界。尤其是"堯舜禪讓"的故事，更爲後世儒家所極力頌揚、推崇備至。⑤ 其中藴含的政治智慧是中國

---

① 《史記·五帝本紀》："帝堯者。"裴駰《集解》："《謚法》曰：'翼善傳聖曰堯。'"司馬貞《索隱》："堯，謚也。放勳，名。"又："放勳。"裴駰《集解》："徐廣曰：'號陶唐。'"
② 《史記·五帝本紀》："虞舜者。"裴駰《集解》："《謚法》曰：'仁聖盛明曰舜。'"司馬貞《索隱》："虞，國名，在河東大陽縣。舜，謚也。皇甫謐云'舜字都君'也。"又："名曰重華。"
③ 詳見《尚書》《周易》《論語》《左傳》《國語》《世本》《禮記》《大戴禮記》等，文繁不録。
④ 近代有顧頡剛等疑古派發表大量質疑文章，認爲堯舜歷史可疑。（參見《古史辨》第1—7册）近年來也有考古學者認爲，近四十餘年來山西陶寺遺址的考古發掘與研究，"證明陶寺城址是文獻記載中的堯舜之都……正將'堯舜禹傳説時代'變爲信史"。（何駑、高江濤：《薪火相傳探堯都——陶寺遺址發掘與研究四十年歷史述略》，載《南方文物》2018年第4期）此外，又可參見張國碩：《陶寺文化性質與族屬探索》，載《考古》2010年第6期；《陶寺：帝堯時代的中國——"唐虞帝都文化建設"座談紀要》，載《光明日報》2013年12月9日；王巍：《陶寺就是"堯都平陽"已成定論》，載《山西黨校報》2015年4月25日；霍文琦：《堯都從傳説走向信史——陶寺遺址考古成果發布》，載《中國社會科學報》2015年6月24日；王震中：《陶寺與堯都：中國早期國家的典型》，載《西部考古》2015年第3期；衛斯：《"陶寺遺址"與"堯都平陽"的考古學觀察——關於中國古代文明起源問題的探討》，載《西部考古》2020年第2期。
⑤ 1993年10月湖北省郭店村發掘出土楚簡《唐虞之道》，著重對堯舜禪讓進行頌揚。其思想内容，有學者認爲屬於縱横家或墨家，但更多學者認爲應歸屬於儒家學派。參見袁青：《簡論郭店竹書〈唐虞之道〉的學派歸屬》，載《中華文化論壇》2014年第3期；歐波：《郭店簡〈唐虞之道〉的學派歸屬》，載《牡丹江大學學報》2015年第3期；葉達：《〈唐虞之道〉禪讓問題再思考》，載《原道》2020年第1期；楊現昌：《郭店楚簡〈唐虞之道〉篇文字闡釋》，載《齊魯師範學院學報》2020年第6期；岳靈：《〈唐虞之道〉解讀：思想與文本》，載《荆楚學刊》2021年第1期。

〔二〕流共工,放驩兜,竄三苗,殛鯀

此事最早見於《尚書》,後來被《孟子》《史記》等文獻轉述。但記載存在不少疑問,歷代學者聚訟紛紜,未知孰是。

首先,來看本案的當事人。共工、驩(huān)兜、三苗、鯀(gǔn),在《尚書》《孟子》中被合稱爲"四罪",①也被人比附於上古神獸"四兇"。② 但其中的"共工"不是人名而是官名,③"三苗"不是人名而是國名。④ "驩兜"又作"驩兜"。⑤ 鯀是禹的父親,因治水失敗而獲刑受罰。又有人提出,"共工"與"鯀",乃至"驩兜",都可能是一個人的不同讀音。⑥

其次,來看本案的罪名。共工的罪名是由於故意或過失而造成滔天洪水;驩兜與之同謀結黨,屬於共犯;三苗的罪名是不聽王命;鯀的罪名是不汲取前人教訓,方法不當,治水失敗。⑦

再次,來看本案的量刑。流、放、竄、殛(jí),都是文學辭彙而非法律概念,所以表意含混,理解各異。其中,前三者較好理解。蔡樞衡認爲"放"就是驅逐出境,又稱放逐,其執行方法是敲打追逐。⑧ "流""竄"意思應該

---

① 《尚書·舜典》:"流共工於幽洲,放驩兜於崇山,竄三苗於三危,殛鯀於羽山,四罪而天下咸服。"《孟子·萬章上》略同。
② "四兇"是傳說中四種兇惡的怪獸,具體參見《神異經》。《尚書》所稱的"四罪"在春秋時就被人比附於四兇。見於《左傳·文公十八年》《史記正義·五帝本紀》,文繁不錄。
③ 這一句與上一句都出現"共工",但世代相隔較遠,應不是同一人。因此朱熹認爲"共工"是官名。《孟子集註·萬章上》《尚書·舜典》也以"共工"爲官名。當然,"共工"也有可能是族名,如《荀子·議兵》:"舜伐有苗,禹伐共工。"
④ 《史記·五帝本紀》:"三苗。"裴駰《集解》:"馬融曰:'國名也。'"張守節《正義》:"《左傳》云:'自古諸侯不用王命,虞有三苗,夏有觀扈。'……今江州、鄂州、岳州,三苗之地也。"《孟子·萬章上》:"三苗。"朱熹《集注》:"三苗,國名,負固不服。"
⑤ 《漢書補注·刑法志》:"官本'驩'並作'驩'。"
⑥ 參見童書業:《五行說起源的討論》,載《古史辨》第5冊;楊寬:《中國上古史導論》,載《古史辨》第7冊;顧頡剛、童書業:《鯀禹的傳說》,載《古史辨》第7冊;丁山:《由鯀堙洪水論舜放四兇》,收於丁山:《古代神話與民族》,商務印書館2005年版以及江蘇文藝出版社2011年版;楊棟:《共工非鯀考——兼及與禹之關係》,載《古籍整理研究學刊》2009年第6期。
⑦ 見於《國語·周語下》《國語·魯語上》《淮南子·本經訓》等,文繁不錄。也有人對此故事進行演繹發揮,提出共工與鯀都是因爲向帝堯進諫而被殺的。主要見於《呂氏春秋·恃君覽·恃君行》《韓非子·外儲說右上篇》,文繁不錄。但這種說法與《尚書》等主流記載差異太大,所以沒有流傳開來,對後世影響不大,也與《漢志》沒有承繼關係。
⑧ 蔡樞衡:《中國刑法史》,中國法制出版社2005年版,第50頁。

與此差不多。但對"殛"的理解存在爭議。有人認爲,四個字都是同義,因行文需要而有差異。① 有人則認爲四刑有所不同,並排出了輕重順序。② 據尤韶華統計,古代學者對"殛"的討論,主要有誅、誅死、流徙、貶死四説。其中,"誅"意思是籠統的刑事追責,"誅死"是直接處以死刑,"貶死"是因受貶謫而死。尤氏認爲,"貶死"之説較爲合理。③

此外,不同版本的史料還有字詞差異。"竄"字,《孟子》作"殺",《史記》作"遷",《尚書》與此處同。可見《孟子》所説最爲特殊,不知所從何據。

最後來看本案的裁判官。有的文獻記載是堯,有的記載是舜,説法不一。班固此處采取模糊策略,統稱"唐虞之際"。

【原文】

夏有甘扈之誓,師古曰:"謂啓與有扈戰於甘之野,作《甘誓》,事見《夏書》。扈國,今鄠縣是也。甘即甘水之上。"殷、周以兵定天下矣。師古曰:"謂湯及武王。"

【考釋】

〔一〕夏、殷、周

"夏"是中國歷史上第一個"家天下"的王朝。根據《尚書》《史記》等文獻的記載,大禹曾選擇皋陶和益作爲接班人,但大禹之子夏啓最終獲得帝位。其後,經過太康失國、少康中興等事件之後,最終傳至夏桀,爲商湯所滅。④

---

① 《尚書·舜典》:"殛鯀於羽山。"僞孔傳:"殛竄放流,皆誅也。異其文,述作之體。"
② 《尚書·舜典》孔穎達疏:"四者之次,蓋以罪重者先,共工滔天爲罪之最大;驩兜與之同惡,故以次之。《祭法》以鯀障洪水,故列諸祀典功,雖不就,爲罪最輕,故後言之。"宋代學者員興宗持相反意見。其《辯言》曰:"凡四罪之刑,放最輕,流次之,竄次之,殛最重焉。"長春按:孔穎達是説罪責輕重,員興宗是説刑罰輕重。二者切入視角略有差異。
③ 尤韶華:《〈尚書·舜典〉"殛鯀於羽山"刑名考辨》,載中國社會科學網·法學·詞義考辯,2013年12月19日,網址:http://www.cssn.cn/fx/fx_cykb/201312/t20131219_916655.shtml
④ 夏朝及其史事的真實性,近代以來長期受到質疑。近年來考古研究取得重大進展,儘管目前仍未找到直接有力的證據證明夏朝存在,但在河南洛陽偃師區發現的二里頭遺址足以顯示,在相當於傳説中夏朝的時代,中原地區確實存在一個文明高度發達的廣域王權國家,是後世中原王朝的開端(參見許宏:《最早的中國》,科學出版社2009年版;《何以中國——公元前2000年的中原圖景》,生活·讀書·新知三聯書店2014年版;李國忠:《最早的中國》,人民出版社2022年版)。

"殷"即商朝。商湯滅夏建國後,直到盤庚遷殷才穩定下來,所以商又稱爲殷或殷商。河南安陽是商朝後期統治的核心區域。根據《尚書》《史記》的記載,經過武丁中興之後,商王朝到帝辛(商紂)時被周武王所滅。①

"周"即周朝,分爲西周、東周兩段。周人發源於陝西岐山一帶,武王伐紂後統治中原。在傳世文獻中,今文《尚書·周書》所載周代歷史不僅內容豐富,而且被認爲基本屬實。周朝的制度和文化被統稱爲"周道",對後世影響極爲深遠。當然,文獻記載中的"周道",既有歷史上的真實依據,也有後世儒家學者的理論化提煉和理想化改造。

〔二〕甘扈之誓

《尚書·甘誓》《史記·夏本紀》記載,有扈氏不服,夏啓興兵討伐,大戰於甘。夏啓在陣前發布誓辭,被稱爲"甘誓",即此處所謂"甘扈之誓"。②由於其發布於陣前,且包含軍紀的內容,所以教科書常稱之爲"最早的軍法"。實際上,"甘誓"起初只是口頭政令,後經文字轉化而變爲一篇政令文書。《尚書》中的《甘誓》篇,對這份口頭政令的發布情況和主要內容有所記載,是其文字轉化後的一個版本。③《史記·夏本紀》又進行文字整合,使其口語特徵進一步淡化。其實,在成熟文字大規模使用之前,"甘誓"之類口述政令主要是靠巫覡、瞽史等特定群體的口耳相傳、默記諷誦傳播留存下來。即便轉化爲文字之後仍然殘留著用韻的痕跡。④

根據《尚書·甘誓》的記錄,"甘誓"由三部分組成:第一,明確政令的發布對象,轉化爲後世文書的基本格式;第二,宣布有扈氏的罪名,強調出兵的合理性,自稱"代天行罰",實際上是宣揚"天命",樹立新王朝的合法

---

① 近代以來,商的歷史也曾受到質疑。但經王國維考證,河南安陽殷墟出土甲骨文卜辭證實《史記》所載商王世系爲真。隨後的甲骨文研究更揭示出大量商朝歷史信息。
② 《尚書·甘誓》:"啓與有扈戰於甘之野,作《甘誓》。大戰於甘,乃召六卿。王曰:'嗟!六事之人,予誓告汝:有扈氏威侮五行,怠棄三正,天用剿絕其命,今予惟恭行天之罰。左不攻於左,汝不恭命;右不攻於右,汝不恭命;御非其馬之正,汝不恭命。用命,賞於祖;弗用命,戮於社,予則孥戮汝。'"
③ 李力:"《甘誓》篇最多也就算是戰國時期有關夏代法律的二手資料。"(李力:《〈尚書·甘誓〉所載夏代軍法片段考析》,載王沛主編:《出土文獻與法律史研究》第8輯,法律出版社2020年版,第38—39頁)
④ 參見吳志剛:《論今文〈尚書〉誓體的句式特徵及其成因與定體價值》,載郭英德主編:《斯文》第2輯,社會科學文獻出版社2018年版。

性;第三,宣布軍事紀律和違反軍紀的罪名及相應刑罰。按照今天的理解,第二部分具有憲法意義,第三部分具有軍法意義。其發布場合、文書體例、立論思路,對後來的《湯誓》《牧誓》都有深刻影響。① 這三誓開創了《尚書》的"誓體"。

〔三〕以兵定天下

"以兵定天下"是指,商、周兩朝的開國君主商湯和周武王通過戰爭推翻舊王朝建立新王朝的事蹟,即古籍上所説的"湯武革命"。商湯和周武王分別在鳴條之戰和牧野之戰的陣前發布誓辭《湯誓》《牧誓》。由於"湯武"連稱,所以班固此處把夏單列,而殷、周合稱。對於"湯武革命",歷來以肯定爲主,②但也有不同看法,詳見下文。

【原文】

天下既定,戢臧干戈,_{師古曰:"戢,斂也。"}教以文德,而猶立司馬之官,設六軍之眾,_{師古曰:"司馬,夏官卿,掌邦政,軍旅屬焉。萬二千五百人爲軍,王則六軍也。"}因井田而制軍賦。

【考釋】

〔一〕戢臧干戈

"戢"(jí)即收斂、收聚;"臧"(cáng)通"藏"。③ "戢臧"爲同義複詞。

"干"即盾牌,"戈"是一種長柄横刃的兵器。④ "干戈"也可以引申爲戰爭。

"戢臧干戈"四字化用自《詩經》。⑤ 其含義,可以是字面上的"收斂兵器",也可以是抽象的"不發動戰爭"。

〔二〕教以文德

"教"(jiào)即教导、教化。"文德"即孝悌、忠信、仁恕、禮義之德。"教

---

① 參見謝乃和:《從〈尚書〉"三誓"看三代早期國家的正統性觀念構建》,載《軍事歷史》2019 年第 2 期;吴志剛:《〈尚書〉誓體研究述論》,載《天中學刊》2019 年第 4 期。
② 《周易·革卦·彖辭》:"湯武革命,順乎天而應乎人。"
③ 《國語·周語上》:"先王耀德不觀兵。夫兵戢而時動,動則威。"曹操《〈孫子〉序》:"聖人之用兵,戢而時動,不得已而用之。"
④ 《論語·季氏》:"謀動干戈於邦内。"何晏《集解》引孔安國注:"干,楯也。戈,戟也。"
⑤ 《詩經·周頌·時邁》:"載戢干戈,載櫜弓矢。"鄭玄箋:"王巡守而天下咸服,兵不復用。"

以文德"即推行"文德"以教化民衆。

在古代,"文德"與"武功"對稱,儒家認爲應以"文德"爲本。春秋時期,季氏將伐顓臾,孔子主張"修文德以來民",反對"動干戈於邦内"。① 班固此處强調武備的重要性,也以尊崇文德爲前提。

〔三〕立司馬之官,設六軍之衆

"司馬之官"即主管軍事的官職。"司馬"早在西周時就已出現,既是軍事長官,也擔任刑事執法者角色。《周禮》又進一步設計出"夏官司馬"的官職系統。

"六軍"又稱"六師",是天子掌管的軍隊(説詳前文)。根據《周禮》的設計,軍由一萬二千五百人構成,六軍就是七萬五千人。此處班固原文和顔師古注都以《周禮》爲據。②

《周禮》一書出現在西漢前期,當時叫《周官》,後改稱《周禮》。這部書並不在孔子所傳六經範疇之内,一度被認爲是僞書。③ 西漢末期,在劉歆的整理和推崇下,《周禮》地位開始提高。杜子春在西漢末年從劉歆學《周禮》,東漢初年又傳授給鄭衆、賈逵等班固的同時代人。其後又有張衡、馬融等大儒注解《周禮》。漢末,鄭玄注出,《周禮》大行於世。④ 班固撰寫《漢志》時正值《周禮》之學方始初興。《漢志》大量采擷《周禮》材料,對於擴大《周禮》在法律界的影響、借以塑造周秦以來的法律敘事,意義重大,影響深遠。

《周禮》雖原名《周官》,卻不僅與周公無關,也不是對周代禮法制度的真實記載,而是作者理論先行的治國設想。甚至書名中的"周"也與

---

① 《論語·季氏》載孔子曰:"今由與求也,相夫子,遠人不服而不能來也,邦分崩離析而不能守也,而謀動干戈於邦内。"
② 《周禮·夏官司馬·敘官》:"乃立夏官司馬,使帥其屬而掌邦政,以佐王平邦國。"鄭玄注:"象夏所立之官。馬者,武也,言爲武者也。夏整齊萬物,天子立司馬,共掌邦政,政可以平諸侯,正天下,故曰統六師平邦國。"《周禮·夏官司馬·大司馬》:"凡制軍,萬有二千五百人爲軍,王六軍,大國三軍,次國二軍,小國一軍。"
③ 皮錫瑞:"(西漢時)傳言《禮》,止有《儀禮》,而無《周官》。"([清]皮錫瑞:《經學歷史》,中華書局 2004 年版,第 41 頁)
④ 章太炎:"《周禮》在漢初不以爲經典,東漢始有杜子春和二鄭替彼注釋。"(章太炎講演,曹聚仁整理:《國學概論》,中華書局 2003 年版,第 23 頁)有關《周禮》的出現與傳習情况,參見《周禮注疏·序周禮廢興》。東漢時,杜子春、鄭興、鄭衆、衛宏、賈逵、馬融、張衡、鄭玄、盧植等人都有研習《周禮》的著述。

現實的周朝沒有關係。① 目前學者普遍認爲,《周禮》是戰國秦漢時代的作品,以儒家思想爲主,同時吸收了法、道、陰陽家的思想精華,反映出戰國末期以來學術融合的時代潮流。② 對其產生地域,目前有三晉、齊國、秦國三種説法。③ 未知孰是。

〔四〕因井田而制軍賦

"因"即根據、憑藉,此處可譯爲"以……爲依託"。"井田"即阡陌縱横分割出來的方塊土地,也指一種土地分配和貢賦制度——井田制。文獻記載,商周時代的土地都歸國有,筆直的道路和溝渠把土地分成許多規整的方塊,九塊土地爲一個單元,界綫呈"井"字形,稱爲井田。這九塊土地就稱爲一井。

"井田"一詞最早見於《穀梁傳》,④基本描述有《孟子》和《周禮》兩個版本。⑤"井田制"是否真實存在?近代以來學者多有討論。有根本否定、完全肯定、基本肯定三種觀點。⑥ 目前主流的看法是:古代曾經實行過井田制,但不一定拘泥於傳世的文獻記載。⑦ 而漢代人認爲,古籍中的井田制不僅

---

① 有學者認爲,所謂"周官"極有可能是指"周天之官"。參見彭林:《〈周禮〉史話》,國家圖書館出版社 2019 年版,第 39—43 頁。古代天文學以天球大圓 360 爲周天,每一度對應一天。《禮記·月令》孔穎達疏:"即以一日之行而爲一度計,二十八宿一周天,凡三百六十五度四分度之一,是天之一周之數也。"
② 參見彭林:《周禮主體思想與成書年代研究》,中國人民大學出版社 2009 年版。
③ 郭沫若持"三晉説",楊士奇持"齊國説",金春峰持"秦國説"。詳見郭沫若:《周官質疑》,載《郭沫若全集·考古編》第 5 卷,科學出版社 1982 年版,第 49—81 頁;楊士奇:《周禮在齊——讀惠士奇"禮説"》,載《管子學刊》1988 年第 3 期;金春峰:《周官之成書及其反映的文化與時代新考》,臺灣東大圖書股份有限公司 1993 年版;余英時:《〈周禮〉考證和〈周禮〉的現代啓示——金春峰《周官之成書及其反映的文化與時代新考》序》,原載《中國文化》1990 年第 2 期(總第 3 期),後收入余英時:《錢穆與中國文化》,上海遠東出版社 1994 年版,第 133—161 頁。
④ 《穀梁傳·宣公十五年》:"古者三百步爲里,名曰井田……井田者,九百畝,公田居一。"
⑤ 《孟子·滕文公上》:"方里而井,井九百畝。其中爲公田,八家皆私百畝,同養公田。公事畢,然後敢治私事。"《周禮·地官司徒·小司徒》:"乃經土地而井牧其田野,九夫爲井,四井爲邑,四邑爲丘,四丘爲甸,四甸爲縣,四縣爲都,以任地事而令貢賦,凡稅斂之事。"二者區别在於:孟子版"井田"是八塊私田養一塊公田;《周禮》版"井田"不分私田、公田,都是王田,分給百姓耕種收繳貢賦。
⑥ 根本否定説如胡適、黄現璠、范文瀾、李學勤等,完全肯定説如吕思勉、錢穆等,基本肯定説如郭沫若、唐蘭等。二十世紀二十年代和八十年代,曾經掀起過兩次討論熱潮。第一次討論以傳統文獻爲基礎,第二次討論加入了新出土資料的因素。
⑦ 參見周新芳:《近年來井田制研究的新進展》,載《煙臺師範學院學報(哲學社會科學版)》1997 年第 3 期。

客觀存在,而且是限制兼併、保證耕有其田的帝王之制。① 班固此處沒有明示哪個版本的"井田制",但在《漢書·食貨志上》采用孟子説。②

根據《周禮》的設計,井田不僅是土地劃分的方式,還是國家行政區劃和徵收賦税的制度基礎。"軍賦"即"賦",是指民衆承擔的提供軍用物資裝備的義務。③《漢志》下文引《論語》"可使治其賦也"中的"賦"也是此意。根據《周禮》的設計,軍賦制度建立在井田制基礎上。這才引出下文的"乘馬之法"。

王鳴盛《周禮軍賦説》把本篇有關軍賦的文字録爲"總論",然後總匯各種經學注解作爲"分論",共計四卷。班固此處對《周禮》軍賦制度的總結之簡要,筆法之凝練,可見一斑。

第二節

【原文】

地方一里爲井,井十爲通,通十爲成,成方十里;成十爲終,終十爲同,同方百里;同十爲封,封十爲畿,畿方千里。

【考釋】

〔一〕方一里爲井

"方"即平方。"里"是長度單位,周秦漢時代的三百步,約合 414 米。④

---

① 《漢書·食貨志上》:"是以聖王域民,築城郭以居之,制廬井以均之,開市肆以通之,設庠序以教之;士農工商,四民有業。"又載董仲舒言:"至秦則不然,用商鞅之法,改帝王之制,除井田,民得賣買,富者田連仟伯,貧者亡立錐之地。"又載師丹言:"古之聖王莫不設井田,然後治乃可平。"到王莽時,更欲仿古爲治,恢復井田制。曾下令:"今更名天下田曰王田,奴婢曰私屬,皆不得賣買。其男口不滿八,而田過一井者,分餘田與九族鄉黨。"《漢紀·文帝紀下》:"井田之法,宜以口數占田,爲立科限,民得耕種,不得買賣,以贍民弱,以防兼並,且爲制度張本,不亦宜乎。"
② 《漢書·食貨志上》:"理民之道,地著爲本。故必建步立畝,正其經界。六尺爲步,步百爲畝,畝百爲夫,夫三爲屋,屋三爲井,井方一里,是爲九夫。八家共之,各受私田百畝,公田十畝,是爲八百八十畝,餘二十畝以爲廬舍。出入相友,守望相助,疾病相救,民是以和睦,而教化齊同,力役生産可得而平也。"
③ 《左傳·隱公四年》:"敝邑以賦。"杜預注:"兵也。以田賦出兵,故謂之賦。"
④ 《穀梁傳·宣公十五年》:"古者三百步爲里,名曰井田。井田者,九百畝,公田居一。"《周禮·地官司徒·小司徒》鄭玄注引《司馬法》曰:"六尺爲步。"《漢書·食貨(轉下頁)

"方一里"即邊長一里的正方形面積,是一個完整井田單位(一井)的面積。

〔二〕井、通、成、終、同、封、畿

"同方百里"即,"同"的面積是以一百里爲邊長的正方形的面積。① 鄭玄説:"井田之法,備於一同。"②可能是因爲,在《周禮》的設計中,"同"對應的政治身份等級是卿大夫,對應的政治單位等級是"家"。在"家—國—天下"體系中,"家"是"天下"的基層單位,"同"是"家"的物質載體。

"終"又作"稯",可能是由於音近而相通。③

"畿"(jī)又称王畿,指天子直接管轄的區域,主要位於王都附近。④"畿方千里"即,"畿"的面積是一千里的平方即一百萬平方里。⑤

"井—通—成—終—同—封—畿"的換算關係及其軍賦制度,主要採自《司馬法》。⑥《司馬法》是春秋戰國時期的一部兵書,據傳最早出自姜太

―――――――

(接上頁)志上》同。目前出土的戰國秦漢銅尺,基本上都是 0.23 米左右。例如,二十世紀二十年代洛陽金村出土東周銅尺(現藏於南京大學歷史學院)、1957 年甘肅酒泉出土東漢銅尺(現藏於甘肅省博物館)長 0.231 米,1985 年陝西漢中鋪鎮磚廠出土西漢銅尺(現藏於陝西歷史博物館)、1981 年河南洛陽玻璃廠出土東漢骨尺(現藏於洛陽博物館)長 0.233 米,1983 年山西朔州平朔煤礦出土東漢象牙尺(現藏於山西博物館)長 0.238 米。唐蘭根據現藏於上海博物館的、秦孝公十八年頒發的標準量器"商鞅銅方升"測算,當時秦尺長 0.231 米(唐蘭:《"商鞅量"與"商鞅量尺"》,載《國學季刊》1935 年第 4 期,後收入唐蘭:《唐蘭先生金文論集》,紫禁城出版社 1995 年版)。又據吳承洛所説,吳大澂考證得 0.237 米的漢慮俿銅尺,0.255 米的王莽銅尺,王國維又考證得 0.232 米、0.235 8 米的古尺(參見吳承洛:《中國度量衡史》,上海書店 1984 年版,第 179—181 頁)。

① 《左傳・襄公二十五年》:"列國一同。"杜預注:"一同,方百里。"《淮南子・本經訓》:"諸侯一同。"高誘注:"方百里爲同。"
② 《周禮・地官司徒・小司徒》鄭玄注。
③ 《漢紀・文帝紀下》作"稯"。錢大昭:"荀紀'終'作'稯',古字通也。"[清]錢大昭:《漢書辨疑》卷十二"成十爲終,終十爲同"條。
④ 《淮南子・本經訓》:"古者天子一畿,諸侯一同。各守其分,不得相侵。"《説文解字・田部》:"畿,天子千里地。以逮近言之則曰畿也。"
⑤ 《詩經・商頌・玄鳥》:"邦畿千里,維民所止,肇域彼四海。"《周禮・夏官司馬・職方式》:"方千里曰王畿。"
⑥ 《周禮・地官司徒・小司徒》鄭玄注引《司馬法》曰:"六尺爲步,步百爲畝,畝百爲夫,夫三爲屋,屋三爲井,井十爲通。通爲匹馬,三十家,士一人,徒二人。通十爲成,成百井,三百家,革車一乘,士十人,徒二十人。十成爲終,終千井,三千家,革車十乘,士百人,徒二百人。十終爲同,同方百里,萬井,三萬家,革車百乘,士千人,徒二千人。"《孟子・梁惠王》孫奭疏引《司馬法》與此處同。

公之手,實爲歷代所遞補增撰。① 在《司馬法》的語境中,這幾個詞都是地理區劃單位。有的含義有其本字的淵源,如井、同、畿;有的則與其本字毫無關係,只在此處有此含義,如通、成、終、封。

【原文】

有稅有賦,師古曰:"稅者,田租也。賦謂發斂財也。"稅以足食,賦以足兵。

【考釋】

這裏講到稅、賦之別。國君作爲土地的所有者把土地分給民衆耕作,耕作者按期履行相應義務。"稅"是經濟義務,即糧食、絲麻等農產品。"賦"是軍事義務,包括馬匹、戰車、武器、軍服以及兵役。②

"稅以足食,賦以足兵",即國家把耕作者上繳的稅賦實物放在官府的糧倉和武庫,把人員編制到軍隊。"足食""足兵"是指充實國家的糧食、軍械和兵役儲備。③

【原文】

故四井爲邑,四邑爲丘。丘,十六井也,有戎馬一匹,牛三頭。四丘爲甸。甸,六十四井也,有戎馬四匹,兵車一乘,牛十二頭,甲士三人,卒七十二人,干戈備具,是謂乘馬之法。鄭氏曰:"甲士在車上也。"師古曰:"乘音食證反。其下並同。"

---

① 《史記·太史公自序》:"自古王者而有《司馬法》……《司馬法》所從來尚矣,太公、孫、吳、王子能紹而明之。"
② 《漢書·食貨志上》:"有賦有稅。稅謂公田什一及工商衡虞之入也。賦共車馬甲士徒之役,充實府庫賜予之用。"《說文解字·禾部》:"稅,租也。"又:"租,田賦也。"《周禮·地官司徒·小司徒》:"而令貢賦。"鄭玄注:"謂出車徒給徭役也。"《論語·公冶長》:"千乘之國,可使治其賦也。"何晏《集解》引孔安國注:"賦,兵賦。"邢昺疏:隱四年《左傳》云:'敝邑以賦,與陳、蔡從。'服虔云:'賦,兵也。以田賦出兵,故謂之兵賦。'正謂以兵從也。"
③ 《論語·顏淵》:"子貢問政。子曰:'足食,足兵,民信之矣。'子貢曰:'必不得已而去,於斯三者何先?'曰:'去兵。'子貢曰:'必不得已而去,於斯二者何先?'曰:'去食。自古皆有死,民無信不立。'"長春按:這裏的"足食,足兵,民信"專就國家層面而言,指府庫中的糧食儲備、軍械儲備和兵役儲備,以及官府的權威和信用。孔子的意思是,國家府庫的儲備物資充足不如民衆真心擁護重要,統治者應該努力爭取民衆信任而非聚斂錢糧器械。

【考釋】

〔一〕井、邑、丘、甸

"井—邑—丘—甸"是與上文"井—通……"不同的另一種區劃模塊，內容出自《周禮》。① 在此基礎上的軍賦內容也與此前所引的《司馬法》有所不同，詳見下文。

井、邑、丘、甸，作地理區劃概念的理解，基本限於此處。

〔二〕戎馬、甲士、卒

"戎馬"有兩種意思：字面上是指戰場所用的軍馬，② 也可引申爲軍事活動或征戰經歷。此處用其字面義。古代的戎馬遴選有一定標準要求。③

"甲士"，即穿戴軍事防衛裝備的貴族勇士。"士"在周代是最低一等的貴族，没有封地，但有擔任各種公職的權利，包括參軍作戰的榮譽和特權。在兵車作戰的軍制中，甲士三人立於兵車，周邊圍繞步卒。④ 甲士按左、中、右排列。左方甲士持弓、主射，是一車之長，稱"車左"或"甲首"；右方甲士執戈（或矛），主擊刺，並且負責爲戰車排除障礙，稱"車右"或"參乘"；居中的甲士是駕馭戰車的御者。甲士的遴選也有一定標準。⑤

"卒"即步卒，行軍作戰時跟隨在兵車後。

〔三〕乘馬之法

"乘"（shèng）即古代四匹馬拉的兵車。"乘馬"是一個軍賦編制單位，包括四匹戎馬、兵車一輛、牛十二頭、甲士三人、步卒七十二人。⑥ 這是

---

① 《周禮·地官司徒·小司徒》："九夫爲井，四井爲邑，四邑爲丘，四丘爲甸，四甸爲縣，四縣爲都。以任地事而令貢賦。"
② 《老子》第四十六章："天下有道，卻走馬以糞。天下無道，戎馬生於郊。"
③ 《周禮·夏官司馬·巫馬》："馬八尺以上爲龍，七尺以上爲騋，六尺以上爲馬。"《爾雅·釋畜》："馬八尺爲駥。"
④ 《吕氏春秋·仲秋紀·簡選》："齊桓公良車三百乘，教卒萬人。"高誘注："在車曰士，步曰卒。"
⑤ 《六韜·武車士》："選車士之法：取年四十以下，長七尺五寸以上，走能逐奔馬，及馳而乘之，前後左右，上下周旋，能束縛旌旗；力能彀八石弩，射前後左右，皆便習者，名曰武車之士。"
⑥ 《詩經·齊風·南山》孔穎達疏引《左傳》服虔注："《司馬法》：四邑爲丘，有戎馬一匹，牛三頭，是曰匹馬丘牛。四丘爲甸，甸六十四井，出長轂一乘，馬四匹，牛十二頭，甲士三人，步卒七十二人，戈、楯具備，謂之乘馬。"《左傳·隱公元年》："命子封帥車二百乘以伐京。"杜預注："古者兵車一乘，甲士三人，步卒七十二人。"

"甸"的軍賦標配，所以"甸"也被稱爲"乘"。當然，這種編制只是根據後來的情況而對西周的想象。①

《前漢紀·文帝紀下》摘錄這句話時，把"乘馬之法"寫作"司馬之法"，不如此處準確。因爲先秦軍事編制以"乘"爲中心，馬匹和士卒都維繫在"乘"這個基本單元之上。

第三節

【原文】

一同百里，提封萬井，蘇林曰："提音袛，陳留人謂舉田爲袛。"李奇曰："提，舉也，舉四封之內也。"師古曰："李說是也。提讀如本字，蘇音非也。說者或以爲積土而封謂之隄封，既改文字，又失義也。"除山川沈斥、城池邑居、園囿術路三千六百井，臣瓚曰："沈斥，水田爲鹵也。"如淳曰："術，大道也。"師古曰："川謂水之通流者也。沈謂居深水之下也。斥，鹹鹵之地。"定出賦六千四百井，戎馬四百匹，兵車百乘，此卿大夫采地之大者也，師古曰："采，官也。因官食地，故曰采地。爾雅曰'采，寮官也'。說者不曉采地之義，因謂菜地，云以種菜，非也。"是謂百乘之家。

【考釋】

〔一〕一同百里，提封萬井

"一同百里"即《漢志》前文的"同方百里"。"同"的面積是一萬平方里，相當於一萬個井的面積，所以說是"萬井"。

對於"提封"的含義，前人頗有爭議。李奇從字義角度出發，認爲"提封"是"舉四封之內"，即涵蓋封疆範圍的意思，有具體的含義。王念孫從字音角度出發，認爲"提封"是"都凡"的轉音，即總共、共計，只是連詞，沒有具體特指。② 近年來，田昌五、臧知非等認爲"提封"意即"設定疆界"，

---

① 據考證，春秋中期才出現一乘配備三十人或三十三人的車制，春秋晚期才出現一乘配備七十五人以及一百人的重車車制。參見王暉：《西周金文與軍制新探——兼說西周到戰國車制的演變》，載《陝西師範大學學報(哲學社會科學版)》2015 年第 6 期。

② (清)王念孫《讀書雜誌·漢書第十六》"連詞"條："諸說皆非也。《廣雅》曰：'堤封，都凡也。'都凡者，猶今人言大凡、諸凡也。堤與提古字通。都凡與提封一聲之轉，皆是大數之名。提封萬井，猶言通共萬井耳……若訓提爲舉，訓封爲四封，而云舉封若(轉下頁)

"提封田"是戰國秦漢的一種田畝制度。①

實際上,無論是傳統傳世文獻還是新出土的簡牘資料都顯示,"提封"不僅是一個抽象的"共計"的意思,還包括具體、精確的各種分類數據以及這些數據的統計制度,顯然不是"都凡"所能涵蓋的。② 所以此處的"提封"更有可能是在反映戰國秦漢時代有關"提封田"制度的理論設計和實踐做法。

〔二〕山川沈斥、城池邑居、園囿術路

"山"即山地。"川"即河流。"沈"即各種湖泊、沼澤、池塘等濕地類型。"斥"即含鹽分的沼澤地帶。③ "城池"即大規模的城市建築。"邑居"即小規模的里邑住宅。"園囿(yòu)"即人工打造或圈建以供游玩或狩獵的園林。園囿主要由帝王或高級貴族所有,往往會侵佔山澤田地,因此與耕地有排斥關係。④ "術"即城邑中的道路,也泛指各種街道,與"路"相通。⑤

這些區域,《漢書·地理志下》作"邑居道路,山川林澤",被認爲不可

(接上頁)干井,舉封若干頃,則其爲不詞……提,《廣雅》作'堤',蘇林音祇,曹憲音時。《集韻》音常支切,字作'隄',引《廣雅》'隄封,都凡也'。李善本文選《西都賦》'提封五萬',五臣本及《後漢書·班固傳》並作'隄封'。提封爲都凡之轉,其字又通作'堤'。隄則又可讀爲都奚反。凡假借之字,依聲托事,本無定體,古今異讀,未可執一。師古以蘇林音祇爲非,《匡謬正俗》又謂'提封之提不當作隄字,且不當讀爲都奚反',皆執一之論也。"

① 田昌五:《解井田之謎》,載《歷史研究》1985年第8期;臧知非:《"提封田"考問題的提出》,載《中國社會經濟史研究》1994年第3期。

② 《漢書·地理志下》:"自高祖增二十六,文、景各六,武帝二十八,昭帝一,訖於孝平,凡郡國一百三,縣邑千三百一十四,道三十二,侯國二百四十一。地東西九千三百二里。南北萬三千三百六十八里。提封田一萬萬四千五百一十三萬六千四百五頃,其一萬萬二百五十二萬八千八百八十九頃,邑居道路,山川林澤,群不可墾,其三千二百二十九萬九百四十七頃,可墾不可墾,定墾田八百二十七萬五百三十六頃。"這在嶽麓秦簡、里耶秦簡、張家山漢簡、尹灣漢簡中也都有體現。參見臧知非:《戰國西漢"提封田"補正》,載《史學月刊》2013年第12期。

③ (清)王念孫《讀書雜誌·漢書第四》"沈斥"條:"'沈'當爲'沆'。沆,大澤也。其字或作阬,或作坑,或作亢。又爲鹽澤之名。其字或作斻(gāng),或作坑。《說文》:'沆,大澤也。'《徐鍇傳》引《博物志》曰:'停水,東方曰都,一名沆。'《廣雅》曰:'阬,斥,澤,池也。'《玉篇》曰:'斻,鹽澤也。'《太平御覽·地部四十》引《述征記》曰:'齊人謂湖曰沆。'沆與斥同類,故《志》以沆斥連文。"

④ 《孟子·滕文公下》:"棄田以爲園囿,使民不得衣食。"

⑤ 《說文解字·行部》:"術,邑中道也。"《說文解字·足部》:"路,道也。"

開墾爲農田。①

〔三〕定出賦六千四百井

"定出賦"即在經過細緻統計、綜合分析之後得出合理的軍賦任務指標。這反映出"提封田"制度的基本情況,也是該制度的設立目標和核心内容之一。

按照此處的説法,萬井規模的提封田,除去不可開墾的地區之外,要承擔六千四百井的軍賦任務。其最主要的内容就是戎馬四百匹、兵車百乘。比例達到萬井的百分之六十四,與《漢書·地理志下》所載漢代的情況有很大差異。這是理論設想和實踐操作的不同所致。因爲在《司馬法》和《周禮》既定邏輯前提的框限下,軍賦指標的數值必須要同時滿足兩種不同進制關係的換算方式。"井—通—成—終—同—封—畿"是十進制,"井—邑—丘—甸"是四進制,"同"(萬井)與"甸"(十六井)不能整除,也就没法對接其所謂"乘馬之法",於是就設計出來一"同"與四百"甸"(六千四百井)之間的差額"山川沈斥、城池邑居、園囿術路三千六百井"。②

〔四〕卿大夫采地之大者

"卿大(dà)夫"即周王或諸侯王的臣屬,地位低於諸侯,高於士。卿大夫又分爲卿和大夫,卿的地位高於大夫。卿和大夫也都有更進一步的等級劃分。③ 在周代的"世卿世禄"制度下,卿大夫既是官員等級,也是爵位等級。卿大夫一般都要出任周王和諸侯的重要官職。④

"采地"又稱"采邑""封邑""食邑",是周代分封制度下上級貴族給下級貴族分封的土地和人民的總稱。卿大夫是最低一級的分封領主,但也有封邑大小之分。本篇中的"同""萬井"就是其中最高的一級。後文"諸

---

① 《漢書·地理志下》:"邑居道路,山川林澤,群不可墾。"
② 類似的設計還見於《禮記·王制》:"方一里者爲田九百畝。方十里者,爲方一里者百,爲田九萬畝。方百里者,爲方十里者百,爲田九十億畝。方千里者,爲方百里者百,爲田九萬億畝……凡四海之内,斷長補短,方三千里,爲田八十萬億一萬億畝。方百里者爲田九十億畝:山陵、林麓、川澤、溝瀆、城郭、宫室、塗巷,三分去一,其餘六十億畝。"其思路與《漢書·地理志下》和《漢志》相同。
③ 《左傳·成公三年》:"次國之上卿,當大國之中,中當其下,下當其上大夫。小國之上卿,當大國之下卿,中當其上大夫,下當其下大夫。上下如是,古之制也。"
④ 《國語·魯語下》:"卿大夫朝考其職,晝講其庶政,夕序其業,夜庀其家事而後即安。"

侯之大者"與此同理。①

〔五〕百乘之家

周王和諸侯給卿大夫分封的采地，對應的政治組織級別和單位稱爲"家"。"家"的軍賦是一百乘，故稱"百乘之家"。卿大夫在采地内有統治權，稱爲"一家之主"。諸侯封地對應的政治概念是"國"，軍賦可達一千乘；周王統治的區域則是"天下"，軍賦可達一萬乘，於是有後文的"千乘之國""萬乘之主"等概念。② 當然，這些整齊的兵制設計顯然並非西周史實。對此，清儒崔述已有精當辨析。③

【原文】

一封三百一十六里，提封十萬井，定出賦六萬四千井，戎馬四千匹，兵車千乘，此諸侯之大者也，是謂千乘之國。天子畿方千里，提封百萬井，定出賦六十四萬井，戎馬四萬匹，兵車萬乘，故稱萬乘之主。

【考釋】

〔一〕一封三百一十六里，提封十萬井

"一封三百一十六里"即"封"是以"三百一十六里"爲邊長的正方形。在"井—通—成—終—同—封—畿"的遞進關係中，"井"以一里爲邊長，面

---

① 《韓詩外傳》卷八："古者天子爲諸侯受封，謂之采地。百里諸侯以三十里，七十里諸侯以二十里，五十里諸侯以十五里。"
② 《孟子·梁惠王上》："萬乘之國……千乘之家……百乘之家。"趙岐注："萬乘，兵車萬乘，謂天子也。千乘，諸侯也……天子建國，諸侯立家。百乘之家，謂大國之卿食采邑有兵車百乘之賦者也……上下乘當言國，而言家者，諸侯以國爲家，亦以避萬乘稱，故稱家。君臣上下之辭。"
③ （清）崔述《崔東壁遺書·王政三大典考》卷三《三代經界通考》："先儒惑於《司馬法》之文，以爲一乘之卒七十有二人，遂致《魯頌》之言先後抵牾，乃謂車計通國之賦，徒指出軍之賦以曲解之。不知《司馬法》乃戰國時人所撰，原不足據也。且《傳》又有之：衛文公元年，革車三十乘，季年乃三百乘。晉城濮之戰，全軍皆出，僅七百乘。鞌之戰，軍帥半行，乃八百乘。平邱之會，有甲車千乘。衛世與民非能十倍其初，曾地雖辟，豈能數倍於文公之世？然則貧故車少，富故車多，不盡稱徒以造車，亦不盡計民以賦車也。晉之伐鄭也，敗其徒兵於洧上，車與徒分道以禦敵，而初不必相參，則車之多寡固不必準乎其徒之數，則亦不必準乎其民之數。惟是地廣則國富，國富則車多，故大國曰千乘，乃大略言之耳。夫安得拘拘焉以八百家或八十家出車一乘爲一成之例也？"

積爲一平方里;"封"爲十萬井,面積爲十萬平方里。"封"的邊長是十萬的開方,約等於三百一十六里。

〔二〕軍賦制度總覽

此處所記載的軍賦制度主要來源於《司馬法》與《周禮》。但二者之間也有不相符的地方,所以此處行文有些牽強附會。在下列三表中,表一、表二材料出自《司馬法》,內容基本可以銜接;表三出自《周禮》,與前兩表數值換算存在障礙,於是有了所謂"提封"的制度模式爲之彌縫。

表一:《司馬法》所載軍賦制度(一)

名稱	邊長	面　　積	乘　馬	家　戶	士　　徒
井	一里	172 889.64 平方米			
通		1 728 896.4 平方米	匹馬	三十家	士一人,徒二人
成	十里	17 288 964 平方米	革車一乘	三百家	士十人,徒二十人
終		172 889 640 平方米	革車十乘	三千家	士百人,徒二百人
同	百里	1 728 896 400 平方米	革車百乘	三萬家	士千人,徒二千人
封		17 288 964 000 平方米			
畿	千里	172 889 640 000 平方米			

表二:《司馬法》所載軍賦制度(二)

名稱	總井數/出賦井數	邊長	出賦內容	身　　份	組織
同	萬井/六千四百井	100 里	戎馬四百匹,兵車百乘	卿大夫之大者	家
封	十萬井/六萬四千井	316 里	戎馬四千匹,兵車千乘	諸侯之大者	國
畿	百萬井/六十四萬井	1 000 里	戎馬四萬匹,兵車萬乘	天子	天下

表三：《周禮》所載軍賦制度

名稱	井數	戎馬	兵車	牛	甲　卒
邑	四井				
丘	十六井	戎馬一匹		牛三頭	
甸	六十四井	戎馬四匹	兵車一乘	牛十二頭	甲士三人，卒七十二人

第四節

【原文】

戎馬車徒干戈素具，春振旅以蒐，夏拔舍以苗，秋治兵以獮，冬大閱以狩，師古曰："振旅，整衆也。蒐，搜擇不任孕者。拔舍，草止，不妨農也。苗，爲苗除害也。治兵，觀威武也。獮，應殺氣也。大閱，簡車馬也。狩，火田。一曰，狩，守也，圍守而取之。拔音步末反。"皆於農隙以講事焉。師古曰："隙，空閒也。講，和習之也。"

【考釋】

〔一〕素具

"素"本義爲没有染色的絲織品，引申爲預先。① "素具"與《漢志》前文的"備具"意思相當，是説各種軍賦都已按照相關制度提前準備就緒。

〔二〕春振旅以蒐，夏拔舍以苗，秋治兵以獮，冬大閱以狩

古代的軍事訓練活動與狩獵活動相結合，而且還要配合季節時令的生殺之氣開展。② 班固此處行文出自《周禮》和《左傳》。③ 根據《周

---

① 《説文解字·素部》："素，白致繒也。"《國語·吳語》："夫謀，必素見成事焉，而後履之。"
② 《周禮·夏官司馬·大司馬》："中春，教振旅。"鄭玄注："凡師出曰治兵，入曰振旅，皆習戰也。四時各教民以其一焉。"《國語·周語上》："王治農於籍，蒐於農隙，耨穫亦於籍，獮於既烝，狩於畢時，是皆習民數者也。"
③ 《左傳·隱公五年》："故春蒐，夏苗，秋蒐，冬狩，皆於農隙以講事也。"《周禮·夏官司馬·大司馬》："中春，教振旅……遂以蒐田……中夏，教茇舍……遂以苗田……中秋，教治兵……遂以獮田……中冬，教大閱……遂以狩田……"

禮》的設計，訓練活動主要包括蒐、苗、獮（xiǎn）、狩（shòu）四項。詳見下表：

表四：《周禮》所載軍事訓練制度

名稱	時間	總科目	具體內容和流程
蒐	仲春	教振旅	以旗致民，平列陳；辨鼓鐸鐲鐃之用；教坐作進退疾徐疏數之節；蒐田；祭神；誓民；獻祭。
苗	仲夏	教茇舍	如振旅之陳；辨號名之用；其他皆如振旅；苗田，如蒐之法。
獮	仲秋	教治兵	如振旅之陳；辨旗物之用；其他皆如振旅；獮田，如蒐之法。
狩	仲冬	教大閱	戒衆庶，修戰法；陳車徒，如戰之陳；聽誓斬牲；中軍以鼓鐃指揮車徒坐作；狩田；大獸公之，小禽私之；獻禽以享烝。

"振旅"即召集士兵，整合隊形，訓示隊伍。① "蒐"即搜尋、查找，又作"蒐"，②這裏是指搜尋獵物。春天是動物交配繁育的季節，所以"蒐"的對象要把已經有孕的獵物排除在外，以順應"春生"觀念。③

"拔"是"拔草"的簡稱，又作"茇"（bá）。"茇"本義是草根，④這裏泛指草地。"舍"（shè）是"舍止"的簡稱，本義是房舍，這裏指留宿、停宿。"拔草舍止"⑤即宿營於野草荒地。班固正文用"拔舍"，顏師古注用"草止"，意思相通。⑥ 軍事訓練之後露宿草地，正是爲了不破壞農田和農作物，即"不

---

① 《左傳·隱公五年》："入而振旅。"杜預注："入曰振旅，治兵禮畢，整衆而還。振，整也。旅，衆也。"
② 《漢書補注·刑法志》："官本考證云：'搜，《周禮》及《左傳》原文俱作蒐。'案，荀紀亦作蒐。搜、蒐意同字通，皆閱擇之意。"
③ 《左傳·隱公五年》："春蒐。"杜預注："蒐，索擇不孕者。"
④ 《說文解字·艸部》："茇，艸根也。從艸友聲。春艸根枯，引之而發土爲撥，故謂之茇。"
⑤ 《左傳·僖公十五年》："晉大夫反首拔舍從之。"杜預注："拔草舍止，壞形毀服。"
⑥ 《周禮·夏官司馬·大司馬》："教茇舍。"鄭玄注："茇舍，草止之也。"

妨農也"。"苗"與"搜"類似,也指狩獵,同樣要放過有孕的獵物以順應"夏長"觀念。① 顔師古注把"夏苗"解釋爲"爲苗除害",可能是對《穀梁傳》和《白虎通義》的誤解,②也可能是受到杜預或郭璞的誤導。③

"治兵"即出兵、練兵。"獮"也指狩獵,以借用其"殺戮"的含義來順應秋天的殺氣。④ 因爲秋天動物基本都不會産育,所以秋天狩獵可以大規模捕殺獵物。⑤ "大閲"也稱"大搜""大蒐",指大規模、高規格的軍事檢閲活動,時間一般定在十一月。⑥ 按照《周禮》的設計,大閲活動每年都有,實際上未必如此。⑦

"狩"也是打獵,只不過規模更大,手段更絶,與冬季肅殺之氣相合。⑧

據本書前文考證可知,搜、苗、獮、狩都是狩獵的意思,被放在不同季節主要是爲了迎合時令節氣學説,理論設想的成分居多。對其次序安排,也有不同的説法。⑨ 班固此處只以《周禮》所載爲據。

---

① 《周禮·夏官司馬·大司馬》:"遂以苗田。"鄭玄注:"夏田爲苗。擇取不孕任者,若治苗去不秀實者云。"引者注:"秀"即莊稼抽穗開花,時節大概就在夏季。
② 《穀梁傳·桓公四年》:"四時之田,皆爲宗廟之事也。春曰田,夏曰苗,秋曰蒐,冬曰狩。"《左傳·隱公五年》孔穎達疏引《白虎通義》:"王者、諸侯所以田獵何?爲苗除害,上以共宗廟,下以簡集士衆也。春謂之田何?春,歲之本,舉本名而言之也。夏謂之苗何?擇其懷任者也。秋謂之蒐何?蒐索肥者也。冬謂之狩何?守地而取之也。四時之田,總名爲田何?爲田除害也。"(引者注:不見於今本《白虎通義》)可見,"爲田除害"是對四項軍事訓練活動的總體評價而非專指夏苗。
③ 《左傳·隱公五年》:"夏苗。"杜預注:"苗,爲苗除害也。"《爾雅·釋天》:"夏獵曰苗。"郭璞注:"爲苗稼除害也。"
④ 《爾雅·釋詁》:"獮,殺也。"郭璞注:"秋獵爲獮,順殺氣也。"
⑤ 《周禮·夏官司馬·大司馬》:"遂以獮田,如蒐田之法,羅弊致禽以祀祊。"鄭玄注:"秋田爲獮。獮,殺也。羅弊,罔止也。秋田主用罔,中殺者多也。皆殺而罔止。"
⑥ 《大戴禮記·夏小正》:"十有一月,王狩。狩者,言王之時田。冬獵爲狩。"這一傳統在後世也有體現。例如,《晉書·武帝紀》記載了六次"講武大閲"活動,四次在十一月,兩次在十二月。
⑦ 根據《左傳》記載,晉國在春秋時期共舉行大蒐禮四次。而且大蒐禮常見於戰爭前後,還往往伴隨著重要的變制立法活動。例如,晉國的"被廬之法""夷之法"和趙鞅的"刑鼎"都頒布於大蒐禮上。參見李亞農:《大蒐解》,載《學術月刊》1957 年第 1 期;楊寬:《〈大蒐禮〉新探》,載《學術月刊》1963 年第 3 期。
⑧ 《爾雅·釋天》:"火田爲狩。"郭璞注:"放火燒草獵,亦爲狩。"《左傳·隱公五年》:"冬狩。"杜預注:"狩,圍守也;冬物畢成,獲則取之,無所擇也。"
⑨ 《公羊傳·桓公四年》:"春曰苗,秋曰蒐。"《穀梁傳·昭公八年》:"秋,蒐於紅。"《左傳·昭公八年》:"秋,大搜於紅。"杜預注:"大搜,數軍實,簡車馬也。"

〔三〕皆於農隙以講事焉

"農隙"是農忙時節的間隙,即"農閑"。軍賦制度建立在井田制基礎上,軍隊士兵也都以井田上的耕作者爲主,因此軍事訓練應該盡可能回避農忙時節。"講事"即講習武事,指軍事技巧與軍禮的訓練和演習。①

班固此句出自《左傳》。②

【原文】

五國爲屬,屬有長;十國爲連,連有帥;師古曰:"長音竹兩反。帥音所類反。"三十國爲卒,卒有正;二百一十國爲州,州有牧。連帥比年簡車,師古曰:"比年,頻年也。"卒正三年簡徒,師古曰:"徒,人衆。"群牧五載大簡車徒。

【考釋】

〔一〕屬長、連帥、卒正、州牧

"國—屬—連—卒—州"的等級換算關係以及各級組織負責人的名號,出自《禮記·王制》。③ 只不過,班固把《王制》中的"州伯"改作"州牧"。鄭玄認爲,"州伯"和"州牧"是同一職位在不同時代的不同稱呼。④ 孔穎達則認爲侯伯是爵位,牧是職位。⑤ 但班固當時未必有此類認識,此處更有可能是爲了避免《王制》行文中從"八伯"到"二伯"轉換時的概念混淆。當然,"州牧""群牧"一詞也有淵源。⑥

---

① 《左傳·隱公五年》:"故講事以度軌。"孔穎達疏:"故講習大事,以準度軌法度量,謂之爲軌。準度軌量,即謂習戰、治兵、祭祀之屬是也。"
② 《左傳·隱公五年》載臧僖伯曰:"故春蒐,夏苗,秋獮,冬狩,皆於農隙以講事也。"
③ 《禮記·王制》:"天子百里之內以共官,千里之內以爲禦,千里之外設方伯。五國以爲屬,屬有長。十國以爲連,連有帥。三十國以爲卒,卒有正。二百一十國以爲州,州有伯。八州八伯,五十六正,百六十八帥,三百三十六長。八伯各以其屬,屬於天子之老二人,分天下以爲左右,曰二伯。"
④ 《禮記·王制》:"州有伯。"鄭玄注:"凡氏皆因賢侯爲之。殷之州長曰伯,虞夏及周皆曰牧。"他又認爲伯是輔佐牧的。《詩經·邶風·旄丘·序》:"方伯連率之職。"鄭玄箋:"周之制,使伯佐牧。"
⑤ 《詩經·邶風·旄丘·序》:"方伯連率之職。"孔穎達疏:"侯與伯皆得爲牧也……若一州之中無賢侯,選伯之賢者以爲牧是也。"
⑥ 《尚書·周官》:"內有百揆四嶽,外有州牧侯伯。"《尚書·舜典》:"覲四嶽群牧。"

"屬長"即"屬"之"長"。"五國爲屬,屬有長"可能源自"五長"。① "帥"本義是行軍旗幟,後引申爲統率、長官。② "連帥"又作"連率",在這裏作爲一級軍事長官。③ "正"即君長、官長,這裏特指軍官。④

屬長、連帥、卒正、州牧等未必就是周代真實存在的區劃職位,但在後世卻得到好用古禮裝點門面的當權者的青睞,成爲短暫真實存在的官職。⑤

〔二〕連帥比年簡車,卒正三年簡徒,群牧五載大簡車徒

"比年"即每年、連年,⑥ "五載"即五年。"簡"即揀選、選拔。⑦ "簡車徒"是講武大閱活動的重要內容。⑧ 從簡車到簡徒,再到大簡車徒,選拔的規模和層級依次遞增。

班固此處用語或許影響到何休注《公羊傳》。⑨

【原文】

此先王爲國立武足兵之大略也。

【考釋】

"立武"即建立武備。"足兵"即充實兵制。

《漢書》的《刑法志》與《食貨志》是姊妹篇。無論是文章布局、行文風

---

① 《尚書·益稷》:"外薄四海,咸建五長。"僞孔傳:"諸侯五國立賢者一人爲方伯,謂之五長。"《尚書·周官》:"外有州牧侯伯。"僞孔傳:"外置州牧十二及五國之長。"
② 《周易·師卦·象傳》:"長子帥師,以中行也。"《國語·齊語》:"三鄉爲縣,縣有縣帥。"
③ 《詩經·邶風·旄丘·序》:"方伯連率之職。"鄭玄箋:"《禮記》云:'十國以爲連,連有率。'"
④ 《老子》第四十五章:"清静爲天下正。"《逸周書·武順解》:"三伯一長曰'佐',三佐一長曰'右',三右一長曰'正'。"
⑤ 《漢書·王莽傳中》:"莽以《周官》《王制》之文,置卒正、連率、大尹,職如太守;屬令、屬長,職如都尉。置州牧、部監二十五人。見禮如三公。監位上大夫,各主五郡。公氏作牧,侯氏卒正,伯氏連率,子氏屬令,男氏屬長,皆世其官,其無爵者爲尹。"
⑥ 《漢書·食貨志上》:"永始二年,梁國、平原郡比年傷水災,人相食,刺史、守、相坐免。"
⑦ 《吕氏春秋·仲秋紀·簡選》:"武王虎賁三千人,簡車三百乘,以要甲子之事於牧野。"(清)孫詒讓《墨子閒詁·明鬼下》:"擇車,猶《吕氏春秋》云簡車、選車。"
⑧ 《文選·賦甲·京都上·班孟堅〈兩都賦〉二首·東都賦》:"順時節而蒐狩,簡車徒以講武。"
⑨ 《公羊傳·桓公六年》:"大閱者何? 簡車徒也。"何休注:"比年簡徒,謂之蒐;三年簡車,謂之大閱;五年大簡車徒,謂之大蒐。"

格還是語句表述，二者都有許多相似之處。在《食貨志》的開頭部分，班固根據先秦文獻，以先王爲主角，以周代制度爲樣板，以儒家理念爲光源，投射出一個上古樂土的影像。然後他以"此先王制土處民富而教之之大略也"爲收束之語，正與本篇此處相似。另外，《食貨志》後文在敘述各種時代轉折節點的時候，也與本篇各處用語多有類似，詳見下文。

有必要再次強調的是，《漢志》所描述的"先王兵制"主要根據儒家的典籍經傳，儘管有一定的史實基礎，但帶有明顯的人爲填補和理想設計的痕跡，並不能等同於周代尤其是西周的軍事編制制度。

第三章
周 道 衰

【主旨】

本章根據《管子》《左傳》《論語》等材料剪輯而成，主要介紹春秋時期的兵制變革，並以儒家的立場對其違反禮法的情況進行批判。具體內容可以分爲兩節：第一節述論春秋前期的兵制，以齊桓、晉文爲例。第二節述論春秋後期的兵制，以魯國爲例。相較於《漢志》前文所講的"先王兵制"，春秋前期只是"僭差"，後期則徹底"失其正"。

第一節

【原文】

周道衰，法度墮，師古曰："墮即墮字。墮，毀也，音火規反。"至齊桓公任用管仲，而國富民安。

【考釋】

〔一〕**周道衰，法度墮**

"周道"是周朝制度和文化的統稱，集中表現在其"禮法"中，所以又稱"法度"。"周道"和"法度"是互文，所指大體相同。[1] 此處是指《漢志》前文所描述的先王兵制。

---

[1] 《漢書·禮樂志》："周監於二代，禮文尤具……及其衰也，諸侯踰越法度，惡禮制之害己，去其篇籍。"《漢書·貨殖傳》："周室衰，禮法墮。"

在儒家思想觀念中，周道具有典範意義。① 受此影響，漢代社會普遍推崇"周道""周政""周制"，並且標榜接續"周道"。② 直到西漢中後期，漢室才自信地宣稱"自有制度"。③ 然而在歷史追述中，"周道"仍是無法超越的經典存在。這在《漢志》中多有體現。當然，儒家描摹和宣揚的"周道"與現實中西周的制度文化不能等同視之。

"壞"(huī)即毀壞，破壞。顏師古注認爲同"墮"，辛子牛注認爲同"墜"，④趙徐高注認爲同"隳"。⑤ 其實，"壞""隳""墮""墜"四字都有破壞的含義。其中，前三字都有兩個讀音：duò 和 huī。讀 huī 時三字都指毀壞，側重於器械性破損的狀態。而"墜"(zhuì)則重在因脫落而造成的遺失或喪失，進而引申爲破壞。⑥

〔二〕齊桓公任用管仲，而國富民安

齊桓公(？—前 643 年)，姜姓，吕氏，名小白。姜姓齊國第十六位國君，姜太公吕尚的第十二代孫，在位四十二年，是春秋時代著名的霸主。

管仲(前 723 年—前 645 年)，名夷吾，字敬仲，春秋名相。他早年出身貧賤，後來在至交鮑叔牙的推薦下輔佐齊桓公成就一代霸業。經過齊桓公和管仲的經營，齊國從原來的區區海濱之國一躍成爲對天下局勢具有重要影響的東方大國。⑦

平王遷都洛邑以後，周王地位逐漸衰弱，中國歷史進入東周時期。强

---

① 《論語·八佾》："子曰：'周監於二代，鬱鬱乎文哉！吾從周。'"《荀子·非相》："欲知上世，則審周道。"
② 《史記·梁孝王世家》："方今漢家法周。"《史記·平津侯主父列傳》："今陛下躬行大孝，鑒三王，建周道，兼文武。"另可參見李禹階：《"漢制"新探——論西漢前期的"漢承秦制"與"漢家法周"》，載《華南師範大學學報(社會科學版)》2020 年第 2 期。
③ 《漢書·元帝紀》："漢家自有制度，本以霸王道雜之，奈何純任德教，用周政乎！"
④ 辛子牛：《漢書刑法志注釋》，第 9 頁。
⑤ 趙增祥、徐世虹、高潮：《〈漢書·刑法志〉注釋》，第 16 頁。
⑥ 《尚書·酒誥》："今惟殷墜厥命。"《國語·楚語下》："自先王莫墜其國，當君而亡之，君之過也。"
⑦ 《史記·姜太公世家》："以太公之聖，建國本，桓公之盛，修善政，以爲諸侯會盟，稱伯，不亦宜乎？洋洋哉，固大國之風也！"《史記·管晏列傳》："管仲既任政相齊，以區區之齊在海濱，通貨積財，富國彊兵，與俗同好惡……管仲卒，齊國遵其政，常彊於諸侯。"

大的諸侯先後崛起，填充權力真空，成爲領導華夏諸侯、維持天下秩序、抵禦夷狄入侵的"霸主"。齊桓公在管仲的輔佐下成爲春秋時期第一個公認的霸主，在"五霸"中居於首位。① 他們的霸業對華夏民族立有大功。②

【原文】

公問行伯用師之道，_{師古曰："伯讀曰霸。"}管仲曰："公欲定卒伍，修甲兵，大國亦將修之，而小國設備，則難以速得志矣。"於是乃作內政而寓軍令焉，_{師古曰："寓，寄也，寄於內政而修軍令也。"}故卒伍定虖里，而軍政成虖郊。

【考釋】

〔一〕行伯用師之道

"伯"（bà）通"霸"。春秋時期的霸主曾在多個層面上發揮正向作用，並非後世所理解的依仗實力橫行一方。從理論層面上講，"霸"一方面是諸侯盟主、天子輔臣，受到諸侯擁戴，輔助天子治理天下；另一方面也可以代行王權、指揮諸侯。③ 從實際層面上看，齊桓公、晉文公等霸主會盟諸侯，維護公義，抵禦夷狄，興滅繼絕，確實在周室衰微的情況下起到協調諸侯、穩定中原的領袖作用。④

---

① "五霸"又稱"五伯"，有多種說法：一是齊桓公、晉文公、楚莊王、吳王闔閭、越王勾踐，見於《墨子‧所染》《荀子‧議兵》；二是齊桓公、晉文公、秦穆公、宋襄公、楚莊王，見於《風俗通義‧五霸》《孟子‧告子下》趙岐注；三是齊桓公、晉文公、秦穆公、楚莊王、吳王闔閭，見於《白虎通義‧號》；四是齊桓公、宋襄公、晉文公、秦穆公、吳王夫差，見於《漢書‧諸侯王表》顏師古注。
② 《論語‧憲問》："管仲相桓公霸諸侯，一匡天下，民到於今受其賜。微管仲，吾其被髮左衽矣。"《公羊傳‧僖公四年》："南夷與北狄交，中國不絕如綫，桓公攘夷狄而救中國。"
③ 《白虎通義‧號》："霸者，伯也，行方伯之職，會諸侯，朝天子，不失人臣之義，故聖人與之……霸猶迫也，把也，迫脅諸侯，把持其政。"
④ 《孟子‧告子下》："五霸桓公爲盛，葵丘之會諸侯，束牲載書而不歃血。初命曰：'誅不孝，無易樹子，無以妾爲妻。'再命曰：'尊賢育才，以彰有德。'三命曰：'敬老慈幼，無忘賓旅。'四命曰：'士無世官，官事無攝；取士必得，無專殺大夫。'五命曰：'無曲防，無遏糴，無有封而不告。'曰：'凡我同盟之人，既盟之後，言歸於好。'今之諸侯皆犯此五禁，故曰今之諸侯，五霸之罪人也。"《史記‧平津侯主父列傳》："五伯者，常佐天子興利除害，誅暴禁邪，匡正海內，以尊天子。"《漢書‧諸侯王表》："故盛則周、邵相其治，致刑錯；衰則五伯扶其弱，與共守。"

"行伯用師之道"，就是運用軍事手段成爲霸主的方法或策略。

〔二〕公欲定卒伍，修甲兵，大國亦將修之，而小國設備，則難以速得志

"卒伍"本義是指軍隊編制，五人爲伍，一百或二百人爲卒；①後引申指軍隊或部隊基層。② 此處用其本義。"甲兵"即軍事裝備（説詳前文）。"定卒伍，修甲兵"即揀選士兵，充實武備，發展軍隊。管仲所謂"修甲兵"的方法以懲罰犯罪的方式推行，不僅成本較低，而且較爲隱蔽。③

"難以速得志"即難以迅速實現目標。管仲的意思是，如果大張旗鼓地擴充軍隊，發展軍事，則強大的諸侯國會效法，弱小的諸侯國會防備，因此而造成的軍備競賽和緊張局勢不利於"行伯用師"目標的實現。

〔三〕作内政而寓軍令

這一段齊桓公與管仲的對話是對《國語》相關内容的簡化和濃縮。④在原文中，"作内政而寓軍令"是管仲所説"可以隱令，可以寄政"的進一步解釋，意即在國政治理體制中巧妙地融入軍事元素，在其他國家渾然不覺的情況下發展軍事力量。⑤

"作内政而寓軍令"的主要任務是"定卒伍"。⑥ 其具體方式是，建立

---

① 《周禮·地官司徒·小司徒》："五人爲伍，五伍爲兩，四兩爲卒，五卒爲旅，五旅爲師，五師爲軍。"不過，管仲的設計與此不同，見下引《國語·齊語》。
② 《國語·周語中》："四軍之帥，旅力方剛；卒伍治整，諸侯與之。"《韓非子·顯學》："故明主之吏，宰相必起於州部，猛將必發於卒伍。"
③ 《管子·小匡》："若軍令則吾既寄諸内政矣，夫齊國寡甲兵，吾欲輕重罪而移之於甲兵……制重罪人以兵甲、犀脅、二戟，輕罪人蘭、盾、鞈革、二戟，小罪人以金鈞分，宥薄罪人以半鈞，無坐抑而訟獄者，正三禁之而不直，則入一束矢以罰之。"《淮南子·氾論訓》所載略同。
④ 《國語·齊語》："管子對曰：'未可。君若正卒伍，修甲兵，則大國亦將正卒伍，修甲兵，則難以速得志矣。君有攻伐之器，小國諸侯有守禦之備，則難以速得志矣。君若欲速得志於天下諸侯，則事可以隱令，可以寄政。'桓公曰：'爲之若何？'管子對曰：'作内政而寄軍令焉。'"
⑤ 《國語·齊語》："可以隱令，可以寄政。"韋昭注："寄，託也。匿軍令，託於國政，若有征伐，鄰國不知。"又："作内政而寄軍令焉。"韋昭注："内政，國政也。因治政以寄軍令也。"
⑥ 《國語·齊語》："桓公問曰：'夫軍令則寄諸内政矣，齊國寡甲兵，爲之若何？'"《管子·小匡》："桓公曰：'卒伍定矣，事已成矣，吾欲從事於諸侯，其可乎？'"長春按：二者所記載的是同一件事，説法不同，正可以説明"作内政而寓軍令"與"定卒伍"其實是一回事。

"家—軌—里—連—鄉"這樣層級嚴密的行政管理體制,讓其承擔徵調士兵、軍事訓練的功能。①

〔四〕卒伍定虖里,軍政成虖郊

"虖"是"乎"的古字。"定卒伍"即揀選士兵,"成軍政"即訓練士兵。"里"即居民區,在城郭之内;"郊"即郊區,在城郭之外,有遠郊、近郊之分。②

周代實行國野分治的二元體制,周王和諸侯的管轄區域一般都分爲國、野兩部分,國人主要承擔軍事義務,野人主要承擔經濟義務。③ 國人生活在城郭和四郊,野人生活在四郊之外。所以管仲定卒伍應該在城郭内,練兵也應該在郊内,針對的對象肯定就是國人。

班固此句化用自《管子·小匡》,後者可能又源於《國語·齊語》。④

【原文】

　連其什伍,師古曰:"五人爲伍,二伍爲什。"居處同樂,死生同憂,禍福共之,故夜戰則其聲相聞,晝戰則其目相見,緩急足以相死。

【考釋】

〔一〕連其什伍

"什伍"有兩種意思。一是户籍組織制度,即以五家爲伍,十家爲什,

---

① 《國語·齊語》:"管子於是制國:五家爲軌,軌爲之長;十軌爲里,里有司;四里爲連,連爲之長;十連爲鄉,鄉有良人焉。以爲軍令:五家爲軌,故五人爲伍,軌長帥之;十軌爲里,故五十人爲小戎,里有司帥之;四里爲連,故二百人爲卒,連長帥之;十連爲鄉,故二千人爲旅,鄉良人帥之;五鄉一帥,故萬人爲一軍,五鄉之帥帥之。三軍,故有中軍之鼓,有國子之鼓,有高子之鼓。春以蒐振旅,秋以獮治兵。是故卒伍整於里,軍旅整於郊。"《管子·小匡》所載略同。《鶡冠子·王鈇》所設想的"天曲日術"也與此類似,文繁不録。

② 《説文解字·里部》:"里,居也。"《説文解字·邑部》:"郊,距國百里爲郊。"《周禮·地官司徒·載師》:"任近郊之地。"鄭玄注引杜子春曰:"五十里爲近郊,百里爲遠郊。"

③ 《周禮·天官冢宰·敘官》:"惟王建國,辨方正位,體國經野,設官分職,以民爲極。"又可參見楊寬:《西周史》,上海人民出版社1999年版,第395—397頁;趙世超:《周代國野制度研究》,陝西人民出版社1991年版。

④ 《國語·齊語》:"卒伍整於里,軍旅整於郊。"《管子·小匡》:"卒伍政定於里,軍旅政定於郊。"從語句來看,班固此處表述更接近《管子》。

便於管理。① 這個制度古已有之。商鞅在其基礎上發展出"什伍連坐制度"以加強社會控制。二是軍事組織制度,即士兵五人爲伍,十人爲什,結爲一體,在戰場上共進退。② 管仲既然是通過"作内政而寓軍令"的方式而"定卒伍",則二者應該相通。亦即,百姓平時按照户籍"什伍"的方式聚居在一起,訓練或作戰的時候從每家抽調士兵,組成軍事編制的"什伍"。③"連其什伍"即把什伍連結在一起,使之成爲一個整體。

〔二〕居處同樂,死生同憂,禍福共之

"居處"即日常生活,④在這裏也可以理解爲彼此相處。"同樂"即彼此和諧快樂。

"死生"是偏義複詞,特指死亡。⑤ "同憂"即彼此憂慮,互相關心。

"禍福"即災殃與幸福。"共之"即共同承擔。

〔三〕夜戰則其聲相聞,晝戰則其目相見,緩急足以相死

"其聲相聞"是説,夜間作戰時,光綫不好,只能靠聲音辨識敵友,傳遞號令。"其目相見"是説,白天作戰時,可以通過眼神和表情交流意圖。由於長期共同生活,士兵之間彼此默契,通過簡單的信息傳遞就能很好交流,有利於提高作戰效率。

"緩急"是偏義複詞,指出現危急情況。"相死"即拼死相救。因爲有長期共處的情感培養,所以士兵之間能夠主動進行互相救助。

班固此句化用自《管子・小匡》《國語・齊語》。⑥

---

① 《管子・立政》:"十家爲什,五家爲伍,什伍皆有長焉。築障塞匿,一道路,博出入,審間閈,慎筦鍵,筦藏於里尉。置間有司,以時開閉。間有司觀出入者,以復於里尉。凡出入不時,衣服不中,圈屬群徒,不順於常者,間有司見之,復無時。"有學者指出,秦國的"伍"是指五家,"什伍"是"十個伍",相當於"里"。參見羅開玉:《秦國"什伍""伍人"考——讀雲夢秦簡劄記》,載《四川大學學報(哲學社會科學版)》1981 年第 2 期;吳益中:《秦國什伍連坐制度初探》,載《文史知識》1988 年第 1 期;張信通:《秦漢里治研究》,中國社會科學出版社 2019 年版。
② 《禮記・祭義》:"軍旅什伍。"孔穎達疏:"五人爲伍,二伍爲什。"
③ 《史記・齊太公世家》:"連五家之兵,設輕重魚鹽之利。"
④ 《論語・陽貨》:"夫君子之居喪,食旨不甘,聞樂不樂,居處不安。"
⑤ 《詩經・邶風・擊鼓》:"死生契闊,與子成説。執子之手,與子偕老。"
⑥ 《國語・齊語》:"内教既成,令勿使遷徙。伍之人祭祀同福,死喪同恤,禍災共之。人與人相疇,家與家相疇,世同居,少同游。故夜戰聲相聞,足以不乖;晝戰目相見,足以相識。其歡欣足以相死。"《管子・小匡》略同。此外,《鶡冠子・王鈇》中也有類似的説法,但不僅没有提及管仲,也没有《管子》和《漢志》表述流暢簡潔。文繁不録。

【原文】

其教已成,外攘夷狄,内尊天子,以安諸夏。師古曰:"攘,卻也。諸夏,中國之諸侯也。夏,大也,言大於四夷也。攘音人羊反。"

【考釋】

〔一〕其教已成

"教"(jiào)即教育、教化、指導。① 在中國古代,"教"與教育、行政、法律關係密切,有文教、政教、法教之分。文教以價值引導爲主,以知識技能、制度規範爲輔,目的在於激發人的道德和心智潛力,使其成長爲心智健全、人格完整的"成人"乃至聖賢。政教强調以行政手段推行教化,通過宣揚特定的價值觀念使民衆自覺服從,主動配合,從而達到行政目的。法教依賴嚴格的法律、嚴密的制度和嚴酷的刑罰規範民衆言行,比較排斥道德價值觀念的引導和激發。在古今治國實踐中,三者常交織在一起。政教爲中心,文教與法教爲其兩翼,在政教的框架内相互競争拉扯,使政教表現出各有側重的不同樣態。管仲"作内政而寓軍令",突出政教成分的居中地位,在文教與法教之間形成某種平衡。

"其教已成"化用自《國語·齊語》和《管子·小匡》的"内教既成",但所處位置不同,含義所指不同。在原文中,"内教既成"指前文所述的"家—軌—里—連—鄉"制度已經落實到位。接著還要使百姓固定居所,從而達到士兵默契親近的效果。而在此處,"其教已成"涵蓋"家—軌—里—連—鄉"、禁止遷徙、士兵默契等諸多元素。

〔二〕外攘夷狄,内尊天子,以安諸夏

"攘"本義是推,後引申爲排斥、驅逐。② "安"即安定。

"夷"又稱"東夷","狄"又稱"翟"或"北狄",是古代中原對東方和北方族群的統稱。③ "夷狄"泛指生活在中原周邊、文明程度相對較低的各種族群。"夏"原本是指生活在中原地區的族群,後來抽象爲文明

---

① 《説文解字·教部》:"教,上所施,下所效也。"
② 《説文解字·手部》:"攘,推也。"段玉裁注:"凡退讓用此字,引申之使人退讓亦用此字,如攘寇、攘夷狄是也。"
③ 《説文解字·大部》:"夷,東方之人也。"《説文解字·犬部》:"狄,北狄也。"

高度發達的標籤。① "諸夏"既指古代華夏民族,也指周代分封在中原的各諸侯國。② 此處取後一種意思。传统認爲,"夷狄"與"諸夏"彼此隔閡、敵視。③ 但實際上,二者區分的界綫比較模糊,聯繫十分密切。④

"天子"即周王,是天下諸侯的共主,掌握禮樂征伐的權力。"天子—諸夏—夷狄"有内外之别。⑤ 所以説"外攘夷狄,内尊天子"。這八個字又被後人總結爲"尊王攘夷"。"尊王"是由於霸主没有征伐的權力,需要得到周王的授權。這是周代政治傳統在周室衰微背景下延續和變通的産物。"攘夷"是霸主組織諸侯會盟或采取其他集體行動的重要理由之一。"尊王"和"攘夷"是春秋霸主自證合法性的兩大旗號。

齊桓公"尊王攘夷"的功業主要有:匡正周室,擁立周襄王;葵丘會盟,下拜受周王賜胙;討伐山戎,救援燕國;討伐狄人,重建邢衛;南征楚國,迫其朝貢。⑥ 所以説他"安諸夏"。當然,由于儒家政治理念等因素影響,後世史官所載的夷夏衝突和諸侯霸政也存在誇大虛飾的成分。⑦

【原文】

齊桓既没,晉文接之,亦先定其民,作被廬之法,_{應劭曰:"蒐於被}

---

① 《説文解字・夂部》:"夏,中國之人也。"段玉裁注:"以别於北方狄、東北貉、南方蠻閩、西方羌、西南焦僥、東方夷也。夏,引伸之義爲大也。"《左傳・定公十年》:"中國有禮儀之大,故稱夏;有服章之美,謂之華。"
② 《左傳・閔公元年》:"諸夏親昵。"杜預注:"諸夏,中國也。"
③ 《論語・八佾》:"夷狄之有君,不如諸夏之亡也。"《左傳・閔公元年》:"戎狄豺狼,不可厭也;諸夏親昵,不可棄也。"《鹽鐵論・執務》:"齊桓公以諸侯思王政,憂周室,匡諸夏之難,平夷狄之亂,存亡接絶,信義大行,著於天下。"
④ 古代的所謂"華夷之辨",有族群血緣、活動區域、文化生活三個主要標準。既有"非我族類,其心必異"(《左傳・成公四年》)、"裔不謀夏,夷不亂華"(《左傳・定公十年》)之類的保守説法,也有"諸侯用夷禮則夷之,夷而進於中國則中國之"(韓愈《原道》)的開放看法。具體到春秋時代,這三條標準彼此交織會產生不少疑問。例如,楚國和秦國究竟是諸夏還是夷狄?又如,晉文公父親爲華夏族,母親爲戎狄,而他本人又是公認的諸夏霸主。
⑤ 《公羊傳・成公十五年》:"春秋内其國而外諸夏,内諸夏而外夷狄。"
⑥ 《公羊傳・僖公四年》:"南夷與北狄交,中國不絶若綫,桓公救中國,而攘夷狄,卒怗荆,以此爲王者之事也。"《史記・平津侯主父列傳》:"五伯者,常佐天子興利除害,誅暴禁邪,匡正海内,以尊天子。"《淮南子・要略》:"桓公憂中國之患,苦夷狄之亂,欲以存亡繼絶,崇天子之位,廣文、武之業。"
⑦ 參見過常寶:《春秋霸政:合法性、合目的性和書寫策略》,載《學術界》2020年第3期。

廬之地,作執秩以爲六官之法,因以名之也。"師古曰:"被廬,晉地也。被音皮義反。"總帥諸侯,迭爲盟主。師古曰:"迭,互也,音大結反。"

【考釋】

〔一〕齊桓既没,晉文接之

"没"通"殁",即死。①

"晉文"即晉文公(前697年—前628年),姬姓,晉氏,名重耳,春秋時期晉國的第二十二位君主,在位八年。他早年流亡於列國間,晚年回國,成爲繼齊桓公之後的霸主。② 他死後,晉國的霸業延續長達百年。所以有"一部春秋史,半部晉國史"的説法。

春秋霸主中,齊桓公和晉文公霸業最盛。後人常用"齊桓晉文"或"桓文"代指春秋霸主及其霸業。③ 二人都奉行"尊王攘夷"策略,但行事作風和後人評價卻不相同。④

〔二〕先定其民,作被廬之法,總帥諸侯,迭爲盟主

"先定其民"即先安定民心,穩定民衆。根據《左傳》和《國語》的説法,晉文公回國登位之後,先教化民衆,第二年就要徵發民衆啓動争霸事業,但受到子犯的勸阻。在子犯的建議下,他先後通過救援周襄王、征討原國和舉行大蒐禮等行動使民衆"知義""知信""知禮"。做完這些準備工作後,晉國以出兵救宋伐楚而一舉奠定霸業。整個過程被《左傳》評價爲"文

---

① 趙增祥、徐世虹、高潮:《〈漢書·刑法志〉注釋》,第17頁。
② 《漢書·五行志下》:"桓德衰,伯道將移於晉文,故河爲徙也。"
③ 《孟子·梁惠王上》載齊宣王向孟子請教"齊桓晉文之事"。《淮南子·氾論訓》:"齊桓、晉文,五霸之豪英也。"《漢書·五行志下》:"上亡明王,桓、文能行伯道,攘夷狄,安中國,雖不正猶可。"《漢書·賈山傳》:"晉文親其仇,强伯諸侯;齊桓用其仇,而一匡天下。"《漢書·路温舒傳》:"桓、文扶微興壞,尊武之業,澤加百姓,功潤諸侯,雖不及三王,天下歸仁焉。"《後漢書·皇甫嵩傳》:"上顯忠義,下除兇害,此桓文之事也。"
④ 《論語·憲問》:"子曰:'晉文公譎而不正,齊桓公正而不譎。'"朱熹《集注》:"雖其以力假仁,心皆不正,然桓公伐楚,仗義執言,不由詭道,猶爲彼善於此。文公伐衛以致楚,而陰謀以取勝,其譎甚矣。二君他事亦多類此,故夫子言此以發其隱。"也有人認爲孔子是在評價二人各自的優缺點。(清)王引之《經義述聞》卷三一《通説上·譎》:"譎,權也。正,經也。言晉文能行權而不能守經,齊桓能守經而不能行權,各有所長,亦各有所短也。"(清)宋翔鳳《論語發微·憲問》:"蓋齊桓公知正不知權,親親之義先闕。及身受禍,五子争立,其後嗣不復振。晉文公知權而不知正,故數世雄長中國,亦終不合於王道。"此外又如,《淮南子·繆稱訓》,文繁不録。

教"的典範。①

"被(bèi)廬之法"是晉文公在被廬(位於今山西省境內)舉行大蒐之禮時發布的法令。魯僖公二十七年(前633年),晉文公在執政四年後舉行大蒐禮,進行重要的政治軍事改革。內容包括:一、明確官秩等級制度,並設置"執秩之官"執行法度,安排人事;二、擴充軍隊編制,把原來的上、下二軍改爲上、中、下三軍,每軍設一將一佐,稱爲"六卿"。② "被廬之法"不僅爲伐楚戰爭做了準備,而且對晉國政治和法制秩序產生深遠影響。

"帥"即統帥、統領。"迭"即交替、輪流,這裏可理解爲接續。"總帥諸侯,迭爲盟主"是指,晉文公繼齊桓公之後成爲諸侯盟主即霸主。③

【原文】

然其禮已頗僭差,又隨時苟合以求欲速之功,故不能充王制。

【考釋】

"僭(jiàn)差(chà)"即僭越、失度。④ 這裏是説齊桓公、晉文公的改革已經僭越周代的禮法制度。⑤ 因爲齊桓公的"軌里卒伍制"、晉文公的"三軍六卿制"都是未經周王允許而擅改兵制之禮。其實,管仲的"伍一小

---

① 《左傳·僖公二十七年》:"晉侯始入而教其民,二年欲用之。子犯曰:'民未知義,未安其居。'於是乎出定襄王,入務利民,民懷生矣,將用之。子犯曰:'民未知信,未宣其用。'於是乎伐原以示之信。民易資者不求豐焉,明征其辭。公曰:'可矣乎?'子犯曰:'民未知禮,未生其共。'於是乎大蒐以示之禮,作執秩以正其官,民聽不惑而後用。出穀戍,釋宋圍,一戰而霸,文之教也。"《國語·晉語四》記載略同。對其最初的"教其民"活動,《國語·晉語四》記載:"元年春,公及夫人嬴氏至自王城。秦伯納衛三千人,實紀綱之僕。公屬百官,賦職任功。棄責薄斂,施舍分寡。救乏振滯,匡困資無。輕關易道,通商寬農。懋穡勸分,省用足財。利器明德,以厚民性。"
② 《左傳·昭公二十九年》:"文公是以作執秩之官,爲被廬之法,以爲盟主。"《左傳·僖公二十七年》:"……於是乎蒐於被廬,作三軍。謀元帥……及使郤縠將中軍,郤溱佐之;使狐偃將上軍,讓於狐毛,而佐之;命趙衰爲卿,讓於欒枝、先軫。使欒枝將下軍,先軫佐之。"《國語·晉語四》也有簡略的記載,但把其時間繫在文公二年。未知孰是。
③ 《漢書·地理志》:"至春秋時,尚有數十國,五伯迭興,總其盟會。"
④ 《史記·禮書》:"周衰,禮廢樂壞,大小相踰,管仲之家,兼備三歸。循法守正見侮於世,奢溢僭差者謂之顯榮。"《漢書·食貨志上》:"然王制遂滅,僭差亡度。"
⑤ 《漢書·貨殖傳》:"陵夷至乎桓、文之後,禮誼大壞,上下相冒,國異政,家殊俗,嗜欲不制,僭差亡極。"

戎—卒—旅"和《周禮》描述的"伍—兩—卒—旅"差別不大，還都比較接近真實的西周兵制。① 晉文公的"三軍"則是實打實的違制。②

"隨時"即迎合當時情況而采取相應措施。③ "苟合"即"無原則地聯合"。④ "隨時苟合"應該是指齊桓公、晉文公爲壯聲勢，經常根據利害需要而糾集不同的諸侯采取集體行動。此外，他們改革內政時急不可耐的心態十分明顯，也可以作爲其霸政功利性的佐證。詳見前文腳注。

"充"即裝滿，引申爲充任。"充王制"，即擔當輔佐王制的大任。

辛子牛注認爲這是在批評晉文公。⑤ 趙徐高注認爲批評對象也包括齊桓公。⑥ 根據班固此處行文的語氣，前文"以安諸夏""迭爲盟主"是分別肯定，此處則是總體否定，批評對象應該包括齊桓、晉文。

第二節

【原文】

二伯之後，寖以陵夷，師古曰："寖，漸也。陵夷，頹替也。二伯，齊桓公、晉文公也。伯讀曰霸。"至魯成公作丘甲，師古曰："丘，十六井也，止出戎馬一匹，牛三頭。四丘爲甸。甸，六十四井也，乃出戎馬四匹，兵車一乘，牛十二頭，甲士三人，卒七十二人耳。今乃使丘出甸賦，違常制也。一說，別令人爲丘作甲也。士農工商四類異業，甲者非凡人所能爲，而令作之，譏不正也。"哀公用田賦，師古曰："田賦者，別計田畝及家財各爲一賦。言不依古制，役煩斂重也。"蒐狩治兵大閱之事皆失其正。《春秋》書而譏之，以存王道。

---

① 西周兵制：伍(5人)—兩(25人)—卒(100人)—旅(500人)。參見王暉：《西周金文與軍制新探——兼說西周到戰國車制的演變》。
② 《周禮·夏官司馬·敘官》記載周代軍制，周王六軍，大國三軍，次國二軍，小國一軍。晉國在當時屬於次國，但晉文公卻違背禮制而擴充爲三軍。
③ 趙增祥、徐世虹、高潮：《〈漢書·刑法志〉注釋》，第18頁。
④ 辛子牛：《漢書刑法志注釋》，第10頁。
⑤ 辛子牛：《漢書刑法志注釋》，第10頁。
⑥ 趙增祥、徐世虹、高潮：《〈漢書·刑法志〉注釋》，第18頁。

【考釋】

〔一〕二伯之後，寖以陵夷

"二伯"指齊桓公和晉文公。"寖"（jìn）又作"浸"，本義是指水緩慢浸漬，後引申爲逐漸。① "陵"是高而緩的土堆或丘陵，"夷"是平坦的土地。"陵夷"本義是指從高到低的緩慢下降，引申爲緩慢墮落、漸趨衰敗，與"陵遲""凌夷"相通。② 顏師古注的"頹替"亦有此意。③

在班固的歷史觀中，"陵夷"是春秋戰國時期社會衰敗的基本趨勢，而"齊桓晉文"是其中一個重要的歷史節點。④

〔二〕魯成公作丘甲

魯成公（？—前 573 年），姬姓，魯氏，名黑肱，魯宣公之子，春秋時魯國第二十一任君主，在位十八年。

魯成公元年（前 590 年），魯國"作丘甲"，改革軍賦制度，充實軍隊，有其具體原因。此前一年魯國請求楚國出兵討伐齊國，魯成公擔心齊國報復，所以預先準備，擴充軍備。⑤ 但"作丘甲"的具體含義，歷來有不同看法：有人認爲，是以"丘"爲單位徵收"甲"的軍賦。這裏的"丘""甲"用的都是《司馬法》的概念。因爲"四丘爲甸"，所以"丘甲"就使"丘"的軍賦負擔增加了三倍。⑥ 也

---

① 《集韻》卷四《平聲四·侵第二十一》："寖，滲濅。浸淫，漸漬，或作滲漫。"《漢書·王莽傳下》："吏氣寖傷，徒費百姓。"顏師古注："寖，漸也。"
② 《說文解字·阜部》："陵，大阜也。"《漢書·成帝紀》："帝王之道日以陵夷。"顏師古注："陵，丘陵也；夷，平也。言其頹替若丘陵之漸平也。"《荀子·宥坐》："何則？陵遲故也。"楊倞注："陵遲，言丘陵之勢漸慢也。"《詩經·王風·大車·序》："禮義陵遲，男女淫奔，故陳古以刺今。"孔穎達疏："陵遲，猶陵阤，言禮義廢壞之意也。"可見，"陵遲"字面義和引申義都與"陵夷"同。《後漢紀·安帝紀》："凌夷已來，其漸久矣。""凌夷"也與"陵夷"同。
③ 《晉書·華軼傳》："今大義頹替，禮典無宗，朝廷滯議，莫能攸正。"《舊唐書·魏知古傳》："今風教頹替，日甚一日，府庫空虛，人力凋弊。"可見，"頹替"常用來描述抽象的風氣或道義。
④ 《漢書·貨殖傳》："陵夷至乎恒、文之後，禮誼大壞，上下相冒，國異政，家殊俗，嗜欲不制，僭差亡極。"《漢書·游俠傳》："周室既微，禮樂征伐自諸侯出。桓、文之後，大夫世權，陪臣執命。陵夷至於戰國，合從連衡，力政爭強。"
⑤ 《左傳·成公元年》："爲齊難故，作丘甲。"杜預注："前年魯乞師於楚，欲以伐齊，楚師不出，故懼而作丘甲。"又可參見金景芳：《由周的徹法談到"作州兵""作丘甲"等問題》，載《吉林大學社會科學學報》1962 年第 1 期。
⑥ 《春秋·成公元年》："三月，作丘甲。"杜預注："《周禮》：'九夫爲井，四井爲邑，四邑爲丘。'丘十六井，出戎馬一匹，牛三頭。四丘爲甸，甸六十四井，出長轂一乘，戎馬四匹，牛十二頭，甲士三人，步卒七十二人。此甸所賦，今魯使丘出之，譏重斂，故書。"

有人認爲,"丘"只是出"甲"而不一定包括車、馬、牛、步卒等。① 即,讓所有丘中之人都作甲兵,承擔軍賦或兵役。② 班固此處應該是采取前一種説法,而顔師古注則把兩種説法都照録而没做判斷。

"作丘甲"是魯國一系列賦税改革中的一個環節,反映的是春秋時代制度變革的大潮流。迫於列國競争的壓力,魯國在宣公十五年(前 594 年)開始推行"初税畝"制度,讓國人在承擔軍賦之外又承擔納税義務。四年後的魯成公元年,又開始讓野人承擔軍賦,即所謂"作丘甲"。這裏的"丘"應該解釋爲野人所處區域的社會基層組織。③ 魯國因此增加了田税和軍賦,也逐漸抹去了國人、野人的分别。類似的改革在晉國、楚國和鄭國也都有發生,是列國競争愈演愈烈的表現和産物。

〔三〕哀公用田賦

魯哀公(？—前 468 年),姬姓,魯氏,名將,春秋時魯國第二十六任君主,魯定公之子,在位二十六年。

魯哀公十一年(前 484 年),季康子率先提出"以田賦"。儘管遭到孔子反對,④魯國仍然於第二年正式實行。⑤ "用田賦",有人認爲是根據田

---

① (清)沈欽韓《漢書疏證》卷十五"至魯成公作邱甲"條:"顔前説襲杜預,後説本穀梁,皆非也。顧炎武《左傳補正》云:'周制,四丘爲甸,旁加一裏爲成,共出長轂一乘,步卒七十二人,甲士三人,則丘得十八人,不及一甲。今作丘甲,令丘出二十五人,一甸之中共出百人矣。'解云:'丘出甸賦,驟增三倍,恐未必然。'"《漢書補注·刑法志》:"服引《司馬法》丘甸之制,以明古者丘無甲。今丘而作甲,雖所出之數不盡如甸賦,而要爲擾民之事。杜注云:'此甸所賦,使丘出之,則一丘而具一甸之賦,是四倍其賦也。'顔注襲杜,失經意矣。"
② 《穀梁傳·成公元年》:"作,爲也,丘爲甲也。丘甲,國之事也。丘作甲,非正也。丘作甲之爲非正何也？古者,立國家,百官具,農工皆有職以事上。古者,有四民,有士民,有商民,有農民,有工民。夫甲,非人人之所能爲也。丘作甲,非正也。"
③ 參見李忠林:《春秋時期軍賦制度改革辨析》,載《南開學報(哲學社會科學版)》2019 年第 5 期。他舉出例子包括:《左傳·昭公四年》有"丘賦",《孫子兵法·作戰》有"丘役",《莊子·則陽》有"丘里",《孟子·盡心下》有"丘民"。
④ 《左傳·哀公十一年》:"季孫欲以田賦,使冉有訪諸仲尼。仲尼曰:'丘不識也。'三發,卒曰:'子爲國老,待子而行,若之何子之不言也？'仲尼不對,而私於冉有曰:'君子之行也,度於禮,施取其厚,事舉其中,斂從其薄。如是,則以丘亦足矣。若不度於禮,而貪冒無厭,則雖以田賦,將又不足。且子季孫若欲行而法,則周公之典在。若欲苟而行,又何訪焉？'弗聽。"
⑤ 《春秋·哀公十二年》:"十有二年,春,用田賦。"

地和家財收雙倍軍賦,有人認爲是一丘出一甸的車乘之賦。① 楊伯峻認爲這些都是臆測之説,缺乏確鑿證據。②

有學者根據孔子的反對意見推測,原來的軍賦不是定期徵收,而是發生戰事才臨時徵收。而"用田賦"則是根據土地直接徵收軍賦,使其從原來只需製備一套留在家中以備戰事之用的裝備,轉變爲必須即時上繳國庫的實物或財物。從而使得"軍賦"的負擔由虛變實,增加了所有民衆(包括原來的國人和野人)的現實負擔。③

〔四〕搜狩治兵大閲之事皆失其正

"失其正",意在批評二霸之後以"作丘甲""用田賦"爲代表的各種違反先王禮法的行爲。這個評語可能源自《穀梁傳》"丘作甲,非正也"。

〔五〕《春秋》書而譏之,以存王道

《春秋》,本爲魯國國史,經過孔子删改後升格爲先秦儒家所傳六部經典之一。④《春秋》語言簡練,用筆嚴謹,幾乎每個句子都暗含褒貶之意,被人認爲具有"歷史審判"的功能。⑤ 因爲"春秋筆法"隱晦委婉,所以後人解經時常在其記與不記、記多記少、人物稱謂、措辭差異中窺探作者的褒貶態度及其中藴含的微言大義。

"書而譏之"是指,《春秋》對魯國"作丘甲""用田賦"的記載中藴含著

---

① 前者如杜預。《左傳·哀公十一年》:"季孫欲以田賦。"杜預注:"丘賦之法,因其田財,通出馬一匹,牛三頭。今欲别其田及家財,各爲一賦,故言田賦。"孔穎達疏和此處顔師古注都采用此説。後者如張聰咸。其《杜注辯證》曰:"田當讀爲甸,季孫欲令一丘之間出一甸車乘之賦。"又可參見谷霽光:《春秋時代"魯用田賦"即"魯用甸賦"説質疑——兼論當時賦役制度中丁、户、地、資的源流變化》,載《江西大學學報》1984年第4期。
② 楊伯峻:《春秋左傳注》,中華書局1990年版,第1670頁。
③ 參見李忠林:《春秋時期軍賦制度改革辨析》。
④ 《孟子·離婁下》:"王者之跡熄而《詩》亡,《詩》亡然後《春秋》作。晉之《乘》,楚之《檮杌》,魯之《春秋》,一也。"《史記·孔子世家》:"孔子在位聽訟,文辭有可與人共者,弗獨有也。至於爲《春秋》,筆則筆,削則削,子夏之徒不能贊一詞。"
⑤ 《孟子·滕文公下》:"孔子成《春秋》而亂臣賊子懼。"(晉)杜預《春秋經傳集解序》:"《春秋》……以一字爲褒貶。"《文心雕龍·史傳》:"昔者夫子閔王道之缺,傷斯文之墜,静居以歎鳳,臨衢而泣麟,於是就太師以正《雅》《頌》,因魯史以修《春秋》。舉得失以表黜陟,徵存亡以標勸戒;褒見一字,貴逾軒冕;貶在片言,誅深斧鉞。"《大學衍義補》卷八四《舉贈諡以勸忠》:"説者謂《春秋》以一字爲褒貶,一字之褒榮於黼袞,一字之貶嚴如斧鉞。"

譏諷之意。① 這種説法在《食貨志》記載魯國"初税畝"時也有出現。②

"以存王道"是説,《春秋》通過批判違禮行爲而保留先王之道。③

【原文】

於是師旅亟動,百姓罷敝,師古曰:"亟,屢也,音丘吏反。罷讀曰疲。"無伏節死難之誼。孔子傷焉,曰:"以不教民戰,是謂棄之。"師古曰:"《論語》載孔子之言也,非其不素習。"

【考釋】

〔一〕師旅亟動,百姓罷敝

"師"和"旅"都是軍隊編制,也泛指軍隊。④ "亟"(qì)即屢次、頻繁。⑤ "師旅亟動"即戰爭頻繁,經常打仗。"百姓"本是對各個姓氏貴族的統稱,後來變成對平民的統稱。⑥ "罷"(pí)通"疲",与"敝"都是勞乏、困倦的意思。⑦

〔二〕伏節死難之誼

"伏"本義爲趴下,後指屍體倒地,引申爲死去。"節"本義爲竹節,後引申爲道義上的信念和操守。⑧ "伏節"即殉節,指爲維護某種道德信念或理想追求而死。⑨

---

① 《春秋·成公元年》:"三月,作丘甲。"孔穎達疏:"魯是大國,甲兵先多,僖公之世《頌》云'公車千乘',昭公之蒐傳稱'革車千乘',此時不應然也。其甲足以拒敵,而又加之重斂,故譏之。"《左傳·哀公十二年》:"用田賦。"杜預注:"直書之者,以示改法重賦。"
② 《漢書·食貨志上》:"故魯宣公'初税畝',春秋譏焉。"
③ 《史記·太史公自序》:"《春秋》上明三王之道,下辨人事之紀,別嫌疑,明是非,定猶豫,善善惡惡,賢賢賤不肖,存亡國,繼絶世,補敝起廢,王道之大者也。"《淮南子·主術訓》:"《春秋》二百四十二年,亡國五十二,弑君三十六,采善鉏醜,以成王道,論亦博矣。"
④ 《詩經·小雅·黍苗》:"我徒我御,我師我旅。"鄭玄箋:"五百人爲旅,五旅爲師。"
⑤ 《左傳·成公十六年》:"吾先君之亟戰也有故。"杜預注:"亟,數也。"
⑥ 《詩經·小雅·天保》:"群黎百姓。"毛亨傳:"百姓,官族姓也。"《尚書·堯典》:"平章百姓。"僞孔傳:"百姓,百官。"
⑦ 《禮記·少儀》:"師役曰罷。"鄭玄注:"罷之言疲勞也。"《左傳·襄公九年》:"許之盟而還師,以敝楚人。"杜預注:"敝,罷也。"
⑧ 《荀子·王霸》:"士大夫莫不敬節死制。"《左傳·成公十五年》:"聖達節,次守節,下失節。"
⑨ 《漢書·諸葛豐傳》:"今以四海之大,曾無伏節死誼之臣。"

"難(nàn)"即危亂、禍患。"死難"即死於救難、爲挽救國家危難而付出生命。①

"誼"古同"義"。這種互通在《漢書》中比較常見。②

〔三〕孔子傷焉

孔子(前551年—前479年),子姓,孔氏,名丘,字仲尼,魯國陬邑(今山東省曲阜市)人,中國古代的思想家、政治家、教育家,儒家學派的創始人。他在繼承西周禮法傳統的同時,進一步發掘其內在精神價值,提出"仁"的概念。其學説是後世儒家學者討論政治、社會、人性等問題的總出發點和根本遵循。

孔子自幼好學,後來步入仕途,積極參與國政,並開辦私人學校,授徒講學。由於在魯國難以實現政治抱負,孔子在五十五歲時帶領弟子周游列國,卻處處碰壁。他晚年回到魯國,專心從事教育和文獻整理工作,死後葬於泗上,終年七十三歲。他的言行事蹟主要見於《論語》《左傳》《孔子家語》《禮記》《史記》等。

"傷"本義是身體創傷,這裏引申爲感傷、同情。③

〔四〕以不教民戰,是謂棄之

"教"即軍事訓練,包括作戰技巧、作戰紀律以及軍事禮義。④ "不教民"即未經訓練的民衆。"棄"即抛棄、捨去。這句是説,讓未經訓練的民衆去作戰,等於讓他們到戰場上去白白送命,就是對他們的抛棄。

此語出自《論語・子路》,本義是強調軍備制度和軍事訓練對國家和民衆的重要性,⑤但在這裏意在批評春秋以後王道衰敗的局面。顔師古注所謂的"非其不素習",就是指其批評性。

---

① 《史記・范雎蔡澤列傳》:"是故君子以義死難,視死如歸。"《漢書・陳湯傳》:"非所以厲死難之臣也。"《新唐書・李訓傳》:"欲夷絶其類,顧在位臣持禄取安,無伏節死難者。"
② 例如《高后紀》:"亡以尊大誼,施後世。"《律曆志》:"有禮誼動作威儀之則以定命也。"《食貨志上》:"貴詐力而賤仁誼,先富有而後禮讓。"《董仲舒傳》:"武王行大誼。"
③ 《説文解字・人部》:"傷,創也。"《詩經・檜風・羔裘》:"豈不爾思? 我心憂傷。"
④ 《吴子・圖國》:"凡制國治軍,必教之以禮,勵之以義,使有恥也。夫人有恥,在大足以戰,在小足以守矣。"長春按:吴起是孔門後學,也曾穿儒服見魏文侯,可見他以禮義教化治軍的思想應與孔子相通。
⑤ 《漢書・藝文志》:"孔子曰爲國者'足食足兵','以不教民戰,是謂棄之',明兵之重也。"

【原文】

故稱子路曰:"由也,千乘之國,可使治其賦也。"而子路亦曰:"千乘之國,攝虖大國之閒,加之以師旅,因之以饑饉,由也爲之,比及三年,可使有勇,且知方也。"師古曰:"皆《論語》所載也。方,道也。比音必寐反。"治其賦兵教以禮誼之謂也。

【考釋】

〔一〕子路

仲由(前542年—前480年),字子路,又字季路,魯國卞(今山東省泗水縣泉林鎮卞橋)人。在孔門四科"十哲"之中,子路精通政事,尤其善於治兵。

〔二〕千乘之國,可使治其賦也

這句話出自《論語·公冶長》。① 在原文的語境中,孔子對子路的評價是貶中有褒,不承認他達到"仁"的境界,但肯定他的軍事才能。班固此處則屬於斷章取義,借以輔助本文論述兵制。"千乘之國"和"賦"都可以與《漢志》前文所述聯繫在一起。意在借助孔子和子路的聖哲師徒形象,爲先王兵制樹立正面典型。

〔三〕攝虖大國之閒,加之以師旅,因之以饑饉

"攝"即迫近、夾处。"攝虖大國之閒"意爲"四周與大國爲鄰"。②

"加之以師旅"即受到外國的武力威脅或軍事壓迫。③

"因"即添加、積累,可譯爲"再加上"。"饑饉"即因粮食歉收而造成的食物短缺。④

〔四〕比及三年,可使有勇,且知方也

"比"與"及"相通,即等到。⑤ "比及三年"即三年以後。"勇"即勇氣、

---

① 《論語·公冶長》:"孟武伯問:'子路仁乎?'子曰:'不知也。'又問。子曰:'由也,千乘之國,可使治其賦也。不知其仁也。'"
② 《論語·先進》:"攝乎大國之間。"何晏《集解》引包咸注:"攝,迫也。迫於大國之間。"
③ 《韓非子·有度》:"加兵於齊,私平陸之都。"《史記·魏公子列傳》:"當是時,諸侯以公子賢,多客,不敢加兵謀魏十餘年。"
④ 《爾雅·釋天》:"穀不熟爲饑,蔬不熟爲饉。"
⑤ 《禮記·檀弓上》:"太公封於營丘。比及五世,皆反葬於周。"

勇力，特指保家衛國的氣、力。① "知方"即知道義、知禮法，知道正確的行爲方向。②

以上這句話出自《論語·先進》，是子路面對孔子提問時主動表露的自我理想定位。

〔五〕治其賦兵教以禮誼

在儒家眼裏，無論是"治兵"還是"教民戰"，都不僅要充實武器裝備、徵調士兵卒伍、訓練軍事技巧，還要注重道德教化，通過教習禮儀使其知道軍事大義，懂得戰争的底綫和原則。③ 即戰争法則背後必須有道義法則作爲支撐。這就與後世軍國主義者、功利主義者把軍隊視爲只能服從的殺戮機器的理念劃清了界綫。

---

① 《説文解字·力部》："勇，氣也。"《左傳·文公二年》："死而不義，非勇也。共用之謂勇。"杜預注："共用，死國用。"孔穎達疏："如以死共國家之用，是之謂勇。"
② 《論語·先進》："可使有勇，且知方也。"何晏注："方，義方。"
③ 《孔子家語·觀鄉射》："孔子觀於鄉射，喟然歎曰：'射之以禮樂也，何以射，何以聽，修身而發，而不失正鵠者，其唯賢者乎？若夫不肖之人，則將安能以求飲？《詩》云：'發彼有的，以祈爾爵。'祈，求也，求所中以辭爵。酒者，所以養老，所以養病也。求中以辭爵，辭其養也，是故士使之射而弗能，則辭以病，懸弧之義。'於是退而與門人習射於矍相之圃，蓋觀者如堵牆焉。射至於司馬，使子路執弓矢出列延，謂射之者曰：'奔軍之將，亡國之大夫，與爲人後者不得入，其餘皆入。'蓋去者半。又使公罔之裘序點，揚觶而語曰：'幼壯孝悌，耆老好禮，不從流俗，修身以俟死者在此位。'蓋去者半。序點揚觶而語曰：'好學不倦，好禮不變，旄期稱道而不亂者，在此位。'蓋僅有存焉。射既闋，子路進曰：'由與二三子者之爲司馬，何如？'孔子曰：'能用命矣。'"

第四章
春 秋 之 後

【主旨】

本章主要述評戰國時期的兵制變革情況。具體分爲兩節：第一節，先講作爲先王之制的軍禮逐漸淪爲戲樂，然後介紹在權詐觀念影響下的兵學和各國特色不一的兵制；第二節以《荀子·議兵》的相關內容爲材料裁剪縫補，對戰國時期兵制軍禮衰敗墮落的情況進行批判，宣揚儒家仁義之師的建軍理念。

第一節

【原文】

春秋之後，滅弱吞小，並爲戰國，稍增講武之禮，以爲戲樂，用相夸視。師古曰："視讀曰示。"而秦更名角抵，師古曰："抵音丁禮反，解在武紀。"先王之禮没於淫樂中矣。

【考釋】

〔一〕**春秋之後，滅弱吞小，並爲戰國**

"春秋"即春秋時代（前770年—前476年），始於周平王東遷，止於周敬王四十四年。該時代的命名與魯國國史《春秋》相關，但是二者起止時間不同。《春秋》記録的内容從魯隱公元年（前722年）到魯哀公十四年（前481年）。

"戰國"即戰國時代（前475年—前221年），始於周元王元年，即《史記・六國年表》開始的那一年；終於秦王政二十六年，即秦滅齊統一六國的那一年。該時代命名來自西漢末年的《戰國策》。在此之前，"戰國"指當時的主要諸侯國，意即"征戰之國"。①

"滅弱吞小"即強大的國家消滅、吞並弱小的國家。春秋時，雖然爭霸戰爭頻繁，但周王仍有一定權威，禮制還有一定約束力，戰爭規模也不是很大。到戰國時，周王完全失去權威，舊的禮法秩序徹底崩壞，兼併戰爭不斷升級，諸侯國數量銳減。②

"並爲戰國"四字取自《史記》，③本義是各主要諸侯國通過兼並戰爭成爲"戰國"，此處意思有所變化，是指經過兼併戰爭之後，春秋時代過渡到戰國時代。

〔二〕稍增講武之禮，以爲戲樂，用相夸視

"講武"即講習武事，廣義上包括春蒐、夏苗、秋獮、冬狩，狹義上就指冬狩大閱。④ "稍增講武之禮"，即把重在軍事訓練的講武活動轉化爲用於觀賞取樂的禮儀表演活動。

"戲樂"即嬉戲與娛樂。⑤ 這裏是指，表演性的"講武之禮"成爲國際交往或上層社會滿足虛榮的娛樂活動，雖然表面上以"禮"命名，內容也主要來自軍事，卻失去了軍事訓練和禮樂教化的價值。其內容包括舉鼎、角力、射箭、駕車等競技項目，成爲後來作爲中國古代綜合表演藝術統稱的"百戲"的源頭。

"夸視"又作"誇示"，即誇耀、吹噓。⑥ 這句是說，"講武之禮"淪爲吹

---

① 《戰國策・燕策一》："凡天下之戰國七。"《史記・匈奴列傳》："冠帶戰國七。"
② 《漢書・地理志上》："周爵五等，而土三等：公、侯百里，伯七十里，子、男五十里。不滿爲附庸，蓋千八百……周室既衰，禮樂征伐自諸侯出，轉相吞滅，數百年間，列國耗盡。至春秋時，尚有數十國，五伯迭興，總其盟會。陵夷至於戰國，天下分而爲七，合從連衡，經數十年。"（漢）劉向《〈戰國策〉敘錄》："萬乘之國七，千乘之國五，敵侔爭權，蓋爲戰國。"
③ 《史記・天官書》："天子微，諸侯力政，五伯代興，更爲主命。自是之後，衆暴寡，大并小。秦、楚、吳、越，夷狄也，爲彊伯。田氏篡齊，三家分晉，並爲戰國。"《史記・平津侯主父列傳》："諸侯恣行，彊陵弱，衆暴寡，田常篡齊，六卿分晉，並爲戰國。"
④ 《國語・周語上》："三時務農，而一時講武。"韋昭注："講，習也。"
⑤ 《管子・四稱》："馳騁無度，戲樂笑語。"
⑥ 《後漢書・鄭衆傳》："又當揚漢和親，誇示鄰敵，令西域欲歸化者局促狐疑，懷土之人絕望中國耳。"

嘘、誇耀的談資。

〔三〕秦更名角抵，先王之禮没於淫樂中矣

"秦"即秦朝。秦始皇爲削弱民間尚武的風氣，把"講武之禮"改名爲"角抵"，徹底抹掉其軍事色彩。①

"角（jué）抵"又作"觳抵""角觚"。對其名稱的理解有兩種思路：一是把"角"理解爲牛角，讀爲 jiǎo。據傳説，蚩尤氏在戰場上"以角抵人"，於是在秦漢間就出現頭戴牛角而相抵的競技游戲"角抵"，又稱"蚩尤戲"。②二是把"角"從容器的含義引申爲衡量、比較，讀爲 jué。③ "抵"就被理解爲"兩兩相當"。④ 此處顔師古注采用第二種説法。通過角力的方式選拔士兵或競技游戲的例子，在先秦時比較常見。⑤ 顔師古注可能更接近史實。

"角抵"在秦始皇時從原來的一個具體活動項目轉變爲各類項目的總稱。秦漢時的"角抵"主要用於觀賞，逐漸向雜技、歌舞的方向發展，最後變成"角抵戲"和"百戲"。⑥ 考古出土的許多秦漢壁畫或帛圖中，都有角抵

---

① 《歷代兵制》卷一《秦》："始皇並天下，分爲三十六郡，置守、尉，尉掌佐守，曲武職、甲卒（即材官之屬）。而郡縣兵器，聚之咸陽，銷爲鐘鐻；講武之禮，罷爲角抵。"《文獻通考》卷一四九《兵考一·兵制》略同。長春按：《歷代兵制》作者陳傅良（1137年—1203年）生在馬端臨（1254年—1340年）之前，因《文獻通考》應該是對《歷代兵制》的襲用。
② 《述異志·卷上》："秦漢間説，蚩尤氏耳鬢如劍戟，頭有角，與軒轅鬥，以角抵人，人不能向。今冀州有樂名'蚩尤戲'，其民兩兩三三，頭戴牛角而相抵。漢造角抵戲，蓋其遺制也。"長春按：該書作者任昉爲南朝梁人，其所説只能視爲傳言，未必屬實。
③ 《儀禮·特牲饋食禮》："一角一散。"鄭玄注："角四升，疑古酒器之始，以角爲之。"《孫子兵法·虛實》："角之而知有餘不足之處。"曹操注："角，量也。"
④ 《漢書·武帝紀》："元封三年春作角抵戲。"顔師古注："應劭曰：'角者，角技也。抵者，相抵觸也。'文穎曰：'名此樂爲角抵者，兩兩相當角力，角技藝射御，故名角抵，蓋雜技樂也。巴俞戲、魚龍蔓延之屬也。漢後更名平樂觀。'師古曰：'抵者，當也。非謂抵觸。文説是也。'"（宋）調露子《角力記》："今觀諸公注解，'角'字義晦昧，蓋'角'與'權沽'同用也，比較量之謂也。角量其觚觸，此則相撞也。兩兩相當，則今之步打、拔河。疑漢世力夫相對以手擊格，謂之角觚也，後世變體，遂一一出場也。"
⑤ 《國語·晉語九》："聞牛談有力，請與之戲，弗勝。"韋昭注："戲，角力也。"《管子·七法》："故聚天下之精材，論百工之鋭器，春秋角試以練，精鋭爲右。"《吕氏春秋·仲秋紀·簡選》："選練角材。"《吕氏春秋·孟冬紀·孟冬》："肆射御、角力。"高誘注："猶試也。"
⑥ 《史記·李斯列傳》："是時二世在甘泉，方作觳抵俳優之觀。"《漢書·武帝紀》："元封三年春，作角抵戲，三百里内皆（來）觀……（元封六年）夏，京師民觀角抵於上林平樂館。"《太平御覽》卷七五五《工藝部十二·角抵》引《漢武故事》："未央庭中設角抵戲。角者，六國所造也。秦並天下，兼而增廣之。漢興雖罷，然猶不都絶。至上，復采用之。并四夷之樂，雜以奇幻，有若鬼神。角抵者，使角力相抵觸也。"《後漢書·安帝紀》："（延平元年十二月）乙酉，罷魚龍蔓延百戲。"

的場景或形象,反映出角抵在當時社會的流行程度。

"淫樂(lè)"即荒淫嬉戲、奢靡享樂。因爲戰國秦漢時期的"講武之禮"或"角抵"大都盛行於宮廷之内或顯宦之家,不僅排場鋪張,放縱淫樂,而且有礙於政事,不利於教民,所以班固説原本事關軍國、涉及教化的先王禮法精神就此逐漸埋没。

【原文】

雄桀之士因勢輔時,作爲權詐以相傾覆,吴有孫武,齊有孫臏,師古曰:"臏音頻忍反。"魏有吴起,秦有商鞅,皆禽敵立勝,垂著篇籍。

【考釋】

〔一〕雄桀之士因執輔時,作爲權詐以相傾覆

"雄桀"即"雄傑",指才智出衆的人,此處特指軍政人才。① "勢"即形勢。"輔"即協助、依附。在這裏,"因執"與"輔時"相當,都是指順應形勢、把握時機,常用於軍政領域。②

"作爲"是同義複詞,即製作、制定、實施。"權"即權變、權謀。③ "詐"即虚僞、欺騙。④ "權詐"即根據形勢隨機應變,通過陰謀詭計達到目的,強調靈活性多於原則性,注重手段多於目的。⑤ 當然,後文列舉的人物也未必都是純任權謀詐術。⑥ "傾覆"即傾軋、顛覆。漢儒對此多不認同。⑦

---

① 《人物志·英雄》:"聰明秀出謂之英,膽力過人謂之雄。"《文子·上禮》"智過萬人謂之英,千人者謂之俊,百人者謂之傑,十人者謂之豪。"《淮南子·泰族訓》《春秋繁露·爵國》與之略同。
② 《淮南子·兵略訓》:"因其勞倦怠亂,饑渴捨凍喝,推其國國,擠其揭揭,此謂因勢。"劉向《〈戰國策〉敍録》:"戰國之時,君德淺薄,爲之謀策者,不得不因勢而爲資,據時而爲畫。"《漢書·藝文志·兵略》有"兵形勢家"一類。
③ 《周易·繫辭下》:"巽以行權。"王弼注:"權,反經而合道者也。"
④ 《説文解字·言部》:"詐,欺也。"《爾雅·釋詁》:"詐,僞也。"
⑤ 《論衡·定賢》:"以權詐卓謫,能將兵御衆爲賢乎?"《漢書·藝文志》:"自春秋至於戰國,出奇設伏,變詐之兵並作。"《漢書·藝文志·兵書略》有"兵權謀家"一類。
⑥ 銀雀山漢簡《孫臏兵法·威王問》:"田忌曰:'權、勢、謀、詐,兵之急者邪?'孫子曰:'非也。夫權者,所以聚衆也。勢者,所以令士必鬥也。謀者,所以令敵無備也。詐者,所以困敵也。可以益勝,非其急者也。'"
⑦ 《韓詩外傳》卷一:"君人者降禮尊賢而王,重法愛民而霸,好利多詐而危,權謀傾覆而亡。"

〔二〕吴有孫武,齊有孫臏,魏有吴起,秦有商鞅,皆禽敵立勝,垂著篇籍

孫武(生卒年不詳),字長卿,春秋末期齊國人,著名的軍事家、政治家,後世尊稱"兵聖"。他因爲齊國内亂而避難吴國,著兵法十三篇,輔佐吴王闔閭西破强楚,北威齊晉,成就一代霸業。① 他率領三萬軍隊深入楚國、五戰五捷,被視爲軍史上以少勝多的經典。其所著《孫子兵法》,又稱《孫武兵法》《吴孫子兵法》《孫子兵書》《孫武兵書》,是世界現存最早的軍事理論著作。1972年,山東臨沂銀雀山漢墓出土有《孫子兵法》殘簡。

孫臏(生卒年不詳),本名不詳,戰國時齊國人,孫武後人。他因受同門龐涓迫害被施以臏刑而得此名("臏刑"詳見後文)。後來,他被使臣帶回齊國,並在賽馬活動中嶄露頭角。齊威王任命孫臏爲田忌的軍師,指揮齊軍先後在桂陵之戰、馬陵之戰大破魏軍,名揚天下。孫臏也著有兵法,但失傳已久。銀雀山漢墓出土有《孫臏兵法》殘簡,證明《孫臏兵法》與《孫子兵法》不是一書。

吴起(?—前381年),戰國時衛國人,年代早於孫臏。吴起先在魯國爲將,後在魏國受到重用。他領兵擊敗秦國,佔據西河地區,並擔任西河郡守,在當地進行軍制改革,創建魏武卒,取得輝煌戰績。② 後來他因受到猜疑而投奔楚國,在楚國主持變法。但他的變法因爲觸犯守舊貴族利益而失敗。楚悼王死後,吴起受到清算,被亂箭射死,屍體也被車裂。吴起不僅戰功卓著,而且善於著述,既有《吴子》六篇傳世,也是《左傳》的撰定者。③ 吴起學於儒門,深通兵法,又爲戰國法家之先驅,其思想具有兼融儒法諸家的特點。④

---

① 《史記·孫子吴起列傳》:"孫子武者,齊人也。以兵法見於吴王闔廬……於是闔廬知孫子能用兵,卒以爲將。西破彊楚,入郢,北威齊晉,顯名諸侯,孫子與有力焉。孫武既死,後百餘歲有孫臏……孫臏以此名顯天下,世傳其兵法。吴起者,衛人也,好用兵……世俗所稱師旅,皆道孫子十三篇,吴起兵法,世多有。"
② 《吴子·圖國》:"與諸侯大戰七十六,全勝六十四,餘則鈞解。辟土四面,拓地千里,皆起之功也。"
③ 參見錢穆:《先秦諸子繫年》,商務印書館2001年版,第221—225頁;錢穆:《中國史學名著》,三聯書店2000年版,第30頁;王樹民:《中國史學史綱要》,中華書局1997年版,第46頁。
④ 參見馬騰:《宗儒任法:儒法轉捩中的吴起思想》,載《蘇州大學學報(法學版)》2015年第4期。

商鞅（？—前338年），姬姓，公孫氏，名鞅，戰國時衛國人。他原在魏國爲官，後來入秦輔佐秦孝公改革户籍、軍功爵位、土地税收、行政區劃、度量衡等制度，設置重刑，獎勵耕戰，史稱"商鞅變法"。他還具有軍事才能，①因率軍收復河西之地的戰功而被封商地十五邑，號爲"商君"，因此而得"商鞅"之名。秦孝公死後，商鞅遭到守舊貴族清算，被誣謀反而死，屍體被運至咸陽車裂，全家被殺。② 他的言行事跡被後學整理爲《商君書》。

"禽"通"擒"。"禽敵立勝"即擒獲敵人，在戰場上取得勝利。

"垂"原義是邊疆、邊際，引申爲懸掛、流下、流傳。③ "垂著篇籍"即著作篇章典籍流傳後世。文中提到的四人都留下了重要的軍事著作。④

【原文】

當此之時，合從連衡，師古曰："衡，横也。戰國時，齊、楚、韓、魏、燕、趙爲從，秦國爲衡。從音子容反。謂其地形南北從長也。秦地形東西横長，故爲衡也。"轉相攻伐，代爲雌雄。師古曰："代亦迭也。"

【考釋】

〔一〕合從連衡

"從"通"縱"，"衡"通"横"。"合縱連横"是戰國中後期盛行的一種結盟對抗的外交策略。⑤ 當時列國的形勢，齊、秦兩國相對較強，横向居於東、西方。燕、趙、魏、韓、楚五國相對較弱，自北向南縱向排列，大體位於

---

① 《荀子·議兵》："故齊之田單，楚之莊蹻，秦之衛鞅，燕之繆蟣，是皆世俗所謂善用兵者也。"
② 詳見《史記·商君列傳》。
③ 《説文解字·土部》："垂，遠邊也。"《詩經·小雅·都人士》："彼都人士，垂帶而厲。"《尚書·微子之命》："功加於時，德垂後裔。"
④ 《漢書·藝文志》之《兵書略·兵權謀》："《吴孫子兵法》八十二篇、圖九卷；《齊孫子》八十九篇，圖四卷；《公孫鞅》二十七篇；《吴起》四十八篇。"其中《吴孫子兵法》即《孫子兵法》，《齊孫子》即《孫臏兵法》，《吴起》即《吴子》。又《諸子略·法家》："《商君》二十九篇。"《商君》即《商君書》，其中的《戰法》《立本》《兵守》《境内》等篇都涉及軍事問題。
⑤ 《漢書·地理志上》："陵夷至於戰國，天下分而爲七，合從連衡，經數十年，秦遂并兼四海。"《韓非子·五蠹》："從者，合衆弱以攻一強也；而衡者，事一強以攻衆弱也。"韓非子反對這種"借力於國"的發展策略，認爲"皆非所以持國也"。

齊、秦兩強中間。"合縱"就是南北縱列的國家結盟阻止齊、秦兼並弱國；"連橫"是秦或齊拉攏一些國家，共同進攻另外一些國家。

"合縱連橫"是戰國七雄之間十分複雜、變化無常的外交鬥爭活動，列國間並不存在固定的聯盟關係，秦國與其餘六國也非唯一的矛盾。顏師古注反映的是長期以來在"過秦""非秦""劇秦"等觀念影響下的歷史偏見。①

當時游走諸侯負責串聯結盟的人物很多，以公孫衍、張儀、蘇秦最爲著名。這些"從橫家"在列國之間輾轉任職，往往根據形勢改變個人立場。② 後世學者研究和出土資料顯示，《史記》等傳統文獻對這段歷史的記載多不準確。③

〔二〕轉相攻伐，代爲雌雄

"轉相"即互相。"雌雄"即勝負。"代"即交替、輪換。"代爲雌雄"是指互有勝負，各有所長，④這裏是說列國戰爭往往互有勝負。這句話貌似客觀描述，實則暗含批評。⑤

---

① 關於戰國歷史，長期以來存在一個簡單化的敘事框架，即以秦國和六國作爲對立體，秦國的形象是軍事強大、不講仁義、十分殘暴，東方六國的形象是相對弱小、彼此不團結、苟且偷安。但秦國與六國態勢的明朗化是戰國後期的事，在戰國中前期並非如此。在此形象塑造過程中，影響巨大的文獻有《史記》《過秦論》《春秋繁露》《鹽鐵論》《劇秦美新》《六國論》等。除《六國論》外，其餘諸篇都在唐前。顏師古注必定受到它們的影響。
② 《漢書·藝文志·諸子略》："從橫家者流，蓋出於行人之官。孔子曰：'誦詩三百，使於四方，不能專對，雖多亦奚以爲？'又曰：'使乎，使乎！'言其當權事制宜，受命而不受辭，此其所長也。及邪人爲之，則上詐諼而棄其信。""從橫家"又稱"縱橫之黨""衡人"等。《韓非子·五蠹》："故群臣之言外事者，非有分於從衡之黨，則有仇讎之忠，而借力於國也。"《史記·蘇秦列傳》："衡人。"司馬貞《索隱》："衡人即游説從橫之士也。"
③ 《史記》等文獻對此記載最大的問題是時間錯亂，把"公孫衍—張儀—蘇秦"的時間順序寫成了"蘇秦—張儀—公孫衍"。1973年，長沙馬王堆三號漢墓出土的帛書中有十四篇縱橫家言。唐蘭的《司馬遷所没見過的珍貴史料——長沙馬王堆帛書〈戰國縱橫家書〉》一文(載馬王堆漢墓帛書整理小組編：《馬王堆漢墓帛書：戰國縱橫家書》，文物出版社1976年版，第123—144頁)，對蘇秦個人及其時代的諸多史實都有梳理考證，訂正了不少以往史料的錯誤。文後列有多達九頁的《蘇秦事蹟簡表》，值得參考。此外又可參見楊寬：《戰國史》第八章《合縱、連橫和兼併戰爭的變化》，上海人民出版社2003年版；孟慶祥：《戰國縱橫家書考論》，黑龍江人民出版社1999年版。
④ 《淮南子·兵略訓》："奇正之相應，若水火金木之代爲雌雄也。"
⑤ 《荀子·議兵》："若夫招近募選，隆執詐、尚功利之兵，則勝不勝無常，代翕代張，代存代亡，相爲雌雄耳矣。夫是之謂盗兵，君子不由也。"

班固在下文中大段引用《議兵》的原文,因此這裏也極有可能是受到《議兵》的影響。從表面上看"代爲雌雄"是漢代的慣用詞語,具體到這裏的行文中卻蘊含著對縱橫戰爭不講仁義、只講利益這種時代潮流的批評。即認爲,這種崇尚功利的鬥爭方式終非正道,不可能取得徹底的勝利,只能憑藉僥幸而或勝或負,時勝時負。

【原文】

齊愍以技擊彊,孟康曰:"兵家之技巧。技巧者,習手足,便器械,積機關,以立攻守之勝。"魏惠以武卒奮,師古曰:"奮,盛起。"秦昭以銳士勝。師古曰:"銳,勇利。"

【考釋】

〔一〕齊愍以技擊彊

"齊愍"即齊湣王(?—前284年),嬀(guī)姓,田氏,名地(或遂),戰國時田齊第六任君主,在位十八年。齊湣王即位後,先擊敗楚國,後逼和秦國,又侵吞燕國和宋國,在戰國中期掀起一股擴張浪潮,① 引起諸侯恐慌。公元前284年,秦、燕、三晉聯合伐齊,湣王出逃被殺。齊國喪失大片領土,五年之後才在田單的反擊下得以收復失地。

"技擊"指當時齊國崇尚的一種軍事作戰技巧或具備此技巧的士兵稱號。② 同時又衍生出一種軍功獎賞制度,詳見下文。

這裏的"彊"與下文的"奮""勝"意思相近,表示軍隊戰鬥力在諸侯國中比較突出。

〔二〕魏惠以武卒奮

"魏惠"即魏惠王(前400年—前319年),又因遷都大梁而稱梁惠王,姬姓,魏氏,名罃(或嬰),戰國時魏國第三任國君,在位時間長達五十年。

---

① 《史記·田敬仲完世家》:"於是齊遂伐宋,宋王出亡,死於温。齊南割楚之淮北,西侵三晉,欲以並周室,爲天子。泗上諸侯鄒魯之君皆稱臣,諸侯恐懼。"
② 《荀子·議兵》:"齊人隆技擊。"楊倞注:"齊人以勇力擊斬敵者,號爲技擊。"《孫臏兵法·略甲》:"……左右旁伐已相趨,此謂鍥鉤擊。"有人認爲這描述的就是技擊的一種技法。

他一生庸碌,無所作爲,卻與衆多戰國風雲人物都有聯繫。① 魏惠王生活的年代早於齊湣王,但是行文卻在其後,可見此處的敘事次序主要是以軍事戰鬥力的由低到高,而非時間順序。

"武卒"即魏武卒,是吳起在魏國時著力打造的精銳重裝步兵,曾經創下輝煌戰績②(説詳下文)。值得一提的是,魏武卒創建於魏武侯時期,到魏惠王時雖然仍保持很悍勇的戰力,卻由於兵敗馬陵而元氣大傷,已經逐漸走向衰落。

〔三〕秦昭以鋭士勝

"秦昭"即秦昭襄王(前325年—前251年),又稱秦昭王,嬴姓,趙氏,名則(或稷),戰國時秦國國君,在位時間長達五十六年。他用白起爲將,屢次重創楚、韓、魏、趙、齊,不僅大大開拓疆土,而且通過消滅有生力量的殲滅戰爭和遠交近攻的外交策略,使六國無力形成有效的對抗,從而爲統一中國奠定堅實的基礎。③

"鋭士"指精心選拔的精鋭部隊,這裏是指秦國的精兵。

第二節

【原文】

世方争於功利,而馳説者以孫、吴爲宗。時唯孫卿明於王道,師古曰:"孫卿,楚人也,姓荀字況,避漢宣帝之諱,故改曰孫卿。"而非之曰:

---

① 魏惠王早年拒絶公叔痤重用公孫鞅的建議,導致其入秦開展變法,使秦國國力大增,魏國也因此遭受重大損失。他任用龐涓爲將,攻克趙國的都城邯鄲,後來卻被孫臏指揮的齊軍在桂陵和馬陵兩次打敗,軍力大損。他晚年聘任連橫派張儀爲相,給魏國帶來更大的損失。他還是文獻記載中唯一分別見過孟子和莊子的人,在《孟子》《莊子》書中形象都比較負面。
② 《吳子·勵士》:"於是武侯從之,兼車五百乘,騎三千匹,而破秦五十萬衆。"
③ 秦昭王時的重大戰略舉措包括:司馬錯南定巴蜀,爲秦國提供戰略縱深和產糧基地;持續向東發動大規模戰事,著名的有伊闕之戰(破韓、魏聯軍,斬首二十四萬)、鄢郢之戰(攻佔楚國首都)、華陽之戰(破韓、趙聯軍,斬首十五萬)、長平之戰(擊敗趙國,殺俘四十餘萬);遠交近攻,聯合五國伐齊,既使齊國元氣大傷,又破壞了齊國與其他國家的關係。

【考釋】

〔一〕馳説者以孫、吴爲宗

"馳説(shuì)"即游説。"馳説者"即周游列國之間的舌辯説客。①

"以孫、吴爲宗"即推崇孫武、吴起的軍事理論,崇尚軍事征伐,追求功利目標。② 這裏的"孫"也可以包括孫臏,畢竟兵法是齊國孫氏的家學。在提及兵家地位時,孫武和孫臏都被稱爲"孫子",古人並不刻意區分二者。③

〔二〕孫卿明於王道而非之

"孫卿"即荀子,名况,戰國時趙國人。荀子又稱"荀卿""荀卿子""孫卿""孫卿子""孫子"。④ 關於"荀"改稱"孫",通説認爲是避諱漢宣帝劉詢之名,⑤事實上可能並非如此。後世學者分别提出"音近""方音""兩氏"等不同説法,可謂各有依據。⑥

他五十歲游於齊國稷下學宫,因爲學識、資歷出衆而多次擔任祭酒。⑦

---

① 《史記·李斯列傳》:"然後能滅仁義之塗,掩馳説之口,困烈士之行。"
② 《尉繚子·制談三》:"有提七萬之衆而天下莫當者誰?曰吴起也。有提三萬之衆而天下莫當者誰?曰武子也。"《史記·孫子吴起列傳》:"世俗所稱師旅,皆道孫子十三篇、吴起兵法,世多有。"《抱朴子·内篇·辨問》:"孫吴韓白,用兵之聖也。"《舊唐書·李光弼王思禮鄧景山辛雲京傳》"史臣曰":"凡言將者,以孫、吴、韓、白爲首。"這些都説明,孫、吴在軍事鬥争和理論上的成就確實爲世人所公認。
③ 參見李零:《蘭臺萬卷:讀〈漢書·藝文志〉》,生活·讀書·新知三聯書店 2011 年版,第 150 頁。
④ 在今本《荀子》書中,"荀卿子""孫卿子""孫卿"三種説法都有。《韓非子·難三》稱"孫卿",《韓非子·顯學篇》稱"孫氏之儒",《戰國策·楚策四》稱"孫子",《史記》稱"荀卿",《漢書》稱"孫卿"。其他漢代文獻如《韓詩外傳》《鹽鐵論》等也都稱"孫卿"。
⑤ 《史記·荀卿列傳》:"荀卿,趙人。"司馬貞《索隱》:"名况。卿者,時人相尊而號爲卿也。仕齊爲祭酒,仕楚爲蘭陵令。後亦謂之孫卿子者,避漢宣帝諱改也。"《漢書·藝文志》:"孫卿子三十三篇。"顔師古注:"本名荀卿,避宣帝諱,故曰孫。"
⑥ (清)謝墉《荀子箋釋·序》:"漢時尚不諱嫌名⋯⋯蓋'荀'音同'孫',語遂移易,如荆軻在衛,衛人謂之慶卿;而之燕,燕人謂之荆卿。"陳垣認爲"荀"與"孫"只是讀音接近而已(陳垣:《史諱舉例》,中華書局 2004 年版,第 39 頁)。楊筠如以爲:"荀之變爲孫,當然是因爲方言的不同。比如南方的陳完,奔到齊國,後來他的子孫,就變音爲田。"(楊筠如:《荀子研究》,上海書店 1992 年版,第 6 頁)胡元儀則曰:"郇也,孫也,皆氏也。戰國之末,宗法廢絶,姓氏混一,故人有兩姓並稱者,實皆古之氏也。"〔(清)胡元儀:《郇卿别傳考異》,載於(清)王先謙:《荀子集解》,中華書局 1988 年版,第 41 頁〕
⑦ 《史記·荀卿列傳》:"荀卿,趙人,年五十始來游學於齊⋯⋯田駢之屬皆已死齊襄王時,而荀卿最爲老師。齊尚脩列大夫之缺,而荀卿三爲祭酒焉。"

後來他應邀入秦，見秦昭王和范雎，對秦國的治理狀況給出較高評價，但也指出其與儒家理想的王道之間存在不小差距。① 在秦趙"邯鄲之戰"後，他回到趙國"議兵"於趙孝成王之前。後來，他到楚國歸附春申君，任蘭陵令。春申君死後，他留在蘭陵授徒著書，並葬於此，終年九十歲左右。② 荀子學生衆多，其中最知名的包括：戰國末期集先秦諸子之大成的思想家韓非子，秦朝廷尉、丞相李斯，漢初《詩》學大師浮丘伯、毛亨，漢初丞相、律曆學家張蒼。史書上一般都稱荀子爲趙人，是以其出生地而論。顔師古注稱之爲楚人，是以其晚年歸宿而論。

"明於王道"即通曉先王用兵之道。此處與《漢志》前文"先王爲國立武足兵"的"周道""王制"呼應。"非"即批評、批判。

今傳《荀子》一書，在戰國時以單篇形式流傳。到西漢末年，劉向才對各種以"孫卿"命名的篇章進行匯總整理，從三百二十二篇中篩選出三十二篇定名爲《孫卿新書》。③ 在漢唐之間，這書又被稱爲《荀卿》《荀卿子》《孫卿子》。唐代楊倞爲其作注並改名爲《荀子》，沿用至今。④ 本章此後的文字，主要取材於《荀子·議兵》，但有不少改動。主要有三種情況：一是濃縮簡化，二是修改個別字詞，三是移動原文的位置次序。《荀子·議兵》

---

① 《荀子·彊國》："佚而治，約而詳，不煩而功，治之至也，秦類之矣。雖然，則有其諰矣。兼是數具者而盡有之，然而縣之以王者之功名，則倜倜然其不及遠矣！是何也？則其殆無儒邪！故曰粹而王，駁而霸，無一焉而亡。此亦秦之所短也。"

② 有關荀子的行狀年壽，歷來多有爭議。參與討論的，不乏梁啓超（《荀卿與〈荀子〉》）、胡適（《中國哲學史大綱》）、錢穆（《先秦諸子繫年》）、游國恩（《荀卿考》）、陶師承（《荀子研究》）等近代學術大家。近年來，相關研究更加細緻深入。參見廖名春：《荀子議兵時間考》，載《管子學刊》1993 年第 4 期；梁濤：《荀子行年新考》，載《陝西師範大學學報（哲學社會科學版）》2000 年第 4 期；李峻嶺、楊錦先：《荀子年壽行跡考》，載《東嶽論壇》2013 年第 9 期；周先進：《荀子生平事蹟新考》，載《前沿》2015 年第 1 期；曹景年：《荀子生卒年新考——以"生命活躍期"爲視角》，載《臨沂大學學報》2016 年第 5 期。甚至有人認爲戰國時有兩個荀子，如樊波成：《荀子行狀新考》，載《諸子學刊》2018 年第 1 期。本書此處主要參考任乃宏：《荀子行年新考——以〈議兵〉時間爲尺規》，《臨沂大學學報》2017 年第 2 期。

③ （漢）劉向：《孫卿書録》。

④ 《漢書·藝文志·儒家》："《荀卿》三十三篇。"《隋書·經籍志·子部·儒家》："《孫卿子》，十二卷。"《舊唐書·經籍志·丙部·子録·儒家類》："《孫卿子》，十二卷。"《新唐書·藝文志·丙部·子録·儒家類》："《荀卿子》十二卷……楊倞注《荀子》二十卷。"

一般認爲是根據荀子在趙孝成王面前與臨武君的談話整理而成。據考證,該事件發生於公元前257年秦趙"邯鄲之戰"後不久。①

【原文】

"彼孫、吳者,上勢利而貴變詐;施於暴亂昏嫚之國,君臣有間,師古曰:"言有間隙不諧和。"上下離心,政謀不良,故可變而詐也。

【考釋】

〔一〕上勢利而貴變詐

"上"通"尚",與"貴"意近,即推崇、注重。"勢利"即通過造勢、借勢而謀取利益。②"變詐"即《漢志》前文的"權詐"。③

在《荀子·議兵》中,趙孝成王問用兵的要義,臨武君著重於戰略戰術問題,荀子則著重於行軍作戰的民意基礎。④ 於是臨武君反駁道:"兵之所貴者勢利也,所行者變詐也。善用兵者,感忽悠闇,莫知其所從出。孫、吳用之無敵於天下,豈必待附民哉!"這句話的關鍵詞是"貴勢利""行變詐""孫吳用之無敵",反映出當時流行的軍事理念。

荀子在反駁前先明示彼此立場之別:"臣之所道,仁人之兵,王者之志也。君之所貴,權謀勢利也;所行,攻奪變詐也;諸侯之事也。"臨武君講的是術,荀子講的是道。他把臨武君主張的要點總結爲"權謀勢利""攻奪變詐"。《荀子·議兵》後文又將之概括爲"隆勢詐,尚功利",是《漢志》前文"世方爭於功利"一語的來源。

總體來看,班固對臨武君所持立場的總結,雖然改變了原來對話的行文,卻把握住了議論的要點,表述更爲簡潔明瞭,切中要害,可見其剪裁、

---

① 參見廖名春:《荀子議兵時間考》,載《管子學刊》1993年第4期;任乃宏:《荀子行年新考——以〈議兵〉時間爲尺規》,載《臨沂大學學報》2017年第2期。
② 《孫子兵法·計篇》:"勢者,因利而制權也。"《史記·孫子吳起列傳》:"善戰者因其勢而利導之。"《荀子·議兵》:"兵之所貴者勢利也。"楊倞注:"乘勢爭利。"
③ 《漢書·藝文志》:"自春秋至於戰國,出奇設伏,變詐之兵並作。"
④ 《荀子·議兵》:"孫卿子曰:'不然!臣所聞古之道,凡用兵攻戰之本,在乎壹民。弓矢不調,則羿不能以中微;六馬不和,則造父不能以致遠;士民不親附,則湯武不能以必勝也。故善附民者,是乃善用兵者也。故兵要在乎善附民而已。'"長春按:所謂"壹民""附民"就是聚攏民意、團結人心。

〔二〕**暴亂昏嫚之國,君臣有間,上下離心,政謀不良**

"暴"本義是暴曬,與"曝"相通,後引申爲迅疾、猛烈、暴虐、殘暴。②"暴亂"即暴虐、混亂,一般用來描述社會秩序的動盪,在這裏蘊含私欲膨脹、姦詐橫行的意思。③

"嫚"通"慢"。"昏嫚"意即昏聵、怠慢。④ 這是在描述君臣民衆的一種道德精神狀態,即鬆懈怠慢、渾渾噩噩、不識禮義、缺失信念。

在"暴亂昏嫚之國",君、臣、民之間缺乏價值認同,從上到下離心離德,充滿猜忌防備和利益算計,私欲權謀勝過公義道德,政治謀略也就不會產生群策群力、集思廣益的效果。這正是荀子提倡"壹民""附民"的反面。關於"君臣有間,上下離心,政謀不良",荀子曾舉齊湣王和孟嘗君的例子進行具體批評。⑤

在《荀子‧議兵》中,荀子沿著"王者之志"與"諸侯之事"的思路,緊接上文闡述道:"仁人之兵,不可詐也;彼可詐者,怠慢者也,路亶者也,君臣上下之間,渙然有離德者也。"班固此處是對這後半句話的化用,不過頗有發揮。

【原文】

夫仁人在上,爲下所卬,師古曰:"卬讀曰仰。"猶子弟之衛父兄,若手足之扞頭目,何可當也?師古曰:"扞,禦難也,音下旦反。"

【考釋】

〔一〕**仁人在上,爲下所卬**

"仁人"即有仁德的人。"仁"是孔子所推崇的一種道德修養狀態。它

---

① 《漢書‧敘傳下》:"季世不詳,背本爭末,吳、孫狙詐,申、商酷烈。"
② 《詩經‧邶風‧終風》:"終風且暴。"毛亨傳:"暴,疾也。"
③ 《管子‧明法解》:"夫舍公法而行私惠,則是利姦邪而長暴亂也。"《韓非子‧五蠹》:"近古之世,桀紂暴亂,而湯武征伐。"《淮南子‧齊俗訓》:"讓則禮義生,爭則暴亂起。"
④ 《荀子‧議兵》:"凡百事之成也,必在敬之;其敗也,必在慢之。"
⑤ 《荀子‧王霸》:"絜國以呼功利,不務張其義,齊其信,唯利之求,内則不憚詐其民,而求小利焉;外則不憚詐其與,而求大利焉,内不脩正其所以有,然常欲人之有。如是,則臣下百姓莫不以詐心待其上矣。上詐其下,下詐其上,則是上下析也。如是,則敵國輕之,與國疑之,權謀日行,而國不免危削,綦之而亡,齊閔、薛公是也。"

既是源於人心的質樸情感,也是摒棄私欲的至高境界。就其内涵來講,它基於"人之爲人"的自我認定;就其外觀來説,它表現爲人際交往的不計得失、堅守底綫、成人之美、不强加於人。在孔子看來,"仁人"的修養層次世俗中人很難達到。① 在班固的《古今人表》中,"上中仁人"屬於僅次於"上上聖人"的第二等。

"卬"(yǎng)通"仰",即仰望、敬慕。"仁人在上,爲下所卬"是對《荀子·議兵》中"仁人上下,百將一心,三軍同力"和"上足卬則下可用也,上不卬則下不可用也"②兩處句子的融會提煉。

〔二〕猶子弟之衛父兄,若手足之扞頭目

"子弟"與"父兄"是對文,子對父,弟對兄。這裏是用親緣關係來比喻君與臣民的上下關係。"手足"字面義是手和腳,引申爲兄弟之間的親密關係,這裏用其字面義。"頭目"也用其字面義"頭部和眼睛"。"扞"(hàn)即保衛、守護。③

此句是對《荀子·議兵》"臣之於君也,下之於上也,若子之事父,弟之事兄,若手臂之扞頭目而覆胸腹也"的化用,用來描述仁人在位、民衆擁戴。所以民衆參軍之後,自然會像捍衛父兄一樣奮力作戰,同心殺敵。

〔三〕何可當也

"當"通"擋",即抵擋、阻止。"何可當也"意思是"無法阻擋"。這裏是對仁人在上、作戰合乎民心狀態下作戰效果的描述。

【原文】

鄰國望我,歡若親戚,芬若椒蘭,顧視其上,猶焚灼仇讎。人

---

① 《論語·述而》:"子曰:'若聖與仁,則吾豈敢?'"《論語·公冶長》:"孟武伯問:'子路仁乎?'子曰:'不知也。'又問,子曰:'由也,千乘之國,可使治其賦也,不知其仁也。''求也何如?'子曰:'求也,千室之邑、百乘之家,可使爲之宰也,不知其仁也。''赤也何如?'子曰:'赤也,束帶立於朝,可使與賓客言也,不知其仁也。'"
② 盧文昭、王先謙認爲前半句的"足"是衍字,應該删去([清]王先謙:《荀子集解》卷十《議兵篇》)。樓宇烈認爲後半句缺一個"足"字,應該補上(樓宇烈:《荀子新注》,中華書局2018年版,第283—285頁)。長春按:根據文意,以後説爲勝。
③ 《廣韻·翰韻》:"扞,以手扞,又衛也。"

情豈肯爲其所惡而攻其所好哉？故以桀攻桀，猶有巧拙；以桀詐堯，若卵投石，夫何幸之有！師古曰："言往必破碎。"

【考釋】

〔一〕鄰國望我，歡若親戚，芬若椒蘭，顧視其上，猶焚灼仇讎

"鄰國"在這裏是指鄰國的民衆。"望我"即觀察我國爲政之風。"歡"即高興、喜歡，引申爲殷勤迎接。"歡若親戚"即像見到親戚一樣親切熱情。"芬"即香氣。"椒"即花椒，"蘭"即蘭花，二者都是芳香之物，比喻美好或有賢德。① "芬若椒蘭"在此處是指鄰國民衆"望我"後的感受和印象。

"顧"即回頭看。② "上"即在上位者。"顧視其上"是説鄰國民衆"望我"之後又回頭去看他們的君主。"焚灼"即焚燒，這裏代指鄰國君主施行虐政，使其民衆有如烈火焚燒。"仇讎"即仇敵、仇人，也作"讎仇"。③

班固此處化用自《荀子·議兵》的"暴國之君，將誰與至哉？彼其所與至者，必其民也，而其民之親我歡若父母，其好我芬若椒蘭，彼反顧其上，則若灼黥，若仇讎"。④

〔二〕人情豈肯爲其所惡而攻其所好哉

"人情"即人之常情。在此語境中，"其所惡"指其本國國君所施行的虐政，"其所好"指外國國君所施行的仁政。

班固此處化用《荀子·議兵》"人之情，雖桀、跖，豈又肯爲其所惡賊其所好者哉"。《荀子·王制》篇也有類似表述，見前文腳注。

〔三〕以桀攻桀，猶有巧拙；以桀詐堯，若卵投石，夫何幸之有

"桀"本義是夏朝末代國君夏桀，在傳世文獻中是昏君、暴君的代名詞，這裏代指施行暴政的國家。"猶有巧拙"即因爲技巧差別而產生勝

---

① 《説文解字·艸部》："芬，艸初生，其香分布也。"又："蘭，香艸也。"《荀子·禮論》："芻豢稻粱，五味調香，所以養口也；椒蘭芬苾，所以養鼻也。"
② 《説文解字·頁部》："顧，還視也。"《莊子·秋水》："莊子持竿不顧。"
③ 《左傳·哀公元年》："(越)與我同壤而世爲仇讎。"
④ 類似表述又見於《荀子·王制》："彼其所與至者，必其民也。其民之親我也歡若父母，好我芳若芝蘭，反顧其上則若灼黥，若仇讎。彼人之情性也，雖桀跖，豈有肯爲其所惡賊其所好者哉？"

負。在交戰雙方都不得民心的情況下，戰術和技巧還可以發揮重要作用。

"堯"本義是傳說中聖明的上古君王唐堯，在這裏代指施行仁政的國家。唐堯因爲賢明的個人德行和爲政風格而被列入儒家先聖先王的譜系。"若卵投石"即用蛋去碰撞石頭，必然破碎、失敗。施行"虐政"者不得民心，施行"仁政"者盡得民心。在二者之間絶對實力的差距面前，軍事技巧就不再重要。①

班固此處化用《荀子·議兵》"以桀詐桀，猶巧拙有幸焉。以桀詐堯，譬之：若以卵投石，以指撓沸；若赴水火，入焉焦没耳"。比較而言，班固的表述更凝練整齊。

【原文】

《詩》曰：'武王載斾，有虔秉鉞，如火烈烈，則莫我敢遏。'師古曰："《殷頌·長發》之詩也。武王謂湯也。虔，敬也。遏，止也。言湯建號興師，本猶仁義，雖執戚鉞，以敬爲先，故得如火之盛，無能止也。"言以仁誼綏民者，無敵於天下也。

【考釋】

〔一〕《詩》曰：武王載斾，有虔秉鉞，如火烈烈，則莫我敢遏。

《詩》即《詩經》，中國古代第一部詩歌總集。《詩經》收録了西周初年到春秋中期的詩歌三百零五篇，又稱"詩三百"。這些詩歌被分爲"風""雅""頌"三大類。"風"采自民間，包括"十五國風"；"雅"具有官方性質，分爲《小雅》和《大雅》；"頌"用於祭祀儀式，分爲《周頌》《魯頌》和《商頌》。所有詩歌均可歌唱，但樂譜今已不傳，只剩歌詞文字。②漢初傳者有齊、魯、韓、毛四家。漢末以後，只有"毛詩"一家流傳至今。此處所引詩句出

---

① 《荀子·議兵》："故湯之放桀也，非其逐之鳴條之時也；武王之誅紂也，非以甲子之朝而後勝之也，皆前行素修也，所謂仁義之兵也。"又："故招近募選，隆埶詐，尚功利，是漸之也；禮義教化，是齊之也。故以詐遇詐，猶有巧拙焉；以詐遇齊，辟之猶以錐刀墮太山也，非天下之愚人莫敢試。"

② 《史記·孔子世家》："三百五篇孔子皆弦歌之，以求合韶武雅頌之音。"

自《詩經・商頌・長發》。《長發》是殷商後裔祭祀祖先時的詩歌，內容是歌頌歷代祖先的英武事蹟。這四句詩描述商湯出兵討伐昆吾氏的情形。①

"武王"在這裏指商湯，②又稱成湯、成、唐、大乙、子姓，名履或天乙，商朝開國君主。③ 他在伊尹的輔佐下推翻夏桀的統治，建立商朝。在儒家學說中，商湯討伐夏桀是代天行罰、順天應人的正義之舉，其軍隊是仁義之師，所向無敵。

"旆"（pèi）是一種末端如同燕尾的白色旗子，尺寸較大，細長，呈下垂狀。④ "載旆"就是把旆旗插在車上。《荀子・議兵》作"武王載發"，"發"是"旆"的同音假借字。⑤ 所以詩名"長發"就是"長旆"。"有"（yòu）通"又"。"虔"（qián）本義爲虎行走的樣子，後引申爲勇武、強固。⑥ "秉鉞"即手持鉞，是權威和力量的象徵。"如火烈烈"是說商湯的軍容威猛。"莫我敢遏"意思是沒有人能夠阻擋。"遏"又作"曷"。⑦

〔二〕以仁誼綏民者，無敵於天下

"仁誼"即"仁義"。"綏"（suí）即安撫。⑧

"無敵於天下"是對前引臨武君稱"孫吳用之無敵於天下"的反用。臨武君認爲行兵作戰講究戰術戰法就可以無敵於天下，不在於是否"附民"。

---

① 《史記・殷本紀》："當是時，夏桀爲虐政淫荒，而諸侯昆吾氏爲亂。湯乃興師率諸侯，伊尹從湯，湯自把鉞以伐昆吾，遂伐桀。"
② 《史記・殷本紀》"於是湯曰'吾甚武'，號曰武王。"《詩經・商頌・玄鳥》："古帝命武湯，正域彼四方。"
③ 《史記・殷本紀》："主癸卒，子天乙立，是爲成湯。"殷墟甲骨文稱成、唐、大乙，宗周甲骨文與西周金文稱成唐。參見郭沫若主編：《甲骨文合集》，中華書局 1978 年版，第 1 册，第 59 頁；第 2 册，第 324 頁；第 7 册，第 2859 頁；第 9 册，第 3351 頁。
④ 《釋名・釋兵》："白旆，殷旌也。"《爾雅・釋天》："繼旐曰旆。"郭璞注："帛續旐，末爲燕尾者。"《說文解字・㫃部》："旆，繼旐之旗也，沛然而垂。"《左傳・宣公十二年》："拔旆投衡。"杜預注："旆，大旗也。"
⑤ 《荀子・議兵》："武王載發。"楊倞注："發，讀爲旆。"（清）郝懿行《荀子補注・議兵篇》："發，揚起也。猶《書》之言'我武惟揚'也，《詩經》作'載旆'，傳云'旆，旗也。'《詩經》本出荀卿，不應有異。《說文》引《詩》又作'載坺'。然則'坺''發'蓋皆'旆'之同音假借字耳。"（載［清］王先謙：《荀子集解・議兵篇》）
⑥ 《說文解字・虍部》："虔，虎行皃。"
⑦ 《詩經・商頌・長發》毛亨傳："武王，湯也。旆，旗也。虔，固。曷，害也。"鄭玄箋："其威勢如猛火之炎熾，誰敢禦害我。"
⑧ 《逸周書・大聚解》："維武王勝殷，撫國綏民。"

班固發揮荀子的意見提出，只有仁義之師才能無敵於天下。這不僅與《議兵》的態度相符合，①而且概括得簡潔明瞭。

【原文】

若齊之技擊，得一首則受賜金。事小敵脆，則媮可用也；師古曰："媮與偷同，謂苟且。"事鉅敵堅，則渙然離矣。師古曰："鉅，大也。渙然，散貌。"是亡國之兵也。

【考釋】

〔一〕受賜金

《荀子·議兵》原文是："齊人隆技擊，其技也，得一首者則賜贖錙金，無本賞矣……是其去賃市傭而戰之幾矣。"

"錙"是先秦時代的重量單位，有六銖、八銖、十二銖、八兩等不同説法，總之分量不是很多。② 對其中"贖"的含義，《荀子》注家各有説法，但是都不圓通。班固此處化用時省掉此字，語意反倒簡單明瞭、易於理解了。

"無本賞"是説，在戰場上斬敵一人即使戰敗也受賜金，没有斬敵即使戰勝也不受賞。③ "技擊"的獎賞辦法使士兵只顧私力而不知協同，自然軍紀渙散，戰鬥力不強。

〔二〕事小敵脆，則媮可用；事鉅敵堅，則渙然離矣

"事"即面對、迎戰。"小敵"即弱小的敵人。"脆"（cuì）通"脆"，即脆弱、易破。《荀子·議兵》作"毳"。"毳"是細毛，④也可以理解為柔弱，與

---

① 《荀子·議兵》後文曰："是以堯伐驩兜，舜伐有苗，禹伐共工，湯伐有夏，文王伐崇，武王伐紂，此四帝兩王，皆以仁義之兵，行於天下也。"長春按：類似的觀點和表述方式，還見於《孟子·梁惠王下》《吕氏春秋·仲秋紀·簡選》《淮南子·泰族訓》，文繁不録。只不過，《淮南子》强調"能因"則無敵於天下，與前述"行仁義"則無敵於天下的立場有所不同，是源於道家因循觀點與儒家仁義觀念的差别。
② 古代有"錙銖必較"的成語，可見"錙"的分量很輕。（清）王念孫《讀書雜誌·荀子第三》："……皆以錙銖並稱，輕重必不相遠，則當以六銖曰錙爲正。鄭、楊皆以八兩爲錙，失之。"
③ 《荀子·議兵》："無本賞。"楊倞注："本賞，謂有功同受賞也。其技擊之術，斬得一首則官賜錙金贖之。斬首，雖戰敗亦賞；不斬首，雖勝亦不賞，是無本賞也。"郭嵩燾："以得首爲重，取決一夫之勇也。"（[清]王先謙：《荀子集解·議兵篇》）
④ 《説文解字·毳部》："毳，細羊毛也。"

"脆"相通。這裏的"脆"是對"小敵"的補充描述。"媮"(tōu)通"偷",本義爲機巧、狡黠,後引申爲苟且、僥幸。① 此處稱齊國"技擊"部隊僥幸戰勝"小敵脆",可能是指齊湣王在位前期主要針對周邊小國的一系列軍事行動。

"鉅"通"巨","鉅敵"即強大的敵人。② "堅"即強勁、牢固。"渙然"即消散、離散的樣子。③

〔三〕亡國之兵

齊國"技擊"這種軍隊組織模式缺乏理想信念支撐,難以做到攻堅克難,在面對強大敵人時會自我瓦解,不戰而潰。倚重"技擊"之類的雇傭兵,只會導致亡國的災難。

荀子與趙孝成王談話時提到的"亡國之兵"應該是有所指。齊湣王三十八年(前285年),齊國滅宋,引發諸侯恐懼。其後兩年,秦昭王先是獨自出兵伐齊,後又聯合五國伐齊。五國聯軍以燕國樂毅爲統帥,攻入齊國都城臨淄,並連下七十三城。齊湣王兵敗被殺,齊國差點亡國。齊國此次慘敗有諸多原因,荀子刻意強調"技擊"的缺陷,是爲了論證個人觀點,引發趙國君臣警醒,但其分析並不一定客觀全面。

班固此處化用自《議兵》的"齊人隆技擊,其技也,得一首者,則賜贖錙金,無本賞矣。是事小敵毳,則偷可用也,事大敵堅,則渙然離耳。若飛鳥然,傾側反復無日,是亡國之兵也,兵莫弱是矣。是其去賃市傭而戰之幾矣",但表述更爲簡潔明瞭。

【原文】

魏氏武卒,衣三屬之甲,服虔曰:"作大甲三屬,竟人身也。"蘇林曰:"兜鍪也,盆領也,髀褌也。"如淳曰:"上身一,髀褌一,踁繳一,凡三屬也。"師古曰:"如說是也。屬,聯也,音之欲反。髀音陛。踁即脛字。"操十二石之弩,負矢五十個,

---

① 《說文解字·女部》:"媮,巧黠也。"《國語·晉語一》:"其下偷以幸。"韋昭注:"偷,苟且也。"
② 《說文解字·金部》:"鉅,大剛也。"
③ 《說文解字·水部》:"渙,流散也。"段玉裁注:"渙者,離也。"

置戈其上,冠冑帶劍,贏三日之糧,師古曰:"個讀曰箇。箇,枚也。冑,兜鍪也。冠冑帶劍者,著兜鍪而又帶劍也。贏謂擔負也,音盈。"日中而趨百里,師古曰:"中,一日之中。"中試則復其户,利其田宅。師古曰:"中試,試之而中科條也。復謂免其賦税也。利田宅者,給其便利之處也。中音竹仲反。復音方目反。"如此,則其地雖廣,其税必寡,其氣力數年而衰。是危國之兵也。

【考釋】

〔一〕衣三屬之甲

"衣"(yì)即穿戴。"三屬之甲"是魏武卒的標配護甲,分別保護上身、大腿、小腿三個部位。前人釋"屬"(zhǔ)爲"聯"或"連",①字面意思應該不錯。但在實際中,這三部分護甲應該不會連成一體,而只能是部分重疊而已。②

"三屬之甲",服虔注只説是能覆蓋身體的"大甲",但没有説清楚"三屬"的含義。蘇林注指出了"三屬"的内容,卻是根據漢魏時代的情况而來,似不準確。"兜(dōu)鍪(móu)"即頭盔,秦漢以前稱"冑"(zhòu)。"盆領"是套在脖子上用以保護脖子的護具,呈盆式開放狀態,類似於立領,出現在漢魏以後。③"髀"(bì)是大腿。"褌"(kūn)是褲子。髀褌在這裏是指防護大腿的護甲,又稱爲"甲裳"。④ 如淳注把"三屬"解釋爲上身、髀褌、脛(jìng)繳(jiǎo),應該更接近實際,也得到了顔師古的認可。"脛"通"胫",即小腿。"繳"即纏繞。⑤"脛繳"就是捆綁在小腿上的護甲。司馬貞的看法也與此類似。⑥

---

① 《説文解字·尾部》:"屬,連也。"此處顔師古注也釋"屬"爲"聯"。
② 《文選·賦丙·京都下·左太冲〈魏都賦〉》:"三屬之甲,縵胡之纓。"張銑注:"屬,連也。言甲三劄相重而連之。"
③ 《太平御覽》卷三五六《兵部八十七·甲下》引孔融《肉刑論》:"古聖作犀兕革鎧,今盆領鐵鎧,絶聖甚遠。"
④ 《文選·上書·李斯〈上書秦始皇〉》:"夫擊甕叩缶,彈箏搏髀,而歌嗚嗚快耳者,真秦之聲也。"李周翰注:"髀,腿也。"《釋名·釋衣服》:"褌,貫也,貫兩脚,上繫腰中也。"《左傳·宣公十二年》:"趙旃棄車而走林,屈蕩搏之,得其甲裳。"杜預注:"下曰裳。"楊伯峻注:"此甲裳即《函人》之下旅,《漢書》蘇林注所謂髀褌也。"
⑤ 《漢書·司馬遷傳》:"名家苛察繳繞。"如淳注:"繳繞,猶纏繞也。"
⑥ 《史記·蘇秦列傳》:"武士二十萬。"司馬貞《索隱》:"三屬謂甲衣也。覆膊,一也;甲裳,二也;脛衣,三也。甲之有裳,見《左傳》也。"

〔二〕操十二石之弩,負矢五十個,置戈其上,冠胄帶劍,贏三日之糧,日中而趨百里

"操"(cāo)即拿在手裏或用手操作。"石"(shí)是古代計算容量或重量的計量單位。作容量單位時,"石"與"斛"相同,都等於十斗;作重量單位時,"石"等於一百二十斤。① "石"作爲重量單位的含義後被借用描述弓弩的强度。其測量方法是杠杆稱量或墜以重物。"弩"是一種遠射程殺傷性武器,在弓的基礎上增加了弩臂和弩機的機械設計,射程更遠,命中率更高,殺傷性更大,使用起來也更簡便省力。"十二石之弩"就是拉力達到1 440斤(約合現在317.865千克)的弩。②

"負"即背負。"矢"即箭,由箭頭(金屬製作,又稱箭鏃)、箭杆(竹木製作)、箭羽(羽毛製作)三部分組成。"負矢五十個",《荀子·議兵》作"負服矢五十個"。"服"即箭筒。③ 班固化用並没有改變這句話的基本語意。

"戈"是先秦常見的兵器,包括用青銅或鐵製成的横刃和竹木製成的長柄。"置戈其上",有人認爲是把戈扛在肩膀上,有人認爲是把戈放在裝箭矢的箭筒上。④ 但根據生活經驗,長杆類的戈無論是横放還是竪放在箭筒上,恐怕都没有扛在肩膀上來得方便。

"冠(guàn)胄"即頭戴盔甲。"胄",《荀子·議兵》作"軸"(zhòu)。"帶劍"即佩帶劍,當時劍主要是青銅製成。可見,"胄"和"三屬之甲"是並列關係,而非包含關係。

---

① 《國語·周語下》:"重不過石。"韋昭注:"石,百二十斤也。"《説苑·辨物》:"十斗爲一石。"《漢書·律曆志上》:"三十斤爲鈞,四鈞爲石。"秦和西漢時,一斤相當於258.24克。參見吳承洛:《中國度量衡史》,上海書店1984年版,第73頁。
② 《六韜·武車士》記載,選車士的標準之一就是"力能彀八石弩"。《商君書·外内》:"以此遇敵,是以百石之弩射飄葉也,何不陷之有哉!"這應是誇張之辭。
③ 王念孫認爲,"服"與"負"同音通用,都是背負的意思。據其推斷,今本《荀子》"負服矢"原是"服矢",抄寫者誤把校書者根據《漢志》旁記的"負"字加入正文。(〔清〕王念孫:《讀書雜誌·荀子第三》)俞樾則認爲,"服"是"箙"的通假字,即放置弩矢的"箭筒",《漢志》把"服"字省掉是不對的。(〔清〕俞樾:《諸子平議·荀子二》)王説推測的成分居多,俞説則舉出許多證據,所以王先謙支持俞説。(〔清〕王先謙:《荀子集解·議兵篇》)
④ 楊倞認爲是把戈放在肩膀上,俞樾認爲是把戈放在"箙"上(〔清〕俞樾:《諸子平議·荀子二》)。王先謙支持俞説(〔清〕王先謙:《荀子集解·議兵篇》)。

"贏"通"擩"(yíng)，即擔負、攜帶。① "三日之糧"即行軍作戰三日所需的軍糧。"日中"本指正午，這裏是指正午之前的半天時間，並非"一日之中"。② "趨"是急行。③ 在背負弩、矢、戈、胄的情況下，半天時間行軍百里，這個速度在當時已經相當可觀。④

〔三〕中試則復其戶，利其田宅

"中試"即考試合格、達到標準。⑤ 測試內容以拉張力量和負重疾行為主，但也有其他考核標準。⑥ "復其戶"即免除徭役賦稅。⑦

"利其田宅"有三種解釋，一是免除田宅稅，二是為田宅提供便利，三是國家賜給田宅。⑧ 根據下文"其稅必寡"的說法，應該以第一種為是。此處用"利"主要是為避免與上句"復"行文重複。

〔四〕氣力數年而衰

"氣力"本義是指人的元氣或體力、力量，這裏用來描述國家實力。在《荀子·議兵》中，"數年而衰"原本在"利其田宅"後，按其文意是用來描述

---

① 《莊子·胠篋》："贏糧而趣之。"賈誼《過秦論》："贏糧而景從。"揚雄《方言》卷七："擩、膺、賀、繜、儋也。齊楚陳宋之間曰擩。燕之外郊、越之垂甌、吳之外鄙謂之膺，南楚或謂之擩。"
② 俞樾："日中者，自旦至於日中，蓋半日而趨百里也。楊倞注謂一日之中，則但云日趨百里足矣。"（〔清〕俞樾：《諸子平議·荀子二》）
③ 《說文解字·走部》："趨，走也。"《釋名·釋姿容》："疾行曰趨。疾趨曰走。"
④ 《莊子·逍遙游》："適莽蒼者，三餐而反，腹猶果然；適百里者，宿舂糧；適千里者，三月聚糧。"按照這個標準，常人"適白里"少則一天，多則數天。《二年律令·行書律》簡273："郵人行書，一日一夜行二百里。不中程半日，笞五十；過半日至盈一日，笞百；過一日，罰金二兩。"（張家山二四七號漢墓竹簡整理小組：《張家山漢墓竹簡（二四七號墓）》，文物出版社2006年版，第46頁）長春按：漢代郵人只送重要文書，務求快速，且有十里一郵的輪換機制，其行程要求也未比魏武卒高多少。
⑤ （清）周壽昌《漢書注校補》卷十六《刑法志第三》"中試則復其戶"條："中試猶今俗言中式也。"引者注：明清時語"中式"即科舉考試合格。
⑥ 《吳子·圖國》："強國之君，必料其民。民有膽勇氣力者，聚為一卒。樂以進戰效力，以顯其忠勇者，聚為一卒。能踰高超遠、輕足善走者，聚為一卒。王臣失位而欲見功於上者，聚為一卒。棄城去守、欲除其醜者，聚為一卒。此五者，軍之練銳也。"《六韜·犬韜·練士》也有類似說法，文繁不錄。
⑦ 《漢書·儒林傳》："元帝好儒，能通一經者皆復。"顏師古注："蠲其徭賦也。"
⑧ 《荀子·議兵》楊倞注："利其田宅，不征眾也。"盧文弨校曰："'眾'字誤，疑作'稅'。"這是第一種說法。顏師古注："利田宅者，給其便利之處也。"這是第二種說法。《史記·蘇秦列傳》："武士二十萬。"司馬貞《索隱》："……謂中試之人，國家當優復，賜之上田宅，故云'利其田宅'也。"這是第三種說法。

魏武卒的。① 班固將其移到"其稅必寡"後,就變成描述國家了。

【原文】

秦人,其生民也陿陋,其使民也酷烈。師古曰:"陿,地小也。陋,險固也。酷,重厚也。烈,猛威也。"劫之以勢,隱之以陋,鄭氏曰:"秦地多陋,臧隱其民於陋中也。"臣瓚曰:"秦政急峻,隱括其民於陋狹之法。"師古曰:"鄭說是也。"狃之以賞慶,道之以刑罰,師古曰:"狃,串習也,音女九反。道讀曰導。"使其民所以要利於上者,非戰無由也。功賞相長,五甲首而隸五家,服虔曰:"能得著甲者五人首,使得隸役五家也。"如淳曰:"役隸五家,是爲相君長。"是最爲有數,故能四世有勝於天下。

【考釋】

〔一〕其生民也陿陋,其使民也酷烈

"生民"即養民。② 儒家提倡王道,以養民、保民、教民爲本。③ "陿"(xiá)通"狹",即狹隘。"陋"(è)即阻塞。④ "陿陋"在這裏不是指地形狹隘,而是指民衆生活困頓,沒有出路。顏注不確。⑤

"使民"即驅使民衆,徵調徭役。儒家主張使民要有所節制。⑥ "酷"即極其、非常。"烈"即嚴重、極端。這裏的"酷烈"不是強調刑罰殘酷,而是

---

① 《荀子·議兵》:"中試則復其戶,利其田宅,是數年而衰,而未可奪也。"楊倞注:"此中試者筋力數年而衰,亦未可遽奪其優,復使皆怨也。"
② 《荀子·王霸》:"生民則致寬。"楊倞注:"生民,生活民,謂衣食也。"
③ 《論語·子路》:"子適衛,冉有僕。子曰:'庶矣哉!'冉有曰:'既庶矣,又何加焉?'曰:'富之。'曰:'既富矣,又何加焉?'曰:'教之。'"《孟子·梁惠王上》:"穀與魚鱉不可勝食,材木不可勝用,是使民養生喪死無憾也。養生喪死無憾,王道之始也。"《荀子·王制》:"王者之法,等賦、政事、財萬物,所以養萬民也。"又可參見《荀子·富國》《荀子·大略》。
④ 《漢書·景帝紀》:"郡國或磽陋。"顏師古注:"陋謂褊隘也。"《說文解字·阜部》:"陋,塞也。"
⑤ (清)郝懿行《荀子補注·議兵篇》:"陿陋,猶狹隘也。謂民生窮蹙。《王霸》篇云'生民則致貧隘',語意正同。注以'陿陋,謂秦地險固',非也。下云'隱之意陋',亦非地險。"(清)王念孫《讀書雜志·荀子第五》:"楊注沿《刑法志》注而誤。"
⑥ 《論語·學而》:"子曰:'道千乘之國:敬事而信,節用而愛人,使民以時。'"《國語·周語上》:"然則長衆使民之道,非精不和,非忠不立,非禮不順,非信不行。"

指通過高壓手段使用民力,落腳點是對民衆的壓榨和剝削。①

對於秦國這種"生民""使民"的方式,荀子自然持否定態度。②

〔二〕**劫之以勢,隱之以阨,狃之以賞慶,道之以刑罰**

"劫"即脅迫,"勢"即形勢。"劫之以勢"就是用重壓形勢脅迫民衆。"隱"即遮蔽。"隱之以阨"即讓民衆生活貧困窘迫,沒有別的路可走。③ 形勢所迫、無路可走的民衆,最後只能選擇通過作戰立功改變個人境遇。這個操作模式就是《商君書·弱民》所設計的"弱民""辱民"和"利出一孔"。④

"狃"(niǔ),《荀子·議兵》作"忸",即因襲、習慣。⑤ "賞慶"即因作戰勝利而得到獎賞。"狃之以賞慶"是説,使民衆因爲習慣於憑藉軍功接受獎賞的思維意識而追求打勝仗。

"道",《荀子·議兵》作"鰌"(qiū)。"鰌"與"遒""踿""趍"相通,意即急促快走、緊迫追趕。⑥ "刑罰"即因作戰失敗而受到懲罰。"鰌之以刑罰"是説,使民衆因爲害怕刑罰的恐懼感而儘量避免打敗仗,即用刑罰逼迫民衆作戰取勝。此處把"鰌"改寫爲"道",可能是"遒"或"迫"的形近訛誤。

"狃之以賞慶,道之以刑罰"可在《商君書》中找到來源。⑦

〔三〕**使其民所以要利於上者,非戰無由也**

"要"(yāo)通"邀",即追求、要求。"上"即君主或國家。

---

① 《荀子·議兵》:"使民也酷烈。"楊倞注:"酷烈,嚴刑罰也。"長春按:根據文意,楊説不確。
② 《荀子·王霸》:"湯武者……生民則致寬,使民則綦理……亂世則不然……生民則致貧隘,使民則綦勞苦。"
③ 《荀子·議兵》:"劫之以埶。"楊倞注:"謂以威埶劫迫之,使出戰。"又:"隱之以阨。"楊倞注:"謂隱蔽以險阨,使敵不能害。"這應該是受到顏師古注的影響。郭嵩燾認爲:"劫之以埶,承上'酷烈'言;隱之以阨,承上'狹隘'言。其民本無生計,又甚迫蹙,使亟鶩於戰以邀賞也。"([清]王先謙:《荀子集解·議兵篇》)長春按:此處應以郭説爲準。
④ 《商君書·弱民》:"利出一孔,則國多物;出十孔,則國少物。守一者治,守十者亂……以刑治民則樂用,以賞戰民則輕死。故戰事兵用曰彊。民有私榮,則賤列卑官;富則輕賞。治民羞辱以刑,戰則戰。民畏死事亂而戰,故兵農息而國弱。"類似説法還見於《管子·國蓄》,文繁不錄。
⑤ 《詩經·鄭風·大叔於田》:"將叔無狃。"毛亨傳:"狃,習也。"
⑥ 《莊子·秋水》:"指我則勝我,鰌我亦勝我。"《荀子·彊國》:"大燕鰌吾後。"楊倞注:"鰌,躐也,如蹴眷於後也。"
⑦ 《商君書·説民》:"民勇,則賞之以其所欲;民怯,則刑之以其所惡。故怯民使之以刑,則勇;勇民使之以賞,則死。怯民勇,勇民死,國無敵者必王。"

"由"即通道、機會或方法。① "戰",《荀子·議兵》作"鬬",略同。

這句是說,民衆要想從國家或君主那裏獲得利益,除了作戰立功之外別無他途。這既是《荀子·議兵》下文所說的"除阨其下,獲其功用",也與《商君書》所設計的軍戰氛圍相一致。② 但在荀子看來,以上這些手段"不足以盡人之力"。③

〔四〕功賞相長,五甲首而隸五家

"相長"即彼此匹配、互相促進。④ "功賞相長"即把軍功和獎賞緊密結合在一起。

"五甲首"即斬敵軍官首級五個,⑤這是軍功。"隸五家"即役使五家爲"隸",這是獎賞。⑥ "隸"又稱"庶子",給有爵之人做僕役。⑦ 所以"隸"不

---

① 《儀禮·士相見禮》:"某也願見,無由達。"鄭玄注:"無由達,言久無因緣以自達也。"
② 《商君書·賞刑》:"民之欲富貴也,共闔棺而後止。而富貴之門,必出於兵。是故民聞戰而相賀也;起居飲食所歌謡者,戰也。"《商君書·畫策》:"民之見戰也,如餓狼之見肉,則民用矣。凡戰者,民之所惡也;能使民樂戰者,王。"《歷代兵制》卷一《秦》:"自鞅始明以戰懸爲刑賞,以多殺爲爵級,以怯鬬爲役隸,使斯民要利於上,非戰無繇。"
③ 《荀子·議兵》:"凡人之動也,爲賞慶爲之,則見害傷焉止矣。故賞慶、刑罰、埶詐,不足以盡人之力,致人之死。爲人主上者也,其所以接下之百姓者,無禮義忠信,焉慮率用賞慶、刑罰、埶詐,除阨其下,獲其功用而已矣。大寇則至,使之持危城則必畔,遇敵處戰則必北,勞苦煩辱則必奔,霍焉離耳,下反制其上。故賞慶、刑罰、埶詐之爲道者,傭徒鬻賣之道也,不足以合大衆,美國家,故古之人羞而不道也。"
④ 樓宇烈:《荀子新注》,中華書局2018年版,第287頁。又,《禮記·學記》:"故曰教學相長也。"
⑤ "甲首"有不同解釋。有人認爲是"兵長""官長"。太田方:"甲首猶兵長也。"(〔日〕太田方:《韓非子翼毳》,中西書局2014年版,第637頁)熊鐵基:甲首是"身披甲胄的官長"(熊鐵基:《試論秦代的軍事制度》,載《秦漢史論叢》第1輯,陝西人民出版社1981年版,第57頁)。有人認爲是"敵國甲士的頭"。高亨:"甲首,敵國甲士的頭,非一般百姓的頭。"(高亨:《商君書注譯》,清華大學出版社2004年版,第152頁)本書采前說。《左傳·哀公十一年》:"師獲甲首八十,齊人不能師。"可見,甲首並非一般士兵首級,而應是指披甲戴胄的軍官首級。
⑥ 《荀子·議兵》:"五甲首而隸五家。"楊倞注:"獲五甲首,則役隸鄉里之五家也。"
⑦ 《商君書·境内》:"能得甲首一者,賞爵一級,益田一頃,益宅九畝。一除庶子一人,乃得入兵官之吏。""庶子"即隸屬於有爵者的服役之人。蔣禮鴻認爲"除"當作"級役",並以《荀子·議兵》"五甲首隸五家"作爲注釋,認爲二者説的是一件事(蔣禮鴻:《商君書錐指》,中華書局1986年版,第119頁)。《史記·商君列傳》:"有軍功者,各以率受上爵。爲私鬬者,各以輕重被刑大小……事末利及怠而貧者,舉以爲收孥……明尊卑爵秩等級,各以差次名田宅,臣妾衣服以家次。"這裏的"收孥""臣妾"都可以作爲軍功賞賜的"隸"。

等於奴隸，只是表明一種特殊的身份依附關係。① 商鞅變法以後，秦國的軍功爵制逐漸成型，斬敵首級成爲爵位晉升的主要依據。② 根據軍功爵制，"五甲首"對應第五等爵"大夫"，因爲其待遇之一就是役使五户人家。

〔五〕是最爲有數，故能四世有勝於天下

"數"即規律、法則，可以理解爲根據、道理。③ 這句話化用《荀子·議兵》的"是最爲衆强長久，多地以正，故四世有勝，非幸也，數也"，是對其意思的濃縮提煉。

在原文中，"最爲衆强長久"是説秦國的軍功爵制較之齊、魏等國更能持續發揮作用；"多地"是説不用像魏國那樣"復其户、利其田宅"，所以不會損耗國力；"以正"是説制度設計比齊、魏等國更爲合理；"四世有勝"是説經過秦孝公（前361年—前338年在位）、秦惠文王（前338年—前311年在位）、秦武王（前311年—前307年在位）、秦昭襄王（前306年—前251年在位）四代君主的努力而在戰國競爭中勝出；"非幸也，數也"是説秦國勝出並非僥倖，而是合乎規律、有其理由。類似説法又可見於《荀子·彊國》。④ 只不過那是從治國角度立論，與此處的軍事角度

---

① 秦漢簡牘中所見單獨的"隸"字顯示某種身份依附關係，屬于户籍管理的範疇。其形成與戰國時期秦國軍功爵制中"五甲首而隸五家"和"其有爵者乞無爵者以爲庶子，級乞一人"的規定有關。參見托玉榮：《也論秦及漢初簡牘中的"隸"》，載鄔文玲、戴衛紅主編：《簡帛研究2019（春夏卷）》，廣西師範大學出版社2019年版。
② 《韓非子·定法》："商君之法曰：'斬一首者爵一級，欲爲官者爲五十石之官；斬二首者爵二級，欲爲官者爲百石之官。'"當然，實際情況没有這麽簡單，爵位越高，軍功晉級的難度可能越高。蒙文通："秦制雖斬人一首，賜爵一級，斬雖多不過公乘，終於軍吏，不得至將率，以爲限制。惟以年德乃得爲之，以爵貴子或同産兄弟，則猶不至跋足行陳之間，而握軍符之弊也。"（蒙文通：《儒學五論》，巴蜀書社2021年版，第137頁）
③ 《荀子·天論》："所志於四時者，已其見數之可以事者矣。"《吕氏春秋·貴直論·壅塞》："世之直士，其寡不勝衆，數也。"
④ 《荀子·彊國》："應侯問孫卿子曰：'入秦何見？'孫卿子曰：'其固塞險，形埶便，山林川谷美，天材之利多，是形勝也。入境，觀其風俗，其百姓樸，其聲樂不流汙，其服不佻，甚畏有司而順，古之民也。及都邑官府，其百吏肅然，莫不恭儉、敦敬、忠信而不楛，古之吏也。入其國，觀其士大夫，出於其門，入於公門；出於公門，歸於其家，無有私事也；不比周，不朋黨，倜然莫不明通而公也，古之士大夫也。觀其朝廷，其朝閒，聽決百事不留，恬然如無治者，古之朝也。故四世有勝，非幸也，數也。'"

有所不同。可見,"四世而勝"是客觀事實,至於理由則可以多角度解讀。

【原文】

然皆干賞蹈利之兵,庸徒鬻賣之道耳,師古曰:"鬻音育。"未有安制矜節之理也。師古曰:"矜,持也。"故雖地廣兵彊,鰓鰓常恐天下之一合而共軋己也。蘇林曰:"鰓音'慎而無禮則葸'之葸。鰓,懼貌也。"張晏曰:"軋,踐轢也。"師古曰:"鰓音先祀反。軋音於黠反。"

【考釋】

〔一〕然皆干賞蹈利之兵,庸徒鬻賣之道

《漢志》前文先後描述齊國"技擊"、魏國"武卒",都會指出其缺點。行文至此都只說秦國優點。所以"然"字以後的內容應是批評秦兵的短處。但在《荀子·議兵》的原文中卻是連同齊、魏、秦一起批評。①

"干"和"蹈"意思相通,即追求、爭取。"賞"和"利"意思相通,即功賞、名利。"庸",《荀子·議兵》原文作"傭"。"庸徒"即受雇傭的人。"鬻(yù)賣"即售賣。簡而言之,這是在批評秦兵只爲私利而作戰邀賞。

〔二〕安制矜節之理

《荀子·議兵》原文作"貴上安制綦節之理"。"貴上"即尊貴君上,亦即愛護君主,誓死盡忠。班固出於上下文對仗的需要而省掉了。"安制"即安於制度,遵守法度。"節"即操守、氣節。原文"綦"(qí)通"極",②班固改爲"矜"。"綦節"即極於忠義氣節。③"矜節"即堅守節操。

〔三〕雖地廣兵彊,鰓鰓常恐天下之一合而共軋己

"地廣兵彊"指秦國疆域遼闊、軍隊強大。《荀子·彊國》對此有展開

---

① 《荀子·議兵》:"兼是數國者,皆干賞蹈利之兵也,傭徒鬻賣之道也,未有貴上安制綦節之理也。"又:"賞慶、刑罰、埶詐之爲道者,傭徒鬻賣之道也,不足以合大衆,美國家,故古之人羞而不道也。"長春按:這些批評之辭都不是特指秦國,而是明確針對"數國"或者作爲"王道教化"的對立面而泛論。

② 《荀子·王霸》:"目欲綦色,耳欲綦聲。"

③ 《荀子·議兵》:"未有貴上安制綦節之理。"楊倞注:"言秦魏雖足以相勝,皆求賞蹈利之兵,與傭徒之人鬻賣其力作無異,未有愛貴其上,爲之致死,安於制度,自不踰越,極於忠義,心不爲非之理。"又參見樓宇烈:《荀子新注》,第287頁。

描述。文繁不錄。

"鰓"(xǐ)通"葸",即擔憂、恐懼。"軋"(yà)即傾軋、顛覆。① "一合"即聯合起來,或可譯爲"一旦聯合起來"。

"鰓鰓然常恐天下之一合而共軋己"是《荀子》描述秦國的常用語。其認爲,秦國貌似強大,但由於不行王道而根基不牢,只能依靠武力勉強維持,隨時都有顛覆的可能。從軍事角度來講,儘管秦兵較之齊、魏的"亡國之兵""危國之兵"勉強稱得上是"長久",但終究還是"末世之兵"。② 從政治角度來講,儘管秦國的治理水準已經很高,但是距離王道也還有不小的差距(見前引《荀子·彊國》"應侯問孫卿子"章)。

【原文】

至乎齊桓、晉文之兵,可謂入其域而有節制矣,孟康曰:"入王兵之域,而未盡善也。"然猶未本仁義之統也。

【考釋】

"入其域"即進入禮樂教化的境界。③ "節制"即根據禮義法度而有所克制。④ "未本仁義之統"即沒有遵循先王以仁義爲本的傳統。⑤

在荀子看來,齊桓、晉文用兵比那些純粹講究權謀詭詐的"盜兵"要高明,是基本遵循禮制法度的"和齊之兵",⑥但是距離奉行王道、本於仁義的"仁人之兵"仍有差距。⑦ 在荀子的理論中,"齊"有"小齊"和"大齊"的區

---

① 樓宇烈:《荀子新注》,第296頁。
② 《荀子·議兵》:"秦四世有勝,諰諰然常恐天下之一合而軋己也,此所謂末世之兵,未有本統也。"
③ 《荀子·議兵》:"可謂入其域矣。"楊倞注:"入禮樂教化之域。"
④ 《文選·史論上·干令升〈晉紀總論〉》:"屢拒諸葛亮節制之兵,而東支吳人輔車之勢。"呂延濟注:"節制,言亮軍士有節度制法也。"
⑤ 《尉繚子·兵令上》:"事必有本,故王者伐暴亂,本仁義焉。"
⑥ "和齊"即調和齊一,使和諧一致。《荀子·非相》:"上不足以順明王,下不足以和齊百姓。""和齊"的標準就是禮。《論語·爲政》:"道之以德,齊之以禮,有恥且格。"
⑦ 《荀子·議兵》:"故齊之田單,楚之莊蹻,秦之衛鞅,燕之繆蟣,是皆世俗所謂善用兵者也,是其巧拙彊弱,則未有以相君也。若其道一也,未及和齊也,掎契司詐,權謀傾覆,未免盜兵也。齊桓、晉文、楚莊、吳闔閭、越句踐,是皆和齊之兵也,可謂入其域矣,然而未有本統也,故可以霸而不可以王;是彊弱之效也。"

別。齊桓、晉文這樣的霸主只是"小齊",只能打敗鄰近的敵國;湯、武那樣的聖王才是"大齊",足以規制天下。①

【原文】

故齊之技擊不可以遇魏之武卒,魏之武卒不可以直秦之銳士,師古曰:"直亦當也。"秦之銳士不可以當桓、文之節制,桓、文之節制不可以敵湯、武之仁義。"

【考釋】

〔一〕遇、直、當、敵

"遇"即相逢、遭遇,"直"即直面、正對,"當"通"擋","敵"即對抗。②四字含義相通,都可以引申爲抵擋、對付,用字不同是爲了避免行文的重複。

按照字面意思,齊之技擊、魏之武卒、秦之銳士,三者實力呈遞增的排列關係。但這只是根據一般印象的簡單比較,並非嚴謹的事實論證,③也不是荀子兵論的核心。在荀子看來,三者都屬於"以桀詐桀""以詐遇詐"的"盜兵",只有權謀詭詐層面的巧拙之別,誰勝誰敗都不重要,重要的是這三者只要遇到"齊兵"就必然失敗。④

〔二〕湯、武之仁義

殷、周以兵定天下,湯、武的仁義之師向爲儒家所推崇。因爲湯武行

---

① 《荀子・議兵》:"禮義教化,是齊之也……故兵大齊則制天下,小齊則治鄰敵。"
② 《說文解字・辵部》:"遇,逢也。"《商君書・外內》:"以此遇敵,是以百石之弩射飄葉也。"《史記・樗里子甘茂列傳》:"武庫正直其墓。"《爾雅・釋詁》:"昌、敵、彊、應、丁,當也。"
③ 《史記・孫子吳起列傳》:"孫子謂田忌曰:'彼三晉之兵素悍勇而輕齊,齊號爲怯,善戰者因其勢而利導之。'"龐涓指揮的魏武卒正是由於這種錯誤的印象才導致桂陵之戰的失敗。
④ 《荀子・議兵》:"兼是數國者,皆干賞蹈利之兵也,傭徒鬻賣之道也,未有貴上安制綦節之理也。諸侯有能微妙之以節,則作而兼殆之耳。故招近募選,隆埶詐,尚功利,是漸之也;禮義教化,是齊之也。故以詐遇詐,猶有巧拙焉;以詐遇齊,辟之猶以錐刀墮太山也,非天下之愚人莫敢試。"

王道,軍隊行仁義,所以無敵於天下。① 班固也支持這種觀點。②

本章關於春秋戰國時期軍事制度的記載,儘管也有一些基本的史實依據,③但班固主要還是借用《荀子》的表達,通過大段評論的方式,宣揚儒家的王道、仁政和義兵理論。

---

① 《孟子·梁惠王上》:"王如施仁政於民,省刑罰,薄稅斂,深耕易耨。壯者以暇日修其孝悌忠信,入以事其父兄,出以事其長上。可使制梃以撻秦楚之堅甲利兵矣……故曰:'仁者無敵。'"《荀子·王制》:"彼王者不然:仁眇天下,義眇天下,威眇天下。仁眇天下,故天下莫不親也;義眇天下,故天下莫不貴也;威眇天下,故天下莫敢敵也。以不敵之威,輔服人之道,故不戰而勝,不攻而得,甲兵不勞而天下服,是知王道者也。"
② 《漢書·藝文志》:"下及湯、武受命,以師克亂而濟百姓,動之以仁義,行之以禮讓,《司馬法》是其遺事也。"
③ 《文獻通考》卷一四九《兵考一·兵制》:"班孟堅《西漢·刑法志》,論兵多述春秋、戰國時事,頗有可考,故具載之。"

第五章
故曰善師者不陳

【主旨】

本章以《穀梁傳》的説法爲起點,綜合表達儒家對軍事和戰爭的基本看法。具體分爲三節:第一節,逐一列舉具體事例作爲依據,支撐《穀梁傳》有關治兵、用兵層次的説法。第二節,綜合發揮《荀子·議兵》和《穀梁傳·莊公八年》的説法,對秦代純任武力的統治方式進行批判。第三節,重述用兵的宗旨,列舉事例表達對窮兵黷武、詭詐貪殘人物的譴責。由於立意在先,事例又基本來源於儒家經典,所以充滿理想和附會的色彩,許多内容不能被視爲信史。

第一節

【原文】

故曰:"善師者不陳,師古曰:"戰陳之義本因陳列爲名,而音變耳,字則作陳,更無別體。而末代學者輒改其字旁從車,非經史之本文也。今宜依古,不從流俗也。"善陳者不戰,善戰者不敗,善敗者不亡。"

【考釋】

此句化用自《穀梁傳》。① 漢人有表述爲"善克者不戰,善戰者不師,善

---

① 《穀梁傳·莊公八年》:"兵事以嚴終,故曰善陳者不戰,此之謂也。善爲國者不師,善師者不陳,善陳者不戰,善戰者不死,善死者不亡。"

師者不陣"。① 杜佑轉録時稱其出自"老氏",②只是想當然的説法。

"師"即軍隊,這裏意爲治兵、用兵。"陳"通"陣",這裏意爲排兵布陣、動用軍隊。"善師者不陳"是説,善於治兵者雖有軍隊但不動用軍隊。因爲天下治理得很好,没有用兵的必要。這是儒家所一直推崇和嚮往的以德化民、以禮教民、以仁政養民的治國理想被視爲治理國家的至高境界。③

"善陳者不戰"是説,善於排兵布陣者不用真的發起戰鬥。因爲仁義之師不僅治兵有術而且深得民心,甚至能使敵方倒戈追隨,只要在戰場上擺開陣勢對方就會不戰而降。這是在强調仁義之師在政治和民意方面的優勢。④ 而且按照"兵刑合一"的理念,王者興兵不是平等主體之間的戰爭,而是代表天意民心的問罪和刑罰。值得一提的是,這與兵家所謂"上兵伐謀""不戰而屈人之兵"不是一回事。因爲兵家的説法停留在權謀詭詐的層面上,講的是"術";而王者不戰是由於施行仁政、深得民心,已經進入"道"的境界。在儒家那裏,這個"道"就是"王道"。

"善戰者不敗"是説,善於指揮作戰者可以在戰場上取得勝利,主要依靠指揮作戰的技巧和謀略。即便如此,其也不能失掉道義上的正當性。以禮法道義爲名,以軍事力量爲實,這種駁雜不純的政治理念被稱爲"霸道"。

"善敗者不亡"是説,即便戰敗,如果處理得當,争得民心擁護,那麽軍事失敗就只是暫時的,不至於走上國破家亡的絶路。

以上這一套説辭過於誇大道義人心等政治因素的作用,相對忽視戰略、戰術等軍事因素的客觀價值,固然有迂闊的嫌疑,但其正面意義也值得重視。即以理想化的道德信念抵禦私欲無限膨脹的邪惡洪流,使人性不至於毫無底綫。尤其是在動盪年代,生存壓力往往迫使世道人心趨於苟且,人性之惡在動亂和戰争中會得到極度激發和極端放大,所以在其頭

---

① 《鹽鐵論・本議》載"文學"言。
② 《通典・兵典一・敘兵》。
③ 《尚書・大禹謨》:"汝作士,明于五刑,以弼五教。期於予治,刑期於無刑,民協於中。"《論語・顏淵》:"子曰:'聽訟,吾猶人也。必也使無訟乎!'"《黄帝内經・素問・四氣調神大論》:"是故聖人不治已病治未病,不治已亂治未亂,此之謂也。"
④ 《荀子・議兵》:"故王者之兵不試。湯武之誅桀紂也,拱挹指麾,而彊暴之國莫不趨使,誅桀紂若誅獨夫。"《尚書・武成》:"罔有敵於我師,前徒倒戈,攻於後以北。"《淮南子・兵略訓》:"義兵之至也,至於不戰而止。"

上加以"緊箍"極有必要。

【原文】

若夫舜修百僚，咎繇作士，師古曰："士師，理官，謂司寇之職也。"命以"蠻夷猾夏，寇賊姦軌"，師古曰："《虞書·舜典》舜命咎繇之文也。猾，亂也。夏，諸夏也。寇謂攻剽，賊謂殺人。在外爲姦，在內爲軌。"而刑無所用，所謂善師不陳者也。

【考釋】

〔一〕舜修百僚，咎繇作士

"百僚"即百官。"舜修百僚"是指，舜接受禪讓而爲天子，安排主要官員。其中，皋陶作士，掌管司法。這些不可當真的儒家故事，在古代卻是無可置疑的經典史實。

"咎(gāo)繇(yáo)"即皋陶，又作"咎陶""皋陶""皋繇""皐繇"。據考證，皋陶出自東夷部落，既可能是人名也可能是部族名。① 而在古籍中，皋陶經歷堯、舜、禹三個時代，主要擔任"士""士師"或"大理"，總之都是刑獄之官。② 在西周金文中，"士"象斧鉞，意即兵器或刑具，進而引申出軍事官和司法官的含義。③ 這也符合古代"兵刑合一"的觀念。司法只是皋陶功績的一個方面，④但在漢代以後的塑造中，皋陶最終定型爲法官形象並進

---

① 《淮南子·修務訓》："皋陶馬喙，是謂至信；決獄明白，察於人情。"引者注：此處"馬喙"當爲"鳥喙"。童書業說："皋陶蓋爲淮夷族之祖，亦東方民族之祖先神也。"（童書業：《春秋左傳研究》，上海人民出版社1980年，第28頁）《周禮·考工記·韗人》："韗人爲皋陶。"鄭玄注引鄭司農曰："皋陶，鼓木也。"據此，"皋陶"也可能是指善作鼓木的部落。

② 《淮南子·主術訓》："皋陶瘖而爲大理，天下無虐刑。"《史記·五帝本紀》："皋陶爲大理，平，民各伏得其實。"《說苑·君道》："當堯之時……皋陶爲大理。"《春秋元命苞》："堯得皋陶，聘爲大理，舜時爲士師。"《尚書·舜典》："汝作士。"僞孔傳："士，理官也，欲得其曲直之理也。"

③ 《左傳·宣公十二年》："下軍之士多從之。"《孟子·告子下》："管夷吾舉於士，孫叔敖舉於海。"前例是士官之義，後例是獄官之義。《周禮·秋官司寇·敘官》："士師。"鄭玄注："士，察也，義取察理獄訟之事也。"《鶡冠子·王鈇》："不待士史，蒼頡作書。"陸佃注："士，李官也。"引者注："李官"即"理官"，亦即法官。

④ 劉和惠："傳統的說法，皋陶'造法律'，是'理官''獄長'，因此被尊爲司法的祖神。其實，這些頭銜只能反映他在歷史上的部分業績。我們把《皋陶謨》與《堯典》合起來看，就會發現堯舜時期許多政治措施大多與皋陶謀劃有關。"（劉和惠：《重讀〈尚書·皋陶謨〉——兼論皋陶的歷史地位》，載《安徽史學》1998年第2期）

一步獲得"獄神"的頭銜。①

〔二〕命以"蠻夷猾夏，寇賊姦宄"

"命以"即"以……爲命"，此處是指帝舜給皋陶發布的命令。"夏"即華夏。"蠻夷"即華夏周邊的少數民族。"猾"即擾亂、侵犯。"寇"即聚衆劫掠。"賊"即故意殺傷。② "姦"即外部敵人，"宄"通"宄"（guǐ），即内部敵人。③

這句話化用自《尚書》。④ 班固斷章取義，只截取了帝舜向皋陶描述的問題，卻省略了"命"的核心要義。如此行文，引而不發，對於熟稔儒家經典的讀者來說已經足以領會大意。

〔三〕刑無所用，所謂善師不陳者也

"刑無所用"是説，皋陶善於執法，明於教化，天下賓服。⑤ 因此，甲兵、刀鋸、鑽鑿這些刑罰都没有使用的必要。這就是上文所説的"善師者不陳"。

【原文】

湯、武征伐，陳師誓衆，而放禽桀、紂，師古曰："謂《湯誓》《泰誓》《牧誓》是也。"所謂善陳不戰者也。

【考釋】

"湯、武征伐"即湯、武以仁義而興兵。"陳師誓衆"即擺開陣勢、發布誓辭。"禽"通"擒"。"放禽桀、紂"即放逐夏桀、擒獲商紂。⑥

---

① 參見鄧長春：《獄神皋陶崇拜考論》，載朱勇主編：《中華法系》第 12 卷，法律出版社 2019 年版。
② 《尚書·舜典》："蠻夷猾夏。"偽孔傳："猾，亂也。夏，華夏。"《説文解字·攴部》："寇，暴也。"《左傳·文公七年》："凡兵作於内爲亂，於外爲寇。"《尚書·舜典》："怙終賊刑。"偽孔傳："賊，殺也。"《玉篇·戈部》："賊，傷害人也。"
③ 《尚書·舜典》："寇賊姦宄。"偽孔傳："群行攻劫曰寇，殺人曰賊。在外曰姦，在内曰宄。"《説文解字·宀部》："宄，姦也。外爲盜，内爲宄。"《漢書·元帝紀》："殷周法行而姦軌服。"顔師古注："軌與宄同。亂在外曰姦，在内曰軌。"
④ 《尚書·舜典》："帝曰：'皋陶，蠻夷猾夏，寇賊姦宄，汝作士。五刑有服，五服三就。五流有宅，五宅三居。惟明克允。'"
⑤ 《尚書·舜典》："惟明克允。"偽孔傳："言皋陶能明信五刑，施之遠近，蠻夷猾夏，使咸信服，无敢犯者。"
⑥ 《吕氏春秋·仲秋紀·簡選》："殷湯良車七十乘，必死六千人，以戊子戰於郕，遂禽推移、大犧，登自鳴條，乃入巢門，遂有夏。桀既奔走……武王虎賁三千人，簡車三百乘，以要甲子之事於牧野，而紂爲禽。"

這裏稱其爲"善陳不戰"似乎過於牽強。因爲商湯發布《湯誓》之後通過鳴條之戰才把夏桀放逐,周武王發布《牧誓》之後通過牧野之戰才迫使商紂自殺。真正發揮作用的並非"陳而不戰",而是實打實的軍事勝利。牧野之戰更有所謂"血流漂杵"①的記載,可見戰況慘烈。對此矛盾之處,先秦儒家有三種態度:一是客觀承認,隱晦批評;②二是認爲記載不準確;③三是通過概念解析進行性質界定。④ 班固則選擇避而不談。

【原文】

齊桓南服彊楚,使貢周室,師古曰:"謂僖四年伐楚,次于陘,責包茅不入,王祭不供也。"北伐山戎,爲燕開路,師古曰:"謂莊三十年伐山戎,以其病燕故也。"存亡繼絶,功爲伯首,師古曰:"謂存三亡國,衛、邢、魯也。伯讀曰霸。"所謂善戰不敗者也。

【考釋】

〔一〕南服彊楚,使貢周室

"南服彊楚"是指,齊桓公聯合諸侯南下伐楚,迫使楚國屈服。"使貢周室"即,使楚國向周王室納貢。

齊桓公三十年(前656年),齊桓公因被蔡國得罪而聯合中原諸侯討伐蔡國。這本是春秋霸主濫用權威的表現。擊敗蔡國之後,聯軍又順路南下討伐與蔡國關係密切的楚國。爲表示師出有名,管仲提出兩個理

---

① 《尚書·武成》:"甲子昧爽,受率其旅若林,會於牧野。罔有敵於我師,前徒倒戈,攻於後以北,血流漂杵。"對此記載的理解和評價,參見白立超:《論"血流漂杵"的歷史真相》,載《西北大學學報(哲學社會科學版)》2017年第2期。
② 《論語·八佾》:"子謂《韶》:'盡美矣,又盡善也。'謂《武》:'盡美矣,未盡善也。'"
③ 《孟子·盡心下》:"盡信《書》,則不如無《書》。吾於《武成》,取二三策而已矣。仁人無敵於天下。以至仁伐至不仁,而何其血之流杵也?"《尚書·武成》孔穎達疏:"自攻其後,必殺人不多,'血流漂舂杵',甚之言也。"
④ 《周易·革卦·彖辭》:"湯武革命,順乎天而應乎人。"《孟子·梁惠王下》:"齊宣王問曰:'湯放桀,武王伐紂,有諸?'孟子對曰:'於傳有之。'曰:'臣弑其君可乎?'曰:'賊仁者謂之賊,賊義者謂之殘,殘賊之人謂之一夫。聞誅一夫紂矣,未聞弑君也。'"

由、一個依據：楚國不向周王室進貢本地特產"包茅"、當年周昭王曾經南征楚國而死，這是發兵的理由；西周初年齊國獲得召公奭授予的征伐權，這是發兵的依據。儘管也有一定道義和法理依據，但這只不過是齊國打出的旗號而已。由於聯軍實力強大，楚國只得服軟，承諾按時納貢。① 準確來說，這個例子更接近於"不戰而屈人之兵"，而非"善戰不敗"。

〔二〕北伐山戎，爲燕開路

"山戎"是中國北方的古老民族，生活於燕山一帶。"燕"即燕國，西周分封的諸侯國，位於齊國以北、山戎以南。

齊桓公二十二年（前664年）冬，齊桓公率軍救燕，擊退山戎。燕莊公爲表謝意親自送行，竟不知不覺送出國境，進入齊國。齊桓公爲表示尊禮就把燕莊公所到之地割給燕國，此即所謂"爲燕開路"。②

〔三〕存亡繼絶，功爲伯首

"存亡繼絶"即保存、延續已經滅亡或斷絶的國家或宗族。在儒家思想中，這是指齊桓公的重要功業。"存亡"特指齊桓公組織中原諸侯抵禦戎狄入侵，救助邢、衛、杞等國。"繼絶"特指齊桓公幫助魯國平定內亂，使魯僖公得以繼位。③

"功爲伯首"是指齊桓公在春秋霸主中成就最高。

【原文】

楚昭王遭闔廬之禍，國滅出亡，<small>師古曰："謂定四年吳入郢，楚子出，涉睢濟江，入於雲中也。"</small>父老送之。王曰："父老反矣！何患無君？"父老曰："有君如是其賢也！"<small>師古曰："言無有如此君者。"</small>相與從之。或犇走

---

① 事見《左傳·僖公四年》，文繁不錄。
② 事見《韓詩外傳》卷四《史記·齊太公世家》略同，文繁不錄。
③ 《公羊傳·僖公十七年》："桓公嘗有繼絶存亡之功。"何休注："繼絶，立僖公也。存亡，存邢、衛、杞。"又可參見《左傳·閔公元年》《春秋·僖公元年》《左傳·僖公元年》《左傳·僖公二年》《左傳·僖公十九年》《穀梁傳·僖公十七年》《管子·小匡》《吕氏春秋·仲秋紀·簡選》《史記·齊太公世家》等文獻。

赴秦,號哭請救,師古曰:"謂申包胥如秦乞師也。犇,古奔字。"秦人爲之出兵。師古曰:"謂秦子蒲、子武帥車五百乘以救楚也。"二國并力,遂走吳師,師古曰:"謂子蒲大敗夫槩王於沂,蓮射之子從子西敗吳師於軍祥。"昭王返國,師古曰:"吳師已歸,楚子入郢。"所謂善敗不亡者也。

【考釋】

〔一〕楚昭王遭闔廬之禍,國滅出亡

楚昭王(約前523年—前489年),芈姓,熊氏,名壬,又名珍,楚平王之子,楚國第二十九位國君,在位二十七年。楚平王在位時埋下的禍患,到楚昭王時爆發。逃亡吳國的伍子胥率領吳軍進攻楚國,攻破郢都。楚昭王被迫出逃,在秦國的幫助下才得以收復失地。後來,楚昭王勵精圖治,成爲一代中興之主。

"闔廬之禍"是指吳王闔閭命令伍子胥率軍重創楚國、攻佔郢都。伍員(yún)(前559年—前484年),字子胥,因在楚國受到迫害而逃往吳國。他受到吳王闔閭重用,與孫武於魯定公四年(前506年)帶兵攻入楚國,使楚國幾乎亡國。楚昭王被迫率衆逃亡,在雲夢地區受到群盜攻擊。顔師古注所說的"雲中"就是雲夢之中。雲夢是楚王的游獵區,範圍廣闊,位於江陵以東、江漢之間,有山林澤藪,珍禽野獸,人跡罕至。雲夢澤是其中的濕地湖澤。①

〔二〕父老

"父老"又作"父兄""長老",是戰國秦漢時代在基層社會中具有重要影響的一個群體。父老通常以"里"爲活動場所,由年高德劭、富有威望的長輩充任,能在相當程度上反映基層民意,引導鄉間輿論。② 他們憑藉鄉里社會的宗族血緣、禮俗教化和事務管理而對"子弟"形成有效控制,成爲

---

① 譚其驤:《雲夢與雲夢澤》,載譚其驤:《長水集》(上),人民出版社1987年版,第105—125頁。
② 《公羊傳·宣公十五年》:"什一行而頌聲作矣。"何休注:"在田曰廬,在邑曰里。一里八十戶,八家共一巷。中里爲校室,選其耆老有高德者名曰父老,其有辯護伉健者爲里正,皆受倍田,得乘馬。父老比三老孝弟官屬,墾正比庶人在官吏……十月事訖,父老教於校室。"

當時不容忽視的一股政治力量。① 漢初高祖劉邦從起事到定天下的全過程,都有父老支持的身影。② 費孝通將這種基於教化權力的秩序模式稱爲"長老統治"。③

"父老相送"這一段文字,化用自《穀梁傳》,④但此處改寫的後續描述似乎較之原文更符合史實。楚昭王雖然兵敗出逃,但仍然深得基層父老的支持,所以能夠反敗爲勝,敗而不亡。

〔三〕犇走赴秦,號哭請救,秦人爲之出兵

"犇"(bēn)是"奔"的異體字。"犇走"字面義爲倉促出逃,引申爲背負使命、帶有目的地忙於某事。⑤ 此處用其引申義。

"犇走赴秦,號哭請救"説的是,楚國大夫申包胥(又稱王孫包胥、申鮑胥)奔赴秦國請求援兵,以忠心愛國的至誠悲情感動秦王。⑥ 官本《漢書》"秦人"後原有"憐之"二字,王先謙認爲是衍字,⑦其説可從,也被中華書局點校本所采用。

班固此處對治兵、用兵層次理論的舉例説明,對後世兵書影響深遠。⑧

第二節

【原文】

若秦因四世之勝,據河山之阻,任用白起、王翦豺狼之徒,奮

---

① 參見[日]守屋美都雄:《中國古代的家族與國家》,錢杭、楊曉芬譯,第 142—159 頁;魯西奇:《父老:中國古代鄉村的"長老"及其權力》,載《北京大學學報(哲學社會科學版)》2022 年第 3 期。
② 詳見《史記·高祖本紀》《漢書·高帝紀》。
③ 費孝通:《鄉土中國》,第 79—85 頁。
④ 《穀梁傳·定公四年》:"昭王之軍敗而逃,父老送之,曰:'寡人不肖,亡先君之邑,父老反矣,何憂無君? 寡人且用此入海矣。'父老曰:'有君如此其賢也,以衆不如吳,以必死不如楚。'相與擊之,一夜而三敗吳人,復立。"
⑤ 《説文解字·夭部》:"犇,走也。"段玉裁注:"凡赴急曰奔,凡出亡曰奔。"
⑥ 詳見《左傳·定公四年》《史記·楚世家》《淮南子·修務訓》。值得一提的是,《淮南子》記錄此事只是用來證明黃老道家的觀點,與其他文獻立意不同。
⑦ 參見《漢書補注·刑法志》。
⑧ 《諸葛亮兵法·不陣十五》《太白陰經·善師篇第十一》都有對此處文字的模仿發揮。文繁不録。

其爪牙,禽獵六國,以并天下。_{師古曰:"言如獵之取獸。"}

【考釋】

〔一〕因四世之勝,據河山之阻

"因四世之勝"是借用《荀子·議兵》的説法。秦的崛起從秦孝公開始,到秦始皇統一六國時已經是第七世。賈誼《過秦論》"奮六世之餘烈"的"六世"包括秦孝公、秦惠文王、秦武王、秦昭襄王、秦孝文王、秦莊襄王。荀子稱"四世",是由於他在趙國"議兵"時秦國還處於昭襄王時期。但兩種説法在秦國崛起於秦孝公這個問題上有共識。

班固借用《荀子》原文,沿襲未改,有直搬照録的可能,但也可能另有深意。或許在班固看來,爲秦並天下奠定基業的正是孝、惠、武、昭四代,後面的國君要麽貢獻太少,要麽坐享其成,因此無足稱道。①

"河山之阻"是指秦國優越的地理形勢。② "河"指黄河,"山"指"崤山"。二者都是秦國東向面對列國時進退自如的天然屏障。

〔二〕任用白起、王翦豺狼之徒

白起(?—前257年),戰國後期秦國名將。秦昭襄王十四年(前293年),他率軍在伊闕攻破韓魏聯軍,斬敵二十四萬。二十九年(前278年),他率軍重創楚國,攻佔郢都。三十四年(前273年),他在上黨擊敗韓趙魏聯軍,斬敵十三萬。四十七年(前260年),他率軍在長平大破趙軍,斬敵四十五萬。這些重大的軍事勝利,給秦國掃平六國奠定了基礎,給白起本人帶來了巨大的軍功和聲譽,但也爲其功高震主、不得善終埋下了伏筆,而且引起了後世儒家對其殘暴不仁的批評。

王翦(生卒年不詳),是白起之後的又一位秦國名將、秦始皇消滅六國的主要將領。他先後率軍消滅趙國(前229年)、燕國(前227年)、楚國(前224年),並南征百越。相比於白起在战場上的冷血和政治上的幼稚,王翦能夠審時度勢,勇而不暴,明哲保身,因而得以善終。

班固稱二人爲"豺狼之徒",既是對秦軍主將個人的批評,也是對秦軍

---

① (漢)賈誼《過秦論》:"延及孝文王、莊襄王,享國之日淺,國家無事。"
② 《史記·高祖本紀》:"秦,形勝之國,帶河山之險,縣隔千里,持戟百萬,秦得百二焉。"《史記·太史公自序》載賈誼《過秦論》:"秦地被山帶河以爲固,四塞之國也。"

乃至秦國的整體批評。從戰國後期到漢代,"虎狼之秦"的説法非常流行。① 這可能是班固此語的來歷。

〔三〕奮其爪牙,禽獵六國,以并天下

"奮"即施展、發揮。"禽"即"擒"。"禽獵"即獵取。

這是延續前面文意的一個比喻。班固把秦滅六國、兼並天下的戰爭過程比喻爲虎狼運用尖牙厲爪捕獲獵物。

【原文】

窮武極詐,士民不附,卒隸之徒,還爲敵讎,師古曰:"謂陳勝、吴廣、英布之徒也。"猋起雲合,果共軋之。師古曰:"猋,疾風也。如猋之起,言其速也。如雲之合,言其盛也。猋音必遥反。"斯爲下矣。

【考釋】

〔一〕窮武極詐,士民不附

"窮武"即窮兵黷武、專任武力。"極詐"即極盡詭詐、不講信義。

"士民"代表社會各階層。秦滅六國之後,采取一系列維護統一的措施,有些措施造成不小的民怨,甚至引起激烈反抗。例如,銷毀兵器、遷徙富豪、打破鄉里秩序、頻繁徵發徭役、推行嚴刑峻法等。東方六國民衆對秦朝的統治普遍都有抵觸情緒。

〔二〕卒隸之徒,還爲敵讎

"卒"和"隸"都是供驅遣、差役的奴僕或罪犯。② "卒隸之徒"即身份卑

---

① "虎狼之秦""秦,虎狼之國"屢見於《戰國策》(《楚策一》《西周策》《趙策三》《魏策一》《魏策三》)、《史記》(《項羽本紀》《楚世家》《魏世家》《商君列傳》《樗里子甘茂列傳》《蘇秦列傳》《孟嘗君列傳》《屈原賈生列傳》)以及《淮南子·要略》《鹽鐵論·褒賢》等史料中。秦國之所以有此惡名,主要是由於戰國後期秦國的一系列作爲給人留下刻薄寡恩、貪戾好利、暴虐詭詐、不講禮義的印象。當然,秦王的個人形象、秦國的戎狄身份,也增强了這種印象。而在更深層次上,這種稱謂又隱含著東方六國對秦國軍事和文化的對抗情緒。參見何晉:《秦稱"虎狼"考:兼論秦文化遇到的對抗》,載《文博》1999年第5期。

② 《説文解字·衣部》:"卒,隸人給事者爲卒。"

賤之人。在這裏特指秦末起事的陳勝、吳廣、英布、韓信等人。①

陳勝(？—前208年)，字涉，陽城(今河南方城縣②)人；吳廣(？—前208年)，陽夏(今河南省太康縣)人。二人出身窮苦，後來都成爲著名的起義領袖。秦二世元年(前209年)，陳勝、吳廣在大澤鄉(今安徽宿州市附近)起事，並迅速佔據楚國故都陳郡，建立張楚政權。後來"張楚"雖然迅速敗亡，卻掀起了滅秦的浪潮。

英布(？—前196年)，又稱黥布，九江郡六縣人，秦末漢初名將。他本是布衣，因爲犯罪而受黥刑，並被派到驪山修建陵墓。陳勝起義之後，他率衆叛秦，先後追隨項羽、劉邦，漢初封淮南王，後因謀反被殺。

韓信(？—前196年)，泗水郡淮陰縣(今江蘇淮安市)人，"漢初三傑"之一。他自幼家貧，且無善行，常寄食於人，後來憑藉卓越的軍事才能在秦末風雲中脱穎而出，在楚漢之爭過程中屢建奇功，先後受封爲齊王、楚王。漢朝建立以後，韓信以謀反的罪名而被呂后滅族。(説詳後文)

"還"(huán)通"環"，指調轉方向。③ "還爲敵讎"意思是，原本被統治的卑賤之人轉身成爲秦朝的敵人。這是秦朝統治者所始料不及的。④

〔三〕猋起雲合，果共軋之

"猋"(biāo)通"颮"或"飆"，指疾風、暴風。⑤ "猋起雲合"意即，像風一樣興起，像雲一樣集合。這是借用天象變幻來描述反秦力量興起、集聚的時勢。

"軋"字取用於《漢志》前文所引《荀子·議兵》的"諰諰然常恐天下之一合而軋己也"。"果共軋之"意思是，果然有各種反秦力量聯合起來顛覆

---

① 《漢書·敘傳下》："上嫚下暴，惟盜是伐，勝、廣熛起，梁、籍扇烈……信惟餓隸，布實黥徒，越亦狗盜，芮尹江湖。雲起龍襄，化爲侯王，割有齊、楚，跨制淮、梁。"長春按：這裏的"卒隸之徒"，就包括陳勝、吳廣、韓信、英布、彭越、吳芮。
② 參見譚其驤：《陳勝鄉里陽城考》，載《社會科學戰綫》1981年第2期。
③ 《國語·吳語》："將還玩吳國於股掌之上。"韋昭注："還，轉也。"
④ 《歷代兵制》卷一《秦》："至始皇混一，罷講銷兵，意謂士散於天下，而利器藏於京師，可以弭患。不知斬木揭竿，無非戰具；蒼頭、廝役，往往皆賈勇豪傑也。"
⑤ 《説文解字·風部》："飆，扶摇風也。"

了秦朝的統治。

〔四〕斯爲下矣

這是對前引《穀梁傳》原文意思的引申發揮。班固從過程和結果兩個方面出發,把秦朝純任武力的統治方式評價爲治兵、用兵境界的最末一等。

第三節

【原文】

凡兵,所以存亡繼絶,救亂除害也。故伊、吕之將,子孫有國,與商周並。師古曰:"言其同盛衰也。"

【考釋】

〔一〕凡兵,所以存亡繼絶,救亂除害也

"凡"即概詞,同時可以補足音节。"存亡繼絶"即存亡國、繼絶嗣(説詳前文)。"救亂除害"即拯救亂世、消除禍害。這兩個詞在這裏是指用兵應遵循的使命宗旨。此處的"兵"即本書前文所説的"義兵"。

這是班固對用兵價值最簡練的表達,雖有多重思想來源,但仍以儒家仁義爲本。①

〔二〕伊、吕之將,子孫有國,與商周並

"伊"指伊尹(生卒年不詳),又稱阿衡,是商湯滅夏的主要功臣。其事蹟和思想主要見於《尚書》《墨子》《孟子》《列子》《吕氏春秋》《史記》等文獻。《尚書》中的《伊訓》《太甲》《咸有一德》據説就是伊尹所作。在儒家經典中,伊尹是一個尊奉堯舜之道、注重以德治國的聖人形象。現存

---

① 《吴子·圖國》:"凡兵之以起者有五:……五者之數,各有其道;義必以禮服,強必以謙服,剛必以辭服,暴必以詐服,逆必以權服。"《尉繚子·兵令上》:"兵者,凶器也。爭者,逆德也。事必有本,故王者伐暴亂,本仁義焉。"《淮南子·兵略訓》:"古之用兵者,非利土壤之廣而貪金玉之略,將以存亡繼絶,平天下之亂,而除萬民之害也……夫兵者,所以禁暴討亂也。"《史記·律書》:"兵者,聖人所以討彊暴,平亂世,夷險阻,救危殆。"《太平御覽》卷二七一《兵部二·敍兵下》引《黄石公三略》:"聖王制兵也,非好樂之也,將以誅暴也。"

商代甲骨卜辭不僅有"伊尹"的名字,而且顯示伊尹地位極高,享受與商王同等的祭祀規格。其後代歷經三百年後仍是在商王朝有重大影響的強宗大族。①

"呂"指姜尚(生卒年不詳),姜姓,呂氏,名尚,字子牙,古文獻中多稱其爲呂尚、呂望,後世俗稱姜尚、姜太公、姜子牙。他是輔佐周武王討伐商紂的開國元勳和姜姓呂氏齊國的開創人物。周文王拜他爲太師,尊稱"太公望",周武王尊稱"師尚父",是西周初年權位最高的軍事統帥。齊國是呂尚的封國,一直作爲東方大國延續到戰國初期。

伊尹、呂尚是湯武仁義之師的主要統率者。二者歷史地位相當,並稱"伊呂"。② 班固稱他們的後代一直享有封國,與商、周兩個王朝並存,是誇張的説法,意在表達對他們行仁義之師的肯定。

【原文】

至於末世,苟任詐力,以快貪殘,争城殺人盈城,争地殺人滿野。孫、吳、商、白之徒,皆身誅戮於前,而國滅亡於後。師古曰:"孫武、孫臏、吳起、商鞅、白起也。"

【考釋】

〔一〕**至於末世,苟任詐力,以快貪殘**

"末世"即王朝衰敗期,除政治秩序的敗壞外,還包括道義觀念和德行風尚的墮落。③

"苟"即苟且,指行事不守原則底綫,可以僥幸得志一時,但終究不能長久。④ "任"即放任、憑藉、依賴。"苟任詐力"是説,爲達目的毫無原則,無所顧忌地使用欺詐和暴力等手段。

---

① 參見蔡哲茂:《伊尹(黄尹)的後代——武丁卜辭中的黄多子是誰》,載宋鎮豪主編:《甲骨文與殷商史》第 5 輯,上海古籍出版社 2015 年版。
② 《荀子·臣道》:"殷之伊尹、周之太公,可謂聖臣矣。"《漢書·董仲舒傳》"贊曰":"伊、吕乃聖人之耦,王者不得則不興。"
③ 《周易·繫辭下》:"《易》之興也,其當殷之末世,周之盛德邪?"《荀子·議兵》:"秦四世有勝,諰諰然常恐天下之一合而軋己也,此所謂末世之兵,未有本統也。"《史記·太史公自序》:"末世争利,維彼奔義;讓國餓死,天下稱之。"
④ (唐)顏師古《匡謬正俗》卷八:"苟者,偷合之稱。所以行無廉隅,不存德義,謂之苟且。"

"快"即高興,這裏是"以……爲快",可以理解爲縱情、滿足。"貪殘"即貪婪殘暴。"以快貪殘"是說,用來滿足貪婪殘暴的本性。

〔二〕爭城殺人盈城,爭地殺人滿野

"盈"即充滿、裝滿。這句是說,因爭奪城池而戰,死人遍布城中;因爭奪土地而戰,死人布滿戰場。班固此處化用《孟子》語,是描述戰國戰爭慘烈程度的經典說法。①

〔三〕孫、吳、商、白之徒,皆身誅戮於前,而國滅亡於後

"孫、吳、商、白"分别指孫武(以及孫臏)、吳起、商鞅、白起。

"身誅戮"是指,吳起在楚國被亂箭射死,商鞅在秦國被殺後遭車裂之刑,白起在帶兵出征的路上被秦王賜死。商鞅封地在於、商,號爲商君;白起封地在武安,號爲武安君。② 商鞅死後,屍體車裂,全族被滅。白起有罪,貶爲士伍,後被賜死。"國滅亡"是指,二人的封地都被取消。

班固此處對四人結局的描述有一定史實依據,卻也有誇張和附會的地方。這正反映出西漢以後史家對詭詐殘暴之兵的一般態度,帶有鮮明的儒家色彩。③ 當然,類似事例也可以用來論證黄老道家全性、無爲的重要。④

【原文】

報應之勢,各以類至,其道然矣

【考釋】

在漢代,"報"和"應"的意思都相當於"當"(dàng),即通過審判確定罪

---

① 《孟子·離婁上》:"爭地以戰,殺人盈野;爭城以戰,殺人盈城。"
② 《史記·商君列傳》:"衛鞅既破魏還,秦封之於、商十五邑,號爲商君。"《史記·秦本紀》:"白起爲武安君。"
③ 《史記·孫子吳起列傳》"太史公曰":"孫子籌策龐涓明矣,然不能蚤救患於被刑。吳起説武侯以形勢不如德,然行之於楚,以刻暴少恩亡其軀。悲夫!"《史記·商君列傳》"太史公曰":"商君,其天資刻薄人也。跡其欲干孝公以帝王術,挾持浮説,非其質矣。且所因由嬖臣,及得用,刑公子虔,欺魏將卬,不師趙良之言,亦足發明商君之少恩矣。余嘗讀商君開塞耕戰書,與其人行事相類。卒受惡名於秦,有以也夫!"
④ 《淮南子·主術訓》:"吳起、張儀,智不若孔、墨,而爭萬乘之君,此其所以車裂支解也。"《淮南子·氾論訓》:"昔者萇弘……車裂而死。蘇秦……不自免於車裂之患。徐偃王……身死國亡,子孫無類。大夫種……身伏屬鏤而死。此皆達於治亂之機,而未知全性之具者。"

名和刑罰。① 班固此處把這個義項做了擴充理解,即評判善惡並兑付相應的結果。

"勢"即總體態勢,"類"即具體類别。"各以類至"即各得其類,與《漢志》下文所引荀子的"以類相從"意思一致。"報應之勢,各以類至"是説,對個人德行的評判奬懲,會根據其善惡的類别而體現在其本人和後世身上。伊尹、吕尚用兵彰顯仁義,所以能得善報;孫、吴、商、白用兵殘暴詭詐,所以都得惡報。這種觀念在中國古代早有淵源。②

"道"即正道。"然"即如此、是這樣。"其道然矣"即符合天道規律。

班固生活的年代,佛教尚未傳入中土,班固本人對佛教理論既不了解也無興趣,③所以這裏的"報應"與佛家的"因果"没有直接聯繫。但是,佛家理論翻譯爲漢語,自然要借助相應辭彙的語義基礎。此處的"報應"可以提供某種綫索。

---

① 《説文解字·幸部》:"報,當罪人也。"段玉裁注:"按,當者,漢人語。報,亦漢人語……斷獄爲報,是則處分其罪以上聞曰奏當,亦曰報也。"《説文解字·心部》:"應,當也。"
② 《易傳·文言傳·坤》:"積善之家,必有餘慶;積不善之家,必有餘殃。"
③ 參見賀坤:《關於〈漢書·西域傳〉中爲何不載佛教問題的思考》,載《群文天地》2013 年第 2 期。

第六章
漢興高祖躬神武之材

【主旨】

本章介紹漢代兵制。由於內容簡略,寥寥數語,所以不再分節。這與《漢志》前文對先王兵制的極詞讚頌、大肆鋪陳形成鮮明對比。可見班固行文有是古非今的用意。

【原文】

漢興,高祖躬神武之材,行寬仁之厚,總擥英雄,以誅秦、項。任蕭、曹之文,用良、平之謀,騁陸、酈之辯,明叔孫通之儀,文武相配,大略舉焉。

【考釋】

〔一〕**漢興,高祖躬神武之材,行寬仁之厚,總擥英雄,以誅秦、項**

"漢"指漢朝、漢家或漢室帝業。"興"即出現、興起,表示事業創立以後蒸蒸日上的狀態,常用來描述王朝或帝業。① "漢興"即漢朝興起,是漢代史家敘述秦漢史時間節點的常用詞,表示接下來的內容處在漢家劉氏政權主導的時代。值得注意的是,漢代史家在使用這一概念時通常是從劉邦封漢王的"漢元年"(前 206 年)起算,而非從劉邦滅項稱帝的時間(前 202 年)起算。甚至有時候,劉邦封王之前的事情也屬於

---

① 《說文解字·舁部》:"興,起也。"段玉裁注:"《廣韻》曰:盛也,舉也,善也。"

"漢興以來"。① "漢興"的時間下限大概可以一直到漢朝衰落滅亡。② 所以"漢興"一詞中的"漢"可以寬泛或抽象地理解爲漢朝運勢、劉氏帝業。這種歷史追述方式體現了漢朝人的正統思想和帝王觀念。

"高祖"即漢高帝劉邦(前256年或前247年—前194年),③漢朝開國皇帝,在位七年。他本名劉季,生長於戰國末年的魏楚交界地帶,在秦朝時擔任泗水亭長。秦末,他率衆起事,因首先攻入關中而被項羽封爲漢王,後經楚漢之爭建立西漢政權。他死後謚號爲高皇帝,廟號太祖。史書常稱其爲"漢高祖"。④

"躬"即親身、親自,引申爲具備。"神武"即叡智、威武而有神力,常用來讚頌受命帝王。⑤ "材"即資質能力。"寬仁之厚"即寬厚仁慈。在秦末,漢高祖有寬大長者的名聲。⑥ 當然,這主要是與項羽比較之後的結果,而且不免有誇飾成分。"擥"(lǎn)通"攬",即聚攏、掌握。以上對漢高祖的讚揚,可與《漢書·敘傳上》的説法對照來看。⑦

"誅秦、項"是説,漢高祖先入關中,消滅秦朝政權,後又消滅項羽勢力。在今人熟知的秦、漢之間,還曾有過一個以"楚"爲名的短暫正統秩序。這個"楚朝",漢初人認爲是陳勝的"張楚",司馬遷以後認爲是楚義帝

---

① 《史記·封禪書》:"漢興,高祖之微時,嘗殺大蛇。"《漢書·高惠高后文功臣表》:"漢興自秦二世元年之秋,楚陳之歲,初以沛公總帥雄俊,三年然後西滅秦,立漢王之號,五年東克項羽,即皇帝位。"
② 姚小鷗:"(漢興)特指高祖立國、漢朝興起到文帝這段時期。"(姚小鷗:《"漢興""大收篇籍"考》,載《歷史研究》2007年第2期)此説反例甚多。《史記·周本紀》:"漢興九十有餘載,天子將封泰山。"《漢書·哀帝紀》載詔曰:"漢興二百載,歷數開元。"
③ 關於漢高祖的生年壽命,主要有兩種説法:一是"六十二歲"説(《史記·高祖本紀》裴駰《集解》引皇甫謐),二是"五十三歲"説(《漢書·高帝紀下》顏師古注引臣瓚)。未知孰是。
④ 《史記·高祖本紀》:"群臣皆曰:'高祖起微細,撥亂世反之正,平定天下,爲漢太祖,功最高。'上尊號爲高皇帝。"《史記》《漢書》主要使用"高祖"一詞。
⑤ 《漢書·敘傳下》:"皇矣漢祖,纂堯之緒,實天生德,聰明神武。"
⑥ "寬大長者"意思是爲人寬厚、大度、不苛刻。《史記·高祖本紀》中有三次記載當時人對漢高祖的讚揚。王陵之母曰:"漢王,長者也。"楚懷王諸老將曰:"沛公寬大長者。"酈食其曰:"吾視沛公大人長者。"
⑦ 《漢書·敘傳上》:"蓋在高祖,其興也有五:一曰帝堯之苗裔,二曰體貌多奇異,三曰神武有徵應,四曰寬明而仁恕,五曰知人善任使。加之以信791好謀,達於聽受,見善如不及,用人如由己,從諫如順流,趣時如嚮赴;當食吐哺,納子房之策;拔足揮洗,揖酈生之説;寤懷卒之言,斷懷土之情;高四皓之名,割肌膚之愛;舉韓信於行陳,收陳平於亡命,英雄陳力,群策畢舉。此高祖之大略,所以成帝業也。"

和項羽的"楚"。① 班固雖不承認項羽的正統身份,卻也無法否認其客觀影響,所以在這裏以"秦項"並稱。②

〔二〕任蕭、曹之文,用良、平之謀,騁陸、酈之辯,明叔孫通之儀

"蕭"即蕭何(? —前193年),西漢開國第一功臣,封爲酇侯。③ "曹"即曹參(? —前190年),西漢開國功臣,功居第二,封爲平陽侯。蕭何、曹參在秦末爲沛縣小吏,後來跟隨劉邦定天下,在漢初先後出任相國之職,執行"清静無爲"的休養生息政策,有利於天下的安定和社會經濟的恢復發展(詳見下文)。此處稱讚二人之"文",是與"武功"相對而稱的"文治",即推行一系列安定社會、恢復生産、改善民生的政策。④

"良"即張良(? —前186年),字子房,西漢開國功臣,封爲留侯,與蕭何、韓信並稱"漢初三傑"。⑤ "平"即陳平(? —前178年),西漢開國功臣,後來出任丞相,與太尉周勃平定諸吕,穩定劉氏江山。張良、陳平都喜好黄老學説,尤其善於奇謀良策,是漢高祖的重要謀臣。⑥

"陸"即陸賈(約前240年—前170年),早年追隨劉邦,因能言善辯,常出使諸侯。漢初,他曾兩次出使南越,説服趙佗臣服漢朝,對安定漢初局勢做出巨大貢獻。"酈"(lì)即酈食(yì)其(jī)(? —前203年),秦末追隨劉邦,因爲口才出衆而游説於諸侯之間,爲漢高祖滅秦抗楚立下大

---

① 長沙馬王堆出土帛書有以"張楚"紀年的干支表,《史記》有《項羽本紀》《秦楚之際月表》。參見田餘慶:《説張楚——關於"亡秦必楚"問題的探討》,載《歷史研究》1989年第2期,後收入田餘慶:《秦漢魏晉史探微》,中華書局2004年版。辛德勇通過版本考證提出,項羽"西楚霸王"的稱號應該是"四楚霸王"的訛誤,是"楚"政權的主導者。參見辛德勇:《世間本無"西楚霸王"》,載於微信公衆號"辛德勇自述",網址:https://mp.weixin.qq.com/s/uw_WEvmWeuvHbY0eZElwbw。
② 《漢書·敘傳下》:"秦人不綱,罔漏於楚。"顔師古注:"言秦失綱維,故高祖因時而起。罔漏於楚,謂項羽雖有害虐之心,終免於患也。"
③ 《史記·蕭相國世家》:"漢五年……高祖以蕭何功最盛,封爲酇侯,所食邑多。"
④ (清)周壽昌《漢書注校補》卷十六《刑法志第三》"任蕭曹之文"條:"蕭曹無所爲文也。蕭尚有收秦圖籍一事,曹並無之。其文殆即文無害之文也。然案《張周趙任申屠傳》'贊'有云:'申屠嘉可謂剛毅守節,然無術學,殆與蕭、曹、陳平異矣。'是真以術學推蕭曹,或以其功大而不以文著,遂不傳耶? 觀蕭不治垣屋,曹不擾獄市,數言洵有術學是也。"
⑤ 參見《史記·高祖本紀》。
⑥ 《史記·留侯世家》:"留侯從上擊代,出奇計馬邑下。"《史記·陳丞相世家》:"陳丞相平少時,本好黄帝、老子之術……常出奇計,救紛糾之難,振國家之患。"

功。漢朝建立以後，陸賈受命撰寫《新語》，總結漢朝建立的經驗和歷代王朝興衰的規律，對歷史事件進行官方定性，爲治國理政提供理論指導，具有極強的現實意義。《新語》也因此被認爲是漢初穩定秩序的五大柱石之一。①

叔孫通（生卒年不詳）本爲山東薛地的儒生，秦二世時拜爲博士，在秦末亂世中先後追隨項梁、項羽和劉邦。他起初不受劉邦重視，後因主持制定朝儀而得重用，並在維護太子地位問題上發揮重要作用。他制定的朝儀被稱爲《漢儀》《儀品》《傍章》。② 儘管這部根據秦儀改編的儀式規範不具有一般法律在内容上的廣泛適用性，其特點卻符合戰國以來新式法律的政治宗旨和發展方向，即尊君抑臣、強化權威、舉國遵行。③ 張建國認爲"傍章"即"旁章"，是漢律體系性結構名稱。④ 但以筆者淺見，"傍章"與"律令"並行，而"旁章"很有可能是"律令"内部的分類，與"雲夢睡虎地漢簡"和"胡家草場漢簡"中出現的"旁律"⑤有很大關聯。

在叔孫通《漢儀》之後，西漢又出現過《朝律》《朝會正見律》。⑥ 東漢末年應劭"删定律令爲《漢儀》"。⑦ 可見，叔孫通《漢儀》的主要内容曾被吸收到漢律中。不過，其作爲獨立文本一直存在。後人嫌它過於陋略，不能涵蓋國家大事，所以屢次提出制定"漢禮"，然而終漢之世都未成功（説詳後文）。統領國家要務、超越朝堂儀式的禮制法典，要到南朝時才出現。

---

① 《漢書·高帝紀下》："天下既定，命蕭何次律令，韓信申軍法，張蒼定章程，叔孫通制禮儀，陸賈造《新語》。"
② 《漢書·禮樂志》："今叔孫通所撰禮儀，與律令同録，臧於理官，法家又復不傳。"《論衡·謝短》："高祖詔叔孫通製作《儀品》，十［二］篇何在？"《後漢書·曹褒傳》："令小黃門持班固所上叔孫通《漢儀》十二篇。"《晉書·刑法志》："叔孫通益律所不及，《傍章》十八篇。"
③ 《論衡·效力》："叔孫通定儀，而高祖以尊；蕭何造律，而漢室以寧。案儀律之功，重於野戰，斬首之力，不及尊主。"
④ 張建國：《叔孫通定〈傍章〉質疑——兼析張家山漢簡所載律篇名》，載《北京大學學報（哲學社會科學版）》1997年第6期。
⑤ 參見陳偉：《秦漢簡牘所見的律典體系》，載《中國社會科學》2021年第1期。
⑥ 《晉書·刑法志》："趙禹《朝律》六篇。"《太平御覽》卷六三八《刑法部四·律令下》引裴《律序》："趙禹作《朝會正見律》。"又參見荊州博物館編，彭浩主編：《張家山漢墓竹簡（三三六號墓）》（上），文物出版社2022年版。
⑦ 《後漢書·應奉傳附應劭傳》。

班固對漢高祖任用群臣情況的介紹，還有其他類似表述。①

〔三〕文武相配，大略舉焉

在儒家的治國理念中，有文事，有武備，二者不可分割。② 班固此處雖只講兵制，卻時刻不忘以仁義道德、禮法教化的儒家標準評價和匡正有關用兵的主張或做法。在班固看來，漢高祖雖然以武力定天下，但仍然重視文治，從而爲漢家制度奠定了基礎，所以說"大略舉焉"。③

【原文】

天下既定，踵秦而置材官於郡國，師古曰："踵，因也。"京師有南北軍之屯。

【考釋】

〔一〕踵秦而置材官於郡國

"踵"本義爲腳後跟，引申爲追隨、效法、沿襲。④

"材官"是秦漢時期地方預備兵的一種，平時各自生產，秋後組織訓練，根據戰事需要而臨時徵調。周勃、申屠嘉等人都是材官出身。⑤ 漢初延續秦制在郡國設立預備兵，根據不同作戰環境分爲輕車、騎士、材官、樓船等不同類型，各有員額數目，訓練內容也各有側重。其中，材官主要用於山地，以力大體健、能開強弓勁弩爲主要標準。⑥ 這裏是以"材官"代指

---

① 《漢書·敘傳下》："皇矣漢祖，纂堯之緒，實天生德，聰明神武……股肱蕭、曹，社稷是經，爪牙信、布，腹心良、平，龔行天罰，赫赫明明。"
② 《孔子家語·相魯》："有文事者，必有武備。"《穀梁傳·襄公二十五年》："古者雖有文事，必有武備。"
③ 《漢書·陸賈傳》："賈時時前說稱詩書。高帝罵之曰：'乃公居馬上得之，安事詩書！'賈曰：'馬上得之，寧可以馬上治乎？……高帝不懌，有慚色，謂賈曰：'試爲我著秦所以失天下，吾所以得之者，及古成敗之國。'賈凡著十二篇。每奏一篇，高帝未嘗不稱善，左右呼萬歲，稱其書曰《新語》。"
④ 《釋名·釋形體》："足後曰跟……又謂之踵。"《說文解字·足部》："踵，追也。"
⑤ 《史記·絳侯周勃世家》："絳侯周勃者……材官引彊。"《史記·張丞相列傳》："申屠丞相嘉者，梁人，以材官蹶張從高帝擊項籍，遷爲隊率。"
⑥ 《後漢書·光武帝紀下》："宜且罷輕車、騎士、材官、樓船士及軍假吏，令還復民伍。'"李賢等注引《漢官儀》："高祖命天下郡國選能引關蹶張，材力武猛者，以爲輕車、騎士、材官、樓船，常以立秋後講肄課試，各有員數。平地用車騎，山阻用材官，水泉用樓船。"《史記·張丞相列傳》："材官蹶張。"裴駰《集解》："徐廣曰：'勇健有材力開張。'如淳曰：'材官之多力，能腳蹋強弩張之，故曰蹶張。'"《漢書·晁錯傳》："材官騶發。"顏師古注："材官，有材力者。"

各種預備兵。

"郡國"即一般的郡和諸侯王的封國。秦朝爲强化中央集權推行郡縣制。漢朝鑒於秦朝二世而亡的教訓而推行郡國並行制。

〔二〕京師有南北軍之屯

"京"本義是土堆,後引申爲高、大。"師"本義是軍隊編制,後引申爲人數衆多。"京師"即首都,指長安。① "屯"即戍守、駐扎。

"南北軍"即南軍、北軍,西漢長安的駐守部隊。西漢初年,負責宿衛長安城西南未央宫的部隊稱南軍,由衛尉統率;負責宿衛長安城東北長樂宫的部隊稱北軍,由中尉統率。漢文帝即位時,南北軍統一由衛將軍統領。後來,北軍不斷加强,南軍逐漸被裁撤。

【原文】

至武帝平百粤,內增七校,晉灼曰:"《百官表》中壘、屯騎、步兵、越騎、長水、胡騎、射聲、虎賁,凡八校尉,胡騎不常置,故此言七也。"外有樓船,皆歲時講肄,修武備云。師古曰:"肄,習也,音弋二反。"

【考釋】

〔一〕武帝平百粤

"武帝"即漢武帝(前156年—前87年),姓劉,名徹,西漢第五位皇帝,在位四十六年。他以文景之治的國力積累爲依託,對內變更制度,强化集權,推動儒法合流,塑造國家意識形態,對外出師征伐,鑿空西域,開辟絲綢之路,拓展文明空間,可謂大有爲之主。但另一方面,他窮兵黷武,窮奢極欲,勞民傷財,繁刑重斂,也給國家和民衆造成沉重災難。關於他的功過是非,後世頗有爭議。②

---

① 《公羊傳·桓公九年》:"京師者何?天子之居也。京者何?大也。師者何?衆也。天子之居,必以衆大之辭言之。"
② 《資治通鑑》卷二二《漢紀十四》:"孝武窮奢極欲,繁刑重斂,內侈宫室,外事四夷,信惑神怪,巡游無度,使百姓疲敝,起爲盜賊,其所以異於秦始皇者無幾矣。然秦以之亡,漢以之興者,孝武能尊先王之道,知所統守,受忠直之言,惡人欺蔽,好賢不倦,誅賞嚴明,晚而改過,顧託得人,此其所以有亡秦之失而免亡秦之禍乎!"田餘慶根據《資治(轉下頁)

"百粵"即"百越",本來是對古代中國南方沿海一帶(包括從今浙江南到越南北部的廣大區域)各民族的統稱,進而代指他們分布的區域或建立的國家。① 秦始皇二十八年(前 219 年)和三十三年(前 214 年),屠睢、任囂、趙佗等人先後奉命率軍南征,平定百越,建立桂林、象、南海三郡。② 秦末漢初,趙佗在南越割據固守,閩越王、東甌王也都復國自立。元鼎五年(公元前 112 年),漢武帝命伏波將軍路博德、樓船將軍楊僕率軍南征,先後消滅南越、東越和閩越等國。

　　漢武帝外事四夷,南征北討,③以伐匈奴武功最大,班固此處卻隻字未提,即使對南征百越這樣重要的歷史事件也只用"平百粵"三字一筆帶過,自然有其史筆深意。漢朝抵禦匈奴犯邊原是被動之舉,通西域、平百粵也有千年之利,但漢武帝在取得一定軍事勝利之後卻不顧民生疾苦,一味追求武功,滿足個人開疆拓土、廣布威德的虛榮心,導致國力虛耗,民不聊生。④ 班固站在儒家仁政德教的立場上,對漢武帝的此類做法非常不滿,但又不便明言,所以只能用隱而不發、避而不談來表達個人態度。⑤ 有後

(接上頁)通鑑》所載的《輪臺詔書》指出,漢武帝晚年政治已經走向"守文"(田餘慶:《論輪臺詔》,載《歷史研究》1984 年第 2 期,後收入田餘慶:《秦漢魏晉史探微》,中華書局 2011 年版)。參與討論此問題的還有,陳蘇鎮:《〈春秋〉與漢道:兩漢政治與政治文化研究》,中華書局 2011 年版;辛德勇:《製造漢武帝:由漢武帝晚年政治形象的塑造看〈資治通鑑〉的歷史構建》,生活·讀書·新知三聯書店 2015 年版;李浩:《"司馬光重構漢武帝晚年政治取向說"獻疑——與辛德勇先生商榷》,載《中南大學學報》2015 年第 6 期。

① 《漢書·地理志下》:"粵地,牽牛、婺女之分野也。今之蒼梧、鬱林、合浦、交阯、九真、南海、日南,皆粵分也。"臣瓚注:"自交阯至會稽七八千里,百越雜處,各有種姓。"
② 《漢書·賈誼傳》:"及至始皇……南取百越之地,以爲桂林、象郡;百越之君,俯首繫頸,委命下吏。"
③ 《漢書·西域傳上》:"漢興至於孝武,事征四夷,廣威德,而張騫始開西域之跡。"《漢書·地理志上》:"至武帝攘卻胡、越,開地斥境,南置交阯,北置朔方之州。"
④ 《漢書·昭帝紀》:"承孝武奢侈餘敝師旅之後,海內虛耗,户口減半。"《漢書·五行志》:"師出三十餘年,天下户口減半。"葛劍雄認爲:漢武帝的內外政策確實導致人口減少,但遠沒有這麼嚴重,損失人口大約在百分之十三到十四之間。參見葛劍雄:《漢武帝時"户口減半"考實》,《學術月刊》1983 年第 9 期;《西漢人口地理》,商務印書館 2014 年版,第 74—98 頁。
⑤ (清)趙翼《廿二史劄記》卷二"漢書武帝紀贊不言武功"條:"《漢書·武帝紀》贊……是專贊武帝之文事,而武功則不置一詞。抑思帝之雄才大略,正在武功……乃班固一概抹煞,并謂其不能法文、景之恭儉,轉以開疆闢土爲非計者。蓋其窮兵黷武,敝中國以事四夷,當時實爲天下大害。故宣帝時議立廟樂,夏侯勝已有'武帝多殺士卒,竭民財力,天下虛耗'之語。至東漢之初,論者猶以爲戒,故班固之贊如此。"

世學者未能領會此意而妄加批判,①似可商榷。

〔二〕內增七校,外有樓船

"七校"即七種以"校尉"命名的武官職位。漢武帝時設置的"校尉"實際上有九種。其中,司隸校尉負責督察京師百官,權力很大,性質與一般軍職不同。② 另有八種純粹的軍事官職:中壘校尉、屯騎校尉、步兵校尉、越騎校尉、長水校尉、胡騎校尉、射聲校尉、虎賁校尉。③ 晉灼認爲,胡騎校尉不常置,所以稱"七校"。但錢宏、沈欽韓、周壽昌認爲,中壘校尉不屬於"七校"。④

"樓船"是指一種船高首寬、外觀似樓的大型戰船,最早出現於春秋末期的吳越地區。秦漢時南征都以樓船爲水軍主力,水軍戰士也被稱爲"樓船卒"或"樓船之士"。⑤ 漢武帝時爲征討南越而專門設置伏波將軍和樓船將軍。⑥ 在這裏,"樓船"與"七校"內、外對稱,而且強調是在漢武帝時,所

---

① (清)周壽昌《漢書注校補》卷十六《刑法志第三》"刑法志"條:"《史記·律書》前半亦敘兵事,殆以武帝用兵無律託諷,且其時漢興甫百年,兵制未備,故《書》止略敘而不能詳。自後南北軍至郡國之兵各屯邊兵卒,因事隨時,間有廢置,而一代兵制大備。班氏未能綜括而析言之,僅分見於紀傳中,使人不易究尋,殊可惜也。"
② 《漢書·百官公卿表上》:"司隸校尉,周官,武帝征和四年初置。持節,從中都官徒千二百人,捕巫蠱,督大姦猾。後罷其兵。察三輔、三河、弘農。"顏師古注:"以掌徒隸而巡察,故云司隸。""司隸"一詞源於《周禮·秋官司寇·司隸》。漢武帝設置此職依據《周官》,意在爲昭帝繼位做準備。參見朱紹侯:《淺議司隸校尉初設之謎》,載《學術研究》1994年第1期;頓文聰:《司隸校尉初設之謎新探——以征和四年前後的政治、政策與官制爲中心》,載《南方論叢》2017年第4期。
③ 《漢書·百官公卿表上》:"城門校尉掌京師城門屯兵,有司馬、十二城門候。中壘校尉掌北軍壘門內,外掌西域。屯騎校尉掌騎士。步兵校尉掌上林苑門屯兵。越騎校尉掌越騎。長水校尉掌長水、宣曲胡騎。又有胡騎校尉,掌池陽胡騎,不常置。射聲校尉掌待詔射聲士。虎賁校尉掌輕車。凡八校尉,皆武帝初置,有丞、司馬。自司隸至虎賁校尉,秩皆二千石。"
④ (清)周壽昌《漢書注校補》卷十六《刑法志第三》"至武帝平百粵內增七校注"條:"錢文子云:'……所謂七校者,蓋中壘校尉係北軍,非武帝初置,自屯騎以下爲七校也。'壽昌謂此説較晉爲勝。"(清)沈欽韓《漢書疏證》卷十五"內增七校"條:"中壘校尉掌北軍壘門,又掌西域,不領兵,故但云七校。晉灼言胡騎不常置,故七。此是在後之制,非武帝制。晉灼非也。"
⑤ 《史記·南越列傳》:"令罪人及江淮以南樓船十萬師往討之。"裴駰《集解》:"應劭曰:'時欲擊越,非水不至,故作大船。船上施樓,故號曰樓船也。'"《越絕書》卷八《越絕外傳·記地傳》:"初徙琅邪,使樓船卒二千八百人伐松柏以爲桴。"《史記·平津侯主父列傳》:"又使尉屠雎將樓船之士南攻百越。"
⑥ 《史記·南越列傳》:"元鼎五年秋,衛尉路博德爲伏波將軍,出桂陽,下匯水;主爵都尉楊僕爲樓船將軍,出豫章,下橫浦。"

以應該是指樓船將軍。根據西漢軍制,將軍可以分爲軍制將軍和軍陣將軍。前者是常規設置,有職責權屬和秩祿等級的系統定位,如大將軍、左將軍、前將軍等。後者是臨事設置,根據需要臨時任命,任務完成後稱號自然撤銷。伏波將軍和樓船將軍都屬於軍陣將軍。

〔三〕**歲時講肄,修武備云**

"歲"即每年、按年。"時"即適時、按時,①即《漢志》前文所説的作爲農隙的仲春、仲夏、仲秋、仲冬。"講"即講習。"肄"(yì)即練習。② 此處的"講肄"是指軍事訓練。

"修"即整治、準備。"武備"即軍備,是指軍事方面的設施、裝備和人員等。

【原文】

至元帝時,以貢禹議,始罷角抵,而未正治兵振旅之事也。

【考釋】

"元帝"即漢元帝(前 75 年—前 33 年),漢宣帝之子,在位十五年。他雖柔仁好儒,但是寵信宦官,缺乏謀略,其統治時期是西漢衰敗的開端。③

貢禹(前 124 年—前 44 年),字少翁,董仲舒的再傳弟子,西漢中期著名的經學家和儒臣。他主張釋放諸官奴婢和廢除貨幣,反對奢侈浪費和苛酷賦役。

"角抵"始於秦始皇,後來演變爲影響社會風氣的娛樂活動。漢宣帝時,王吉建議廢除"角抵",未被采納。漢元帝初元五年(前 44 年),貢禹建議廢除"角抵"並被采納。④ 這與漢元帝喜好儒術、重視儒臣意見的政策轉型有關。

---

① 《孟子·梁惠王上》:"斧斤以時入山林,材木不可勝用也。"
② 《説文解字·聿部》:"肄,習也。"
③ 《漢書·元帝紀》:"少而好儒,及即位,徵用儒生,委之以政,貢、薛、韋、匡迭爲宰相。而上牽制文義,優游不斷,孝宣之業衰焉。"
④ 《漢書·王吉傳》載,漢宣帝時,王吉建議"去角抵,減樂府,省尚方,明視天下以儉。"《漢書·貢禹傳》載,貢禹建議節儉,漢元帝下詔"罷角抵諸戲及齊三服官"。《漢書·元帝紀》載,初元五年四月下詔"罷角抵"。

"未正治兵振旅之事"是説，漢元帝時雖有廢除"角抵"之舉，但仍没有改革兵制，恢復先王法度。這與《漢志》前文"蒐狩治兵大閲之事皆失其正"遥相呼應。班固此處是古非今的用意非常明顯。即，以先王軍制禮法爲"正"，以春秋至漢的軍制爲"非正"。值得注意的是，同樣反對"角抵"，王吉、貢禹是從提倡節儉的實用角度出發，而班固是從維護先王禮法精神的義理角度出發。

第七章
古人有言天生五材

【主旨】

本章以簡練的語句總結前文,並通過行文措辭引出下文對狹義的"刑"的歷史敘事。具體可以分爲兩節:第一節,引《左傳》《史記》《吕氏春秋》的文字説明兵與刑的重要性和必要性。第二節,引孔子的話説明文德與威武的本末關係,提出"刑錯兵寝"的理想,進而引出"刑"的話題。

第一節

【原文】

古人有言:"天生五材,民並用之,師古曰:"五材,金、木、水、火、土也。"廢一不可,誰能去兵?"

【考釋】

這裏的"古人"是指春秋時人樂喜。樂喜(生卒年不詳),子姓,樂氏,字子罕,宋國的卿,曾擔任司城(即司空),①所以又稱司城子罕。

這句話出自《左傳》。② 魯襄公二十七年(前546年),宋國大夫向戌發起"弭兵之會",使晉楚兩强基本停戰。這是宋國重大的外交勝利。宋國的執政卿提議賞賜向戌六十個封邑。但樂喜指責向戌誤導諸侯、貪得無

---

① 因爲宋武公名爲"司空",所以宋國的司空就改名"司城"。
② 《左傳·襄公二十七年》:"天生五材,民並用之,廢一不可,誰能去兵? 兵之設久矣,所以威不軌而昭文德也。聖人以興,亂人以廢,廢興存亡,昏明之術,皆兵之由也。"

厭,並且認爲兵事不可廢。執政卿因此取消了向戌的封賞。"弭兵之會"雖然在一定程度上免除了中原的連年征戰之苦,但並没有改變弱肉强食的基本格局,雖然平衡了晉、楚霸權,卻犧牲了小國的利益。樂喜在此時保持冷静,指出兵事不可廢,確有務實睿智的風範。

"五材"在古代有三種解釋:一是抽象的五行,即金、木、水、火、土;二是具體的五類材質,即金、木、皮、玉、土;三是人的五種德行,即勇、智、仁、信、忠。① 根據上下文,五材爲天所生,爲普通百姓所使用,其中一項又與軍事相關。這一項只能是指作爲具體材質分類的"金",即"金屬",暗指兵器。所以此處應采取第二種解釋,杜預和顏師古的注都不準確。

重視兵制的思想古已有之,班固此處的引用增加了其影響力。②

【原文】

鞭扑不可弛於家,師古曰:"弛,放也,音式爾反。"刑罰不可廢於國,征伐不可偃於天下;用之有本末,行之有逆順耳。

【考釋】

〔一〕**鞭扑不可弛於家,刑罰不可廢於國,征伐不可偃於天下**

"鞭扑""刑罰""征伐"是一類名詞,都屬於《漢志》所謂廣義的"刑"。三者按從輕到重的順序排列,即所謂"薄刑""中刑"和"大刑"。與三者相對應的"家""國""天下",也是按照區域範圍從小到大的順序排列。

"弛""廢""偃"三字都有放鬆、取消或廢止的意思,只是適用對象和場域有所不同。

班固此處的意思是鞭扑、刑罰、征伐都不能徹底廢止不用。這句話化

---

① 《左傳·襄公二十七年》:"天生五材。"杜預注:"金、木、水、火、土也。"《周禮·考工記·總目》:"以飭五材,以辯民器。"鄭玄注:"此五材,金、木、皮、玉、土。"《六韜·龍韜》:"所謂五材者,勇、智、仁、信、忠也。"

② 《戰國策·秦策一》:"昔者神農伐補遂,黄帝伐涿鹿而禽蚩尤,堯伐驩兜,舜伐三苗,禹伐共工,湯伐有夏,文王伐崇,武王伐紂,齊桓任戰而伯天下。由此觀之,惡有不戰者乎?"《吕氏春秋·孟秋紀·蕩兵》:"古聖王有義兵而無有偃兵。兵之所自來者上矣,與始有民俱。"《續漢志·百官五》李賢等注引應劭《漢官》:"蓋天生五材,民並用之,廢一不可,誰能去兵? 兵之設尚矣。"《魏書·刑罰志》:"二儀既判,匯品生焉,五才兼用,廢一不可。"

用《吕氏春秋》和《史記》。① 類似的話後來又出現在《唐律疏議》。② 這是儒家法思想吸收其他學派思想因素的體現。

〔二〕用之有本末,行之有逆順耳

這句話也化用自《史記·律書》,但班固把"巧拙"換成了"本末",文意立場就大為不同了。原來的"巧拙"是指具體做法在程度上有所分別,不涉及價值層面的根本差異。而"本末"則蘊含是非、對錯的整體評判。

"本"本義是樹根,後引申為根本的、重要的事物。③ "末"本義指樹梢,後引申為細微的、不重要的事物。④ "本""末"是相對的概念,意在強調主次、先後。古人常用"本""末"這對概念強調事情的輕重緩急。⑤ 這裏是以文德為本、威武為末,即以文為主,先文後武。

重視兵刑的觀念自古就有,又被春秋戰國的諸子百家各有側重地發揮。春秋時孔子支持"寬猛相濟"的治理原則,⑥同時又主張以德禮教化為根本,反對不教而殺。⑦ 後來荀子進一步提出先教後誅。⑧ 班固此處采用儒家學說,認為兵刑必不可少但又不可作為主導。

"行之有逆順"是説,理論上"文德為本,威武為末",實踐中有人順此而為,也有人逆此而為。⑨《通典》卷一六三《刑法一·刑法序》引此文作

---

① 《吕氏春秋·孟秋紀·蕩兵》:"怒笞不可偃於家,刑罰不可偃於國,誅伐不可偃於天下,有巧有拙而已矣。故古之聖王有義兵而無有偃兵。"對於不可偃兵的理由,《蕩兵》篇還有大段論述,文繁不錄。《史記·律書》:"教笞不可廢於家,刑罰不可捐於國,誅伐不可偃於天下,用之有巧拙,行之有逆順耳。"《史記》的表述方式介乎於《吕氏春秋》和《漢書》之間,可以反映出這句話的轉錄改寫過程。
② 《唐律疏議·名例》:"刑罰不可弛於國,笞捶不得廢於家。"
③ 《詩經·大雅·蕩》:"枝葉未有害,本實先撥。"《論語·學而》:"君子務本,本立而道生。"
④ 《楚辭·九歌·湘君》:"采薜荔兮水中,搴芙蓉兮木末。"《淮南子·泰族訓》:"治之所以為本者,仁義也;所以為末者,法度也。"
⑤ 《禮記·大學》:"物有本末,事有終始,知所先後,則近道矣。"《漢書·食貨志上》:"時民近戰國,皆背本趨末。"《潛夫論·務本》:"凡為治之大體,莫善於抑末而務本。"
⑥ 《左傳·昭公二十年》:"仲尼曰:'政寬則民慢,慢則糾之以猛;猛則民殘,殘則施之以寬。寬以濟猛,猛以濟寬,政是以和。'"
⑦ 《論語·為政》:"子曰:'道之以政,齊之以刑,民免而無恥;道之以德,齊之以禮,有恥且格。'"《論語·堯曰》:"子曰:'不教而殺謂之虐,不戒視成謂之暴,慢令致期謂之賊。'"
⑧ 《荀子·富國》:"故不教而誅,則刑繁而邪不勝;教而不誅,則姦民不懲。"
⑨ 《黃帝四經·十大經·姓爭》:"刑德相養,逆順若成。"陳鼓應注:"'相養',互相涵養,彼此配合。'若',乃,於是。'成',定。偏執於一方,則是'逆',反之則是'順'。"(陳鼓應:《黃帝四經今注今譯——馬王堆漢墓出土帛書》,商務印書館2007年版,第266頁)

"行之有次第爾"。"次第"即次序,單純指先後順序,沒有"本末"意蘊深刻。

第二節

【原文】

孔子曰:"工欲善其事,必先利其器。"師古曰:"《論語》載孔子之言。"

【考釋】

"工"即工匠。"善其事"即把其工作做好。"利其器"即把工具打磨鋒利。"善"和"利"都是使動用法。語出《論語·衛靈公》。① 子貢問如何培養仁德,孔子通過工匠與工具的比喻強調手段和方式的重要性,建議他以賢人、仁人爲培養仁德的"利器"。班固借此來形容王道與文德的關係。

【原文】

文德者,帝王之利器;威武者,文德之輔助也。夫文之所加者深,則武之所服者大;德之所施者博,則威之所制者廣。

【考釋】

〔一〕**文德者,帝王之利器;威武者,文德之輔助也**

"文德"即文教之德,是指以制民之產、禮樂教化、與民同樂、慎用刑罰爲主要内容的"德治"或"仁政"。② 這與《漢志》前文"教以文德"的著眼點略有不同。先秦儒家治國一向強調文德的作用。③ "帝王"首先是指注重

---

① 《論語·衛靈公》:"子貢問爲仁。子曰:'工欲善其事,必先利其器。居是邦也,事其大夫之賢者,友其士之仁者。'"皇侃《義疏》:"工,巧師也。器,斧斤之屬也。言巧師雖巧,藝若輪般,而作器不利,則巧事不成。如欲其所作事善,必先磨利其器也。"
② 《論語·爲政》有"爲政以德",《孟子·梁惠王上》有"制民之產""施仁政於民",《唐律疏議·名例》有"德禮爲政教之本,刑罰爲政教之用"。
③ 《國語·周語上》:"先王之於民也,懋正其德而厚其性,阜其財求而利其器用,明利害之鄉,以文修之,使務利而避害,懷德而畏威,故能保世以滋大……是以近無不聽,遠無不服。"《論語·季氏》:"故遠人不服,則修文德以來之。"

文德的古聖先王,其次也似乎可以包含後世那些想要效法先王的君主。班固這句話具有勸導的意味。①

"威武"又稱武德、武功,包括前文提到的鞭扑、刑罰、征伐等暴力手段。先秦儒家認爲這只是維護文德秩序的輔助手段,不能作爲治國理政的主要方式和基本模式。② 班固亦持此説。

〔二〕**文之所加者深,則武之所服者大;德之所施者博,則威之所制者廣**

這句是説,如果文德治理的基礎好,那麽威武懲治的效果就好。換言之,文德優先於威武,威武服從於文德。儒家認爲,文德之治至爲完美,威武之治則不足提倡,即便是被儒家推崇的湯武仁義之師也因爲用武而有所遜色。③ 他們甚至認爲,如果文德治理達到極致,就可以不用威武的暴力手段。

類似理念在黄老道家思想中也有體現。④ 班固此處即化用自《文子》。⑤ 不過,居於儒家立場的班固對"文德"的理解與黄老道家有所不同。黄老道家的"文德"是"乘時勢、因民欲"(《文子·下德》)的無爲之治,儒家的"文德"是重德禮、行仁政的禮法之治。⑥ 根據前後行文可知,班固顯然傾向於後者。

---

① 唐太宗受此影響而提出:"朕雖以武功定天下,終當以文德綏海内。"(《舊唐書·音樂志》)
② 《孟子·公孫丑上》:"以力服人者,非心服也,力不贍也。以德服人者,中心悦而誠服也。"
③ 《論語·八佾》:"子謂《韶》:'盡美矣,又盡善也。'謂《武》:'盡美矣,未盡善也。'"
④ 《黄帝書·經法·君正》:"因天之生也以養生,謂之文。因天之殺也以伐死,謂之武。文武並行,則天下從矣。"《黄帝書·經法·四度》:"動静參於天地,謂之文。誅禁時當,謂之武。"又:"因天時,伐天毀,謂之武。武刃而以文隨其後,則有成功矣。用二文一武者王。"《黄帝書·經法·論約》:"始於文而卒於武,天地之道也……三時成功,一時刑殺,天地之道也。"
⑤ 《文子·下德》:"文之所加者深,則權之所服者大;德之所施者博,則威之所制者廣,廣即我强而敵弱。"《淮南子·繆稱訓》:"德之所施者博,則威之所行者遠;義之所加者淺,則武之所制者小矣。"
⑥ 杜道堅《文子纘·下德》用"修文德以來之則干戈爲器物"來注解《文子》此句,又用"湯武之類"注解"乘時勢、因民欲,而天下服",是混淆了儒、道在此問題上的分歧。參見(先秦)辛妍:《文子》,(宋)杜道堅注,上海古籍出版社1989年版,第84頁。

【原文】

三代之盛,至於刑錯兵寢者,其本末有序,帝王之極功也。師古曰:"刑錯兵寢,皆謂置而弗用也。"

【考釋】

〔一〕三代之盛,至於刑錯兵寢

"三代"即夏、商(又稱殷)、周(往往特指西周)三個朝代,此說最早見於春秋末年。① 先秦儒家給"三代"注入了特殊的價值内涵,把其塑造成一個蘊含完美理想、具有完備制度的政治標籤。② 所以要注意區分"三代"一詞的虛實之別。③

"錯"通"措",即放置、安放,又作"厝"。④ "刑錯"是指,社會治理效果良好,無人犯法,所以刑法(或刑罰)閒置不用。⑤ 西周成王、康王時期的統治號稱"成康之治",據說曾實現刑錯。⑥ 漢代君臣大都將其奉爲典範,⑦ 但也不乏理性反思的聲音。⑧ "寢"即停止、不用。"兵寢"是指,由於治理得很好,四境内外無不臣服,所以也就用不著動用軍隊。

"刑錯兵寢"與"廢刑去兵"不同,是在豐衣足食、禮樂教化的文德治理

---

① 《論語·衛靈公》:"斯民也,三代之所以直道而行也。"
② 《論語·衛靈公》:"顏淵問爲邦,子曰:'行夏之時,乘殷之輅,服周之冕,樂則《韶》《舞》。'"《禮記·禮運》:"大道之行也,與三代之英,丘未之逮也,而有志焉。"
③ 蒙文通:"秦漢間學者言三代事,多美備,不爲信據。不信,則擯疑之誠是也,然學人必爲說若是者,何耶? 斯殆陳古刺今,以召來世。其頌述三古之隆,正其想望後來之盛,必曰古固如此則誣,若曰後當如是,則其思深,其意遠也。"(蒙文通:《儒學五論》,巴蜀書社 2021 年版,第 41 頁)
④ 《晉書·刑法志》:"文帝以刑厝之道以臨之。"
⑤ 《漢書·文帝紀》:"幾致刑措。"應劭注:"措,置也。民不犯法,無所刑也。"《漢書·成帝紀》:"夫洪範八政,以食爲首,斯誠家給人足,刑錯之本也。"顏師古注:"言倉廩充盈,則家家自足,人不犯禁,無所用刑也。"
⑥ 《史記·周本紀》:"成康之際,天下安寧,刑錯四十餘年不用。"裴駰《集解》引應劭曰:"錯,置也。民不犯法,無所置刑。"《漢書·禮樂志》:"俗何以不若成康?"顏師古注:"成康,周之二王,太平之時也。"
⑦ 《漢書·武帝紀》:"周之成、康,刑錯不用。"《漢書·董仲舒傳》:"成、康不式,四十餘年,天下不犯,囹圄空虛。"《漢書·嚴安傳》:"成、康其隆也,刑錯四十餘年而不用。"(漢)劉向《〈戰國策〉序》:"故仁義之道滿乎天下,卒致之刑錯四十餘年。"
⑧ 《論衡·儒增》:"儒書稱:'堯、舜之德,至優又大,天下太平,一人不刑。'又言:'文、武之隆,遺在成、康,刑錯不用四十餘年。'是欲稱堯、舜,襃文、武也。……堯、舜雖優,不能使一人不刑;文、武雖盛,不能使刑不用。"

模式下社會安定、天下太平、風俗純良的自然結果,是有兵刑而没有使用的必要,並非回避現實問題而主動放棄兵刑。① 當然,這只能代表儒家的看法,先秦時期對此也有不同看法。②

〔二〕**本末有序,帝王之極功**

這句是説,三代之所以能够實現"刑錯兵寢",是由於古聖先王奉行以文德爲本、威武爲末的治理原則,所以建立了極致的功勳。

---

① 《孔子家語·五刑解》:"聖人之設防,貴其不犯也。制五刑而不用,所以爲至治也……不豫塞其源,而輒繩之以刑,是謂爲民設阱而陷之。"
② 《管子·立政》:"寢兵之説勝,則險阻不守;兼愛之説勝,則士卒不戰。"

第八章
昔周之法

【主旨】

本章以儒家經典文獻爲依據,以狹義"五刑"爲中心,簡要梳理周代法制的盛衰。具體分爲三節:第一節,化用《周禮》原文,概括説明周代基本的刑事法律政策,並以之作爲本章的敘事框架。第二節,以《周禮》的相關材料爲依據,描述"中典"模式下的"五刑"制度。第三節,以《尚書》的相關材料爲依據,描述"重典"模式下的"五刑"制度。

第一節

【原文】

　　昔周之法,建三典以刑邦國,詰四方:師古曰:"詰,責也,音口一反。字或作誥,音工到反。誥,謹也,以刑治之令謹敕也。"一曰,刑新邦用輕典;師古曰:"新闢地立君之國,其人未習於教,故用輕法。"二曰,刑平邦用中典;師古曰:"承平守成之國,則用中典常行之法也。"三曰,刑亂邦用重典。師古曰:"篡殺畔逆之國,化惡難移,則用重法誅殺之也。自此以上,大司寇所職也。"

【考釋】

〔一〕**昔周之法,建三典以刑邦國,詰四方**

"昔周之法"即"從前周代的法制"。但班固此處的敘述,並不等於周朝歷史上真有此法律制度,而是根據《周禮》的設計而來。① 顔師古注也純

---

① 《周禮·秋官司寇·大司寇》:"大司寇之職,掌建邦之三典,以佐王刑邦國,詰(轉下頁)

以《周禮》鄭玄注爲據。

"典"即典章法度,具有恒常穩定、精煉完備、事關重大、普遍遵行等特徵。① "典"字原義是手舉簡册祭告神靈,後引申爲用來獻祭祖先的簡册。② 這些簡册的內容稱爲"典訓"。因爲用於獻祭而具有神聖性。後來,這些內容逐漸褪去宗教色彩,轉變爲具有政治和倫理功能的言行規範。③《周禮》可能正是受此影響而創造出各種有關"典"的概念。

"三典"即輕典、中典、重典,是根據典中刑罰力度的不同而做的分類。"刑"通"俐"(xíng),本義是成型,可以理解爲治理、控制。④ "邦國"指諸侯國及其都城。⑤

"詰"本義是問,引申爲責問、監督。"詰四方"即治理四方之民最早見於《尚書》。⑥ 把"詰"解爲"謹"源於鄭玄,⑦顏師古用"詰"曲爲注釋,略顯牽強。

〔二〕刑新邦用輕典,刑平邦用中典,刑亂邦用重典

"新邦"也稱"新國",指新確立統治秩序的國家狀態,施行輕緩、寬和的法律制度可以安定秩序,教化百姓。⑧ "平邦"也稱"平國",指秩序已經穩定、教化已經成熟的國家狀態,可以采用相對寬平、刑當其罪的正常法律制度。⑨ "亂邦"也稱"亂國",指篡、弑、叛、逆等內亂事件的國家狀態,只能依靠重刑乃至軍

(接上頁)四方。一曰刑新國用輕典,二曰刑平國用中典,三曰刑亂國用重典。"
① 《周禮・天官冢宰・太宰》:"掌建邦之六典。"鄭玄注:"典,常也,經也,法也。王謂之禮經,常所秉以治天下也;邦國官府謂之禮法,常所守以爲法式也。常者,其上下通名。"
② 葉修成:《論〈尚書・堯典〉之生成及其文體功能》,載《華南農業大學學報(社會科學版)》2009年第2期。
③ 周代有大量的"典"體文獻,被記載在《左傳》《國語》《尚書》《詩經》《逸周書》等傳世文獻中。參見羅家湘:《〈典故〉探研》,載《中州學刊》2004年第5期。
④ 《周禮・秋官司寇・敘官》:"以佐王刑邦國。"鄭玄注:"刑,正人之法。《孝經說》曰:'刑者,俐也,過出罪施。'"《禮記・王制》:"刑者,俐也。俐者,成也。一成而不可變。"
⑤ 《周禮・天官冢宰・太宰》:"以詰邦國。"鄭玄注:"大曰邦,小曰國,邦之所居亦曰國。"
⑥ 《說文解字・言部》:"詰,問也。"《禮記・月令》:"詰誅暴慢。"鄭玄注:"詰,謂問其罪,窮治之也。"《尚書・呂刑》:"度作刑以詰四方。"僞孔傳:"度時世所宜,訓作贖刑,以治天下四方之民。"
⑦ 《周禮・秋官司寇・大司寇》:"詰四方。"鄭玄注:"詰,謹也。"
⑧ 《周禮・秋官司寇・大司寇》:"刑新國用輕典。"鄭玄注:"新國者,新辟地立君之國。用輕法者,爲其民未習於教。"孫詒讓《正義》:"此言國既新定,其民素未習於教令,不可驟相督禁,故用輕法,以使之漸化也。"
⑨ 《周禮・秋官司寇・大司寇》:"刑平國用中典。"鄭玄注:"平國,承平守成之國也。用中典者,常行之法。"

事手段控制亂局。① 這是所稱"刑罰世輕世重"原則的體現。②

《周禮》原文作"國",但此處卻改爲"邦"而沒有避漢高祖的名諱。因此有人懷疑是後人抄寫訛誤所致。③ 其說有理。

第二節

【原文】

五刑,墨罪五百,劓罪五百,宮罪五百,刖罪五百,殺罪五百,所謂刑平邦用中典者也。師古曰:"墨,黥也,鑿其面以墨涅之。劓,截鼻也。宮,淫刑也,男子割腐,婦人幽閉。刖,斷足也。殺,死刑也。自此以上,司刑所職也。劓音牛冀反。刖音五刮反,又音月。"

【考釋】

〔一〕五刑

魏晉以前古文獻中的"五刑"有三種含義:一是指適用不同領域或場合的五種法律規則。④ 二是指根據刑具規格區分出來的五種刑罰,即《漢志》前文所說的廣義"五刑"。三是指根據受刑部位和受刑效果而區分出來的五種刑罰,包括死刑和四種肉刑,此即狹義"五刑"。此處取第三種含義。

狹義"五刑"之說最早見於《尚書》。⑤《尚書·呂刑》提到,苗民有"五

---

① 《周禮·秋官司寇·大司寇》:"刑亂國用重典。"鄭玄注:"亂國,篡弒叛逆之國。用重典者,以其化惡伐滅之。"
② 《尚書·呂刑》:"刑罰世輕世重。"僞孔傳:"言刑罰隨世輕重也。刑新國用輕典,刑亂國用重典,刑平國用中典。"
③ (清)周壽昌《漢書注校補》卷十六《刑法志第三》"一曰刑新邦用輕典二曰刑平邦用中典三曰刑亂邦用重典"條:"蓋因避'邦'作'國'之故。鈔胥無識,轉寫顛倒。故皆誤作'邦'字也。下文'善人爲國百年'特異《論語》原文,避'邦'字可證。"
④ 《周禮·秋官司寇·大司寇》:"以五刑糾萬民:一曰野刑,上功糾力;二曰軍刑,上命糾守;三曰鄉刑,上德糾孝;四曰官刑,上能糾職;五曰國刑,上願糾暴。"鄭玄注:"刑亦法也。"
⑤ 在《尚書》中,"五刑"主要見於《舜典》《皋陶謨》《呂刑》。但前兩篇不僅屬於'僞古文尚書',而且只有"五刑"之名,沒有"五刑"的內容。學界認爲較爲真實的《康誥》中出現了殺、劓、刵等刑名,但沒有提出"五刑"的概念。相比來說,《呂刑》及其"五刑"的記載似乎更爲可靠,基本符合西周的史實。參見馬小紅:《試論〈呂刑〉的制定年代》,載《晉陽學刊》1989年第6期;尤韶華:《〈呂刑〉的穆呂之爭:〈尚書·呂刑〉性質辨析》,載《江蘇警官學院學報》2012年第2期。

虐之刑"(包括殺戮、劓、刵、椓、黥),後人受其啓發而創造狹義"五刑":墨辟、劓辟、剕辟、宮辟、大辟,總數三千。"辟"原義是法,這裏專指刑罰。①《周禮》對狹義"五刑"的説法與其不同:墨、劓、宮、刖、殺,總數二千五百。② 到漢代,班固撰寫《白虎通義》時介紹"五刑",具體刑名和表述順序與前二者又有所不同。③ 如下表:

表五:《尚書》《周禮》《白虎通義》"五刑"內容對比

序號	《尚書》版		《周禮》版		《白虎通義》版	
	刑名	數目	刑名	數目	刑名	數目
1	墨辟	一千	墨刑	五百	墨辟	一千
2	劓辟	一千	劓刑	五百	劓辟	一千
3	剕辟	五百	刖刑	五百	腓辟	五百
4	宮辟	三百	宮刑	五百	宮辟	三百
5	大辟	二百	殺刑	五百	大辟	二百

《尚書》是先秦傳下來的儒學經典,《周禮》是漢代以後經學的新貴。對於二者的差異,後代學者只能盡力彌縫,無法評判誰對誰錯。例如,對於"剕"與"刖"的區別,《尚書》的僞孔傳、孔穎達疏都認爲"剕"與"刖"同義。④ 又如,對於五刑數目的差異,鄭玄以後都用"刑罰世輕世重"來解釋。⑤《漢志》也是如此。

---

① 《説文解字·辟部》:"辟,法也。"《爾雅·釋詁》:"幸、辟、戾、臯也。"郭璞注:"皆刑罪。"
② 《周禮·秋官司寇·司刑》:"司刑掌五刑之法,以麗萬民之罪。墨罪五百,劓罪五百,宮罪五百,刖罪五百,殺罪五百。"
③ 《白虎通義·五刑》:"五刑之屬三千,大辟之屬二百,宮辟之屬三百,腓辟之屬五百,劓、墨辟之屬各千。"
④ 《尚書·呂刑》:"剕辟疑赦。"僞孔傳:"刖足曰剕。"孔穎達疏:"《釋詁》云:'剕,刖也。'李巡云:'斷足曰刖。'《説文》云:'刖,絶也。'是'刖'者斷絶之名,故'刖足曰剕'。"
⑤ 陳壁生認爲,《周禮》《左傳》被漢儒納入經學體系之後,出現聖人之法的制度差異。鄭玄將其理解爲虞夏殷周的縱向歷史變遷,但没有著意討論多元化聖人之法背後的"道"。這成爲魏晉玄學、宋明理學得以展開的重要經學背景(陳壁生:《鄭玄的"法"與"道"》,載《中國哲學史》2019年第1期)。

〔二〕墨

"墨"即墨刑,也作黥、剠、剁、頯、黵黷、黜黷等,①作爲刑名最早見於甲骨文。②

其執行方式是:先用利器在皮膚上鑿、刻或刺出許多點狀傷口。然後在傷口處塗抹墨汁,傷口癒合後墨蹟長在皮膚中,留下洗不掉的恥辱印記。③其工具通常是尺寸較小的鋒利銳器,如鉤刀、匕首、鑿、針、"剞(jī)劂(jué)"④等。郭沫若等認爲甲骨文中的"辛"(qiān)就是施行墨刑的工具。⑤ 但也有人認爲"辛"是鑿玉工具而非刑具。⑥ 由於行刑工具有刀和鑿的區别,所以在廣義"五刑"中,墨刑被分在"刀鋸"和"鑽鑿"兩個等級中。(說詳前文)

墨刑的施刑部位,古文獻中有"額"和"面"兩種說法。有人提出"墨額"與"黥面"輕重有别,但也有不同看法。⑦ 有學者認爲,施刑在面部爲

---

① 《說文解字·黑部》:"黥,墨刑在面也……剠,黥,或从刀。"又參見唐蘭:《陝西省岐山縣董家村新出西周重要銅器銘辭的譯文和注釋》,載《文物》1976年第5期;宋鎮豪:《甲骨文中所見商代的墨刑及有關方面的考察》,載張玉梅主編:《出土文獻研究》第5輯,科學出版社1999年版,後收入《考古學集刊》第15集《紀念殷墟發掘七十周年論文專集》,文物出版社2004年版。
② 小屯南地甲骨第857片卜辭:"辛未貞,其䢒多隸。其用多隸。"參見中國社會科學院考古研究所編著:《小屯南地甲骨》,中華書局1983年版,第902頁。
③ 《尚書·吕刑》:"墨辟疑赦。"僞孔傳:"刻其顙而涅之曰墨刑。"孔穎達疏:"言刻額爲瘡,以墨塞瘡孔,令變色也。"《尚書·伊訓》"其刑墨"僞孔傳、《周禮·秋官司寇·司刑》"墨罪五百"鄭玄注、《國語·周語上》"刀墨之民"韋昭注、《戰國策·秦策一》"黥剠其傅"高誘注、《禮記·文王世子》"其刑罪則纖剄"鄭玄注皆孔穎達疏略同。
④ 《漢書·揚雄傳上》"般倕棄其剞劂兮"應劭注:"剞,曲刃也。劂,曲鑿也。"《淮南子·俶真訓》"鏤之以剞劂"高誘注:"剞,巧工鉤刀也。劂者,規度刺墨邊箋也,所以鏤刻之具。"《淮南子·本經訓》"無所錯其剞劂削鋸"高誘注:"剞,巧刺畫盡頭黑邊箋也;劂,鋸尺削兩刃句刀也。"長春按:高誘的兩處注釋自相矛盾,令人難以信從。剞劂又稱剞剧。《說文解字·刀部》:"剞,剞剧,曲刀也。"
⑤ 參見郭沫若:《釋支干》,載郭沫若:《郭沫若全集》第1卷,科學出版社2002年版,第181—183頁;詹鄞鑫:《釋辛及與辛有關的幾個字》,載《中國語文》1983年第5期;汪寧生:《從死亡符號到奴隸符號——釋"辛"》,載《故宫文物周刊》第174期,1997年;陳昭容:《釋古文字中的"丵"及從"丵"諸字》,載《中國文字》新22期《李陸琦教授逝世紀念特刊》,臺北藝文印書館1997年版。
⑥ 參見宋鎮豪:《甲骨文中所見商代的墨刑及有關方面的考察》。
⑦ 《周禮·秋官司寇·司刑》:"墨罪五百。"賈公彦疏:"案《尚書·吕刑》有劓、刖、椓、黥,是苗民之虐刑,至夏改爲墨,則黥與墨别。"《尚書·吕刑》:"爰始淫爲劓、刵、椓、黥。"僞孔傳釋"黥"爲"黥面"。孔穎達疏:"鄭玄云:'……黥爲羈黥人面……'鄭意蓋謂……黥面甚於墨額,孔意或亦然也。"孫詒讓《正義》:"賈疏謂黥爲苗民指虐刑,夏改爲墨,《吕刑》疏亦謂黥面甚於墨額,恐不足據。"

黥,在額頭爲涿鹿或頭鹿。① 該説從《尚書正義》孔疏和類書引《尚書刑德放》等傳世文獻出發,依據文字轉訓得來。② 實際上,墨刑的施刑部位有一個演變的過程。西周時,墨刑可能確實存在滿臉施刑和局部施刑兩種類型。③ 戰國秦漢時,墨刑改稱黥刑,施刑部位限定爲額頭和顴骨,但在實踐中二者没有嚴格的區分。④

戰國秦漢時,黥刑常與劓刑或城旦舂等刑罰搭配使用,逐漸失去獨立刑的地位。⑤ 漢文帝改革刑罰,廢除黥刑。西晉初年的《泰始令》由於戰時局勢而保留黥刑,但在墨汁中加入藥用材料,使其對身體的傷害大爲降低。⑥ 南朝的宋

---

① (清)王引之:《經義述聞》卷四《尚書下》"臏宫劓割頭庶剠"條;(清)孫詒讓:《周禮正義》卷六八《秋官·司刑》;蔡樞衡:《中國刑法史》,中國法制出版社 2005 年版,第 53—54 頁。
② 《尚書·堯典》"虞書"孔穎達疏:"夏侯等書……'劓刵劅刻'云'臏宫劓割頭庶剠'。"《太平御覽》卷六四八《刑法部十四·黥》:"《尚書刑德放》:'涿鹿者,笮人顙也;黥者,馬羈笮人面也。鄭玄曰:涿鹿,黥,皆先次刀笮傷人,墨布其中,故後世謂之墨土色也。'"《酉陽雜俎》卷八《黥》:"《尚書刑德考》曰:'涿鹿者,鑿人顙也。黥人者,馬羈笮人面也。'鄭云:'涿鹿,黥,世謂之刀墨之民。'"長春按:《酉陽雜俎》中的《尚書刑德考》應該是《尚書刑德放》。前引王引之《經義述聞》,發揮其"聲轉"的家學理論,把"頭庶"與"涿鹿"聯繫在一起。
③ 陝西岐山董家村出土的西周中晚期青銅器《𠭟匜》銘文中有黻䩃和黖䩃。前者即爲刺刻面頰並以黑巾蒙頭,後者則爲刺刻面頰。參見唐蘭:《陝西省岐山縣董家村新出西周重要銅器銘辭的譯文和注釋》;王沛:《金文法律資料考釋》,上海人民出版社 2012 年版,第 181、183 頁。
④ 《法律答問》簡 74 有"黥顔頯"。整理小組注:"顔,面額中央。頯(音逵),顴部。"(睡虎地秦墓竹簡整理小組:《睡虎地秦墓竹簡》,文物出版社 1990 年版,第 111 頁)《二年律令》簡 30 有"黥頯"。整理小組注:"頯,面顴。《説文》:'頯,權也。'"(張家山二四七號漢墓竹簡整理小組:《張家山漢墓竹簡(二四七號墓)》,第 13 頁)此外,第 124、131 簡以及《奏讞書》第二個案例中也有"黥顔頯"。(張家山二四七號漢墓竹簡整理小組:《張家山漢墓竹簡(二四七號墓)》,第 25、26、92 頁)
⑤ 《法律答問》簡 2:"五人盜,臧一錢以上,斬左止,有黥以爲城旦。不盈五人,盜過六百六十錢,黥劓以爲城旦。"整理小組注:"劓(音義),肉刑名,割鼻。黥劓,見《戰國策·秦策一》,注:'刻其顙,以墨實其中,曰黥;截其鼻,曰劓。'"(睡虎地秦墓竹簡整理小組:《睡虎地秦墓竹簡》,第 93 頁)《戰國策·秦策一》:"法及太子,黥劓其傅。"高誘注:"刑其傅公子虔,黥其師公孫賈。"長春按:《戰國策》中的"黥劓"是指對兩個人分別處以黥刑和劓刑。而睡虎地秦簡中的"黥劓"是指對同一人同時施行黥刑和劓刑。
⑥ 《太平御覽》卷六四八《刑法部十四·黥》引《晉令》:"奴婢亡,加銅青若墨黥,黥兩眼。後再亡,黥兩頰上。三亡,横黥目下。皆長一寸五分,廣五分。"長春按:其中有三點值得注意:一是施刑部位,二是形狀圖案的要求,三是墨汁中加入的"銅青"。"銅青"即銅綠,是銅器表面氧化後生成的綠色鹼式碳酸銅。傳統醫學認爲,"銅青"具有止血、治瘡等功效。《本草綱目·金部·銅青》:"主治:婦人血氣心痛,合金瘡止血,明目,去膚赤息肉。主風爛眼淚出。治惡瘡、疳瘡,吐風痰,殺蟲。"可見,其作爲殘害肢體的肉刑的性質與效果在此時已極大弱化。

明帝和梁武帝時都曾短暫恢復黥刑和刖刑。① 唐代没有法定的黥刑。五代後晉天福年間出現"刺配"刑因犯人罪狀不同,刺字的大小、形狀和位置都有所區别。此後,宋、遼、金、元、明、清一直沿用。

墨刑的懲罰性主要體現在三個方面:一是身體生理的傷害;二是倫理文化的傷害;三是人格尊嚴的傷害。首先,墨刑造成皮膚傷口,既有破皮、流血帶來的直接感官之痛,也有傷口感染帶來的潛在生命之憂。其次,墨刑損毁肌膚的效果違背以"身體髮膚受之父母不敢毁傷"爲代表的孝道倫理,造成犯人的心理痛苦。最後,墨刑在人體留下不能清洗的恥辱標記,讓受刑者終生受人歧視。

儘管如此,墨刑仍是最輕緩的肉刑,有時甚至不被視爲肉刑。②

〔三〕劓

"劓"(yì)即劓刑,也作"刵""劓(yì)",指割掉鼻子的刑罰。③ "劓"字最早見於甲骨文,但不能確定是針對罪犯的刑罰。④ 劓刑在周代以後爲常刑,漢文帝時被廢除,但在後代也時有采用。⑤

劓的刑具是刀,在廣義"五刑"中被歸入"刀鋸"一類,與宫、刖、墨等刑並列。⑥ 而在狹義"五刑"中,劓刑重於墨刑,輕於死刑、宫刑和刖刑。

---

① 《宋書·明帝紀》載泰始四年詔曰:"五人以下相逼奪者,可特賜黥刖,投畀四遠,仍用代殺。"《隋書·刑法志》:"天監元年……劫身皆斬,妻子補兵。遇赦降死者,黥面爲劫字,髡鉗,補冶鎖士終身……十四年,又除黥面之刑。"
② 見前引《戰國策·秦策一》"黥劓其傅"高誘注。又,《史記·商君列傳》:"刑其傅公子虔,黥其師公孫賈。"長春按:這些材料中,"刑"專指肉刑,"黥"不被視爲肉刑。當然,這也不能否認把黥視爲肉刑的觀念。
③ 《尚書·吕刑》:"劓辟疑赦。"僞孔傳:"截鼻曰劓。"《周禮·秋官司寇·司刑》:"劓罪五百。"鄭玄注:"劓,截其鼻也。"在甲骨文中,"自"是"鼻"的初字,"刵"是"劓"的古字。參見趙佩馨:《甲骨文中所見的商代五刑——並釋刖、剢二字》,載《考古》1961年第2期。引者注:"趙佩馨"是裘錫圭的筆名。
④ 殷墟甲骨文有刵。但胡留元、馮卓慧認爲其並非都指劓刑,也有作動詞宰殺的意思。(胡留元、馮卓慧:《夏商西周法制史》,商務印書館2006年版,第76頁)
⑤ 參見劉曉:《元代劓刑小考》,載徐世虹主編:《中國古代法律文獻研究》第6輯,社會科學文獻出版社2012年版。
⑥ 《禮記·文王世子》:"其刑罪則纖劓。"鄭玄注:"纖讀爲殲,殲,刺也。劓,割也。宫、割、臏、墨、劓、刖,皆以刀鋸刺割人體也。"孔穎達疏:"墨刑刻其面,是用鑽鑿也。其宫、劓之屬,則剌割也。"

與墨刑不同，劓刑是毫無異議的肉刑。① 其適用的罪名也相對較重。② 起初，劓刑是獨立的刑罰。戰國秦漢時，刑罰的重點變成勞動剝削，劓刑成爲輔助性的刑罰等級標籤。③

劓刑的懲罰性主要體現在三個方面：一是肉體痛苦；二是器官功能傷害；三是影響相貌，進而造成心理傷害和文化羞辱。戰國秦的公子虔被商鞅處以劓刑，深感羞辱，並在孝公去世後發起清算商鞅的活動，導致商鞅身死家滅。

〔四〕宮

"宮"即宮刑，是破壞生殖器的刑罰，也作刻、椓、劅、斀（四字皆讀爲 zhuó）、宮割或腐（府）刑。④ 受宮刑者要到密室養傷以防感染，所以宮刑又稱"蠶室之刑""隱宮"，"蠶室"又稱蔭室、防室。⑤

宮刑的執行方式，有男女之別。男子宮刑稱爲"去勢"，即閹割。閹割方式有兩種：一是割掉分泌雄性激素的睾丸，使犯人喪失生育能力；⑥二是把陰莖、睾丸一起割除。⑦ 作爲宮刑的閹割與宦官所受的閹割相比，嚴

---

① 《説文解字·刀部》："劓，刑鼻也。"段玉裁注："刑，絶也。凡絶皆稱刑，故劓下云刑鼻也。刑足則爲跀。《周禮》'劓者使守囿'，此是假則爲跀。《困·九五》'劓刖'，《京房》作'劓劊'。《説文》'劊'與'刖'義同。"長春按：這裏的"刑"是指把人體局部斷絶分離，即純粹的肉刑。被分離的部分可以是鼻、足或生殖器。

② 《周禮·秋官司寇·司刑》鄭玄注引《尚書大傳》："易君命、革輿服制度、姦宄盜攘人者，其刑劓。"

③ 《法律答問》簡120："當黥城旦以完城旦誣人，何論？當黥劓。"（睡虎地秦墓竹簡整理小組：《睡虎地秦墓竹簡》，第122頁）長春按：其本人應判黥城旦刑，又因誣告反坐而加完城旦刑，"城旦"無法加重，所以用肉刑的方式體現刑罰等級。

④ 《尚書·吕刑》稱"椓"，《尚書·堯典》孔疏稱"劅"。二者俱見本書前文引注。《詩經·大雅·召旻》："昏椓靡共。"鄭玄箋："昏、椓皆奄人也。昏，其官名也；椓，椓毁陰者也。"《説文解字·攴部》："斀，去陰之刑也。"《二年律令·具律》簡88："斬右止者府之。"整理小組注："'府'，讀作'腐'，肉刑的一種，即宫刑。"（張家山二四七號漢墓竹簡整理小組：《張家山漢墓竹簡（二四七號墓）》，第21頁）裘錫圭認爲，"刻"是去陰之刑的本字，在甲骨文中寫作𠯑。參見趙佩馨：《甲骨文中所見的商代五刑——並釋剕、刻二字》。

⑤ 《漢書·張湯傳附張安世傳》："得下蠶室。"顏師古注："凡養蠶者，欲其温而早成，故爲密室蓄火以置之。而新腐刑亦有中風之患，須入密室乃得以全，因呼爲蠶室耳。"《後漢書·光武帝紀》："詔死罪繫囚皆一切募下蠶室。"李賢等注："宫刑者畏風，須暖，作窨室蓄火如蠶室，因以名焉。"

⑥ 《康熙字典·子集下·力部》引《韻會》曰："外腎爲勢。宫刑，男子割勢。"

⑦ 《舊唐書·安禄山傳》："初，豬兒出契丹部落，十數歲事禄山，甚黠慧。禄山持刃盡去其勢……因爲閹人。"《尚書·吕刑》："宮辟疑赦。"孔穎達疏："男子之陰名爲勢，割去其勢，與椓去其陰，事亦同也。"（明）姚旅《露書》卷一《核篇上》："宫辟，男子割勢，婦女幽閉。割勢者，古只割其兩腎，若雞豕去勢之去其腎也。今則並莖而去之。"

格來説，二者有刑罰與非刑罰的性質差別。① 但在實踐中，受宮刑者往往會被送入宮中充任宦官。② 所以二者關係又很密切。近代有清宮宦官對"淨身"情況的口述，可以從側面反映出古代宮刑的殘酷和人性的麻木。③

女子宮刑稱爲"幽閉"。關於其執行方式，有三種説法：一是幽禁深宮；④二是捶擊胸腹；⑤三是外科手術。⑥ 魯迅先生曾評價其"兇惡、妥當，

---

① 《甲骨文合集》第 525 片殷墟甲骨卜辭："庚辰卜，王，朕椓羌不鮮死。"（載郭沫若主編：《甲骨文合集》第 1 册，中華書局 1978 年版，第 125 頁）長春按：商王椓羌奴的閹割對象是奴隸而非罪人。隋唐以後，自願入宮做宦官的閹割也不等於刑事處罰。
② 《漢書·張湯傳附張安世傳》："安世兄賀……得下蠶室。後爲掖庭令。"《漢書·司馬遷傳》："遷既被刑之後，爲中書令。"《續漢書·百官志三》："掖庭令一人，六百石。本注曰：宦者。"《初學記》卷十一《職官部上·中書令第九》："中書令，漢武所置……盡用宦者。"
③ 參見馬德清等：《清宮太監回憶録》，載《文史資料選輯》第 47 輯，文史資料出版社 1964 年版。
④ 《太平御覽》卷六四八《刑法部十四·宮割》引《尚書刑德放》："宮者，女子淫亂，執置宮中不得出。"《尚書·吕刑》："宮辟疑赦。"僞孔傳："宮，淫刑也。男子割勢，婦人幽閉，次死之刑。"孔穎達疏："'婦人幽閉'，閉於宮使不得出也。"例一，《左傳·僖公十五年》："登臺而履薪。"杜預注："古之宮閉者，皆居之臺以抗絶之。"例二，《列女傳·辯通·齊威虞姬》："破胡聞之，乃惡虞姬曰：'其幼弱在於閭巷之時，嘗與北郭先生通。'王疑之，乃閉虞姬於九層之臺，而使有司即窮驗問。"孫詒讓《正義》據此兩條認爲"幽閉"是"閉宮中不得出"。例三，《吕氏春秋·季夏紀·音初》："有娀氏有二佚女，爲之九成之臺，飲食必以鼓。"長春按：裘錫圭把此事作爲宮刑的實例，把"佚女"理解爲"淫女"。（趙佩馨：《甲骨文中所見的商代五刑——並釋刑、剕二字》）但是，《楚辭·離騷》："望瑶臺之偃蹇兮，見有娀之佚女。"王逸注："佚，美也。"可見，裘錫圭的理解不一定準確。
⑤ （清）馬國翰《目耕帖》卷二九《禮七》引（明）王兆雲《碣石剩談》："婦人椓竅，椓字出《吕刑》，與《舜典》宮刑相同。男子去勢，婦人幽閉是也。昔遇刑部員外許公，因言宮刑。許曰：'五刑除大辟外，其四皆侵損其身，而身猶得自便，親屬相聚。況婦人課單每輕囹於男子。若以幽閉禁其終身，則反苦毒於男子矣。椓竅之法，用木槌擊婦人胸腹，即有一物墜而掩閉其牝户，止能溺便，而人道永廢矣。是幽閉之説也。'"（明末清初）褚人穫《堅瓠續集》卷三"婦人幽閉"條對此也有引用。蔡樞衡也曾采此説（蔡樞衡：《中國刑法史》，第 69 頁）。
⑥ （明）周祈《名義考》卷七《人部》"宮刑"條："割勢若犍牛然，幽閉若去牝豕子腸，使不復生，故曰次死之刑。或疑幽閉爲禁錮，則視剕刖反輕，豈能以防室終身哉？"（明）姚旅《露書》卷一《核篇上》："宮辟，男子割勢，婦女幽閉……幽閉者，於牝剔其筋，亦制馬豕之類，使欲心消滅。故皆置桑室蠶室，而謂之宮。國初猶用此，而女多死焉，因不行。"（明）王同軌《耳談類增》卷十八《胜志身體篇》"婦人幽閉"條："傳謂'男子去勢，嬪人幽閉'，皆不知幽閉之義。今得之，乃是於牝剔其筋，如制馬豕之類，使欲心消滅。國初常用此，而女往往死，故不可行也。"長春按：（明末清初）徐樹丕《識小録》卷三"婦人幽閉"條轉抄王同軌，卻未標注轉引出處。另，明清之際有多部《識小録》，有學者引用此條時誤認爲是王夫之的《識小録》，也不準確。以上史料引用，集中見於陳福康：《新版〈魯迅全集〉對"幽閉"的注釋》，載《魯迅研究月刊》2013 年第 2 期。根據這些史料，明初曾施行"幽閉"古法，由於死亡率過高而作罷。

而又合乎解剖學"。① 有學者從醫學角度分析認爲，應以捶擊胸腹可能性最大。② 但也有人認爲，"幽閉"並不真實存在，只是《尚書》僞孔傳等儒家經典注釋者想當然的附會之説。③ 孔林山認爲，"幽閉"確曾存在，只是其含義有一個演變的過程。④ 起初，"幽閉"專門針對女性生殖器，"幽"是堵塞，"閉"通"牝"，即陰户。⑤ 後來，這種殘忍的刑罰逐漸消失。"幽閉"的含義變成幽禁宫中，與男子去勢相並列。⑥ 班固在《白虎通義》中用"執置宫中不得出"來描述女子宫刑，是對其時代實情的反映。

漢文帝刑罰改革時没有廢除宫刑。北朝時的肉刑主要就是宫刑，適用於謀反、劫賊等罪名。到西魏、北齊時，宫刑開始被"没官"替代。⑦ 隋朝法典正式廢除宫刑。⑧ 明初《大誥》中有"閹割爲奴"的規定，但也屬於法外之刑。

宫刑的刑具是刀，所以在廣義"五刑"中，其與劓、刖、墨等刑歸入刀鋸一類，又稱"宫割"。⑨ 文獻中有以"刀鋸之餘"代指宫刑的例子。⑩ 其懲罰性體現在三個方面：一是造成身體痛苦；二是喪失生育能力；⑪三是造成

---

① 魯迅：《且介亭雜文·病後雜談二》。
② 伊廣謙：《"幽閉"考略》，載《江西中醫藥》2003 年第 9 期。
③ 趙合俊：《宫刑神話二題》，載《尋根》2018 年第 6 期；《"幽閉"考辨》，載《中國社會科學院研究生院學報》2019 年第 4 期。
④ 孔林山：《"幽閉"考辨》，載《政法論壇（中國政法大學學報）》1986 年第 6 期。
⑤ 蔡樞衡：《中國刑法史》，第 70 頁。
⑥ 《後漢書·光武帝紀下》："詔死罪繫囚皆一切募下蠶室，其女子宫。"李賢等注："謂幽閉也。"
⑦ 《册府元龜·刑法部·定律令三》載西魏文帝大統十三年（547 年）詔："自今應宫刑者，直没官，勿刑。"《北齊書·後主紀》載北齊後主天統五年（569 年）詔："應宫刑者，普免刑爲官口。"
⑧ 《尚書·吕刑》："宫辟疑赦。"孔穎達疏："漢除肉刑，除墨、劓、刖耳，宫刑猶在。近代反逆緣坐，男子十五已下不應死者皆宫之。大隋開皇之初，始除男子宫刑，婦人猶閉於宫。"
⑨ 《尚書·堯典》孔穎達疏提到"臍宫劓割頭庶剠"。王引之認爲，其正確説法應該是"臍、宫割、劓、頭庶剠"，宫割即指宫刑。（[清] 王引之：《經義述聞》卷四《尚書下》"臍宫劓割頭庶剠"條）又，《列女傳·貞順傳·楚平伯嬴》："若諸侯外淫者絶，卿大夫外淫者放，士庶人外淫者宫割。"《三國志·魏書·鍾繇傳》："使平議死刑可宫割者。"
⑩ 《史記·晉世家》載宦者曰："臣刀鋸之餘。"《漢書·司馬遷傳》載《報任少卿書》："奈何令刀鋸之餘薦天下之豪俊哉！"
⑪ 宫刑因此而被稱爲腐刑。《漢書·景帝紀》："死罪欲腐者許之。"顔師古注："蘇林曰：'宫刑，其創癒臭，故曰腐也。'如淳曰：'腐，宫刑也。丈夫割勢，不能復生子，如腐木不生實。'師古曰：'如説是。'"

嚴重的心理創傷。

宮刑在五刑中的順位有不同説法。《尚書》和《白虎通義》認爲宮刑重於刖刑，《周禮》認爲宮刑輕於刖刑。這種差別不是由刑罰本身的傷害程度決定的，而是由文化理念的不同所造成。① 古人看重宮刑，是傳統社會宗法觀念長期盛行的產物。因受宮刑而無後的嚴重性，遠甚於刑罰給其本人身體帶來的傷害，進而催生出嚴重的文化羞辱感。這種羞辱感甚至可以超越無法生育的現實傷害而獨立存在。② 正因如此，宮刑曾長期被視爲僅次於死刑或者代替死刑的刑罰。③ 而且禮書中也有"公族無宮刑"的説法。④

有人認爲宮刑是反映刑，即專門懲罰不正當性關係的"淫刑"。⑤ 實際情況是，可能有一部分人確實因爲淫行而受宮刑，但在多數情況下，宮刑是因具有身體傷害、斷絕生育、人格侮辱、觀念打擊等功能而被使用的。⑥

〔五〕刖

"刖"(yuè)字本義是斷絕，後表示斷腳之刑，又作跀(yuè)、剕、跰、

---

① 宋鎮豪："前者恐怕與家族本位的子孫繁衍觀念不無關係，後者反映了個人本位的社會觀念的上升，説明後者的時代性要晚一些。"(宋鎮豪：《甲骨文中所見商代的墨刑及有關方面的考察》)長春按：宋氏認爲前者源於子孫繁衍的家族本位觀念是真知灼見，但説後者是個人本位觀念上升的體現而且是晚出，恐怕不符合實情。
② 《漢書・司馬遷傳》載《報任少卿書》："禍莫憯於欲利，悲莫痛於傷心，行莫醜於辱先，而詬莫大於宮刑……僕以口語遇遭此禍，重爲鄉黨戮笑，汙辱先人，亦何面目復上父母之丘墓乎？雖累百世，垢彌甚耳！是以腸一日而九回，居則忽忽若有所亡，出則不知所如往。每念斯恥，汗未嘗不發背霑衣也。"
③ 《漢書・景帝紀》："(中元四年)秋，赦徒作陽陵者，死罪欲腐者，許之。"《後漢書・光武帝紀》："(二十八年)冬十月癸酉，詔死罪繫囚皆一切募下蠶室，其女子宮。"《尚書・吕刑》："宮辟疑赦。"孔穎達疏："宮是次死之刑，宮於四刑爲最重也。"
④ 《禮記・文王世子》。
⑤ 《周禮・秋官司寇・司刑》："宮罪五百。"鄭玄注引《尚書大傳》："男女不以義交者，其刑宮。"《禮記・文王世子》"公族无宮刑"鄭玄注、《太平御覽》卷六四八《刑法部十四・宮割》引《尚書刑德放》、《尚書・吕刑》"宮辟疑赦"僞孔傳以及《白虎通義・五刑》《列女傳・貞順・楚平伯嬴》等説法略同。《晉書・刑法志》載劉頌奏疏曰："亡者刖足，無所用復亡。盜者截手，無所用復盜。淫者割其勢，理亦如之。"長春按：劉頌這裏"没收作案工具"的道理也反映出宮刑的"淫刑"特質。
⑥ 《尚書・吕刑》："宮辟疑赦。"孔穎達疏："本制宮刑，主爲淫者，後人被此罪者，未必盡皆爲淫。昭五年《左傳》楚子'以羊舌肸爲司宮'，非坐淫也。"

腓(三字讀音是 fèi)、臏、髕、兀、跀、刖、斬止、斬趾。① 刖刑意在破壞人體下肢,使其行走不便。關於其施刑部位,有腳、膝蓋、趾等不同説法。

刖的初字是跀或刖,在甲骨文中寫作𠂤、𠂤 或 𠂤。② 其左邊象人形,一條腿明顯短於另一條腿,反映出斷足後的狀態;右邊象手拿鋸子或帶鋸齒的刀斧。這兩種情況在傳世文獻和考古實物方面都有反映。③ 在廣義"五刑"中,刖刑與宮刑、劓刑歸爲一類,稱爲用"刀鋸"的"中刑"。④

有人認爲刖刑包括鑿膝蓋,稱爲臏刑或髕刑。⑤ 在廣義"五刑"中,臏刑因刑具爲鑽鑿而與墨刑歸到一類。鄭玄認爲夏代有"臏"刑,周代改爲"刖"。⑥ 賈公彦認爲"臏"是"刖"的轉抄錯誤。⑦ 實際上,古人對臏刑與刖

---

① 《左傳·莊公十六年》:"九月,殺公子閼,刖强鉏。"杜預注:"斷足曰刖。"孔穎達疏:"《尚書·吕刑》:'劓罰之屬五百。'孔安國云:'刖足曰剕。'《釋言》云:'跳,刖也。'李巡曰:'斷足曰刖也。'《説文》云:'刖,絶也。'則剕、刖是斷絶之名,斬足之罪,故云斷足曰刖。"《説文解字·刀部》:"刖,絶也。"段玉裁注:"凡絶皆稱刖。故剠下云刖鼻也。刖足則爲跀。"《説文解字·足部》:"跀,斷足也。"段玉裁注:"跀一名跳。跳一作剕。"《説文解字·足部》:"跳,跀也。"段玉裁注:"字亦作剕。"
② 裘錫圭認爲,刖的初字是刖(趙佩馨:《甲骨文中所見的商代五刑——並釋刖、剢二字》)。胡厚宣認爲,刖的初字是跀(胡厚宣:《殷代的刖刑》,載《考古》1973 年第 2 期)。二者分歧主要在於甲骨文對刖的工具的不同刻畫。前者認爲是刀,後者認爲是鋸。實際情況是兩者都有。正文所列三種甲骨文寫法分别見於《甲骨文合集》第 861、6007、6010 片,載郭沫若主編:《甲骨文合集》,第 1 册第 224 頁、第 3 册第 869 頁。
③ 《吕氏春秋·季夏紀·音初》:"斧斫斬其足。"1973 年,河北藁城臺西商代墓坑中有幾具缺少雙腿的人體骨架。有的脛骨斷面整齊,應是刀砍,有的脛骨斷面鋸痕明顯。(參見陳安利:《考古資料所反映的商周刖刑》,載《文博》1985 年第 6 期)1973 年,陝西岐山賀家村西周墓葬出土西周刖者骨架。其中一條小腿清晰可見被砍兩次的痕跡。第一次斜砍但腿未斷,第二次橫砍才被砍斷(參見陝西周原考古隊:《陝西岐山賀家村西周墓發掘報告》,載《文物資料叢刊》第 8 輯,文物出版社 1983 年版)。
④ 《後漢書·孔融傳》:"雖忠如鬻拳,信如卞和,智如孫臏,冤如巷伯,才如史遷,達如子政,一離刀鋸,没世不齒。"長春按:鬻拳、卞和、孫臏都受刖刑,所以孔融稱他們因罹刀鋸而不齒。
⑤ 《白虎通義·五刑》:"臏者,脱其臏也。"《説文解字·骨部》:"髕,卻尚也。"段玉裁注:"卻,脛頭節也。《釋骨》云:'蓋膝之骨曰膝髕。'《大戴禮》曰:'人生朞而髕。髕不備則人不能行。'古者五刑,臏、宫、劓、墨、死。臏者,髕之俗,去卻頭骨也。"
⑥ 《周禮·秋官司寇·司刑》:"刖罪五百。"鄭玄注:"刖,斷足也。周改臏作刖……夏刑大辟二百,臏辟三百,宫辟五百,劓墨各千,周則變焉,所謂刑罰世輕世重者也。"
⑦ 《周禮·秋官司寇·司刑》賈公彦疏:"案《吕刑》'刖辟五百,宫辟三百',今此云'臏辟三百,宫辟五百',此乃轉寫者誤,當以《吕刑》爲正。"

刑並不嚴格區分。① "臏"字既指膝盖,也指胫骨(即小腿骨)。② 這可能是二者混淆的原因。

戰國秦漢以后有斬止(趾)刑的説法。有人據此認爲,刖刑可能還有只斬斷腳趾或腳面的行刑方式。③ 但作爲其論據之一,《莊子·德充符》的"兀者叔山無趾踵見仲尼"不足以證明其説。其中,"兀者"即受刖刑者;"無趾"有"無足"和"無足趾"兩種解釋,根據上下文意,應以"無足"爲準;"踵見"有"接踵頻見"和"踵行而見"兩種解釋,結合"無足"的前提,應以"頻見"爲準。④ 此外,有人還根據《周易》王弼注以求強解,但也很難成立。⑤

之所以有此誤會,是由止(趾)的字義變化所致。甲骨文"止"字作 ,本義是腳,後引申爲腳趾或停止,而其本義則被"足"取代。⑥ 所以刖足和刖止(趾)是一個意思。⑦ 而且目前出土所見的刖者形象也都只有斷足這一種情況。⑧

---

① 《漢書·百官公卿表》:"咎繇作士,正五刑。"顏師古注:"剕,去臏骨也。"《白虎通義·五刑》:"腓者,脱其臏也。"最典型的例子是,戰國孫臏因受刑而得名,但其刑罰卻是"刑斷兩足而黥"(《史記·孫子吳起列傳》)。《漢書·司馬遷傳》《潛夫論·賢難》《抱朴子·外篇·擢才》載孫臏刑罰也都用"刖"字。
② 《史記·秦本紀》:"王與孟説舉鼎,絕臏。"張守節《正義》:"臏,脛骨也。"
③ 參見高潮、史幼華:《刖刑名實考》,載《現代法學》1985 年第 2 期;張建國:《論文帝改革後兩漢刑制並無斬趾刑》,載《中外法學》1993 年第 4 期。
④ 《莊子·德充符》:"魯有兀者叔山無趾,踵見仲尼。仲尼曰:'子不謹,前既犯患若是矣。雖今來,何及矣?'無趾曰:'吾唯不知務而輕用吾身,吾是以亡足。'"(清)王先謙《莊子集解》引李頤注"兀者"曰:"刖足曰兀。"又引宣穎注"無趾"曰:"無足趾,遂爲號。"長春按:根據下文叔山的話可知,"無趾"即"無足"(亡足),宣穎注並不準確。王先謙又引崔撰注"踵見"曰:"無趾,故踵行。"這是順著"無足趾"的理解推衍而來,因此也有問題。(清)郭慶藩《莊子集釋》則先引向秀、郭象注"踵見"曰:"頻也。"後引崔撰注"無趾"曰:"無趾,故踵行。"並引成玄英疏曰:叔山,字也。踵,頻也。殘兀之人,居於魯國,雖遭刖足,猶有學心,所以接踵頻來,尋師訪道,既無足趾,因以爲其名也。"這個解釋似乎更爲通順。
⑤ 《周易·噬嗑》:"初九,屨校滅趾,無咎。"王弼注:"凡過之所始,必始於微,而後至於著;罰之所始,必始於薄,而後至於誅。過輕戮薄,故'屨校滅趾',桎其行也,足懲而已,故不重也。"長春按:這段材料,無論是正文還是注文,都不涉及斬趾問題。
⑥ 《爾雅·釋言》:"趾,足也。"《詩經·周南·麟之趾》"麟之趾"毛亨傳與此同。
⑦ 《甲骨文合集》第 581 片有 (郭沫若主編:《甲骨文合集》第 1 册,第 138 頁)。受刖者一側有顯著的足(止)形,另一側只有刑具,顯示出刖足的執行方式。又,《三國志·魏書·明帝紀》裴松之注引《魏略》:"刖趾適屨,刻肌傷骨,反更稱説,自以爲能。"
⑧ 1971 年河南安陽後崗出土殷商墓坑中有缺少一部分下肢的人體骨架(中國科學院考古研究所安陽發掘隊:《1971 年安陽後崗發掘簡報》,載《考古》1972 年第 3 期)。出土青銅器上也有斬斷小腿的刖者形象,詳見下文。

儘管這些刖者不確定都是因犯罪而受刑罰，①但刖的方式卻是相通的。

总之，刖刑不存在所謂去膝蓋或斬腳趾的執行方式。②

刖刑有刖左、右足的區別。因爲古人以右爲尊，所以刖左足爲輕，刖右足爲重，遵循從輕到重的用刑次序。③犯人受刖後會穿專門的鞋或假肢"踊"，④以便從事體力勞動。在秦漢法律中，斬左、右止的刑罰與城旦結合使用，而且一般適用於男犯。⑤

刖刑的懲罰性有三：一是行刑帶來巨大痛苦，且有失血感染的性命之虞；二是行刑之後造成肢體殘疾，行動不便；三是因傷殘醜陋、行走姿勢怪異而受人歧視。⑥

漢文帝時，斬趾刑被廢。漢末魏晉時，恢復肉刑的主張此起彼伏，但刖刑並未恢復。唐太宗時曾短暫恢復斷右趾作爲代死之刑，後又廢除。⑦

---

① 例如，甲骨文中的"刖多隸""刖隸八十人，不死"(《合集》第 580 片)"貞刖隸不死"(《合集》581 片)等記載。(兩片甲骨都見於郭沫若主編：《甲骨文合集》第 1 册，第 138 頁)這裏刖的對象是奴隸而非罪犯，因此很難稱之爲法律意義上的"刖刑"。對此問題，李遠之、胡厚宣以及[日]竹内康浩都曾特别加以強調。參見李力：《百年反思：甲骨文與商代法制研究》，載《上海師範大學學報(哲學社會科學版)》2011 年第 5 期。
② 胡留元、馮卓慧早就持有類似觀點(胡留元、馮卓慧：《西周刑制》，載《西北政法學院學報》1984 年第 1 期)，本文基本認同，只是結合後出的不同論點做些補充論證而已。
③ 《韓非子·和氏》："王以和爲誑，而刖其左足……王又以和爲誑，而刖其右足。"《二年律令·具律》簡 88："有罪當黥，故黥者劓之，故劓者斬左止(趾)，斬左止(趾)者斬右止(趾)，斬右止(趾)者府(腐)之。"(張家山二四七號漢墓竹簡整理小組：《張家山漢墓竹簡(二四七號墓)》，第 21 頁)沈家本："古者之刖，初犯刖左足，復犯刖右足。"([清]沈家本：《歷代刑法考》，中華書局 1985 年版，第 199 頁)
④ 《左傳·昭公三年》："屨賤踊貴。"杜預注："踊，刖足者屨。言刖多。"
⑤ 《法律答問》簡 126："群盜赦爲庶人，將盜戒(械)囚刑罪以上，亡，以故罪論，斬左止爲城旦。"(睡虎地秦墓竹簡整理小組：《睡虎地秦墓竹簡》，第 123 頁)《二年律令·襍律》簡 194："強略人以爲妻及助者，斬左止(趾)以爲城旦舂。"(張家山二四七號漢墓竹簡整理小組：《張家山漢墓竹簡(二四七號墓)》，第 34 頁)《二年律令·告律》簡 135："奴婢自訟不審，斬奴左止，黥婢顏頯。"(張家山二四七號漢墓竹簡整理小組：《張家山漢墓竹簡(二四七號墓)》，第 27 頁)
⑥ 《莊子集解·德充符》："申徒嘉，兀者也，而與鄭子產同師於伯昏無人。子產謂申徒嘉曰：'我先出，則子止；子先出，則我止。'"郭象注："羞與刖者並行。"
⑦ 《舊唐書·刑法志》："及太宗即位……免死罪，斷其右趾，應死者多蒙全活……乃與八座定議奏聞，於是又除斷趾法，改爲加役流三千里，居作二年。"

五代以後，死刑中常有斷人手足的法外酷刑。① 此後法典雖無刖刑的條文，但刖足現象直到清朝依然存在。②

《尚書》中的"刵"，有人認爲真有其刑，③但"刵"更可能是"刖"的訛誤。④

〔六〕殺

"殺"即死刑，後文稱爲"大辟"，語出《吕刑》。⑤

有關死刑的執行方式，傳世文獻有各種記載，但要注意隨意濫殺、法外濫刑與法定死刑的區別。"隨意濫殺"是指利用權力殺戮無罪之人。"法外濫刑"是用刑時根據個人好惡選擇殺人方式。"法定死刑"是指罪名來源、執行方式都有明確法律依據。"法定死刑"的前提是先有法律明文規定或約定俗成。西周以前的"法定死刑"，處於習慣法階段。戰國秦漢以後的"法定死刑"基本以律令條文爲依據。《尚書·吕刑》批判苗民的"殺戮無辜"就是隨意濫殺。⑥《史記·殷本紀》記載的炮格、醢、脯以及《漢

---

① 《舊五代史·漢書·史宏肇傳》："其他斷舌、決口、斫筋、折足者，僅無虚日。"《宋史·錢惟演傳附錢易傳》："近代以來，斷人手足，鉤背烙筋，身見白骨而猶視息，四體分落乃方絶命。"（宋）錢易《上真宗乞除非法之刑》："劫殺人、白日奪物、背軍逃走與造惡逆者，或時有非常之罪者，不從法司所斷，皆支解臠割，斷截手足。"（〔宋〕趙汝愚《宋朝諸臣奏議》下册，上海古籍出版社 1999 年版，第 1061—1062 頁）又可参見郭東旭：《宋代酷刑論略》，載《河北大學學報（哲學社會科學版）》1991 年第 3 期；孔學：《論凌遲之刑的起源及在宋代的發展》，載《史學月刊》2004 年第 6 期。
② 1995 年，湖北省宜都市樓子河蓮子坡出土清代夫妻異穴合冢墓。先葬女屍隨葬奢華，後葬男屍簡陋。男屍雙足均在關節處被截斷，截面似用鋸類刑具所爲。此人極有可能是被處以刖刑而死，並倉促下葬。參見傅先榮：《從三峽地區出土的古屍看我國古代的刖刑》，載《三峽大學學報（人文社會科學版）》1999 年第 6 期。
③ 《尚書·吕刑》載"五虐之刑"中有"刵"無"刖"。《尚書·康誥》："非汝封又曰劓刵人。"僞孔傳："劓，截鼻。刵，截耳。"孔穎達疏："'劓'在五刑爲截鼻，而有'刵'者，《周官》五刑所無，而《吕刑》亦云'劓刵'……要有刵而不在五刑之類。"《說文解字·耳部》："聝，軍戰斷耳也。《春秋傳》曰：'以爲俘聝。'"段玉裁注："《大雅》'攸馘安安'傳曰：'馘，獲也。不服者殺而獻其左耳曰馘。'《魯頌》：'在泮獻馘'箋云：'馘所格者之左耳。'"
④ （清）孫星衍《尚書今古文注疏》卷二七《吕刑上》："五刑本有刖無刵，則刖、刵，字之誤也。"（清）王引之《經義述聞》卷四《尚書下》"劓刖人劓刵劓黥"條："刵蓋譌字也。自'刖'譌作'刵'，而説經者遂有斷耳之訓，於是《説文》刀部列入刵字，而字書、韻書及《尚書音義》皆承用之矣。"
⑤ 《尚書·吕刑》："大辟疑赦。"僞孔傳："死刑也。"孔穎達疏："《釋詁》云：'辟，罪也。'死是罪之大者，故謂死刑爲'大辟'。"
⑥ 《尚書·吕刑》："殺戮無辜，爰始淫爲劓、刵、椓、黥。"僞孔傳："三苗之主，頑兇若民，敢行虐刑，以殺戮無罪，於是始大爲截人耳鼻，椓陰，黥面，以加無辜，故曰'五虐'。"

志》後文記載的鑿顛、抽脅、鑊亨之刑,就是法外濫刑。①

　　法律史意義上的"法定死刑",在其執行方式中,除剥奪生命外,還包括肉體折磨、死屍處理兩個要素。腰斬、斬首、絞等以剥奪生命爲主,肉體折磨爲輔。淩遲以肉體折磨爲主,剥奪生命爲輔。梟首、棄市、車裂、磔、戮等以死屍處理爲主,剥奪生命爲輔。中國古代的法定死刑,自始至終都糾纏在這三種要素之中。② 之所以如此,主要是由於死刑承擔著生命剥奪、身體破壞、心理摧殘、道德譴責、精神震懾、宗教恐嚇等多重功能。③

　　死刑同樣有基於反映刑視角的解釋。④ 尤其是"殺人者死"的觀念更反映出古代樸素的正義觀(詳見後文)。

〔七〕罪五百

　　"罪"的本義是竹制的漁網,秦朝時成爲"辠"(zuì)的借用字,指應當受刑的行爲。⑤ 例如,"墨罪五百"即判處墨刑的罪名有五百種。

　　"墨罪五百……殺罪五百"引自《周禮》,但既没有引用完整,也没有調整措辭,導致文意出現歪曲。在原文中,這句話前有"司刑掌五刑之法,以

---

① 栗勁認爲,秦代死刑至少有戮、磔、定殺、生埋、賜死、梟首、腰斬七種。(栗勁:《秦律通論》,山東大學出版社1985年版,第236—237頁)冨谷至認爲,定殺、生埋、賜死都不能稱爲法定死刑(〔日〕冨谷至:《秦漢刑罰制度研究》,柴生芳、朱恒曄譯,廣西師範大學出版社2006年版,第43—45頁)。
② 冨谷至認爲,從秦漢到隋唐的法定死刑有從終極的肉刑到生命刑的演進過程。(〔日〕冨谷至:《從終極的肉刑到生命刑——漢至唐死刑考》,周東平譯,載范忠信、陳景良主編:《中西法律傳統》第7卷,北京大學出版社2009年版)
③ 《禮記·王制》:"刑人於市,與衆棄之。"《史記·蘇秦列傳》:"臣即死,車裂臣以徇於市。"《漢書·景帝紀》:"改磔曰棄市。"顔師古注:"磔謂張其屍也。棄市,殺之於市也。謂之棄市者,取刑人於市,與衆棄之也。"《漢書·郊祀志上》:"祠黄帝用一梟、破鏡。"孟康曰:"梟,鳥名,食母。破鏡,獸名,食父。黄帝欲絕其類,使百吏祠皆用之。"如淳曰:"漢使東郡送梟,五月五日作梟羹以賜百官。以其惡鳥,故食之也。"《釋名·釋喪制》:"市死曰棄市。市,衆所聚。言於衆人共棄之也。斫頭曰斬,斬要曰要斬。斬,截也,截加兵即斷也。車裂曰轘。轘,散也,肢體分散也。"《晉書·刑法志》載張斐《律序》曰:"梟首者惡之長,斬刑者罪之大,棄市者死之下。"《北堂書鈔》卷四五《刑法部下·死刑》引《晉律注》:"梟斬棄之於市者,斬頭也。令上不及天,下不及地也。"
④ 《周禮·秋官司寇·司刑》:"殺罪五百。"鄭玄注引《尚書大傳》:"降畔寇賊,劫略敚攘矯虔者,其刑死。"《孔子家語·五刑解》:"孔子曰:'大罪有五,而殺人爲下,逆天地者罪及五世,誣文武者罪及四世,逆人倫者罪及三世,謀鬼神者罪及二世,手殺人者罪及其身。'"
⑤ 《説文解字·網部》:"罪,捕魚竹網,从網非聲。秦以罪爲辠字。"《説文解字·辛部》:"辠,犯灋也,从辛从自,言辠人蹙鼻苦辛之憂。秦以'辠'似'皇'字,改爲'罪'。"

麗萬民之罪"，後有"以五刑之法詔刑罰，而以辨罪之輕重"。這說明，五刑與各種罪名相匹配，"墨罪五百"是以刑統罪的説法，意即判處墨刑的罪名有五百條。而班固引用時簡化爲"五刑，墨罪五百……"，於是產生"墨刑五百種"的理解。尤其是在當時，把"罪"當"刑"使用的現象非常普遍。① 班固這樣寫自然會加深這種誤解。但墨刑就是墨刑，就刑罰的執行方式來説很難有新花樣，脫離罪名講墨刑有多少條没有意義。傳世文獻曾列舉出某些適用墨刑的罪名，②但這並不意味著，上古時期就已經存在罪與刑的固定對應關係，③或者説被判墨刑的行爲有明確的類型特徵。④ 下文的"劓罪五百，宫罪五百，刖罪五百，殺罪五百"也是同樣道理。

除《周禮》外，先秦著作如《論語》《荀子》《韓非子》也都已注意罪名與刑罰的區分。⑤ 但另一方面，在法律實踐中"罪""刑"混用情況也長期存在。⑥ 這可能與"一旦受刑，終身不恥"的實際效果密切相關。因爲在社會一般人眼裏，犯罪與受刑是一回事，並無本質區別。⑦

---

① ［日］冨谷至：《秦漢刑罰制度研究》，第 248—254 頁。
② 《周禮·秋官司寇·司刑》："墨罪五百，劓罪五百，宫罪五百，刖罪五百，殺罪五百。"鄭玄注引《尚書大傳》："非事而事之，出入不以道義，而誦不詳之辭者，其刑墨。"《尚書·伊訓》："惟兹三風十愆，卿士有一於身，家必喪；邦君有一於身，國必亡。臣下不匡，其刑墨。"
③ 西周時，法律淵源大體可以分爲君命、習俗、盟誓三類。由於特殊的政治結構模式和宗教文化背景，當時案件涉及罪與罰的處理，只能是三種法律綜合權衡、多方力量博弈之後的臨時處斷。這恐怕就是春秋時人所描述的"議事以制，不爲刑辟"（參見王沛：《黄老"法"理論源流考》，上海人民出版社 2009 年版，第 21 頁；《刑書與道術：大變局下的早期中國法》，第 1—32，46—57 頁）。到戰國以後出現的新式法律，才開始把罪名與相應的刑罰逐步確定下來。
④ 目前出土的金文資料和法律簡牘顯示，墨刑在商周秦漢時就是一種輕刑，可以廣泛使用於各種罪名。漢初黥刑主要適用的罪名包括謀賊殺人而未殺、故意傷人、詐僞以及其他危害性較大的犯罪。參見閆曉君：《漢初的刑罰體系》，載《法律科學（西北政法大學學報）》2016 年第 4 期。
⑤ 《論語·公冶長》："子謂公冶長：'可妻也。雖在縲絏之中，非其罪也。'以其子妻之。"《荀子·正論》："夫德不稱位，能不稱官，賞不當功，罰不當罪，不祥莫大焉。"《荀子·君子》："故刑當罪則威，不當罪則侮；爵當賢則貴，不當賢則賤。古者刑不過罪，爵不踰德。故殺其父而臣其子，殺其兄而臣其弟。刑罰不怒罪，爵賞不踰德，分然各以其誠通。"《韓非子·姦劫弒臣》："孝公不聽，遂行商君之法，民後知有罪之必誅，而私姦者衆也，故民莫犯，其刑無所加。"
⑥ 《晉書·刑法志》中的"耐罪""贖罪""雜抵罪""生罪""髡罪"等的"罪"字似乎都可以作"刑"來理解。
⑦ 參見李勤通：《"辠"與"罪"及其所見之刑法觀的變遷》，載《華東政法大學學報》2016 年第 6 期。

【原文】

凡殺人者踣諸市，師古曰："踣謂斃之也，音妨付反。"墨者使守門，師古曰："黥面之人不妨禁衛也。"劓者使守關，師古曰："以其貌毀，故遠之。"宮者使守內，師古曰："人道既絕，於事便也。"刖者使守囿，師古曰："驅御禽獸，無足可也。"完者使守積。師古曰："完謂不虧其體，但居作也。積，積聚之物也。自此以上，掌戮所職也。"

【考釋】

〔一〕殺人者踣諸市

"踣"（bó）本義是僵倒、倒下，這裏是指使其僕倒，即殺死。①

班固此處一整句都是對《周禮·秋官司寇·掌戮》的裁剪化用。在《周禮》原文中，"殺人者踣諸市"之前有"凡殺其親者，焚之。殺王之親者，辜之"，連在一起構成"殺罪"及其刑罰的三等分法："殺其親"是指殺害五服以內親屬，因違背孝道倫理而應重懲，執行死刑後還要焚燒屍體。"殺王之親"是指殺害王的五服親屬，因違背忠道倫理而應重懲，執行死刑後還要剝光衣服，開腔破肚，暴曬成乾肉。② 這裏"殺人"的對象沒有特殊關係或地位，即後世法典中的"凡人"，③執行死刑後還要曝屍於市。可見，以上三種死刑除殺死犯人外還包括處理屍體的環節。處理方式既有羞辱和震懾的目的，也蘊含某種宗教意味。④

在《周禮》原文中，"殺人者踣諸市"之後還有"肆之三日，刑盜於市"。

---

① 《說文解字·足部》："踣，僵也。"《周禮·秋官司寇·掌戮》："凡殺人者，踣諸市。"鄭玄注："踣，僵屍也。"《左傳·襄公十一年》："踣其國家。"杜預注："踣，斃也。"
② 《周禮·秋官司寇·掌戮》："殺王之親者，辜之。"鄭玄注："'辜之'言枯也，謂磔之。"又："掌戮掌斬殺賊諜而搏之。"鄭玄注："搏當為'膊諸城上'之膊，字之誤也。膊，謂去衣磔之。"《說文解字·桀部》："磔，辜也。"段玉裁注："凡言磔者，開也，張也。刳其腹而張之。令其乾枯不收。"《漢書·景帝紀》："改磔曰棄市。"顏師古注："磔謂張其屍也。"
③ 唐律在規定"謀殺人"罪之外，還有幾項對象特殊的謀殺罪名，包括謀殺制使府主、謀殺期親尊長、部曲奴婢謀殺主、謀殺故夫祖父母等。《唐律疏議·盜賊》"謀殺故夫祖父母"條"疏議"曰："妻妾若被出及和離，即同凡人，不入'故夫'之限。其'舊主'，謂經放為良及自贖免賤者。若轉賣及自理訴得脫，即同凡人。"
④ 老子說："民不畏死，奈何以死懼之。"（《老子》第七十四章）長春按：實際上，古人腦海中確實存在某些重於死亡本身的終極信念，例如保全屍首、入土為安、傳遞香火、魂魄飛升等。以上這些死刑中的屍體處理方式可能就是據此而來。

鄭玄把這八個字分開理解，認爲"肆之三日"是對"踣諸市"的描述，而"刑盜於市"是對"殺人"犯罪中"盜"罪的補充強調。① 實際上，這八個字意思連貫，應連讀爲一句，共同修飾"踣諸市"。意即，"踣諸市"不僅是指殺於市，還包括陳屍三天，禁止收屍，如有人偷收屍體則當場刑殺。也就是説，這裏的"盜"特指偷盜屍體而非一般意義上的盜罪。

"踣諸市"也可以理解爲棄市。但要注意棄市兩層含義的區别。狹義的棄市是指，以"棄市"爲法定名稱的刑罰，主要見於魏晉以前。廣義的"棄市"是指，具有刑殺於市並陳屍於市含義的死刑執行環節。換言之，古代死刑普遍都要陳屍於市，但並非所有死刑都稱爲棄市刑。② 如果其殺人或處理屍體的方式較爲特殊，具有一定識别度則另行命名，如梟首、腰斬、車裂、絞、磔等。没有這些特殊情形的死刑才稱爲棄市刑。這種命名方式源於實踐經驗，但不符合形式邏輯。南北朝以後，"棄市"逐漸從正式刑名的序列中退出，只保留廣義的用法。這是刑名表述日益精準、名理律學日漸成熟的表現。

〔二〕墨者使守門

顏師古注"黥面之人不妨禁衛也"源自《周禮》鄭玄注。③ 鄭注的"禁禦"應作"禁籞"或"禁䕩"，即禁苑周圍的藩籬，代指禁苑或宫廷。顏注把"禁禦"改成"禁衛"可能是受當時法律篇目的影響。④

鄭玄、賈公彥把"守門的墨者"附會於掌守王宫門禁的"閽人"。⑤ "閽

---

① 《周禮·秋官司寇·掌戮》："凡殺人者，踣諸市，肆之三日，刑盜於市。"鄭玄注："踣，僵屍也。肆猶申也，陳也。凡言刑盜，罪惡莫大焉。"
② 例如，《史記·蘇秦列傳》："臣即死，車裂臣以徇於市。"《史記·李斯列傳》："論腰斬咸陽市。"《史記·晁錯列傳》："上令晁錯衣朝衣斬東市。"《漢書·劉屈氂傳》："有詔載屈氂廚車以徇，要斬東市，妻子梟首華陽街。"《北堂書鈔》卷四五《刑法部下·死刑》引《晉律注》："梟斬棄之於市者，斬頭也。"長春按：以上是各種刑名中的棄市，是寬泛意義上的棄市環節。《晉書·嵇康傳》："康將刑東市。"《宋書·謝靈運傳》："太祖詔於廣州行棄市刑。"嵇康與謝靈運被處死，是特指意義上的棄市刑。《漢書·景帝紀》："改磔曰棄市。"應劭曰："先此諸死刑皆磔於市，今改曰棄市，自非妖逆不復磔也。"此條更可顯示棄市環節與棄市刑的區别。
③ 《周禮·秋官司寇·掌戮》："墨者使守門。"鄭玄注："黥者無妨於禁禦。"
④ 《唐律疏議·衛禁》："衛者，言警衛之法；禁者，以關禁爲名。"
⑤ 《周禮·天官冢宰·敘官》："閽人，王宫每門四人。"鄭玄注："閽人，司昏晨以啟閉者。刑人墨者使守門。"《周禮·天官冢宰·閽人》："閽人掌守王宫之中之禁。"《周禮·秋官司寇·掌戮》："墨者使守門。"賈公彥疏："此人即《閽人》'掌守王中門之禁令'者是也。"

人"負責值守宮門,晨啓昏閉,宿衛警戒,身份卑賤,近於寺人,多由受刑之人擔任。① 先秦古籍雖有"閽人"的記載,但未涉及墨者,反倒有許多涉及刖者的事例。②

"墨者守門"的說法只見於《周禮》及其注釋,未見旁證。這很有可能是《周禮》作者根據現實中刖者守門、宮者守內的現象推想出來的,未必合於史實。在古代,受肉刑者確實會被驅趕役使,隨意支配甚至殉葬。不過,其承擔的勞役職責未必與其所受肉刑的種類固定對應,更不可能都只處於守衛之類的崗位。③ 下文同理。

〔三〕 劓者使守關

按照《周禮》的說法,劓者所守衛的"關"應是遠離政治中心的邊關。

---

① 《禮記·檀弓下》:"曾子與子貢吊焉,閽人爲君在,弗内也。"《禮記·祭統》:"閽者,守門之賤者也。"《禮記·内則》:"深宮固門,閽寺守之,男不入,女不出。"《周易·說卦傳》:"艮……爲閽寺。"李鼎祚《集解》引宋衷注:"閽人主門,寺人主巷,艮爲止,此職皆掌禁止者也。"《穀梁傳·襄公二十九年》:"閽門者,寺人也。"《公羊傳·襄公二十九年》:"閽者何? 門人也,刑人也。刑人則曷爲謂之閽? 刑人非其人也。"

② 《左傳·昭公五年》:"若吾以韓起爲閽。"杜預注:"刖足使守門。"《莊子·徐無鬼》:"齊人蹢子於宋者,其命閽也不以完。"宣穎注:"蹢與擿同。齊人殘其子足,使蹢躃於宋,命彼閽人,蓋爲閽不以完也。"（[清]王先謙《莊子集解·徐無鬼》）孫詒讓曰:"此言齊人鬻其子者,各以職事自名,其欲爲閽者則必刖之。"（[清]孫詒讓《劄迻》卷五《莊子郭象注》）《吕氏春秋·季夏紀·音初》:"斧斫斬其足,遂爲守門者。"《左傳·莊公十九年》:"鬻拳曰:'吾懼君以兵,罪莫大焉。'遂自刖也。楚人以爲大閽,謂之大伯。"孔穎達疏:"《周禮·天官》'閽人掌守王宫之中門之禁',鄭玄云:'閽人,王錯晨以啟閉者,刑人墨者使守門。'《秋官·掌戮》:'墨者使守門,刖者使守囿。'則閽不使刖,而鬻奉得爲閽者,《周禮·地官》之屬有司門,下大夫二人,掌授管鍵以啟閉國門,鄭玄云:'若今城門校尉,主王城十二門。'此注亦云'若今城門校尉官',然則鬻拳本是大臣,楚人以其賢而使典此職,非爲刑而役之。其爲大閽者,當如《地官》之司門,非《天官》之閽人,亦主晨昏開閉,通以閽爲名焉。"長春按:孔穎達爲維護"墨者守門"的說法,淡化"大閽"與"閽人"的關聯,強調其與"司門"的相似性,似有舍近求遠、牽強附會的嫌疑。說到底,他仍然囿於《周禮》的概念邏輯之中。

③ 李平:"西周官方爲刑餘之人提供了守門、守苑、守倉廪、守關等公職。這些職務本身最大的共性在於具有穩定性和隱秘性,契合了刑罰區分與隔離的功能。"（李平:《先秦刑餘之人考論:形象、制度與觀念》,載《法商研究》2017年第2期）這種認識是建立在承認《周禮》記載真實性基礎上的。但如富谷至所說:"用經書來解析儒家的刑罰思想,或許還能說得過去,但用經書來考證現實刑罰制度和刑罰起源,其可信度究竟會有多大呢?"（[日]冨谷至:《秦漢刑罰制度研究》,第255頁）實際上,"《周禮》不是一部反映先秦制度的歷史書,而是一部反映先秦政治思想的理論著作"（錢穆:《中國歷代政治得失》,生活·讀書·新知三聯書店2012年版,第47頁）。目前研究者普遍認爲,該書成於戰國秦漢時期,儘管在某種程度上反映出周代法制的重要信息,卻並非對周代法制全面、如實、客觀的記載（參見彭林:《〈周禮〉史話》）。所以,在考證周代法制時,對《周禮》材料的使用需要以謹慎辨析爲前提。

理由是：劓者截鼻，相貌醜陋，有礙觀瞻。① 此處顏師古注與此同。

《管子》中的"劓以爲門父"，有人認爲"劓"是"刖"的訛誤，也有人認爲"劓"通"刖"。② 筆者贊同前説。《管子》原文是："自言能爲司馬不能爲司馬者，殺其身以釁其鼓。自言能治田土不能治田土者，殺其身以釁其社。自言能爲官不能爲官者，劓以爲門父。"三項罪名類似，前兩項要"殺身以釁"，第三項刑罰如果一下降至劓刑，落差太大，不合常理。刖刑較之死刑爲輕，較之劓刑爲重，放在這裏更合適。再結合本書前文注釋提到的刖刑守門的大量文獻，可以確認此處的"劓"應是"刖"。

〔四〕宮者使守内

"宮者"在此處應特指男性宮者；"守内"意指值守宮内。宮内女性衆多，所以内臣都由閹人擔任，一方面可以滿足警衛、勞力的需求，另一方面不具有穢亂内宮的能力。③ 受宮刑的男子是閹人的主要來源。閹人又稱奄人、寺人，負責侍奉君主及其后妃，其主事者稱爲司宮或巷伯。④ 雖然閹人未必都是受刑的罪犯，但其爲受宮刑者的概率確實很大。⑤

---

① 《周禮・秋官司寇・掌戮》："劓者使守關。"鄭玄注："截鼻亦無妨，以貌醜遠之。"賈公彦疏："此則王畿五百里上，面有三關，十二關門，劓者守之。"
② 《管子・揆度》："劓以爲門父。"張佩綸注："'劓'當爲'刖'，字之誤也。《周禮・秋官・司刑》：'刖者使守門。'"聞一多注："'劓'，各本作'劓'，《説文》'劓'爲'刖'之重文。《易・困九五》：'劓刖，困於赤紱。''劓刖'疊韻連語，二字例當同義。然則，'劓'猶'刖'也，不煩改字。《周禮・司刑》'刖罪五百'注：'刖，斷足也。'古以斷足者爲閽人，《司刑》'刖者使守門'是也。"黎翔鳳案："《説文》：'劓，刑鼻也。《易》曰：天且劓。'則'劓'即'劓'字無疑。《康誥》曰'劓刖人'，亦'劓刖'二字連用，則其形相因而並及也。"（以上並見於黎翔鳳：《管子校注》，中華書局 2004 年版，第 1375 頁）馬非百："張説是也。門父，守門之隸也。古代對犯法者或俘虜，多刖其足以爲守門之隸。《左傳》'鬻拳自刖，楚人以爲大閽'，又'吾君以韓起爲閽'，注：'刖足使守門也'，又'吳王獲楚人，刖之使爲閽'，皆其例也。"（馬非百：《管子輕重篇新詮》，中華書局 1979 年版，第 437 頁）
③ 《周禮・秋官司寇・掌戮》："宮者使守内。"鄭玄注："以其人道絕也。"顏師古注的"人道既絕，於事便也"應來源於鄭注。
④ 《左傳・襄公九年》："令司宮、巷伯儆宮。"杜預注："司宮，奄臣；巷伯，寺人。皆掌宮内之事。"楊伯峻："司宮即《周禮》之内小臣，爲宮内奄人之長……若清代之總管太監。"（楊伯峻：《春秋左傳注》，中華書局 1995 年版，第 962—963 頁）《詩經・大雅・瞻卬》："匪教匪誨，時維婦寺。"毛亨傳："寺，近也。"孔穎達疏："寺，即侍也，侍御者必近其傍，故以寺爲近。"
⑤ 《左傳・昭公五年》："以羊舌肸爲司宮。"杜預注："加宮刑。"朱熹《詩經集傳》卷五《巷伯》："班固《司馬遷》贊云：'跡其所以自傷悼，小雅巷伯之倫。'其意亦謂，巷伯本以被讒而遭刑也。"

〔五〕刖者使守囿

"刖者"即受刖刑的人。"囿"是古代君主或貴族圈占山林形成的自然園林,有許多動物以供狩獵。① 按照鄭玄的説法,刖者在狩猎時被安排在"囿"內驅趕禽獸,不需要快速行走就可勝任。② 《周禮》中有"囿人"之職,與此刖者守囿相關卻又不同。③

《太平御覽》引《周禮》稱"刖者使守門",④ 應是傳抄訛誤所致。但這個訛誤歪打正著。因爲多種文獻資料顯示,刖者守的是門而不是囿。⑤ 儒家典籍曾經認爲刖刑是反映刑,主要用於懲戒踰牆越關的行爲,⑥ 這可能與刖者守門現象有一定關聯。刖者斷足無法長期保持平衡直立,通常雙膝跪地,腰身挺直,所以稱爲刖跪或刖危。⑦ 古人在刖刑斷足的基礎上聯想出敲掉膝蓋的所謂臏刑,是否也與此有關呢?姑存俟考。

刖者守門形象頻繁出現在出土青銅器上。1975年內蒙古寧城小黑石溝出土的"刖刑守門奴隸方鼎"和1976年陝西扶風縣莊白村出土的西周中期"竊曲紋方鼎",底座中空,其開口旁有缺左小腿的守門人形象。1988

---

① 《説文解字·囗部》:"囿,苑有垣也。"《孟子·梁惠王下》稱,文王之囿七十里,齊宣王之囿方四十里。
② 《周禮·秋官司寇·掌戮》:"刖者使守囿。"鄭玄注:"斷足驅衛禽獸,無急行。"所以顏師古注:"驅御禽獸,無足可也。"
③ 《周禮·地官司徒·囿人》:"囿人掌囿游之獸禁。牧百獸。祭紀、喪紀、賓客,共其生獸死獸之物。"賈公彥疏:"云'禁者其蕃衛也'者,即非守門者也。其守門則墨者,故《閽人》云:'王宮每門四人,囿游亦如之。'鄭云'墨者使守門'是也。"
④ 《太平御覽》卷六四八《刑法部十四·刖》:"《周禮·秋官·司刑》職曰:'刖罪五百,刖者使守門。'"
⑤ 《晏子春秋·內篇·雜上》:"景公正晝,被髮,乘六馬,御婦人以出正闈,刖跪擊其馬而反之。"《韓非子·內儲説下》:"齊中大夫有夷射者,御飲於王,醉甚而出,倚於郎門,門者刖跪請曰:'足下無意賜之餘瀝乎?'夷射曰:'叱去!刑餘之人,何事乃敢乞飲長者?'"《韓非子·外儲説左下》:"孔子相衛,弟子子皋爲獄吏,刖人足,所刖者守門。"《太平御覽》卷六四八《刑法部十四·刖》引《家語》:"季羔爲衛士師,刖人之足。俄而衛亂,季羔逃,刖者守門焉。"
⑥ 《周禮·秋官司寇·司刑》:"刖罪五百。"鄭玄注引《尚書大傳》:"決關梁、逾城郭而略盜者,其刑臏。"
⑦ 《釋名·釋姿容》:"跪,危也,兩膝隱地,體危阢也。"這種跪姿也稱長跪或跽,表示恭敬。《説文解字·足部》:"跽,長跪也。"《釋名·釋姿容》:"跽,忌也,見所敬,忌不敢自安也。"

年陝西寶雞茹家莊窖藏出土西周中期"刖人守門鼎"有缺左小腿和右臂的守門人形象。1989年山西聞喜縣上郭村出土"青銅輓車"有缺左小腿並拄拐杖的守門人形象。考古工作者將之命名爲"刖人守囿",應該是受到《周禮》和《漢志》的誤導。此外,故宮博物院藏西周中期或晚期的"方形銅鬲"有缺左小腿的守門人形象。旅順博物館藏西周"刖刑守門奴隸銅鬲"有缺左小腿、左手持拐的守門人形象。① 正如有的青銅器命名那樣,這些刖者是否因犯罪而被刖目前還不能確定。不過,許多刖者淪爲奴隸從事守門或負重的勞役應是普遍現象。前引《莊子·德充符》中的三個刖者都是自由民,這應屬於例外。

〔六〕**完者使守積**

"完"字在《周禮》作"髠"。"髠"本義是剃髮,後引申爲一種刑罰。② 實踐中常用刀割髮,並要保證其不能超過一定長度。③ 1976年山東諸城縣涼臺村東漢墓出土的石畫像顯示髠的執行方式:一手抓住頭髮,一手拿刀割。④ 畫像石顯示被髠之後是光頭形象,但只用長達半米左右的刀似乎很難操作。顧頡剛認爲,髠是剃去周遭之髮,以頂髮作辮。⑤ 這恐不符合

---

① 參見王文超:《從西周銅鬲上刖刑守門奴隸看"克己復禮"的反動本質》,載《文物》1974年第4期;胡留元、馮卓慧:《西周刖刑》,載《法律科學(西北政法學院學報)》1984年第1期;陳安利:《考古資料所反映的商周刖刑》,載《文博》1985年第6期;張崇寧:《"刖人守囿"六輪挽車》,載《文物季刊》1989年第2期;徐紹峰:《刖刑相關問題探析》,載《中國國家博物館館刊》2012年第1期。
② 《説文解字·髟部》:"髠,剃髮也。"
③ 《晉書·刑法志》:"諸重犯亡者,髮過三寸輒重髠之。"(《太平御覽》卷六四八《刑法部十四·論肉刑》引王隱《晉書》同)《太平御覽》卷六四二《刑法部八·徒》引孔融《肉刑論》:"語所謂'洛陽豪徒韓伯密,加笞三百不中一,髠頭至耳髮詣膝'。此自爲刑,非國法之意。"居延漢簡第40·1簡:"大奴馮宣,年廿七八歲,中壯,髮五六寸,青黑色,毋須,衣皁袍白布絝,履白革烏,持劍亡。"(謝桂華、李均明、朱國炤:《居延漢簡釋文合校》,文物出版社1987年版,第68頁)又可參見劉海年:《秦漢刑罰考析》,載中華書局編輯部編:《雲夢秦簡研究》,中華書局1981年版,後收於劉海年:《戰國秦代法制窺管》,法律出版社2006年版;劉洋:《"髠刑"的法人類學考察》,載《雲南大學學報(法學版)》2008年第6期;劉洋:《"髠刑"探源:以法人類學爲視角》,載《北方法學》2009年第5期。
④ 參見任日新:《山東諸城漢墓畫像石》,載《文物》1981年第10期;黃展嶽:《記涼臺東漢畫像石上的"髠笞圖"》,載《文物》1981年第10期;王恩田:《諸城涼臺孫琮畫像石墓考》,載《文物》1985年第3期。圖詳下文。
⑤ 顧頡剛:《史林雜識》"贅壻"條、"披髮左衽"條,中華書局1963年版,第107、152頁。

實情。

　　基於宗教、①醫學、②倫理③和審美④等文化觀念的考慮，古人非常看重髮須，甚至以法律手段懲治割拔別人須髮的行爲。⑤ 這是髡作爲刑罰的邏輯基礎。與前述各種刑名一樣，髡存在私刑與法定刑之別。其作爲私刑主要存在於主奴或父母子女之間，而且受法律保護。⑥

　　與髡類似的，還有只刮去鬚須的耐，刑罰等級輕於髡。⑦ 戰國秦漢時直接針對身體的刑罰可分爲三等：一是剝奪生命的"殺"，二是傷害肢體皮膚的"刑"，三是只涉及毛髮的"髡"和"耐"。"殺""刑"殘酷且不可逆，"髡""耐"只及於毛髮且可以恢復，因"不虧其體"而稱爲"完"。⑧ "完"字本義爲

---

① 《魏書·靈徵志上》："太和元年五月辛亥，有狐魅截人髮。""熙平二年自春，京師有狐魅截人髮，人相驚恐。"《北史·齊本紀下》：武平四年正月 "有狐媚，多截人髮"。［美］孔飛力《叫魂——1768年中國妖術大恐慌》(生活·讀書·新知三聯書店 2012 年版)也以此類妖術的社會影響爲研究起點。
② 《黃帝内經·素問·六節藏象論》："腎者，主蟄，封藏之本，精之處也，其華在髮，其充在骨。"《黃帝内經·靈樞·陰陽二十五人》有長文論述氣血與毛髮的關係，文繁不錄。
③ 《孝經·開宗明義章》："身體髮膚，受之父母，不敢毁傷，孝之始也。"《太平御覽》卷六四二《刑法部八·徒》引《風俗通》曰："今遭刑者髡首剔髮，身被加笞，新出狴犴，臭穢不潔。凡祭祀者，孝子致齋，貴馨香如親存也。時見子被刑，心有惻愴，緣生事死，恐明不歆承，當不上能饜。"
④ 《漢書·高帝紀上》："高祖爲人，隆準而龍顔，美須髯。"《樂府詩集·陌上桑》："爲人潔白皙，鬑(lián)鬑頗有須。"《南史·褚彥回傳》："君鬚髯如戟，何無丈夫意？"《太平御覽》卷六四九《刑法部十五·髡》引《風俗通》曰："秦始皇遺蒙恬築長城，徒士犯罪，亡依鮮卑山，後遂繁息，今皆髡頭衣褐，亡徒之明效也。"
⑤ 《法律答問》簡 81："或與人鬭，縛而盡拔其須眉(眉)，論可(何)殹(也)，當完城旦。"簡 82："拔人髮，大可(何)如爲'提'？ 智(知)以上爲'提'。"簡 84："士五(伍)甲鬭，拔劍伐，斬人髮結，可(何)論？ 當完爲城旦。"(睡虎地秦墓竹簡整理小組：《睡虎地秦墓竹簡》，第 112、113 頁)《唐律疏議·鬭訟》"鬭毆傷人"條："傷及拔髮方寸以上，杖八十。""鬭毆折齒毁耳鼻"條："疏議曰：……及髡截人者：各徒一年半。其髡髮不盡，仍堪爲髻者，止當拔髮方寸以上，杖八十。若因鬭髡髮，遂將入己者，依賊盜律。"
⑥ 《法律答問》簡 103："子盜父母、父母擅殺、刑、髡子及奴妾，不爲'公室告'。"簡 104："主擅殺、刑、髡其子、臣妾，是謂'非公室告'，勿聽。而行告，告者罪。"(睡虎地秦墓竹簡整理小組：《睡虎地秦墓竹簡》，第 117、118 頁)長春按：又如前引居延漢簡大奴馮宣"髮五六寸"，應該都是針對奴婢的私刑。其與針對犯罪行爲的法定刑罰有所區別。
⑦ 《説文解字·而部》："而，頰毛也。象毛之形。"段玉裁注："頰毛者，須部所謂髯須之類耳。"又："耏，罪不至髡也。"段玉裁注："耐之罪輕於髡。髡者，剔髮也。"
⑧ 《説文解字·宀部》："完，全也。"《周禮·秋官司寇·掌戮》："髡者使守積。"鄭司農注："髡當爲完，謂但居作三年，不虧體者也。"此處顔師古本於鄭司農。

保全,髡、耐相對於肉刑而言都可以説是"完"。但作爲正式的法律刑名,"完"在秦及漢初特指"髡","完城旦舂"即附加髡頭、戴鉗的勞役刑。①"完"也可以作爲"完城旦舂"的省稱。漢文帝廢肉刑後,剃頭髮的刑名恢復爲其本稱"髡","完"轉而指刮去鬢須的"耐"(詳見後文)。鄭衆、班固以"完"代"髡",符合前一階段的情況,不符合後一階段的情況。應劭注《漢書》則曾按照後期情況理解前期情況。②

"積"本義是堆積,引申爲儲藏物資的地方,亦即倉庫。③ 鄭玄認爲,髡是適用於王族的替代刑,所以髡者被安置到隱蔽的倉庫以便維護王族體面。④ 此説合於儒學經義,但似無實例佐證。

【原文】

其奴,男子入於罪隸,_{李奇曰:"男女徒總名爲奴。"}女子入舂槀。_{孟康曰:"主暴燥舂之也。"韋昭曰:"舂,舂人;槀,槀人也。給此二官之役。"師古曰:"槀音古老反。"}凡有爵者,與七十者,與未齓者,皆不爲奴。_{師古曰:"有爵,謂命士以上也。齓,毁齒,男子八歲,女子七歲而毁齒矣。自此以上,司屬所職也。"}

【考釋】

〔一〕其奴,男子入於罪隸,女子入舂槀

"奴"即奴隸。古代奴隸的來源主要有二:一是戰俘或劫掠的平民,主要針對外族、外邦乃至外地人;二是罪犯及其家屬,主要針對本族或本邦人。古代殘害奴隸身體的私刑,是懲罰犯罪的法定刑的起源之一。這些法定刑後來又成爲認定新奴隸的標誌。班固此處化用於《周禮·秋官司

---

① 在漢文帝以前,髡與城旦舂合用,耐與鬼薪白粲、隸臣妾、司寇、候合用。雲夢龍崗秦簡有"人及虛租希(稀)呈者,耐城旦舂,□□□□"(中國文物研究所、湖北省文物考古研究所編:《龍崗秦簡》,中華書局 2001 年版,第 116 頁)。但張新超認爲其斷句有誤,"耐"與"城旦舂"不屬於同一句(張新超:《秦代"城旦舂"考辨——兼論秦律的一些特點》,載《史學月刊》2014 年第 10 期)。除此以外,未見耐與城旦舂合用使用的情況。
② 《漢書·高帝紀下》:"今郎中有罪耐以上請之。"應劭注:"輕罪不至於髡,完其耏鬢,故曰耏。"此處的"完"字特指剃刑的動作,即刮剃鬢髮鬍鬚。
③ 《說文解字·禾部》:"積,聚也。"段玉裁注:"禾與粟皆得稱積,引申爲凡聚之稱。"
④ 《周禮·秋官司寇·掌戮》:"髡者使守積。"鄭玄注:"玄謂此出五刑之中而髡者,必王之同族不宮者。宮之爲翦其類,髡頭而已。守積,積在隱者宜也。"

寇・司厲》，把"奴"視為罪人及其家屬，其說影響十分深遠。①

這句是說，因罪沒入官府為奴，男子屬於"罪隸"，主要從事雜役；女子屬於"舂人""槁人"，負責舂米以供祭祀飲食。雖然《周禮》的官名未必屬實，但古代僕役男女有別則是基本事實。只不過，古代犯罪處刑的勞役內容豐富，不限於官府雜役或舂米做飯。王念孫認為"女子入"後也應有"於"字。② 其說可從。

〔二〕**有爵者**

"爵"本義是裝酒的禮器，後引申為爵位等級。西周實行分封制，有五等爵制。③ 在王畿和諸侯國內，又有卿、大夫、士等爵位。顏師古注把此處"有爵"解釋為"命士以上"，是禮經和禮學家的說法，④反映儒家禮法的"尊尊"精神，卻未必符合西周史實。

春秋戰國時有多種爵制，以秦國爵制影響最大。商鞅變法的十七等爵後發展為二十等爵，一直延用到漢代。由低到高依次是：公士、上造、簪裊、不更、大夫、官大夫、公大夫、公乘、五大夫、左庶長、右庶長、左更、中更、右更、少上造、大上造（大良）、駟車庶長、大庶長、關內侯、徹侯。⑤ 有爵者享受各級優待，但沒有絕對刑事豁免權。⑥

〔三〕**七十者，未齔者**

"七十者"即年滿七十歲的人。古人認為七十歲是衰老之年、退休之

---

① 《說文解字・女部》："奴、婢，皆古之辠人也。《周禮》曰：'其奴，男子入於辠隸，女子入於舂槁。'"《周禮・秋官司寇・司厲》"其奴，男子入於罪隸，女子入於舂槁"鄭司農注、鄭玄注、賈公彥疏以及《尚書・費誓》"汝則有無餘刑，非殺"孔穎達疏略同，文繁不錄。
② （清）王念孫：《讀書雜誌・漢書第四》"入舂槁"條。
③ 周代五等爵，有兩種說法。《禮記・王制》："王者之制禄爵，公、侯、伯、子、男凡五等。"《孟子・萬章下》："天子一位，公一位，侯一位，伯一位，子男同一位，凡五等也。"
④ 《禮記・內則》："由命士以上，父子皆異宮。"《周禮・秋官司寇・司厲》："凡有爵者與七十者與未齔者，皆不為奴。"鄭玄注："有爵，謂命士以上也。"
⑤ 參見《商君書・境內》《漢書・百官公卿表・序》。高敏考證，西漢前期還有"卿"的殘留，但影響不大。參見高敏：《從〈二年律令〉看西漢前期的賜爵制度》，載《文物》2002年第9期。
⑥ 《商君書・境內》："能得甲首一者，賞爵一級，益田一頃，益宅九畝。"《二年律令》簡82："上造、上造妻以上，及內公孫、外公孫、內公耳玄孫有罪，其當刑及當為城旦舂者，耐以為鬼薪白粲。"簡83："公士、公士妻及□□□行年七十以上，若年不盈十七歲，有罪當刑者，皆完之。"張家山二四七號漢墓竹簡整理小組：《張家山漢墓竹簡（二四七號墓）》，第20—21頁）

年、不逾矩之年,①所以法律給以寬待。"齓",又作齠(tiáo),本義是換牙,引申爲換牙的年紀,即女子七歲、男子八歲。②"未齓者"作爲幼童,同樣享受法律的照顧。③

《周禮》説七十歲以上、七(八)歲以下都不爲奴,《禮記》説八十歲以上、七歲以下不加刑。這些都是禮經的制度設計,未必符合周代史實,卻足以反映儒家法理念的人道精神和矜恤原則。這種精神原則又通過法律儒家化進程而滲透到現實的法律之中。④ 其意義因此而得以彰顯。

第三節

【原文】

周道既衰,穆王眊荒,命甫侯度時作刑,以詰四方。師古曰:"穆王,昭王之子也,享國既百年,而王眊亂荒忽,乃命甫侯爲司寇,商度時宜,而作刑之制,以治四方也。甫,國名也。眊音莫報反。度音大各反。"

【考釋】

〔一〕穆王眊荒

"穆王"即周穆王(約前 1026 年—約前 922 年),姬姓,名滿,又稱"穆

---

① 《黃帝内經·靈樞·天年》:"七十歲,脾氣虛,皮膚枯。"《禮記·曲禮上》:"七十曰老,而傳。"鄭玄注:"傳家事,任子孫。"又:"大夫七十而致事。"鄭玄注:"致其所掌之事於君而告老。"《白虎通義·致仕》:"臣年七十懸車致仕者,臣以執事趨走爲職,七十陽道極,耳目不聰明,跂踦之屬,是以退去避賢也,所以長廉遠恥也。"《論語·爲政》:"七十而從心所欲,不逾矩。"
② 《黃帝内經·素問·上古天真論》:"女子七歲,腎氣盛,齒更髮長……丈夫八歲,腎氣實,髮長齒更。"《說文解字·齒部》:"齓,毀齒也。男八月生齒,八歲而齓;女七月生齒,七歲而齓。"《韓詩外傳》卷一略同。此處顏師古注與《周禮》"未齓者"鄭玄注同作此解。
③ 《禮記·曲禮上》:"八十、九十曰耄,七年曰悼。悼與耄,雖有罪,不加刑焉。"《周禮·秋官司寇·司厲》:"凡有爵者與七十者與未齓者,皆不爲奴。"賈公彦疏:"《曲禮》云:'悼與耄,雖有罪,不加刑焉。'是未齓不加刑,又不爲奴。若七十者,雖不爲奴,猶加其刑。至八十始不加刑,以其八十九十始名耄故也。"
④ 《周禮·秋官司寇·司刺》:"壹赦曰幼弱,再赦曰老旄。"鄭司農注:"幼弱、老旄,若今律令年未滿八歲,八十以上,非手殺人,他皆不坐。"

天子",周昭王之子,西周第五位君主,在位時間長達55年。"眊(mào)"通"耄",本義是眼花,引申爲年老、糊塗。① "眊荒"即年老昏瞶。

班固此處化用自《尚書·呂刑》,但有斷章取義之嫌。《尚書》原文說周穆王"耄荒"只是欲揚先抑,重在讚揚穆王,肯定呂侯制刑。② 班固此處卻說,周道已衰,穆王年老昏瞶,所以呂侯制刑,似是不得已而爲之,原本讚揚與肯定的意思消失無蹤。班固這樣表述,往小了說,是爲了附會《周禮》"建三典以刑邦國"的說法;往大了說,蘊含著世風日下、王道日衰的歷史觀念,是在爲後文主張仿古爲制、恢復肉刑蓄勢鋪墊。

把穆王時期定義爲"周道衰"的說法來自司馬遷。③ 但在司馬遷的行文中,從昭王、穆王到共王、懿王,王道頗有起伏,④不像班固此處所說穆王以下一蹶不振。但班固的說法對後世的法律敘事影響更大。⑤

〔二〕命甫侯度時作刑

"命"即王命,可以分爲兩種:一是周王針對具體事項發出的具體指令或册命,因爲事項特定所以無法重複適用;二是周王對某類事項作出的抽象規定,可以適用於不特定的主體,屬於西周時期三大法律淵源之一。⑥ 此處的王命屬於前者,並非一種法律淵源。

---

① 《説文解字·目部》:"眊,目少精也。從目毛聲。《虞書》耄字從此。"《禮記·曲禮上》:"八十、九十曰耄。"鄭玄注:"耄,惛忘也。"孔穎達疏:"'惛忘'即'僻謬'也。"
② 《尚書·呂刑》:"惟吕命,王享國百年,耄荒。"僞孔傳:"言呂侯見命爲卿,時穆王以享國百年,耄亂荒忽。穆王即位過四十矣,言百年,大其雖老而能用賢以揚名。"
③ 《史記·匈奴列傳》:"其後二百有餘年,周道衰,而穆王伐犬戎,得四白狼四白鹿以歸。自是之後,荒服不至。於是周遂有甫刑之辟。"
④ 《史記·周本紀》:"昭王之時,王道微缺……穆王即位,春秋已五十矣,王道衰微。穆王閔文武之道缺,乃命伯冏申誡太僕國之政,作冏命。復寧。穆王將征犬戎……得四白狼四白鹿以歸。自是荒服者不至。諸侯有不睦者,甫侯言於王,作修刑辟……命曰甫刑……懿王之時,王室遂衰,詩人作刺……宣王即位,二相輔之,修政,法文、武、成、康之遺風,諸侯復宗周。"司馬遷的看法可能來自董仲舒。《漢書·董仲舒傳》載董氏曰:"夫周道衰於幽厲,非道亡也,幽厲不繇也。至於宣王,思昔先王之德,興滯補弊,明文武之功業,周道粲然復興,詩人美之而作,上天祐之,爲生賢佐,後世稱誦,至今不絶。"
⑤ 《魏書·刑罰志》:"周道既衰,穆王荒耄,命呂侯度作祥刑,以詰四方,五刑之屬增矣。"
⑥ 王沛認爲,西周時期法律淵源大體可以分爲三類:君主的命令、因襲的習俗、盟誓的約束。參見王沛:《黄老"法"理論源流考》,第21頁。

"甫侯"即吕侯。① 根據《尚書》注家的説法,吕侯當時以三公身份領司寇,因而得以主持此次立法活動。② 根據出土文獻,西周中央官職可分爲卿事寮和太史寮兩個系統,其中負責兵、刑事務的官職出自卿事寮,並不存在以"司寇"爲名的法官系統。③ 而王沛根據出土"吕簋"銘文指出,吕侯所任官職應爲由其家族所世襲的奠師氏,掌管西周王朝的斷獄刑戮之事。④

"度(duó)時作刑"即審時度勢,根據形勢需要制定新的刑法制度。⑤

【原文】

墨罰之屬千,劓罰之屬千,髕罰之屬五百,宮罰之屬三百,大辟之罰其屬二百。師古曰:"髕罰,去膝頭骨。大辟,死刑也。髕音頻忍反。"五刑之屬三千,師古曰:"五者之刑凡三千。"蓋多於平邦中典五百章,所謂刑亂邦用重典者也。

【考釋】

〔一〕墨罰之屬千,劓罰之屬千,髕罰之屬五百,宮罰之屬三百,大辟之罰其屬二百

班固此處文字截取自《吕刑》,但省掉了其上文的重要内容,容易讓人誤解。

在原文中,這句話之前有罪疑從贖的基本原則和具體規定。法官根據當事人的庭審之辭進行綜合判斷,然後確定被告是否應該入於五刑。如果證據和控辭確鑿無疑,就判處"五刑"。如果證據或控辭可疑但又無

---

① 《尚書·吕刑》"吕刑"僞孔傳:"後爲甫侯,故或稱《甫刑》。"
② 《尚書·吕刑》"吕命"僞孔傳:"吕侯見命爲天子司寇。"孔穎達疏:"鄭玄云:'吕侯受王命,入爲三公。'引《書説》云:'周穆王以吕侯爲相。'《書説》謂書緯,《刑德放》之篇有此言也。以其言'相',知爲三公。即如鄭言,當以三公領司寇,不然,何以得專王刑也。"
③ 參見李力:《〈九刑〉、"司寇"考辨》,載《法學研究》1999年第2期;徐祥民:《春秋時期的司寇是法官嗎?》,載《鄭州大學學報(哲學社會科學版)》2002年第1期;朱騰:《也論先秦時代的司寇》,載《法學家》2015年第2期;黄海:《論中國古代專職法官在戰國時期的出現》,載《華東政法大學學報》2019年第2期。
④ 參見王沛:《金文法律資料考釋》,第243—246頁。
⑤ 《尚書·吕刑》:"度作刑以詰四方。"僞孔傳:"度時世所宜,訓作贖刑,以治天下四方之民。"

法確定無罪,就采用"五罰",出金贖罪。如果采用"五罰"還不合理,就判定其爲"五過",予以赦免。① "五刑"轉爲"五罰"的具體標準是:墨刑—百鍰(huán)、劓刑—二百鍰、剕刑—五百鍰、宫刑—六百鍰、大辟刑—千鍰。

"墨罰之屬千"是"五罰"中"墨罰"的條目數量,而非"墨刑"的條目數量。根據《吕刑》原文,此處"墨罰"應爲"墨刑"。其餘四項同理。按照《尚書》的説法,"五刑"與"五罰"一一對應,根據"五罰之屬"的數目可以推算出當時"五刑之屬"總數三千條。顔師古注把"髌罰"混同於"髌刑","大辟之罰"混同於"大辟之刑",所以忽略了其改判罰鍰的意思。② 况且即便是用"去膝頭骨"解釋"髌刑"也不準確(説詳前文)。

〔二〕多於平邦中典五百章,所謂刑亂邦用重典者也

"五百章"即五百條。"章"作爲量詞,既表示自然段落,也表示條目文字。此處取其後義,可釋爲"條"(説詳後文)。

"平邦中典"即《漢志》前文的"墨罪五百,劓罪五百,宫罪五百,剕罪五百,殺罪五百"。但在《周禮》原文中,大司寇掌建邦之三典,只説"刑新國用輕典、刑平國用中典、刑亂國用重典",但没有説何爲輕典、中典和重典,也没有把二千五百條與中典聯繫在一起。

"五刑"的條數,《周禮》説有"二千五百條",《尚書》説有"三千條"。③ 兩種説法各有語境,互不隸屬,自然不相一致。班固嘗試把二者糅在一起,就以《周禮》三典爲理論框架,把"三千條"定爲重典,"二千五百條"定爲中典。這種融匯貫通的理論嘗試固然有其價值,但也難免斷章取義、穿鑿附會之嫌。一方面,在《尚書·吕刑》原文中,從五刑之屬三千到五罰之屬三千,再到疑罪從贖的原則和規則,被贊爲"祥刑",④與班固所謂"亂世

---

① 《尚書·吕刑》:"兩造具備,師聽五辭。五辭簡孚,正於五刑。五刑不簡,正於五罰。五罰不服,正於五過……五刑之疑有赦,五罰之疑有赦,其審克之。"僞孔傳:"五辭簡核,信有罪驗,則正之於五刑。不簡核,謂不應五刑。當正五罰,出金贖罪。不服,不應罰也。正於五過,從赦免……刑疑赦從罰,罰疑赦從免。"孔穎達疏解釋更爲詳盡,文繁不録。
② 《尚書·吕刑》:"墨之屬千……五刑之屬三千。"孔穎達疏:"别言罰屬,合言刑屬,明刑罰同屬,互見其義以相備也。"長春按:孔疏對"五刑"與"五罰"也有混淆之嫌。
③ 《孝經·五刑章》:"五刑之屬三千,而罪莫大於不孝。"長春按:這應該是在《尚書》基礎上的發揮。
④ 《尚書·吕刑》:"王曰:'吁!來,有邦有土,告爾祥刑……'"

重典"似乎並不相關。另一方面,班固定"三千條"爲重典,只看到其總數多,卻忽視了其重刑(包括死刑、宫刑)數量少的事實。相比之下,"二千五百條"的説法把輕重不一的刑罰都定爲整齊劃一的五百條才更不合理。漢代人在批判當時法律繁重的時候,常把《尚書》"五刑之屬三千"尤其是其中"大辟二百"的説法作爲理想標準,進而提出删減罪條尤其是死罪條款的改革主張。① 可見當時許多人並不把"三千條"視爲亂世重典。但後世史家似乎卻更認同班固的説法。② 這同時也反映出漢代前後《尚書》與《周禮》在法律方面影響力的升降。在此過程中,《漢志》發揮了極大作用。

進一步而言,《漢志》前後文也有自相矛盾之處。在《漢志》的末尾,班固主張效法古制恢復肉刑,恢復刑罰"三千章"。但在描述他所生活的東漢前期社會法制狀況的時候卻説:"自建武、永平,民亦新免兵革之禍,人有樂生之慮,與高、惠之間同,而政在抑彊扶弱,朝無威福之臣,邑無豪桀之俠。以口率計,斷獄少於成、哀之間什八,可謂清矣。"即便他認爲當時"未能稱意比隆於古",恐怕也不可能將之稱爲"亂邦"。

---

① 參見《鹽鐵論·刑德》《後漢書·陳寵傳》以及《漢志》後文。文繁不録。
② 《魏書·刑罰志》:"周道既衰,穆王荒耄,命吕侯作祥刑,以詰四方,五刑之屬增矣。"《唐律疏議·名例》:"《周禮》:'司刑掌五刑。'其屬二千五百。穆王度時制法,五刑之屬三千。周衰刑重。"

第九章
春 秋 之 時

【主旨】

本章拼接儒家經典的文獻材料,連綴成簡略的春秋法制史。具體分爲兩節:第一節,引用《左傳》中有關鑄刑書問題的爭論,通過行文表達褒貶。第二節,引用《論語》中的三條語錄側面勾勒春秋時期的法制狀況,進一步强調王道教化的衰微。

第一節

【原文】

春秋之時,王道寖壞,教化不行,師古曰:"寖,漸也。"子産相鄭而鑄刑書。師古曰:"子産,鄭大夫公孫僑也。鑄刑法於鼎,事在昭六年。"

【考釋】

〔一〕王道寖壞,教化不行

"王道寖壞"即先王之道逐漸淪落敗壞。

"教"本義是通過示範、指導和督促而向兒童傳授技能本領,後泛指教育、引導。① 中國古代的爲政理念多不把民衆當作僵化死板的客觀對象,不僅依靠權力推行政令,而且注重對民衆思想意識和生活方式的改造,此即所謂"政教"。"政"的手段偏强硬,硬中有軟;"教"的手段偏柔和,軟中

---

① 《説文解字·教部》:"教,上所施下所效也。"

帶硬。春秋以後的不同政法理論對"政教"提出不同主張。道家主張"不言之教",弱化"政"的作用,簡化"教"的手段。① 法家主張"以法爲教",只重服從法令,不講説服感化。② 儒家主張雙管齊下,以德禮教化爲本,以政令刑罰爲輔,強調二者的内在聯繫和良性互動。③ 儒家的"政教"理論内涵豐富,包括多個層次、多重環節、多種方式。按照儒家的理論設計,"教"包括技能訓練、言行規範和價值引導等不同層面,有詩教、禮教、樂教等不同方式,有開設學校、旌善榜間、完善禮儀等具體做法,還包括增加人口、改善民生等前期工作。這是一個目標宏遠、深入系統的社會工程。④

"化"即漸進、隱形的性質轉變。"教化"是指通過系統周密的"教",實現民衆緩慢深刻的"化"。⑤ 儒家"教化"的主題是仁義、孝悌、忠信、敬讓等道德倫理範疇。⑥ 西漢中期以後,儒家"教化"思想日益受到推崇。⑦ 但由

---

① 《老子》第二章:"是以聖人處無爲之事,行不言之教,萬物作焉而不辭,生而不有,爲而不恃,功成而不居。"第四十三章:"天下之至柔,馳騁天下之至堅。無有入無間,吾是以知無爲之有益。不言之教,無爲之益,天下希及之。"
② 《商君書·定分》:"吏民欲知法令者,皆問法官,故天下之吏民,無不知法者。"《韓非子·五蠹》:"故明主之國,無書簡之文,以法爲教;無先王之語,以吏爲師;無私劍之捍,以斬首爲勇。是境内之民,其言談者必軌於法,動作者歸之於功,爲勇者盡之於軍。"
③ 《論語·爲政》:"子曰:'道之以政,齊之以刑,民免而無恥。道之以德,齊之以禮,有恥且格。'"《唐律疏議·名例》:"莫不憑黎元而樹司宰,因政教而施刑法……德禮爲政教之本,刑罰爲政教之用,猶昏曉陽秋相須而成者也。"
④ 《論語·學而》:"《書》云:'孝乎惟孝,友於兄弟,施於有政。'是亦爲政,奚其爲爲政?"《孟子·梁惠王上》:"明君制民之産,必使仰足以事父母,俯足以畜妻子,樂歲終身飽,凶年免於死亡……五畝之宅,樹之以桑,五十者可以衣帛矣。雞豚狗彘之畜,無失其時,七十者可以食肉矣,百畝之田,勿奪其時,八口之家可以無饑矣。謹庠序之教,申之以孝悌之義,頒白者不負戴於道路矣。"《禮記·經解》:"孔子曰:'入其國,其教可知也。其爲人也,温柔敦厚,《詩》教也;疏通知遠,《書》教也;廣博易良,《樂》教也;潔静精微,《易》教也;恭儉莊敬,《禮》教也;屬辭比事,《春秋》教也。'"
⑤ 《禮記·經解》:"故禮之教化也微,其止邪也於未形。"
⑥ 《詩經·周南·關雎·序》:"風,風也,教也。風以動之,教以化之……先王以是經夫婦,成孝敬,厚人倫,美教化,移風俗。"孔穎達疏對此有長篇論述,文繁不錄。長春按:把教化思想融入官政系統達到登峰造極程度的理論設計非《周禮》莫屬。其中最引人矚目的是,作爲"六官"之一的地官司徒系統專門掌管教化,不僅列出一系列富民、教民的手段、方式和内容,而且設置數量極爲龐大的屬員編制。地官司徒所領屬官職位與其他四官系統(冬官司空除外)一致,都是六十,其員額卻多達四萬一千六百九十五人,遠遠超出其餘四官所領屬官員額的總合(一萬五千三百八十四人)。這種數量比例的極端對比,正説明該書作者對儒家教化理念的拳拳服膺。
⑦ 《鹽鐵論·授時》:"是以王者設庠序,明教化,以防道其民。"《漢書·董仲舒傳》:(轉下頁)

於工程巨大，周期較長，操作難度大，資源成本高，比較依賴治理者的品質能力，所以"教化"更多是一種美好的理想，落到實踐往往容易虛化、走形。①

以西周爲代表的所謂"三代"是儒家"王道""教化"理想投射的載體，實際上並非完美的理想國度。班固此處大體取義於儒家理論，把西周中期以後的歷史描述成王道逐漸衰落、教化逐漸墮落的過程，有明顯的"是古非今"傾向，意在批評當代弊端。

〔二〕子產相鄭

"子產"即公孫僑（？—前 522 年），字子產，又字子美，春秋時鄭國的政治家、思想家。鄭穆公（前 649 年—前 606 年）十三子中的七個發展成爲左右鄭國局勢的政治家族，稱爲"七穆"，類似魯國的"三桓"。"七穆"的後代在鄭國長期把持大權，輪流執政。其中，公子發（字子國）一支發展爲"國氏"。子產就是子國的兒子，所以又稱國僑。

"相"（xiàng）本義是察看，後引申爲輔助君主、主持政事，②又常表述爲"爲""爲政""聽政""知政"，在鄭國的地位僅次於同爲執政卿的"當國"。③ 鄭簡公二十三年（前 543 年），子產出任鄭國爲政。班固在轉錄《左傳》原文時加入了"子產相鄭"四字作爲背景。這個措辭可能化用自叔向信中的"今吾子相鄭國"一句。

子產主持鄭國事務二十年間，很有作爲。對內方面，他先後推行田制改革（"作田洫"）、賦役改革（"作丘賦"）、法制改革（"制參辟""鑄刑書"），

（接上頁）"古之王者明於此，是故南面而治天下，莫不以教化爲大務。"《續漢書·百官志五》："凡有孝子順孫，貞女義婦，讓財救患，及學士爲民法式者，皆匾表其門，以興善行。"

① 例如，東漢禮法之治以名、孝爲教，湧現出大量名士、孝子。天子詔書偏恩孝悌，人才選舉推優孝廉，地方官員發布教榜，民間提倡誦念《孝經》。這種文化氛圍催生出大量偽士、偽孝，與所謂"王道教化"相去甚遠。甚至出現以《孝經》平亂退敵的鬧劇。《後漢書·獨行傳·向栩》："會張角作亂，栩上便宜，頗譏刺左右，不欲國家興兵，但遣將於河上北向讀《孝經》，賊自當消滅。"

② 《説文解字·目部》："相，省視也。"《左傳·襄公三十一年》："子產相鄭伯以如晉。"這裏的"相"是陪同、輔助的意思。《左傳·襄公三十年》："善相之。國無小，小能事大，國乃寬。"這裏的"相"是主持國家政務的意思。

③ 《左傳·襄公十九年》："鄭子孔之爲政也專，國人患之……鄭人使子展當國，子西聽政，立子產爲卿。"《國語·周語中》："若是而知晉國之政，楚越必朝。"韋昭注："知政，謂爲政也。"

有利於秩序穩定和國力增強。對外方面,他在晉、楚兩強的夾縫中依禮力爭,努力維護鄭國利益,展示出高超的外交才能和政治智慧。① 此外,他還留下許多有思想性的政治、法律乃至哲理言論。對於子產的治國才能和人格魅力,當時人就已給出"惠人""仁人""遺愛"的評價,後世更是讚譽有加。②

　　戰國以後的不少著作都曾提到子產殺鄧析一事。但這些説法要麽是寓言筆法,要麽是混淆史料,總之並不屬實。③

〔三〕鑄刑書

　　"書"本義是文字記録的動作,後引申爲文字、文本或檔案。先秦的"書"類文獻最常見的是政令文書,④有時也稱爲"志"。⑤ 後世流傳的《尚書》簡稱爲《書》,就是對政令文書進行彙編整理的成果。此外,古人還有對《夏書》《商書》《鄭書》《周書》等失傳古書的引用。⑥ 這些"書"類的政令文書,包含大量歷史傳説、神話故事、政治事例、理論觀念甚至文學修辭,不等同

---

① 參見周幹:《簡論子產》,載《浙江學刊》1999 年第 6 期;楊育坤:《子產治鄭》,載《西安教育學院學報》2003 年第 3 期。
② 《論語·憲問》:"或問子產,子曰:'惠人也。'"《左傳·昭公二十年》:"及子產卒,仲尼聞之,出涕曰:'古之遺愛也。'"《史記·鄭世家》:"二十三年,諸公子争寵相殺,又欲殺子產。公子或諫曰:'子產仁人,鄭所以存者子產也,勿殺!'乃止。"《史記·太史公自序》:"子產之仁,紹世稱賢。"《孔叢子·雜訓》:"以子產之仁愛,譬夫子其猶浸水之與膏雨乎⋯⋯子產死,鄭人丈夫舍玦佩,婦女舍珠瑱,巷哭三月,竽瑟不作。"
③ 子產殺鄧析的説法見於《荀子·宥坐》《列子·力命》《吕氏春秋·審應覽·離謂》《淮南子·氾論訓》《鹽鐵論·疾貪》《説苑·指武》等文獻。但這與《左傳》記載不符,應該屬於諸子寓言或者訛傳誤解。最早辨正此説的是劉向《鄧析書録》。有關《鄧析書録》作者的辨析,參見董英哲、劉長青:《鄧析書録作者考辨》,載《西北大學學報(哲學社會科學版)》1996 年第 2 期。有關子產殺鄧析事件的辨析,參見賈辰陽:《法家先驅鄧析之死考辯》,載《西南政法大學學報》2017 年第 5 期;劉亞男:《據清華簡〈良臣〉論〈左傳〉〈史記〉的一處矛盾》,載《史學史研究》2021 年第 3 期。
④ 《尚書·顧命》:"太史秉書,由賓階隮,御王册命。"西周"頌鼎"(現藏於故宮博物院)銘文:"尹氏授王命書,王呼史虢生册命頌。"
⑤ 《周禮·春官宗伯·小史》:"小史掌邦國之志。"鄭玄注:"志謂記也,《春秋傳》所謂《周志》,《國語》所謂《鄭書》之屬是也。"《春秋·文公二年》:"《周志》有之:'勇則害上,不登於明堂。'"杜預注:"《周志》,《周書》也。"長春按:《鄭書》不見於今本《國語》而見於《左傳》。《左傳》引今本《逸周書》也是或稱"周書"或稱"周志"。
⑥ 《左傳·僖公五年》:"《周書》曰:'皇天無親,惟德是輔。'"杜預注:"《周書》,逸《書》。"《左傳·襄公三十年》"《鄭書》有之曰:'安定國家,必大焉先。'"杜預注:"鄭國史書。"《左傳·昭公十四年》"《夏書》曰:'昏、墨、賊,殺。'"杜預注:"逸《書》。"《吕氏春秋·孝行覽·孝行》:"《商書》曰:'刑三百,罪莫重於不孝。'"

於法律，但又與法律有密切聯繫。許多法律的主旨原則和規範要素都蘊含在政令文書中，政令文書也往往是法律頒行的效力來源和啓動依據。這些當時頒行的政令文書在經過層累積澱、删削整理之後就成爲"文書故事"。①

國家政務各有類别，"書"也根據内容不同而有名目的區分。② 主要涉及法律的政令文書，稱刑書或法書。③《吕刑》就是周王發布的以贖刑爲核心内容的刑書。④ 叔向引用的《夏書》也被孔子稱爲刑書。⑤ 這裏子産所鑄的刑書也應與《吕刑》相當。⑥ 當時的"書"通常寫在竹木簡册上，刑書也不例外。⑦ 貴重的青銅器只能用作禮器，彰顯宗法祭祀的莊重和尊卑秩序

---

① "事"除抽象的"事情事務"和"人物事蹟"之外，還指具體有形的"簿書公文"。經過時間沉澱和陸續整理之後形成的"故事"，包含事蹟故事、典範先例、文書檔案。其中，典範先例常爲後世擇善而從，文書檔案則被法律文本所充分吸收，二者都與法律制度密切相關。參見鄧長春：《西晉法典體系研究》，中國政法大學出版社 2022 年版，第 212—225 頁。
② 《左傳·僖公二十八年》："《軍志》曰：'允當則歸。'"杜預注："《軍志》，兵書。"《國語·晉語四》："《禮志》有之曰：'……'"王捷："三代'刑書'均爲公文書。"（王捷：《清華簡〈子産〉篇與"刑書"新析》，載《上海師範大學學報（哲學社會科學版）》2017 年第 4 期）
③ （漢）焦贛《易林·乾之大畜》："典策法書，藏在蘭臺。"《宋書·自序》："凡中詔令悉在臺，猶法書、典書也。"《南齊書·孔稚珪傳》："法書徒明於帙裏，冤魂猶結於獄中。"《新唐書·刑法志》："唐之刑書有四，曰律、令、格、式。"又可參見樓勁：《魏晉南北朝隋唐立法與法律體系：敕例、法典與唐法系源流》，中國社會科學出版社 2014 年版，第 6 頁脚注。長春按："刑書""法書"在先秦一般是指法律相關的政令文書，後來也包含正式法律。但今人研究法律，應對二者加以區分。對"刑書"的進一步闡釋，可參見李勤通：《令格式何以稱刑書——〈新唐書〉"唐之刑書有四"解讀》，載《唐史論叢》第 22 輯，三秦出版社 2006 年版；後收入楊一凡、陳靈海主編：《重述中國法律史》第 2 輯，社會科學文獻出版社 2022 年版。
④ 《尚書》中的《吕刑》篇是對周王詔命文書《吕刑》的轉録。所謂"轉録"，一方面有其文本依據，肯定是以原文爲主，另一方面也有轉録者的增補、修飾或改寫。今人在利用《尚書·吕刑》考察古史時，對這兩方面情況都不能忽視。
⑤ 《左傳·昭公十四年》載仲尼曰："邢侯之獄，言其貪也，以正刑書，晉不爲頗。"
⑥ 李力："子産當時所'鑄刑書'（據説有三篇），其正式的法定名稱應爲'某刑'而非'刑書'，或與所謂《禹刑》《湯刑》《九刑》之類的名稱近似，但是當時其前面未必冠以'子産'之名。"（李力：《從法制史角度解讀清華簡［陸］〈子産〉篇》，載武漢大學簡帛研究中心：《簡帛》第 17 輯，上海古籍出版社 2018 年）長春按：李氏把子産鑄刑書與《吕刑》聯繫起來固然有理，但他認爲"'刑書'不是專門的法律篇名術語"不準確。因爲當時本無所謂"專門的法律術語"，即便是一項正式的法律文書也未必就有確定不變、表述嚴格的名稱。不同人在不同場合做出適合當時語境和上下文意的表述，也不足爲怪。
⑦ 《左傳·襄公十年》："子孔當國，爲載書，以位序聽政辟。大夫、諸司、門子弗順，將誅之。子産止之，請爲之焚書……乃焚書於倉門之外，衆而後定。"《左傳·哀公三年》："夏五月辛卯，司鐸火。……南宫敬叔至，命周人出御書，俟於宫……子服景伯至，命宰人出禮書，以待命。"這些"書"都怕火焚燒，極有可能都寫在簡牘上。

的森嚴。① 鄭簡公三十年(前536年),子產把刑書的重要內容鑄刻在青銅器皿上,突破了這種傳統,招致廣泛的批評。這就是法律史上熱議紛紜的"鑄刑書"事件。

傳統觀點認爲,刑書所鑄器皿是鼎。② 但此説近年來頗受質疑,理由有四:一是,刑書鑄於鼎並無當時的明文記載;二是,銘文大都鑄刻在鼎内,無法達到公示的效果;三是,當時的篆書金文古拙繁複,很難識讀轉抄,無法實現廣泛傳播;四是,金屬禮器並非常規的書寫載體,可以鑄刻的文字數量十分有限,無法俱載法律條文的全部内容。③

傳統觀點認爲,子產鑄刑書是中國古代公布成文法的開端。④ 其實,子產鑄刑書只是西周以來公布天子册命法律文書的衆多事例中的一個,根本談不上是"公布法"的開端。⑤

依筆者之見,如果説子產鑄刑書不存在公布成文法的問題,那麽學者對其鑄於鼎的質疑理由基本也就失效了。實際上,子產鑄刑書的要害不在於"布"而在於"公",不在於是否預設刑法或罪刑法定,而在於突破舊有

---

① 《左傳·成公二年》:"名以出信,信以守器,器以藏禮,禮以行義,義以生利,利以平民,政之大節也。"
② 《左傳·昭公六年》:"鄭人鑄刑書。"杜預注:"鑄刑書於鼎,以爲國之常法。"孔穎達疏:"傳直言'鑄刑書',知鑄之於鼎者,二十九年《傳》云:'晉趙鞅、荀寅賦晉國一鼓鐵,以鑄刑鼎,著范宣子所爲刑書焉。'彼是鑄之於鼎,知此亦是鼎也。"
③ 參見李零:《簡帛古書與學術源流》,生活·讀書·新知三聯書店2008年版,第51頁;[日]冨谷至:《漢唐法制史研究》,創文社2016年版,第15—16頁;王沛:《刑鼎、宗族法令與成文法公布——以兩周銘文爲基礎的研究》,載《中國社會科學》2019年第3期;朱騰:《從君主命令到令、律之別——先秦法律形式變遷史綱》,載《清華法學》2020年第2期;王沛:《三種史料中的子產鑄刑書》,載《光明日報》2021年2月24日第16版。
④ 亨利·梅因曾提出法律的發展有一個從秘密法到公開法的過程,並據此而認爲《十二銅表法》的公布是法典時代開始的標誌[[英]亨利·梅因:《古代法》,沈景一譯,商務印書館1996年版,第9—10頁]。穗積陳重在論證法律從"潛勢法"到"規範法"的轉變過程時,特別提出鄭國子產鑄刑書一事作爲例證[[日]穗積陳重:《法律進化論》,黃尊三、薩孟武、陶匯曾、易家鉞譯,中國政法大學出版社1997年版,第48頁)。楊鴻烈也認爲子產之前中國奉行的就是"法律秘密主義"(楊鴻烈:《中國法律發達史》,商務印書館1993年版,第50頁)。此後學界持這種比附觀點的論著更不勝枚舉,目前大多數教科書也都采用這種觀點。
⑤ 王沛:《刑鼎、宗族法令與成文法公布——以兩周銘文爲基礎的研究》。公布成文法之制古已有之,周代的"懸法象魏"就是其例。參見俞榮根:《儒家法思想通論》(修訂本),第73—81頁;胡留元、馮卓慧:《夏商西周法制史》,第347—348頁;徐燕斌:《周秦兩漢法律"布之於民"考論》,載《法學研究》2017年第6期。

秩序格局,借助禮儀活動宣示新的法律權威。

《左傳》記載子產"鑄刑書"的確没有明示鑄於鼎,但這種説法的出現其實很早。晉國的士文伯把子產鑄刑書描述爲"鑄刑器",《漢書》進一步指出所謂"刑器"就是刑鼎。① 後來,晉國趙鞅、荀寅鑄刑書於鐵鼎,太史蔡墨也稱其爲"擅作刑器"。② 退一步説,刑書即使不鑄於鼎也應鑄於其他金屬禮器。③ 叔向批評子產時,擔心民衆"將棄禮而徵於書"。在他看來,姑且不論刑書内容是否合乎禮制,子產鑄刑書於禮器的行爲本身就已違禮。④ 因爲禮器的鑄造和使用在當時是極爲嚴肅莊重的大事,往往伴隨著盟誓之類的禮儀活動。⑤ 刑書鑄於禮器,應該也不例外。子產此舉衝擊了人們對禮制的信仰,抬高了刑書的實際地位。

禮器的價值主要在於宣示性,形式上的象徵意味遠超其實質内容。所以,子產鑄刑書於禮器上,根本無需全文照録。⑥ 在公衆參與或周知的

---

① 《左傳·昭公六年》:"士文伯曰:'火見,鄭其火乎? 火未出,而作火以鑄刑器,藏爭辟焉。火如象之,不火何爲?'"《漢書·五行志》:"説曰:火星出於周五月,而鄭以三月作火鑄鼎,刻刑辟書,以爲民約,是爲刑器争辟。故火星出,與五行之火争明爲災,其象然也,又棄法律之占也。"引者注:士文伯,即士匄,字伯瑕,謚文,是范宣子(士匄)的堂弟。因與范宣子同族同名,故稱字或謚號以示區别。
② 《左傳·昭公二十九年》:"蔡史墨曰:'范氏、中行氏其亡乎! 中行寅爲下卿,而干上令,擅作刑器,以爲國法,是法姦也。'"
③ 周代青銅器有多種用途,包括食器、酒器、水器、樂器、兵器等。這些以實用爲目的的青銅器還可能用於祭祀、喪葬等禮儀活動,變成一種具有儀式和象徵意義的禮器。子產鑄刑書於器,不大可能是以上這些方面的實用,更多是發揮其作爲禮器的象徵價值。
④ 王捷:"子產以'三邦'之'令''刑'爲其'刑書'内容,做法並無差錯。但是將'刑'辟的内容鑄於器上,則屬於違背禮制。"(王捷:《清華簡〈子產〉篇與"刑書"新析》)
⑤ 《左傳·成公十三年》:"民受天地之中以生,所謂命也。是以有動作禮義威儀之則,以定命也。能者養以之福,不能者敗以取禍。是故君子勤禮,小人盡力。勤禮莫如致敬,盡力莫如敦篤。敬在養神,篤在守業。國之大事,在祀與戎,祀有執膰,戎有受脤,神之大節也。"長春按:春秋以來禮器制度逐漸鬆動,越來越多的人敢於使用超乎規格的禮器。這既是"禮崩樂壞"的表現,也可説明禮器在當時的重要地位。
⑥ 朱騰在討論此事時,專門對銅器銘文與法律文字的數目進行核算對比,強調鑄刑書或鑄刑鼎的局限(朱騰:《從君主命令到令、律之别——先秦法律形式變遷史綱》)。但這種思考方式仍未擺脱鑄於刑鼎即公布成文法的定勢思維。目前所見周代青銅器中多見有以册命、訓誥、盟誓等文書爲内容的鑄刻銘文(參見葛志毅:《譚史齋論稿續編》,黑龍江人民出版社 2004 年版,第 31—56 頁)。但需注意的是,青銅銘文所見文字並非這些政令文書的原文體例或全文照録。因爲這樣做既有難度也無必要。因爲銘文所載多與家族有關,摘録文書内容往往是爲了頌揚祖先、獻祭神衹。如《禮記·祭統》所説:"夫鼎有銘,銘者,自名也。自名以稱揚其先祖之美,而明著之後世者也……銘者,論譔(轉下頁)

禮儀活動中，刑書以金光閃閃的禮器形象和莊嚴肅穆的禮儀方式出現，就足以在當時人心中樹起極高的權威。子產以鄭國執政的身份把刑書推上神壇，意在強化國家權威，反對政出多門。① 這與西周以來禮法傳統下的宗族家法秩序形成強烈反差，預示著一個全新時代的到來。

西周的政治權力及其範圍的構成以宗族爲基本單元。② 代表周王意志的王命或法律，既不能在各邦國全面生效，也不能直接管轄各宗族的内部事務，更不能取代各蠻夷方國或部落的土著習俗。③ 這反映出王命法律效力在空間範圍、事務範圍和對象範圍的局限。同樣的，這種情況分級復製、再現於各諸侯國内部。在一國内，君權和族權並行，法律也常處在國法與家法交織的狀態。④ 但到春秋戰國時期，各種新式法律如雨後春筍般勃然而起。⑤ 其要義在於強化集權，獨尊君權，通過法律的手段把所有資源都集中到以國君爲代表的國家政權手中。鄭國雖然屬於虛君體制，但子產

（接上頁）其先祖之有德善，功烈勳勞慶賞聲名列於天下，而酌之祭器；自成其名焉，以祀其先祖者也。"又可參見王沛：《刑鼎源於何時——由棗陽出土曾伯陭鉞銘文説起》，載《法學》2012 年第 10 期；《曾伯陭鉞銘文的再探討》，載中國政法大學法律古籍整理研究所編：《中國古代法律文獻研究》第 9 輯，社會科學文獻出版社 2015 年版；《刑鼎、宗族法令與成文法公布——以兩周銘文爲基礎的研究》。總之，銘文意在頌善諱惡，雖然經常摘録政令文書，但與政令文書根本不是一回事，不能與之進行簡單類比。

① 《左傳·襄公三十年》："子產曰：'陳，亡國也，不可與也……不撫其民。其君弱植，公子侈，大子卑，大夫敖，政多門，以介於大國，能無亡乎？'"《左傳·昭公十六年》："子產曰：'晉政多門，貳偷之不暇，何暇討？'"
② 參見[美]李峰：《西周的政體：中國早期的官僚制度和國家》，吴敏娜等譯，生活·讀書·新知三聯書店 2010 年版，第 300 頁。後來，李峰進一步指出，西周國家是"權力代理的親族邑制國家"，當時的基本社會組織方式是宗族而非家庭或自由民（[美]李峰：《中國古代國家形態的變遷和成文法律形成的社會基礎》，載《華東政法大學學報》2016 年第 4 期）。
③ 參見王沛《珥生諸器與西周宗族内部訴訟》《西周邦國的法秩序構建——以新出金文爲中心》《裘衛器銘中的公社與禮制——西周時期法律關係設立的再思考》《西周的"井"與"誓"——以兮甲盤和鳥形盉銘文爲主的研究》等文，均收於王沛：《刑書與道術：大變局下的早期中國法》，法律出版社 2018 年版。
④ 錢穆："宗法封建時代，君權未能超出於宗族集團之上。"（錢穆：《國史大綱》，商務印書館 1996 年版，第 83 頁）蕭公權："在宗法之中君主與貴戚分權而不獨尊，士民有族屬之誼而非真賤。"（蕭公權：《中國政治思想史》，遼寧教育出版社 1998 年版，第 179 頁）
⑤ 例如齊國的軌里連鄉之法，晉國的被廬之法，楚國的僕區之法、茅門之法，魏國的大府之憲，韓國的三符，趙國的國律。此外還有鄭國子產鑄刑書、晉國趙盾制"常法"、趙鞅鑄刑鼎、楚國屈原造"憲令"等重要的立法活動。有關東周以後"新式法律"的情況，參見鄧長春：《西晉法典體系研究》，中國政法大學出版社 2022 年版，第 26—69 頁。

作爲執政與國君居於同一立場。因爲國君是其執政身份的法理依託。

春秋以後的法律宗旨之所以有此轉變，主要是由於列國攻伐帶來的生存壓力。各諸侯國圍繞集權展開多種形式的變法活動，統合一切社會資源構築組織嚴密的戰鬥體，最終蛻變爲具有較强集權屬性的君主國。① 子産包括鑄刑書在內的一系列改革措施，都只是這個宏大歷史進程中的具體環節，②是順應大勢的主動作爲，而非標新立異的隨性之舉。③ 當時鄭國夾在晉、楚兩大强國之間，生存壓力尤爲突出。面對極其嚴峻的內外形勢，子産不得不采取務實、果决的改革措施以期救亡圖存。④ 晉國叔向提出批評時，子産只以"不材""救世"二語回復，不做過多辯解，其中況味耐人深思。

"清華簡"中的《子産》篇，以"子産"爲名，追述子産言行，意在樹立典範，提煉理論概念，未必都是子産的真實事蹟或言論。⑤《子産》篇的作者思想近於黄老，在春秋子産的言行事蹟中發掘出符合戰國新時代風向的

---

① 李峰認爲：基於戰爭的壓力，西周時期的"邑制國家"逐漸過渡到春秋戰國時期的"領土國家"，"縣"的出現是其中一個重要的過渡環節。隨之而來的就是社會關係的重組和變化，逐漸表現在政治、經濟制度的方方面面。在此背景下産生的成文法著重於國家對臣民的統治和官僚體制的運行（[美]李峰：《中國古代國家形態的變遷和成文法律形成的社會基礎》）。此外又可參見趙鼎新：《東周戰爭與儒法國家的誕生》，夏江旗譯，華東師範大學出版社2006年版，第34—101頁；許倬雲：《萬古江河：中國歷史文化的轉折與開展》，湖南人民出版社2017年版，第91—97頁。
② 例如，他推行的"作丘賦"賦役改革，與《漢志》前文所載魯成公作丘甲、魯哀公用田賦，都遵循一個共同的邏輯方向。又如，他鑄刑書也與此前趙盾在晉國制"常法"（《左傳·文公六年》）、子孔在鄭國"爲載書"（《左傳·襄公十年》）的改革方向一致。
③ 除本書所描述的這條綫索之外，還可以有其他考察和解讀的視角。參見郝鐵川：《從多元立法權和司法權到一元立法權和司法權的轉折——春秋時期"鑄刑書""鑄刑鼎"辨析》，載《華東政法學院學報》2005年第5期；黄東海、范忠信：《春秋鑄刑書鑄刑鼎究竟昭示了什麽巨變》，載《法學》2008年第2期；張維新：《先秦"鑄刑書""鑄刑鼎"之爭的憲政思維新論》，載《河南師範大學學報（哲學社會科學版）》2011年第2期；聶長建、李國强：《孔子反對"鑄刑鼎"的法哲學解讀》，載《浙江社會科學》2011年第3期；馬騰：《子産禮義與變法新詮——〈左傳〉與清華簡〈子産〉互證》，載《四川大學學報（哲學社會科學版）》2021年第2期。
④ 《魏書·任城王傳》："高祖詔澄曰：'昔鄭子産鑄刑書，而晉叔向非之。此二人皆是賢士，得失竟誰？'對曰：'鄭國寡弱，攝於强鄰，民情去就，非刑莫制，故鑄刑書以示威。雖乖古式，合今權道，隨時濟世，子産爲得。而叔向譏議，示不忘古，可與論道，未可語權。'"馮友蘭也認爲，儘管子産在政治上采取跟"禮"不相合的措施，但他還是一個主張禮治的人（馮友蘭：《中國哲學史新編》第1冊，人民出版社2001年版，第177頁）。
⑤ 李學勤主編：《清華大學藏戰國竹簡（陸）》，中西書局2016年版，第83—99、136—145頁。

思想元素。① 實際上,該篇仍以"書"類文獻爲素材,在經過改造後傳承於鄭國上層,②起到類似後世"先王故事""祖宗之法"的作用,因此可以稱之爲"子產故事"。《子產》篇並未提及子產鑄刑書一事,但也爲還原相關史實提供了重要的綫索。③

【原文】

晉叔嚮非之曰:師古曰:"叔嚮,晉大夫羊舌肸也。遺其書以非之。嚮音許兩反。""昔先王議事以制,不爲刑辟。李奇曰:"先議其犯事,議定然後乃斷其罪,不爲一成之刑著於鼎也。"師古曰:"虞舜則象以典刑,流宥五刑。周禮則三典五刑,以詰邦國。非不豫設,但弗宣露使人知之。"

【考釋】

〔一〕晉叔嚮非之

"晉"即晉國。春秋時期,晉國霸業綿延數代,對包括鄭國在內的中原諸國影響巨大。子產生活的時代,晉國公室卑微,政出多門,霸權逐漸衰弱,弭兵之會後與楚國平分中原霸權。鄭國夾在晉楚之間,需要同時與兩強交好,處境非常艱難。

"叔嚮"是晉國大夫,姬姓,羊舌氏,名肸(xī),字叔向,又稱叔肸,因食邑在楊(今山西洪洞東南)而稱楊肸。司馬遷、班固和顏師古寫作"叔嚮",《左傳》《國語》寫作"叔向"。然而"向"與"嚮"二字古義有別。"向"本義是朝北的窗戶,甲骨文作 🆎,④因音近而通假爲"蚼""蠁";⑤"嚮"本義是兩人相向對食,甲骨文作 🈺,⑥即"鄉",後世也寫作"向"。⑦ 可見,圍繞"向"字

---

① 王捷:《清華簡〈子產〉篇與"刑書"新析》;王沛:《子產鑄刑書新考:以清華簡〈子產〉爲中心的研究》,載《政法論壇》2018年第2期。
② 李凱:《清華簡〈子產〉與子產學派》,載《中華文化論壇》2021年第1期。
③ 李力:《從法制史角度解讀清華簡(陸)〈子產〉篇》。
④ "合集"第28965片,載郭沫若主編:《甲骨文合集》第9册,第3556頁。
⑤ 《說文解字·宀部》:"向,北出牖也。從宀從口。"《說文解字·虫部》:"蠁,知聲蟲也。從虫鄉聲。蚼,司馬相如:'蠁從向。'"段玉裁注:"鄉向聲同也。按春秋羊舌肸字叔向。說者向讀上聲。蓋向者,蚼之省也。以肸蠁爲名字。"
⑥ "合集"第28333片,載郭沫若主編:《甲骨文合集》第9册,第3491頁。
⑦ 《說文解字·邑部》:"鄉,國離邑,民所封鄉也。"段玉裁注:"鄉者今之向字。漢字多作鄉。今作向。"朱駿聲《說文通訓定聲·壯部第十八》:"鄉……假借爲向。"

有兩條並行、反向的演化路綫。一是"向—蜔—蠁",二是"鄉—嚮—向"。古人名、字之間多有聯繫。從其名"肸"的字義推測,其字應以"向"的寫法爲準。① 在古文獻中,"叔向"還被寫作"叔譽""叔鄉"。② 綜合來看,有關叔向之名的訛變,應該經歷了"向—蜔—蠁—嚮(或鄉)—譽"的過程。意即,"向"因音近而訛爲"蜔""蠁",又因形近而訛爲"嚮""鄉""譽"。③

叔向其人生卒年不詳,與子産、晏嬰大概處於同一時代,略早於孔子。晉悼公時,他因爲忠直能諫、精通史籍而被任命爲太傅,負責教導太子彪(即晉平公)。④ 當時,鄭國與晉國往來頻繁,子産與叔向的德行、才學又都很出衆,所以二人彼此欣賞,私交很好。

晉昭公四年(前528年),晉國大夫邢侯與雍子發生爭田訴訟。法官叔魚(羊舌鮒)接受雍子賄賂,做出枉法裁判。邢侯憤怒,當場殺死雍子和叔魚。晉國執政韓宣子不知該如何處理此案。叔向提供了終審意見:三人同是死罪,邢侯應該處死,已死的雍子和叔魚應該曝屍於市。⑤ 叔魚是文獻所見最早被定爲貪墨罪的歷史人物。給他定罪的叔向,正是其同母兄。叔向

---

① 《説文解字·十部》:"肸蠁,布也。"段玉裁注:"李善注《上林賦》《甘泉賦》皆引'肸蠁布也'。今據正。《上林賦》曰:'肸蠁布寫。'彪注曰:'肸,過也。芬芳之過若蠁之布寫也。'《甘泉賦》:'薌呹肸以掍批。'薌蓋同蠁。按《虫部》:'蠁,知聲蟲也。'肸蠁者,蓋如知聲之蟲一時雲集。《蜀都賦》'翕響'義同。春秋晉羊舌肸,字叔向。向,《釋文》許网切,卽蠁字。知肸蠁之語甚古。"又前注引《説文解字·虫部》段玉裁注。
② 《禮記·檀弓下》:"趙文子與叔譽觀乎九原。"鄭玄注:"叔譽,叔向也,晉羊舌大夫之孫,名肸。"孔穎達疏:"知叔譽是叔向者,案《韓詩外傳》云:'趙文子與叔向觀於九原。'故知叔譽是叔向也。"此外,銀雀山漢墓出土《晏子》"叔向"作"叔鄉"(銀雀山漢墓竹簡整理小組:《銀雀山漢墓竹簡[壹]》,文物出版社1985年版,第86頁)。
③ 關於從"叔向"到"叔響""叔譽"的訛變,可參見蘇芃:《"叔譽"發疑》,載《中國史研究》2011年第3期。
④ 《國語·晉語七》:"悼公與司馬侯升臺而望曰:'樂夫!'對曰:'臨下之樂則樂矣,德義之樂則未也。'公曰:'何謂德義?'對曰:'諸侯之爲,日在君側,以其善行,以其惡戒,可謂德義矣。'公曰:'孰能?'對曰:'羊舌肸習於春秋。'乃召叔向使傅太子彪。"韋昭注:"肸,叔向之名。春秋,紀人事之善惡而目以天時,謂之春秋,周史之法也。時孔子未作《春秋》。"
⑤ 《左傳·昭公十四年》:"晉邢侯與雍子爭鄐田,久而無成。士景伯如楚,叔魚攝理。韓宣子命斷舊獄,罪在雍子。雍子納其女於叔魚,叔魚蔽罪邢侯。邢侯怒,殺叔魚與雍子於朝。宣子問其罪於叔向。叔向曰:'三人同罪,施生戮死可也。雍子自知其罪,而賂以買直;鮒也鬻獄;刑侯專殺,其罪一也。己惡而掠美爲昏,貪以敗官爲墨,殺人不忌爲賊。《夏書》曰:「昏、墨、賊,殺。」皋陶之刑也。'請從之。'乃施邢侯而尸雍子與叔魚於市。"《國語·晉語九》記載略同。

斷獄不徇私情,得到孔子"古之遺直"的高度讚譽。①

"非"即批評、批判。根據《左傳》原文,叔向因鑄刑書一事而寫信批評子產,②下文都取自其書信。但班固在轉錄時有文字的删節。③

〔二〕先王

"先王"在《漢志》前文中已經兩次出現,都出自班固之口。這在儒家思想意識形態化的時代無足稱奇。而此處的"先王"出自春秋時期的叔向之口,有必要對其來龍去脈多説兩句。

"先王"字面上是指曾經真實存在的君主,與言説者存在血統或法統上的聯繫;④引申爲理想的在位者,是對君主美好德行進行提煉而塑造出來的典範政治形象,重在強調其道統層面的價值。

在以上古政令文書爲素材的《尚書》中,"先王"主要用其字面義。⑤ 在《左傳》《國語》《論語》《禮記》等文獻中,用其字面義的同時又也用其引申義。⑥ 尤其是在"先王之制""先王之法""先王之道""先王之語"等説法中,"先王"已經變成合理性和正當性的代名詞,作爲指引言行或批判現實的標尺。⑦

---

① 《左傳·昭公十四年》:"仲尼曰:'叔向,古之遺直也。治國制刑,不隱於親……邢侯之獄,言其貪也,以正刑書,晉不爲頗。……殺親益榮,猶義也夫!'"俞榮根先生也早已指出,對於叔向的思想保守和司法直道,應該區分看待(耘耕:《論叔向》,載《孔子研究》1991年第1期。引者注:"耘耕"即俞先生筆名)。又可參見宋立恒:《試論叔向》,載《内蒙古民族師院學報(哲學社會科學版)》1992年第3期。
② 《左傳·昭公六年》:"三月,鄭人鑄刑書。叔向使詒子產書曰:……"引者注:"詒"通"遺"。
③ 在《左傳》所載信的開頭原有"始吾有虞於子,今則已矣",中間原有"作封洫,立謗政""肸聞之,'國將亡,必多制',其此之謂乎",末尾原有"既不承命,敢忘大惠"。這些内容在今本《漢志》中没有,有可能是後世傳抄脱落,更有可能是班固出於行文需要有意删減。
④ 《左傳·襄公十一年》:"先王先公。"杜預注:"先王,諸侯之大祖,宋祖帝乙,鄭祖厲王之比也。"
⑤ 《尚書·盤庚上》:"古我先王。"孔穎達疏:"此篇所言'先王',其文無指斥者,皆謂成湯以來諸賢王也。下言'神后''高后'者,指謂湯耳。下篇言'古我先王,適於山'者,乃謂遷都之王仲丁、祖乙之等也。"《梓材》:"今王惟曰,先王既勤用明德。"僞孔傳:"言文、武已勤用明德。"
⑥ 《左傳·僖公二十五年》:"恃先王之命,昔周公、大公股肱周室,夾輔成王。"又:"楚人讓之,對曰:'我先王熊摯有疾,鬼神弗赦而自竄於夔。'"《國語·周語上》:"昔我先王世后稷,以服事虞、夏。"《論語·季氏》:"夫顓臾,昔者先王以爲東蒙主。"《禮記·禮運》:"昔者先王食鳥獸之肉,衣其羽皮。"以上是用其字面義。《左傳·成公二年》:"先王疆理天下物土之宜,而布其利。"《國語·周語上》:"先王耀德不觀兵。"《禮記·曲禮》:"卜筮者,先聖王之所以使民决嫌疑,定猶與也。"以上是用其引申義。
⑦ 《左傳·隱公元年》:"先王之制,大都不過參國之一,三分國城之一。"《國語·晉語四》:"夫好先王之法者,德義之府也。夫德義,生民之本也。"《論語·學而》:"禮之用,和爲貴。先王之道,斯爲美。"

此後，"先王"逐漸成爲儒家學派的經典話語範式和理論標籤，被注入"仁政愛民""禮法教化"等價值内涵，具體形象越模糊，抽象特徵越凸顯。其道統譜系的時段也被大幅拉長，向上追溯到遠古，向下統攝當代。無論是孟子的"法先王"還是荀子的"法後王"，都處在這個道統譜系中。秦漢以後，董仲舒、班固以及"僞古文尚書"都在此含義上使用"先王"一詞。① 當然，"先王"也是法家攻訐的標靶。②

叔向生活的年代，諸子思想尚未成型，"先王"的内涵還不如後世儒家所描述的那樣豐富。但在當時，"先王"作爲正當性標籤的作用已經有所體現，"先王之制"的理論觀念已經初具輪廓。儘管叔向所描述的"先王之制"不可全部當作史實看待，③但"先王之制"的理論資源後來被儒家所繼承和發揚，以至於後人常把這種政治理論和理想追求當作上古歷史的真實。對此尤須加以區别。

〔三〕議事以制

"議事以制"四字，由於行文簡略、缺乏背景信息，從西晉杜預以來就有各種解釋。爭議主要集中在"以"和"制"兩個字上。④ 概括起來，"以"有

---

① 《漢書·董仲舒傳》："今廢先王德教之官，而獨任執法之吏治民，毋乃任刑之意與！"長春按："僞古文尚書"中的《胤征》《伊訓》《太甲上》《太甲中》《太甲下》《咸有一德》《説命》《武成》《微子之命》中的"先王"往往都用其引申義。這是由於其出現的年代較晚，儒家思想話語已經成型。
② 《韓非子·問田》："然所以廢先王之教，而行賤臣之所取者，竊以爲立法術，設度數，所以利民萌便衆庶之道也。"《韓非子·五蠹》："今欲以先王之政，治當世之民，皆守株之類也……是故亂國之俗，其學者則稱先王之道，以籍仁義，盛容服而飾辯説，以疑當世之法而貳人主之心……故明主之國，無書簡之文，以法爲教；無先王之語，以吏爲師。"《韓非子·顯學》："無參驗而必之者，愚也，弗能必而據之者，誣也。故明據先王，必定堯、舜者，非愚則誣也。"
③ 李燕："'先王'是叔向樹立的，用以批評子産的標準。以現有史料既不能確定他的時代也不能確定叔向描述的先王治理是否爲真。由此，'先王'並不能代表'傳統'，更不能認定中國法律史上經歷了由'先王議事以制'到子産鑄刑書的變遷。"（李燕：《子産鑄刑書史料釋義》，載《北大法律評論》2012年第1期）
④ 據寧全紅統計，杜預以後對此進行注釋的古人包括：李奇、孔穎達、吕祖謙、楊簡、蘇軾、夏僎、時瀾、黄度、陳經、蔡沈、陳櫟、陳悦道、朱祖義、王樵、程敏政、馬端臨、丘濬、儲昚觀，參與討論此事的古人還有劉頌、劉邠、韓琦、夏良勝；參與討論此事的近現代學人包括：吕思勉、謝暉、武樹臣、黄震、張晉藩、王宏治；此外還有不知作者的"僞古文尚書"的《周官》篇（寧全紅：《春秋法制史研究》，四川大學出版社2009年版，第64—78、90—91頁）。實際上，這個學人名單還可以再補充劉勰（《文心雕龍·議對》）、王引之（《經義述聞》）、李宗侗（《春秋左傳今注今譯》）、楊伯峻（《春秋左傳注》）、沈玉成（《左傳譯文》）、李燕（《子産鑄刑書史料釋義》）等。

"根據"和"用來"兩種解釋;"制"有"古制""裁斷""節制"三種解釋。結合以《左傳》爲主要資料來源的春秋時期文句語法和事件案例等佐證來看,"以"作"根據"、"制"作"古制"的解釋似乎更爲穩妥。① 所以,"議事以制"應該理解爲"根據古制進行議事"。

據《左傳》所載,這些"古制"既包括具體的規範或制度,也包括抽象的原則或義理;既包括先王的遺命訓典,也包括史書、詩歌或民謡中先賢的嘉言懿行和智慧經驗。然而"古制"由於内容不够明確而不能直接引用,必須要經過"議"的過程,結合具體議題進行論證、轉化和發揮。在議定之前,一切判斷都處在待定狀態中,任何個人都無法根據"古制"單方面推論裁定的結果。换句話説,"議事以制"既非隨意擅斷,也非拘泥文本,更非一意孤行。其在形式上有"議"的民主討論成分和意見碰撞過程,在内容和價值上有"制"的討論基礎和道義共識,但在確定性方面似乎又存在明顯不足。② 這與後世的"春秋決獄"有所類似。叔向等舊式人物對"議事以制"的描述和肯定,並非全是崇古理念下的美化想象,也確實可以找到大量現實例證。③ 但在當時,與這種戀古情節形成反差的是,純粹的"議事以制"模式在社會治理中的分量正在逐漸降低,强調制度確定性的法律治理模式的作用正在逐步增强。任何制度模式都有其優勢和短板,由於時代變换,其利弊消長也在所難免。

與"議事以制"相比,整齊劃一的法律治理模式在高效性和確定性方面有其優勢,但其實施必須以國家强制力爲後盾。這種條件在政治文化格局呈多元態勢的西周並不完全具備。在司法實踐中,以王命政令爲主要淵源的周室法律實際執行力不足,難以單獨統攝各種政治文化力量,形成貫徹始終的制度規範,於是就要借助對天盟誓、倫理美德、道義精神、民

---

① 寧全紅:《春秋法制史研究》,第 83 頁。
② 寧全紅:"議事以制的程序對於結果没有實質性約束力,完全因人而異。""議事以制取決於人,取決於人之德,得其人則可以發揮效力,失其人則不能發揮任何作用。"(寧全紅:《春秋法制史研究》,第 110、113 頁)
③ 參見寧全紅:《春秋法制史研究》,第 99—113 頁。其所列舉事例主要出自傳世文獻《左傳》《國語》。此外,根據出土西周銅器"五祀衛鼎"的銘文所載,西周時期確實存在多名大夫共同擔任法官裁決案件的模式。對該銘文的考釋,參見王沛:《金文法律資料考釋》,第 114—135 頁。

俗習慣乃至禮儀周旋、言辭博弈等多種方式在爭議各方意見中樹立共識、尋求妥協。這就是"議事以制"大行其道的邏輯前提和歷史真相。

春秋戰國時期,舊的法律秩序和治理模式逐漸瓦解,在表面上"禮崩樂壞"的亂局之下,從多元規範向一元規範轉化的洗牌過程正在如火如荼進行。國家集權運動和新式法律的出現成爲歷史發展的新趨勢。戰國秦漢以後,原本發揮主體作用的"議事以制"逐漸退出首席位置,轉而成爲新式法律治理模式的輔助環節。①

〔四〕不爲刑辟

"刑辟",前人多解釋爲定罪量刑的"刑法",②此處顏師古注引李奇之說也是如此。實際上,其也可以寬泛理解爲法律文件或法律文書,即《漢志》前文所説的"刑書"。"不爲刑辟"即不製作刑書或不制定法律。叔向此説或許是由於情緒激動而措辭過當。③ 根據上下行文,他實際上是在表達"不必依賴刑書"的主張。④ 亦即他自己所説的"先順於典刑而訪諮於耆老"。⑤

【原文】

懼民之有爭心也,猶不可禁禦,是故閑之以誼,糾之以政,師古曰:"閑,防也。糾,舉也。"行之以禮,守之以信,奉之以仁;師古曰:"奉,養也。"制爲禄位以勸其從,師古曰:"勸其從教之心也。"嚴斷刑罰以威其淫。師古曰:"淫,放也。"

---

① 戰國秦漢以後,作爲新式法律佼佼者的律令法制得到迅猛發展,成爲社會治理的主體力量。但這並不意味著"議事以制"就此銷聲匿跡。這種獨具優勢的治理模式仍然在立法和司法等環節發揮重要作用。只不過,其適用的範圍和對象已經無法與律令法制相提並論了。參見俞榮根:《罪刑法定與非法定的和合——中華法系的一個特點》,載范忠信、陳景良主編:《中西法律傳統》第3卷,中國政法大學出版社2003年版;秦濤:《律令時代的"議事以制":漢代集議制研究》,中國法制出版社2018年版。
② 《左傳·昭公六年》:"議事以制,不爲刑辟。"杜預注:"臨事制刑,不豫設法也。"楊伯峻:"刑辟即刑律。"(楊伯峻:《春秋左傳注》,第1274頁)沈玉成:"衡量事情的輕重來判罪,不制定刑法。"(沈玉成:《左傳譯文》,中華書局1981年版,第409頁)
③ 王沛:"在《左傳》中,叔向反對子產立法,進而將歷史上的立法都斥之爲亂世產物,其文辭固然精彩,其用語著實過激。"(王沛:《三種史料中的子產鑄刑書》)
④ 李燕:《子產鑄刑書史料釋義》。
⑤ 《國語·晉語八》載叔向曰:"吾聞國家有大事,必順於典刑而訪諮於耆老,而後行之。"韋昭注:"典,常也。刑,法也。"

【考釋】

〔一〕懼民之有争心也

"懼"即唯恐、擔憂。"争心"即争名逐利之心。

這句話,傳統上都與上文的"先王議事以制,不爲刑辟"相連接,作爲先王"不爲刑辟"的理由。但中華書局點校本《漢書》把該句與下文"猶不可禁禦"相連。① 李燕支持這種斷句,理由是争心的産生與刑辟無關。②

揣摩該處文意,叔向所説"先王議事以制,不爲刑辟"是抛出一個觀點,從文義上已經表述完整。隨後的話是在描述"議事以制,不爲刑辟"得以實施的前置性工作或前提條件。包括三方面内容:"猶不可禁禦,是故閑之以誼……"是説施政原則,"懼其未也,故誨之以忠……"是説思想引導,"猶求聖哲之上……"是説政得其人。三點可以統稱爲"教化"。"懼民之有争心"應與下文銜接,意在揭示教化的原因或初衷。這套治理模式的完整邏輯順序應是"懼民有争心→教化→民無争心→不爲刑辟"。

〔二〕猶不可禁禦

"猶"是表示遞進含義的連詞,意即甚至、以至。③ "禁"與"禦"都是禁止、阻止,"不可禁禦"即無法控制、難於防範。④ 人的内在心理常反映於外在行動。民衆一旦産生争心,在利益驅動下就容易突破倫理道德底綫,生出各種姦險邪行,因而防不勝防。

〔三〕閑之以誼,糾之以政,行之以禮,守之以信,奉之以仁

"閑"即防禦。⑤ "誼"通"義"。"閑之以誼"即以道義精神防範争心。⑥ "糾"即約束。⑦ "政"通"正"。"糾之以政"即以正道原則約束争心。"行之

---

① (漢)班固:《漢書》,中華書局 1962 年版,第 1093 頁。
② 李燕:《子産鑄刑書史料釋義》。
③ 《説文解字·犬部》:"猶,玃屬。從犬、酋聲。一曰隴西謂犬子爲猷。"段玉裁注:"《魏風》毛傳:'猷,可也。'可之義與庶幾相近,庶幾與今語猶者相近也。"
④ 《説文解字·示部》:"禦,祀也。"段玉裁注:"後人用此爲禁禦字"《爾雅·釋言》:"禦,禁也。"《廣雅·釋詁三》:"禦,止也。"
⑤ 《説文解字·門部》:"閑,闌也。"段玉裁注:"引申爲防閑。"
⑥ 《孔子家語·五刑解》:"凡治君子以禮禦其心,所以屬之以廉恥之節也。"
⑦ 楊伯峻:"《周禮·大司寇》'以五刑糾萬民'鄭玄注:'糾,猶察異也。'蓋謂糾有約束之義。"(楊伯峻:《春秋左傳注》,第 1274 頁)

以禮,守之以信,奉之以仁"即遵守禮制,信守承諾,寬仁以待民衆。這五條是執政者所要遵循的基本原則。

〔四〕制爲祿位以勸其從

"制爲"是同義複詞,即製作、制定、設置,又稱"作爲"。① "祿位"即爵禄、職位。"勸"即獎勉、鼓勵。② "從"即遵從教化者。這句是説,設置不同等級的官爵,對服從教化的民衆進行獎賞,從而引導民衆遵從禮義,淡化爭心。

〔五〕嚴斷刑罰以威其淫

"嚴斷刑罰"即嚴明審斷,嚴格執法。"威"即威嚇,震懾。"淫"即氾濫、放縱。這句是説,通過威嚇遏制爭心泛濫,達到預防犯罪的目的。

【原文】

懼其未也,故誨之以忠,聳之以行,晉灼曰:"聳,古竦字也。"師古曰:"聳謂獎也,又音所項反。"教之以務,師古曰:"時所急。"使之以和,師古曰:"悦以使人也。"臨之以敬,蒞之以彊,師古曰:"蒞謂監視也。"斷之以剛。

【考釋】

〔一〕懼其未也

"懼其未也"意即,擔心前文所説外在、有形的舉措不能有效遏制爭心。因而下文進一步從思想觀念和心理態度等内在、无形方面做補充。

〔二〕誨之以忠,聳之以行,教之以務

"誨之以忠"即用"忠"的觀念教誨民衆。

"聳"(sǒng)通"愯""竦""㰳",即恭敬、嚴肅、驚懼。③ "聳"雖然也有"獎"的意思,④但這與"制爲祿位以勸其從"未免重複,故而此處不取。

---

① 《説文解字·刀部》:"製,裁也。"《左傳·哀公七年》:"周之王也,制禮。"《墨子·辭過》:"故聖王作爲宫室,爲宫室之法。"《史記·秦本紀》:"夫自上聖黄帝,作爲禮樂法度。"
② 《説文解字·力部》:"勸,勉也。"《廣韻·願韻》:"勸,獎勸也。"
③ 《説文解字·心部》:"愯,懼也。"段玉裁注:"與竦音義略近……昭公十九年《左傳》文,今本作聳,後人所易也。又昭六年《左傳》'聳之以行',《漢書·刑法志》引作愯。"《説文解字·立部》:"竦,敬也。"段玉裁注:"敬者,肅也。"
④ 《國語·楚語上》:"教之春秋而爲之聳善而抑惡焉,以戒勸其心。"韋昭注:"聳,獎也。"

"行"(háng)即輩分、次第,引申爲尊卑等級。① "懼之以行"即用等級秩序整肅民衆,使其恭敬、嚴肅。其語法結構與"誨之以忠""教之以務"一致。

"務"即當下急於要辦的事。② "教之以務"即結合時下事務教化民衆,在辦理具體事務的過程中順勢引導民衆。

三個"以"字都是"使用"或"依靠"的意思。

〔三〕**使之以和,臨之以敬,蒞之以彊,斷之以剛**

"和"通"龢",原義爲樂器,後引申爲協調統一、動態平衡的關係狀態。③ "使之以和"即和諧、和緩、溫和地指派或役使民衆。④

"臨"和"蒞"意思相通,原義爲居高臨下地看,這裏是指官長管理百姓。"蒞"通"涖""涖"。顏師古把"蒞"解釋爲"監視"。這兩個字應分開理解,即"監"或"視",以免與現代漢語"監視"一詞混淆。⑤ "臨之以敬"即肅敬、認真地對待民衆。"蒞之以彊"即意志堅強、態度堅定地治理百姓。⑥

"斷之以剛"即以剛直公正的原則裁定事務。

這句話中有的説法,與後來儒家的主張較爲接近。⑦

【原文】

猶求聖哲之上,明察之官,忠信之長,慈惠之師。師古曰:"上謂公侯也。官,卿佐也。長、師,皆列職之首也。"民於是乎可任使也,而不生禍亂。

【考釋】

〔一〕**猶求聖哲之上,明察之官,忠信之長,慈惠之師**

"猶"是表示遞進含義的連詞,在這裏可以翻譯爲"猶且""還要"。

---

① 《漢書·匈奴列傳》:"漢天子,我丈人行也。"
② 《説文解字·力部》:"務,趣也。"段玉裁注:"趣者,疾走也。務者,言其促疾於事也。"
③ 《説文解字·龠部》:"龢,調也。"段玉裁注:"《言部》曰:'調,龢也。'此與《口部》'和'音同義别。經傳多假'和'爲'龢'。"
④ 《左傳·昭公六年》:"使之以和。"杜預注:"説以使民。"
⑤ 《説文解字·立部》:"埭,臨也。"段玉裁注:"臨者,監也。經典'蒞'字或作'涖'。注家皆曰臨也。"《爾雅·釋詁》:"監、瞻、臨、涖、頫、相,視也。"
⑥ 《尚書·皋陶謨》:"彊而義。"僞孔傳:"無所屈撓,動必合義。"
⑦ 《論語·學而》:"道千乘之國,敬事而信,節用而愛人,使民以時。"《論語·爲政》:"季康子問:'使民敬忠以勸,如之何?'子曰:'臨之以莊,則敬;孝慈,則忠;舉善而教不能,則勸。'"

"聖"即聖明；"哲"即睿智；"明察"即明辨是非、洞察能力强；"忠信"即忠誠、信實；"慈惠"即慈愛惠民。①

"上""官""長""師"意思相近，都屬於能够帶動"絶大多數"的"關鍵少數"。但具體來説，四者有身份和職能的差異。"上"常指君主或天子，地位最爲尊隆。② 這種意思與"聖哲"的用法相對應。③ "官"指接受君命、承擔事務職責的人。④ "長"由年長而引申爲官長，所以有"忠信"的説法。⑤ 與"長"相近的"師"更强調教化職能，所以有"慈惠"的説法。⑥ 此處的顔師古注據杜預注而來，未必準確。⑦

這句話是在强調領導者必須具備特定的素質，或者説要選定合適的人才擔任領導。這些領導分工配合，形成有效的教民之法，才能達到良法善治的效果。⑧

〔二〕民於是乎可任使也，而不生禍亂

這句是説，經過行爲規範、觀念引導、政得其人等一系列操作之後，民衆就不會再生争心，因而服從管理，國家也不會發生災禍動亂。叔向此處側重强調"人事"的作用，相對忽視"制度"的作用，似有偏狹之嫌。⑨

---

① 《左傳·文公六年》："並建聖哲。"孔穎達疏："聖哲是人之俊者。"《孟子·梁惠王上》："明足以察秋毫之末，而不見輿薪，則王許之乎？"《論語·公冶長》："十室之邑，必有忠信如丘者焉，不如丘之好學也。"《左傳·成公十二年》："共儉以行禮，而慈惠以布政。"
② 《獨斷》卷上："上者，尊位所在。"《廣韻·去声·漾韻》："上，君也，猶天子也。"
③ 《漢志》前文有"上聖""聖人"等説法，都有君主、天子的意思。"聖哲之上"或許就是"聖上"一詞的來源。《文選·符命·班孟堅〈典引一首〉》："是時聖上固以垂精游神，苞舉藝文，屢訪群儒，諭咨故老，與之斟酌道德之淵源，肴覈仁誼之林藪，以望元符之臻焉。"
④ 《説文解字·自部》："官，吏事君也。"《禮記·玉藻》："在官不俟屨。"鄭玄注："趨君命也。"《禮記·樂記》："禮樂明備，天地官矣。"孔穎達疏："官猶事也，謂各得其事也。"
⑤ 《韓非子·詭使》："重厚自尊謂之長者。"《史記·項羽本紀》："素信謹，稱爲長者。"
⑥ 《禮記·文王世子》："師也者，教之以事而喻諸德者也。"《周禮·地官司徒·敘官》："師氏。"鄭玄注："師，教人以道者之稱也。"《尚書·益稷》："州十有二師。"僞孔傳引鄭玄云："師，長也。"
⑦ 《左傳·昭公六年》："猶求聖哲之上，明察之官。"杜預注："上，公王也。官，卿大夫也。"
⑧ 《左傳·昭公六年》孔穎達疏："雖率意教人，猶爲未善，更求聖哲王公之上制、明察大夫之官法、忠誠信著之長則、慈惠溫惠之師教。用此四法以教民，民於是乎可任使也。"
⑨ 《左傳·文公六年》："古之王者，知命之不長，是以並建聖哲，樹之風聲，分之采物，著之話言，爲之律度，陳之藝極，引之表儀。予之法制，告之訓典，教之防利，防惡興利。委之常秩，道之禮則，使毋失其土宜，衆賴之而後即命。"長春按：這段以"君子曰"名義發表的看法，在注重"人事"的同時又兼顧"制度"的作用，似乎較之叔向更爲周全。

後世儒家對諸如此類的思想觀念進行發揮，形成了系統的"爲政在人"思想。

儒家的所謂"爲政在人"主要包含三方面含義：一是強調人在治理活動中的主觀能動性，二是強調爲政者個人道德修養和能力素質的重要性，三是強調爲政人才選拔機制的合理性。同時，他們也並非簡單否定法制的價值。例如，孔子提出"爲政在人""爲政以德"，就以"文武之政，布在方策"爲前提。① 孟子主張"惟仁者宜在高位"，但也承認"徒善不足以爲政，徒法不能以自行"。② 荀子提倡"有治人無治法"，但其所推崇的大儒或君師也以"三代雖亡，治法猶存"爲制度前提。③ 明末清初，黄宗羲提出"有治法而後有治人"也是由於他認爲"三代以下無法"的緣故。④

值得強調的是，"治人"並非"人治"。儒家所謂"治人"，實際上是指"能治之人"，即能夠把天下治理好的人，也稱賢人或能人，是對理想爲政者形象的描述，而非代指一種完整的治理模式。梁啓超把先秦儒家和墨家稱爲"人治派"，把儒、墨主張的治理模式稱爲"人治主義"。⑤ 這種誤解對後世影響深遠，早有學者已加以辨正。⑥

---

① 《論語·爲政》："爲政以德，譬如北辰，居其所而衆星共之。"《禮記·中庸》："哀公問政。子曰：'文武之政，布在方策。其人存，則其政舉；其人亡，則其政息。人道敏政，地道敏樹。夫政也者，蒲盧也。故爲政在人，取人以身，修身以道，修道以仁。'"
② 《孟子·離婁上》："今有仁心仁聞而民不被其澤，不可法於後世者，不行先王之道也。故曰，徒善不足以爲政，徒法不能以自行。詩云：'不愆不忘，率由舊章。'遵先王之法而過者，未之有也。"
③ 《荀子·儒效》："法先王，統禮義，一制度；以淺持博，以古持今，以一持萬……張法而度之，則晻然若合符節：是大儒者也。"《荀子·君道》："有亂君，無亂國；有治人，無治法……故法不能獨立，類不能自行，得其人則存，失其人則亡。法者，治之端也；君子者，法之原也。故有君子，則法雖省，足以遍矣；無君子，則法雖具，失先後之施，不能應事之變，足以亂矣。"《荀子·榮辱》："循法則、度量、刑辟、圖籍，不知其義，謹守其數，慎不敢損益也；父子相傳，以持王公，是故三代雖亡，治法猶存，是官人百吏之所以取禄職也。"
④ 《明夷待訪録·原法》："三代以上有法，三代以下無法……自非法之法桎梏天下人之手足，即有能治之人，終不勝其牽挽嫌疑之顧盼，有所設施，亦就其分之所得，安於苟簡，而不能有度外之功名。使先王之法而在，莫不有法外之意存乎其間；其人是也，則可以無不行之意；其人非也，亦不至深刻羅網，反害天下。故曰有治法而後有治人。"另可參見耘耕：《黄宗羲"有治法而後有治人"論之再研究》，載《法學研究》1992年第3期。
⑤ 梁啓超：《先秦政治思想史》，中華書局1986年版，第197頁。
⑥ 俞榮根：《儒家法思想通論》（修訂本），第34—48頁。引者注：該書初版於1992年。

【原文】

民知有辟，則不忌於上，並有爭心，以徵於書，而徼幸以成之，弗可爲矣。師古曰："辟，法也。爲，治也。權移於法，故人不畏上，因危文以生詐妄，徼幸而成巧，則弗可治也。"

【考釋】

〔一〕民知有辟，則不忌於上

"辟"即以刑書爲代表的各種法律。"忌"即顧忌、忌憚。"上"即上級、領導，應該包括前文的"官""長""師"，代表政治上的權威。

根據顏師古的解釋，叔向反對子產鑄刑書的要害在於"權移於法"，即權威從官長轉移到法律，治理手段從綜合治理的禮法教化轉移到單純憑刑書的規範約束，關注焦點從兼顧思想教化與行爲約束轉移到只重行爲約束而忽視思想教化。在叔向看來，"聖哲之上"居於核心地位的傳統治理模式可以有效抑制民衆的爭心，進而避免各種姦邪現象。"民知有辟"則會導致"聖哲之上"政治權威的減弱。民衆對其采取平視態度而群起效法，各行其是，勢必導致局面不可收拾。渾罕以"偪而無法"批評子產在鄭國推行丘賦制度，認爲他的改革不循舊法，全憑私意行事，一旦民衆都效法他放縱私心，群起而爭，也就没有秩序權威可言了。① 雖然所針對的事情不同，但叔向與渾罕的思維視角具有一定相通性。

孔穎達認爲民衆畏上的原因在於"刑不可知，威不可測"。② 這種理解似乎有失偏頗，也對後世學者造成誤導，出現了所謂法律秘密主義、成文法公布等誤讀誤解。

〔二〕並有爭心，以徵於書，而徼幸以成之，弗可爲矣

"並"即一起、同時。"並有爭心"的主語是前文的"民"。"徵"即徵引、驗證。"以徵於書"即在刑書中尋找依據以支持私人爭利之心。"徼"即貪

---

① 《左傳·昭公四年》："鄭子產作丘賦……渾罕曰：'國氏其先亡乎！君子作法於涼，其敝猶貪。作法於貪，敝將若之何？姬在列者，蔡及曹、滕其先亡乎，偪而無禮。鄭先衛亡，偪而無法。政不率法，而制於心。民各有心，何上之有？'"
② 《左傳·昭公六年》孔穎達疏："刑不可知，威不可測，則民畏上也。今制法以定之，勒鼎以示之，民知在上不敢越法以罪己，又不能曲法以施恩，則權柄移於法，故民皆不畏上。"

求、索取。① "幸"即得到不應得的東西。② "徼幸"即通過冒險行爲貪求非分之得,帶有貶義。③ "成"即達成目的、成就私心。"以徼於書,而徼幸以成之"即《漢志》下文"姦猾巧法,轉相比況""姦吏因緣爲市,所欲活則傅生議,所欲陷則予死比"。④

"爲"即治理。⑤ "弗可爲"比"不可爲"程度更強,意即徹底無法補救。⑥ 叔向這是説,鑄刑書後,民衆争心四起,濫用刑書,必使國家秩序陷於混亂,無法治理。

【原文】

夏有亂政而作禹刑,商有亂政而作湯刑,周有亂政而作九刑。韋昭曰:"謂正刑五,及流、贖、鞭、扑也。"三辟之興,皆叔世也。師古曰:"叔世言晚時也。"

【考釋】

〔一〕夏有亂政而作禹刑,商有亂政而作湯刑,周有亂政而作九刑

"亂政"即政治敗壞、政局動亂。這裏的"亂政",有學者認爲是指王朝初期的戰争,即夏啓討伐有扈氏、商湯討伐夏桀、武王討伐商紂的軍事活動。⑦ 實際上應該是指"三亂",即孔甲亂夏、帝甲(祖甲)亂商、幽王亂周。在春秋時期的歷史觀念中,夏、商、周分别於孔甲、帝甲、幽王在位期間開始衰落。⑧

---

① 《左傳·昭公三年》:"徼福於大公、丁公。"杜預注:"徼,要也。"
② 《孔叢子·小爾雅·廣義》:"非分而得謂之幸。"《荀子·富國》:"朝無幸位,民無幸生。"楊倞注:"無德而禄,謂之幸位;惰游而食,謂之幸生也。"
③ 《禮記·中庸》:"故君子居易以俟命,小人行險以徼幸。"孔穎達疏:"小人以惡自居,恒行險難傾危之事以徼求榮幸之道。"
④ (清)周壽昌:《漢書注校補》卷十六《刑法志第三》"民知有辟則不忌於上並有争心以徼於書而徼幸以成之弗可爲矣"條。
⑤ 《左傳·襄公三十年》:"族大寵多,不可爲也。"杜預注:"爲猶治也。"
⑥ 《左傳·成公十年》:"疾不可爲也。在肓之上,膏之下,攻之不可,達之不及,藥不至焉,不可爲也。"《公羊傳·桓公十年》:"其言弗遇何。"何休注:"弗者,不之深也。"
⑦ 劉篤才:《亂政作刑考釋》,載《遼寧大學學報》1986年第4期。
⑧ 《國語·周語下》:"昔孔甲亂夏,四世而隕。玄王勤商,十有四世而興。帝甲亂之,七世而隕。后稷勤周,十有五世而興。幽王亂之,十有四世矣。"《史記·夏本紀》:"帝孔甲立,好方鬼神,事淫亂。夏后氏德衰,諸侯畔之。"《史記·殷本紀》:"帝甲淫亂,殷復衰。"《國語·周語上》:"幽王二年,西周三川皆震……是歲也,三川竭,岐山崩。十一年,幽王乃滅,周乃東遷。"《史記·周本紀》略同。

這正與下文的"叔世"對應。蔡樞衡用音訓法把"有""亂""政"分別解釋爲"佑""斷""正",推出"有亂政"即"有助於定罪處罰"的結論。① 這種説法過於牽強附會,似乎站不住腳。

"禹刑"是傳説中夏朝的法律,以禹的名字命名。沈家本認爲它是夏朝末期的産物。② 但實際上,今見夏朝法律史料都屬於二手資料,古代所有關於"禹刑"的説法都源於叔向的這句追述之辭。換句話説,夏朝是否有成文法? 如果有,是否稱爲"禹刑"? 如果是"禹刑",跟禹又有什麽關係? 如此等等問題,目前還無法找到確切的答案。

"湯刑"的情況與"禹刑"類似,是傳説中商朝以湯命名的法律,不過多了幾條資料綫索。例如,《今本竹書紀年》記載,祖甲(即帝甲)二十四年"重作湯刑"。王國維認爲這條記載是根據"商有亂政而作湯刑"化用而來的偽作。③ 但這至少也可以説明偽造者認爲"商有亂政"與帝甲之亂有關。而其把"作湯刑"表述爲"重作湯刑"也可以提醒我們换個角度理解"作"的含義。這裏的"作"不一定就是制定,也有可能是重申、强調或更改的意思。因爲古代法律並非一次頒行就可以持久保證有效執行,而是會隨著社會形勢的變化而時緊時鬆、時用時廢。當形勢變化導致原本逐漸被淡忘的法律具有新的必要時,就會再發嚴旨重申或增補舊律。下文的"三辟之興"説的應該也是這回事。這種情況在古代非常普遍,結合這裏的"亂政"來看,用在"禹刑""湯刑""九刑"身上可説是一種合理推測。這種推測也可以找到訓詁學的依據。④ 另外,《墨子》《吕氏春秋》所引的"商書"和"湯之官刑"似乎也説明,所謂"湯刑"應該是後世追認的概念而非當時的法律名,而其内容應該也是一般意義上的"刑書"而非今日所理解的狹義

---

① 蔡樞衡:《中國刑法史》,第111頁。
② 沈家本:"禹刑雖起於叔世,然是取禹之法著於書,故仍以禹名也。叔向謂先王議事以制,不爲刑辟,乃以是爲譏,固屬探源之論。"([清]沈家本:《歷代刑法考》,第818頁)
③ 方詩銘、王修齡:《古本竹書紀年輯證》,上海古籍出版社1981年版,第221頁。引者注:王國維錯把此句出處"昭公六年"寫作"昭公五年"。
④ 《説文解字·人部》:"作,起也。"《公羊傳·莊公二十九年》:"新延廄者何? 脩舊也。"何休注:"舊,故也。繕故曰新,有所增益曰作,始造曰築。"蔡樞衡據此指出:"對於法律,作就是增訂。作刑就是增訂刑法。"(蔡樞衡:《中國刑法史》,第111頁)其説可從。

上的刑法或刑罰。①

"九刑"在性質上與"禹刑""湯刑"類似,只不過命名用的不是人名。孔穎達認爲三者都是聖王之法。② 這是儒家理論的典型思維,但有牽強附會的嫌疑。因爲《左傳·文公十八年》記載,周公在制《周禮》時做了誓命之辭,説要按"九刑"的規定辦理。③ 如果這條春秋時人的追述可靠的話,正可説明"九刑"的出現早於周公。④ 至於其爲何以"九"命名,説法不一。⑤ 筆者認爲,"九刑"應該是對周初以來所有政令刑書的總稱,而且長期處在不斷整理的開放狀態中,"九"乃泛指所有。

由於文獻不足的緣故,夏朝法律的具體形態目前還無法確知。與之相比,商朝以後的法律已經可以確定基本實現從口頭到文字的轉化。無論是傳世文獻還是出土文物都可以證實,商朝已經進入書面文書的時代,⑥因而也就可以確定出現真正意義上的刑書。這些刑書的積累是春秋

---

① 《墨子·非樂上》:"先王之書,湯之官刑有之曰:'其恒舞於宫,是謂巫風。其刑:君子出絲二衛,小人否,似二伯。'"《吕氏春秋·孝行覽·孝行》引《商書》:"刑三百,罪莫重於不孝。"高誘注:"商湯所制法也。"
② 《左傳·文公十八年》孔穎達疏:"稱其創制聖王以爲所作之法,夏作禹刑,商作湯刑,則周作九刑,作周公之刑也。"《左傳·昭公六年》孔穎達疏:"準夏、商所作,當爲文、武、周公之制。不以聖王名刑而謂之'九刑'者,蓋周公别爲此名,故稱之耳。"
③ 《左傳·文公十八年》:"季文子使大史克對曰:'……先君周公制《周禮》曰……作《誓命》曰:毁則爲賊,掩賊爲藏。竊賄爲盜,盜器爲姦。主藏之名,賴姦之用,爲大兇德,有常無赦。在《九刑》不忘……'"杜預注:"誓命以下,皆《九刑》之書,《九刑》之書今亡。"孔穎達疏:"此云周公作《誓命》,其事在《九刑》,知自《誓命》以下,皆《九刑》之書所載也。"然而楊伯峻指出,根據上下文意,"在九刑不忘"五個字是《誓命》之辭裏的話,而非《誓命》之辭記録在"九刑"之中(楊伯峻:《春秋左傳注》,第 635 頁)。楊説可從。
④ 有人認爲河南信陽長臺關出土的楚國竹書描述的就是周公《刑書》(史樹青:《信陽長台關出土竹書考》,載《北京師範大學學報》1963 年第 4 期)。但實際上,該篇竹書應不是周公的《刑書》,甚至與所謂的"刑書"也没有任何關係(張伯元:《清華簡六〈子産〉篇"法律"一詞考》,初刊於"簡帛網"2016 年 5 月 10 日,後收入王捷主編:《出土文獻與法律史研究》第 6 輯,法律出版社 2017 年版)。
⑤ 楊伯峻總結歷代各種解説,主要有刑罰九種、刑書九篇兩個説法,各有依據(楊伯峻:《春秋左傳注》,第 635、1275 頁)。"刑罰九種説"以此處的韋昭注爲代表。此外又如,《通典》卷一六三《刑法一·刑法序》自注:"言九刑,以墨一、劓二、剕三、宫四、大辟五,又流六、贖七、鞭八、扑九,故曰九刑也。""刑書九篇"説以《逸周書·嘗麥解》爲代表:"王命大正正刑書……太史策刑書九篇,以升授大正,乃左還自兩柱之間。"此外,還有服虔的"正刑一,議刑八"之説,已經被孔穎達否定。詳見《左傳·文公十八年》孔穎達疏,文繁不録。
⑥ 《尚書·多士》:"惟殷先人有册有典,殷革夏命。"商朝已經出現成熟的文字。甲骨文中"典""册"的原始寫法也真實再現了當時簡牘文書的樣貌。

戰國時代新式法律蓬勃興起的基礎。由於文字對法律表達的落實，商朝以後的法律才得以在其基礎上進行代際傳遞，實現法律知識要素的積累。商朝是這種積累的開端。或許因此之故，才有了荀子"刑名從商"（《荀子·正名》）的評價。

〔二〕三辟之興，皆叔世也

"辟"即法律。"三辟"指"禹刑""湯刑""九刑"。這裏的"刑"應該是指刑書，即包括刑法在內的各種政令法律，而非後世所理解的刑律、刑法或刑罰。①

"興"即得到強調或重申。② 對其理解，當與上一句的"作"字相參照。

"叔世"即衰敗沒落的世代，一般指王朝末期，也稱"叔末"。③ 這裏"叔"字按其在伯、仲、叔、季中的排序理解。④ 所以，"叔世"的語氣程度較之"季世""季末"爲輕。⑤

蔡樞衡根據《集韻》等的解釋把"叔"理解爲"俶"，並結合《逸周書》等記載認定"叔世"即"俶世"，是指王朝的初期。⑥ 劉篤才進一步提出"亂政"是指王朝初期的戰爭。⑦ 但一如本書前文所論，叔向所說的三代"亂政"實

---

① 《左傳·昭公六年》："三辟之興，皆叔世也。"孔穎達疏："三辟，謂《禹刑》《湯刑》《九刑》也。辟，罪也。三者斷罪之書，故刑書，皆是叔世所爲。"《通典》卷一六三《刑法一·刑法序》自注："三辟者，言三王始用五刑之法，故謂之三辟也。"楊伯峻："三辟，指《禹刑》《湯刑》《九刑》三種刑律。"（楊伯峻：《春秋左傳注》，第 1275 頁）長春按：這些解釋囿於偏狹的思維定勢，不可信從。
② 《說文解字·舁部》："興，起也。"《詩經·大雅·抑》："興迷亂於政。"鄭玄箋："興，猶尊尚也。"
③ 《後漢書·黨錮列傳》："叔末澆訛，王道陵缺。"《舊唐書·孝友傳·宋興貴》："叔世澆訛，人多僞薄，修身克己，事資誘勸。"《後漢書·酷吏列傳》："叔世偷薄。"李賢等注："叔代猶末世也。"引者注：李賢等避唐太宗諱，"世"改爲"代"。
④ 《左傳·僖公二十四年》："昔周公弔二叔之不咸，故封建親戚以蕃屏周。"孔穎達疏："伯、仲、叔、季，長幼之次也。故通謂國衰爲叔世，將亡爲季世。"
⑤ 《左傳·昭公六年》："皆叔世也。"孔穎達疏引服虔云："政衰爲叔世，叔世逾於季世，季世不能作辟也。"《鹽鐵論·授時》："三代之盛無亂萌，教也；夏商之季世無順民，俗也。"《鹽鐵論·憂邊》："周之季末，天子微弱，諸侯力政。"
⑥ 蔡樞衡：《中國刑法史》，第 111 頁。《集韻·入聲上·屋韻》："俶，一曰始也，或作叔。"《詩經·小雅·大田》："俶載南畝。"孔穎達疏："俶音尺叔反，始也。"《逸周書·嘗麥解》："是月，王命大正正刑書……太史策刑書九篇，以升授大正，乃左還自兩柱之間。"引者注：這裏的"王"是指周成王。
⑦ 劉篤才：《亂政作刑考釋》。

有所本,而所謂"三刑"也只是後人追述而非王朝初期的聖王所制定。叔向以此批評子產鑄刑書的邏輯正如傳統學者所理解的那樣,"三刑"產生於三代"亂政"的"叔世",是政治衰敗的結果和王朝衰亡的預兆,子產應該重修德政,不應效法末世之刑而導致國家走向衰亡。①

【原文】

今吾子相鄭國,制參辟,鑄刑書,孟康曰:"謂夏、殷、周亂政所制三辟也。"將以靖民,不亦難乎! 師古曰:"靖,安也,一曰治也。"

【考釋】

〔一〕吾子

"子"是人稱代詞,主要用於平等主體之間,帶有尊敬意味,相當於"您"。② "吾子"是"子"的派生詞,專用於對稱,兼含禮貌與親昵。批評時用"吾子"稱對方,給人以親切委婉且語重心長的感覺。③ 這裏是叔向對子產的稱呼,既表示親切,也帶有批評、勸勉的意味。

〔二〕制參辟

根據《左傳》的記載,"制參辟"前原有"作封洫、立謗政"六字。班固轉錄時把其删掉,可能是爲了凸顯二人在法律問題的争論焦點。但這一删卻影響了理解,容易讓人以爲"制參辟"與"鑄刑書"是一個連帶的事情。即把"制參辟"理解爲參照夏商周的"三辟"而制定鄭國的法律。④ 這種理解不僅從字面上説不通,而且也不符合叔向的行文邏輯。實際上,這裏的"參辟"是指子產制定或重申的法律,與《漢志》前文代指夏、商、周法律的"三辟"不是一回事,也没有直接關係。在原文中,"制

---

① 《左傳·文公十八年》孔穎達疏:"叔世,謂衰世,世衰民慢,作嚴刑以督之。"《左傳·昭公六年》孔穎達疏:"言刑書不起於始盛之世議事制罪,叔世不復能然,采取上世決事之比,作書以爲後法。其事是始盛之世,作書於衰亂之時。"
② 《漢書·武帝紀》:"此子大夫之所睹聞也。"顏師古注:"子者,人之嘉稱。"
③ 夏先培:《〈左傳〉的"吾子""夫子"和"數詞+子"的結構》,載《長沙電力學院社會科學學報》1997年第1期。
④ 趙增祥、徐世虹、高潮:《〈漢書·刑法志〉注釋》,第40頁;辛子牛:《漢書刑法志注釋》,第30頁。

參辟"與"作封洫""立謗政""鑄刑書"並列,是相對獨立的四件事之一。①

"清華簡"《子產》篇有"肂三邦之刑,以爲鄭刑、野刑"一句,有學者認爲這可以與此處的"制參辟鑄刑書"對讀參看。② 實際上,這可能在一定程度上反映子產制定法律的過程,但還不能直接證明"三邦之刑"即"參辟"。《子產》篇有"埜(野)參(三)分,粟參(三)分,兵參(三)分"一句,整理小組認爲"參辟"包括野、粟、兵三部分。③ 也有學者認爲是把"野"分爲三等情況,按照不同標準徵收粟、兵。④ 這些説法雖然也没有什麽直接證據,但在邏輯上與《左傳》的記載更貼合。

〔三〕將以靖民,不亦難乎

"將"即將要。"以"即用來。"靖"本義爲肅立,後引申爲平定、治理、謀取,其中藴含追求政治安定的美好理想。⑤"靖民"即治理民衆,使其安定。這句是説,叔向認爲子產治理鄭國的措施不僅方式不對,而且效果也不會好。

【原文】

《詩》曰:'儀式刑文王之德,日靖四方。'師古曰:"《周頌·我將》之詩也。言法象文王之德,以爲儀式,則四方日以安靖也。"又曰:'儀刑文王,萬邦作孚。'師古曰:"大雅文王詩也。孚,信也。又言法象文王,則萬國皆信順也。"如

---

① 楊伯峻:"參同三,《晏子·諫篇下》云'三辟著於國',雖《晏子》之三辟,據蘇輿《晏子春秋校注》乃指行暴、逆明、賊民三事,未必同於子產所制訂之三辟,疑子產之刑律亦分三大類。……吴闓生《文史甄微》謂'參辟與封洫、謗政並言,亦子產所作之法',是也。三辟爲刑書之内容,鑄於鼎而宣布之,又一事也,故分別言之。"(楊伯峻:《春秋左傳注》,第 1276 頁)李力:"比較而言,楊伯峻的第三個推測,或許比較符合叔向書信之本意。"(李力:《從法制史角度解讀清華簡(陸)〈子產〉篇》)
② 王捷:《清華簡〈子產〉篇與"刑書"新析》。
③ 整理小組注釋〔八七〕:"野,郊野;粟,食糧;兵,武器。三分,三分之一,例見三晉系金文。按《左傳》昭公六年叔向書云子產'制參(三)辟,鑄刑書',疑其刑書有野、粟、兵三部分。"(李學勤主編:《清華大學藏戰國竹簡(陸)》,第 144 頁)
④ 劉光勝:《德刑分途:春秋時期破解禮崩樂壞困局的不同路徑》,載王沛主編:《出土文獻與法律史研究》第 9 輯,法律出版社 2020 年版。
⑤ 《詩經·小雅·菀柳》:"俾予靖之。"毛亨傳:"靖,治也。"《詩經·周頌·昊天有成命》:"肆其靖之。"毛亨傳:"靖,和也。"鄭玄箋:"終能和安之。"《詩經·周頌·我將》:"日靖四方。"毛亨傳:"靖,謀也。"

是,何辟之有? 師古曰:"若詩所言,不宜制刑辟。"

【考釋】

〔一〕《詩》曰:'儀式刑文王之德,日靖四方。'

"詩"即《詩經》,其中既有貴族文人作品,也有整理修改後的民間歌謠。春秋時,《詩經》具有廣泛的社會功能,例如傳授歷史知識、總結歷史教訓、歌頌祖先功業、汲取政治智慧、熟悉禮儀制度、尋求典範依據、諷諫朝政時局、評判人物事蹟、考察國家興亡、瞭解民間疾苦、修飾外交辭令、修養身心氣質、練習雅言發音等,所以極受貴族重視,常被引用輔助解決現實問題。① 當然,引用時也不乏斷章取義的現象。②

"儀"和"式"都有法制的意思。③ "刑"通"型",意爲取法、效法。"文王"即周文王。"靖"即平定、治理、謀取。這句詩出自《詩經·周頌·我將》。該詩原是武王伐紂之前的告廟之詩,頌揚了武王安定四方、日思進取的政治理想。在此語境下,"靖"偏向於謀取、追求。但在叔向的信中,這句話已經脱離原來的語境,變成治國方略,所以"靖"偏向於治埋。更重要的是,此處的"靖四方"可與上文的"靖民"相對應。這就是當時貴族賦《詩》斷章、各取所求的表現。叔向此處引《詩》的"文王之德"原作"文王之典"。如果能排除傳抄錯訛因素的話,這又可以提供一個斷章取義的例證。即把原文中有可能對制刑書有利的"典"改寫爲對其本人主張更爲有利的"德"。④

---

① 《論語·陽貨》:"《詩》,可以興,可以觀,可以群,可以怨。邇之事父,遠之事君,多識於鳥獸草木之名。"《論語·子路》:"子曰:'誦《詩》三百,授之以政,不達;使於四方,不能專對,雖多,亦奚以爲?'"《毛詩序》:"夫《詩》者,論功頌德之歌,止僻防邪之訓,雖無爲而自發,乃有益於生靈。……作者所以暢懷舒憤,聞之者足以塞違從正。發諸情性,諧於律呂,故曰'感天地,動鬼神,莫近於《詩》'。此乃《詩》之爲用,其利大矣。"《漢書·藝文志》:"古者諸侯卿大夫交接鄰國,以微言相感,當揖讓之時,必稱《詩》以諭其志,蓋以別賢不肖而觀盛衰焉。故孔子曰'不學《詩》,無以言'也。"
② 《左傳·襄公二十八年》:"賦詩斷章,余取所求焉。"
③ 《説文解字·人部》:"儀,度也。"段玉裁注:"度,法制也。"《説文解字·工部》:"式,法也。"《詩經·周頌·我將》:"儀式刑文王之典,日靖四方。"毛亨傳:"儀,善。刑,法。典,常。"孔穎達疏:"儀者威儀,式者法式,故以儀式爲則象,謂則象法行文王之常道也。以此能治四方,所以蒙佑,不宜謀之,故以靖爲治,謂施於天下也。"
④ "典"的原始含義是殷商時代用書寫祝告之辭的簡册(葉修成:《論〈尚書·堯典〉之生成及其文體功能》)。長春按:如果抛去祭祀賦予的神聖光環和後世申引的政治屬性,作爲實物的"典"的書寫形態與刑書如出一轍。

〔二〕儀刑文王,萬邦作孚

"儀刑文王"即效法文王的典章。"萬邦"即天下諸侯。"孚"即誠信、信任。① "作孚"即信服、順從。這句詩出自《詩經·大雅·文王》,是周人敬天法祖精神的集中體現。② 叔向引用此詩同樣是要證明效法文王、遵循禮法的正確性。

〔三〕如是,何辟之有

"如是"即如《詩經》文句所言,效法文王。"何辟之有"意即"何必作刑辟呢?"換言之,叔向這裏是以《詩經》文句作爲反對子產鑄刑書的依據。

【原文】

民知爭端矣,將棄禮而徵於書。師古曰:"取證於刑書。"錐刀之末,將盡爭之,師古曰:"喻微細。"亂獄滋豐,貨賂並行。師古曰:"滋,益也。"終子之世,鄭其敗虖!"

【考釋】

〔一〕民知爭端矣,將棄禮而徵於書

"端"即開端、起首。"爭端"即爭奪利益的事由或憑依。在叔向看來,子產制定的刑書會淪爲民衆謀取私利的工具或幌子,亦即"爭之端"。"棄禮而徵於書"意即,民衆背棄禮讓、忠信、仁愛等禮法精神,而到刑書中去尋找爭取私利的依據。

〔二〕錐刀之末,將盡爭之,亂獄滋豐,貨賂並行

"錐刀"即小刀,引申爲價值很小的財物。③ "末"本義是樹梢,引申爲次要、細微、低級、卑微。④ "錐刀之末"即"錐刀之利",指微不足道、低級短

---

① 《左傳·莊公十年》:"小信未孚,神弗福也。"杜預注:"孚,大信也。"《說文解字·爪部》:"孚,卵即孚也。從爪從子。一曰信也。"段玉裁注:"此卵即孚引伸之義也。雞卵之必爲雞。鳦卵之必爲鳦。人言之信如是矣。"
② 《詩經·大雅·文王》:"上天之載,無聲無臭。儀刑文王,萬邦作孚。"鄭玄箋:"天之道,難知也。耳不聞聲音,鼻不聞香臭,儀法文王之事,則天下咸信而順之。"
③ 《韓非子·外儲說左上》:"桃棗蔭於街者莫有援也,錐刀遺道三日可反。"《淮南子·說山訓》:"斷右臂而爭一毛,折鏌鎁而爭錐刀,用智如此,豈足高乎?"
④ 《說文解字·木部》:"末,木上曰末。"《禮記·檀弓上》:"末之,卜也。"鄭玄注:"末之猶微哉。"

淺的利益。① 古人常有本末對舉的思維，以道德爲本，以功利爲末。② 有人把"錐刀之末"解釋爲刑書中錐刀刻劃的每字每句，③較爲牽强。

"盡"即窮盡，既可指窮盡所有利益，也可指窮盡所有手段。

"獄"有兩種解釋：一是訴訟，即二犬爭鬥，中間的"言"表示爭訟；二是監獄，即二犬守衛，中間的"言"表示"辛"（即犯人）。④ 前者爲本義，後者爲引申義。⑤ 二者都可引申爲案件。⑥ "亂"有混亂、動盪和淫亂等含義。"亂獄"即大案、要案、疑難案件。⑦ "滋"和"豐"都有增加、擴大的意思。⑧ "滋豐"即大量增加，越來越多。

"貨賂"即以財貨賄賂。"並"即同時。"行"即進行。"並行"意即大量出現。

〔三〕終子之世，鄭其敗虖

"終"本義是冬天，後引申爲盡頭、終點、死亡。⑨ "世"即一輩子，也可

---

① 《左傳·昭公六年》："錐刀之末。"杜預注："錐刀末，喻小事。"《淮南子·本經訓》："昔者蒼頡作書而天雨粟鬼夜哭。"高誘注："棄耕作之業而務錐刀之利。"《後漢書·輿服志上》："爭錐刀之利，殺人若刈草然，其宗祀亦旋夷滅。"
② 《左傳·昭公十年》："義，利之本也。"《吕氏春秋·審應覽·精諭》："淺智者之所争則末矣。"
③ 楊伯峻："鑄刑書須先刻字於範，錐刀乃刻字之具。錐刀之末謂刑書之每字每句。沈欽韓《補注》引《吕氏春秋·下賢》篇'錐刀之遺於道者莫之舉也'，《韓非子·外儲說左上》'錐刀遺道，三日可反'以解此句，於上下文甚不恰切。"（楊伯峻：《春秋左傳注》，第1276頁）引者注：沈欽韓所著應爲《漢書疏證》而非《漢書補注》。楊氏此處引用有誤。
④ 《説文解字·犬部》："獄，确也。从㹜从言。二犬，所以守也。"段玉裁注："獄字从㹜者、取相争之意。許云所以守者，謂刑牢拘罪之處也。"
⑤ 參見陳松長：《再論秦漢時期的獄——以長沙走馬樓西漢簡爲中心》，載《華東政法大學學報》2022年第1期。
⑥ 《周禮·地官司徒·大司徒》："凡萬民之不服教而有獄訟者，與有地治者聽而斷之，其附於刑者，歸於士。"鄭玄注："争罪曰獄，争財曰訟。"孫詒讓《正義》："争財謂以財貨取與相抵冒而告之官者。然凡經獄訟對文者，獄大而訟小也。鄭謂以争罪争財爲異，似非經義。"《周禮·秋官司寇·大司寇》："以兩劑禁民獄。"鄭玄注："獄，謂相告以罪名者。"孫詒讓《正義》："獄者，訟之大者也，不必告以罪名。"
⑦ 《周禮·秋官司寇·訝士》："四方有亂獄，則往而成之。"鄭玄注："亂獄，謂若君臣宣淫、上下相虐者也。"孫詒讓《正義》："注云'亂獄，謂若君臣宣淫、上下相虐者也'，此皆獄之尤重大、不易平斷者也。"其舉的例子即夏舒徵案。事見《左傳·宣公九年》，文繁不録。
⑧ 《説文解字·水部》："滋，益也。"段玉裁注："凡經傳增益之義多用此字。"《説文解字·豐部》："豐，豆之豐滿也。"段玉裁注："謂豆之大者也。引伸之，凡大皆曰豐。"
⑨ 《説文解字·糸部》："終，絿絲也。"段玉裁注："《廣韻》云：'終，極也，窮也，竟也。'其義皆當作冬。冬者，四時盡也，故其引申之義如此。俗分別爲四時盡、終爲極也、窮也、竟也，乃使冬失其引申之義，終失其本義矣。"《禮記·檀弓上》："君子曰終，小人曰死。"

以表示死亡。① "終世"即終其一生。② "子"指子產。"終子之世"即子產有生之年結束，可以翻譯爲"到您死之時"。

"敗"即衰敗。"虖"即"乎"。"鄭其敗虖"是隱晦表達鄭國將要衰亡的意思。在《左傳》原文中，這四字之後還有一句："肸聞之：'國將亡，必多制。'其此之謂乎！"對於子產的法律改革，叔向不僅態度悲觀，而且措辭激烈（見前引王沛文）。早在子產爲政之前，吳國公子季札就曾對他提出過類似的忠告。③ 這當然不是一種巧合，而是與當時持傳統禮制思維的舊貴族面對季世巨變的悲觀態度相符合。④ 正因爲即將面對一個前景未知的新時代，所以晉國的叔向、士文伯等舊式人物對子產鑄刑書都大爲震驚乃至恐懼，預言鄭國將有災異。《左傳》作者和後世學者也順勢擬造出隨後發生的災異以印證預言。⑤

【原文】

子產報曰："若吾子之言，僑不材，不能及子孫，吾以救世也。"師古曰："言雖非長久之法，且救當時之敝。"媮薄之政，自是滋矣。

---

① 參見郭永秉：《説表示"死"義的"世"字——附〈容成氏〉"各得其世"解》，載田煒主編：《文字·文獻·文明》，上海古籍出版社 2019 年版。
② 《吕氏春秋·離俗覽·用民》："古昔多由布衣定一世者矣。"高誘注："終一人之身爲世。"
③ 《左傳·襄公二十九年》："（吴公子札）謂子産曰：'鄭之執政侈，難將至矣！政必及子。子爲政，慎之以禮。不然，鄭國將敗。'"
④ 《左傳·昭公三年》記載，齊國晏嬰出使晉國，曾與叔向討論時局大勢。二人不約而同表達出悲觀論調。晏嬰説："此季世也，吾弗知齊其爲陳氏矣！"叔向説："雖吾公室，今亦季世也。"又説："晉之公族盡矣。肸聞之，公室將卑，其宗族枝葉先落，則公從之。肸之宗十一族，唯羊舌氏在而已。肸又無子。公室無度，幸而得死，豈其獲祀？"
⑤ 《左傳·昭公六年》在記録子産鑄刑書後，緊接著就記載士文伯的話説："火見，鄭其火乎？火未出，而作火以鑄刑器，藏爭辟焉。火如象之，不火何爲？"後又記載："六月丙戌，鄭災。"杜預注曰："終士文伯之言。"長春按：似乎確實如同士文伯所説那樣，災異因子産鑄刑書而起。仔細品味不難發現，這個敘事思路具有明顯的主觀傾向。《左傳》一書敘事精彩，義理深刻，堪稱經典，但在後世也有"誣"（[晋]范甯《穀梁傳·序》）、"浮誇"（[唐]韓愈《進學解》）、"好語神怪"（[清]韓菼《左傳紀事本末·序》）等批評。偏好記録預言災異是其原因之一（參見李洲良：《春秋筆法的内涵外延與本質特徵》，載《文學評論》2006 年第 1 期；鄭曉峰：《占卜異象與〈左傳〉敘事的預言式結構》，載《學術交流》2017 年第 1 期；唐明亮：《〈左傳〉預言新論》，載《廊坊師範學院學報（社會科學版）》2017 年第 4 期；楊金波：《〈左傳〉預言的文化指向與敘事功能》，載《北方論叢》2021 年第 1 期）。

【考釋】

〔一〕**子產報曰:"若吾子之言,僑不材,不能及子孫,吾以救世也。"**

"報"即答復、回信,在《左傳》原文中作"復"。①

"若"本義爲順暢、順從,引申爲如同、正如。②"若吾子之言"即"事情正如您所説的那樣",表示讓步、認可的態度。有學者以"順從"解釋此句,③不僅從語意上難以説通,而且也與下文的"既不承命"相矛盾。有學者認爲這句話的意思是"像你所説的那樣我公孫僑無能",④恐怕也與上下文意不合。

"僑"即子產之名。古人自稱時一般用名,以表自謙;稱別人時一般用字,以表尊重。"材"指樹木成材可用,"不材"即不成材、平庸、無能。⑤《左傳》原文作"不才",二者相通。子產這裏既是自謙,也是示弱。"僑不材"與上文"若吾子之言"没有直接順承關係,而是與下文"不能及子孫"連成一句。

"及"本義是追趕上、抓住,引申爲到達、顧及。⑥"不能及子孫"意思是"没有能力考慮子孫後代那麽長遠的事",是對叔向"終子之世,鄭其敗虖"的委婉回應。⑦

"救世"即挽救時世、匡救世弊。"吾以救世也"意思是"我這樣做是爲了拯救亂局"。"救世"的含義是理解子產包括鑄刑書在内一些列改革措施的關鍵問題之一。

首先必須明確的是,"救世"並非子產的外交辭令,而是其真實的内心想法。孔穎達認爲鄭國的時弊體現在司法層面。⑧ 這是見樹不見林。子產的改革源出於當時鄭國内外交困的政局壓力,絶不僅僅是法律或司法

---

① 《漢書・司馬遷傳》:"闕然不報,幸勿過。"
② 《爾雅・釋名》:"若、惠,順也。"《説文解字・艸部》:"若,擇菜也。"段玉裁注:"此會意。毛傳曰:'若,順也。'於雙聲假借也。又假借爲如也、然也、乃也、汝也。"
③ 楊伯峻:"此語未竟。若,順也。言順吾子之言,吾不能。"(楊伯峻:《春秋左傳注》,第1277頁)
④ 趙增祥、徐世虹、高潮:《〈漢書・刑法志〉注釋》,第41頁。
⑤ 《説文解字・木部》:"材,木梃也。"段玉裁注:"材謂可用也。"
⑥ 《説文解字・又部》:"及,逮也。"《左傳・僖公三十三年》:"謀及子孫,可謂死君乎?"
⑦ 楊伯峻:"應上'終子之世鄭其敗'語。"(楊伯峻:《春秋左傳注》,第1277頁)
⑧ 《左傳・昭公六年》:"吾以救世也。"孔穎達疏:"當時鄭國大夫邑長,蓋有斷獄不平、輕重失中,故作此書以令之,所以救當世。"

的問題。春秋中期，鄭國陷入公子爭位、國君頻繁易位、執政者缺乏謀略的複雜局面中，而且夾在大國之間，有存亡之憂。掌握實權的"七穆"家族，一方面架空國君，輪流掌權；另一方面勾心鬥角，引發内亂。鄭簡公三年（前 563 年），執政卿子駟被殺，子產的父親子國也同時遇害。九年後，執政卿子孔被誅，子產被任命爲卿。又十年後，鄭國爆發良氏與駟氏的激烈衝突，子產雖然保持中立，卻也險些被牽連殺害。鄭簡公二十三年（前 543 年），當國子皮推薦子產出任爲政，子產以"國小而偪，族大寵多"爲由推辭。① 可見他對鄭國亂局的要害看得很準。所謂"國小而偪"是指國力弱小、外鄰強大；所謂"族大寵多"是指大族驕橫、不服管教。② 在此背景下擔任爲政，子產的工作重點就是對外交好晉國，避免戰事，對内調和矛盾，強化集權。

　　子產之前的執政卿其實也推行過一些改革措施。但這些措施由於缺乏謀略遠見而遭失敗。子駟對外采取騎牆策略，結果遭到晉、楚兩國輪番攻擊；對内整頓田地疆界，卻因侵犯大族利益而激起變亂，並因此喪命。③ 子孔執政時制定政令文書，強行限制諸卿權力，但最後不僅迫於壓力焚燒政書，而且其本人也被清算誅殺。④ 因爲親身經歷多次變亂，子產執政後在推行改革措施時一方面能頂住壓力貫徹到底，⑤另一方面也注意推行的

---

① 《左傳·襄公三十年》："鄭子皮授子產政，辭曰：'國小而偪，族大寵多，不可爲也。'"
② 參見劉曉東：《從〈左傳〉"族大寵多"注解看歷史解讀註釋學意義》，載《江蘇社會科學》2014 年第 5 期。
③ 《左傳·襄公十年》："初，子駟爲田洫，司氏、堵氏、侯氏、子師氏皆喪田焉。"杜預注："洫，田畔溝也。子駟爲田洫，以正封疆，而侵四族田。"
④ 《左傳·襄公十年》："子孔當國，爲載書，以位序，聽政辟。大夫、諸司、門子弗順，將誅之。子產止之，請爲之焚書。子孔不可，曰：'爲書以定國，怒而焚之，是衆爲政也，國不亦難乎？'子產曰：'衆怒難犯，專欲難成，合二難以安國，危之道也。不如焚書以安衆。子得所欲，衆亦得安，不亦可乎？專欲無成，犯衆興禍，子必從之！'乃焚書於倉門之外，衆而後定。"《左傳·襄公十九年》："鄭子孔之爲政也專。國人患之，乃討西宫之難，與純門之師。……甲辰，子展、子西率國人伐之，殺子孔而分其室。書曰'鄭殺其大夫'，專也。"
⑤ 《左傳·襄公三十年》："子產使都鄙有章，上下有服，田有封洫，廬井有伍。大人之忠儉者，從而與之；泰侈者，因而斃之。"又："從政一年，輿人誦之，曰：'取我衣冠而褚之，取我田疇而伍之。孰殺子產，吾其與之！'"《左傳·昭公四年》："鄭子產作丘賦。國人謗之，曰：'其父死於路，己爲蠆尾。以令於國，國將若之何？'子寬以告。子產曰：'何害？苟利社稷，死生以之。且吾聞爲善者不改其度，故能有濟也。民不可逞，度不可改。《詩》曰："禮義不愆，何恤於人言。"吾不遷矣。'"

方式方法,采取柔和策略順勢而爲。例如,他不毀鄉校,寬容對待批評意見。① 又如,他本身不信鬼神之説,卻利用鬼神觀念安定民心。② 在鑄刑書事件上,處處尊禮的子産通過把刑書鑄於禮器的方式宣示刑書的權威,或許在叔向看來是違禮行爲,在子産看來卻可能是對禮制的創新運用。事實也證明,子産採取這一系列務實靈活的改革措施,不僅没有導致鄭國敗亡,而且有效穩定了鄭國局勢,增强了鄭國國力,提高了鄭國地位,也因此得到了國内各方勢力的普遍支持,甚至極爲難得地得到了後世儒家和法家的共同讚譽。③

此外,子産吐露"救世"苦衷也是爲了獲得叔向及其背後晉國的同情和理解。子産年幼時親眼見到平衡晉楚政策帶來的禍患,所以堅定推行親晉政策。子産與叔向私交很好,既有意氣相投的個人因素,也不能脱離晉鄭結盟關係的大背景。晉國强大,叔向年長,二人交好,這些因素疊加在一起才會發生子産改革内政卻受到叔向書信責問這種事情。而且事實上,叔向的意見不僅代表本人,在晉國也有其支持者。晉國大夫士文伯就以五行天象爲依據,對子産鑄刑書進行了隱晦的批評。④ 對於來自大國的批評意見,子産必須慎重對待。即使叔向言辭有不當之處,子産也不能正面辯駁,只得採取委婉示弱的姿態,以"不材"爲由勉强應付。晉鄭兩國雖

---

① 《左傳·襄公三十一年》:"鄭人游於鄉校,以論執政。然明謂子産曰:'毀鄉校,何如?'子産曰:'何爲? 夫人朝夕退而游焉,以議執政之善否。其所善者,吾則行之;其所惡者,吾則改之。是吾師也,若之何毀之? 我聞忠善以損怨,不聞作威以防怨。豈不遽止? 然猶防川,大決所犯,傷人必多,吾不克救也。不如小決使道,不如吾聞而藥之也。'"
② 事見《左傳·昭公七年》《左傳·昭公十八年》《穀梁傳·昭公十八年》,文繁不録。
③ 例如,子産論政寬猛就得到孔子和韓非子的共同肯定。《左傳·襄公三十一年》:"仲尼聞是語也,曰:'以是觀之,人謂子産不仁,吾不信也。'"《左傳·昭公二十年》:"仲尼曰:'善哉! 政寬則民慢,慢則糾之以猛。猛則民殘,殘則施之以寬。寬以濟猛;猛以濟寬,政是以和。'"《韓非子·内儲説上》:"愛多者則法不立,威寡者則下侵上。是以刑罰不必則禁令不行。其説在董子之行石邑,與子産之教游吉也。"對於子産爲政的舉措和效果,孔子給出"惠人""養民""仁人""遺愛"等評價,已如前揭。《韓非子·外儲説左下》也評價:"子産退而爲政五年,國無盜賊,道不拾遺,桃棗蔭於街者莫有援也,錐刀遺道三日可反,三年不變,民無飢也。"
④ 《左傳·昭公六年》:"士文伯曰:'火見,鄭其火乎! 火未出而作火,以鑄刑器,藏爭辟焉。火如象之,不火何爲?'"孔穎達疏:"作刑書以示民,教民使爭罪,故謂之'爭辟'……服虔云:'鑄鼎藏爭辟,故今出火與五行之火争明,故爲災;在器,故稱藏也。'"

然來往密切,但叔向對鄭國的國內局勢似乎不太瞭解,而且也没有子産那種切身的體會。① 所以子産再多解釋也無益處,只好無奈地用"救世"二字做最言簡意賅的自白。

在《左傳》原文中,"吾以救世也"後還有八個字:"既不承命,敢忘大惠?"班固轉録時把其删掉,可能是認爲這種外交話術無足輕重。② 其實,這既是外交辭令,也是子産態度的明確總結。"既"本義是吃完飯,引申爲已經。③ "既不承命"即確定不會聽從叔向的指教,語氣十分堅定。"敢忘大惠"即不敢忘記叔向的恩惠,語氣較爲謙卑恭敬。④ 這樣亦正亦反、剛柔相濟的表態,非常符合子産的人物性格和鄭國的内外局勢。理解鑄刑鼎事件及其争論,不能脱離這樣的具體語境。

至於後世圍繞"議事以制,不爲刑辟""國將亡,必多制""民知有辟,則不忌於上"等隻言片語所展開的各種評説往往屬於抽離語境的借題發揮,多非知人論世、推原求本之論。⑤

在法律史學界,常與子産鑄刑書相提並論的是晉國趙鞅、荀寅鑄刑鼎事件。該事件在當時遭到孔子和太史蔡墨的批評。孔子的理由有兩條:第一條與叔向的意見類似,即重視刑書會對傳統的禮法秩序造成根本衝擊;第二條是趙鞅、荀寅所用的"范宣子刑書"屬於違禮的亂制。蔡墨又補充了一條:荀寅作爲下卿不具有立法的資格,范氏、趙氏牽連此事也難辭其咎。⑥ 後世學者自杜預、孔穎達以下,常把此問題與子産鑄刑書相混同。

---

① 《左傳·襄公三十年》:"子産相鄭伯以如晉,叔向問鄭國之政焉。對曰:'吾得見與否,在此歲也。駟、良方争,未知所成。若有所成,吾得見,乃可知也。'叔向曰:'不既和矣乎?'對曰:'伯有侈而愎,子晳好在人上,莫能相下也。雖其和也,猶相積惡也,惡至無日矣。'"
② 類似措辭確實常見於外交場合。例如,《左傳·襄公十九年》:"齊及晉平,盟於大隧。故穆叔會范宣子于柯。穆叔見叔向,賦《載馳》之四章。叔向曰:'肸敢不承命!'"
③ 《説文解字·皀部》:"既,小食也。"段玉裁注:"引伸之義爲盡也、已也。"《春秋·桓公三年》:"日有食之,既。"杜預注:"既,盡也。"
④ 所謂"恩惠"是指接受叔向的教導勸勉。《左傳·昭公六年》:"既不承命,敢忘大惠?"杜預注:"以見箴戒爲惠。"
⑤ 《左傳·昭公六年》孔穎達疏、《魏書·景穆十二王列傳·任城王》、《新唐書·刑法志》、《資治通鑑·漢紀四十九》"臣光曰"、《日知録》卷八"法制"條都有關於此事的大段議論,率皆此類。
⑥ 事見《左傳·昭公二十九年》,文繁不録。

近代以來，對其的評價又受到成文法公布、儒法鬥爭主綫、新舊階級對立等學説觀點的桎梏。直到二十世紀晚期以來，學者才開始關注其具體背景和制度邏輯方面的問題，從而逐步廓清此題。①

鑄刑鼎事件晚於鑄刑書事件二十三年，地點從弱小的鄭國轉移到强大的晉國，當事人身份從執政卿到下卿，形式從打禮制擦邊球到完全突破禮制底綫，發展進度雖然一日千里，但發展方向卻是一致的。即法律最終突破家族、地域的壁壘，在效力等級、效力範圍、效力空間等方面得到質的昇華。② 其結果是，國家的内部資源整合能力和外部競爭力量都得到强化，更能滿足自强求存、爭霸兼並的需求。

范氏在晉國世爲法官，其先祖士會就曾爲晉國制法。范宣子刑書則以更早的趙盾夷蒐之法爲藍本。夷之蒐三易中軍帥的做法不僅於禮制不合，而且爲隨後晉國諸卿内亂埋下伏筆。繼承夷蒐之法的范宣子刑書雖然被孔子稱爲亂制，但其作爲常法確實代表了東周以來新式法律的發展方向。從這一點來説，鑄刑鼎事件與鑄刑書事件的歷史意義是一致的。只不過，較之鑄刑書事件而言，鑄刑鼎事件有更複雜的政治鬥爭和法制沿革的歷史背景。要想做出系統扎實的理論闡釋，不對其來龍去脈、内在邏輯乃至細枝末節進行一番周密的考察肯定是行不通的。③ 篇幅原因，此處不再展开。

---

① 參見李孟存、常金倉：《范宣子刑書探微》，載《山西師大學報（社會科學版）》1983年第1期；俞榮根：《儒家法思想通論》（廣西人民出版社1992年初版）；［美］李峰：《中國古代國家形態的變遷和成文法律形成的社會基礎》；王沛：《刑鼎、宗族法令與成文法公布——以兩周銘文爲基礎的研究》。
② 《左傳·文公六年》："宣子於是乎始爲國政。制事典，正法罪，辟刑獄，董逋逃，由質要，治舊洿，本秩禮，續常職，出滯淹。既成，以授大傅陽子與大師賈佗，使行諸晉國，以爲常法。"
③ 《史記·循吏列傳》："子産者，鄭之列大夫也。鄭昭君之時，以所愛徐摯爲相，國亂，上下不親，父子不和。大宫子期言之君，以子産爲相。爲相一年，豎子不戲狎，斑白不提挈，僮子不犁畔。二年，市不豫賈。三年，門不夜關，道不拾遺。四年，田器不歸。五年，士無尺籍，喪期不令而治。治鄭二十六年而死，丁壯號哭，老人兒啼，曰：'子産去我死乎！民將安歸？'"長春按：這段史料對子産爲相經歷的記載有多處與史實不符，對子産政績的描述也充滿"想當然耳"的虛詞雕飾色彩，所以向來不受學者重視。换言之，這段記録描述的這個平亂爲治、理政有方的典型循吏形象只是掛了子産之名而已，與子産本人其實没多大關係。

〔三〕媮薄之政，自是滋矣

"媮"即"偷"，原指狡黠，引申爲苟且、輕視、無原則。① 也有人把"偷"釋爲變化，似較牽强。②"薄"原義是指物體扁平，引申爲不仁義、不誠信、不敦厚。③ "媮薄"指社會風氣不够敦厚樸實，與"澆薄""靡薄"等詞相通。④ "媮薄之政"即重利尚刑、輕視教化的法律或政策，往往導致社會道德淪喪、姦邪横行。"自是滋矣"即從此以後日益滋長，越來越多。班固守持儒家崇尚三代、是古非今的歷史觀念，把子産鑄刑書作爲"王道寖壞、教化不行"的起點，自然是在表達批評的態度。

第二節

【原文】

孔子傷之，曰："導之以德，齊之以禮，有恥且格；導之以政，齊之以刑，民免而無恥。"師古曰："《論語》載孔子之言也。格，正也。言用德禮，則人有恥而自正；尚政刑，則下苟免而無恥。""禮樂不興，則刑罰不中；刑罰不中，則民無所錯手足。"師古曰："亦《論語》所載孔子之言也。禮以治人，樂以易俗，二者不興，則刑罰濫矣。錯，置也。"

【考釋】

〔一〕孔子傷之

"傷"即悲哀、感傷。（説詳前文）"之"指"媮薄之政"。春秋時各國日益崇尚功利而輕視道德，注重强硬的法律手段而忽視禮義的教化作用，導

---

① 《説文解字·女部》："媮，巧黠也。"段玉裁注："按，偷盗字當作此媮。"《左傳·文公十七年》："齊君之語偷。"杜預注："偷，猶苟且。"《左傳·襄公三十年》："晉未可媮也。"杜預注："媮，薄也。"
② 《後漢書·酷吏列傳》："叔世偷薄。"李賢等注："偷，苟且也。本或作'渝'。渝，變也。"
③ 《史記·商君列傳》："商君，其天資刻薄人也。"司馬貞《索隱》："謂天資其人爲刻薄之行。刻謂用刑深刻；薄謂棄仁義，不悃誠也。"
④ 《漢書·董仲舒傳》："滑世俗之靡薄，悼王道之不昭。"顔師古注："靡，散也；薄，輕也。"《論衡·非韓》："以爲世衰事變，民心靡薄，故作法術，專意於刑也。"《後漢書·朱穆傳》："常感時澆薄，慕尚敦篤。"

致社會風氣日益敗壞,是非標準陷於混亂。孔子因此感時傷懷。

有學者認爲,這裏的"傷之"特指孔子對晉國鑄刑鼎事件的批評。① 但更有可能,這只是班固行文時自出機杼的概括之辭,以便與《漢志》前文的"孔子傷焉"遥相呼應。

〔二〕導之以德,齊之以禮,有恥且格;導之以政,齊之以刑,民免而無恥

"導"即引導、教導。② "齊"即整齊、整頓。③ "導"和"齊"都有治理的意思。④ 在這裏,前者傾向於正面指引,後者傾向於負面規制。"德"即德政,又稱"仁政",包括施惠於民、禮樂教化、與民同樂等内容。⑤ "禮"即禮法制度。⑥ "政"即法制政令。⑦ "刑"即刑罰制度。"導之以德,齊之以禮"是指以德政治理,以禮制規範,重在養民、教化。"導之以政,齊之以刑"是指以政令治理,以刑罰威嚇,重在制民、馴服。前者能動人心,化民俗,使民衆真心歸服;後者只能帶來畏懼,不能培養道德情感和是非觀念。⑧

---

① 趙增祥、徐世虹、高潮:《〈漢書·刑法志〉注釋》,第41頁。其依據是《左傳·昭公二十九年》:"冬,晉趙鞅、荀寅帥師城汝濱,遂賦晉國一鼓鐵,以鑄刑鼎,著范宣子所爲刑書焉。仲尼曰:'晉其亡乎!失其度矣……'"
② 《論語·爲政》:"導之以政。"朱熹《集注》:"導,猶引導,謂先之也。"《國語·晉語二》:"夫長國者唯知哀樂喜怒之節,是以導民。"《禮記·緇衣》:"子曰:'夫民,教之以德,齊之以禮,則民有格心;教之以政,齊之以刑,則民有遯心。'"
③ 《説文解字·亼部》:"齊,禾麥吐穗上平也。"《荀子·富國》:"必將修禮以齊朝,正法以齊官,平政以齊民。"楊倞注:"齊,整也。"《論語·爲政》:"齊之以刑。"朱熹《集注》:"齊,所以一之也。"
④ 《論語·學而》:"導千乘之國,敬事而信,節用而愛人,使民以時。"《禮記·大學》:"欲治其國者,先齊其家。"
⑤ 《玉篇·彳部》:"德,惠也。"《尚書·盤庚》:"施實德於民。"《論語·爲政》:"爲政以德,譬若北辰,居其所而衆星共之。"《孟子·梁惠王上》:"古之人與民偕樂,故能樂也。"《禮記·月令》:"孟春之月,命相布德。"鄭玄注:"德謂善教。"《周禮·地官司徒·師氏》:"以三德教國子:一曰至德,以爲道本;二曰敏德,以爲行本;三曰孝德,以知逆惡。"
⑥ 《論語·爲政》:"齊之以禮。"朱熹《集注》:"禮,謂制度品節也。"楊伯峻將其翻譯爲"禮教"(楊伯峻:《論語譯注》,中華書局2009年版,第12頁),似有不妥。
⑦ 《論語·爲政》:"導之以政。"朱熹《集注》:"政,謂法制禁令也。"楊伯峻將其翻譯爲"政法"(楊伯峻:《論語譯注》,第12頁),亦通。
⑧ 邢昺:"此章言爲政以德之效也。'道之以政'者,政,謂法教;道,謂化誘。言化誘於民,以法制教命也。'齊之以刑'者,齊,謂齊整;刑,謂刑罰。言道之以政而民不服者,則齊整之以刑罰也。'民免而無恥'者,免,苟免也。言君上化民,不以德而以法制(轉下頁)

第九章　春秋之時　223

"恥"即羞恥心。① "格"本義是長木條,後引申爲木格、格子,進一步引申爲法律規範、規格標準。② 這裏的"格"屬於名詞動用,即帶有認同感地服從規則,或者說心悦誠服地服從規則。③ "有恥且格"是説,真心服從規則,恥於違反規則。④ "格"字的含義,古注家有四種説法,即"至""正""敬""革",⑤也都各有道理。

"免"是"冕"的初文,後引申爲脱落、脱掉,也常特指免除罪名、刑罰或禍患。⑥ "民免而無恥"是説,民衆雖能免於違法犯罪,卻没有廉恥之心,因爲他們只因懼怕刑罰而遵守規則,並非真心服從規則。這種"免"只是表面上遵守規則,毫無价值認同。⑦

肯定德、禮的根本性、優先性,強調政、刑的局限性,是儒家政法理念

(接上頁)刑罰,則民皆巧詐苟免,而心無愧恥也。'道之以德,齊之以禮,有恥且格'者,德,謂道德;格,正也。言君上化民,必以道德。民或未從化,則制禮以齊整,使民知有禮則安,失禮則恥。如此則民有愧恥而不犯禮,且能自修而歸正也。"([宋]邢昺:《論語注疏·爲政》)朱熹:"政者,爲治之具。刑者,輔治之法。德禮則所以出治之本,而德又禮之本也。此其相爲終始,雖不可以偏廢,然政刑能使民遠罪而已,德禮之效,則有以使民日遷善而不自知。故治民者不可徒恃其末,又當深探其本也。"([宋]朱熹:《論語集注·爲政》)錢穆:"道之以政: 之,指下民字。道,引導、領導義。以政事領導民衆,仍是居上臨下,法制禁令,其效不能深入人心。齊之以刑: 導之而不從,以刑罰齊一之,民知有畏而已,其心無所感化……道之以德: 德者,在上者自己之人格與心地也,以此爲領導,乃人與人心與心之相感相通,非居上臨下之比。齊之以禮: 禮,制度品節。人人踏行於制度品節中,此亦有齊一之效。然一於禮,不一於刑。禮之本在於雙方情意相通,由感召,不以畏懼。"(錢穆:《論語新解》,生活·讀書·新知三聯書店 2012 年版,第 23 頁)
① 《説文解字·心部》:"恥,辱也。"《孟子·盡心上》:"人不可以無恥,無恥之恥,無恥矣。"
② 《説文解字·木部》:"格,木長皃。"《周禮·地官司徒·牛人》:"共其牛牲之互。"鄭玄注:"互,若今屠家縣肉格。"《禮記·緇衣》:"言有物而行有格也。"鄭玄注:"格,舊法也。"
③ 楊伯峻把其翻譯爲"歸服"(楊伯峻:《論語譯注》,第 12 頁),很有見地。但他把《禮記·緇衣》"教之以德,齊之以禮,則民有格心"中的"格心"與此處的"格"混淆了。"格心"是指"真誠服從規則的心"。而"格"的含義是"服從規則",與"格心"不是一回事。
④ 《漢書·董仲舒傳》:"臣聞聖王之治天下也,少則習之學,長則材諸位,爵禄以養其德,刑罰以威其惡,故民曉於禮誼而不犯其上。"
⑤ 參見程樹德:《論語集釋》,中華書局 2014 年版,第 90 頁。
⑥ 參見郭沫若:《郭沫若全集考古編》第 8 卷《兩周金文辭大系圖録考釋》,科學出版社 2002 年版,第 90 頁。《國語·晉語八》:"可以免身。"又:"以免於難。"《韓非子·內儲説上》:"誠得如此,臣食死罪矣。"楊伯峻:"先秦古書若單用一個'免'字,一般都是'免罪''免刑''免禍'的意思。"(楊伯峻:《論語譯注》,第 12 頁)
⑦ 《論語·爲政》:"民免而無恥。"何晏《集解》引孔安國注:"免,苟免。"錢穆:"民免而無恥: 免,求免與罰。恥,心恥有所不及。求苟免於刑罰,心無羞愧,非感而自化。"(錢穆:《論語新解》,第 23 頁)

的一貫主張。① 班固此處化用自《論語·爲政》的"道之以政,齊之以刑,民免而無恥;道之以德,齊之以禮,有恥且格",但把順序調整了一下。先説德禮之治,後説政刑之治,主要是爲了配合上下行文,對應春秋時期法制逐漸衰敗的歷史趨勢。

〔三〕禮樂不興,則刑罰不中;刑罰不中,則民無所錯手足

"興"即興起、興盛、蓬勃發展。"中"原義表示中間、内、裏,後引申爲得當、符合、不偏不倚、舉措合理、輕重適宜。② "禮樂不興,則刑罰不中"是説,如果禮樂制度不興盛發達,作姦犯科、舉止失當的現象就會大量出現,制定或實施刑罰的尺度、分寸也就難於把握。③

"錯"通"措",即放置、設置。④ "無所錯手足"即手和腳不知放在哪里好,就是手足無措。"刑罰不中,則民無所錯手足"是説,如果刑罰總是不得當,則民衆言行舉止就會因爲没有合理、明確的標準而陷入迷茫混亂。

這句話出自《論語·子路》中有關"正名"的對話。班固截取其中與刑

---

① 《禮記·緇衣》:"子曰:'政之不行也,教之不成也,爵禄不足勸也,刑罰不足恥也。故上不可以褻刑而輕爵。'"《大戴禮記·禮察》:"以禮義治之者積禮義,以刑罰治之者積刑罰;刑罰積而民怨倍,禮義積而民和親。故世主欲民之善同,而所以使民之善者異。或導之以德教,或歐之以法令。導之以德教者,德教行而民康樂;歐之以法令者,法令極而民哀戚。哀樂之感,禍福之應也。"《孔子家語·刑政》:"孔子曰:'聖人之治化也,必刑政相參焉,太上以德教民,而以禮齊之。其次以政教導民,以刑禁之,刑不刑也。化之弗變,導之弗從,傷義以敗俗,於是乎用刑矣。'"《孔叢子·刑論》:"仲弓問古之刑教與今之刑教。孔子曰:'古之刑省,今之刑繁。其爲教,古有禮然後有刑,是以刑省。今無禮以教,而齊之以刑,刑是以繁。《書》曰:「伯夷降典,折民維刑。」謂先禮以教之,然後繼以刑折之也。夫無禮則民無恥,而正之以刑,故民苟免。'"又:"孔子適衛,衛將軍文子問曰:'吾聞魯公父氏不能聽獄,信乎?'孔子答曰:'不知其不能也。夫公父氏之聽獄,有罪者懼,無罪者恥。'文子曰:'有罪者懼,是聽之察,刑之當也。無罪者恥,何乎?'孔子曰:'齊之以禮,則民恥矣。刑以止刑,則民懼矣。'文子曰:'今齊之以刑,刑猶弗勝,何禮之齊?'孔子曰:'以禮齊民譬之於御則轡也,以刑齊民譬之於御則鞭也。執轡於此而動於彼,御之良也。無轡而用策,則馬失道矣。'文子曰:'以御言之,左手執轡,右手運策,不亦速乎?若徒轡無策,馬何懼哉?'孔子曰:'吾聞古之善御者,執轡如組,兩驂如舞,非策之助也。是以先王盛於禮而薄於刑,故民從命。今也廢禮而尚刑,故民彌暴。'"
② 《戰國策·齊策二》:"是秦之計中,齊燕之計過矣。"《周禮·秋官司寇·司刺》:"以此三法者求民情,斷民中,施上服下服之罪。"鄭玄注:"斷民罪,使輕重得中也。"《漢書·成帝紀》:"朕涉道日寡,舉錯不中。"
③ 《鹽鐵論·論誹》:"禮所以防淫,樂所以移風,禮興樂正則刑罰中。故堤防成而民無水菑,禮義立而民無亂患。故禮義壞,堤防決,所以治者,未之有也。"
④ 《説文解字·金部》:"錯,金涂也。"段玉裁注:"或借爲措字,措者,置也。"

法關係最密切的一段爲此處行文服務，以描述春秋時期法制敗壞的情況。

【原文】

孟氏使陽膚爲士師，師古曰："亦《論語》所載。陽膚，曾子弟子也。士師，獄官。"問於曾子，師古曰："問何以居此職也。"亦曰："上失其道，民散久矣。如得其情，則哀矜而勿喜。"師古曰："此曾子對辭。言萌俗澆離，輕犯於法，乃由上失其道，非下之過。今汝雖得獄情，當哀矜之，勿喜也。"

【考釋】

〔一〕**孟氏使陽膚爲士師，問於曾子**

"曾子"即曾參，字子輿，春秋末期魯國人，孔子晚年的弟子，小孔子四十六歲，以篤孝、忠厚、謹慎著稱。其父曾點（字晳）也是孔子的弟子。曾子對後來儒家注重心性之學的思孟學派影響很大。"陽膚"是曾子的弟子。

"孟氏"即魯國卿大夫孟孫氏。魯桓公有四個兒子，嫡長子繼位爲魯莊公，其餘三子及其後世發展爲魯國最有權勢的三家大夫，即孟孫氏、叔孫氏、季孫氏，合稱"三桓"。

"士"即法官。"師"即首長、領導。"士師"應指較爲高級的法官。[1] 當時的卿大夫可以設置各種官職，由家臣擔任。陽膚就是作爲家臣而担任孟孫氏家的士師。[2]

"問於曾子"是指，陽膚在出任士師之前，先詢問老師斷案要注意什麼問題。

〔二〕**上失其道，民散久矣**

"上"即居上位者，指制定法律政策的統治者。"失其道"即政策法律沒有遵循正確的原則和標準。儒家認爲，施惠於民、禮樂教化、與民同樂的德政才是正道，政令、刑罰最多只能作爲輔助手段。如果本末倒置，即所謂"失其道"。

"民"即民衆，是法律政策實踐效果的展現者或者說晴雨表。"散"即離散、渙散。這裏是指，民衆因爲缺少共同價值認同而陷入精神渙散和觀

---

[1] 《孟子·梁惠王下》："士師不能治士，則如之何？"趙岐注："士師，獄官吏也。"《論語·子張》："孟氏使陽膚爲士師。"何晏《集解》引包咸曰："士師，典獄之官。"
[2] 《論語·子張》："孟氏使陽膚爲士師。"皇侃《義疏》："孟氏使陽膚爲己家獄官也。"

念混亂狀態。① 之所以如此,是因爲統治者只知道使用禁令刑罰,忽視禮樂教化。② 有學者把這裏的"散"解釋爲因政治混亂而導致的民衆流離失所。③ 這種解釋客觀上符合後世常見的流民現象,但可能與曾子所要表達的意思有一定差距。因爲用"久"形容"流離失所"似有不當,形容"民心涣散"似乎更爲通順。顏師古注所謂"萌俗澆離"其實也主要是指社會觀念和風俗的衰敗。④

"上失其道"與上文的"導之以政,齊之以刑""禮樂不興,刑罰不中"相對應,"民散久矣"與上文的"民免而無恥""民無所錯手足"相對應。班固在衆多儒家文獻中揀出這三條語錄,編排拼接,馭繁以簡,從爲政導向、社會效果兩個層面清晰勾勒出春秋時期法制精神衰敗的大勢,可謂構思精巧,行文老道。不愧爲良史之才!

〔三〕**如得其情,則哀矜而勿喜**

"情"即實情,這裏指案情原委。⑤ "哀"和"矜"都指同情、憐憫。⑥ 這

---

① (宋)朱熹《論語集注·爲政》:"民散,謂情義乖離,不相維繫。謝氏曰:'民之散也,以使之無道,教之無素。故其犯法也,非迫於不得已,則陷於不知也。故得其情,則哀矜而勿喜。'"
② 《荀子·宥坐》載孔子曰:"嗚呼! 上失之,下殺之,其可乎! 不教其民而聽其獄,殺不辜也。"《鹽鐵論·後刑》:"今廢其紀綱而不能張,壞其禮義而不能防。民陷於網從而獵之以刑,是猶開其闌牢,發以毒矢也,不盡不止。曾子曰:'上失其道,民散久矣。如得其情,即哀矜而勿喜。'夫不傷民之不治,而伐己之能得姦,猶弋者睹鳥獸掛罝羅而喜也。"
③ 《論語·子張》:"上失其道,民散久矣。"何晏《集解》引馬融注:"民之離散爲輕漂犯法,乃上之所爲,非民之過,當哀矜之,勿自喜能得其情。"邢昺疏:"言上失爲君之道,民人離散,爲輕漂掠,犯於刑法亦已久矣,乃上之失政所爲,非民之過。"《漢書·董仲舒傳》:"又好用憯酷之吏,賦斂亡度,竭民財力,百姓散亡,不得從耕織之業,群盗並起。是以刑者甚衆,死者相望,而姦不息,俗化使然也。"
④ 《文選·文·王元長〈永明九年策秀才文五首〉》:"自萌俗澆弛,法令滋彰。"李善注:"《莊子》曰:'唐虞始爲天下,灑醇散樸。'許慎《淮南子注》曰:'澆,薄也。澆與灑同。'《老子》曰'法令滋章,盜賊多有也'。"
⑤ 《論語·子路》:"上好信,則民莫敢不用情。"《左傳·莊公十年》:"小大之獄,雖不能察,必以情。"杜預注:"必盡巳情。察,審也。"《周禮·天官冢宰·小宰》:"六曰以敘聽其情。"鄭玄注:"情,爭訟之辭。"孔穎達疏:"情,謂情實。則獄訟之情,受聽斷之時,亦先尊後卑也。"楊伯峻:"《孟子·離婁下》'聞聲過情',情謂實際情況,即此情字之義。"(楊伯峻:《春秋左傳注》,第1277頁)
⑥ 《公羊傳·宣公十五年》:"君子見人之厄則矜之。"何休注:"矜,閔。"《説文解字·口部》:"哀,閔也。"段玉裁注:"閔,弔者在門也。引伸之凡宊皆曰閔。"《尚書·吕刑》:"皇帝哀矜庶戮之不辜。"僞孔傳:"皇帝,帝堯也。哀矜衆被戮者之不辜。"

句話是説，如果能够查清案件實情、抓住犯案兇手，也不要沾沾自喜，而應對犯人抱持憐憫，對時世哀傷憂慮。因爲違法犯罪的根源不在於犯人自身，而在於統治者錯誤的治理方式。

"哀矜勿喜"是儒家司法理念的一面旗幟，是其卓絶歷史貢獻的一個表現。① 這種理念提示我們，要從社會的多元角度去看待犯罪問題，要對罪犯給予人之爲人的基本道德關懷，要讓司法審判融入社會生活之中而非游離其外。

---

① 《大學衍義補》卷一〇六《詳聽斷之法》："曾子教陽膚以斷獄理刑之道，不言刑罰而以民散爲言，朱熹釋之曰：'民散謂情義乖離不相維繫。'噫，爲國而使民至於情義乖離而不相維繫，則其國之亡也無日矣……聖門教人不以聽訟爲能，而必以使民無訟爲至，故曾子之於陽膚不以得其情爲喜，而以失道民散爲憂。"

第十章
陵夷至於戰國

【主旨】

本章采取寫意的手法,簡要描述從戰國到秦朝的法制變遷,旨在批評法家任刑的做法。雖可分爲兩節,其實只有兩個長句:第一節用一個長句介紹以申商爲代表的法家人物推行變法、濫施酷刑的情況。第二節用一個長句總結秦國統一天下之後施行法家之治終致滅亡的教訓。

第一節

【原文】

陵夷至於戰國,韓任申子,秦用商鞅,連相坐之法,造參夷之誅;師古曰:"參夷,夷三族。"增加肉刑、大辟,有鑿顛、抽脅、鑊亨之刑。師古曰:"鼎大而無足曰鑊,以亨人也。"

【考釋】

〔一〕陵夷至於戰國

"陵夷"即逐漸敗壞。《漢志》前文用"二伯之後,寖以陵夷"描述春秋以後兵制的衰敗,這裏用"陵夷至於戰國"描述戰國時法制的墮落。既有共同的題眼,也不乏行文的變化。"陵夷至於戰國"是班固撰《漢書》的常見表述方式。[1]

---

[1] 《漢書·食貨志上》:"陵夷至於戰國,貴詐力而賤仁誼,先富有而後禮讓。"《漢書·地理志上》:"陵夷至於戰國,天下分而爲七,合從連衡,經數十年。"《漢書·游俠傳》:"陵夷至於戰國,合從連衡,力政争强。"

〔二〕韓任申子，秦用商鞅

"韓"即韓國，戰國七雄之一。春秋時晉國霸業最盛，但其朝政卻長期由六卿把持。六卿經過内部兼並，最後只剩下韓、趙、魏三家。公元前403年，周威烈王正式承認三家大夫的諸侯地位，晉國被韓、趙、魏三國所取代。韓國建立後，先是建都於陽翟（今河南禹州），後又遷都於新鄭（今河南新鄭）。由於地處中原腹地，强敵環伺，韓國是七雄中實力最弱的一個。韓昭侯在位期間，重用申不害，推行變法，曾經一度國力大增。

"申子"即申不害（？—前337年），戰國時法家重要代表人物。他本是鄭國的小官，韓國滅鄭後仕於韓。韓昭侯八年（前351年），申不害被任命爲相，主持韓國變法十五年，以術治國，成就卓著。其學説主要受到黄老思想影響，而最終落脚於法家治術。①

在法家學派内部的思想主張中，申不害重術，以控御人事見長；商鞅重法，以規劃制度見長。② 後人常將申不害與商鞅合稱"申商"，作爲法家學派的代名詞；將"法"與"術"合稱"法術"，作爲法家理論的代名詞。③ 所以這裏的"韓任申子，秦用商鞅"是以二人爲代表描述戰國法家學説盛行

---

① 《史記·老子韓非列傳》："申不害者，京人也，故鄭之賤臣。學術以干韓昭侯，昭侯用爲相。内脩政教，外應諸侯，十五年。終申子之身，國治兵彊，無侵韓者。"《史記·韓世家》："八年，申不害相韓，脩術行道，國内以治，諸侯不來侵伐……二十二年，申不害死。"對其生平事蹟、學術思想、學派屬性和後世影響的研究，可以參見蔣重躍：《申子非法家辨》，載《文獻》1988年第3期；曾振宇："《申不害術家説》再認識"，載《文史哲》1994年第6期；徐祥民：《申不害的法治思想及其局限性》，載《文史哲》2003年第2期；柴永昌：《申不害思想新論》，載《寧夏社會科學》2013年第3期；馬騰：《申不害刑名法術思想及對傳統治道的影響》，載《政法論壇》2015年第6期；[美]顧立雅：《申不害》，馬騰譯，江蘇人民出版社2019年版；祁志祥：《從申不害的"術"到慎到的"勢"》，載《上海政法學院學報（法治論叢）》2021年第6期。
② 《韓非子·定法》："問者曰：'申不害、公孫鞅，此二家之言孰急於國？'應之曰：'是不可程也。人不食，十日則死；大寒之隆，不衣亦死。謂之衣食孰急於人，則是不可一無也，皆養生之具也。今申不害言術，而公孫鞅爲法。術者，因任而授官，循名而責實，操殺生之柄，課群臣之能者也，此人主之所執也。法者，憲令著於官府，刑罰必於民心，賞存乎慎法，而罰加乎姦令者也，此臣之所師也。君無術則弊於上，臣無法則亂於下，此不可一無，皆帝王之具也。'"
③ 《史記·袁盎鼌錯列傳》："学申商刑名於軹張恢先所。"《漢書·董仲舒傳》："至秦則不然。師申商之法，行韓非之説，憎帝王之道，以貪狼爲俗，非有文德以教訓於下也。"《鹽鐵論·申韓》："吴子以法治楚、魏，申、商以法强秦、韓也。"《史記·老子韓非列傳》："喜刑名法術之學。"裴駰《集解》引《新序》曰："申子之書言人主當執術無刑，因循以督責臣下，其責深刻，故號曰'術'。商鞅所爲書號曰'法'。皆曰'刑名'，故號曰'刑名法術之書'。"

於世、主導法制進程的情况。當然,這種粗綫條的宏大敘事,難免存在以偏概全、遮蔽細節的問題。班固只説申商而不提韓非,可能是基於法律制度視角的緣故。但很顯然,韓非子儘管在變法改制方面並無建樹,但其在理論層面的成就卻無論如何都不應隻字不提。

〔三〕連相坐之法,造參夷之誅

"坐"即因犯罪而獲刑。① "相坐",又稱"連坐""緣坐",是指一人犯罪,與其有某種關係的人都要牽連定罪。"連""緣""相"都表示連帶責任關係,包括親緣、地緣、業緣等不同類型。法律中的"連坐"很早就有,② 並不始於申、商。這裏的"相坐之法"應指商鞅創立的專以地緣爲聯繫紐帶的連坐制度,以什伍系統爲基礎,以互相監督連帶爲核心,以牢固掌控民衆爲宗旨。③ 什伍連坐的理念和制度也非商鞅所首創。④ 史料常冠以商鞅之名,可能是由於他的什伍連坐之法内容最系統、執行最徹底、效果最明顯。後來,商鞅"相坐之法"在秦國得到進一步完善,在出土秦簡中有許多詳盡的規定。⑤

"參"即"三"。"夷"本義是平坦,後引申爲剷除、消滅。⑥ "參夷"是夷滅三族的簡稱。族刑以血緣關係爲紐帶,是連坐制度最早、最常見的形態,

---

① 《説文解字·土部》:"坙,止也。"段玉裁注:"凡言坐落,坐罪是也。"《晏子春秋·內篇雜下》:"王曰:'何坐?'答曰:'坐盗。'"
② 《尚書·甘誓》:"弗用命,戮於社,予則孥戮汝。"僞孔傳:"孥,子也。非但止汝身,辱及汝子。"《墨子·號令》:"諸有罪自死罪以上,皆遝父母、妻子、同産……伍人不得,斬……與伯歸敵,隊吏斬。與吏歸敵,隊將斬。歸敵者父母、妻子、同産皆車裂……若欲以城爲外謀者,父母、妻子、同産皆斷。"
③ 《韓非子·定法》:"公孫鞅之治秦也,設告相坐而責其實。"《淮南子·泰族訓》:"商鞅爲秦立相坐之法,而百姓怨矣。"《史記·商君列傳》:"令民爲什伍。"司馬貞《索隱》:"劉氏云:'五家爲保,十保相連。'"張守節《正義》:"或爲十保,或爲五保。"又:"而相牧司連坐。"司馬貞《索隱》:"牧司謂相糾發也。一家有罪而九家連舉發,若不糾舉,則十家連坐。恐變令不行,故設重禁。"
④ 《公羊傳·僖公十九年》:"魚爛而亡也。"何休注:"梁君隆刑峻法,一家犯罪,四家坐之,一國之中,無不被刑者,百姓一旦相率俱去,狀若魚爛。"《春秋繁露·王道》:"梁内役民無已。其民不能堪,使民比地爲伍,一家亡,五家殺刑。"《管子·立政》:"十家爲什,五家爲伍,什伍皆有長焉……凡上賢不過等,使能不兼官,罰有罪不獨及,賞有功不專與。"《周禮·地官司徒·族師》:"五家爲比,十家爲聯;五人爲伍,十人爲聯;四閭爲族,八閭爲聯。使之相保相受,刑罰慶賞相及相共,以受邦職,以役國事,以相葬埋。"
⑤ 睡虎地秦墓竹簡《法律答問》《法律雜抄》中有許多内容都與什伍連坐制度有關,具體涉及連坐的對象範圍、連坐條款適用的前提條件以及特殊情況等問題。參見睡虎地秦墓竹簡整理小組:《睡虎地秦墓竹簡》,第47—66頁。
⑥ 《説文解字·大部》:"夷,平也。"《荀子·君子》:"一人有罪,而三族皆夷。"

與氏族體制和宗法秩序息息相關。對於"三族"歷來有多種解釋。① 根據史料所載,此處的"三族"應指"父母、兄弟、妻子",②包括已出嫁的女兒。③

春秋戰國時,一人犯罪而滅全族的現象比較常見。④ 但在法律上明確"三族之罪",最早見於春秋初期的秦文公二十年(前 746 年)。⑤這裏稱申、商等人"造參夷之誅",只可理解爲一種文學筆法,不可當作嚴謹的史實。其意思可能是法家當道以後"參夷之誅"被大量運用,也是爲與"連相坐之法"形成駢偶,增强行文氣勢。同理,"連相坐"把"連坐"與"相坐"合并,把"連"作爲動詞使用,可能也是爲了補足音節,製造對仗。這種鋪張誇飾的行文風格在《漢志》中多有體現,與當時文史混同、大賦流行和班固作爲漢賦大家等各種時代因素密切相關。後人不加考辨,照單全收,終致陳陳相因,以訛傳訛。⑥

〔四〕增加肉刑、大辟,有鑿顛、抽脅、鑊亨之刑

"增加肉刑、大辟"既指增加刑罰的適用頻率,也指增加刑罰的執行方式。⑦

---

① 《周禮・春官宗伯・小宗伯》:"掌三族之別,以辨親疏。"鄭玄注:"三族,謂父、子、孫,人屬之正名。"《儀禮・士昏禮》:"惟是三族之不虞,使某也請吉日。"鄭玄注:"三族,謂父昆弟、己昆弟、子昆弟。"《大戴禮記・保傅》:"故趙高傅胡亥而教之獄,所習者,非斬劓人則夷人三族也。"盧辯注:"三族,父族、母族、妻族。"《史記・秦本紀》:"二十年,法初有三族之罪。"裴駰《集解》:"張晏曰:'父母、兄弟、妻子也。'如淳曰:'父族、母族、妻族也。'"
② 《墨子・號令》:"歸敵者,父母、妻子、同産皆車裂。"參見彭年:《秦漢族刑、收孥、相坐諸法淵源考釋》,載《四川師範大學學報(社會科學版)》1986 年第 2 期。
③ 《晉書・刑法志》:"及景帝輔政,是時魏法,犯大逆者誅及已出之女。"
④ 《左傳・襄公二十三年》:"十月,晉人克欒盈於曲沃,盡殺欒氏之族黨。"《左傳・昭公四年》:"八月甲申,克之。執齊慶封而盡滅其族。"《左傳・昭公二十七年》:"令尹炮之,盡滅郤氏之族黨,殺陽令終與其弟完及佗與晉陳及其弟。"又:"九月己未,子常殺費無極與鄢將師,盡滅其族,以説於國。"《史記・孫子吴起列傳》:"悼王既葬,太子立,乃使令尹盡誅射吴起而并中王屍者。坐射起而夷宗死者七十餘家。"
⑤ 《史記・秦本紀》:"(文公)二十年,法初有三族之罪。"《晉書・刑法志》:"秦文初造參夷。"
⑥ 《後漢書・楊終傳》:"秦政酷烈,違悟天心,一人有罪,延及三族。"《魏書・刑罰志》:"商君以《法經》六篇,入説於秦,議參夷之誅,連相坐之法。"《唐六典・尚書刑部》"郎中員外郎"條注:"商鞅傳之,改法爲律,以相秦,增相坐之法,造參夷之誅。"
⑦ 《史記・秦始皇本紀》:"隱宫徒刑者七十餘萬人,乃分作阿房宫,或作麗山。"《鹽鐵論・非鞅》:"商鞅以重刑峭法爲秦國基,故二世而奪。刑既嚴峻矣,又作爲相坐之法,造誹謗,增肉刑,百姓齋栗,不知所措手足也。"《鹽鐵論・詔聖》:"上無德教,下無法則,任刑必誅,剔鼻盈蔂,斷足盈車,舉河以西,不足以受天下之徒,終而以亡者,秦王也。"《漢書・董仲舒傳》:"殷人執五刑以督姦,傷肌膚以懲惡……秦國用之,死者甚衆,刑者相望,秏矣哀哉!"

從戰國秦到秦朝,肉刑的基本内容没變,但出現了許多新的組合,包括肉刑之間、肉刑與勞役刑和身份刑之間的組合,也可以説是"增肉刑"。法定死刑包括棄市、磔、梟首、腰斬、夷三族等。此外,還有一些缺乏明確法律依據的處決方式,此處所載的幾種都屬此列。①

"鑿"原義是指擊打穿木的工具或動作,引申爲捶打、敲擊。②"顛"即頭頂。③"鑿顛"即通過錘擊頭部剥奪犯人生命。這種死刑方式對被殺人來説折磨性不大,但有可能場面極其血腥殘忍,所以被當作商鞅等人使用酷刑殺人的例證。但在目前所見的當時史料中還找不到相關實例。後世倒有殘暴君主施此酷刑的記載。④

"脅"(xié)即肋部或肋骨。⑤"抽脅"又作"拉脅"。"抽"和"拉"都有兩方面的意思:一是拔出、取出,二是鞭打、擊打。所以"抽脅"就有兩種解釋:一是取出肋骨,二是擊打肋部。取出肋骨不是外科手術,而是對人體的暴力摧殘,極易致人死亡。肋部皮脂薄且肋骨細長脆弱,擊打此處也很容易造成肋骨骨折。前者屬於典型的虐殺,後者雖然也很痛苦但大概率不會致死。從各自語義的實例來看,這兩種解釋都説得通。⑥但此處與之並列的鑿顛、鑊亨都屬於死刑,"抽脅"按第一種意思理解似乎更爲妥當。將近一千年之後的《晉書·刑法志》把"抽脅"之刑繫於秦始皇時期,不知有何依據。⑦

---

① 栗勁認爲,秦代死刑至少有戮、磔、定殺、生埋、賜死、梟首、腰斬七種。(栗勁:《秦律通論》,第236—237頁)但冨谷至認爲定殺、生埋、賜死這三個都不能稱爲法定死刑,並且認爲秦代死刑還應包括棄市([日]冨谷至:《秦漢刑罰制度研究》,柴生芳、朱恒曄譯,第43—45頁)。長春按:冨谷至的觀點或許還有進一步商榷的餘地,但其説法卻極富啟示。即,應該把明文規定、穩定執行的法定死刑與隨意設置且不常用的法外死刑區分開來。
② 《説文解字·金部》:"鑿,穿木也。"段玉裁注:"穿木之器曰鑿,因之既穿之孔亦曰鑿矣。"
③ 《説文解字·頁部》:"顛,頂也。"段玉裁注:"引伸爲凡物之頂。"
④ 《魏書·臨渭氐苻健傳》:"長安大風,或稱賊至,宫門晝閉,五日乃止。生推告賊者,刳出心胃。生舅強平切諫,生鑿其頂而殺之。"
⑤ 《説文解字·肉部》:"脅,兩膀也。"段玉裁注:"《廣雅》曰:'膀胠胎,脅也。'……膀言其前,胠言旁迫於胎者。"
⑥ 《漢書·鄒陽傳》:"范睢拉脅折齒於魏,卒爲應侯。"顔師古注:"應劭曰:'魏人也。魏相魏齊疑其以國陰事告齊,乃掠笞數百,拉脅折齒。'師古曰:'拉,摧也。'"《魏書·臨渭氐苻健傳》:"至於截脛、刳胎、拉脅、鋸頸者,動有千數。"
⑦ 《晉書·刑法志》:"秦文初造參夷,始皇加之抽脅,囹圄如市,悲哀盈路。"

"鑊"(huò)即烹煮食物的大鍋。① "亨"通"烹",即用湯水加熱或用油煎炸而製成熟食。"鑊亨"即用大鍋煮或煎犯人,②可能是把活人煮死,也可能是殺死後煮屍體。前者意在折磨,後者意在羞辱,二者同時都可起到震懾旁人的作用。"烹"刑古已有之,並非申、商所造。③ 史書上不見商鞅烹人的記載,反倒是滅秦的項羽多次烹人。④

在"增加肉刑、大辟,有鑿顛、抽脅、鑊亨之刑"句中,"大辟"二字似乎可以兩用:一是把"大辟"與"肉刑"並列,作爲"增加"的對象;二是把"大辟"與後面連在一起,"增加"的對象只有"肉刑"。中華書局點校本《漢書》和上海古籍出版社版《漢書補注》都取前一種解釋。《唐六典》在對此句轉引時的改寫,可能認爲"增加肉刑"四字爲衍字而徑直刪掉了。⑤ 似乎這又是采用後一種理解。筆者認爲,前一種理解更接近班固的意思,先是一般表述肉刑與死刑大量增加,然後著重提到幾種不常見的死刑。這也與《前漢紀》的表述相一致。⑥ 如此表述,可以既全面又重點突出地揭示法家法制殘暴的面目。

第二節

【原文】

至於秦始皇,兼吞戰國,遂毀先王之法,滅禮誼之官,專任刑

---

① 《說文解字·金部》:"鑊,鑴也。"段玉裁注:"少牢饋食禮有羊鑊、有豕鑊。鑊所以煮也。"《淮南子·説山訓》:"嘗一臠肉,知一鑊之味。"高誘注:"有足曰鼎,無足曰鑊"。
② 《釋名·釋喪制》:"煮之於鑊曰烹,若烹禽獸之肉也。"《南史·賊臣傳·侯景》:"既南奔,魏相高澄悉命先剥景妻子面皮,以大鐵鑊盛油煎殺之……後齊文宣夢獼猴坐御床,乃並煮景子於鑊,其子之在北者殲焉。"
③ 《史記·秦本紀》:"繆公之怨此三人入於骨髓,願令此三人歸,令我君得自快烹之。"《史記·齊太公世家》:"哀公時,紀侯譖之周,周烹哀公而立其弟静,是爲胡公。"《史記·田敬仲完世家》:"是日,烹阿大夫,及左右嘗譽者皆並烹之。"《史記·張儀列傳》:"屈原曰:'前大王見欺於張儀,張儀至,臣以爲大王烹之;今縱弗忍殺之,又聽其邪説,不可。'"《史記·田單列傳》:"王蠋曰:'……與其生而無義,固不如烹!'"
④ 《史記·項羽本紀》:"項王聞之,烹説者……項王怒,烹周苛……告漢王曰:'今不急下,吾烹太公。'"《史記·陳丞相世家》:"項王怒,烹陵母。"
⑤ 《唐六典·尚書刑部》"郎中員外郎"條注:"商鞅傳之,改法爲律,以相秦,增相坐之法,造參夷之誅,大辟加鑿顛、抽脅、鑊烹、車裂之制。"
⑥ 《前漢紀·孝成皇帝紀一》:"增加肉刑、大辟,爲鑿額、抽脅、鑊烹之刑。"

罰,躬操文墨,師古曰:"躬,身也。操,執持也,音千高反。"晝斷獄,夜理書,自程決事,日縣石之一。服虔曰:"縣,稱也。石,百二十斤也。始皇省讀文書,日以百二十斤爲程。"

【考釋】

〔一〕至於秦始皇,兼吞戰國

"秦始皇"即趙政(前259年—前210年),嬴姓趙氏,名政或正。他於公元前247年繼位爲秦王,稱秦王政。他在位期間消滅六國,推行一系列新制度,使中國的全方位統一達到歷史新高度。他根據法家專制學説創立皇帝制度,自稱始皇帝,後世稱爲秦始皇。新式法律維繫著秦王朝各種制度的統一運行,在階段性實現統合權力和資源這一歷史使命的同時,也暴露出自身嚴重的缺陷。這爲後世的調整和發展提出了問題,留下了空間。

"兼"和"吞"都有消滅、征服、佔領的意思。① "兼吞戰國"指秦王政發動戰爭消滅六國政權,終結戰國時代。

〔二〕毁先王之法,滅禮誼之官

"毁"即毁滅、破壞。"先王之法"即仁政王道,是儒家所想像和嚮往的理想政治模式。"先王之法"的思想載體以六經爲主,制度載體以分封、宗法爲綱,宗旨理念以惠民、教民爲本。秦始皇"毁先王之法"最典型的例證就是焚詩書、廢封建、任刑罰。這裏的"毁先王之法"與《漢志》前文"先王之禮没於淫樂中矣"有一定呼應關係。

"滅"即滅絶,與"毁"爲互文關係。"禮誼之官"即禮官、學官、儒林之官,負責參政議政、禮義教化、學校教育。② 根據儒家經典,三代都有精通禮義、負責教化的學官。戰國時的稷下先生、博士之官也大體擔任禮官的角色。③

---

① 《説文解字·秝部》:"兼,並也。"《説文解字·口部》:"吞,咽也。"《鹽鐵論·輕重》:"周之建國也,蓋千八百諸侯。其後,强吞弱,大兼小,並爲六國。"
② 《漢書·武帝紀》:"其令禮官勸學,講議洽聞,舉遺舉禮,以爲天下先。"《漢書·成帝紀》:"儒林之官,四海淵原,宜皆明於古今,温故知新,通達國體,故謂之博士。"《漢書·儒林傳》:"治禮次治掌故,以文學禮義爲官,遷留滯。"
③ 《史記·循吏列傳》:"公儀休者,魯國博士也。"《漢書·賈山傳》:"祖父袪,故魏王時博士弟子也。"《漢書·百官公卿表上》:"博士,秦官,掌通古今。"《宋書·百官志》:"六國時往往有博士,掌通古今。"

秦朝有博士七十人，又稱諸生、文學，基本來源於齊魯儒生，①以博古通今、明曉禮儀的學識爲皇帝提供諮詢意見，即使在"焚書令"後仍可保存儒家經典。②儒生雖然在博學、善教、通禮等方面有其優勢，但由於與始皇帝的心意不合拍，所以在秦朝並未受到重用，③直到漢初才開始施展才學。制作禮儀的叔孫通、口傳今文《尚書》的伏生都是秦朝博士的一員。④

反而在公元前212年，秦始皇因侯生和盧生等人逃亡、誹謗之事而遷怒於博士諸生，以"訞言以亂黔首"的罪名案問諸生，多達四百六十餘人受到牽連，坑殺於咸陽。⑤對此事件，漢代人不僅極度渲染其歷史影響，⑥而且還出於現實需要而塗抹歷史真相，把被坑殺者改爲"儒士"，從而爲儒學張目。⑦班固是這個文化塑造工程的參與者之一，將"焚書坑儒"合爲一詞，正源自其手筆。⑧所以對於"滅禮誼之官"這半句話，如果寬泛理解，可

---

① 《史記·秦始皇本紀》："天下初定，遠方黔首未集，諸生皆誦法孔子。"《史記·封禪書》："於是徵從齊魯之儒生博士七十人，至乎泰山下。"
② 據學者考證，秦博士的執掌有三：一是通古今，二是典教職，三是辨然否或承問對（參見王肖依、劉森垚：《試論"秦不絕儒學"》，載《樂山師範學院學報》2013年第8期）。《史記·秦始皇本紀》："非博士官所職，天下敢有藏詩、書、百家語者，悉詣守、尉雜燒之。"又："悉召文學方術士甚衆，欲以興太平。"
③ 《史記·秦始皇本紀》："博士雖七十人，特備員弗用。"《史記·封禪書》："始皇聞此議各乖異，難施用，由此絀儒生。"（《漢書·郊祀志上》略同）
④ 《史記·劉敬叔孫通列傳》："叔孫通者，薛人也。秦時以文學徵，待詔博士……拜爲博士。"《史記·儒林列傳》："伏生者，濟南人也。故爲秦博士。"
⑤ 《史記·秦始皇本紀》："始皇聞亡，乃大怒曰：'……諸生在咸陽者，吾使人廉問，或爲訞言以亂黔首。'於是使御史悉案問諸生，諸生傳相告引，乃自除。犯禁者四百六十餘人，皆阬之咸陽，使天下知之，以懲後。益發讁徙邊。"《漢書·儒林傳》："及至秦始皇兼天下，燔詩書，殺術士。"
⑥ 《史記·儒林列傳》："及至秦之季世，焚詩書，阬術士，六蓺從此缺焉。"（《漢書·儒林傳》略同）《史記·淮南衡山列傳》："昔秦絕聖人之道，殺術士，燔《詩》《書》，棄禮義，尚詐力，任刑罰，轉負海之粟致之西河。"（《漢書·伍被傳》略同）漢代也有學者理性辨析此事。《論衡·語增》："燔詩書，起淳于越之諫；坑儒士，起自諸生爲妖言，見坑者四百六十七人。傳增言坑殺儒士，欲絕詩書，又言盡坑之，此非其實，而又增之。"
⑦ 李開元："焚書坑儒，是一個用真實的焚書和虛假的坑儒巧妙合成的僞史。編造者，是儒家的經師，編造的時間，在東漢初年，編造的目的，在於將儒家的經典抬舉爲聖經，將儒生們塑造爲殉教的聖徒，爲儒學的國教化製造輿論。"（李開元：《焚書坑儒的真僞虛實——半樁僞造的歷史》，載《史學集刊》2010年第6期）衛宏《詔定古文官書序》（《漢書·儒林傳》顏師古注引）對坑儒過程有繪聲繪色的描寫，但明顯不夠真實。《論衡·謝短》："秦燔五經，坑殺儒士，五經之家所共聞也。"
⑧ 《漢書·五行志下之上》："遂自賢聖，燔詩書，阬儒士"《漢書·地理志下》："昭王曾孫政並六國，稱皇帝，負力怙威，燔書阬儒，自任私智。"

能是指秦朝不重視發揮禮官的作用;如果有具體所指,就應該是指"坑儒"之事。

"毁先王之法,滅禮誼之官"可能化用自賈誼《過秦論》的"廢先王之道,焚百家之言"。① 班固把"焚百家之言"改爲"滅禮誼之官",正與其尊經崇儒、强化儒者地位的史學立場相通。趙徐高注把此句譯爲:"秦廢除分封,設立郡縣;廢除世卿世禄,實行耕戰授爵;統一官制和法律,實行君主專制;焚詩書、坑儒生等一系列政治措施,於是先聖先賢之法遭到破壞。"② 其中已涉及"坑儒生"問題,但未言明其與"滅禮誼之官"的聯繫。

當然,以上推測只是建立在傳世文本無誤的基礎上。然而,儘管把"禮誼之官"解釋爲"博士諸生"也講得通,但畢竟"滅某官"的說法在秦漢時確實較爲罕見,所以讀起來比較彆扭。如果此處文本存在傳抄訛誤的話,那麽根據班固的閱讀範圍與表述習慣推測,最大的可能應是:"官"實爲"學","滅禮誼之官"實爲"滅禮誼之學"。因爲在《漢書》中,"滅"字除表示消滅政權和生命之外,最多的用法就是針對"法""道""制"等抽象事物;③班固及其之前的漢代人在批判秦政時常用"滅學"一詞,而其所"滅"之"學"通常就指儒家所傳的禮義之學。④ 不過,這個根據《漢書》内證而做出的臆測目前並無直接的文本依據,姑録於此,聊備一説。

〔三〕專任刑罰,躬操文墨

"專"即單獨、純粹。"任"即使用、信賴。"專任"即單獨依靠,又作"純任"。⑤ 對秦始皇純任刑罰的評價起於當時的術士,後來逐漸成爲通説。⑥

---

① 參見《史記·秦始皇本紀》。
② 趙增祥、徐世虹、高潮:《〈漢書·刑法志〉注釋》,第42頁。
③ 《漢書·諸侯王表》:"因矜其所習,自任私知,姗笑三代,盪滅古法。"《漢書·食貨志上》:"王制遂滅,僭差亡度。"《漢書·楚元王傳附劉歆傳》:"陵夷至於暴秦,燔經書,殺儒士,設挾書之法,行是古之罪,道術由是遂滅。"引者注:"行"應爲"刑"。
④ 《漢書》中類似説法有"滅學"(《禮樂志》《五行志上》《董仲舒傳》)、"滅文學"(《郊祀志》)、"滅文章"(《藝文志》)、"滅禮義"(《五行志下》)、"滅聖跡,棄禮義"(《伍被傳》)、"滅《詩》《書》"(《司馬遷傳》《吾丘壽王傳》)。
⑤ 《漢書·元帝紀》:"漢家自有制度,本以霸王道雜之,奈何純任德教,用周政乎!"
⑥ 《史記·秦始皇本紀》:"侯生盧生相與謀曰:'始皇爲人……專任獄吏,獄吏得親幸。'"《鹽鐵論·論誹》:"昔秦以武力吞天下……专任刑法。"劉向《〈戰國策〉序》:"是故始皇……任刑罰以爲治,信小術以爲道。"

實際上，儒生在秦朝確曾一度參與議政，儒家學說也在逐漸影響秦統治者的治國理念，儒學傳習與儒學經典都在秦朝得以延續，後人批評秦政也不免簡單片面。①

"躬"本義爲彎曲身體，後引申爲親自。②"操"本義是用手握持，後引申爲掌控、處理。③"文墨"原指文字、筆墨，後引申爲與文字相關的工作或事務，與"筆墨""刀筆"等詞意義相近。"躬操文墨"是說，親自處理案牘文書。按照一般的理解，這應該是勤於政務的表現，但這裏卻是在批評秦始皇貪戀權力、獨斷專行。④

〔四〕晝斷獄，夜理書，自程決事，日縣石之一

"斷"本義爲截斷，後引申爲決斷、判斷或裁判。⑤"獄"即司法案件（說詳前文）。"理"本義是剖開玉璞，後引申爲治理、料理、處理。⑥"書"即文書（說詳前文）。在這裏，"晝斷獄"與"夜理書"是互文，即沒日沒夜地批閱文書，審斷案件。此六字化用自《淮南子》。⑦

"程"本義是稱量穀物，引申爲對工作進度的安排，這裏是名詞動用。"自程"即自己確定工作的任務量。"決"即《漢志》前文的"斷""理"。"事"即文書（說詳前文）。"決事"即審閱、批示的文書。⑧

---

① 《史記·秦始皇本紀》《史記·封禪書》《史記·劉敬叔孫通列傳》都有儒生參與議政的記載。所以，鄭樵説："陸賈，秦之巨儒也。酈食其，秦之儒生也。叔孫通，秦時以文學召，待詔博士。數歲，陳勝起，二世召博士諸儒生三十餘人而問其故，皆引《春秋》之義以對，是則秦時未嘗不用儒生與經學也。況叔孫通降漢時，自有弟子百餘人，齊魯之風亦未嘗替。故項羽既亡之後，而魯爲守節禮義之國。則知秦時未嘗廢儒，而始皇所阬者，蓋一時議論不合者耳。"（〔宋〕鄭樵：《通志·校讎略·秦不絕儒學論二篇》）魯迅説："不錯，秦始皇燒過書，燒書是爲了統一思想。但他没有燒掉農書和醫書。他收羅許多別國的客卿，並不專重'秦的思想'，倒是博采各種的思想的。"（魯迅：《淮風月談·華德焚書異同論》）又可參見王肖依、劉森垚：《試論"秦不絕儒學"》。
② 《儀禮·士昏禮》："親皆没，己躬命之。"鄭玄注："躬猶親也。"
③ 《説文解字·手部》："操，把持也。"段玉裁注："把者，握也。"
④ 《史記·秦始皇本紀》："侯生盧生相與謀曰：'……天下之事無小大皆決於上，上至以衡石量書，日夜有呈，不中呈不得休息。貪於權勢至如此，未可爲求仙藥。'"
⑤ 《説文解字·斤部》："斷，截也。"段玉裁注："引申之義爲決斷。"《國語·晉語九》："及斷獄之日，叔魚抑邢侯。"韋昭注："斷，決也。"
⑥ 《説文解字·玉部》："理，治玉也。"段玉裁注："《戰國策》：'鄭人謂玉之未理者爲璞。'是理爲剖析也。玉雖至堅，而治之得其鰓理以成器不難，謂之理。"
⑦ 《淮南子·泰族訓》："趙政晝決獄而夜理書，御史冠蓋接於郡縣。"
⑧ 《史記·秦始皇本紀》："聽事，群臣受決事，悉於咸陽宫。"

"縣"又作"懸",本義是繫上繩子懸掛起來,這裏引申爲衡量稱重。①"石之一"即一石(shí),等於一百二十斤,約合現在 30.99 公斤。(説詳前文)"自程決事,日縣石之一"是説,秦始皇給自己留下工作任務,每天審閲的文書重量有 30 多公斤。當時的文字都書寫在笨重的簡牘上,所以用重量作爲計數標準。② 根據學者推測,秦始皇每日處理文書的閱讀量達到驚人的 31.79 萬字,確實大大超出了今人的想像。③ 這種説法可能是根據《史記·秦始皇本紀》所載而來,④並且發展出形容勤政的成語"懸石程書"。但班固在這裏是在批評秦始皇專權擅斷、任刑爲治。

【原文】

而姦邪並生,赭衣塞路,囹圄成市,天下愁怨,潰而叛之。

【考釋】

〔一〕姦邪並生,赭衣塞路,囹圄成市

"姦邪並生"即各種姦詐邪惡的思想言行紛紛出現。

"赭"(zhě)本義是紅土,"赭衣"即紅色衣服,由於常爲囚犯所穿而引申爲囚衣,後也代指囚犯。⑤ "塞"本義是阻隔、堵住,後引申爲填塞、充滿。⑥ "赭衣塞路"即囚犯站滿了大街,又作"赭衣半道""赭衣滿道"。⑦

---

① 《説文解字·県部》:"縣,繫也。"
② (清)周壽昌《漢書注校補》卷十六《刑法志第三》"晝斷獄夜理書自程決事日縣石之一"條:"是時官文書大則竹簡,小則木札,故以百二十斤爲程。若後世用紙,則以卷冊計,不必程其輕重矣。"
③ 參見王子今:《秦始皇的閱讀速度》,載《博覽群書》2008 年第 1 期。
④ 《史記·秦始皇本紀》:"上至以衡石量書,日夜有呈,不中呈不得休息。"裴駰《集解》:"石,百二十斤。"張守節《正義》:"衡,秤衡也。言表牋奏請,秤取一石,日夜有程期,不滿不休息。"引者注:"呈"即"程"。
⑤ 《説文解字·赤部》:"赭,赤土也。"段玉裁注:"是赭之本義爲赤土也,引申爲凡赤。"《荀子·正論》:"殺,赭衣而不純。"楊倞注:"以赤土染衣,故曰赭衣……殺之,所以異於常人之服也。"《史記·田叔列傳》:"唯孟舒、田叔等十餘人赭衣自髡鉗,稱王家奴,隨趙王敖至長安。"
⑥ 《詩經·邶風·燕燕》:"仲氏任只,其心塞淵。"鄭玄箋:"塞,充實也。"《禮記·孔子閒居》:"志氣塞乎天地。"鄭玄注:"塞,滿也。"
⑦ 《漢書·賈山傳》:"至秦則不然。貴爲天子,富有天下,賦斂重數,百姓任罷,赭衣半道,群盜滿山。"顏師古注:"犯罪者則衣赭衣,行道之人半著赭衣,言被罪者衆也。"《隋書·酷吏傳》:"昔秦任獄吏,赭衣滿道。"

"囹圄"即監獄,又作"囹圉"。① "市"即市場。"囹圄成市"即監獄裏囚犯衆多,就像集市一樣擁擠。與之相對的"囹圄空虚",則是政治清明、社會安定的表現。②

〔二〕天下愁怨,潰而叛之

"愁"即憂慮、發愁,"怨"即責備、不滿。③ "愁怨"二字常用來表示平民百姓對統治者的執政措施極度不滿,憂愁怨恨。④

"潰"本義爲漏水或河堤決口,後引申爲潰敗、離散、憤怒。"叛"即背離、違反,又作"畔"。⑤ 有學者將此處"潰"字解釋爲"怒貌"。⑥ 但與"愁怨"和"叛"以及其他旁證結合來看,解釋爲"離散"更爲準確。⑦

班固此處的謀篇布局和構詞筆法,可與《漢書·食貨志》對讀。⑧ 在他的法律敘事中,西周是理想時代的典範,春秋是墮落時代的開端,從戰國到秦朝,墮落達到極點。在他看來,秦政的最大弊病是破壞先王之法、崇尚功利刑罰、輕視禮義教化。秦朝旋興旋滅,二世而亡,原因固然有多方面,但由於未能及時結束軍事管制所引發的暴政,應爲其主要和直接原

---

① 《禮記·月令》:"(仲春之月)命有司,省囹圄。"鄭玄注:"囹圄,所以禁守繫者,若今別獄矣。"孔穎達疏:"云'囹圄所以禁守繫者,若今別獄矣'者,蔡云:'囹,牢也。圄,止也。所以止出入,皆罪人所舍也。'"《史記·秦始皇本紀》:"虛囹圄而免刑戮,除去收帑汙穢之罪。"
② 《管子·五輔》:"故善爲政者,田疇墾而國邑實,朝廷閑而官府治,公法行而私曲止,倉廩食而囹圄空。"《淮南子·主術訓》:"法寬刑緩,囹圄空虚,而天下一俗,莫懷姦心。"《文選·論一·東方曼倩〈非有先生論〉》:"家給人足,畜積有餘,囹圄空虚。"《漢書·董仲舒傳》:"至於成康之隆,囹圄空虚四十餘年,此亦教化之漸而仁誼之流,非獨傷肌膚之效也。"
③ 《説文解字·心部》:"愁,憂也。"《説文解字·心部》:"怨,恚也。"
④ 《漢書·谷永傳》:"峻刑重賦,百姓愁怨。"《隋書·刑法志》:"棄灰偶語,生愁怨於前;毒網凝科,害肌膚於後。"
⑤ 《史記·封禪書》:"諸儒生疾秦焚詩書,誅僇文學,百姓怨其法,天下畔之。"
⑥ 辛子牛:《漢書刑法志注釋》,第34頁。其依據可能是《詩經·邶風·谷風》:"有洸有潰。"毛亨傳:"潰潰,怒也。"
⑦ 《説文解字·水部》:"潰,漏也。"段玉裁注:"《左傳》:'凡民逃其上曰潰。'此引伸之義。"《左傳·文公三年》:"凡民逃其上曰潰。"杜預注:"潰,衆散流移,若積水之潰,自壞之象也。國君輕走,群臣不知其謀,與匹夫逃竄無異,是以在衆曰潰。"《鹽鐵論·伐功》:"不愛民之死,力盡而潰叛者,秦王是也。"《漢書·食貨志上》:"遂用潰畔。"顔師古注:"下逃其上曰潰。"
⑧ 《漢書·食貨志上》:"至於始皇……海内愁怨,遂用潰畔。"

因。所以,漢代學者大都圍繞不行仁義、濫用刑罰對秦朝進行不遺餘力的批評。① 當然,這些批評也不都是就事論事,往往帶有以秦爲鑒、警示當代的主觀動機。②

---

① 批評秦政,數陳勝的那句"天下苦秦久矣"和賈誼的那篇《過秦論》最爲知名。此外的經典語録還有:"秦始皇帝設刑罰,爲車裂之誅"(《新語·無爲》);"隱宫徒刑者七十餘萬人,乃分作阿房宫,或作麗山"(《史記·秦始皇本紀》);"殺人如不能舉,刑人如恐不勝"(《史記·項羽本紀》);"父老苦秦苛法久矣"(《史記·高祖本紀》);"忠諫者謂之誹謗,深計者謂之妖言,其視殺人若艾草菅然"(《漢書·賈誼傳》);"秦國死者甚衆,刑者相望"(《漢書·董仲舒傳》);"秦法繁於秋荼,而網密於凝脂"(《鹽鐵論·刑德》);"劓鼻盈纍,斷足盈車,舉河以西不足以受天下之徒"(《鹽鐵論·詔聖》);"劓殺其民,於是赭衣塞路,有鼻者醜"(《太平御覽》卷三六七《人事部八·鼻》引崔寔《政論》);"以刀鋸鼎鑊待天下之士,其平居無罪夷滅者,不可勝數"(蘇軾《留侯論》)等等,不一而足。由於秦簡新資料的出現,陳勝所説的"失期法皆斬"也引起了最大的爭議。實際上,這則史料不僅並非誇大其詞,而且足以揭示秦朝統一之後不知變通以致天下怨叛的内在因由。參見王子今:《〈史記〉"失期,法皆斬"辨疑——關於陳勝暴動起因的史學史考察》,載《蘭州大學學報(社會科學版)》2020年第4期。
② 《漢書·賈山傳》:"孝文時,言治亂之道,借秦爲諭,名曰至言。"

第十一章
漢興高祖初入關

【主旨】

本章主要描述西漢前期吸取秦亡教訓,推行寬簡刑罰、休養生息的法制政策及其社會效果。具體可分爲三節:第一節描述漢高祖約法三章和蕭何作律九章的情況,既是後人津津樂道的典故,也是引發法史聚訟的濫觴。第二節描述漢惠帝和吕后時期清静無爲的法律政策及其社會經濟和法律秩序效果。第三節描述漢文帝時期繼續推行黄老學説的社會經濟和法律秩序效果,爲下一章緹縈救父事件埋下伏筆。

第一節

【原文】

漢興,高祖初入關,約法三章曰:"殺人者死,傷人及盗抵罪。"蠲削煩苛,兆民大説。師古曰:"説讀曰悦。"

【考釋】

〔一〕高祖初入關

"高祖"即漢高帝劉邦。入關時他是"楚將",既未稱帝,也未封王。①

"關"本義是横插在門後的棍子,後引申爲關口、要塞,②在這裏是

---

① 《史記·秦始皇本紀》:"子嬰爲秦王四十六日,楚將沛公破秦軍入武關,遂至霸上。"
② 《説文解字·門部》:"關,以木横持門户也。"《孟子·盡心下》:"古之爲關也,將以禦暴。"

"關中"的簡稱。"入關"即進入關中地區。① "關中"又稱"關內"。對其名稱的由來有很多種說法,莫衷一是。② 在秦漢時,"關中"所指的地理範圍有從小到大三種情況:一是陝西省中部的渭河平原;二是秦嶺以北的秦地;三是崤函以西的廣大區域,包括巴蜀、漢中和陝北。最後一種"大關中"的概念,以扞關、鄖關、武關、函谷關、臨晉關這五大關隘組成的南北軸綫爲界,在當時有法律依據。③ 由於長期作爲秦國統治的核心區域,"關中"又被稱爲"秦中"。④

值得注意的是,劉邦不是通過函谷關,而是通過武關(位於今陝西省丹鳳縣武關鎮)進入關中。⑤ 因爲他率軍西進並不順利,進攻洛陽失利使其無法繼續向西進攻函谷關,於是南下通過南陽、宛西等地攻下武關,然後沿武關道向西北,在藍田擊潰秦軍。漢元年(前206年)十月,⑥劉邦屯兵霸上,秦王子嬰開城投降,劉邦進入咸陽。十一月,劉邦還軍霸上,並召集諸縣父老豪傑,約定"三章之法"。

秦末陳勝首揭義旗之後,反秦力量在各地興起。後來逐漸形成以項羽爲主力、以楚懷王熊心爲旗幟的政治軍事聯盟。懷王爲擺脫對項羽的依賴而提出"關中之約"(又稱咸陽之約),即各路將軍分兵攻秦,誰先攻入關中就封其爲關中王或秦王。⑦ 項羽由於北上救趙遇到秦軍主力而延緩了行軍進程。劉邦

---

① 趙增祥、徐世虹、高潮:《〈漢書·刑法志〉注釋》,第47頁。
② 一般認爲"關中"因被幾個重要的關隘包圍而得名。歷史上有"一關說"(指函谷關以西)、"二關說"(指大散關與函谷關之間)、"四關說"(指函谷關、武關、散關、蕭關之間)。
③ 有學者根據《二年律令·津關令》推測,由扞關、鄖關、武關、函谷、臨晉關這五大關隘組成的南北軸綫,構成秦漢之際區分"關中""關外"的法定界綫(參見王子今、劉華祝:《説張家山漢簡〈二年律令·津關令〉所見五關》,載《中國歷史文物》2003年第1期)。
④ 《漢書·項籍傳》:"異時諸侯吏卒繇役屯戍過秦,秦中遇之多亡狀。"顏師古注:"秦中,關中秦地也。"
⑤ 《漢書·高帝紀上》:"八月,沛公攻武關,入秦。"應劭注:"武關,秦南關,通南陽。"文穎注:"武關在析西百七十里。"關於秦時武關的具體位置,參見王子今:《〈武候〉瓦當與戰國秦漢武關道交通》,載《文博》2013年第6期;《武關·武候·武關候:論戰國秦漢武關位置與武關道走向》,載《中國歷史地理論叢》2018年第1期。
⑥ 秦代曆法以十月爲歲首,"十月"是"漢元年"的第一個月。
⑦ 《史記·項羽本紀》載樊噲曰:"懷王與諸將約曰'先破秦入咸陽者王之'。"《史記·高祖本紀》載陳恢曰:"臣聞足下約,先入咸陽者王之……足下前則失咸陽之約……"又載劉邦曰:"吾與諸侯約,先入關者王之,吾當王關中。"

則率軍迂回到南陽經過武關搶先一步進入關中。但隨後,項羽架空懷王,背棄盟約,獨立分封諸侯,把關中封給三個秦國降將,把劉邦封在巴、蜀、漢中,立爲漢王。① "關中之約"雖未兌現,卻成爲後來劉邦集團挑戰項羽集團的重要政治口號之一。

〔二〕約法三章

"約法三章"是中國人耳熟能詳的成語,也是法史學界的經典話題,歷來爭訟紛紜。焦點主要集中在以下三個方面。

第一,"約法三章"的斷句。

有人認爲四字應該連讀,有人認爲應在"約"字後面斷開。② 分歧的癥結之處在於對"約"字含義的理解不同。"約"本義是繩索纏繞,後引申出契約、盟約、約定、約束、簡約等義項。③ 在"約法三章"問題上,"約"字通常被解釋爲約定或簡約。有人認爲,作"約定"理解時,應在"約"字後面斷開;作"簡約"理解時,應把"約"字與後文連讀。但實際上,凡是出現"法三章"字樣時,"約"字都只應作"約定"講。④ 在劉邦或韓信的話裏,確實都

---

① 參見《史記·項羽本紀》。
② 參與討論此問題的古今學者有:(宋)陸佃(未詳出處)、(宋)劉昌詩(《蘆浦筆記》)、(宋)王應麟(《困學紀聞》)、(明)楊慎(《丹鉛餘錄》)、(明)陳耀文(《正楊》)、明末清初)黄生(《義府》)、(清)閻若璩(《困學紀聞》評注)、(清)何焯(《義門讀書記》)、(清)胡鳴玉(《訂譌雜錄》)以及近當代的楊樹達(《漢書窺管》)、陳直(《漢書新證》)。以上詳見鄔國平:《〈史記〉"約法三章"的標點及釋義》,載《文史知識》2003年第9期。此外又如,雛飛:《"約法三章"句讀辨正》,《河南大學學報(社會科學版)》1993年第1期;郭天祥、張連修:《"約法三章"不宜割裂》,《湛江師範學院學報》2008年第1期。
③ 《說文解字·糸部》:"約,纏束也。"段玉裁注:"束者,縛也。引申爲儉約。"《周禮·春官宗伯·大史》:"凡邦國都鄙,及萬民之有約劑者藏焉。"鄭玄注:"約劑,要盟之載辭。"《禮記·曲禮》:"約信曰誓。"孔穎達疏:"共相約束,以爲信也。"
④ 劉昌詩:"約法三章,自班氏《刑法志》謂'高祖初入關約法三章'至今,以爲省約之約,皆作一句讀。予觀《紀》所書云:'吾與諸侯約,先入關者王之,吾當王關中。與父老約,法三章耳。'若以'與父老約法三章耳'八字作一句,恐不成文理。合於'約'字句斷,則先與諸侯約,今與父老約,不惟上下貫穿,而'法三章耳'方成句語。"([宋]劉昌詩《蘆浦筆記》卷一"約法三章"條)王應麟:"'與父老約'爲句,下云'法三章耳'。唐高祖入京師,約法十二條,蓋仿此語而失之。"([宋]王應麟《困學紀聞》卷十二《考史》)王先謙:"何焯曰:'此約法與上苛法對。'因《紀》末有'初順民心,作三章之約',改約字爲讀,始厚齋王氏。然《文紀》中宋昌有約法令之語,《刑法志》言約法三章者非一,當仍舊也。"([清]王先謙:《漢書補注·高帝紀上》)引者注:"厚齋王氏"即王應麟。

有簡約法律的意思,①但這層意思已經通過"耳"字表達出來了,②所以不必再以此義强解"約"字。《漢志》後文的"雖有約法三章,網漏吞舟之魚"也當作此解(詳見下文)。只有在此義項下,我們才可以看到"三章之法""三章之約"等說法。③ 當然,如果"約"字後面只有"法令"字樣時,則"約"可解釋爲"簡約"。④

"約"字後是否斷句主要取決於具體的行文情况,而非"約"字的義項差異。當後面緊接"耳"字時,根據一般人的語氣習慣,在"約"字後斷句則不僅更有層次感、節奏感,而且意思表示也更爲清晰、自然。⑤ 在没有"耳"字出現時,四字連讀也不顯得生硬、拗口。⑥

第二,"約法三章"的性質與意義。

戰國秦漢時存在形式多樣的"約"。這些"約"有特殊的文化背景和社會意義。⑦ 有根據道義禮法獲得效力的天子諸侯之約,⑧有根據軍事長官意志獲得效力的軍法之約,⑨有憑藉私人信賴關係由族長或官員主導的家約或鄉約,⑩還有作爲正式法律淵源或其前身的法令約束。⑪ 這些

---

① 《史記》《漢書》相關史料中"約法三章"前後有"餘悉除去秦法""除秦苛法"等語。
② 《說文解字·耳部》:"耳,主聽者也。"段玉裁注:"凡語云而已者,急言之曰耳。"
③ 《鹽鐵論·詔聖》載"御史"曰:"夫少目之網不可以得魚,三章之法不可以爲治。"《漢書·高帝紀下》:"初順民心作三章之約。"《漢書·刑法志》:"三章之法不足以禦姦。"《潛夫論·斷訟》:"高祖制三章之約。"《後漢書·張敏傳》:"故高帝去煩苛之法,爲三章之約。"《隋書·刑法志》:"漢高祖初以三章之約,以慰秦人。"
④ 《漢書·文帝紀》:"漢興,除秦煩苛,約法令,施德惠。"顏師古注:"約,省也。"
⑤ 《史記·高祖本紀》:"吾與諸侯約,先入關者王之,吾當王關中。與父老約,法三章耳:殺人者死,傷人及盜抵罪。"《史記·淮陰侯列傳》:"大王之入武關,秋豪無所害,除秦苛法,與秦民約,法三章耳,秦民無不欲得大王王秦者。"《漢書·高帝紀上》《漢書·韓信傳》略同。
⑥ 陳直:"近人有以約字爲句者,然《韓信傳》及《刑法志》,皆有約法三章之語,知約字爲句,殆未然也。"(陳直:《漢書新證》,第5頁)
⑦ 參見[日]增淵龍夫:《中國古代的社會與國家》,吕静譯,第128—154頁。
⑧ 戰國時合縱連横中的諸侯"盟約"比較常見。到秦漢之際,"約"的作用更爲突出,出現許多關係重大的"約"。例如,懷王與諸將之約、楚漢鴻溝之約、高帝與羣臣的白馬之約、漢匈昆弟和親之約、皇位父子相傳之約等。具體參見《史記·項羽本紀》《史記·吕太后本紀》《史記·匈奴列傳》《史記·孝文本紀》《漢書·竇嬰傳》《後漢書·劉玄傳》,文繁不録。
⑨ 具體參見《史記·孫子吴起列傳》《史記·司馬穰苴列傳》《史記·律書》《史記·廉頗藺相如列傳》《史記·絳侯周勃世家》《前漢紀·高祖皇帝紀》,文繁不録。
⑩ 具體參見《史記·貨殖列傳》《漢書·循吏傳·召信臣》《三國志·魏書·田疇傳》,文繁不録。
⑪ 《史記·蕭相國世家》:"何守關中,侍太子,治櫟陽。爲法令約束。"《史記·曹相國世家》:"舉事無所變更,一遵蕭何約束。"

"約"的生效往往需要經過一些儀式性的環節,如祭祀、盟誓、刻石、宣告等。

此處的"約"發生在劉邦與關中父老之間,具有複雜的屬性。因爲劉邦當時的身份非常特殊。他雖然已經率軍入關,憑藉軍事力量掌控關中局勢,但其作爲闖入本地的外來軍事首領尚未確立正式統治者的身份。劉邦召集關中諸縣父老豪傑(民間領袖)所說的五句話,句句精當,層層遞進,都是爲了塑造和鞏固其統治的合法性基礎。

第一句話:"父老苦秦苛法久矣,誹謗者族,偶語者棄市。"這是在表示親民,建立統一戰綫。他站在父老的立場批判秦朝的統治,強調作爲秦人的關中百姓也同樣受到秦法的壓迫,是爲了把自己與其劃入同一陣營,把秦朝統治者作爲二者共同的對立面。這樣就淡化了"楚將"與"秦人"之間在地域、族群乃至文化心理方面的敵對、仇視、猜疑等情緒,一定程度抵消了二者之間的芥蒂。當然,"父老苦秦苛法"之說也有一定依據,只不過不是劉邦口中所說的"誹謗者族,偶語者棄市",而是秦二世時期的嚴峻之法。①

第二句話:"吾與諸侯約,先入關者王之,吾當王關中。"劉邦拋出諸侯之約意在強調,他將作爲王而在此地獲得合法的統治地位。這既是在暗示自己的實力、身份和話事權,以便讓當地民衆安心歸服,也是在表明他要認真經營此地,從而讓民衆對未來秩序抱有信心。② 這裏所說的"諸侯"實際上只是"諸將",劉邦當時的身份也只是"楚將"。劉邦在這裏有誇飾身份、自壯聲威的用意。後文的"待諸侯至而定約束耳"與此同理。

---

① 《史記·秦始皇本紀》:"盡徵其材士五萬人爲屯衛咸陽,令教射狗馬禽獸。當食者多,度不足,下調郡縣轉輸菽粟芻藁,皆令自齎糧食,咸陽三百里内不得食其穀。用法益刻深。"《史記·李斯列傳》:"二世然高之言,乃更爲法律。於是群臣諸公子有罪,輒下高,令鞫治之。殺大臣蒙毅等,公子十二人僇死咸陽市,十公主矺死於杜,財物入於縣官,相連坐者不可勝數。"另可參見周美華:《〈約法三章〉與楚漢戰局》,載《華中國學》2017年第1期。
② 張建國:"劉邦是以未來秦王的姿態安撫秦人,爭取他們的擁護。因此,'約'中包含對秦民的承諾。"(張建國:《試析漢初"約法三章"的法律效力——兼談"二年律令"與肖何的關係》,載《法學研究》1996年第1期)

第三句話:"與父老約,法三章耳:殺人者死,傷人及盜抵罪。餘悉除去秦法。"這是"約法三章"最核心的内容。其以劉邦集團意志爲主導,以劉邦與父老的約定爲形式,達成了雙方共同認可、共同遵守的基本秩序規則。由於形勢緊迫,劉邦集團很難有從容的心態、嚴謹的態度來制定完備的法律,只得把現成的軍中之約直接拿來借用,以達到安撫民心的作用。① 在這個約定的過程中,劉邦集團的意志肯定是強勢主導,但當地父老也可以感受到一定程度的參與感和尊重感。這樣更有利於得到當地民衆的擁護與遵守,有利於鞏固劉邦集團對當地秩序的控制。另一方面,"殺人者死,傷人及盜抵罪"這三條規範既然出自軍約,那就不僅是針對普通民衆,而且也是在強烈暗示對劉邦集團軍隊士兵的自我約束。② 在當時的情況下,劉邦軍事集團處於強勢一方,軍士更有可能觸犯殺、傷、盜等罪名。③ 唯有嚴格約束軍紀,才可以真正解除當地民衆的憂慮,獲得當地民衆的支持。"餘悉除去秦法"一句既是對《漢志》前文"父老苦秦苛法久矣"的呼應,同時也是爲了凸顯"與父老約,法三章耳"的簡約輕便,從另一個角度增強當地民衆減輕負擔的輕鬆感。當然,這種減負感較之因劉邦集團自我約束而獲得的安全感,其意義倒在其次。④

---

① 增淵龍夫:"此處劉邦與關中諸縣所'約'的簡單之法,事實上原本是劉邦集團爲了維持内部秩序所定下的'約',在没有時間制定完善法令制度的短暫時間裏,便直接拿來用在了與關中諸縣的相處關係之中。"([日]增淵龍夫:《中國古代的社會與國家》,吕静譯,第 135 頁)判斷"約法三章"出於軍約,還有一個旁證。《後漢書·劉盆子傳》:"初,崇等以困窮爲寇,無攻城徇地之計。衆既寖盛,乃相與爲約:殺人者死,傷人者償創。"長春按:"殺人者死,傷人者償創"與"殺人者死,傷人及盜抵罪"性質相當,原本都只是非官方軍事集團剛剛組建時制定的簡約性軍紀規約。
② 臧知非:"(約法三章)固然有防止關中吏民間的殺虜偷盗的目的,但更主要的是限制起義軍的報復虜掠,整肅軍紀,以争取關中吏民的支持。"(臧知非:《從"約法三章"看秦與六國的心理隔閡》,載《山東社會科學》1992 年第 2 期)張建國:"正因爲這一'約'的效力及於雙方,三章之法對人的效力便體現在既適用於秦人,又適用於劉邦的軍隊,而且在當時特定的情況下,與其説是要求秦人守法,更多的不如説是對起義部隊的約束,從而安定了當地的秩序。"(張建國:《試析漢初"約法三章"的法律效力——兼談"二年律令"與肖何的關係》)
③ 《史記·蕭相國世家》:"沛公至咸陽,諸將皆争走金帛財物之府分之。"
④ 張建國:"秦人所以'大喜,争持牛羊酒食獻饗軍士',恐怕除秦苛法的宣布倒在其次,因爲劉邦列舉的懲治誹謗和偶語一類的秦苛法與普通百姓的日常生活没多大聯繫。秦人所高興的,主要的還在於反秦起義軍承擔了不侵犯他們生命財産的義務"。(張建國:《試析漢初"約法三章"的法律效力——兼談"二年律令"與肖何的關係》)

第四句話:"諸吏人皆案堵如故。凡吾所以來,爲父老除害,非有所侵暴,無恐!"這是劉邦對維持關中法律秩序穩定的承諾,分別針對秦朝各級官吏和關中百姓進行安撫和拉攏,並且強調軍事入關行動"爲民除害"的正義性質。這在戰國以來秦與東方六國民眾之間心理隔閡與情緒對立的大背景下,顯得尤爲現實和重要。① 而在這幾句話中,對於劉邦安撫關中民眾的初衷和強調自律的姿態,"無恐"一詞表露得最爲直接明白。

第五句話:"且吾所以還軍霸上,待諸侯至而定約束耳。"這句話給後來的事態發展和法律改革留足了空間。強調"待諸侯至而定約束",既是承諾兌現"諸侯之約",避免因爲表態不當而引起各方不滿,導致節外生枝,也爲以後的政治鬥爭保留迴旋餘地。這句話同時還粉飾了劉邦"還軍霸上"的真相,有助於塑造其正面形象。② 這裏的"約束"是指正式、完備的法律規範。

"約法三章"取得了很好的政治效果,也具有非凡的法律意義。一方面,劉邦集團因此獲得關中民眾的廣泛支持,爲後來爭奪天下增添了政治砝碼。③ 另一方面,"三章之約"由於劉邦終得天下而被後世追認爲漢代法制最初的基石。④

第三,"三章之約"的法律效力。

鑒於"三章之約"的特殊背景,其在空間和時間上的法律效力出現了不小爭議。有人認爲"三章之法"只是安撫民心的"空頭支票",並無實

---

① 《史記·項羽本紀》:"諸侯吏卒異時故繇使屯戍過秦中,秦中吏卒遇之多無狀,及秦軍降諸侯,諸侯吏卒乘勝多奴虜使之,輕折辱秦吏卒。"《史記·張耳陳餘列傳》:"陳王奮臂爲天下倡始,王楚之地,方二千里,莫不響應,家自爲怒,人自爲鬥,各報其怨而攻其仇,縣殺其令丞,郡殺其守尉。"
② 《史記·高祖本紀》:"漢元年十月……乃以秦王屬吏,遂西入咸陽。欲止宮休舍,樊噲、張良諫,乃封秦重寶財物府庫,還軍霸上。"《史記·留侯世家》略同。
③ 《史記·高祖本紀》:"秦人大喜,爭持牛羊酒食獻饗軍士……人又益喜,唯恐沛公不爲秦王。"《史記·秦楚之際月表》:"沛公出令三章,秦民大悦。"《史記·淮陰侯列傳》:"大王之入武關,秋豪無所害,除秦苛法,與秦民約,法三章耳,秦民無不欲得大王王秦者……大王失職入漢中,秦民無不恨者。"《漢書·文帝紀》:"漢興,除秦煩苛,約法令,施德惠,人人自安,難動摇。"
④ 《漢書·高帝紀下》:"初順民心作三章之約。天下既定,命蕭何次律令,韓信申軍法,張蒼定章程,叔孫通制禮儀,陸賈造《新語》。"《漢書·敘傳下》:"革命創制,三章是紀,應天順民,五星同晷。"《後漢書·楊終傳》:"高祖平亂,約法三章。太宗至仁,除去收孥。萬姓廓然,蒙被更生,澤及昆蟲,功垂萬世。"

際效力。① 也有人對"三章之法"的適用時間表示疑問。② 凡此問題,應該結合劉邦政治身份和勢力範圍的變化來理解。

劉邦入關時只是"楚將",名義上要聽命於楚王。他能召集關中父老豪傑,以軍事勝利爲前提。"三章之約"公布後,劉邦又派人與秦吏告諭縣鄉邑。其以官方身份發布傳諭,自然要具備法律效力並且得到嚴格執行。"三章之約"的效力建立在劉邦集團的軍事控制基礎上,其空間範圍自然要以其軍事勢力範圍爲限。具體而言就是最狹義的"關中"區域。這裏是原來秦國統治的核心區,也是劉邦當時主要控制的區域。有人根據廣義"關中"的理解,把巴、蜀、漢中地區也當作"約法三章"的適用範圍。③ 這與當時情況不符。《史記·項羽本紀》:"項王、范增疑沛公之有天下……乃陰謀曰:'巴、蜀道險,秦之遷人皆居蜀。'乃曰:'巴、蜀亦關中地也。'故立沛公爲漢王,王巴、蜀、漢中,都南鄭。而三分關中,王秦降將以距塞漢王。"據此,"巴、蜀、漢中"雖然也可以被視爲廣義"關中",但其地遠路險,原本只是犯人流放之地,自然無法與狹義"關中"相提並論。項羽分封給三位秦朝降將的狹義"關中"才是真正受世人重視的"關中",也是楚王與諸將之約中的"關中"所指。三位秦將也被稱爲"三秦王"。④ 狹義"關中"甚至可以特指以咸陽爲中心的小範圍區域,所以楚王與諸將之約又被稱爲"咸陽之約"。⑤

隨著項羽入關後屠咸陽、封諸侯等事件的陸續發生,"約法三章"在關中實際上就已失效。漢王劉邦在其轄地巴、蜀、漢中是否也同樣實行"三

---

① 梁玉繩:"然則秦法未嘗悉除,三章徒爲虛語。《續古今攷》所謂'一時姑爲大言以慰民'也。"([清]梁玉繩:《史記志疑》,中華書局1981年版,第220頁)
② 三章之法的有效期間,有人認爲一月有余,不足兩月(王樹金:《〈二年律令〉法律內容制定年代考——兼談"二年"的時間問題》,載"簡帛研究網"2005年4月24日);有人認爲短則不過兩月,長則不過兩年(張建國:《試析漢初"約法三章"的法律效力——兼談〈二年律令〉與蕭何的關係》),也有人認爲貫穿楚漢之爭,一直適用到漢朝正式建立之後(宋潔:《"約法三章"新證——兼證"漢承秦制"之開端》,載《文史》2019年第4輯)。
③ 宋潔:《"約法三章"新證——兼證"漢承秦制"之開端》。
④ 參見《史記·淮陰侯列傳》。
⑤ 《史記·高祖本紀》:"臣聞足下約,先入咸陽者王之……足下前則失咸陽之約,後又有疆宛之患。"《史記·淮陰侯列傳》:"大王之入武關,秋豪無所害,除秦苛法,與秦民約,法三章耳,秦民無不欲得大王王秦者。於諸侯之約,大王當王關中,關中民咸知之。大王失職入漢中,秦民無不恨者。"長春按:這裏的"秦"和"關中"都特指狹義的"關中","秦民"也特指咸陽周邊關中的民衆。

章之法"史書並無直接記載。但劉邦在入駐漢中之後四個月就暗度陳倉，迅速佔據狹義的關中，然後東出函谷關，擴張勢力，與項羽爭鋒。在此期間，蕭何坐鎮後方，先後主管巴蜀、關中，"爲法令約束"是其主要工作之一。在這段緊鑼密鼓、風雲劇變的歷史進程中，"三章之法"的現實重要性實際上正在逐漸下降。換句話說，"三章之法"所要解決的安撫關中民心、約束部隊軍紀、爭取民衆支持的使命已經基本完成。蕭何坐鎮後方，需要制定更多、更細、更完備的法律規範來輔助經營巴蜀和關中，不僅要穩固社會秩序，還要高效調動社會資源，有力支援前綫作戰。這時的法制建設必須配合"給軍食""立宗廟社稷""計户口""轉漕給軍""興關中卒"等工作。相關的法律必定會伴隨具體事務的展開而陸續出臺，此即所謂"爲法令約束"。這或許就是後世記載中蕭何制定《興》《廐》《户》三大"事律"的來歷。① 但這並不意味著，"三章之法"從此不提或者被廢止、停用。因爲"三章之法"作爲一個政治口號和善政標籤，有特別重要的政治功用，劉邦集團不會輕易舍棄。另一方面，"三章之法"雖然內容粗略卻符合最樸素的法律正義觀念，而且正因爲其內容粗疏抽象反而具有更大包容性而非排他性，後來根據需要新制定和公布的法律只會補充、細化而不會否定其內容。② 就這樣，"三章之法"在此後的歲月裏逐漸沉澱爲歷史記憶的標籤，在司法適用階段懸空擱置而非在立法層面廢止不行。

〔三〕殺人者死，傷人及盜抵罪

劉邦與關中父老所約的"法三章"，在"殺人者死，傷人及盜抵罪"③外，還有一種表述"殺人者死，傷人者刑，及盜抵罪"。④《前漢紀》的表述應該是融合《史記》與《荀子》而成。但其改寫方式不很合理，原本作爲連詞的"及"字在改寫後成了一個與前後文意不協調的衍字。有人把《前

---

① 《史記·蕭相國世家》："漢二年，漢王與諸侯擊楚，何守關中，侍太子，治櫟陽。爲法令約束……關中事計户口轉漕給軍，漢王數失軍遁去，何常興關中卒，輒補缺。上以此專屬任何關中事。"《晉書·刑法志》："漢承秦制，蕭何定律……益事律興、廐、户三篇。"
② 《鹽鐵論·詔聖》："高皇帝時，天下初定，發德音，行一切之令，權也，非撥亂反正之常也……夫少目之網不可以得魚，三章之法不可以爲治。故令不得不加，法不得不多。"
③ 《史記·高祖本紀》《漢書·高帝紀上》。
④ 《前漢紀·高祖皇帝紀二》。

漢紀》中的"及盜"解釋"扱盜",意即"取盜"或"攘盜",並認爲《前漢紀》之説後出而轉勝。① 此説似較牽强。實際上,兩處表述的觀念和語詞都源於樸素的報應刑觀念"殺人者死,傷人者刑"。②

所謂"法三章",表面上是規定了三項罪名及相應的處罰原則。三項罪名分別是:殺、傷、盜。但這三項罪名的内涵與情節都太籠統。殺、傷人的方式很多,盜也包括竊盜、强盜等不同形態,三罪的具體情節更是複雜多樣。如果只有這一句話,三項罪名的司法認定一定非常麻煩。

相應的處罰原則也很不清晰。"殺人者死"意即非法剥奪他人性命的應該處以死刑。但當時的死刑方式有很多。③ 殺人者適用哪種?似乎没有明確。"傷人及盜抵罪"的"抵罪"又該如何理解?"抵"字的本義是用手掌頂住,④古人在這裏通常解釋爲"至"或"當"。⑤ 在戰國秦漢時,"當"有

----

① 蔡樞衡:《中國刑法史》,第138頁;張繼海:《"約法三章"小考》,載《中國史研究》2001年第2期。
② 《吕氏春秋·孟春紀·去私》:"墨者之法曰:'殺人者死,傷人者刑。'此所以禁殺傷人也。"《荀子·正論》:"殺人者死,傷人者刑,是百王之所同也,未有知其所由來者也。"《鹽鐵論·刑德》載文學曰:"古者,傷人有創者刑,盜有贓者罪,殺人者死。"《漢書·薛宣傳》:"殺人者死,傷人者刑,古今之通道,三代所不易也。"《後漢書·劉盆子傳》:"殺人者死,傷人者償創。"長春按:這幾條史料反映出一種以眼還眼、以牙還牙的報應刑罰觀。
③ 根據睡虎地秦墓竹簡記載,不同情節的殺人罪有磔、棄市;傷罪有耐、完城旦、黥爲城旦;盜罪有斬左止黥以爲城旦、黥劓以爲城旦、黥爲城旦、完城旦、贖黥、流放、貲繇三旬、耐爲隸臣、貲二甲、貲一盾等刑罰(參見睡虎地秦墓竹簡整理小組:《睡虎地秦墓竹簡》,第109—114、93—106頁)。
④ 《説文解字·手部》:"抵,擠也。"有人把"抵"釋爲"骶",意即鞭笞(蔡樞衡:《中國刑法史》,第138頁;關振軍:《"三章之法"辨析》,載《中國法學》1988年第1期)。長春按:此説過於牽强。
⑤ 《史記·高祖本紀》:"傷人及盜抵罪。"裴駰《集解》:"應劭曰:'抵,至也,又當也。除秦酷政,但至於罪也。'"司馬貞《索隱》:"韋昭云:'抵,當也。謂使各當其罪。'"《漢書·高帝紀上》:"傷人及盜抵罪。"顔師古注:"服虔曰:'隨輕重制法也。'李奇曰:'傷人有曲直,盜贓有多少,罪名不可豫定,故凡言抵罪,未知抵何罪也。'師古曰:'抵,至也,當也。服、李二説,意並得之,自外諸家,皆妄解釋,故不取也。'"長春按:此處顔師古的意見很有可能來自應劭。因爲《世説新語·排調》載:"魏長齊雅有體量,而才學非所經。初宦當出,虞存嘲之曰:'與卿約法三章:談者死,文筆者刑,商略抵罪。'魏怡然而笑,無忤於色。"劉孝標注:"《漢書》曰:'沛公入咸陽……'應劭注曰:'抵,至也。但至於罪。'"應劭是《漢書》注的名家,裴駰和劉孝標所引用的都應來自其《漢書》注。顔師古的解釋"抵,至也,當也"與應劭注基本一致。因此很有可能,此處"師古曰"后應有闕文如"應劭曰"之類的字眼。如果補上這個闕文,與後文句意正相通貫。

判處刑罰的意思。① 而在秦漢法律用語中,"罪"不僅是指犯罪或罪過,也有刑罰的意思。② 所以,"抵罪"也可以改稱爲"當刑"。③ "抵罪"是當時表述刑獄案件的常用概詞。④ 但刑罰有很多種,只一個"抵罪"不清不楚,根本沒法在司法實踐中嚴格執行。

總之,"法三章"罪名不具體,刑罰不清楚,罪名與刑罰的關係也不明確。很難想像,這樣一句抽象的話可以作爲法律得到有效執行。古注家對此也曾產生疑惑。⑤ 沈家本也做過一些想當然的解釋。⑥ 要解答這個疑惑,還得回到當時的歷史情境之中。劉邦集團作爲外來力量,要想在關中站住腳就需要借助原有的秩序規則,發布新法律也必須以舊法律爲基礎;一方面要廢除大量秦法,另一方面又要保留一些秦法,爲其所用。"法三章"的表述雖然抽象疏略,但其立法旨意已經框定。要想把抽象的"法三章"推行下去,就需要把秦法條文中有用的部分利用起來,充實"殺""傷""盜"和"死""刑"的具體內涵。劉邦保留和差使原來的秦吏,目的之一就是方便使用原來的秦法。因此,所謂的"法三章"實際上是"殺章""傷

---

① 《史記·張釋之馮唐列傳》:"廷尉奏當,一人犯蹕,當罰金。"司馬貞《索隱》:"崔浩云:'當謂處其罪也'。"《漢書·刑法志》:"二千石官以其罪名當報之。"顏師古注:"當謂處斷也。"又可參見《史記·黥布列傳》《史記·魏其武安侯列傳》《漢書·路溫舒傳》《漢書·酷吏傳》。類似的例子還常見於出土秦漢法律簡牘中。例如,《法律答問》簡8:"司寇盜百一十錢,先自告,可(何)論?當耐爲隸臣,或曰貲二甲。"(睡虎地秦墓竹簡整理小組:《睡虎地秦墓竹簡》,第95頁)張家山漢簡《奏讞書》案例一:"·吏當:毋憂當要(腰)斬,或曰不當論。·廷報:當要(腰)斬。"(張家山二四七號漢墓竹簡整理小組:《張家山漢墓竹簡(二四七號墓)》,第91頁)。
② 冨谷至:"在秦簡中'罪(辠)'除了犯罪的意思外,還有刑罰的意思……'罪'一詞具有'犯罪'和'刑罰'兩種含義,說明罪(crime)和與其相對應的罰(punishment)的概念沒有被嚴格地區分開來。至少在秦律中,還沒有把罪與罰加以區分的意識。"([日]冨谷至:《秦漢刑罰制度研究》,柴生芳、朱恒曄譯,第19頁)
③ 如果訓"抵"爲"至",把"抵罪"理解爲"使至罪名",雖然意思也能講通,但似乎更費周章。《史記·高祖本紀》:"傷人及盜抵罪。"司馬貞《索隱》:"秦法有三族之刑,漢但約法三章耳,殺人者死,傷人及盜者使之抵罪,餘並不論其辜,以言省刑也。則抵訓爲至,殺人以外,唯傷人及盜使至罪名耳。"
④ 例見《史記·袁盎晁錯列傳》《史記·韓長孺列傳》《史記·酷吏列傳》《漢書·元帝紀》。
⑤ 《漢書·高帝紀上》:"與父老約,法三章耳:殺人者死,傷人及盜抵罪。"服虔注:"隨輕重制法也。"李奇注:"傷人有曲直,盜臧有多少,罪名不可豫定,故凡言抵罪,未知抵何罪也。"
⑥ 沈家本:"盜之情狀非一二端之所可罄,故但言各當其罪,示必持平,不復用秦之酷法也。"([清]沈家本:《歷代刑法考》,中華書局2008年版,第1393頁)

章""盜章"。① 這裏的"章"不能理解爲單純的法律條文,而應該是若干法律條文組成的規範集群或類罪單元。② 支撐"法三章"的這些法律規範的條文自然來自保留下來的秦代法律。③

〔四〕蠲削煩苛,兆民大説

"蠲(juān)"通"捐",即除去、舍棄,後引申爲廢除、清理。④ 在《漢書》中,"蠲"是描述删削法律的常用語。⑤ "削"義與"蠲"同。"煩"即繁雜、衆多。"苛"本義是小草,後引申爲繁雜、煩瑣。⑥ "煩苛"在這裏代指繁多、雜亂的法規、政策、制度等。"蠲削"與"煩苛"都屬於同義複詞。"蠲削煩苛"是指劉邦把"三章之法"以外的繁苛法律都廢除了,與《漢志》前文所引的"餘悉除去秦法""除秦苛法"相呼應。⑦

"兆"是數詞,極言衆多。⑧ "民"即民衆、百姓。"兆民"即平民百姓,又作"億兆""衆兆"。⑨ "兆民"常與"天子"對稱,特指天子治下的天下民衆,所以又稱"天子之民"。⑩ "説"通"悦",即高興、愉快。"大説"即非常高興。

---

① 張家山漢簡《奏讞書》中有"不孝、敖悍之律二章"字樣。從中可以析分出"不孝章""敖悍"。宋潔以此爲依據,又結合《晉書·刑法志》的"結事爲章"而指出:"在此基礎上,我們自然會將'法三章'理解爲'殺人章''傷人章''盜章',其下各有具體的法律事項規定。易言之,'章'之下的諸'事'就是'抵罪'的具體依據。"(宋潔:《"約法三章"新證——兼證"漢承秦制"之開端》)
② "章"字的義項之一就是表示音樂旋律或者文字意思得到完整的表述。《説文解字·音部》:"樂竟爲一章。从音从十。十,數之終也。"段玉裁注:"歌所止曰章。"
③ 宋潔:"當劉邦提到'抵罪'的時候,父老豪傑自然都能明白以何爲依據,而這個依據對於秦民來説,自然爲秦法中的相關律文。"又:"'約法三章'之中有其具體的律文規定。'殺人者死,傷人及盜抵罪'應看作是對'約法三章'核心內容和法律原則的一種體現,是劉邦對襲用部分秦律的一種限定。"(宋潔:《"約法三章"新證——兼證"漢承秦制"之開端》)
④ 《説文解字·手部》:"捐,棄也。"《戰國策·秦策三》:"吳起爲楚悼罷無能,廢無用,捐不急之官,塞私門之請。"《史記·太史公自序》:"蠲除肉刑,開通關梁,廣恩博施,厥稱太宗。"
⑤ 例見《漢書·韋賢傳》《漢書·翼奉傳》《漢書·李尋傳》《後漢書·楊厚傳》。
⑥ 《説文解字·艸部》:"苛,小艸也。"段玉裁注:"引伸爲凡瑣碎之稱。"《國語·晉語八》:"内無苛慝,諸侯不二。"韋昭注:"苛,煩也。"
⑦ 《漢書·景帝紀》:"漢興,掃除煩苛,與民休息。"
⑧ 《左傳·昭公二十年》:"雖其善祝,豈能勝億兆人之詛?"杜預注:"萬萬曰億,萬億曰兆。"
⑨ 《尚書·呂刑》:"一人有慶,兆民賴之,其寧惟永。"《楚辭·九章·惜誦》:"專惟君而無他兮,又衆兆之所讎。"(漢)蔡邕《太尉汝南李公碑》:"憲大心以教育,沐垢濁以揚清,爲國有賞,蓋有億兆之心。"
⑩ 《禮記·月令》:"命相布德和令,行慶施惠,下及兆民。"鄭玄注:"天子曰兆民。"《孔子家語·六本》:"殺天子之民,其罪奚若?"

劉邦約法三章政治效果顯著，獲得關中秦民的擁護。《史記·高祖本紀》《漢書·高帝紀上》說"秦人大喜""秦民大喜"，《史記·淮陰侯列傳》《漢書·韓信傳》也稱"秦民""關中民"。而在此處，班固改稱"兆民大説"，把具體的關中之民擴展爲普遍的天下之民，顯然有誇大其詞的嫌疑。其背後藴含著强化漢政權合法性的敘事意圖和政治觀念。

【原文】

　　其後四夷未附，兵革未息，三章之法不足以禦姦，師古曰："禦，止也。"於是相國蕭何攈摭秦法，師古曰："攈摭，謂收拾也。攈音九問反。摭音之石反。"取其宜於時者，作律九章。

【考釋】

〔一〕四夷未附，兵革未息，三章之法不足以禦姦

　　"夷"是中國古代東部民族之一，後爲對中原以外各民族的蔑稱。古人給東、南、西、北四個方向的各民族分别命名，合稱爲"四夷"。① "附"即歸順、服从或依附，②意同"賓""服""賓服"。③ "兵"即武器，"革"即甲胄，"兵革"泛指戰爭。④ "息"即停止、休歇。

　　在《漢書》中，"四夷"常作爲外事而與内政對稱，二者共同描述中原王朝的内外局勢。⑤ 此處的"四夷未附，兵革未息"也是在描述約法三章之後漢政權面對的内外形勢：對内，劉邦先通過四年楚漢之争而定天下，其後

---

① 《禮記·王制》："東方曰夷，被髮文身，有不火食者矣。南方曰蠻，雕題交趾，有不火食者矣。西方曰戎，被髮衣皮，有不粒食者矣。北方曰狄，衣羽毛穴居，有不粒食者矣。"
② 《玉篇·阜部》："附，扶付切，依也，近也，著也，益也。"《史記·孔子世家》："魯小弱，附於楚則晉怒，附於晉則楚來伐。"
③ 《國語·楚語上》："蠻夷戎狄，其不賓也久矣。"《管子·輕重甲》："四夷不服，恐其逆政，游於天下，而傷寡人。"《漢書·何武傳》："宣帝時，天下和平，四夷賓服。"
④ 《説文解字·廾部》："兵，械也，從廾持斤。"段玉裁注："械者器之總名。器曰兵。用器之人亦曰兵。"《説文解字·革部》："獸皮治去其毛，革更之。"《詩經·鄭風·野有蔓草》序："君之澤不下流，民窮於兵革。"
⑤ 《漢書·食貨志上》："外事四夷，内興功利。"《漢書·王陵傳》："外填撫四夷諸侯，内親附百姓。"《漢書·杜周傳》："四夷和，海内平。"《漢書·武五子傳》："内平六國，外攘四夷。"《漢書·霍光傳》："百姓充實，四夷賓服。"《漢書·韋賢傳》："中國雖平，猶有四夷之患。"這種文化觀念源於《春秋》。《公羊傳·成公十五年》："春秋内其國而外諸夏，内諸夏而外夷狄。"

又陸續平定異姓諸侯王的反叛，所以說是"兵革未息"；①對外，漢朝建立後與匈奴、南粵、東甌、朝鮮、西南夷等民族或政權的關係也沒有理順，尤其是對匈作戰導致"白登之圍"的敗績，所以說是"四夷未附"。② 由於内外局勢動盪，社會秩序未定，依靠簡略的"三章之法"已經遠遠不夠，所以需要完善各種法律。③ 此處"兵革未息"應該只是一種籠統的時代背景描述，不能據以界定下文蕭何立法的具體時間。

〔二〕相國蕭何攗摭秦法，取其宜於時者，作律九章

"相"即輔佐、幫助。④ "相國"字面義即輔佐治理國家，引申爲輔助國君治國的官職，爲百官之長，簡稱"相"。⑤ "相國"原稱"相邦"，漢初爲避漢高祖諱而改稱"相國"，地位高於丞相。⑥ 秦末漢初，各諸侯王國也有相國。⑦

蕭何（？—前193年），秦朝時任沛縣主吏掾，工作業績突出，且與劉邦交好。秦末反秦運動風起雲湧，他擁戴劉邦在沛縣起事。劉邦按照楚

---

① 漢朝建立之初的異姓王有八人，包括：齊王（楚王）韓信、梁王彭越、淮南王英布、趙王張耳、燕王臧荼、後燕王盧綰、長沙王吳芮、韓王信。其中，臧荼、英布、盧綰、韓王信均因反叛而被殺或者流亡，韓信、彭越先後被貶並被處死。
② 漢初，匈奴强勢。"白登之圍"後，漢朝與其結爲昆弟和親之約，但仍反復受其襲擾。秦末，趙佗在嶺南自立爲南越武王，漢高祖在漢十一年承認其南越王的身份，但後來趙佗又自立爲南越武帝。漢高祖在漢五年立無諸爲閩越王。漢高祖時，燕王盧綰反叛後控制了朝鮮等地民衆。此外，漢朝初年也沒有實現對西南夷的控制。參見《漢書·匈奴傳》《漢書·西南夷兩粵朝鮮傳》。
③ 《鹽鐵論·詔聖》載"御史"曰："夫少目之網不可以得魚，三章之法不可以爲治。故令不得不加，法不得不多。"
④ 《漢書·百官公卿表上》："相國、丞相，皆秦官。"顏師古注引應劭曰："相者，助也。"
⑤ 《荀子·王霸》："相者，論列百官之長，要百事之聽，以飾朝廷臣下百事之分，度其功勞，論其慶賞，歲終奉其成功以效於君。"
⑥ 王國維："考六國執政者，均稱相邦。秦有相邦呂不韋，魏有相邦建信侯，今觀此印，知匈奴亦然矣。史家作相國者，蓋避漢高帝諱改。"（王國維：《觀堂集林·匈奴相邦印跋》）2010年11月，在西安破獲的秦東陵盜墓案中發現的高柄漆豆盤底刻有"八年相邦薛君""丞相殳漆豆"等字樣，可證相邦與丞相是兩種不同的官職。（參見王輝、尹夏清、王宏：《八年相邦薛君、丞相殳漆豆考》，載《考古與文物》2011年第2期）相邦佐王治國，丞相輔佐相邦，相邦去職時丞相可以代行其職（參見王輝：《秦銅器銘文編年集釋》，三秦出版社1990年版，第41—43頁）。這種情況，漢初依然。《漢書·曹參傳》："韓信已破趙，爲相國，東擊齊。參以左丞相屬韓信。"長春按：《史記·曹相國世家》"左"作"右"，根據上下文應以《漢書》所載爲準。
⑦ 《漢書·高帝紀下》："（漢十年）九月，代相國陳豨反。"

制稱爲沛公,蕭何擔任丞。劉邦受封漢王,蕭何爲丞相。劉邦東出與項羽爭天下,蕭何作鎮巴、蜀、關中,經營後方,補兵饋餉,制定法令約束。漢定天下,蕭何論功爲第一,受封酇(zàn)侯。漢十一年,韓信死後,蕭何出任相國。① 蕭何年輕爲吏時即精擅文書,熟習法律。② 劉邦入關中後,他不取金帛財物,獨取秦朝丞相御史所藏律令圖書加以保護,爲後來劉邦治理天下做出重要貢獻。③ 他在關中制定法令約束,應該主要取材於其所收藏的秦朝法律文書。

"攈"(jùn,又作攟、捃)和"摭"(zhí)都有拾取、摘取、搜集的意思。④ "攈摭秦法"即根據現實需要選取秦朝法律。秦法既有完善周備的一面,也有繁密苛酷的一面,所以蕭何"取其宜於時者"而爲漢法。這是漢承秦制在立法層面的體現。⑤

"作"即創作、制定,或是重申、強調、更改(詳見前文)。"律"是秦漢時效力等級最高的一種法律形式,最早見於戰國後期。⑥ "九"是極數,泛指

---

① 《漢書·百官公卿表下》:"九年,丞相何遷爲相國。"《漢書·蕭何傳》:"上已聞誅信,使使拜丞相爲相國。"長春按:查《漢書·高帝紀下》,蕭何稱相國也在漢十一年以後。可見,《百官公卿表下》記載有誤。
② 《史記·蕭相國世家》:"以文無害爲沛主吏掾。"裴駰《集解》:"《漢書音義》曰:'文無害,有文無所枉害也。律有無害都吏,如今言公平吏。一曰,無害者如言無比,陳留間語也。'"司馬貞《索隱》:"裴注已列數家,今更引二説。應劭云:'雖爲文吏,而不刻害也。'韋昭云:'爲有文理,無傷害也。'"《漢書·蕭何傳》:"以文毋害爲沛主吏掾。"服虔注:"爲人解通,無嫉害也。"應劭注:"雖爲文吏,而不刻害也。"蘇林注:"毋害,若言無比也。一曰,害,勝也,無能勝害之者。"晉灼注:"酷吏傳趙禹爲丞相亞夫吏,府中皆稱其廉,然亞夫不任,曰:'極知禹無害,然文深,不可以居大府。'蘇説是也。"顔師古注:"害,傷也,無人能傷害之者。蘇、晉兩説皆得其意,服、應非也。"
③ 《史記·高祖本紀》:"沛公至咸陽,諸將皆争走金帛財物之府分之,何獨先入收秦丞相御史律令圖書藏之⋯⋯漢王所以具知天下阨塞,户口多少,彊弱之處,民所疾苦者,以何具得秦圖書也。"《漢書·蕭何傳》略同。
④ 《説文解字·手部》:"攈,拾也。"段玉裁注:"亦作捃。"《國語·魯語上》:"收攟而蒸。"韋昭注:"攟,拾也。"《説文解字·手部》:"摭,拾也,陳宋語。"段玉裁注:"《方言》:'摭,取也。陳宋之間曰摭。'"
⑤ 《漢書·地理志上》:"漢興,因秦制度,崇恩德,行簡易,以撫海内。"
⑥ 傳世文獻記載商鞅"改法爲律",但目前還没有發現實物證據。目前所知年代最早的律是戰國時期秦武王二年(前309年)的《爲田律》,距商鞅秦孝公十二年(前350年)"爲田開阡陌"《史記·商君列傳》只有41年。參見四川省博物館、青川縣文化館:《青川縣出土秦更修田律木牘——四川青川縣戰國墓發掘簡報》,載《文物》1982年第1期;黄盛璋:《青川新出秦田律木牘及其相關問題》,載《文物》1982年第9期。

衆多。① 此處的"章"與《漢志》前文"約法三章"的"章"類似,都是指由若干內容相關的具體規範組成的法律單元。按照當時的文字書寫和展示習慣,一"章"字數不會很多,其上級單位是"篇"。② 而在法律文本中,"章"的下級單位是作爲有形文書的"事"。③ 如果"作律九章"的表述没有問題的話,那其最合乎史實的意思就應該是"制定了許多章的律"。"胡家草場漢簡"中有寫在三枚簡上的令目"令甲 令乙 令丙 令丁 令戊 壹行令 少府令 功令 蠻夷卒令 衛官令 市事令·凡十一章"。④ 可見,後世所理解的令篇在當時也稱爲章。由此可以逆推,所謂"九章"應是"九篇"而非"九條"。

　　蕭何既是漢代法制的奠基人,⑤ 也是漢代法律史上箭垛式的人物。許多後世的法律制度或法史想象都被歸到他的名下。他與法律的關係甚至還被加上了某種神秘的色彩。⑥ 以往學界通常認爲,"九章律"是漢代的基本法典,其制定者就是蕭何。然而實際上,不僅作爲法典的"九章律"並不真實存在,而且終漢之世都不曾有真正的法典。"九章律"只不過是東漢時期法律家史學敘事的產物,是名理律學探索法律體系化和法典化過程中人爲塑造出來的理論概念。⑦ 而此處"作律九章"的説法正是這個塑造

---

① 汪中:"九"是"數之終",先王制禮"三之所不能盡者,則以九爲之節,'九章''九命'之屬是也,此制度之實數也"([清]汪中:《述學·内篇》卷一《釋三九》上)。
② 《漢書·藝文志》:"《孝經古孔氏》一篇,二十二章。《孝經》一篇,十八章……《公孫固》一篇,十八章……《羊子》四篇,百章。"又:"漢興,閭里書師合《蒼頡》《爰歷》《博學》三篇,斷六十字以爲一章,凡五十五章,並爲《蒼頡篇》。"
③ 宋潔:"《晉書·刑法志》所載'集類爲篇,結事爲章'當理解爲:一章之中包含若干事項,若干事項組成一章,此是'結事爲章';一章可視爲一事類,故若干(事類)組成一篇,此是'集類爲篇'。"(宋潔:《漢律構成中"篇""章""條""事"之關係》,載楊振紅、鄔文玲主編:《簡帛研究(2014)》,廣西師範大學出版社 2014 年版)值得一提的是,"事"在古代有文書的意思。《隋書·經籍志二》稱:"百司庶府,各藏其事,太史之職,又總而掌之。"這裏"各藏其事"的"事"即指作爲具體實物的公文簿書,而非抽象的"事務""事例"或"事情"。參見鄧長春:《西晉法典體系研究》,第 212—217 頁。
④ 荆州博物館、武漢大學簡帛研究中心編著:《荆州胡家草場西漢簡牘選粹》,文物出版社 2021 年版,第 99—101、197 頁。
⑤ 史書上有"蕭何次律令"(《史記·太史公自序》《漢書·高帝紀下》《漢書·司馬遷傳》)、"蕭何爲法"(《史記·曹相國世家》)、"蕭何造律"(揚雄《解嘲》)、"蕭何草律"(《漢書·藝文志》《後漢書·陳寵傳》)、"蕭何創制"(《後漢書·陳寵傳附陳忠傳》)、"蕭何定律"(《三國志·魏書·高柔傳》)等各種説法。
⑥ 《史記·蕭相國世家》:"蕭相國何者,沛豐人也。"司馬貞《索隱》:"《春秋緯》:'蕭何感昴精而生,典獄制律。'"
⑦ 參見鄧長春:《西晉法典體系研究》,第 59—63、93—98 頁。

過程中的一個階段性成果。

關於蕭何的立法活動，西漢的《史記》只說是"蕭何次律令""爲法令約束""蕭何爲法"。"次"即編排次序。① 編次的對象或者說素材即秦時律令。東漢前期，"漢律九章"一說已經出現。班固《漢書》在延續司馬遷"次律令"說法（《高帝紀下》）的同時，又提出蕭何"作律九章"（《刑法志》）、"漢興，蕭何草律"（《藝文志》）、"漢章九法，太宗改作"（《叙傳下》）等說法。但這三處表述並不一致。這說明有關"九章律"的說法在當時還沒有形成定本。所以與其同時代的王充提出了"《九章》誰所作"的疑問。② 通過他的自問自答可以發現，"九章律"的概念在東漢前期還沒有定型，其作者、內容與篇章數目都還存在爭議。③ 但"九"字的出現確實較之"次律令"向前推進了一大步。

在東漢中後期，崔寔提出"蕭何作九章律"的說法，信息要素較之以往又進一步確定和豐富，事理邏輯也更爲順暢。④ 即，"九章律"不再被等同爲現行律，而被認爲是一個歷史上的法律，其內容變化有一個沿革的過程。這就有效解釋了王充所提出的"九章律"內容上矛盾的疑問。曹魏

---

① 《吕氏春秋·季冬紀·季冬》："乃命太史，次諸侯之列，賦之犧牲。"《史記·陳涉世家》："陳勝吴廣皆次當行。"

② 《論衡·謝短》："法律之家，亦爲儒生。問曰：'《九章》，誰所作也？'彼聞皋陶作獄，必將曰：'皋陶也。'詰曰：'皋陶，唐、虞時。唐、虞之刑五刑，案今律無五刑之文。'或曰：'蕭何也。'詰曰：'蕭何，高祖時也。孝文之時，齊太倉令淳于德（意）有罪，征詣長安，其女緹縈爲父上書，言肉刑一施，不得改悔。文帝痛其言，乃改肉刑。案今《九章》象刑，非肉刑也。文帝在蕭何後，知時肉刑也，蕭何所造，反具肉（象）刑也？而云《九章》蕭何所造乎？'古禮三百，威儀三千，刑亦正刑三百，科條三千，出於禮，入於刑，禮之所去，刑之所取，故其多少同一數也。今《禮經》十六，蕭何律有九章，不相應，又何？五經題篇，皆以事義別之，至禮與律獨（猶）經也，題之，禮言昏（經）禮，律言盜律何？"該段資料有幾處文字可疑，如：德（意）、肉（象）、昏（經）等，一如前人所述。參見黄暉：《論衡校釋（附劉盼遂集解）》，中華書局 1990 年版，第 565—567 頁。

③ 宋潔認爲《九章律》作爲法典客觀存在，但其以九篇結構出現的時間當在漢武帝至東漢初之間。（參見宋潔：《〈九章律〉形成考》，載《中國史研究》2021 年第 2 期）但其説主要立足於對《二年律令》和《論衡·謝短》文句的邏輯推導，不能回應本書此處的疑問。况且，王充此篇主旨是揭示儒生與文吏各有所短，有關"九章律"的質疑之辭意在詰問，借儒生的説法推衍出其中的矛盾之處，並不意味著他自己心裏就有確定的答案、完整的邏輯。

④ 《後漢書·崔駰傳附崔寔傳》："昔高祖令蕭何作九章之律，有夷三族之令，黥、劓、斬趾、斷舌、梟首，故謂之具五刑。"

時,劉卲在其《魏律序》中把虛指的"九"落到實處,①提出"正律九篇"說,②無形中抹殺了"篇""章"的差別。對"九章律"篇目名稱的說法最終成型於唐代,並長期流傳於世。③ 在整個法典編纂敘事的塑造過程中,還夾雜著"律經""法經""事律""本體""旁章"等律學概念以及律令分野、刑罰改革、法律儒家化等歷史運動的複雜因素。④

當然,不存在以"九章律"命名的法典,並不意味著當時就沒有對各種律令篇章的歸類整理。近年出土的"兔子山漢律木牘""雲夢睡虎地漢簡""胡家草場漢簡"都顯示,漢惠帝到漢文帝時已經出現把各種律篇分類命名的現象。多達三四十篇的律文被分別歸爲以刑事內容爲主的"獄律"和以非刑事內容爲主的"旁律"(或"旁律甲""旁律乙")。① 在年代更早的"睡

---

① "漢章九法""律九章"等表述,起初應該只是泛指許多重要的律章。後來才逐漸被人附會和實指化,成爲九個具體的律篇。這種情況在漢代還有一個類似的例子。"九卿"在漢初也是泛指同一秩級的若干官職,後來逐漸特指九個具體官職。這背後同樣也有一個思想傳統、經典觀念和理性行政等多重因素綜合作用的過程。參見孫正軍:《漢代九卿制度的形成》,載《歷史研究》2019年第6期。
② 他先是明確指出這九篇正律是在《法經》六篇基礎上新增三篇而來,又在說明曹魏對漢律篇目調整的行文過程中提到九篇漢代舊律:《盜律》《賊律》《金布律》《囚律》《興律》《雜律》《具律》《廄律》《告劾律》。這與後來唐人描述的"九章律"篇目並不完全一致。
③ 對"九章律"篇目名稱最爲主流的說法廣泛見於唐人記載。由唐初辛玄馭主撰的《晉書•刑法志》認爲九篇分別是:《盜律》《賊律》《網(囚)律》《捕律》《雜律》《具律》《興律》《廄律》《戶律》。後來的《唐律疏議》和《唐六典》則記爲《盜律》《賊律》《囚律》《捕律》《雜律》《具律》《戶律》《興律》《廄律》。雖然篇目順序略有差異,但是以這九個篇名爲支撐的"九章律"的名號卻因此而成定論,相沿不改。
④ 參見[德]陶安:《法典編纂史再考——漢篇:再び文獻史料を中心に據えて》,載《東洋文化研究所紀要》第140冊,2000年刊;[日]冨谷至:《論出土法律資料對〈漢書〉〈晉書〉〈魏書〉"刑法志"研究的幾點啓示——〈譯注中國歷代刑法志•解説〉》,薛夷風譯,周東平校;徐世虹:《説"正律"與"旁章"》,載孫家洲主編:《漢唐盛世的歷史解讀——漢唐盛世學術研討會論文集》,中國人民大學出版社2009年版;[日]廣瀨薰雄:《秦漢律令研究》,汲古書院2010年版;張伯元:《漢"九章律"質疑補》,載楊一凡主編:《中國古代法律形式研究》,社會科學文獻出版社2011年版;[日]冨谷至:《通往晉泰始律令之路(I):秦漢的律與令》《通往泰始律令之路(II):魏晉的律與令》,朱騰譯,徐世虹校譯,載中國政法大學法律史學研究院編:《日本學者中國法論著選譯》(上冊),中國政法大學出版社2012年版;張忠煒:《秦漢律令法系研究初編》,社會科學文獻出版社2012年版;徐世虹:《文獻解讀與秦漢律本體認識》,載《史語所集刊》第86本第2分,2015年刊;張忠煒:《秦漢律令法系研究續編》,中西書局2021年版。

① 參見張忠煒:《漢律體系新論——以益陽兔子山遺址所出漢律名木牘爲中心》,載《歷史研究》2020年第6期,後收入張忠煒:《秦漢律令法系研究續編》;陳偉:《秦漢簡牘所見的律典體系》,載《中國社會科學》2021年第1期。

虎地秦簡"、"嶽麓秦簡"和"張家山漢簡"尚未見到類似情況。但這種律篇分類還不能作爲"律典"的證明。這是因爲：一方面,其濃縮提煉的程度仍然比較低,各篇次序和條文歸類的邏輯自洽程度仍有待於加強；另一方面,由於在分類標準合理性和書籍編訂技術等方面的局限,這些律篇還很難被視爲一個渾然一體、律外無律的穩定法典結構。事實上,"兔子山漢律木牘""雲夢睡虎地漢簡""胡家草場漢簡"的律篇名本身就不一致。① 當時出現的這種律篇分類現象,或許就是《史記》中"蕭何次律令"的產物,也是後世文獻中"蕭何作九章律"之説的素材之一。

最後,關於蕭何整理律令活動的開始時間。按照這裏的説法,蕭何"作律九章"的工作開展於"四夷未附、兵革未息"的大背景下,整個過程時間跨度應該較大。其開始時間應不早於漢二年,②但肯定在漢高祖稱帝之前。③此處稱其爲"相國蕭何",似乎是説蕭何整理律令在其出任相國之後。但這種事後追述的文字,很有可能只是以蕭何所任最高官職作爲對其的敬稱。

第二節

【原文】

當孝惠、高后時,百姓新免毒蠚,人欲長幼養老。師古曰："蠚音呼各反。"

【考釋】

〔一〕**孝惠、高后**

"孝惠"即漢惠帝（前 210 年—前 187 年）,西漢王朝第二位皇帝,姓

---

① 李勤通認爲,與後世的法典律名體系不同,秦漢的律篇名屬於檔案律名體系,其主要源於地方整理而非中央立法。參見李勤通：《論秦漢律"律名否定論"》,載王捷主編：《出土文獻與法律史研究》（第 9 輯）,法律出版社 2020 年版,第 451—473 頁。
② 《史記·蕭相國世家》："漢二年,漢王與諸侯擊楚,何守關中,侍太子,治櫟陽。爲法令約束。"
③ 《漢書·高帝紀下》："天下既定,命蕭何次律令,韓信申軍法,張蒼定章程,叔孫通制禮儀,陸賈造新語。"長春按："天下既定"四字顯示,蕭何制定律令的活動開始於漢朝建立以後。但作爲該條記載史料來源的《史記》卻沒有這四字。《史記·太史公自序》："於是漢興,蕭何次律令,韓信申軍法,張蒼爲章程,叔孫通定禮儀,則文學彬彬稍進,詩書往往間出矣。"《漢書·司馬遷傳》也幾乎一字不差地照抄了這句話。可見,《漢書·高帝紀下》"天下既定"四字應是班固改寫時加上去的。文字背後藴含著濃重的王朝正統觀念,即根據後來漢得天下的事實倒推歷史,把漢政權建立之初也認定在統一王朝的範疇之内。

劉,名盈,謚號"孝惠"。除漢高祖、光武帝以外,漢朝皇帝謚號中都有"孝"字,表示漢朝以孝治天下、孝子繼父之志。① 漢惠帝爲人柔弱仁孝,在位七年期間,采取休養生息政策,寬省刑罰,減緩賦役,優禮臣下,親友兄弟,對於穩定社會秩序、恢復經濟民生、鞏固漢初基業頗有助益。但他早年不受父親劉邦待見,繼位後又受到母親吕后的擺布,並被其狠辣手段所驚嚇,以致不能專心聽政,憂疾而終,英年早逝,也算是個可悲的人物。②

"高后"即吕雉(？—前180年),漢高祖的皇后、漢惠帝的母親。吕后年輕時與高祖共定天下,惠帝繼位後直接掌控朝政,惠帝死後又前後控制兩位少帝,臨朝稱制長達八年,實際行使皇帝的權力。《史記》《漢書》都爲其設置"本紀",以皇帝視之。吕后爲人狠毒,作風霸道,但性格堅毅,很有政治頭腦。控制朝政期間,她一方面大封吕氏子弟,打壓漢初功臣和劉氏宗親,從而引發"諸吕之亂";另一方面穩定政局大勢,繼續推行休養生息政策,恢復社會經濟,輕緩適用刑罰,天下逐漸安定下來,爲後來的"文景之治"奠定了基礎。③ 她死後,功臣集團和漢室宗親聯合平定諸吕,推代王劉恒繼承帝位,是爲漢文帝。

因爲漢惠帝在位期間也是吕后實際掌權,所以史書常把二者視爲同一個政治時期。《史記》就把惠帝之事都放在《吕太后本紀》中。《漢書》也常二者連用來表示漢高祖與漢文帝之間的歷史時期,並常以"天下初定"爲其標籤。④

〔二〕百姓新免毒蠚,人欲長幼養老

"新"即新近、剛剛。"免"即免除、逃避。"毒"即毒物、毒害;"蠚"(hē)即蜇刺;"毒蠚"即傷害、殘害。⑤ 這句是說,百姓剛剛免於戰爭的災難。

---

① 《漢書·惠帝紀》:"孝惠皇帝。"應劭注:"《禮·謚法》:'柔質慈民曰惠'。"顔師古注:"孝子善述父之志,故漢家之謚,自惠帝已下皆稱孝也。臣下以'滿'字代'盈'者,則知帝諱盈也。他皆類此。"
② 《漢書·惠帝紀》"贊曰":"孝惠内修親親,外禮宰相,優寵齊悼、趙隱,恩敬篤矣。聞叔孫通之諫則懼然,納曹相國之對而心説,可謂寬仁之主。遭吕太后虧損至德,悲夫!"
③ 《史記·吕太后本紀》:"孝惠皇帝、高后之時,黎民得離戰國之苦,君臣俱欲休息乎無爲,故惠帝垂拱,高后女主稱制,政不出房户,天下晏然。刑罰罕用,罪人是希。民務稼穑,衣食滋殖。"《漢書·高后紀》略同。
④ 《漢書·食貨志下》:"孝惠、高后時,爲天下初定,復弛商賈之律,然市井子孫亦不得爲官吏。"
⑤ 《説文解字·中部》:"毒,厚也,害人之草,往往而生。"《山海經·西山經》:"有鳥焉,其狀如蜂,大如鴛鴦,名曰欽原。蠚鳥獸則死,蠚木則枯。"(漢)賈誼《新書·禮》:"攫齧搏擊之獸鮮,毒蠚猛叩之蟲密。"

"長"(zhǎng)即"使……成長",意爲撫養;"幼"即幼兒;"養"即扶養,"老"即老人。這句是説,人們都希望撫育後代,贍養老人,過上安穩的日子。

【原文】

蕭、曹爲相,填以無爲,師古曰:"言以無爲之法填安百姓也。填音竹刃反。"從民之欲,而不擾亂,是以衣食滋殖,刑罰用稀。

【考釋】

〔一〕蕭、曹爲相,填以無爲

"蕭、曹爲相"是指蕭何、曹參相繼出任相國。"填"(zhèn)通"鎮",即安定、安撫。① "填以無爲"即通過無爲而治的政策安定天下、安撫百姓。② 此或即《漢志》前文所謂的"蕭曹之文"。

"無爲"是先秦道家思想中的重要概念。道家以抽象玄虚的"道"爲宇宙的本體,側重於純粹的哲學思辨。其中的黄老學説把無可捉摸的"道"具化爲有物有則的"天道",並努力從中尋覓指導人間活動的行動指南,在戰國秦漢間形成了極大影響。

完整的"無爲"包括"無爲"和"無不爲"兩個相反相成、辯證統一的組成部分。《國語·越語下》所載范蠡與勾踐的對話,完整地展示了這一思想精華:面對"恒""常"的天地法則,應該靈活適用"因循""守時"兩大基本原則。前者主張"以虚無爲本,以因循爲用",後者主張"與時遷移,應物變化",二者靈活結合的表現就是"無成埶,無常形",效果就是"指約而易操,事少而功多"。③ 戰國中期,公孫鞅與甘龍、杜摯辯論治道,各執"守時"與"因循"兩大原則的一端。戰國末期,韓非子集先秦法家之大成,仍以黄老之學爲理論根基。以商韓學説爲立國之本的秦朝,在"無不爲"的路上走

---

① 《國語·晉語七》:"柔惠小物,而鎮定大事。"韋昭注:"鎮,安也。"《史記·蕭相國世家》:"何以丞相留收巴蜀,填撫諭告,使給軍食。"
② 《史記·曹相國世家》:"聞膠西有蓋公,善治黄老言,使人厚幣請之。既見蓋公,蓋公爲言治道貴清静而民自定,推此類具言之。……參爲漢相國,清静極言合道。然百姓離秦之酷後,參與休息無爲,故天下俱稱其美矣。"
③ 四處引文出自司馬談《論六家要旨》,見於《史記·太史公自序》。他所描述的"道家"實際上就是黄老道家或者説是道家中的黄老學派。

得太遠,最終二世而亡。漢初的"布衣將相"①們所青睞的黄老無爲之治,更傾向於"因循"的思路。因其最易操作,最得民心,最符合時代的需要。漢初"蕭規曹隨"的故事,正是這種國策的集中表現。②

〔二〕從民之欲,而不擾亂,是以衣食滋殖,刑罰用稀

"從民之欲"即順從民意,語出《尚書》。"不擾亂"即減輕民衆負擔,不打亂他們生産、生活的節奏。這八個字後面藴含著古老的民本思想。③

"是以"即所以。"衣食"又稱"食貨",泛指基本生活資料,向爲古代執政者所重視。④"滋"通"孳",意即生長、繁殖;"殖"即生育、增殖。⑤"衣食滋殖"常用來描述孝惠、高后時的社會經濟狀況。⑥

"用稀"又作"用希",即很少使用。⑦從高祖時的"蠲削煩苛"到孝惠、高后時的"刑罰用稀"再到文帝時的"有刑錯之風",班固此章行文層層遞進,步步呼應,通過鋪墊蓄勢展示出蒸蒸日上、百廢俱興的漢初局面。

---

① 參見(清)趙翼:《廿二史劄記》卷二"漢初布衣將相之局"條;唐贊功:《漢初"布衣將相"淺論》,載《中國史研究》1984年第1期;褚寒社:《秦漢"布衣將相"釋義》,載《綿陽師範學院學報》2012年第9期。
② 《史記·曹相國世家》:"參代何爲漢相國,舉事無所變更,一遵蕭何約束……百姓歌之曰:'蕭何爲法,顜若畫一;曹參代之,守而勿失。載其清淨,民以寧一。'"《漢書·曹參傳》:"天下既定,因之疾秦法,順流與之更始,二人同心,遂安海内。"《漢書·循吏傳》:"漢興之初,反秦之敝,與民休息,凡事簡易,禁罔疏闊,而相國蕭、曹以寬厚清静爲天下帥,民作'畫一'之歌。"
③ 《尚書·泰誓上》:"天矜於民,民之所欲,天必從之。"《左傳·宣公十二年》:"所違民欲猶多,民何安焉?"《管子·牧民》:"政之所興,在順民心。政之所廢,在逆民心。"《吕氏春秋·恃君覽·達鬱》:"民欲不達,此國之鬱也。"《史記·陳涉世家》:"乃詐稱公子扶蘇、項燕,從民欲也。"《史記·律書》:"文帝時,會天下新去湯火,人民樂業,因其欲然,能不擾亂,故百姓遂安。"
④ 《左傳·莊公十年》:"衣食所安,弗敢專也,必以分人。"《管子·牧民》:"倉廩實,則知禮節;衣食足,則知榮辱。"《漢書·食貨志上》:"洪範八政,一曰食,二曰貨。食謂農殖嘉穀可食之物,貨謂布帛可衣及金刀龜貝,所以分財布利通有無者也。二者,生民之本,興自神農之世。"《漢書·食貨志上》載晁錯《論貴粟疏》曰:"人情,一日不再食則飢,終歲不製衣則寒。夫腹飢不得食,膚寒不得衣,雖慈母不能保其子,君安能以有其民哉!明主知其然也,故務民於農桑,薄賦斂,廣畜積,以實倉廪,備水旱,故民可得而有也。"
⑤ 《説文解字·水部》:"滋,益也。"《尚書·泰誓下》:"樹德務滋,除惡務本。"《國語·晉語四》:"同姓不婚,惡不殖也。"韋昭注:"殖,蕃。"
⑥ 《漢書·食貨志上》:"孝惠、高后之間,衣食滋殖。"《漢書·循吏傳》:"孝惠垂拱,高后女主,不出房闥,而天下晏然,民務稼穡,衣食滋殖。"
⑦ 《論語·公冶長》:"子曰:'伯夷、叔齊不念舊惡,怨是用希。'"

第三節

【原文】

及孝文即位,躬脩玄默,勸趣農桑,減省租賦。

【考釋】

〔一〕孝文即位,躬脩玄默

"孝文"即漢文帝(前203年—前157年),姓劉,名恒,諡號"孝文",廟號"太宗"。他是漢高祖劉邦的第四子、漢惠帝劉盈的異母弟。漢文帝爲薄姬所生,漢高祖十一年受封代王。諸吕之亂後,代王繼承皇位。他在位二十三年,繼續奉行無爲而治的國策,厲行節儉,興農務本,輕徭薄賦,簡省刑罰,以德化民,使漢朝進入升平治世。漢文帝與其子漢景帝的治理策略和治理政績被後世稱爲"文景之治"。①

"躬脩"即躬修、躬行,意爲親自實施、親身實踐。② "玄默"即沉靜不語、清静無爲。③ "躬脩玄默"意即帶頭推行黃老無爲而治的國策。這是班固描述文帝時的慣用語。④

〔二〕勸趣農桑,減省租賦

"勸"即勸導、勉勵。⑤ "趣"(cù)通"促",即催促、督促。⑥ "農"即耕種糧食。"桑"即植桑養蠶,取絲織布。寬泛而言,植桑也屬於農事;具體而

---

① 《漢書·景帝紀》:"漢興,掃除煩苛,與民休息。至於孝文,加之以恭儉,孝景遵業,五六十載之間,至於移風易俗,黎民醇厚。周云成、康,漢言文、景,美矣!"
② 《説文解字·彡部》:"脩,飾也。"段玉裁注:"脩者,治也。"
③ 《淮南子·主術訓》:"天道玄默,無容無則,大不可極,深不可測。"《文選·賦戊·畋獵下·楊子雲〈長楊賦〉》:"人君以玄默爲神,澹泊爲德。"李善注:"玄默,謂幽玄恬默也。"李周翰注:"玄默,無事也。"
④ 《漢書·賈誼傳》:"追觀孝文玄默躬行以移風俗,誼之所陳略施行矣。"《漢書·西域傳》:"遭值文、景玄默,養民五世,天下殷富,財力有餘,士馬強盛。"《漢書·敘傳下》:"太宗穆穆,允恭玄默,化民以躬,帥下以德。"《漢書·儒林傳·序》:"然孝文本好刑名之言。"長春按:此處"刑名"應指黃老的刑(形)名道術,而非法家的刑名法術。
⑤ 《説文解字·力部》:"勸,勉也。"
⑥ 《周禮·春官宗伯·職喪》:"凡公有司之所共,職喪令之,趣其事。"鄭玄注:"謂王遣使命有贈之物,各從其官出,職喪當催督也。"《漢書·成帝紀》:"遣丞相長史、御史中丞持節督趣逐捕。"顔師古注:"趣讀曰促。"

言,桑樹常植於農田四周。① 所以古人常以"農桑"並舉,視之爲衣食之本。② 漢文帝勸農的重要表現就是親耕藉田之禮。③

"減省"即減少、精簡。④ "租"即田租,又稱"税",以繳納穀物爲主;"賦"本義是軍賦(説詳前文),在漢代是指口賦,即人頭税,以繳納錢幣爲主。⑤ "減省租賦"指的是漢文帝二年九月"賜天下民今年田租之半"、十二年三月"賜農民今年租税之半"、十三年六月"除田之租税"等事。秦漢賦税以人丁徵收爲主,田租占財政收入的比例不大。所以,對漢初輕徭薄賦、與民休息的情況不可估計過高。⑥

【原文】
而將相皆舊功臣,少文多質,懲惡亡秦之政,論議務在寬厚,恥言人之過失。

【考釋】
〔一〕將相皆舊功臣,少文多質

"將相"指文武大臣。"皆舊功臣"是説漢文帝在位期間的重要大臣都是漢初功臣或其後人。以周勃、陳平爲首的功臣集團平定諸吕,迎奉文帝,在文帝前期佔據將相要職。周勃、灌嬰都曾先任太尉,後任丞相;陳平、張蒼、申屠嘉也先後爲丞相。但隨著文帝的政治謀劃和時間的自然推移,到漢文帝後期,功臣集團已有逐漸凋零之勢。

"文"和"質"是描述個人氣質的一對概念。前者是指文雅、斯文;後者

---

① 《漢書·食貨志上》:"田中不得有樹,用妨五穀,環廬樹桑麻、菜茹、瓜瓠、果蓏。"
② 《漢書·景帝紀》:"其令郡國務勸農桑,益種樹,可得衣食物。"《漢書·地理志下》:"昔后稷封斄,公劉處豳,大王徙岐,文王作酆,武王治鎬,其民有先王遺風,好稼穡,務本業,故豳詩言農桑衣食之本甚備。"
③ 《漢書·食貨志上》:"於是上感誼言,始開籍田,躬耕以勸百姓。"《漢書·文帝紀》載文帝詔曰:"夫農,天下之本也,其開藉田,朕親率耕,以給宗廟粢盛。"又曰:"農,天下之大本也,民所恃以生也,而民或不務本而事末,故生不遂。朕憂其然,故今兹親率群臣農以勸之。"
④ 《禮記·月令》:"省囹圄。"鄭玄注:"省,減也。"《史記·秦始皇本紀》:"請且止阿房宫作者,減省四邊戍轉。"
⑤ 《説文解字·貝部》:"賦,斂也。"《漢書·食貨志上》:"有賦有税。"顏師古注:"賦謂計口發財,税謂收其田入也。"
⑥ 參見程念祺:《國家力量與中國經濟的歷史變遷》,新星出版社2006年版,第46、99頁;臧知非:《漢文帝十三年免除田租新證——兼論漢文帝經濟政策》,載《中國農史》2011年第2期;朱錦程:《漢文帝免租問題新探》,載《農業考古》2015年第1期。

指樸素、厚實。① "少文多質"是指漢初功臣普遍出身較低,質樸厚重,不好禮儀虛飾。②

〔二〕懲惡亡秦之政,論議務在寬厚,恥言人之過失

"懲"即警惕、鏡鑒、引以爲戒;"惡"(wù)即厭惡、憎恨。"懲惡亡秦之政"是説以秦朝自取滅亡的法律政策爲教訓。

"論議"即評判他人是非、事務得失。"務"即致力、側重、追求。③ "寬厚"即寬懷、厚道。④ "論議務在寬厚"是指評論時事盡可能心存寬厚,容人過失,而不隨意互相揭短,彼此攻擊。"恥言人之過失"即以隨意點評別人的過失爲恥。據此推斷,"亡秦之政"既可能是泛指秦法的繁密苛酷,也可能是特指秦朝強制告姦的法令。

【原文】

化行天下,告訏之俗易。師古曰:"訏,面相斥罪也,音居謁反。"吏安其官,民樂其業,畜積歲增,户口寖息。師古曰:"畜讀曰蓄。寖,益也。息,生也。"風流篤厚,禁罔疏闊。

【考釋】

〔一〕化行天下,告訏之俗易

"化"即教化。"化行天下"是説廟堂之上君臣的行事作風逐漸影響到天下百姓,潛移默化地改變了社會風氣。⑤

"告"即告發。"訏"(jié)即指責。"告訏"即責人過失、揭人陰私。⑥ 秦

---

① 《論語·雍也》:"質勝文則野,文勝質則史。文質彬彬,然後君子。"何晏《集解》引包咸曰:"史者,文多而質少。彬彬,文質相半之貌。"
② 《史記·絳侯周勃世家》:"勃爲人木彊敦厚,高帝以爲可屬大事。"司馬貞《索隱》:"謂勃召説士東向而坐,責之云'趣爲我語',其質樸之性,以斯推之,其少文皆如此。《史記·高祖本紀》:"周勃重厚少文,然安劉氏者必勃也。"《漢書·王陵傳》:"陵爲人少文任氣,好直言。"《漢書·申屠嘉傳》:"嘉爲人廉直,門不受私謁。"《漢書·張釋之傳》:"夫絳侯、東陽侯稱爲長者。"
③ 《説文解字·力部》:"務,趣也。"段玉裁注:"務者,言其促疾於事也。"《論語·學而》:"君子務本,本立而道生。"《吕氏春秋·慎大覽·察今》:"非務相反也,時勢異也。"
④ 《管子·形勢解》:"人主者,溫良寬厚,則民愛之。"
⑤ 《漢書·循吏傳》:"漢興之初,反秦之敝,與民休息,凡事簡易,禁罔疏闊,而相國蕭、曹以寬厚清靜爲天下帥,民作畫一之歌。孝惠垂拱,高后女主,不出房闥,而天下晏然,民務稼穡,衣食滋殖。至於文、景,遂移風易俗。"
⑥ 《漢書·地理志下》:"至告訏刺史二千石。"顔師古注:"訏,面相斥罪也。"《論語·陽貨》:"惡訏以爲直者。"何晏《集解》引包咸曰:"訏,謂攻發人之陰私。"

朝盛行"告訐之俗",敗壞社會道德,破壞人際關係。① "易"即改變。當然,改變風俗並没有這裏説的那麽簡單。由於各種原因,漢代有些地方告姦之風長期存在。②

〔二〕吏安其官,民樂其業,畜積歲增,户口寖息

"吏安其官"即官吏安心工作。"民樂其業"即百姓安居樂業。

"畜"(xù)通"蓄",與"積"都有積聚、儲藏的意思。③ "歲增"即每一年都在增長。存儲糧食物資,向爲古人所重。④ 文帝之前儲備尚不充足,⑤到文帝時儲備開始逐漸增加。"寖"即逐漸。(説詳前文)"息"即繁殖、滋生。⑥ "户口寖息"即人口緩慢增長。

〔三〕風流篤厚,禁罔疏闊

"風"即爲政者的道德風範。"流"即傳播、流布。這種説法體現了儒家政教化民的思想主張。⑦ "篤"即忠厚、誠實,與"厚"意思相通。⑧

---

① 《史記·商君列傳》:"令民爲什伍,而相牧司連坐。不告姦者腰斬,告姦者與斬敵首同賞,匿姦者與降敵同罰。"司馬貞《索隱》:"牧司謂相糾發也。一家有罪而九家連舉發,若不糾舉,則十家連坐。恐變令不行,故設重禁。"《漢書·賈誼傳》:"及秦而不然。其俗固非貴辭讓也,所上者告訐也。"

② 《漢書·地理志下》:"太原、上黨……漢興,號爲難治,常擇嚴猛之將,或任殺伐爲威。父兄被誅,子弟怨憤,至告訐刺史二千石,或報殺其親屬。"《漢書·趙廣漢傳》:"先是,潁川豪桀大姓相與爲婚姻,吏俗朋黨。廣漢患之,屬使其中可用者受記,出有案問,既得罪名,行法罰之,廣漢故漏泄其語,令相怨咎。又教吏爲缿筩,及得投書,削其主名,而託以爲豪桀大姓子弟所言。其後彊宗大族家家結爲仇讎,姦黨散落,風俗大改。吏民相告訐,廣漢得以爲耳目,盜賊以故不發,發又輒得。"

③ 《説文解字·艸部》:"蓄,積也。"《説文解字·禾部》:"積,聚也。"

④ 《禮記·王制》:"國無九年之蓄曰不足,無六年之蓄曰急,無三年之蓄曰國非其國也。"《漢書·食貨志上》載賈誼《論積貯疏》:"夫積貯者,天下之大命也。苟粟多而財有餘,何爲而不成?"《新書·無蓄》"積貯"作"蓄積"。

⑤ 《漢書·食貨志上》:"漢之爲漢幾四十年矣,公私之積猶可哀痛。"顏師古注:"言年載已多,而無儲積。"

⑥ 《漢書·宣帝紀》:"刑者不可息。"顏師古注:"息謂生長。言剗刖之徒,不可更生長也。"《荀子·大略》:"有國之君,不息牛羊。錯質之臣,不息雞豚。"

⑦ 《論語·顏淵》:"君子之德風,小人之德草,草上之風,必偃。"何晏《集解》引孔安國曰:"加草以風,無不僕者,猶民之化於上。"《漢書·敘傳下》:"太宗穆穆,允恭玄默,化民以躬,帥下以德……我德如風,民應如艸,國富刑清,登我漢道。"又:"風流民化。"顏師古注:"言上風既流,下人則化也。"又清華簡《爲政之道》簡3-4:"上風,下艸(草)。上之所好,下亦好之;上之所亞(惡),下亦亞(惡)之。"(李學勤主編:《清華大學藏戰國竹簡》(玖),中西書局2019年版,第126頁)

⑧ 《説文解字·馬部》:"篤,馬行頓遲也。"段玉裁注:"《釋詁》曰:'篤,固也。'又曰:'篤,厚也。'凡經傳篤字固、厚二訓足包之。"

"罔"即"網",①"禁罔"即束縛百姓的禁令法網。"疏"與"密"相對,與"闊"相通,意即稀疏、寬鬆。②

【原文】

選張釋之爲廷尉,罪疑者予民,師古曰:"從輕斷。"是以刑罰大省,至於斷獄四百,師古曰:"謂普天之下重罪者也。"有刑錯之風。

【考釋】

〔一〕選張釋之爲廷尉,罪疑者予民

"廷尉"是秦漢到南北朝中央最高專職法官,是"兵獄同制"的歷史遺跡。③ 西漢時曾短暫改稱大理。在隋唐之後,此官通常稱大理卿,府衙稱大理寺,一直沿用到清末。

"張釋之"(生卒年不詳),字季,南陽堵陽(今河南南陽方城)人也。他早年通過捐貲而爲騎郎,早年任官十年都沒能成名,後在袁盎的薦舉下出任謁者僕射。他在漢文帝左右,因兩次進諫而獲得文帝賞識,先後晉升爲中大夫、公車令、中郎將、廷尉。在廷尉任上,他因參與辦理"犯蹕案""盜環案"而流芳百世,成爲後世法官寬仁、公平、正直的楷模。④

---

① 《漢書·景帝紀》有"罔密文峻"。陳直引《曹全碑》證明以"罔"爲"網",是東漢時通用的假借字。(陳直:《漢書新證》,第 24 頁)
② 《説文解字·疋部》:"疏,通也。"段玉裁注:"疏之引申爲疏闊、分疏、疏記。"《老子》第七十三章:"天網恢恢,疏而不失。"《隋書·刑法志》:"孝文躬親玄默,遂疏天網。"
③ 《漢書·百官公卿表上》:"廷尉,秦官,掌刑辟,有正、左右監,秩皆千石。"應劭注:"聽獄必質諸朝廷,與衆共之,兵獄同制,故稱廷尉。"顏師古注:"廷,平也。治獄貴平,故以爲號。"《後漢書·光武帝紀上》:"使吳漢率朱祐及廷尉岑彭。"李賢等注略同《藝文類聚》卷四九《職官部五·廷尉》引韋昭《辯〈釋名〉》曰:"廷尉、縣尉,皆古官也,以尉尉民心也。"
④ 《漢書·于定國傳》:"朝廷稱之曰:'張釋之爲廷尉,天下無冤民;于定國爲廷尉,民自以不冤。'"《漢書·敘傳下》:"釋之典刑,國憲以平。"《晉書·劉頌傳》:"時尚書令史扈寅非罪下獄,詔使考竟,頌執據無罪,寅遂得免,時人以頌比張釋之。在職六年,號爲詳平。"《晉書·王廙附王彪之傳》:"彪之又上疏執據,時人比之張釋之。"《宋書·柳願沈傳》"史臣曰":"張釋之云,用法一偏,天下獄皆隨輕重。"《南齊書·崔祖思傳》:"張、于二氏,絜譽文、宣之世;陳、郭兩族,流稱武、明之朝。"《隋書·柳莊傳》:"臣聞張釋之有言,法者天子所與天下共也。"《舊唐書·狄仁傑傳》:"昔漢文時有盜高廟玉環,張釋之廷諍,罪止棄市。"《新唐書·徐有功傳》:"昔稱張釋之爲廷尉,天下無冤人,今有功斷獄,亦天下無冤人。"《初學記》卷十二《職官部下·大理卿第二十一》引潘嶽楊《荊州誄》:"庶獄明慎,刑辟端詳;聽參皋吕,稱侔于張……于,于定國;張,張釋之。"又引崔德正《大理箴》:"釋之其忠,勳亮孝文。"

張釋之出任廷尉的時間有一定爭議。《漢書·百官公卿表下》把這個時間繫在文帝三年（前177年），而在文帝十年（前170年）、十五年（前165年）、後元年（前164年）又分別提到"廷尉昌，廷尉嘉""廷尉宜昌""廷尉信"。但據張釋之本傳，他在文帝時期曾有十年不得升遷，所以不可能在文帝三年時出任廷尉。擔任公車令時，他曾經奏劾"太子與梁王共車入朝，不下司馬門"。這裏的"太子與梁王"應該就是漢景帝劉啓和梁孝王劉武。① 文帝在位期間梁孝王曾經四次入朝，時間分別在梁孝王十四年、十七年、十八年和二十一年，相當於漢文帝十五年（前165年）、後二年（前162年）、後三年（前161年）、後六年（前158年）。所以張釋之奏劾事件肯定發生在文帝十五年（前165年）之後。又據其本傳，此次事件後，他先任中郎將，後任廷尉直到景帝朝。所以筆者推測，《百官公卿表下》的"文帝三年"可能是"文帝後三年"（前161年）的訛誤。②

　　"罪疑者"即遇到犯罪情節存在可疑的情況。"予"即授予、給予。"罪疑者予民"是說，遇到案情可疑的情況，就做出有利於被告百姓的判決。"予民"也有版本作"與人"，③是避唐太宗諱。

〔二〕刑罰大省，至於斷獄四百，有刑錯之風

　　"刑罰大省"意思是，適用刑罰的案件數量大大減少。"斷獄四百"字面意思是每年審決刑案四百個，但顔師古注說每年判處死刑四百人。④ 若按後解，此處"死刑"即《漢志》後文的"斷獄殊死"。或許顔注認爲這更現實一些。"四百"也有說法作"三百"或"三"。（見下文注腳）但此處既然是誇飾之詞，也就不必糾結於是"斷獄四百"還是"斷獄殊死四百"，"四百"還

---

① 據《漢書·文三王傳》，文帝有四子。文帝元年，長子劉啓封爲太子。文帝二年，劉武封爲代王，劉參封爲太原王，劉揖（也稱劉勝）封爲梁王。漢文帝十一年，劉揖墜馬而死，諡爲懷王。翌年，劉武徙爲梁王，劉參徙爲代王。從時間上看，此次事件中的"梁王"是劉揖的可能性很小。而且《文三王傳》只記載了梁孝王劉武入朝的事，無梁懷王劉揖的入朝記録。又從劉啓與劉武的親密關係來看，這裏的"梁王"應該是指劉武而非劉揖。
② 又可參見李兵飛：《張釋之仕宦行跡考》，載《内江師範學院學報》2019年第11期。
③ 《太平御覽》卷六三五《刑法部一·敍刑上》引《漢書·刑法志》："罪疑者與人。（從輕斷之）"
④ 《漢書·文帝紀》："專務以德化民，是以海内殷富，興於禮義，斷獄數百，幾致刑措。嗚呼，仁哉！"顔師古注："斷獄數百者，言普天之下死罪人不過數百。"

是"三百"或"三"了。

"刑錯"即刑法(或刑罰)閑置不用。(説詳前文)"有刑錯之風"即有刑錯的風範,換句話説就是接近於刑錯。從此以後,這就成爲文帝之治的標籤,①甚至出現了一些荒誕不經的誇飾之辭。② 史書多讚譽文帝節儉,化行天下,幾致刑措,③對此不能過於高估。④

---

① 《漢書·賈捐傳》:"至孝文皇帝……則斷獄數百。"《漢書·貢禹傳》:"孝文皇帝時……罪白者伏其誅,疑者以民,亡贖罪之法,故令行禁止,海內大化,天下斷獄四百,與刑錯亡異。"《後漢書·南匈奴傳》:"太宗政鄰刑措。"《三國志·魏書·鍾繇傳》裴松之注引袁宏曰:"文帝登朝,加以玄默……吏民樂業,風流篤厚,斷獄四百,幾致刑措。"《晉書·荀勖傳》:"漢文垂拱,幾致刑措。"
② 《論衡·藝增》:"光武皇帝之時,郎中汝南賁光上書言:'孝文皇帝時,居明光宮,天下斷獄三人。'頌美文帝,陳其效實。光武皇帝曰:'孝文時,不居明光宮,斷獄不三人。'積善脩德,美名流之,是以君子惡居下流。夫賁光上書於漢,漢爲今世,增益功美,猶過其實,況上古帝王久遠,賢人從後褒述,失實離本,獨已多矣。不遭光武論,千世之後,孝文之事,載在經藝之上,人不知其增,居明光宮,斷獄三人,而遂爲實事也。"
③ 《漢書·文帝紀》:"孝文皇帝即位二十三年,宮室苑囿車騎服御無所增益。有不便,輒弛以利民。嘗欲作露臺,召匠計之,直百金。上曰:'百金,中人十家之産也。吾奉先帝宮室,常恐羞之,何以臺爲!'身衣弋綈,所幸慎夫人衣不曳地,帷帳無文繡,以示敦樸,爲天下先。治霸陵,皆瓦器,不得以金銀銅錫爲飾,因其山,不起墳。"
④ 《風俗通義·正失》"漢文帝"條:"文帝雖節儉,未央宮前殿至奢,雕文五彩,畫華榱壁璫,軒檻皆飾以黃金,其勢不可以書囊爲帷,奢儉好醜,不相副侔……禮樂庠序未修,民俗未能大化,苟溫飽完結所謂治安之國也……上曰:'後世皆言文帝治天下幾致太平,其德比周成王,此語何從生?'向對曰:'生於言事。文帝禮言事者,不傷其意,群臣無小大,至即便從容言,上止輦聽之,其言可者稱善,不可者喜笑而已。言事多襃之,後人見遺文,則以爲然。'……世間言文帝……集上書囊以爲前殿帷……斷獄三百人……凡此十餘事,皆俗人所妄傳,言過其實。"引者注:"上"即漢成帝,"向"即劉向。《晉書·索靖傳附索綝傳》:"時三秦人尹桓、解武等數千家,盜發漢霸、杜二陵,多獲珍寶。帝問綝曰:'漢陵中物何乃多邪?'綝對曰:'漢天子即位一年而爲陵,天下貢賦三分之,一供宗廟,一供賓客,一充山陵。漢武帝饗年久長,比崩而茂陵不復容物,其樹皆已可拱。赤眉取陵中物不能減半,于今猶有朽帛委積,珠玉未盡。此二陵是儉者耳。亦百世之誡也。'"引者注:"霸陵"即漢文帝陵,"杜陵"即漢宣帝陵。

第十二章
即位十三年

【主旨】

本章主要記録漢文帝十三年的刑罰改革。具體可分爲四節：第一節介紹齊太倉令淳于公案，引出緹縈上書救父的故事。第二節記録漢文帝針對此事下詔書，做出"除肉刑""有年而免"兩項刑罰改革的指示。第三節記録丞相張蒼、御史大夫馮敬根據文帝詔書所擬的具體改革方案。第四節是班固對此刑罰改革方案的批評意見。圍繞本章所展開的討論，是班固法律敍事的核心要點之一，相關文字在《漢志》中所占分量最大。①

第一節

【原文】

即位十三年，齊太倉令淳于公有罪當刑，詔獄逮繫長安。_{師古}曰："逮，及也。辭之所及，則追捕之，故謂之逮。一曰逮者在道將送，防禦不絶，若今之傳送囚也。"

【考釋】

〔一〕即位十三年，齊太倉令淳于公有罪當刑

此案發生在漢文帝十三年（前168年農曆十月—前167年農曆九月）

---

① 筆者據中華書局點校本《漢書》統計，《漢志》共6 800餘字，自"即位十三年"至"率多死"共584字，若算上"及孝文即位"一段的鋪墊共689字。班固在兼顧兵刑、縱論古今的情況下，花費十分之一的篇幅在此事件上，超過了此外所有的獨立單元。這還不包括其在《漢志》末尾圍繞肉刑問題展開的多達700餘字的大段議論。

五月。① 漢初延續秦朝曆法，以十月爲歲首。所以帝王紀年與西曆紀年相差較大，所以有必要在帝王紀年之後標注具體起止時間。武帝時改曆法，以正月爲歲首，其後的帝王紀年與西曆紀年可以大體對應，就不再做標注了。《史記·扁鵲倉公列傳》把此案繫在"(文帝)四年中"，恐有誤。有人認爲這是由於"十三"因筆劃缺損而被誤抄爲"四"的異體字"三"(sì)，②並最終誤爲"四"。③

"齊"即西漢封國齊國，都城臨淄。漢朝實行郡國並行體制，齊國是漢初重要的封建王國。齊國始封的劉姓封王是漢高祖的長子劉肥，史稱齊悼惠王。本案發生時的齊王是劉肥的孫子齊文王劉則。

"倉"即糧倉。④ 古代首都的糧倉稱爲"太倉"，其長官太倉令，隸屬於治粟內史(後改爲大農令、大司農)。漢初掌管諸侯國糧倉的官員也稱太倉令。⑤

"淳于公"即齊國臨淄人淳于意。他在齊國擔任太倉令，也稱"太倉公"或"倉公"。⑥ 淳于意是漢初名醫。他自幼喜好研究醫藥方術，從同郡醫學名家陽慶那裏學到大量醫理和藥方，醫術日益高超。由於家貧，他在公職之外靠爲人治病而貼補家用。⑦ 但由於行醫在當時地位低下，⑧而且他擔心身任公職而私下行醫將來可能生禍，所以行事低調，居無定所，甚

---

① 《史記·孝文本紀》："(十三年)五月，齊太倉令淳于公有罪當刑，詔獄逮徙繫長安。"《漢書·文帝紀》："(十三年)五月，除肉刑法，語在《刑法志》。"《史記·漢興以來名臣將相年表》把"除肉刑"繫於"文帝十三年"條。
② 這在出土漢簡中也可以找到例證。"肩水金關漢簡"簡73EJT7：45："三月午辰亡。"(甘肅簡牘保護中心等編：《肩水金關漢簡(壹)》(下冊)，中西書局2011年版，第81頁)
③ 參見沈澎農：《〈倉公傳〉中的時間問題蠡測》，載《中華醫史雜誌》2012年第3期。
④ 《說文解字·倉部》："倉，穀藏也，倉黃取而藏之，故謂之倉。"
⑤ 《漢書·百官公卿表上》："治粟內史……景帝後元年更名大農令……屬官有太倉、均輸、平準、都內、籍田五令丞。"又："諸侯王，高帝初置……群卿大夫都官如漢朝。"
⑥ 《史記·孝文本紀》："齊太倉令淳于公有罪當刑。"司馬貞《索隱》："名意，爲齊太倉令，故謂之倉公也。"長春按：以"太倉公"(簡稱"倉公")稱"太倉令"，類似於以"太史公"稱"太史令"。
⑦ 《史記·扁鵲倉公列傳》："慶家富，善爲醫，不肯爲人治病。"又："臣意家貧，欲爲人治病。"長春按：據《史記》載，淳于意這句話雖是在齊文王死(漢文帝十五年)後說的，但也可以理解爲他對自己身爲公職而爲人治病的理由的追述性說明。
⑧ 《史記·李將軍列傳》："廣以良家子從軍擊胡。"司馬貞《索隱》引如淳云："非醫、巫、商賈、百工也。"

至改立名籍,僞造户口,周旋於諸侯之間。① 因爲並非職業醫生且有公職在身,他時常回避爲人治病,所以引人記恨,最終攤上官司。②

"有罪當刑"即因爲犯罪而被判處刑罰,"當"即量刑。③ 其罪名極可能與其私下行醫、擅自遷徙、改立名籍、僞造户口有關。此處的"刑"應指肉刑。

〔二〕詔獄逮繫長安

"詔獄"有兩個意思:一是指奉皇帝詔書辦理的案件。因爲奉詔而行,所以辦案的人員、程序和方式都不同於一般的法律規定。④ 二是指詔獄案件中關押人犯的特殊監獄。當時京師長安有廷尉詔獄、上林詔獄、司空詔獄、掖庭詔獄,長安之外還有魏郡詔獄、鉅(又作"巨")鹿詔獄、洛陽詔獄。⑤

淳于意是齊國人,案件涉及區域應在齊國,按法律規定應在齊國辦理。⑥ 此案成爲詔獄,是因爲當時有人給漢文帝上書狀告淳于意,所以皇

---

① 《史記·扁鵲倉公列傳》:"趙王、膠西王、濟南王、吴王皆使人來召臣意,臣意不敢往。文王病時,臣意家貧,欲爲人治病,誠恐吏以除拘臣意也,故移名數左右,不脩家生,出行游國中。"裴駰《集解》注"除拘臣意":"徐廣曰:'時諸侯得自拜除吏。'"張守節《正義》注"移名數左右":"以名籍屬左右之人。"
② 《史記·扁鵲倉公列傳》:"少而喜醫方術。高后八年,更受師同郡元里公乘陽慶……受之三年,爲人治病,決死生多驗。然左右行游諸侯,不以家爲家,或不爲人治病,病家多怨之者。"《史記·扁鵲倉公列傳》:"扁鵲以其伎見殃,倉公乃匿跡自隱而當刑。"
③ 有關漢初"當"的程序法意義,參見程政舉:《漢代訴訟制度研究》,法律出版社 2010 年版,第 221 頁;歐揚:《秦到漢初定罪程序稱謂的演變——取"當"爲視角比較〈岳麓書院秦簡〉(叁)與〈奏讞書〉》,載王沛主編:《出土文獻與法律史研究》第 3 輯,法律出版社 2014 年版。此外也可參詳本書前文對"抵罪"含義的辨析。
④ 《漢書·楚元王傳》:"昭帝初,爲宗正丞,雜治劉澤詔獄。"《漢書·路温舒傳》:"廷尉光以治詔獄,請温舒署奏曹掾,守廷尉史。"
⑤ 《漢書·文帝紀》:"絳侯周勃有罪,逮詣廷尉詔獄。"《漢書·成帝紀》:"罷上林詔獄。"顏師古注:"《漢舊儀》云:'上林詔獄主治苑中禽獸宫館事,屬水衡。'"《漢書·劉輔傳》:"上使侍御史收縛輔,繫掖庭祕獄。"顏師古注:"《漢書舊儀》:'掖庭詔獄令丞宦者爲之,主理婦人女官也。'"又:"上乃徙繫輔共工獄。"顏師古注:"少府之屬官也,亦有詔獄。"《漢書·江充傳》:"移繫魏郡詔獄,與廷尉雜治,法至死。"《漢書·景十三王傳·長沙定王發》:"天子遣大鴻臚、丞相長史、御史丞、廷尉正雜治巨鹿詔獄。"《漢書·佞幸傳·淳于長》:"遂逮長繫洛陽詔獄窮治。"《北堂書鈔》卷四五《刑法部下·獄十一》:"《舊儀》云:'司空詔獄,治列侯二千石。'"《資治通鑑》卷十九《漢紀十一》:"又僞爲詔獄書。"胡三省注:"漢時左右都司空、上林、中都官皆有詔獄,蓋奉詔以鞫囚,因以爲名。"
⑥ 《漢書·何武傳》:"往者諸侯王斷獄治政,内史典獄事,相總綱紀輔王,中尉備盜賊。"《二年律令·具律》簡 101:"諸欲告罪人,及平有先自告而遠其縣廷者,皆得告所在鄉,鄉官謹聽,書其告,上縣道官。廷士吏亦得聽告。"(張家山二四七號漢墓竹簡整理小組:《張家山漢墓竹簡(二四七號墓)》,第 22—23 頁)

帝采用詔書的形式介入此案。告劾之人直接上書漢文帝，可能是由於淳于意常給齊國貴戚、官員治病，所以此案在齊國很難受到追究。① 另一方面，能夠上書漢文帝也説明告者地位不一般，可能與淳于意回避治病的其他諸侯國王公大臣有關。

"逮"字本義是及、到、趕上，後引申爲逮捕、捉拿。② 在這裏是"逮書"的簡稱。"逮書"即逮捕文書，又作"遝書"。③ "繫"字本義是捆綁，後表示拘囚、監禁，但側重表示基於强制力的拘禁，④因而常用作刑獄類法律術語，如"收繫""頌繫""繫者""繫囚"等。⑤ "繫"是判決之前的收押候審或囚禁待決環節。⑥

此處的"逮繫"，《太平御覽》卷六四八《刑法部十四》引《漢書》訛作"還繫"。此訛誤過程，可能是以"遝"的寫法爲過渡。⑦《漢書》此處是據《史

---

① 《史記·扁鵲倉公列傳》載倉公回憶的行醫經歷，由 26 個病例組成。其中 20 位病人的身份是諸侯王、諸侯王親屬、高級官員等。具體而言，倉公在齊國的社會關係主要包括四個階層：(1) 諸侯王（含太后）4 人；(2) 齊國二千石權臣 5 人；(3) 齊國爲主的大小官吏、後宮姬妾、王室成員、外戚共 18 人；(4) 庶民 4 人。(參見王浩：《〈史記·扁鵲倉公列傳〉所見漢初二三事》，載《文史知識》2009 年第 12 期；張朝陽：《〈史記·倉公列傳〉探微：廢除肉刑與齊文王之死》，載《中華文史論叢》2018 年第 1 期) 長春按：張朝陽文把此案理解爲漢文帝故意打壓齊國的謀略安排，有解讀過甚之嫌。
② 《漢書·王莽傳下》："莽遣三公大夫逮治黨與。"顏師古注："逮，逮捕之也。"也有人認爲"逮"與"捕"有區別。《漢書補注·高帝紀下》："劉攽曰：'予謂逮者其人存，直追取之；捕者，其人亡，當討捕也。故有或但言逮，或但言捕，知異物也。一云逮易辭，捕加力也。逮徒呼名召之，捕加束縛矣。'"
③ "居延漢簡"58·17+193·19 有"遝書"一詞，意即遝捕文書（中國簡牘集成編輯委員會編：《中國簡牘集成》第 5 册《居延漢簡一》，敦煌文藝出版社 2001 年版，第 167 頁）。有學者根據最新出土資料指出，漢代遝書的核心功能在於申請遣送，進而衍生出傳喚狀或逮捕令的作用（劉自隱：《遝書新論——基於湖南益陽兔子山遺址 J7⑥：6 木牘的考察》，載《文物》2021 年第 6 期）。
④ 《説文解字·殳部》："毄，相擊中也。"在出土漢簡中，"繫"甚至就寫作"毄"。"敦煌懸泉漢簡"Ⅱ 0216②：868："輒捕毄，上傳信御史府。"注釋曰："毄，通繫，拘禁、扣留。"（胡生平、張德芳編撰：《敦煌懸泉漢簡釋粹》，上海古籍出版社 2001 年版，第 20 頁）游逸飛認爲，"繫"通常包含拴縛、拘禁兩種意義，前者是手段，後者是目的，法律實踐中尤其側重於拘禁之義（游逸飛：《説"繫城旦春"——秦漢刑期制度新論》，載《新史學》20 卷第 3 期，2009 年刊）。
⑤ 《漢書·蘇建傳附蘇武傳》："朝夕遣人候問武，而收繫張勝。"《漢書·惠帝紀》："皆頌繫。"《史記·龜策列傳》："繫者重罪不出，輕罪環出；過一日不出，久毋傷也。"《晉書·刑法志》："囚律有繫囚、鞫獄、斷獄之法。"
⑥ 游逸飛：《説"繫城旦春"——秦漢刑期制度新論》。
⑦ "敦煌懸泉漢簡"Ⅱ 0114③：447 有"遝捕"字樣，"遝"與"逮"音近義通（胡生平、張德芳編撰：《敦煌懸泉漢簡釋粹》，第 36 頁）。

記·孝文本紀》"詔獄逮徙繫長安"而來,故當作"逮"。"徙繫"即把人犯移送到某地拘禁起來,在《漢書》中也有同例。① 此處把"徙"字刪掉似有不妥,又或者只是傳抄遺漏。當然,其他文獻對此還有不同表述,其意略同。②

綜上,此句的意思是,淳于意以皇帝下詔辦理案件的形式被逮捕、押解並被囚禁在首都長安的詔獄中。③

【原文】

淳于公無男,有五女,當行會逮,罵其女曰:"生子不生男,緩急非有益!"

【考釋】

〔一〕當行會逮

"當(dāng)行"即當要出發的時候,《史記·孝文本紀》作"將行",義同。④

"會"即相會、迎合。秦漢律規定,案件審理過程中審理者會向涉案人員所在官府發送"徵書",當事人接到官吏通知後主動到案稱爲"會"。⑤ "會逮"即按照逮書要求主動或配合官吏到官府接受逮捕,又作"就逮(遝)"。⑥

---

① 《漢書·陳勝傳》:"勝乃遣使者賀趙,而徙繫武臣等家屬宮中。"顏師古注:"徙居宮中,示優禮也。拘而不遣,故謂之繫。"《漢書·劉輔傳》:"上乃徙繫輔共工獄,減死罪一等,論爲鬼薪。"
② 《史記·扁鵲倉公列傳》作"當傳西之長安",《論衡·謝短篇》作"徵詣長安",王元亮《唐律疏議釋文·名例律》作"詔獄徵繫長安"。
③ 《史記·扁鵲倉公列傳》:"以刑罪當傳西之長安。"司馬貞《索隱》:"傳,乘傳送之。"《漢書·高帝紀下》:"橫懼,乘傳詣雒陽。"如淳注:"律,四馬高足爲置傳,四馬中足爲馳傳,四馬下足爲乘傳,一馬二馬爲軺傳。急者乘一乘傳。"顏師古注:"傳者,若今之驛,古者以車,謂之傳車,其後又單置馬,謂之驛騎。"長春按:依此兩注,"傳"即傳(zhuàn)車。但此處的"傳"并非"乘坐驛車",而是"逮捕押解"。《漢書·劉屈氂傳》:"又詐爲詔書,以姦傳朱安世。"顏師古注:"傳,逮捕也。"《漢書·張湯傳》:"劾鼠掠治,傳爰書,訊鞫論報。"顏師古注:"傳謂傳遞,若今之追逮赴對也。"
④ 《漢書·外戚傳·孝文竇皇后》:"當行,竇姬涕泣,怨其宦者,不欲往,相强乃肯行。"
⑤ "嶽麓秦簡"簡230—231:《具律》曰:有獄論,徵書到其人存所縣官,吏已告而弗會及吏留弗告、告弗遣,二日到五日,貲各一盾。注釋:"徵書,一種用以徵召的官文書。"(陳松長主編:《嶽麓秦簡(肆)》,上海辭書出版社2015年版,第144、172頁)
⑥ 《漢書·淮南王傳》:"群臣可用者皆前繫,今無足與舉事者。王以非時發,恐無功,臣願會逮。"顏師古注:"會謂應逮書而往也。""肩水金關漢簡"73EJT24:517A:"亡命□□就遝□□獄遝守尉萬年。"(甘肅簡牘保護研究中心等編:《肩水金關漢簡(叁)》(上册),中西書局2011年版,第3頁)丁義娟:"就遝,前往接受逮捕……又稱'會逮'。"(丁義娟:《肩水金關漢簡法律資料輯録與研究》,燕山大學出版社2022年版,第177頁)

〔二〕罵其女曰：生子不生男，緩急非有益

"生子不生男"即生的孩子不是男孩。淳于意有五個女兒，没有兒子，在古代農耕和男權社會的背景下，這可能是其家貧的重要因素之一。①

"緩急"即"急"（説詳前文）。"緩急非有益"，《史記·孝文本紀》作"有緩急非有益也"，《史記·扁鵲倉公列傳》作"緩急無可使者"，意思是：遇到急事没人可供驅使、陪同乃至搭救。淳于意生氣怒罵其女，是因爲他認爲女兒們只知哭泣，幫不上忙。②

【原文】

其少女緹縈，自傷悲泣，師古曰："緹縈，女名也。緹音他弟反。"乃隨其父至長安，上書曰：

【考釋】

〔一〕少女緹縈，自傷悲泣

"少"通"小"，即年紀輕；"少女"即年紀幼小或年紀最小的女兒。③ "緹縈"（tí yíng）是其名，即淳于緹縈。④ 作爲一個年少的女孩，緹縈憑藉孝行勇氣拯救父親的舉動，受到後世讚譽，因而留名青史。⑤ 這在中國古代非常

---

① 參見莊小霞、薛婷婷：《倉公犯的是什麽罪？》，載《春秋》2006 年第 2 期。
② 《史記·扁鵲倉公列傳》："以刑罪當傳西之長安。意有五女，隨而泣。意怒，罵曰……"
③ 《説文解字·小部》："少，不多也。"段玉裁注："古少、小互訓通用。"《戰國策·齊策》："寡人少。"高誘注："少，小也。"《漢書·匈奴傳》："長女顓渠閼氏……少女爲大閼氏。"
④ 《史記·孝文本紀》："其少女緹縈。"司馬貞《索隱》："緹音啼。鄒氏音體，非。"
⑤ 《史記·扁鵲倉公列傳》："此歲中亦除肉刑法。"張守節《正義》引班固詩曰："三王德彌薄，惟後用肉刑。太倉令有罪，就遞長安城。自恨身無子，困急獨煢煢。小女痛父言，死者不可生。上書詣闕下，思古歌雞鳴。憂心摧折裂，晨風揚激聲。聖漢孝文帝，惻然感至情。百男何憒憒，不如一緹縈！"《論衡·謝短》："孝文之時，齊太倉令淳于意有罪，徵詣長安，其女緹縈爲父上書，言肉刑一施，不得改悔。文帝痛其言，乃改肉刑。"《列女傳·辯通傳·齊太倉女》："君子謂緹縈一言發聖主之意，可謂得事之宜矣。"《後漢書·王龔傳附王暢傳》："孝文皇帝感一緹縈，蠲除肉刑。"《三國志·魏書·邴原傳》："國之將隕，鏊不恤緯，家之將亡，緹縈跋涉，彼匹婦也，猶執此義。"《宋書·樂志四》載漢鼙舞歌之一即《關東有賢女》，魏陳思王將其改名《精微篇》，辭曰："……太倉令有罪，遠徵當就拘。自悲居無男，禍至無與俱。緹縈痛父言，荷擔西上書。槃桓北闕下，泣淚何漣如。乞得并姊弟，没身贖父軀。漢文感其義，肉刑法用除。其父得以免，辯義在列圖。多男亦何爲，一女足成居……"

難得。

"自傷"即"傷自",意思是:緹縈在聽到父親的怒駡之話後,因自己不能救助父親而傷悲。① "泣"即默默流泪,"悲泣"即悲伤地哭泣。② "自傷悲泣",《史記·孝文本紀》作"自傷泣",《列女傳·辯通傳·齊太倉女》作"自悲泣",意略同。

〔二〕上書

"上書"即向皇帝遞交文書。漢代允許吏民越級訴訟,稱作"詣闕上書"。③ "詣"即前往、去到;"闕"即皇宫門前兩邊供瞭望的樓,引申爲宫殿或朝廷。西漢時詣闕的地點是長安未央宫北門。④ 緹縈隨父到達長安,因此得以詣闕上書。

【原文】

"妾父爲吏,齊中皆稱其廉平,今坐法當刑。

【考釋】

〔一〕妾父爲吏,齊中皆稱其廉平

"妾"是古代女子的自稱。"中"指一定範圍内。"齊中"即齊國境内,與"秦中"類似。"廉平"即清廉、公平。漢代爲吏,注重廉平。⑤

〔二〕今坐法當刑

"坐"本義是坐下,引申爲作爲當事人參與訴訟活動,又稱"坐獄"。⑥

---

① 《史記·扁鵲倉公列傳》:"於是少女緹縈傷父之言,乃隨父西。"
② 《説文解字·水部》:"泣,無聲出涕者曰泣。"
③ 《漢書·江充傳》:"詣闕告太子丹與同産姊及王後宫姦亂,交通郡國豪猾,攻剽爲姦,吏不能禁。"《漢書·終軍傳》:"揖太守而去,至長安上書言事。"《後漢書·襄楷傳》:"自家詣闕上疏。"《後漢書·史弼傳》:"及下廷尉詔獄,平原吏人奔走詣闕訟之。"又可參見涂盛高:《漢代"詣闕訟冤"研究》,載《南都學壇(人文社會科學學報)》2019 年第 4 期。
④ 《漢書·高帝紀下》:"蕭何治未央宫,立東闕、北闕、前殿、武庫、大倉。"顔師古注:"未央殿雖南嚮,而上書奏事謁見之徒皆詣北闕,公車司馬亦在北焉。"
⑤ 《漢書·宣帝紀》:"詔曰:'吏不廉平則治道衰'。"《漢書·循吏傳》:"是時,循吏如河南守吴公、蜀守文翁之屬,皆謹身帥先,居以廉平,不至於嚴,而民從化。"
⑥ 《左傳·襄公十年》:"王叔之宰與伯輿之大夫瑕禽坐獄於王庭,士匄聽之。"楊伯峻注:"坐獄,兩造對訟。亦單言曰坐。"(楊伯峻:《春秋左傳注》,第 983 頁)《左傳·昭公二十三年》:"使與邾大夫坐。"杜預注:"訟曲直也。"《左傳·僖二十八年》:"衛侯與元咺訟,甯武子爲輔,鍼莊子爲坐,士榮爲大士。"《周禮·秋官司寇·小司寇》:"凡命夫命婦,不躬坐獄訟。"

後來"坐"字常用來表示判處某人刑罰的原因或罪名。① "坐法"即因觸犯法律而獲罪處刑,進而衍生出"連坐""相坐""反坐"等法律術語。② "當刑"即判處肉刑(説詳前文)。

【原文】

妾傷夫死者不可復生,刑者不可復屬,師古曰:"屬,聯也,音之欲反。"雖後欲改過自新,其道亡繇也。師古曰:"繇讀與由同。由,從也。"

【考釋】

〔一〕傷夫死者不可復生,刑者不可復屬

"傷"即悲哀、感傷,《史記·扁鵲倉公列傳》作"切痛"。

"死者不可復生"即人死不能復生。有人認爲這裏的"死者"是指淳于意誤診致死的病人,③但這種猜測既無事實依據,也與此處文意不合。由下文的"刑者"句可知,此處的"死者"應指判處死刑的人。

"刑者"即受刑的人。此處"刑"特指割斷肢體的肉刑(包括劓、刖)。"屬"(zhǔ)即連綴、接連。④ "刑者不可復屬"是說,因受刑而被割斷的肢體無法再接回去。此處"屬"字,《史記·扁鵲倉公列傳》作"續",《前漢紀·文帝紀下》作"贖"。"贖"或許是從"續"的字形或"屬"的字音訛變而來。

---

① 《漢書·武帝紀》:"將軍王恢坐首謀不進,下獄死。"《漢書·昭帝紀》:"廷尉李種坐故縱死罪棄市。"《漢書·趙廣漢傳》:"下又坐賊殺不辜、鞫獄故不以實、擅斥除騎士乏軍興數罪……廣漢竟坐要斬。"
② 《漢書·英布傳》:"及壯,坐法黥。"《漢書·田叔傳》:"後數歲,叔坐法失官。"《漢書·灌夫傳》:"數歲,坐法免,家居長安。"《漢書·韓安國傳》:"其後,安國坐法抵罪,蒙獄吏田申辱安國。"《韓非子·定法》:"公孫鞅之治秦也,設告相坐而責其實。"《漢書·文帝紀》:"除收帑相坐律令。"《漢書·霍光傳》:"唯獨霍后廢處昭臺宮,與霍氏相連坐誅滅者數千家。"《後漢書·黨錮列傳·李膺》:"膺表欲按其罪,元群行賂宦豎,膺反坐輸作左校。"
③ 姚海燕:《倉公"坐法當刑"蠡測》,載《南京中醫藥大學學報(社會科學版)》2016年第2期。
④ 《説文解字·尾部》:"屬,連也。从尾,蜀聲。"段玉裁注:"取尾之連於體也。"《漢書·賈誼傳》:"以能誦詩書屬文稱於郡中。"顏師古注:"屬謂綴輯之也,言其能爲文也。"《漢書·路温舒傳》:"死者不可復生,鏾者不可復屬。"顏師古注:"鏾,古絶字。屬,連也。"

"死"者能否"復生"？"絕"者能否"復屬"？在先秦時期有不同理解。① 但漢代人更多選擇遵循現實邏輯，即"死者不可復生，刑者不可復屬"。②

〔二〕雖後欲改過自新，其道亡繇也

"雖"即雖然、即便。"後"即受刑之後，《史記·孝文本紀》作"復"。《史記·扁鵲倉公列傳》《列女傳·辯通傳·齊太倉女》《太平御覽·刑法部十四》皆無此"後"或"復"字。

"改過自新"即改正罪過，自我更新。③ 此處的"新"作動詞。④

"亡"通"無"。"繇"（yóu）通"由"，即途徑、辦法。"其道亡繇"即無路可行、沒法做到。⑤《史記·孝文本紀》《列女傳·辯通傳·齊太倉女》作"其道無由"，《史記·扁鵲倉公列傳》作"其道莫由，終不可得"，意略同。

緹縈的意思是：人一旦受到死刑或肉刑之後，就算思想上有悔改之意，但人死不能復生，肢體割掉不能復原，改過自新的路也就走不通了。因爲淳于意很有可能是被判肉刑，所以緹縈側重強調肉刑的問題。⑥

以上是緹縈上書所要表達的第一層意思，言語之中尚没有爲父喊冤的意味，只是就肉刑的殘忍性和不可逆性發表感慨。換句話說，對於淳于意的罪名，緹縈並無異議。這或許也是一種以退爲進的策略。

---

① 《孫子兵法·火攻》："亡國不可以復存，死者不可以復生。"《黃帝書·經法·道法》："絕而復屬，亡而復存，孰知其神。死而復生，以禍爲福，孰知其極。"陳鼓應譯爲："斷絕了的世紀會重新接續，滅亡了的國家會重新建立，誰能知道其中的奧秘呢？衰敗的國家又變得興盛了，禍事又可以轉變爲福事，誰能知道其中的究竟呢？"（陳鼓應注譯：《黃帝四經今注今譯——馬王堆漢墓出土帛書》，商務印書館2007年版，第21頁）
② 《漢書·宣帝紀》："《令甲》：'死者不可生，刑者不可息。'此先帝之所重，而吏未稱。"《史記·太史公自序》："神大用則竭，形大勞則敝，形神離則死。死者不可復生，離者不可復反，故聖人重之。"
③ 《漢書·吳王濞傳》："不改過自新，乃益驕恣。"
④ 《詩經·大雅·文王》："周雖舊邦，其命維新。"《尚書·胤征》："舊染汙俗，咸與惟新。"《禮記·大學》："湯之盤銘曰：'苟日新，日日新，又日新。'"
⑤ 《孟子·離婁上》："曠安宅而弗居，舍正路而不由，哀哉。"《管子·法禁》："聖王之治民也，進則使無由得其所利，退則使無由避其所害。"
⑥ 《論衡·謝短》："其女緹縈爲父上書，言肉刑一施，不得改悔。"

【原文】

妾願没入爲官婢,以贖父刑罪,使得自新。"

【考釋】

〔一〕没入爲官婢

"没入"即財物或人口没收充公,①這裏是指被官方收爲奴婢。秦代罪犯家屬和財産都收没入官,稱爲"收孥"。漢文帝元年廢除收孥之法(詳見後文)。此案發生在文帝十三年,緹縈原本不應受牽連爲奴婢,所以她主動提出没入爲官婢可以替父贖罪。

漢代法律意義上的奴婢分爲官、私兩種,男性爲奴,女性爲婢。"官婢"即官府婢女,没有人身自由,法律地位低下,任人驅使,可以買賣、賞賜,但不能隨意殺害。② 罪犯及其家屬是官婢的主要來源之一。③

〔二〕贖父刑罪

"贖"即以某種方式抵銷罪過或免除刑罰。在漢代,贖刑主要用財

---

① 《史記·平準書》:"敢私鑄鐵器煮鹽者,釱左趾,没入其器物。"《漢書·景帝紀》:"它物,若買故賤,賣故貴,皆坐臧爲盜,没入臧縣官。"《漢書·哀帝紀》:"諸名田、畜、奴婢過品,皆没入縣官。"

② 《漢書·張湯傳附張安世傳》:"郎淫官婢,婢兄自言,安世曰:'奴以忿怒,誣汙衣冠。'告署適奴。"《漢書·毋將隆傳》:"傅太后使謁者買諸官婢,賤取之,復取執金吾官婢八人。"《漢書·霍光傳》:"賞賜……奴婢百七十人。"《漢書·哀帝紀》:"官奴婢五十以上,免爲庶人。"《漢書·食貨志下》:"其没入奴婢,分諸苑養狗、馬、禽獸,及與諸官。"《漢書·杜周傳附杜延年傳》:"遣吏考案,但得苑馬多死,官奴婢乏衣食,延年坐免官,削户二千。"《漢書·王莽傳中》:"又置奴婢之市,與牛馬同蘭,制於民臣,顓斷其命。"《漢書·景帝紀》如淳注引《漢儀注》:"以郎爲苑監,官奴婢三萬人,養馬三十萬疋。"《漢官舊儀》:"丞相府官奴婢傳漏以起居,不擊鼓。"又:"宫人擇官婢年八歲以上,侍皇后以下,年三十五出嫁。乳母取官婢。"又:"省中待史令者,皆官婢,擇年八歲以上,衣緣曰宦人,不得出省門……侍中皆使官婢,不得使宦人。奴婢欲自贖,錢千萬,免爲庶人。宫殿中宦者署、郎署,皆官奴婢傳言。"[清]孫星衍等輯、周天游點校:《漢官六種》,中華書局1990年版,第39、46、47頁)

③ 《周禮·天官冢宰·敘官》:"奚三百人。"鄭玄注:"古者從坐男女,没入縣官爲奴,其少才知,以爲奚,今之侍史官也。"《周禮·秋官司寇·司厲》:"其奴,男子入於罪隸,女子入於舂槁。"鄭司農注:"謂坐爲盜賊而爲奴者,輸于罪隸、舂人、槁人之官也。由是觀之,今之爲奴婢,古之罪人也。"鄭玄注:"奴,從坐而没入縣官者,男女同名。"《初學記》卷十九《人部下·奴婢第六》:"《風俗通》曰:'古制本無奴婢,即犯事者或原之。臧者,被臧罪没入爲官奴婢;獲者,逃亡獲得爲奴婢也。《說文》曰:'男入罪曰奴,女入罪曰婢。'"《漢書·王莽傳下》:"敢盜鑄錢及偏行布貨,伍人知不發舉,皆没入爲官奴婢。"《資治通鑑》卷三三《漢紀二十五》:"舜擇官婢張棄爲乳母。"胡三省注:"官婢,蓋以罪没入掖庭,男爲官奴,女爲官婢。"

物,也可以用其他刑罰代替。① 緹縈以自己"没入爲官婢"的方式"贖父刑罪",屬於代刑的範疇。② 根據文獻推測,淳于意極有可能因此而得以免刑。③

第二節

【原文】

書奏天子,天子憐悲其意,遂下令曰:

【考釋】

"天子"指漢文帝。"憐悲"即哀憐、同情。

本句中"令"即皇帝詔令,與作爲法律的"令"有所不同。《史記·孝文本紀》《列女傳·辯通傳·齊太倉女》載此事即作"詔"。詔令之"令"往往只是針對特定事務做出的特定指示或即時安排,不具有抽象適用性。作爲法律形式之一的"令"則針對某類事項,而不局限於特定的人、事、物,所以能够反復適用。但二者又有密切聯繫。就立法環節而已,前者往往是後者的啓動程序;就規範内容而言,後者通常是對前者的抽象提煉和簡潔表達。

【原文】

"制詔御史:蓋聞有虞氏之時,畫衣冠異章服以爲僇,而民弗犯,何治之至也!

---

① 《尚書·舜典》:"金作贖刑。"孔穎達疏:"古之贖罪者,皆用銅,漢始改用黄金。"《漢書·景帝紀》:"(中元四年)秋,赦徒作陽陵者,死罪欲腐者,許之。"《漢書·司馬遷傳》:"家貧,貨賂不足以自贖。"《漢書·武帝紀》:"(天漢四年)秋九月,令死罪入贖錢五十萬減死一等……(太始元年)九月,募死罪人贖錢五十萬減死一等。"
② 《後漢書·明帝紀》:"父母同産欲相代者,恣聽之。"《後漢書·陳寵傳附陳忠傳》:"母子兄弟相代死,聽,赦所代者。"參見龍大軒:《孝道——中國傳統法律的核心價值》,載《法學研究》2015年第3期。
③ 《史記·扁鵲倉公列傳》:"緹縈通尺牘,父得以後寧。"《宋書·樂志四》:"緹縈痛父言,荷擔西上書。槃桓北闕下,泣淚何漣如。乞得并姊弟,没身贖父軀。漢文感其義,肉刑法用除。其父得以免,辯義在列圖。"

【考釋】

〔一〕制詔御史

"制"本義爲製作、裁斷;"詔"本義爲告知、宣告。① 自秦始皇起,"制"和"詔"都成爲皇帝發布的文書名稱。② 在這裏,"詔"也可理解爲動詞,即用其本義。"制詔某某"是漢代皇帝所發文書的程式化起首用語。"某某"是"詔"的對象,即皇命的具體執行者。根據《漢書》記載,"某某"既可以是單個官員如丞相(《丙吉傳》)、太常(《郊祀志》)、將軍(《吳王劉濞傳》)、某太守(《武五子傳》《嚴助傳》);也可以是幾個官員的連署,如"丞相+太尉+御史大夫"(《文帝紀》)、"丞相+御史"(《丙吉傳》)、"丞相+御史大夫"(《毋將隆傳》)。

"制詔御史"在漢代詔書中最爲常見。此處的"御史"應該是指侍御史而非御史大夫。③ "御史"是御史大夫的屬官,一部分留在御史大夫寺輔助御史大夫處理百官事務,一部分在御史中丞帶領下給事殿中。後者稱爲"侍御史",負有尚璽、持書給事、侍前等具體職責。④ 持書給事的侍御史陪在皇帝左右,輔助皇帝製作(記錄、謄抄、修飾)詔命文書,也是皇帝最方便指派任務的官員。出土文獻中出現的"制詔御史"與"制詔侍御史"的情況也可作爲佐證。⑤

〔二〕蓋聞有虞氏之時

"蓋聞"即"聞",可譯爲聽説、據説。"蓋"是發語詞,本身没有實際含義。漢代詔書常以"蓋聞"起首,"聞"的内容通常是歷史故事或經典義理,作爲引出詔書核心意思的依據或話頭。

---

① 《説文解字·刀部》:"制,裁也。从刀从未。未,物成有滋味,可裁斷。"《説文解字·言部》:"詔,告也。从言从召,召亦聲。"
② 《史記·秦始皇本紀》:"命爲'制',令爲'詔'。"裴駰《集解》:"蔡邕曰:'制書,帝者制度之命也,其文曰制。詔,詔書。詔,告也。'"張守節《正義》:"制詔三代無文,秦始有之。"
③ 參見代國璽:《説"制詔御史"》,載《史學月刊》2017年第7期。
④ 《通典》卷二四《職官六·侍御史》注引《漢舊儀》曰:"御史員四十五人,皆六百石。其十五人衣絳,給事殿中,爲侍御史,宿廬在石渠門外,二人尚璽,四人持書給事,二人侍前,中丞一人領。餘三十人留寺,理百官事。"
⑤ 參見"敦煌懸泉漢簡"Ⅰ 0112②:18、Ⅰ 0116、S.14、Ⅱ 0113③、122A。(胡生平、張德芳編撰:《敦煌懸泉漢簡釋粹》,第38、146、151頁)

"有虞氏"是上古時的部落名,這裏代指其首領虞舜,即姚重華(説詳前文)。虞舜時用象刑的説法,最早見於《慎子》佚文,漢文帝此詔書内容很可能也源於此書。① 但漢代自《尚書大傳》以後,象刑的時代大都繫於唐虞(即堯、舜)乃至上古聖王。② 前一種説法可能反映出黄老道家有關清静因循、無爲而治的理論,後一種説法可能反映出儒家有關德政教化、聖王之治的理論。有關"象刑"的其他問題,詳見後文。

〔三〕畫衣冠異章服以爲戮,而民弗犯

"衣冠"即衣服與帽子。"章"泛指各種色彩花紋。③ "章服"即通過特殊花紋區分等級的衣服,又作"服章"。④ "畫衣冠"與"異章服"爲互文,意即通過在衣物方面設計特别的顏色、圖案、款式、紋飾來做區分。

"戮"通"僇"(lù),意爲羞辱。⑤ "民弗犯"是説,這種基於特殊服飾的懲罰方式取得良好效果,使民衆守規矩而不犯法。⑥

---

① 《太平御覽》卷六四五《刑法部十一·誅》引《慎子》曰:"有虞之誅,以幪巾當墨,以草纓當劓,以菲履當刖,以艾韡當宫,布衣無領當大辟,此有虞之誅也。斬人支體,鑿其肌膚,謂之刑。畫衣冠,異章服,謂之戮。上世用戮而民不犯也,當世用刑而民不從。"
② 《太平御覽》卷六四五《刑法部十一·象刑》引《尚書大傳》曰:"唐虞象刑而民不敢犯,苗民用刑而民興相漸。"《漢書·武帝紀》:"朕聞昔在唐虞,畫象而民不犯。"《漢書·公孫弘傳》:"臣聞上古堯舜之時……故畫衣冠,異章服,而民不犯者,此道素行也。"《春秋繁露·王道》:"五帝三王之治天下……囹圄空虚,畫衣裳而民不犯。"《漢書·元帝紀》:"蓋聞唐虞象刑而民不犯,殷周法行而姦軌服。"《法言·先知》:"唐虞象刑惟明,法度彰也。"
③ 《周禮·考工記·畫繢之事》:"青與赤謂之文,赤與白謂之章,白與黑謂之黼,黑與青謂之黻,五采備謂之繡。"《左傳·昭公二十五年》:"五章,以奉五色。"杜預注:"集此五章,以奉成五色之用。"
④ 《左傳·宣公十二年》:"君子小人,物有服章。"杜預注:"尊卑别也。"《尚書·武成》:"華夏蠻貊。"僞孔傳:"冕服采章曰華,大國曰夏。"《尚書·皋陶謨》:"天命有德,五服五章哉。"僞孔傳:"五服,天子、諸侯、卿、大夫、士之服也。尊卑彩章各異,所以命有德。"《左傳·定公十年》:"裔不謀夏,夷不亂華。"孔穎達疏:"中國有禮儀之大,故稱夏;有服章之美,謂之華。"
⑤ 《爾雅·釋詁》:"戮……病也。"郭璞注:"相戮辱,亦可恥病也。"《吕氏春秋·季秋紀·順民》:"孤雖知要領不屬,首足異處,四枝布裂,爲天下戮,孤之志將出焉。"《史記·楚世家》:"初,靈王會兵於申,僇越大夫常壽過。"司馬貞《索隱》:"僇,辱也。"《荀子·正論》:"治古無肉刑而有象刑。"楊倞注:"象刑,異章服,恥辱其形象,故謂之象刑也。"
⑥ 《漢書·公孫弘傳》:"禮義者,民之所服也,而賞罰順之,則民不犯禁矣。故畫衣冠,異章服,而民不犯者,此道素行也。"《容齋續筆》卷五"唐虞象刑"條:"然則唐、虞之所以齊民,禮義榮辱而已,不專於刑也。"長春按:這兩條解釋主要基於儒家理論。

〔四〕何治之至

"何治之至"是説,用象刑而"民弗犯"達到了國家治理的最理想狀態。其中的邏輯,則可以從道家無爲和儒家教化兩種角度理解。考慮到漢文帝時崇尚黃老之學,所以這裏很有可能傾向於前一種理解。① 此四字很可能化用自《老子》。②

【原文】

今法有肉刑三,孟康曰:"黥、劓二,刖左右趾合一,凡三也。"而姦不止,其咎安在? 非乃朕德之薄,而教不明與! 師古曰:"與讀曰歟。"吾甚自愧。

【考釋】

〔一〕今法有肉刑三,而姦不止,其咎安在

"肉刑三"通常都被理解爲三種肉刑。按照這個思路,古注家主要認爲是指黥、劓、刖。刖刑也稱斬趾,又分爲斬左趾、斬右趾兩種。但有人認爲當時還有宮刑,也應屬於肉刑。③ 根據下文改革肉刑的具體内容推測,宮刑似乎並不被當然視爲肉刑。這恐怕是由於在當時宮刑只作爲代死之刑存在,不具有獨立的刑種意義。④ 此外,《列女傳·辯通傳·齊太倉女》載文帝詔書"三"作"五",應是傳抄訛誤。

---

① 《太平御覽》卷六三三《治道部十四·賞賜》引《慎子》曰:"孔子云:'有虞氏不賞不罰,夏后氏賞而不罰,殷人罰而不賞,周人賞且罰。罰,禁也;賞,使也。'"長春按:這裏《慎子》雖然自稱引自孔子,但其核心元素仍是道家無爲。之所以會聯繫到孔子,很有可能是由於孔子曾對虞舜的"無爲而治"進行過讚頌。但其讚頌的側重點主要是率下以正、以德政化民,而非如道家所側重強調的因循自然、以清静化民。《論語·衛靈公》:"子曰:'無爲而治者,其舜也與? 夫何爲哉? 恭己正南面而已矣。'"《論語·爲政》:"爲政以德,譬如北辰,居其所而衆星共之。"《老子》第五十七章:"我無爲,而民自化;我好静,而民自正;我無事,而民自富;我無欲,而民自樸。"
② 《老子》第八十章:"小國寡民。使有什伯之器而不用;使民重死而不遠徙;雖有舟輿,無所乘之;雖有甲兵,無所陳之。使人復結繩而用之。至治之極。"《荀子·彊國》也有"治之至也"之語,但依據漢初崇尚黃老的情況推測,其受《老子》影響的可能性更大。
③ 《史記·孝文本紀》:"今法有肉刑三。"司馬貞《索隱》:"韋昭云:'斷趾、黥、劓之屬。'崔浩《漢律序》云:'文帝除肉刑而宫不易。'張斐注云:'以淫亂人族序,故不易之也。'"
④ 晁錯上書和景帝詔書都曾稱讚漢文帝"除去陰刑"(《漢書·晁錯傳》)、"除宫刑"(《漢書·景帝紀》),似乎文帝時確曾廢除宫刑。長春按:有人認爲其與此次廢肉刑同步進行(陶廣峰:《漢魏晉宫刑存廢析》,載《法學研究》1997 年第 3 期),但《漢志》卻未提及此事。而且,陶文的史料解讀也值得商榷。

"咎"即罪過、過失。① 漢文帝"今法有肉刑三而姦不止"的質疑有自責意味,可與前引《慎子》所說"上世用戮而民不犯也,當世用刑而民不從"相結合來加以體會。

〔二〕非乃朕德之薄,而教不明與！吾甚自愧。

"非乃"即莫不是,是一種反問用法。"朕""吾"二字混用表明該詔書很可能是漢文帝自己撰寫而非御史代筆。在自作的詔書中,漢文帝把"今法有肉刑三而姦不止"的現象歸責於自身德行不厚、教化不明,因而表示自愧。這種自作詔命文書、直面社會問題、表示反躬自省的情況在漢代詔書中較爲常見。② 尤其是漢文帝詔書的言辭謙和、態度誠懇更是深獲後世讚譽。③ 他的這種詔書風格可能與其早年身世、在位政治形勢以及黄老貴柔思想等因素有關。④

【原文】

故夫訓道不純而愚民陷焉。師古曰:"道讀曰導。"詩曰:'愷弟君子,民之父母。'師古曰:"《大雅·泂酌》之詩也。言君子有和樂簡易之德,則其下尊之如父,親之如母也。"今人有過,教未施而刑已加焉,或欲改行爲善,而道亡繇至,師古曰:"繇讀與由同。"朕甚憐之。

【考釋】

〔一〕訓道不純而愚民陷焉

"訓道"即訓導,即上下文中的"教"。《史記·孝文本紀》作"馴道",疑

---

① 《説文解字·人部》:"咎,災也。"段玉裁注:"《釋詁》曰:'咎,病也。'《小雅·伐木》傳曰:'咎,過也。'《北山》箋云:'咎猶罪過也。'《西伯戡》鄭注:'咎,惡也。'《吕覽·移樂篇》注:'咎,殃也。'《方言》:'咎,謗也。'"
② 參見趙翼《廿二史劄記》卷二"漢詔多懼詞"條、卷四"漢帝多自作詔"條。
③ (明)李贄《藏書》卷三:"歷代詔令多文飾,惟孝文詔書,字字出肺腑,讀之令人深快。"(清)姚鼐《古文辭類纂·序》:"詔令類者,原於《尚書》之誓誥。周之衰也,文誥猶存。昭王制,肅強侯,所以悦人心而勝於三軍之衆,猶有賴焉。秦最無道,而辭則偉。漢至文、景,意與辭俱美矣,後世無以逮之。光武以降,人主雖有善意,而辭氣何其衰薄也!"(清)劉熙載《藝概·文概》:"西京文之最不可及者,文帝之詔書也。《周書·吕刑》,論者以爲哀矜惻怛,猶可以想見三代忠厚之遺意,然彼文至而實不至,孰若文帝之情至而文生耶?"
④ 參見王琳:《論西漢前期詔令》,載《濱州學院學報》2006年第2期。

爲傳抄訛誤。"不純"即教化訓導内容不純正、形式不合理。① "陷"即陷入犯罪獲刑的不利境地。②

〔二〕詩曰："愷弟君子,民之父母。"

詩句出自《詩經·大雅·泂酌》。"愷弟"(kǎi tì),即和樂平易,用以描述君子德行寬厚博大,又作"凱弟""豈弟""愷悌"。③ 根據儒家學說,在位者爲民父母,應該盡到教化職責(説詳前文)。

〔三〕今人有過,教未施而刑已加焉,或欲改行爲善,而道亡繇至

"教未施而刑已加"即教化未成而加之以肉刑。儒家主張教而後誅,否則視爲虐政。④ "或欲改行爲善,而道亡繇至"與緹縈上書的"雖後欲改過自新,其道亡繇"義同。"亡繇",《史記·孝文本紀》作"毋由",《前漢紀·文帝紀下》作"無由",意同。

【原文】

夫刑至斷支體,刻肌膚,終身不息,_{師古曰："息,生也。"}何其刑之痛而不德也! 豈稱爲民父母之意哉?

【考釋】

〔一〕刑至斷支體,刻肌膚,終身不息

"刑"即"斷支體、刻肌膚"之刑,特指肉刑。

"息"即生長。⑤ "終身不息"是説,肉刑對人身體的傷害無法恢復,亦即緹縈上書所説的"刑者不可復屬"。後來,"死者不可生,刑者不可息"被

---

① 《禮記·郊特牲》："告幽全之物者,貴純之道也。"鄭玄注："純,謂中外皆善。"
② 《孟子·梁惠王上》："及陷於罪,然後從而刑之,是罔民也。"
③ 《詩經·大雅·泂酌》："豈弟君子,民之父母。"《禮記·孔子閒居》："敢問詩云:'凱弟君子,民之父母。'何如斯可謂民之父母矣?鄭玄注:"凱弟,樂易也。"《吕氏春秋·審應覽·不屈》："詩曰:'愷悌君子,民之父母。'愷者大也,悌者長也。君子之德長且大者,則爲民父母。"
④ 《論語·堯曰》："不教而殺謂之虐。"《荀子·富國》："不教而誅,則刑繁而邪不勝。"《孔子家語·始誅》："不教以孝而聽其獄,是殺不辜。……上教之不行,罪不在民故也。"
⑤ 《漢書·宣帝紀》："刑者不可息。"顏師古注："李斐曰:'息,滅也。若黥劓者,雖欲改過,其創瘢不可復滅也。'師古曰:'息謂生長也,言劓、刖、臏、割之徒不可更生長,亦猶謂子爲息耳。李説非也。'"

收入漢令彙編《令甲》之中。① 疑其素材來源即此處的緹縈上書與文帝詔書。前者提供了矜憫生命的時代觀念和"死者……刑者……"的表達框架,後者則提供了"不息"的語詞表達。

〔二〕何其刑之痛而不德也!豈稱爲民父母之意哉?

這句是說,肉刑造成巨大的痛苦,有違爲民父母寬厚之德的宗旨。《史記・孝文本紀》在"痛"字前有"楚"字。《前漢紀・文帝紀下》"德"字作"得理"。二者皆應爲傳抄訛誤。

【原文】

其除肉刑,有以易之;及令罪人各以輕重,不亡逃,有年而免。

孟康曰:"其不亡逃者,滿其年數,得免爲庶人。"具爲令。"師古曰:"使更爲條制。"

【考釋】

〔一〕其除肉刑,有以易之

"其"爲語氣助詞,表示命令、勸勉。這句是說,用其他刑罰方式替代肉刑。

〔二〕罪人各以輕重,不亡逃,有年而免

"亡逃"即逃亡,包括逃避徭役、逃脱戶籍管控、奴婢逃亡、犯罪逃亡、服刑逃亡等各種情形,這裏特指逃脱罪名和刑罰。"有年"即有明確的年份期限。"罪人有年而免"即確定罪人的刑期,亦即晁錯所說的"罪人有期"。

這句是說,正在受刑的罪人只要不逃亡,就按照罪名輕重給出明確的刑期,到期即釋放。② 在此之前的勞役刑都無固定期限,但由於發布赦令的緣故,勞役刑事實上並非終身服刑。③ 只不過,這種刑期的長短有一定偶然性。有人認爲漢文帝廢除無期刑是爲了節省財政支出。④ 此說雖然

---

① 《漢書・宣帝紀》載宣帝詔曰:"《令甲》:'死者不可生,刑者不可息。'此先帝之所重,而吏未稱。"
② 漢文帝十五年九月壬子,晁錯對策中的"肉刑不用""罪人有期"所指就是此次刑制改革的兩大主題。《漢書・晁錯傳》:"罪人有期。"晉灼注:"《刑法志》云:'罪人各以輕重不亡逃,有年而免。滿其年,免爲庶人也。'"
③ 參見〔日〕冨谷至:《秦漢刑罰制度研究》,柴生芳、朱恒曄譯,第103—110頁。
④ 〔日〕宮宅潔:《有期勞役刑體繫的形成——"二年律令"に見える漢初の勞役刑を手がかりにして》,第1—68頁。轉引自游逸飛:《説"繫城旦舂"——秦漢刑期制度新論》。

有一定道理,但改革刑制這樣的重大決策肯定是在多重考慮下做出的,節約支出應該不是唯一理由,甚至不會是主要理由。黄老無爲、慈惠德政、釋放社會勞動力、整合刑罰體系等政策理念或現實目的都會是推動此次改革的動力來源。① 緹縈上書則是這一系列通盤考慮轉化爲具體行動的導火索或催化劑。

〔三〕具爲令

"具"字本義是雙手捧鼎,引申爲置辦、籌備、準備,又引申爲詳盡、具體。"具爲令"是説,把皇帝詔書所表達的意思落實爲詳盡、具體的法律條文。② 這是漢代通過詔書啓動立法程序的常用語。與之類似的還有"著爲令""議著令""議爲令"等。根據大庭脩的研究,使用"著爲令"意味著,詔書内容直接轉化爲法律,這是皇帝直接行使立法權的表現;使用"具爲令""議著令""議爲令"則意味著,詔書只是開啓立法程序,需要有關官員共同參與制定法律。③

一般認爲,漢代作爲法律形式的令包括三類:事項令、天干令、④契(絜)令。事項令如:津關令、廄令、兵令、田令、箠令、獄令等;天干令如:令甲、令乙、令丙等;⑤契令如:太尉契令、廷尉契令、大鴻臚契令、光禄契

---

① 鄧勇:《論文景帝刑制改革的思想淵源與歷史價值》,載《當代法學》2007 年第 2 期。
② 《漢書·文帝紀》:"豈稱養老之意哉! 具爲令。"顏師古注:"使其備爲條制。"這與此處顏注"使更爲條制"義同。
③ 〔日〕大庭脩:《秦漢法制史研究》,林劍鳴等譯,上海人民出版社 1991 年版,第 178—190 頁。
④ 漢代的令甲、令乙、令丙,有人稱爲"干支令",此説不確。"干支"是"天干地支"的簡稱,是以十天干和十二地支依次相配組成六十個基本單位的記數方法,表述爲甲子、乙丑、丙寅之類。漢令命名令篇,只有天干順序,没有地支順序,更不見天干地支相配的説法。樓勁提出,漢令只見天干,不見地支,所以不應叫"干支令"。(樓勁:《魏晉時期的干支詔書及其編纂問題》,載中國魏晉南北朝史學會、山西大學歷史文化學院編:《中國魏晉南北朝史學會第十屆年會暨國際學術研討會論文集》,北嶽文藝出版社 2011 年版,第 3 頁腳注①;《魏晉南北朝隋唐立法與法律體系:敕例、法典與唐法系源流》,中國社會科學出版社 2014 年版,第 19 頁腳注②)本書雖與樓説主張相同,理由卻略有差異。讀者審之。
⑤ 《新書·等齊》:"天子之言曰令,令甲令乙是也。"《史記·惠景間侯者年表》:"長沙王者,著令甲,稱其忠焉。"《漢書·宣帝紀》:"令甲,死者不可生。"如淳注:"令有先後,故有令甲、令乙、令丙。"顏師古注:"如説是也。甲乙者,若令之第一、第二篇耳。"《隋書·經籍志二》:"漢初,蕭何定律九章,其後漸更增益,令甲已下,盈溢架藏。"《晉書·刑法志》:"漢時決事,集爲令甲以下三百餘篇。"

令、樂浪挈令、北邊挈令、租絜等。也有學者認爲,漢代嚴格意義上的"令"只有天干令。① 但此處"具爲令"的"令"並非如後世所理解的作爲法律形式的"令",只可作爲泛義上的"法律"理解。説詳下文。

第三節

【原文】

丞相張蒼、御史大夫馮敬奏言:

【考釋】

〔一〕丞相張蒼

張蒼(?—前152年),又作張倉,②是漢朝開國功勳,對漢初政治、法律具有重大影響。他早年受業於荀子,秦朝時擔任柱下御史,後追隨劉邦。漢初,張蒼先後擔任計相、淮南王相、御史大夫,於漢文帝四年出任丞相,任職十四年。③ 他精通音樂、律曆並將其法制化,④又曾制定《章程》。⑤

〔二〕御史大夫馮敬

馮敬於漢文帝三年擔任典客,負責主持朝儀活動,⑥文帝六年以"行御史大夫事"的身份與丞相張蒼等一起辦理淮南王謀反案,並於翌年正式擔

---

① 冨谷至認爲,漢代挈令是天干令的節抄本,而以"某某令"事項令命名的立法並不存在。參見[日]冨谷至:《通往泰始律令之路(I):秦漢的律與令》,朱騰譯,徐世虹校譯。
② 《史記·高祖功臣侯者年表》。
③ 參見《史記·張丞相列傳》《史記·漢興以來將相名臣年表》《漢書·張蒼傳》《漢書·百官公卿表下》。
④ 《漢書·張蒼傳》:"吹律調樂,入之音聲,及以比定律令。"如淳注:"比音比次之比。謂五音清濁,各有所比,不相錯入,以定十二律之法令於樂官,使長行之。"臣瓚注:"謂以比故取類,以定法律與條令也。"顏師古注:"依如氏之説。"
⑤ 《史記·太史公自序》:"張蒼爲章程。"裴駰《集解》:"如淳曰:'章,曆數之章術也。程者,權衡丈尺斛斗之平法也。'瓚曰:'《茂陵書》:丞相爲工用程數其中。'言百工用材多少之量及制度之程品者是也。"
⑥ "張家山漢簡"《漢律十六章·朝律》簡347和"胡家草場漢簡"《朝律》簡2981都有"典客言具,謁者以聞"的表述。參見荊州博物館編、彭浩主編:《張家山漢墓竹簡(三三六號墓)》(上),第98頁;熊佳暉:《胡家草場漢簡〈朝律〉所見文帝時期的朝儀與職官》,載《江漢考古》2023年第2期。

任御史大夫，直至文帝十六年爲申屠嘉所代。①

【原文】

"肉刑所以禁姦，所由來者久矣。陛下下明詔，憐萬民之一有過被刑者終身不息，及罪人欲改行爲善而道亡繇至，於盛德，臣等所不及也。臣謹議請定律曰：

【考釋】

〔一〕肉刑所以禁姦

"所以"即用來。"禁姦"即禁止姦邪。

古代有一種觀點認爲，肉刑是反映刑，是對某些特定罪名的針對性刑罰（説詳前文）。施以肉刑相當於没收作案工具，可以保證下次不會再犯。② 更有人據此認爲漢文帝廢除肉刑是違反聖王典刑的"小仁"。③

〔二〕下明詔，一有過被刑者，於盛德

"明詔"即聖明的詔書。"一"即一旦。"被刑"即遭受肉刑。④

"於"（wū）同"烏"，讚歎詞。⑤ "盛德"即盛大、高尚的德行。⑥

---

① 《漢書·百官公卿表下》"文帝三年"欄："典客馮敬，四年遷。""文帝七年"欄："典客馮敬爲御史大夫。""文帝十六年"欄："淮陽守申屠嘉爲御史大夫。"《漢書·淮南王傳》："（文帝六年）典客馮敬行御史大夫事。"《漢紀·文帝紀下》："（七年六月）典客馮敬爲御史大夫。"《史記·漢興以來將相名臣年表》"文帝九年"欄："御史大夫敬。"《史記》所載不確。
② 《商君書·賞刑》："夫先王之禁刺殺，斷人之足，黥人之面，非求傷民也，以禁姦止過也。故禁姦止過，莫若重刑。"《三國志·魏書·陳群傳》載陳群曰："若用古刑，使淫者下蠶室，盜者刖其足，則永無淫放穿窬之姦矣。"《晉書·刑法志》載劉頌曰："聖王之制肉刑，遠有深理，其事可得而言，非徒懲其畏剝割之痛而不爲也，乃去其爲惡之具，使夫姦人無用復肆其志，止姦絶本，理之盡也。亡者刖足，無所用復亡。盜者截手，無所用復盜。淫者割其勢，理亦如之。除惡塞源，莫善於此，非徒然也。"
③ 《晉書·刑法志》載廷尉劉頌上奏之言曰："臣竊以爲議者拘孝文之小仁，而輕違聖王之典刑，未詳之甚，莫過於此。"
④ 《漢書·司馬遷傳》："遷既被刑之後，爲中書令，尊寵任職。"
⑤ 辛子牛：《漢書刑法志注釋》，第40頁。《説文解字·烏部》："於，象古文烏省。"《説文解字·烏部》："烏，孝鳥也。象形。孔子曰：'烏，亏呼也。'取其助气，故以爲烏呼。"段玉裁注："古者短言於，長言烏呼。於、烏一字也。"《尚書·堯典》："僉曰：'於！鯀哉！'"
⑥ 《周易·繫辭上》："富有之謂大業，日新之謂盛德。"《漢書·景帝紀》："世功莫大於高皇帝，德莫盛於孝文皇帝。"

〔三〕議請定律

"議"即集議，"指漢代朝廷或各級官署通過合議的方式以立法建制、司法決事的機制，經中央集議而形成的法律文件、司法判例具有最高效力"。① "請定律"即把丞相、御史大夫等的建議、請示寫入律文，作爲正式法律的内容。

文帝下詔把廢除肉刑的想法"具爲令"，張蒼、馮敬的上奏意見是"請定律"。《前漢紀》也持此説。② 張、馮在隨後的行文中自稱"此令"，這應該與"具爲令"的"令"字一樣只是泛指法律。可見，此次廢除肉刑是一步到位把修改意見體現在"律"上。漢代律、令這兩種法律形式在整體上沒有調整對象和調整方式的明顯差別，③但存在效力等級與效力來源的差異。尤其是，存在對"律"高看一眼、類比於"經"的現象，④以及從詔令到令再到律的轉化現象。⑤ 廢除肉刑關係重大，直接以"定律"的形式發布，正是這種情況的反映。

對於此次廢除肉刑的改革内容，《列女傳》記載爲："自是之後，黥顛者髠，抽脅者笞，刖足者鉗。"⑥這種説法完全不著邊際，很可能是在《漢志》前文"增加肉刑、大辟，有鑿顛、抽脅、鑊亨之刑"等語基礎上的附會之辭。

---

① 秦濤：《律令時代的"議事以制"：漢代集議制研究》，第3頁。
② 《漢紀·文帝紀下》："遂下令曰：'……其除肉刑。有以易之。'遂改定律。"
③ 例如，漢代《金布律》與《金布令》同名而異屬，目前還不清楚二者區別與關聯。沈家本曾慨歎："諸書所引律、令往往相淆，蓋由各律中本各有令，引之者遂不盡別白。如《金布律》見於《晉志》，而諸書所引則《金布令》爲多。今於律、令二者亦不能詳爲區別。"（[清]沈家本：《歷代刑法考》，第1366頁）南玉泉也指出："當時就同一項制度往往律令並用，律與令在調整人們的行爲時共同發揮著作用。"（南玉泉：《論秦漢的律與令》，載《内蒙古大學學報（人文社會科學版）》2004年第3期）
④ 冨谷至曾指出，作爲皇帝旨意的"令"，包含著臨時性的規定。"令"演變爲"律"以後，才開始帶有普遍性、恒常性等成文法規的性質。"律"的語義並非"皇帝的命令"，而是"應當遵循的標準"，從而被賦予了恒定性和普遍性（[日]冨谷至：《文書行政的漢帝國》，劉恒武、孔李波譯，江蘇人民出版社2013年版，第36—37頁）。
⑤ 于洪濤：《論敦煌懸泉漢簡中的"廄令"——兼談漢代"詔""令""律"的轉化》，載《華東政法大學學報》2015年第4期。冨谷至認爲漢代的令就是詔令，因而只存在從詔令到律兩個階段（[日]冨谷至：《通往晉泰始律令之路（I）：秦漢的律與令》，朱騰譯，徐世虹校譯，第159—163頁；《文書行政的漢帝國》，劉恒武、孔李波譯，第32—35頁）。實際上，漢代還是存在從詔令到令的轉化過程，也就是説令和詔令從内容、格式、程序等方面都不完全是一回事。否則就無法解釋漢代的事項令和天干令等令集的性質。
⑥ 《列女傳·辯通傳·齊太倉女》。

【原文】

'諸當完者,完爲城旦舂;臣瓚曰:"文帝除肉刑,皆有以易之,故以完易髡,以笞代劓,以釱左右止代刖。今既曰完矣,不復云以完代完也。此當言髡者完也。"當黥者,髡鉗爲城旦舂;當劓者,笞三百;當斬左止者,笞五百;當斬右止,及殺人先自告,及吏坐受賕枉法,守縣官財物而即盜之,已論命復有笞罪者,皆棄市。李奇曰:"命,逃亡也。復於論命中有罪也。"晉灼曰:"命者,名也,成其罪也。"師古曰:"止,足也。當斬右足者,以其罪次重,故從棄市也。殺人先自告,謂殺人而自首,得免罪者也。吏受賕枉法,謂曲公法而受略者也。守縣官財物而即盜之,即今律所謂主守自盜者也。殺人害重,受賕盜物,贓汙之身,故此三罪已被論名而又犯笞,亦皆棄市也。今流俗書本'笞三百''笞五百'之上及'劓者'之下有'籍笞'字,'復有笞罪'亦云'復有籍笞罪',皆後人妄加耳,舊本無也。"

【考釋】

〔一〕諸當完者,完爲城旦舂

"諸"即所有、一切,是統稱各種情況的概數詞。"諸當完者"即各種情況下判處的"完刑"。後文四個"當"字前面也都應該有"諸"字,只是在行文中省略掉了,實際變成由起首這個"諸"字加以統領。

"完"本義是保全,作爲刑名時與表示肉刑的"刑"相對。此時"完"在邏輯上包括剃去頭髮的"髡"和刮去鬢須的"耐",以給刑徒製造顯著的標識和人格的羞辱。與斷肢體、刻肌膚的肉刑相比,剃去毛髮自然可以稱得上是"保全"(説詳前文)。但在秦及漢初的法律實踐中,"完"與"耐"作爲法定刑名概念並列存在,分別與不同的勞役內容或等級身份結合,組成"完爲城旦舂""耐爲候""耐爲司寇""耐爲隸臣妾"等刑罰方式。歐揚認爲,"城旦舂""候""司寇""隸臣妾"等字眼表示當時處在不同等級、附隨不同義務或待遇的卑賤身份,刑罰主要是通過降低其身份等級的方式得以實現,而其身份的降等,一方面體現在户籍或刑徒籍檔案的文字中,另一方面體現在"完""耐"(也包括前面的肉刑和後面的髡鉗)等身體外觀特徵上。[①] 此説

[①] 歐揚:《走馬樓西漢簡刑制史料初探》,載鄔文玲、戴衛紅主編:《簡帛研究》二〇一八年秋冬卷,廣西師範大學出版社 2019 年版。長春按:該文只有簡單的觀點陳述,進一步論證則有待於其諸未刊稿。筆者僅從私下交流中獲此信息,詳請留意歐揚未來的新作。

涉及對秦漢刑罰的整體認知，值得重視（另可參詳下文對"命"的解說）。

此處"諸當完者"的"完"應是舊刑名"完爲城旦舂"的省稱。"城旦舂"是秦漢時代刑等最重的勞役身份，起初有特定的勞役內容並有男女之別，但勞役時間不明確。① 伴隨秦代刑罰系統的發展，城旦舂在勞役內容方面的特異性消失，在收没妻子、受輕刑犯監管、行動自由嚴格受限等方面與其他勞役刑區分。② 與此同時，城旦舂又通過附加身體傷害的方式區分輕重，有斬止＋黥、斬止、黥＋劓、黥、完等不同組合。③ 前四種組合又合稱爲"刑城旦舂"。"完城旦舂"與前四種"刑城旦舂"相對，指髡頭、戴鉗之後附加勞役身份。换句話說，此時的"完"只"髡"不"耐"。④ 此處臣瓚注認爲該"完"字是"髡"，其理由正基於此。只不過當時"髡"還不是法定刑名。

此處"完爲城旦舂"在新刑名"完城旦舂"的"完"字雖然仍遵從"保全"的含義，但具體所指中已有變化。根據張蒼、馮敬的刑罰改革方案，新刑名中的"完"是指不剃頭髪只刮鬢須，即只"耐"不"髡"。在廢除肉刑的情況下，剃去頭髪不宜再稱爲"完"，所以在刑名上使用其本名"髡"。同時，新刑名中的"完"轉而代指刮去鬢須的"耐"，仍可起到標識刑徒身份的作用。换句話說，改革後的"完爲城旦舂"相當於改革前的"'耐'爲城旦舂"。而改革前的"完爲城旦舂"在改革後獲得了新的刑名"髡鉗爲城旦舂"。在此句中，從舊刑名"諸當完者"轉化爲新刑名"完爲城旦舂"，雖然刑名稱謂没有變，刑罰的懲處力度或傷害程度實際上却降低了。

---

① 《漢書·惠帝紀》："上造以上及内外公孫耳孫有罪當刑及當爲城旦舂，皆耐爲鬼薪、白粲。"應劭注："城旦者，旦起行治城；舂者，婦人不豫外徭，但舂作米。皆四歲刑也。"此處應注所謂"四歲刑"當是指漢文帝廢肉刑、定刑期之後的情况。《後漢書·明帝紀》："右趾至髡鉗城旦舂十匹。"李賢等注："《前書音義》曰：'……城旦，晝日伺寇虜，夜暮築長城。舂者，婦人犯罪，不任軍役之事，但令舂以食徒者。'"
② 參見張新超：《秦代"城旦舂"考辨——兼論秦律的一些特點》。
③ "龍崗秦簡"有"耐城旦舂□□□"等字樣。（中國文物研究所、湖北省考古文物所編：《龍崗秦簡》，第116頁）上引張新超文認爲，這與其他出土簡牘所展示出來的秦代刑罰原則不相協調，且疑其斷句有誤。
④ 《漢書·惠帝紀》："民年七十以上若不滿十歲有罪當刑者，皆完之。"孟康注："不加肉刑，髡鬄也。"沈家本："孟康以爲髡。"（[清]沈家本：《歷代刑法考》，第302頁）又可參見張全民：《髡、耐、完刑關係考辨》；連宏：《秦漢髡、耐、完刑考》，載《古代文明》2012年第2期。

〔二〕**臣瓚曰：……以釱左右止代刖**

"臣瓚"是一位《漢書》古注家的自稱，只知其名不知其姓，據其注內容推斷應爲西晉人。歷代學者考索其人，有于瓚、傅瓚、王瓚、薛瓚、裴瓚等不同說法，訖無定論。①

"釱"（dì）即帶在腳上的鐵鐐，又稱"足鉗"。② 西晉律家張斐稱其"狀如跟衣"，實際上只是由寬厚鐵條打製成圓形或馬蹄形，箍在犯人腳踝之上，類似後世的腳鐐，且在刑名上有釱左、右趾之分。出土漢簡和傳世文獻都有"釱左右趾"的刑名，③兩《漢書》常見的"右趾"也應是"釱右趾"。④ 1972年陝西咸陽市西漢陽陵刑徒墓中出土有鉗、釱的實物（如圖一，現藏於漢景帝陽陵博物院考古陳列館），單個釱直徑約9釐米，重約2斤。⑤ 有一個釱上帶有鐵環，可能是用於連接繩索或鐵鏈。

圖一：中間較大的爲帶"翹"的鉗，兩側較小的爲釱

根據正文，此次刑罰改革不涉及釱的問題，但臣瓚的注提到以釱代刖，而且還可與韋昭、張斐的其他注釋相印證（見前文腳注）。富谷至認爲釱刑出現於漢景帝元年左右，並逐漸取代了笞在劃分城旦舂刑等級方面

---

① 王先謙在《漢書補注》卷首羅列古代學者的丁瓚說、傅瓚說，認爲都不準確。當代又出現其他各種說法。參見朱希祖：《臣瓚姓氏考》，載《中國史學》1946年第1期；劉寶和：《〈漢書音義〉作者"臣瓚"姓氏考》，載《文獻》1989年第2期；李步嘉：《論朱希祖的〈臣瓚姓氏考〉》，載《清華大學學報（哲學社會科學版）》2006年第3期。
② 《史記·平準書》："敢私鑄鐵器煮鹽者，釱左趾。"裴駰《集解》："《史記音隱》曰：'釱音徒計反。'韋昭曰：'釱，以鐵爲之，著左趾以代刖也。'"司馬貞《索隱》："《三蒼》云：'釱，踏腳鉗也。'《字林》：'徒計反。'張斐《晉律序》云：'狀如跟衣，著左足下，重六斤，以代臏，至魏武改以代刖也。'"（引者注：'跟衣'即'足衣'，亦即鞋襪。）《漢書·食貨志下》："敢私鑄鐵器煮鹽者，釱左趾。"顏師古注："釱，足鉗也，音徒計反。"《漢書·陳萬年傳》："或私解脫鉗釱。"顏師古注："鉗在頸，釱在足，皆以鐵爲之。鉗音其炎反。釱音弟。"
③ 居延漢簡40.1："望□苑髡鉗釱左右止大奴馮宣，年廿七八歲，中壯，髡髮五六寸，青黑色無須，衣皁袍白布絝，履白革烏，持劍亡。"（謝桂華、李均明、朱國炤：《居延漢簡釋文合校》，文物出版社1987年版，第68頁）"釱左右趾"又見於《晉書·刑法志》所載漢末事。
④ 參見張建國：《帝制時代的中國法》，法律出版社1999年版，第184—186頁。
⑤ 參見秦中行：《漢陽陵附近鉗徒墓的發現》，載《文物》1972年第7期；石寧：《漢陽陵刑徒墓地考古與西漢刑徒生活探析》，載《咸陽師範學院學報》2016年第1期。

的作用。① 張建國認爲鈦刑出現於漢武帝時,是在無法恢復刖刑情況下解決"生刑過輕"問題的替代方式。② 實際上,陽陵的出土實物顯示鈦刑在景帝時期就已出現,但其解釋似以張説更爲有力。此外,鈦刑的出現和"以鈦代刖"説法的流行可能與秦律中作爲特殊身份優待刑罰方式的"䥴足"有一定關聯。③ 張斐把其與魏武帝曹操聯繫起來,可能與當時把鈦改爲木械的刑罰改革有關。④ 歐揚推測此次刑制改革法令原文中當有鈦刑的相關内容,只是在班固轉録或者後世傳抄過程中被删減掉了。⑤ 此説雖然很有可能成立,也有重要的西漢律簡作爲旁證,但目前似乎仍無直接證據顯示鈦刑就出現在漢文帝十三年的這次刑制改革過程之中。相關研究的推進,仍有待於新材料的發現。

〔三〕當黥者,髡鉗爲城旦舂

"黥"即黥面。漢文帝時法律規定,黥的面積不能小於半寸(約合 1.15 釐米)見方,否則行刑者要受處罰。⑥ 秦漢時肉刑通常都不單獨執行,而是與勞役刑爲城旦舂形成組合。在"睡虎地秦簡"中,與黥有關的刑名包括黥爲城旦舂、黥劓爲城旦舂、斬止黥爲城旦舂三種。而在"張家山漢簡"中,與黥有關的刑名只有黥爲城旦舂、黥劓爲城旦舂兩種。此處的"黥"應指黥爲城旦

---

① [日]冨谷至:《秦漢刑罰制度研究》,柴生芳、朱恒曄譯,第 72—80 頁。
② 張建國:《帝制時代的中國法》,第 187—190 頁。
③ 《法律答問》簡 109‑110:"葆子未斷而誣告人,其罪當刑城旦,耐以爲鬼薪而䥴足,耤葆子之謂也。"注釋曰:"䥴(音沃),讀爲夭,《廣雅·釋詁一》:'折也。'䥴足,意爲刖足。一説,䥴足應爲在足部施加刑械,與鈦足、踏足類似。"(睡虎地秦墓竹簡整理小組:《睡虎地秦墓竹簡》,第 119 頁)另可參見劉海年:《戰國秦代法制管窺》,法律出版社 2006 年版,第 101 頁;中國政法大學中國法制史基礎史料研讀會:"睡虎地秦簡法律文書集釋(八):《法律答問》61‑110 簡",載徐世虹編:《中國古代法律文獻研究》第 13 輯,社會科學文獻出版社 2019 年版;宋磊:《秦漢律中的"失刑罪"》,載《古代文明》2021 年第 4 期。
④ 《晉書·刑法志》:"(魏武帝)於是乃定甲子科,犯釱左右趾者易以木械,是時乏鐵,故易以木焉。"清武英殿本《史記》所載《史記索隱·平準書》引張斐《漢晉律序》云:"狀如跟衣,著足足下,重六斤,以代刖,至魏武改以滅代鈦也。"張建國認爲"滅"即把原來"鈦趾"的鐵制刑具换成木械刑具的"滅趾",其刑名可能是受《周易》"屨校滅趾"啓發而來(張建國:《帝制時代的中國法》,第 246—247 頁)。
⑤ 參見歐揚:《走馬樓西漢簡刑制史料初探》。
⑥ 《漢律十六章·囚律》簡 160:"黥罪人其大半寸,劓羨半寸。牢工、刑人不中律六分寸以上,笞二百。"注釋:"羨,餘。六分寸一,六分之一寸。西漢一寸長約二·三釐米。"(荆州博物館編、彭浩主編:《張家山漢墓竹簡(三三六號墓)》(上),第 185—186 頁)

舂。根據廢除肉刑的改革方案,該刑改爲髡鉗城旦舂。"胡家草場漢簡"與"張家山漢簡"《二年律令》和《漢律十六章》有關盜竊罪對應律文的對比表明,舊刑名"黥爲城旦舂"已經改爲"髡爲城旦舂"。陳偉據此認爲舊刑名"黥爲城旦舂"在刑制改革後的替代刑名最早稱"髡爲城旦舂",到漢武帝早期某個時間才改稱"髡鉗爲城旦舂"。① 其説雖然有理有據,但似乎也不能排除當時省稱習慣或抄寫簡略的可能。因爲在"胡家草場漢簡"中,還有"髡城旦舂"的省略表述(詳見下文)。可見這在當時的律文傳抄中是被允許的。既然"髡爲城旦舂"可以簡稱爲"髡城旦舂",那麽"髡爲城旦舂"是否也有可能是"髡鉗爲城旦舂"的簡稱呢? 姑且存疑待考。

"鉗"即戴在脖子上的鐵制枷鎖。② 戴鉗者稱"鉗徒"或"鉗子"。③ 西漢陽陵刑徒墓中有鉗的實物(見圖二),用寬厚的鐵條製作,具體形制有兩種。一種只是橢圓形環,鐵條一頭有小圓孔,另一頭穿入圓孔,長30釐米,重2斤左右。另一種則在鉗環圓面的垂直角度伸出一個長約30釐米的條形結構,這種鉗重3斤左右。④ 這個伸出條形結構因爲類似鳥尾而稱作"翹"。⑤ 刑徒戴鉗時,垂直向上的"翹"可能是爲了便於監吏抓提。

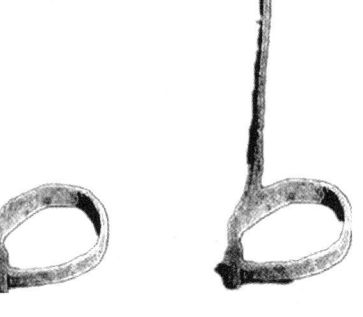

圖二：左側鉗無翹較輕,右側鉗有翹較重

髡髮、戴鉗、衣赭是秦漢時奴婢的基本待遇,也是囚徒執行舊刑名"完

---

① 參見陳偉:《胡家草場漢簡律典與漢文帝刑制改革》,載《武漢大學學報(哲學社會科學版)》2022年第2期。
② 《説文解字·金部》:"鉗,以鐵有所劫束也。"段玉裁注:"劫者,以力脅止也。束者,縛也。"《漢書·高帝紀下》:"郎中田叔、孟舒等十人自髡鉗爲王家奴。"顔師古注:"鉗,以鐵束頸也。"
③ 《漢書·五行志上》:"廣漢鉗子謀攻牢。"顔師古注:"鉗子,謂鉗徒也。牢,繫重囚之處。"《漢書·衞青傳》:"青嘗從人至甘泉居室,有一鉗徒相青。"張晏注:"居室,甘泉中徒所居也。"
④ 參見秦中行:《漢陽陵附近鉗徒墓的發現》;石寧:《漢陽陵刑徒墓地考古與西漢刑徒生活探析》。
⑤ 《説文解字·羽部》:"翹,尾長毛也。"段玉裁注:"班固《白雉詩》:'發晧羽兮奮翹英。'《射雉賦》:'斑尾揚翹。'按,尾長毛必高舉,故凡高舉曰翹。"《太平御覽》卷六四四《刑法部十·鉗》引《晉令》曰:"徒著鉗者,刑竟録輸所送獄官。"又引《晉律》曰:"鉗重二斤,翹長一尺五寸。"晉時鉗重量輕於西漢,可能與漢魏之際用木代鐵有關。參見[日]富谷至:《秦漢刑罰制度研究》,柴生芳、朱恒曄譯,第69頁。

爲城旦舂"的法定要求。① 除官方明確指令外,法律嚴禁刑徒私自解脫刑具、囚服等行爲。② 廢除肉刑後,"完"字轉而指"耐",該刑恢復描述性的"髡鉗"之名。根據史書記載,陽陵附近發現的戴鉗死者極有可能就是刑徒而非一般私奴。③

漢武帝時,司馬遷曾站在受刑者角度描述從被逮捕到遭受各種刑罰過程中的心理感受。他説:"太上不辱先,其次不辱身,其次不辱理色,其次不辱辭令,其次詘體受辱,其次易服受辱,其次關木索被箠楚受辱,其次鬄毛髮嬰金鐵受辱,其次毀肌膚斷支體受辱,最下腐刑,極矣。"④其中,"詘體"指繩索捆綁,應是在逮捕環節;"易服"指穿赭衣囚服,應涵蓋收監在押待審、待刑、行刑全過程;"關木索"指手、腳、頸戴的木制器械,應是指在押待刑;⑤"被

---

① 《史記·季布欒布列傳》:"迺髡鉗季布,衣褐衣,置廣柳車中,并與其家僮數十人,之魯朱家所賣之。"《漢書·外戚傳上》:"吕后爲皇太后,乃令永巷囚戚夫人,髡鉗,衣赭衣,令舂。戚夫人舂且歌曰:'子爲王,母爲虜,終日舂薄暮,常與死爲伍!'"顔師古注:"與死罪者爲伍也。"《漢書·張湯傳》:"奔自髡鉗,衣赭衣,及守令史調等皆徒跣叩頭謝放,放乃止。"睡虎地秦簡《司空律》簡134:"公士以下居贖刑罪、死罪者,居於城旦舂,毋赤其衣,勿枸櫝欙杕。"注釋曰:"秦刑徒服赭衣,參看徐復《秦會要訂補》卷二二。"又説:"枸櫝欙杕,均爲刑具。枸櫝應爲木械,如枷或桎梏之類。欙,讀爲縲(音雷),繫在囚徒頸上的黑索。杕,讀爲釱(音第),套在囚徒足脛上的鐵鉗。"(睡虎地秦墓竹簡整理小組:《睡虎地秦墓竹簡》,第51—52頁)此外又可參見張金光:《秦制研究》,上海古籍出版社2004年版,第524—525頁。《史記·秦始皇本紀》:"於是始皇大怒,使刑徒三千人皆伐湘山樹,赭其山。"秦始皇這是用象徵性的髡頭、赭衣給湘山加罪判刑。《太平御覽》卷六四九《刑法部十五·髡》引《風俗通》曰:"秦始皇遣蒙恬築長城,徒士犯罪,亡依鮮卑山,後遂繁息,今皆髡頭衣赭,亡徒之明效也。"但沈家本認爲鮮卑族的髡髮習俗可能與秦刑徒没關係([清]沈家本:《歷代刑法考》,第1539頁)。1971年發現的内蒙古和林格爾漢墓壁畫中,有烏桓人髡頭赭衣形象,可證其説。參見吴榮曾:《和林格爾漢墓壁畫中反映的東漢社會生活》,載《文物》1974年第1期。
② 《史記·酷吏列傳》:"外戚多毁成之短,抵罪髡鉗……於是解脱,詐刻傳出關歸家。"司馬貞《索隱》:"上音紀買反,下音他活反,謂脱鉗釱。"《史記·酷吏列傳》:"縱一捕鞠,曰'爲死罪解脱'。"裴駰《集解》:"《漢書音義》曰:'一切皆捕之也。律,諸囚徒私解脱桎梏鉗赭,加罪一等;爲人解脱,與同罪。縱鞠相贍餉者二百人爲解脱死罪,盡殺也。'"《漢書·陳萬年傳》:"爲地曰木杵,舂不中程,或私解脱鉗釱,衣服不如法,輒加罪笞。"《漢書·宣帝紀》:"西羌反,發三輔、中都官徒弛刑……詣金城。"李奇注:"弛,廢也。謂若今徒解鉗釱赭衣,置任輸作也。"顔師古注:"弛刑,李説是也。若今徒囚但不枷鎖而責保散役之耳。"《後漢書·光武帝紀下》:"徒皆弛解鉗,衣絲絮。"李賢等注:"弛,解脱也……舊法,在徒役者不得衣絲絮,今赦許之。"
③ 《史記·孝景本紀》:"(七年)春,免徒隸作陽陵者。"《漢書·景帝紀》:"(中元四年)秋,赦徒作陽陵者,死罪欲腐者,許之。"
④ 《漢書·司馬遷傳》。
⑤ 《漢書·司馬遷傳》:"魏其,大將也,衣赭關三木。"顔師古注:"三木,在頸及手足。"

箠楚"指被笞杖毆打的刑訊或笞刑;"毁肌膚斷支體"即指各類肉刑;"腐刑"即指作為代死之刑的宫刑;"髡毛髮嬰金鐵"①即指此處的髡鉗之刑。

1967年山東諸城市涼臺鄉東漢孫琮墓出土的畫像石,有描繪髡、鉗、鈇的場面。圖如下:②

圖三:諸城涼臺東漢孫琮墓畫像石

圖中席地而坐的十二人地位較高,應是郡太守屬吏諸曹掾史。右側下方二人著惠文冠(即武弁),屬於武官,應是"主兵事"的兵曹和"主盜賊事"的賊曹。左側站立的十二人地位較低,應是諸曹"干主文書"的"書佐"。中間施刑者十二人,受刑者二十人。一部分施刑者一手執刀一手揪住受刑者頭髮,作削髮狀。另一部分施刑者手持短柄的羊角形刑具,應該

---

① "嬰"通"纓",即繫繞、纏繞、掛戴。《説文解字·女部》:"嬰,繞也。"段玉裁注:"繞者,纏也。一切纏繞如賏之纏頸。"《釋名·釋首飾》:"纓,頸也,自上而繫於頸也。"《漢書·司馬遷傳》:"其次髡毛髮嬰金鐵受辱。"顔師古注:"嬰,繞也。"
② 參見任日新:《山東諸城漢墓畫像石》。

是給頸部戴鉗的錘。圖中間偏左下方有一受刑者,既不是髡前的披髮,也不是髡後的禿頂,似著冠,抬左腳,應是釱左趾之刑。據推測,這圖反映的是墓主人孫琮生前所在漢陽郡內處置羌族戰俘的情景,並非一般官僚地主懲治家內奴婢或官府給刑徒用刑。① 儘管如此,仍可從中窺探漢代髡、鉗、釱等法定刑執行方式的相關情況。

〔四〕當劓者,笞三百;當斬左止者,笞五百

"劓"即劓鼻,漢文帝時法律規定,割鼻的時候應該保證鼻子餘下半寸(約合1.15釐米),否則行刑者要受處罰(參見上文"黥"腳注)。"劓""斬左止"分別代指舊刑名"黥劓爲城旦舂"和"斬左趾爲城旦舂",這兩種刑罰在原來的刑名系統中屬於累犯加重刑。這兩個刑名本就以勞役刑爲主,附於其上的肉刑置換爲笞刑之後,仍要服城旦舂之刑,且保留髡鉗的待遇。換句話說,舊刑名"黥劓爲城旦舂"改爲"笞三百髡鉗爲城旦舂","斬左趾爲城旦舂"改爲"笞五百髡鉗城旦舂"。② "笞三百""笞五百"可以理解爲這兩個新刑名的簡稱。歐揚根據出土漢簡律文指出,此新刑名的完整說法應是"城旦舂籍髡鉗笞三百""城旦舂籍髡鉗笞五百"。③ 說亦可通。可見,今本《漢志》所載文字較之當初的制詔原文已有衆多刪節或脫落,從而遺失掉若干重要的細節信息。今之研習者對此不可不察。④

值得注意的問題是,秦漢勞役刑大體遵循男女有別的原則。漢初劓、

---

① 以上解讀參見王恩田:《諸城涼臺孫琮畫像石墓考》。
② 參見[日]冨谷至:《秦漢刑罰制度研究》,柴生芳、朱恒曄譯,第92—93頁。其實,中國學者劉篤才也已發現此處行文中的省略現象以及笞刑附加勞役刑的問題,並且認爲這兩個刑名分別改爲"笞三百完爲城旦舂""笞五百完爲城旦舂"(劉篤才:《文帝改制考釋》,載《遼寧大學學報》1991年第2期)。但他沒有留意"完城旦舂"與"髡鉗城旦舂"的細微差别以及改革後的刑罰等級性問題,因而結論略有瑕疵。
③ 參見歐揚:《走馬樓西漢簡刑制史料初探》。
④ 歐揚:"《漢書·刑法志》通行版本記載的改制後刑罰很簡略,而走馬樓西漢簡所見的司法官吏多以全稱書寫刑罰,可見地方司法官必然知曉諸刑罰的完整形式,因此頒布郡縣的廢肉刑制詔不可能如今志文一般簡略。《漢書·刑法志》所見廢肉刑制詔必經班固刪節,而且如前文所述今志文又非臣瓚、顏師古所見志文之舊貌。詳情待考。若干學者以增補少量詞句的方式校改志文,成就卓著,然而循此路徑是無法恢復制詔之原貌的。"(歐揚:《走馬樓西漢簡刑制史料初探》)

斬趾只適用於男子，即黥劓爲城旦和斬左趾爲城旦，女子犯相關罪名時改用輕刑"黥爲舂"。① 所以嚴格來說此處改革的對象只有"黥劓爲城旦"和"斬左趾城旦"。女子既然原本只用"黥爲舂"，所以只應遵從廢除黥刑的方案，直接改爲"髡鉗爲舂"，而不再加笞。

"笞"即擊打。此義項在先秦傳世文獻中常寫作"扶"②（chì），在出土秦簡中寫作"治"，在出土漢初律簡中寫作"笞"。③ 當時"笞"的刑具很可能就是竹，至少到漢景帝時即可確認爲細、軟的竹條。有學者曾據"張家山漢簡"《奏讞書》所載案例提出"笞"的刑具爲"紖"（zhèn）或"靷"（yǐn）。④ 但張建國指出，"紖"的"繩索"義應是用來描述"笞"後所留傷痕的形狀或直接借指傷痕。⑤ 其説可從。在秦漢時，"笞"既常用作私刑懲治家奴，也作爲刑訊手段或法定刑罰單獨適用。⑥ 這是此次刑罰改革以"笞"代黥、劓的基礎。

顔師古注稱"流俗書本"此段三個"笞"字前和"劓者"後都有"籍笞"二字，且認爲是後人妄加。但張建國認爲顔注有誤，"籍笞"正是張蒼、馮敬

---

① 《二年律令·具律》簡 88："女子當磔若要（腰）斬者，棄市。當斬爲城旦者黥爲舂。"（張家山二四七號漢墓竹簡整理小組：《張家山漢墓竹簡（二四七號墓）》，第 21 頁）由此推斷，"劓城旦"用在女子身上改用輕刑時有可能是"黥爲舂"。換句話説，當時有關累犯加重刑的規定對女子並不適用。
② 《説文解字·竹部》："笞，擊也。"《説文解字·手部》："扶，笞擊也。"段玉裁注："笞所以擊也。扶之見《左傳》者多矣。"
③ 參見張伯元：《秦"笞"辨疑》，載徐世虹主編：《中國古代法律文獻研究》第 4 輯，法律出版社 2010 年版。長春按：張文所據案例發生在戰國末期的秦王政二年，後轉抄收録於漢初"張家山漢簡"的《奏讞書》，所以行文中有"治""笞"並用現象。而在同樣屬於"張家山漢簡"的《二年律令》中，則只有"笞"的寫法，可見當時律文已經明確完成該字寫法的轉變。
④ 前引張伯元文認爲"紖"類似於皮鞭，又寫作"靷"。《説文解字·系部》："紖，牛系也。"段玉裁注："牛系，所以系牛者也。"《説文解字·革部》："靷，引軸者也。"
⑤ 張建國：《帝制時代的中國法》，第 275 頁。張家山漢簡整理小組將"紖"隸定爲"朋"。（張家山二四七號漢墓竹簡整理小組：《張家山漢墓竹簡（二四七號墓）》，第 100—102 頁）《説文解字·肉部》："朋，瘢也。"《奏讞書》案例十七中"治紖大如指者十三所，小紖瘢相質五也""笞紖瘢相質五也"等語可知此説爲是。
⑥ 《秦律十八種·司空律》簡 148："城旦舂毁折瓦器、鐵器、木器，爲大車折輂（輮），輒治（笞）之。直（值）一錢，治（笞）十；直（值）廿錢以上，孰（熟）治（笞）之，出其器。"（睡虎地秦墓竹簡整理小組：《睡虎地秦墓竹簡》，第 53 頁）《二年律令·具律》簡 86："吏民有罪當笞，謁罰金一兩以當笞者，許之。"（張家山二四七號漢墓竹簡整理小組：《張家山漢墓竹簡（二四七號墓）》，第 21 頁）

奏書原文中的説法，意思相當於下文景帝詔書中的"加笞"。理由有三：一則，"加笞"爲法律術語，還可見於《三國志》；①二則，"籍笞"表明"笞"要附加於髡鉗城旦之上，更符合漢代的具體刑名及廢肉刑的現實邏輯；三則，"流俗書本"中連續四處出現錯誤的可能性也不大。② 换言之，顔師古根據唐律獨立刑種"笞"得出的結論可能存在偏差。歐揚根據大體處於漢武帝時期前後的"肩水金關漢簡""走馬樓漢簡"等材料補證此説，並認爲此刑徒名類全稱爲"城旦舂籍髡鉗笞……百"，意爲附加了髡鉗、笞的城旦舂刑徒。③ 其説可從。丁義娟認爲"籍笞"之"籍"有書寫、登記的意思。④ 但這個義項在歐揚文引"走馬樓漢簡"的"城旦籍髡笞"一句中似乎解釋不通。實際上，"籍"應該通"加"字。

　　本書此處再補三例。其一，中國國家圖書館藏北宋末南宋初刊行的南宋前期修《漢書》第 14 頁中，"復有笞罪"即作"復有籍笞罪"。可能是由於與本頁顔師古注的"皆後人流俗書本妄加"相矛盾，所以在南宋後期刊行的延祐二年遞修《漢書》的該頁内容中，"籍"字被删掉。⑤ 其二，又據現本《册府元龜》記載此事也作"復有籍笞罪"。⑥ "籍笞罪"即應判"城旦舂籍髡鉗笞三百"或"城旦舂籍髡鉗笞五百"等刑罰的罪名。其三，《太平御覽》卷六四二《刑法部八·徒》引《風俗通》曰："今遭刑者髡首剔髮，身被加笞，新出獦犴，臭穢不潔。"

----

① 《三國志·魏書·陳群傳》："臣父紀以爲漢除肉刑而增加笞，本興仁惻而死者更衆，所謂名輕而實重者也。"
② 參見張建國：《西漢刑制改革新探》，載《歷史研究》1996 年第 6 期；《帝制時代的中國法》，第 192—196 頁。
③ 歐揚：《走馬樓西漢簡刑制史料初探》。"肩水金關漢簡"73EJT1∶93："丑命加笞八百要斬……□月丁未命笞二百弃市（削衣）。"（甘肅簡牘保護研究中心等編：《肩水金關漢簡（壹）》[下册]，第 7 頁）"走馬樓漢簡"0549、0596："臧（贓）並直（值）錢千三百廿八。臧（贓）留千錢以上，得，擊牢。駕（加）論髡鉗血婁、齊，血婁笞一百、二百釱左右止（趾），齊笞百釱左右止（趾），皆爲城旦籍髡笞。"（簡文據參與整理的學者披露，見於此處所引歐揚文）
④ 丁義娟：《肩水金關漢簡法律資料輯錄與研究》，第 100 頁。
⑤ 參見[日]石岡浩：《北宋景祐刊〈漢書·刑法志〉第十四頁的復原——圍繞西漢文帝刑法改革文字的增减》，載徐世虹主編：《中國古代法律文獻研究》第 4 輯，法律出版社 2010 年版。
⑥ 《册府元龜》卷六〇九《刑法部·定律令》，中華書局 2003 年版，第 7034 頁。

〔五〕當斬右止

漢代斬右趾刑同樣要結合勞役刑城旦使用，也屬於累犯加重刑。① 所以"斬右止"應指"斬右趾爲城旦舂"。此處"當斬右止"與下文"皆棄市"相對應，意即此刑改爲棄市刑。有人認爲此刑只是在"已論命復有笞罪"的情況下才改爲棄市。此説不確。一則，如此斷句並不合理，也與班固及顏注原意不符（説詳下文）；二則，此説無法回答此刑改爲何刑的問題。

事實上，此刑正如傳統所理解的那樣，是把斬右趾爲城旦舂改爲棄市刑。但説其改輕爲重卻未必屬實。在秦及漢初的刑罰系統中，勞役刑與肉刑看似並列關係，實際上彼此結合在一起，並逐漸轉向以勞役刑爲中心。所以到漢初，死刑之下一等就是各種"爲城旦舂"，黥、劓、斬趾只是爲了對應某些特殊加重情節。按照漢初《具律》的規定，斬左趾後又犯黥罪的才斬右趾。② 就刑罰邏輯角度而言，這屬於罪後又犯罪時的加重刑，而非一罪一罰的常刑；③就功利價值角度而言，斬斷雙腳之後無法承擔勞役，反而成爲社會的負擔，大大降低了刑罰的意義。由於刑罰中强制勞役與損傷身體兩大要素地位的升降，漢初斬趾刑已經極少使用，斬右趾爲城旦舂更是到目前爲止没有發現一個適用的實例。④ 如此一來，把名義上作爲

---

① 沈家本："古者之刖，初犯刖左足，復犯刖右足……漢法斬止即古者之刖，亦右重於左。"（〔清〕沈家本：《歷代刑法考》，第199頁）
② 《二年律令·具律》簡88："有罪當黥，故黥者劓之，故劓者斬左止（趾），斬左趾者斬右止（趾），斬右止（趾）者府（腐）之。"（張家山二四七號漢墓竹簡整理小組：《張家山漢墓竹簡［二四七號墓］》，第21頁）
③ 從立法角度而言，獨立行使的"斬右趾爲城旦舂"似乎不在常規刑罰體系中。《二年律令·具律》簡93："鞫（鞫）獄故縱、不直，及診、報、辟故弗窮審者，死罪，斬左止（趾）爲城旦，它各以其罪論之。"（張家山二四七號漢墓竹簡整理小組：《張家山漢墓竹簡（二四七號墓）》，第22頁）長舂按：據此簡，如果被告應處死刑而故意不徹查案情的審判者應處斬左趾爲城旦刑，如果被告應處以其他罪名則審判者應處以相同的罪名。若斬右趾爲城旦確爲常刑，則審判者就會因寬縱應處斬右趾爲城旦的犯人而獲斬右趾爲城旦之刑，反而比因寬縱應處死刑的犯人所獲之刑爲重。這就會出現罪責刑的不適應。
④ 目前"斬右趾"或"斬右止"只出現在前引《二年律令·具律》條文中。而這一條其實也只是制度意義上的刑名等級，而非有關罪名與刑罰的具體規範。黄海指出，依據現有簡牘所見的律令條文來看，秦及漢初肉刑適用最多的當爲黥刑，處以劓刑、斬趾之刑的條文並不常見。這種變化的初衷在於盡可能發揮人口資源優勢用於勞動與作戰。參見黄海：《由"屨賤踴貵"至"斬爲城旦"——秦及漢初斬趾刑源流研究》，載《四川大學學報（哲學社會科學版）》2021年第2期。

次死之刑和事實上已經廢止不用的斬右趾爲城旦舂並入棄市刑,就從立法層面實現了刑罰系統的名實相符和精簡輕緩。

〔六〕殺人先自告

"殺"有版本作"煞",二字古常通用。① "先自告"即犯罪之後、案發之前主動投案自首。"先自告"是秦漢律令中正規的立法用語,主要適用於東漢中期以前。而在秦漢的司法文書中,"先自告"有時也作"自告"。在當時的類似概念中,"自出"是指逃亡之人的自首行爲,"自詣"並非專有法律術語,"自首"則在東漢以後取代"先自告"與"自告"。②

漢初律文規定,除針對特定對象外,故意殺人者棄市,先自告者應該減等,適用黥城旦舂刑。③《漢書·衡山王傳》所載的"先自告除其罪""孝先自告反,告除其罪"要麼並非常法,要麼就是後來又有修改。值得一提的是,顏師古注所說的"殺人而自首得免罪"也不合乎唐律。④ 可見他對法律確實不夠精通。⑤

有人將此處"殺人先自告"與下文"皆棄市"相對應。但漢初法律規定殺人先自告者應處黥爲城旦舂刑。根據《漢志》前文所載改革方案,舊刑名"黥爲城旦舂"改爲新刑名"髡鉗爲城旦舂"。因此殺人先自告在改革後應處髡鉗爲城旦舂刑。如果此處理解爲"殺人先自告"直接處以棄市刑,則與此前律文不相協調。所以此處只能結合下文理解爲:"殺人先自告"情況下又犯"籍筭罪"(説詳下文)才處以棄市刑。而這種新規定實際上没有改變此前的處刑邏輯,也與此前漢律的相關規定有一定淵源繼承關

---

① 《太平御覽》卷六四八《刑法部十四·除肉刑》引《漢書》。
② 萬榮:《秦漢簡牘"自告""自出"再辨析》,載《江漢論壇》2013年第8期。
③ 《二年律令·賊律》簡21:"賊殺人,鬭而殺人,棄市。其過失及戲而殺人,贖死;傷人,除。"《二年律令·告律》簡127:"告不審及有罪先自告,各減其罪一等,死罪黥爲城旦舂,城旦舂罪完爲城旦舂,完爲城旦舂罪鬼薪白粲及府罪耐爲隸臣妾,耐爲隸臣妾罪耐爲司寇。"《二年律令·告律》簡132:"殺傷大父母、父母及奴婢殺傷主、主父母妻子,自告者皆不得減。"(三則材料見於張家山二四七號漢墓竹簡整理小組:《張家山漢墓竹簡(二四七號墓)》,第11、26頁)
④ 《唐律疏議·名例》:"諸犯罪未發而自首者,原其罪……於人損傷……並不在自首之例。"注曰:"因犯殺傷而自首者,得免所因之罪,仍從故殺傷法。"
⑤ 張建國:"師古也許可以稱爲注釋《漢書》的大家,但他肯定不是明瞭漢代刑制的行家。"(張建國:《西漢刑制改革新探》)

繫(詳見下文"復有笞罪"條),所以稱不上是改輕爲重。

〔七〕吏坐受賕枉法,守縣官財物而即盜之

"坐"即因犯罪而獲刑(說詳前文)。接下來的兩個罪名"受賕枉法""守縣官財物而即盜之"屬於特殊主體犯罪,專門針對官吏設置。

"賕"即行賄以求免罪的財物。① "受賕枉法"即因接受財物賄賂而枉法裁判,爲人脫罪。《尚書》將此行爲歸爲"五過之疵",受賄者與行賄者同罪。② 漢、唐法律也有此規定,按照贓值數額確定罪名及其刑罰,最高可至死刑。③ 據《漢志》後文可知,一般情節的"吏受賕枉法"被視爲次死之罪。所以,此處規定"吏受賕枉法"又犯"籍笞罪"而處以棄市刑,並非改輕爲重。

漢代"受賕枉法"條文在《盜律》中,曹魏時劉卲等人以事類相從爲原則改定"新律",把其與《雜律》中的"假借不廉"、《令乙》中的"呵人受錢"以及"科"中的"使者驗賂"等條文合在一起,創設《請賕律》,爲西晉、南梁律典所繼承。西晉張斐也有"呵人取財似受賕""以罪名呵爲受賕""不求自與爲受求"等法律解释。④

"縣官"在先秦、秦漢時有三種含義:一是縣中官吏;二是王室、公

---

① 《說文解字·貝部》:"賕,財物枉法相謝也。"段玉裁注:"枉法者,違法也。法當有罪而以財求免是曰賕,受之者亦曰賕。《吕刑》'五過之疵''惟來',馬本作'惟求',云有請賕也。按上文,惟貨者,今之不枉法贓也;惟求者,今之枉法贓也。"《漢書·王子侯表上》"葛魁節侯寬"欄:"元狩四年,侯戚嗣,五年。元鼎三年,坐縛家吏恐猲受賕,棄市。"顔師古注:"賕,枉法以財相謝。"
② 《尚書·吕刑》:"五過之疵:惟官,惟反,惟内,惟貨,惟來。罪惟均,其審克之。"僞孔傳:"五過之所病,或嘗同官位,或詐反囚辭,或内親用事,或行貨枉法,或舊相往來,皆病所在。以病所在,出入人罪,使在五過,罪與犯法者同。"孔穎達疏:"《釋詁》云:'疵,病也。'此五過之所病,皆謂獄吏故出入人罪,應刑不刑,應罰不罰,致之五過而赦免之,故指言五過之疵……今律:'故出入者與同罪。'而此是也。"
③ 《二年律令·盜律》簡34:"受賕以枉法,及行賕者,皆坐其臧(贓)爲盜。罪重於盜者,以重者論之。"注釋曰:"受賕即受賄。"又曰:"行賕,行賄。"(張家山二四七號漢墓竹簡整理小組:《張家山漢墓竹簡(二四七號墓)》,第16—17頁)《漢律十六章·盜律》簡73與此略同,但少"及行賕者皆"五字,對應位置爲空白,應是後來删削的結果。(荆州博物館編、彭浩主編:《張家山漢墓竹簡(三三六號墓)》(上),文物出版社2022年版,第174頁)又據該篇其他律簡内容可知,此規定也應早於廢肉刑的漢文帝十三年。《史記·滑稽列傳·優孟》:"又恐受賕枉法,爲姦觸大罪,身死而家滅。"《唐律疏議·職制》:"諸監臨主司受財而枉法者,一尺杖一百,一疋加一等,十五疋絞。"疏議曰:"監臨主司,謂統攝案驗及行案主典之類。受有事人財而爲曲法處斷者,一尺杖一百,一疋加一等,十五疋絞。"
④ 參見《晉書·刑法志》。

室;三是天子。① 出土資料顯示,把"王室""公室"更名爲"縣官"始於秦始皇,是根據《禮記·王制》"天子居縣内""官天下"的王制理論而來。② 到漢朝時,"縣官"除多指天子外,也可以泛指官府、國家、公家。③ 漢律中"縣官事"即公事。④ 漢律對因"縣官事"而犯罪的優待,類似於唐律的"公罪"。⑤

"守"即負責守護,又作"王守"。"即"本義爲就食,引申爲就近、靠近。⑥ "守縣官財物"又作"主守縣官金錢、它物而即盜之",意味著該犯罪主體負有管理官府財物的職責,所以有機會就近盜取。此罪又稱"主守盜""主守自盜",犯罪主體與"受賕枉法"一樣都是官員,爲免重複而在罪名前省略"吏"字。據文獻記載,漢代"主守盜"按照贓值定罪量刑,通常爲城旦舂附加肉刑;贓值滿十金成立"主守盜十金"罪,處棄市刑;數額特別巨大時屬於"不道"罪。⑦ 出土簡牘顯示,漢代普通盜罪根據贓值

---

① 除《史》《漢》注家如淳、張晏、顔師古、司馬貞之外,參與討論此題的主要有:(清)劉寶楠(《愈愚録》卷四)、(清)郭嵩燾(《禮記質疑》卷五)、[日]瀧川資言、[日]中井積德(《史記會注考證》卷五七)、趙伯雄(《兩漢"縣官"釋義》,載《歷史教學》1980年第10期)、游逸飛(《里耶8—461號"秦更名方"選釋》,載魏斌主編:《古代長江中游社會研究》,上海古籍出版社2013年版)以及睡虎地秦簡整理小組等。對這些觀點的梳理辨析參見楊振紅:《"縣官"之由來與戰國秦漢時期的"天下"觀》,載《中國史研究》2019年第1期。有人根據古音相近原則而把"縣官"與"可汗"聯繫在一起(楊憲益:《譯餘偶拾》,北京出版社2019年版,第211—212頁)。此説恐不準確。
② 楊振紅:《"縣官"之由來與戰國秦漢時期的"天下"觀》。
③ 《漢書·景帝紀》:"它物,若買故賤,賣故貴,皆坐臧爲盜,没入贓縣官。"《漢書·武帝紀》:"縣官衣食振業,用度不足,請收銀、錫造白金及皮幣以足用。"
④ 《鹽鐵論·取下》載"公卿"奏曰:"賢良、文學不明縣官事,猥以鹽、鐵爲不便。"
⑤ 《二年律令·賊律》簡46-47:"以縣官事毆若詈吏,耐。所毆詈有秩以上,及吏以縣官事毆詈五大夫以上,皆黥爲城旦舂。長官以縣官事詈少吏□者,亦得毋用此律。"簡48:"諸吏以縣官事笞城旦舂、鬼薪白粲,以辜死,令贖死。"(張家山二四七號漢墓竹簡整理小組:《張家山漢墓竹簡(二四七號墓)》,第15頁)《唐律疏議·名例》"諸犯私罪"注曰:"私罪,謂私自犯及對制詐不以實、受請枉法之類。""若犯公罪"注曰:"公罪,謂緣公事致罪而無私、曲者。"
⑥ 《説文解字·皀部》:"即,即食也。"《詩經·衛風·氓》:"匪來貿絲,來即我謀。"鄭玄箋:"即,就也。"《論語·子張》:"望之儼然,即之也温,聽其言也厲。"
⑦ 《奏讞書》簡73:"令吏盜,當刑者刑,勿得以爵減、免、贖。"(張家山二四七號漢墓竹簡整理小組:《張家山漢墓竹簡(二四七號墓)》,第98頁)《漢書·薛宣傳》:"或議以爲疑於主守盜。"孟康注:"法有主守盜,斷官錢自入己也。"又:"馮翊敬重令,又念十金法重,不忍暴章。"顔師古注:"依當時律條,臧直十金,則至重罪。"《漢書·馮奉世傳》:"野王部督郵掾祒趙都案驗,得其主守盜十金罪,收捕。"《漢書·翟方進傳》:"陽以他事召立至,以主守盜十金,賊殺不辜,部掾夏恢等收縛立,傳送鄧獄。"《漢書·陳萬年傳附陳咸傳》:"主守盜,受所監。"如淳注:"律,主守而盜直十金,棄市。"《漢書·酷吏傳·田延年》:"丞相議奏延年主守盜三千萬,不道。"

量刑,從罰金到死刑。① 大概在漢文帝前期,朝廷又通過詔令的形式補充強調,"守縣官財物而即盜之"比照盜罪加一等處罰。該詔令在此次廢除肉刑之前被編入漢律之中。② 據此推測,一般情節的"主守盜"又犯"籍笞罪"處以棄市刑,並非改輕爲重。

〔八〕已論命復有笞罪者

"論"即法官根據案情確定罪名及其刑罰的一系列過程,③在當時的訴訟程序中處於正式判刑的"當"之前或者説以"當"爲最後的完成節點。④ "論命"也稱"斷令",或簡稱爲"論""命"。⑤《資治通鑑》此處即作"已論而復有笞罪者"。⑥ 歐揚認爲,"命"即命名,是"命某人以某名分"的簡稱。其中,"某人"即今天所説的犯罪嫌疑人,"某名分"即某種低賤的身份,如城旦舂、鬼薪白粲、隸臣妾等刑徒名類。例如,"命某甲髡鉗爲城旦舂"就是通過加髡鉗的方式給某甲明確一個"城旦舂"的名類身份,並把這種身份的變化落實到相應的户籍和刑徒籍文書中,這一整個過程中的幾項要素

---

① 《二年律令·盜律》簡 55-56:"盜臧(贓)直(值)過六百六十錢,黥爲城旦舂。六百六十到二百廿錢,完爲城旦舂。不盈二百廿到百一十錢,耐爲隸臣妾。不盈百一十錢到廿二錢,罰金四兩。不盈廿二錢到一錢罰金二兩。"(張家山二四七號漢墓竹簡整理小組:《張家山漢墓竹簡(二四七號墓)》,第 16 頁)

② 《漢律十六章·盜律》簡 79:"自今以來,主守縣官金錢、它物而即盜之,罪完城旦舂、鬼薪白粲以上,駕(加)罪一等。"注釋:"'自今以來'是漢代詔令常見的開頭語,可知本條律文源自詔令。"(荆州博物館編、彭浩主編:《張家山漢墓竹簡(三三六號墓)》(上),第 175 頁)

③ 《史記·孝文本紀》:"今犯法已論,而使毋罪之父母妻子同産坐之,及爲收帑,朕甚不取。"《漢書·平帝紀》:"天下女徒已論,歸家,顧山錢月三百。"如淳注:"已論者,罪已定。"《後漢書·魯恭傳附魯丕傳》:"坐事下獄,司寇論。"李賢等注:"決罪曰論,言奏而論決之。"

④ 有關漢初"論"的程序法意義,可以參見程政舉:《漢代訴訟制度研究》,法律出版社 2010 年版,第 220—221 頁。

⑤ 《法律答問》簡 60:"廷行事有罪當罨(遷),已斷已令,未行而死若亡,其所包當詣罨(遷)所。"注釋:"'已斷已令'即《漢書·刑法志》的'已論命'……意思是已經判決。"(睡虎地秦墓竹簡整理小組:《睡虎地秦墓竹簡》,第 107 頁)《二年律令·具律》簡 122-123:"有罪當完城旦舂、鬼薪白粲以上而亡,以其命罪之。"注釋曰:"命,確認罪名。"在緊隨其後的律簡中,就有"以其罪命論之"語。〔張家山二四七號漢墓竹簡整理小組:《張家山漢墓竹簡(二四七號墓)》,第 25 頁〕有關漢初"論"的程序法意義,可以參見程政舉:《漢代訴訟制度研究》,第 220—221 頁。

⑥ 《資治通鑑》卷十五《漢紀七》。

共同構成一個完整的刑罰,而"命"在其中擔任核心角色。①

"復有笞罪"即又犯或又被發現犯有"籍笞罪"。這裏的"籍笞"應即廢肉刑後的新刑名"城旦舂籍髡鉗笞三百""城旦舂籍髡鉗笞五百"。《二年律令·具律》簡 91-92:"城旦刑盡而盜臧百一十錢以上,若賊傷人及殺人,而先自告也,皆棄市。"簡 122:"刑盡而賊傷人及殺人,而先自告也,棄市。"②這種在"城旦刑盡"前提下又出現殺人先自告的情況,與此處在殺人先自告前提下又犯"籍笞罪"(即原本"城旦刑盡"的替代刑)的情況,在邏輯結構上基本一致,最終定刑也都是棄市。可見此處規定與漢初並無明顯不同,不存在改輕爲重的情況。

〔九〕皆棄市

"棄市"是秦漢魏晉時期常見的死罪刑名之一,由殺死犯人和曝屍於市兩個環節組成。該刑名源自《禮記·王制》的"刑人於市,與衆棄之",具有侮辱屍體、詆汙名譽、警示民衆、引導輿論等用意。③ 對於此刑的殺人方式傳統上有兩種説法:一是斬首,二是絞首。④ 實際上,根據對傳世文獻與出土律簡"刑殺"等概念的考證分析可知,棄市刑應是以鋒刃割斷犯人頸動脈或氣管取人性命,亦即刎頸。⑤

總體來看,此處的"皆棄市"涵蓋前文的斬右趾刑與"殺人先自告"(一

---

① 參見歐揚:《走馬樓西漢簡刑制史料初探》。
② 張家山二四七號漢墓竹簡整理小組:《張家山漢墓竹簡(二四七號墓)》,第 21、25 頁。
③ 《周禮·秋官司寇·掌戮》:"凡殺人者踣諸市,肆之三日。"《釋名·釋喪制》:"市死曰棄市。市,衆所聚,與衆人共棄之也。"
④ 參與討論此題的有(清)沈家本(《歷代刑法考·刑訓分考二》)、程樹德(《九朝律考·漢律考》)、張建國(《秦漢棄市刑非斬刑辨》,載《北京大學學報(哲學社會科學版)》1996 年第 5 期)、牛繼清(《關於秦漢"棄市"的幾個問題——兼與張建國先生商榷》,載《甘肅理論學刊》1997 年第 3 期)、宋傑(《漢代"棄市"與"殊死"辨析》,載《中國史研究》2015 年第 3 期)、何有祖(《再論秦漢"棄市"的行刑方式》,載《社會科學》2018 年第 11 期)、[德]陶安(《殊死考》,載中國法制史學會主編:《法制史研究》第 10 期,2006 年刊)、[日]冨谷至(《從終極的肉刑到生命刑——漢至唐死刑考》)、[日]石岡浩(《張家山漢簡〈二年律令〉之〈盜律〉所見磔刑的作用》,載中國政法大學法律史研究院編:《日本學者中國法論著選譯》上册,中國政法大學出版社 2012 年版)、[日]水間大輔《秦漢時期的死刑與曝屍和埋葬》,載《中華法理的産生、應用與轉變:刑法志、婚外情、生命刑》,"中研院歷史語言研究所"會議論文集之二十,2019 年刊)等。對這些觀點的梳理辨析參見陳侃理:《棄市新探——兼談漢晉間死刑的變遷》,載《文史》2022 年第 1 期。
⑤ 參見陳侃理:《棄市新探——兼談漢晉間死刑的變遷》。

般主體)、"受賕枉法"(特殊主體"吏")、"守縣官財物而即盜"(特殊主體"吏")三種犯罪情節。這種表述方式與前文直接以刑罰對應刑罰的表意結構不同。斬右趾改爲棄市是刑罰的直接置換,而"已論命復有笞罪者棄市"是對三種犯罪情節已定罪後又加罪情形的處罰。何四維、内田智雄也持此説。① 這三項罪名在漢初通常要判次死之刑,加上"已論命復有籍笞罪"的條件時處棄市刑,並非改輕爲重。② 而之所以單獨拎出這三種犯罪情節,可能是由於在統治者眼裏它們雖非罪大惡極卻最具有代表性,因涉及社會秩序與國家體制的根基而最需特殊重視。

張建國根據此處兩個"及"字分析認爲,"已論命復有笞罪者"只針對官吏"受賕枉法""守縣官財物而即盜之"兩項罪名。此外,又列舉東漢兩則殺人先自告的案例證成其説。③ 但筆者以爲其説值得商榷。東晉袁宏引用《漢書》曰:"斬右趾及殺人先自言告,吏坐受賕,守官物而即盜之,皆棄市。"④此處所引就沒有第二個"及"字。實際上,即便有此"及"字,我們也應注意到:在此句中兩個"及"字具體作用不同,不可等而視之。第一個"及"字是爲了區分前面的刑罰(斬右止)與後面的三種犯罪情節。第二個"及"字是爲了區分第一個犯罪情節(一般犯罪主體)和後面兩個犯罪情節(特殊犯罪主體)。至於那兩則東漢殺人先自告的案例也較爲牽强。⑤

綜上所述,這一整句話的結構應是:

【當斬右止,及{[殺人先自告,及(吏坐受賕枉法,守縣官財物而即盜之)],已論命復有笞罪者}】,皆棄市。

---

① 參見[荷]何四維《漢法譯叢》("萊頓漢學叢書"第 9 卷),布雷爾出版社 1955 年版,第 336 頁;[日]内田智雄等:《譯注歷代刑法志》第 33 頁注⑨。
② 類似觀點還可參見王紀潮:《張家山漢簡〈具律〉的流變及"斬右趾"罪的棄市問題——讀江陵張家山〈二年律令·具律〉劄記》,載《東南文化》2004 年第 4 期。
③ 參見張建國:《帝制時代的中國法》,第 210—213 頁。
④ 《三國志·魏書·鍾繇傳》裴松之注引袁宏。
⑤ 張建國所舉案例分別是郅惲爲友報仇和趙娥爲父報仇案。他們二人都在殺人後自首。張氏主要根據二人的激烈言辭推斷其行爲應處死刑,但這似乎並不嚴謹。郅惲説"虧君以死",趙娥説"何敢貪生""枉法逃死""殺人之罪,法所不縱……乞就刑戮,隕身朝門",只能表明二人自首的理由或態度,而非自首的結果。更不能據此推導出當時法律明文規定殺人自告亦應棄市的結論。

【原文】

罪人獄已決，完爲城旦舂，滿三歲爲鬼薪白粲。鬼薪白粲一歲，爲隸臣妾。隸臣妾一歲，免爲庶人。師古曰："男子爲隸臣，女子爲隸妾。鬼薪白粲滿三歲爲隸臣，隸臣一歲免爲庶人。隸妾亦然也。"隸臣妾滿二歲，爲司寇。司寇一歲，及作如司寇二歲，皆免爲庶人。如淳曰："罪降爲司寇，故一歲，正司寇，故二歲也。"其亡逃及有罪耐以上，不用此令。師古曰："於本罪中又重犯者也。"

【考釋】

2018年11月，湖北荆州胡家草場墓地12號西漢墓發掘出土大量簡牘，年代大約在文帝後元元年（前163年）之後不久。① 根據李天虹的披露，其中四枚律簡（下文簡稱"草場四律簡"）的內容與《漢志》此處文字高度重合，是目前所見有關此次改革最早、最直接的資料。爲便於此處考釋，兹列釋文於下（編號爲出土號）：②

罪人獄已決，髡城旦舂以上盈四歲，爲鬼薪白粲；爲鬼薪白粲一歲，爲隸臣妾；爲隸臣妾一歲，免爲庶 1606 人。完城旦舂，及四月丁巳以前之刑城旦舂盈三歲，爲鬼薪白粲；爲鬼薪白粲一歲，爲隸臣妾；爲隸臣妾一 1554 歲，免爲庶人。鬼薪白粲盈三歲，爲隸臣妾；爲隸臣妾一歲，免爲庶人。隸臣妾盈二歲，爲司寇；爲司寇 1553 一歲，及司寇二歲，皆免爲庶人。其日未備亡，及諸有罪命鬼薪白粲以上，不自出 1557

這段釋文又可按照語句大意分層如下：

罪人獄已決，

髡城旦舂以上盈四歲，爲鬼薪白粲；爲鬼薪白粲一歲，爲隸臣妾；爲隸臣妾一歲，免爲庶人。

完城旦舂，及四月丁巳以前之刑城旦舂盈三歲，爲鬼薪白粲；爲鬼薪白粲一歲，爲隸臣妾；爲隸臣妾一歲，免爲庶人。

---

① 參見李志芳、蔣魯敬：《湖北荆州市胡家草場墓地M12發掘簡報》《湖北荆州市胡家草場西漢墓M12出土簡牘概述》，二文皆載於《考古》2020年第2期。
② 律簡釋文轉引自李天虹：《漢文帝刑期改革——〈漢書·刑法志〉所載規定刑期文本與胡家草場漢律對讀》，載《江漢考古》2023年第2期。

鬼薪白粲盈三歲,爲隸臣妾;爲隸臣妾一歲,免爲庶人。

隸臣妾盈二歲,爲司寇;爲司寇一歲,及司寇二歲,皆免爲庶人。

其日未備亡,及諸有罪命鬼薪白粲以上,不自出……

〔一〕罪人獄已決

"獄"即進入刑事司法程序的案件。"決"本義爲河水決堤潰口,後引申爲裁斷、判決,又可作"斷"。① 漢代刑事訴訟程序大體包括告劾、聽告、辯告、訊、驗、鞫、論、當、報等環節。② 據此,"決"應理解爲審結定案,基本走完整套刑事訴訟程序。③

據冨谷至稱,滋賀秀三把"罪人獄已決"釋爲"此後接受判決者",冨谷至本人則釋爲"已經接受判決正在服役者",即此處只是"過渡規定"。④ 但據張建國稱,滋賀秀三實際上是持"雙重意義説",即認爲此處刑期安排既適用於已判刑者,也適用於其後的判刑者,而張建國本人則認爲此處只針對此前已經判決的犯人,同時他還推測可能另有一份令文專門規定其後的刑期問題。⑤ 若依張建國所説,則似乎滋賀秀三的説法更接近實情。因爲單純的"罪人獄已決"五字只是一般地説明已經審決定案的情況,並不能解讀出專門針對此前或此後接受判決者的意思。此表述還可見於"張家山漢簡"《二年律令》和《漢律十六章》中的《具律》。⑥ 而且,"草場四律簡"很可能也屬於《具律》。

---

① 《法律答問》簡115:"以乞鞫及爲人乞鞫者,獄已斷乃聽,且未斷猶聽殴(也)?獄斷乃聽之。"(睡虎地秦墓竹簡整理小組:《睡虎地秦墓竹簡》,第120頁)《二年律令·具律》簡114:"罪人獄已決,自以罪不當,欲氣(乞)鞫者,許之。"(張家山二四七號漢墓竹簡整理小組:《張家山漢墓竹簡(二四七號墓)》,第24頁)《淮南子·時則訓》:"審決獄,平詞訟。"高誘注:"決,斷也。"籾山明:"審判終了稱爲'斷'。如'獄已斷'這一表述所明瞭的,所謂'斷'是指'獄'即案件已經審結之詞。"([日]籾山明:《中國古代訴訟制度研究》,李力譯,上海古籍出版社2009年版,第72頁)
② 參見程政舉:《漢代訴訟制度研究》,第208—222頁。
③ 《漢書·宣帝紀》:"巫蠱事連歲不決。"《漢書·陳平傳》:"天下一歲決獄幾何?"《漢書·陳湯傳》:"今湯坐言事非是,幽囚久繋,歷時不決,執憲之吏欲致之大辟。"《三國志·魏書·倉慈傳》:"慈躬往省閲,料簡輕重,自非殊死,但鞭杖遣之,一歲決刑曾不滿十人。"
④ 參見[日]冨谷至:《秦漢刑罰制度研究》,柴生芳、朱恒曄譯,第99頁;張建國:《帝制時代的中國法》,第201頁。
⑤ 參見張建國:《帝制時代的中國法》,第201頁。
⑥ 張家山二四七號漢墓竹簡整理小組:《張家山漢墓竹簡(二四七號墓)》,第24頁;荆州博物館編、彭浩主編:《張家山漢墓竹簡(三三六號墓)》(上),第182頁。

按照冨谷至和張建國的理解,"罪人獄已決"表明《漢志》此處所載刑制改革方案只針對已判刑者,當時還另有一份真正的刑期法令,只是由於主觀或客觀的原因而被班固失載。冨谷至認爲是班固基於儒家立場和復肉刑主張而有意爲之,張建國認爲有可能該材料到班固手裏時已不完整。① 二氏之説似可商榷。首先能夠確定的是,班固當時應能比較充分地掌握漢文帝的詔令文書等資料。② 至於説他主觀上有意取捨,也缺乏足夠有力的證據。結合"草場四律簡"中"髡城旦舂""刑城旦舂"等新舊刑名混用的情況來看,"罪人獄已決"理應兼指此前和此後的罪人。"有年而免"對於前者來説屬於過渡規定,對於後者來説屬於正式刑期。換言之,西漢最早的刑期制度就是形成於此次刑制改革,同時也不存在另有一份遺失的令文專門規定刑期,因爲此處所載就是適用於未來犯罪者的刑期制度。

〔二〕完爲城旦舂,滿三歲爲鬼薪白粲。鬼薪白粲一歲,爲隸臣妾。隸臣妾一歲,免爲庶人

根據"草場四律簡","罪人獄已決"之後有"髡城旦舂以上盈四歲,爲鬼薪白粲;爲鬼薪白粲一歲,爲隸臣妾;爲隸臣妾一歲,免爲庶人"等字,是對"髡城旦舂"刑期遞減情形的規定。這一條爲《漢志》此處所闕略。按其規定,改制之後的新刑名髡鉗城旦舂服刑滿四年即可通過降等爲鬼薪白粲一年、爲隸臣妾一年而後免爲庶人。換言之,"髡城旦舂"刑期爲六年。"六"這個數字的確定,可能與秦漢早已施行的"繫城旦舂六歲"③刑有關,也可能與漢初承秦水德、尚黑崇六的德運理論和張蒼緒正律曆、主議刑制有關。④ 這裏的六年正與《漢志》下文的五年、四年、三年等"有年而免"規

---

① 參見[日]冨谷至:《秦漢刑罰制度研究》,柴生芳、朱恒曄譯,第 103 頁;張建國:《帝制時代的中國法》,第 216—222 頁。
② 《漢書·藝文志》中有《孝文傳》十一篇,記錄"文帝所稱及詔策"。
③ 睡虎地秦簡、張家山漢簡中多見"繫城旦舂六歲"刑名,詳細討論及對相關研究成果的梳理,可參見游逸飛:《説"繫城旦舂"——秦漢刑期制度新論》,載《新史學》2009 年第 3 期。
④ 《史記·秦始皇本紀》記載秦用水德,用六數。《漢書·張蒼傳》又載:"蒼爲計相時,緒正律曆……推五德之運,以爲漢當水德之時,上黑如故……漢家言律曆者本張蒼。"關於張蒼學説及其對此次刑制改革的影響,參見張建國:《帝制時代的中國法》,第 202—206 頁。張建國還認爲,徒刑最高刑期由六年改爲五年也與五德正朔學説有關,是漢代改行土德之後尚五觀念的產物,並且推斷新刑期制度的確定發生在漢武帝太初改曆時期。

定銜接。同時，後世所熟知的刑名"髡鉗爲城旦舂"有可能起初稱爲"髡城旦舂"或"髡爲城旦舂"（説詳前文）。

此處只從"完爲城旦舂"開始，可能爲班固或後人轉抄失誤所致。從"草場四律簡"采用新刑名"髡城旦舂"的情況來看，此處的"完爲城旦舂"也應爲新刑名，即不髡只耐而爲城旦舂。

"爲鬼薪白粲"是秦漢勞役刑的一種，按其本名應以男子砍柴、女子擇米爲勞役内容。① 與"爲城旦舂"刑相比，其不僅勞役强度有所減弱，而且勞役環境和刑徒待遇也有改善，故而一般認爲其懲罰性更輕，刑罰等級較低。爲標識刑徒身份，此刑常附有剃去鬢鬚的"耐"。

"爲隸臣妾"即没入爲官奴婢，男稱"隸臣"，女稱"隸妾"，以雜役爲主，具體内容不確定，但勞役强度和各項待遇方面大都優越於城旦舂、鬼薪白粲。② "隸臣"最早見於戰國秦青銅器銘文。其後，"隸臣""隸妾""隸臣妾"大量見於傳世文獻和出土簡牘中。③ 但這些"隸臣妾"有多重含義，只有因犯罪被收爲奴時才具有刑名意義。④

按此方案，判完爲城旦舂刑的罪人可於五年之後恢復庶人身份。在此期間要經歷三年爲城旦舂、一年爲鬼薪白粲、一年爲隸臣妾這樣三個在勞役内容和時段都有差别的過渡階段。

根據歐揚的研究，"爲鬼薪白粲""爲隸臣妾""爲司寇"等應爲當時規範的刑名術語，其刑罰内容只能用"爲+某卑賤身份"的完整語義結構表

---

① 《漢書·惠帝紀》："皆耐爲鬼薪、白粲。"應劭注："取薪給宗廟爲鬼薪，坐擇米使正白爲白粲。"
② 孫聞博據出土簡牘指出，隸臣妾與同屬徒隸的城旦舂、鬼薪白粲在服役方式、廩食管理、轄配官署、軍事參與及婚配方面均有不同（孫聞博：《秦及漢初的司寇與徒隸》，載《中國史研究》2015 年第 3 期）。
③ 對其資料的輯録整理可見（清）沈家本：《歷代刑法考》，第 296—297 頁；李力：《〈歷代刑法考·刑法分考十一〉之補正（之一）——考古資料中所見秦漢"隸臣妾"史料匯輯》，載"沈家本與中國法律文化國際學術研討會"組委會編：《沈家本與中國法律文化國際學術研討會論文集》（下册），中國法制出版社 2005 年版。關於此題的系統研究則可參見李力：《"隸臣妾"身份再研究》，中國法制出版社 2007 年版。
④ 朱德貴認爲：秦"隸臣妾"分爲兩種：第一種是官府名下的"隸臣妾"，一種是私人名下的"隸臣妾"。前者又可分爲具有行動自由且通過"從事公"或經營産業而獲得經濟收入的"隸臣妾"和因觸犯法律而被處"以爲隸臣妾"者（朱德貴：《嶽麓秦簡所見"隸臣妾"問題新證》，載《社會科學》2016 年 1 期）。長春按：這種情況應可適用於漢初。

示。① 《漢志》此處在其第二次出現時省略"爲"字,似有不妥。

根據"草塲四律簡",與完爲城旦舂採取相同刑期規定的還有當時已執行完肉刑的刑爲城旦舂,即所謂"四月丁巳以前之刑城旦舂"。《漢志》與其相對應的内容在後文之中,這裏先不討論。

〔三〕師古曰:男子爲隸臣,女子爲隸妾。鬼薪白粲滿三歲爲隸臣,隸臣一歲免爲庶人。隸妾亦然也

《漢志》此處行文令人困惑,在記載"完爲城旦舂"的減刑方式之後,跨過"爲鬼薪白粲"而直接介紹"爲隸臣妾"的減刑方式。滋賀秀三認爲此處存在脱文,並根據個人理解在"鬼薪白粲一歲"後補上"免爲庶人,鬼薪白粲滿二歲"等字樣。② 此假説儘管缺乏材料依據,而且在刑期梯次方面也不甚合理,卻爲正確理解該段文意打開了思路,啓發後人從文本訛誤角度進一步追索。

張建國的解決方案是把顔師古注中的部分内容升格爲正文。他認爲:此處顔注的"男子爲隸臣,女子爲隸妾"應是對此前正文"隸臣妾"的注釋,而"鬼薪白粲滿二歲爲隸臣,隸臣一歲免爲庶人"原本應爲《漢書》正文,在傳抄過程中誤入注文,隨後的"隸妾亦然也"又應爲顔師古或無名氏的注。③ 張氏此論,不僅使此處文意豁然開朗,而且考證更爲有力,論據更爲堅實。據此可知,被判"爲鬼薪白粲"之刑的罪人可於四年之後恢復庶人身份。在此期間要經歷三年鬼薪白粲、一年隸臣妾兩個過渡階段。

〔四〕隸臣妾滿二歲,爲司寇。司寇一歲,及作如司寇二歲,皆免爲庶人

"司寇"即"伺寇"。"伺"即觀察、探視、看守。"寇"即盜賊、壞人,常特指外敵或俘虜。④ 學界傳統觀點受《周禮》秋官司寇系統的影響而認定"司

---

① 參見歐揚:《走馬樓西漢簡刑制史料初探》。
② [日]滋賀秀三:《前漢文帝の刑制改革をめぐって——漢書刑法志脱文の疑い》,載《東方學》第79號,1990年刊;《西漢文帝的刑法改革和曹魏新律十八篇篇目考》,姚榮濤譯,載劉俊文主編:《日本學者研究中國史論著選譯》第8卷,中華書局1992年版。冨谷至認爲這種假説没有材料依據([日]冨谷至:《秦漢刑罰制度研究》,柴生芳、朱恒曄譯,第99頁)。
③ 參見張建國:《帝制時代的中國法》,第196—200、224—225頁。
④ 《左傳·文公七年》:"兵作於内爲亂,於外爲寇。"《尚書·舜典》:"蠻夷猾夏,寇賊姦宄。"僞孔傳:"群行攻劫曰寇,殺人曰賊。在外曰姦,在内曰宄。"《三國志·魏書·諸葛誕傳》:"又使監軍石苞、兗州刺史州泰等簡鋭卒爲游軍,備外寇。"

寇"爲兩周時期的專職法官。事實上,"司寇"只負責基層治安,起初只是職事而非職官,後來才逐漸進入司法刑獄領域(詳見前文)。而作爲刑罰的"爲司寇"則是在監獄擔任牢卒,服務於獄官。與單獨設立簿籍、不屬於編户齊民的純粹刑徒不同,具有司寇身份的人附籍於縣鄉,爲國家編户,可以自名田宅,單獨立户,居於民里,社會身份只略低於平民。① 但是經過此次刑罰改革之後,司寇的地位進一步下降,並最終淪爲正式刑徒名類。②

"司寇一歲,及作如司寇二歲,皆免爲庶人",滋賀秀三認爲本當作"司寇一歲,及司寇、作如司寇二歲",李天虹認爲本當作"司寇一歲,及作如司寇、司寇二歲"。③ 但此二説都存在詞義上的邏輯困境,即"司寇＝作如司寇＋司寇"。在此情況下,只能把前一個"司寇"解釋爲總刑名,後一個"司寇"與"作如司寇"解釋爲分刑名。但在並無具體語境指示的情況下,如此表述令人頗爲費解。"草場四律簡"對此句表述爲:"爲司寇一歲,及司寇二歲,皆免爲庶人。"李天虹認爲這一表述優於《漢志》。④ 其説可從。

"皆免爲庶人"中的"皆"字顯示,此處是對"爲隸臣妾"和"爲司寇"這兩種刑罰刑期遞減規定的合並表述,二者在"免爲庶人"前以"及"字相連。拆分表述應該是:"隸臣妾滿二歲,爲司寇;司寇一歲,免爲庶人。司寇二歲,免爲庶人。"此處如淳注稱"罪降爲司寇,故一歲,正司寇,故二歲",對"降爲司寇"和"正司寇"兩種情況的區分,已經把此問題説清楚。這也可以與"草場四律簡"相印證。據此方案,判"爲隸臣妾"之刑的罪人可於三年之後恢復庶人身份,其中包括二年爲隸臣妾、一年爲司寇;判"爲司寇"之刑的罪人可於兩年之後恢復庶人身份。

"作如司寇"適用於女子,不用到監獄去伺寇。後來,司寇與作如司寇

---

① 參見孫聞博:《秦及漢初的司寇與徒隸》;賈麗英:《秦漢簡所見司寇》,載鄔文玲、戴衛紅主編:《簡帛研究》(2019年春夏卷),廣西師範大學出版社2019年版。
② 陳偉:"西漢後期至東漢的這些簡文顯示,當時司寇在刑期內持續爲官府勞作,而非如秦至西漢初期簡牘所示,是以踐更或冗作的方式供役。"(陳偉:《胡家草場漢簡律典與漢文帝刑制改革》)
③ 參見李天虹:《漢文帝刑期改革——〈漢書·刑法志〉所載規定刑期文本與胡家草場漢律對讀》。
④ 參見李天虹:《漢文帝刑期改革——〈漢書·刑法志〉所載規定刑期文本與胡家草場漢律對讀》。

統一爲二歲刑。① 但綜合來看，《漢志》此處應不涉及"作如司寇"問題，如果把"作如"二字去掉，不僅能免除詞義上的邏輯困境，在這裏也更文從字順，而且與出土律文相合拍。

總體來看，在專門針對現有刑徒的"有年而免"的方案中，要想恢復庶人身份，完爲城旦舂需要五年，爲鬼薪白粲需要四年，爲隸臣妾需要三年，爲司寇需要二年。在此以前，這種刑期遞減制度既有刑罰等級及減等處罰的立法基礎，②也有刑期減免的實踐基礎。例如，秦代爲隸臣妾、爲城旦舂等刑徒在服刑三年以上或當地司寇不足等情況下可轉變爲司寇，服滿一定期限特定強度勞役後也可作爲國家奴隸從事較輕勞役刑的"免隸臣妾"。③ 而在西漢中期以後，各等刑徒的刑期遞減方式也可以在出土簡牘中找到例證。④

〔五〕其亡逃及有罪耐以上，不用此令

前文載文帝詔書中的"不亡逃"是寬泛意義上的罪刑逃亡（説詳前文）。此處的"亡逃"很可能特指服刑期間的逃亡。按照顏師古的解釋，"有罪"即在審而未結案。⑤ 之所以不能結案，是因爲案犯逃亡在外，雖然經過缺席審判可以"命"之以某項罪名和刑罰並記錄在案，但終究不能使

---

① （漢）衛宏撰、（清）孫星衍校《漢舊儀》卷下："罪爲司寇，司寇男備守，女爲作，如司寇，皆作二歲。"長春按：《漢舊儀》關於刑期的説法只反映東漢的情況，但其關於"男守備"的説法似可涵蓋秦漢。《後漢書·張晧傳》："減騰死罪一等，餘皆司寇。"李賢等注："《前書音義》曰：'司寇，二歲刑也。'輸作司寇，因以名焉。"
② 《二年律令·告律》簡127："告不審及有罪先自告，各減其罪一等，死罪黥爲城旦舂，城旦舂罪完城旦舂，完城旦舂罪鬼薪白粲及府罪耐爲隸臣妾，耐爲隸臣妾罪耐爲司寇。"（張家山二四七號漢墓竹簡整理小組：《張家山漢墓竹簡（二四七號墓）》，第26頁）
③ 《秦律十八種·司空》簡146："城旦司寇不足以將，令隸臣妾將。居貲贖責（債）當與城旦舂作者，及城旦傅堅、城旦舂當將司者，廿人，城旦司寇一人將。司寇不踐，免城旦勞三歲以上者，以爲城旦司寇。"（睡虎地秦墓竹簡整理小組：《睡虎地秦墓竹簡》，第53頁）此外又可參見何有祖：《里耶秦簡"（牢）司寇守囚"及相關問題研究》，載西北師範大學歷史文化學院等編：《簡牘學研究》第6輯，甘肅人民出版社2016年版；陶亮："免隸臣妾"解》，載《文化學刊》2007年第5期。
④ 例如懸泉漢簡中就有髡鉗釱左趾徒服刑滿兩年後"以律減罪爲三歲完城旦"的記載。參見甘肅省博物館等：《懸泉漢簡（貳）》，中西書局2020年版，第351、402頁。相關分析，詳見李天虹：《漢文帝刑期改革——〈漢書·刑法志〉所載規定刑期文本與胡家草場漢律對讀》。
⑤ 《漢書·文帝紀》："刑者及有罪耐以上，不用此令。"顏師古注："刑謂先被刑也。有罪，在吏未決者也。"

逃亡的案犯歸案服刑。這種背負罪名逃亡的狀態又稱"亡命"。① "耐"即"耐刑",在當時具體指耐爲鬼薪白粲、耐爲隸臣妾、耐爲司寇等刑罰。"耐以上"即耐爲司寇以上等級的刑罰。② 總之,"其亡逃及有罪耐以上"包括兩類逃亡者:一是先因罪被判刑並在服刑期間逃亡的,二是因爲犯法逃跑並被缺席判耐爲司寇以上刑罰的。

"草場四律簡"此處作"其日未備亡及諸有罪命鬼薪白粲以上,不自出……","不自出"以下内容不詳。儘管律簡内容不完整,但仍可推知其基本邏輯結構。其中,"其日未備亡"對應服刑期間逃亡的情形,③ 即《漢志》此處的"其亡逃";"諸有罪命鬼薪白粲以上……"對應犯法後逃亡的情形,即《漢志》此處的"有罪耐以上",律簡中的"命"字即表示對在逃犯進行審判定罪、造册定籍。漢初律文規定,"有罪耐以上"從邏輯上包括"耐爲鬼薪白粲以上"和"耐爲隸臣妾以下"兩部分。④ 按此邏輯,"草場四律簡"接下來的内容應該規定"耐爲隸臣妾以下"即耐爲隸臣妾和耐爲司寇該如何適用此令的問題,而在其之後應有"不用此令"的字眼,以與上文協調對應。根據"不自出"三字推測,"有罪命耐爲鬼薪白粲以上"者在不自首的情形下不適用上述刑期遞減的規定,"有罪命耐爲隸臣妾以下"者則在另一種情況下不適用此規定。"草場四律簡"這種細緻區别的表述反映出詔令轉化爲律文時的改進過程。⑤

"不用此令"即不適用這裏"有年而免"的刑期遞減方案。張建國據此

---

① 《漢書·張耳傳》:"張耳嘗亡命游外黄。"顔師古注:"命者,名也。凡言亡命,謂脱其名籍而逃亡。"《後漢書·光武帝紀下》:"見徒免爲庶民。耐罪亡命,吏以文除之。"李賢等注:"亡命謂犯耐罪而背名逃者。令吏爲文簿,記其姓名而除其罪,恐遂逃不歸,因失名籍。"
② 《漢書·文帝紀》:"刑者及有罪耐以上。"蘇林注:"一歲爲罰作,二歲刑以上爲耐。耐,能任其罪也。"《史記·淮南衡山列傳》裴駰《集解》引蘇林略同。
③ 《漢律十六章·囚律》簡 131:"毄(繫)日未備而復有耐罪,完爲城旦舂。"注釋:"繫日未備,服刑時日未滿。"(荆州博物館編、彭浩主編:《張家山漢墓竹簡(三三六號墓)》(上),第 182 頁)"日未備"字面義是日期未滿。"日未備亡"在當時可能既指服刑期間逃亡,也可能指徭役、兵役、奴役期間逃亡。但在此處《刑法志》和出土律簡的語境中,其應特指服刑期間逃亡。
④ 《二年律令·告律》簡 122-123:"有罪當完城旦舂、鬼薪白粲以上而亡,以其罪命之。耐隸臣妾以下,論令出會之。"(張家山二四七號漢墓竹簡整理小組:《張家山漢墓竹簡(二四七號墓)》,第 25 頁)
⑤ 本段内容據前引李天虹文梳理而成。筆者贊同其説。

四字推論還存在專門針對逃亡罪人以及當時未決和未來犯罪者的刑罰執行方案,並分別稱之爲"第二令""第三令"。① 實際上,引領刑期遞減規定的"罪人獄已決"已經涵蓋此前和此後的罪人刑罰,也就不存在"另有法令"的必要了。況且,"不用此令"這種表述在《漢書》多次出現,如《漢書·文帝紀》所載"刑者及有罪耐以上,不用此令"這一句,就很難從中解讀出"另有法令"的意思。

【原文】

前令之刑城旦舂歲而非禁錮者,完爲城旦舂歲數以免。'李奇曰:"謂文帝作此令之前有刑者。"臣昧死請。"制曰:"可。"

【考釋】

〔一〕前令之刑城旦舂歲而非禁錮者,完爲城旦舂歲數以免

"前令"如李奇注所説,即爲"此令之前"。"草場四律簡"此處作"四月丁巳以前",據此也可以大致推測出"此令"的時間。據曆書推算,文帝十三年四月丁巳爲四月二十日。② 李天虹認爲這是漢文帝此份詔書的頒行日期,並以此推翻《史記》《漢書》(事實上也包括《漢紀》《資治通鑑》)把此事繫於五月的傳統説法。③ 李氏此説似可商榷。理由如下。

"草場四律簡"是根據文帝君臣合作的制詔完善而來。與原始制詔相比,其不僅語句次序和邏輯層次更有條理,而且還要解决具體法律的執行操作問題。制詔中"前令之刑城旦舂"的表述大概没有問題,但要用於操作就要表述爲"四月丁巳以前之刑城旦舂",即明確一個時間節點來確定當時已經被判刑爲城旦舂的罪人是否還要執行其中的肉刑部分並據此明確相應的刑期。刑爲城旦舂的特殊性在於,其中强制勞役的時日可以增補或削减,而黥、劓、斬趾所造成的身體傷害却無法事後彌補。而在當時,

---

① 參見張建國:《帝制時代的中國法》,第216—218頁。
② 方詩銘、方小芬編著:《中國史曆日和中西曆日對照表》,上海辭書出版社1987年版,第170頁。
③ 參見李天虹:《漢文帝刑期改革——〈漢書·刑法志〉所載規定刑期文本與胡家草場漢律對讀》。

刑爲城旦舂肉刑部分在判決與執行之間常有一定時間差。① 所以改革刑制以前被判刑爲城旦舂者,無論是在制詔頒行之日還是其轉化爲律文之日,都可能存在已執行肉刑和未執行肉刑兩種情況。前者由於已經把肉刑執行完畢,所以只需要執行新刑名完爲城旦舂的刑期遞減規定(五年)。後者由於未執行肉刑,所以應當按照肉刑替代方案改爲加笞的髡鉗城旦舂,同時執行髡鉗城旦舂的刑期遞減規定(六年),較之前者多出一年。從理論上講,這個時間點定爲制詔頒行之日最爲簡便。這或許也是李氏此說的主要理據。

但問題在於,當時信息傳遞水準較爲低下,制詔從制定頒行到轉化爲法律,再到下達到地方,必然經過一段時間。如果在律文中直接以制詔頒行日爲準判別執行何種刑期遞減規定,必然會產生由於信息遲滯而已經執行肉刑但按律文規定還應執行六年刑期的情況。避免這種尷尬情況發生的辦法就是,不執著於肉刑部分是否已經執行的時間點,而以刑爲城旦舂的判決之日爲時間節點,至於律文下達各地之日肉刑是否已經執行則取決於具體案件的程序推進。如此一來,就把某些罪人不幸過早執行肉刑或某些罪人僥幸免於肉刑的個案問題轉移到司法領域,從而維護立法的權威。另一方面,根據"草場四律簡"的上下文意也可知道,"四月丁巳以前之刑城旦舂"應該是指四月丁巳以前被判決的刑爲城旦舂。這也與此處的邏輯推理結論相符合。

"四月丁巳"既然是指判決之日,那就既可能是制詔頒行的日期,也可能早於或晚於制詔頒行之日。結合漢文帝急於廢肉刑的旨意來看,其在制詔頒行之前的可能性偏大一些。因爲這樣才可以保證制詔轉化爲律文並下達地方之時,盡可能少的人被執行肉刑。因此,傳統史料把此制詔繫於五月之說仍有成立的可能,還不足以被推翻。循此思路再往前思考,其

---

① 《二年律令·盜律》簡114:"罪人獄已決,自以罪不當,欲气(乞)鞫者,許之。气(乞)鞫不審,駕(加)罪一等;其欲復气(乞)鞫,當刑者,刑乃聽之。"(張家山二四七號漢墓竹簡整理小組:《張家山漢墓竹簡(二四七號墓)》,第 24 頁)《漢律十六章·盜律》簡121-122略同(荆州博物館編、彭浩主編:《張家山漢墓竹簡(三三六號墓)》(上),第181頁)。這說明到此次廢除肉刑之前不久的漢文帝時期,此項規定仍然有效。

前推的日期爲何定於四月丁巳,可能有一些目前尚不清楚的現實考慮。在諸種可能之中,筆者在此嘗試提出兩條臆測:一是,或許憑當時人的經驗或規定,四月丁巳以前判刑爲城旦舂的罪人到制詔入律時應該大體都已執行完肉刑;二是,淳于意是在四月丁巳以後被判刑爲城旦舂的,如此規定可以保證其最終免於肉刑。

"歲",滋賀秀三和張建國認爲是"滿一歲"的簡稱,程令政、李天虹認爲是"歲數"的簡稱,即指刑期。① 根據"草場四律簡"的表述可以推知,其中應不存在"滿一歲"的意思。

"禁錮"有兩種含義:一是剝奪出仕爲官的權利,二是終身監禁。此處爲第二種含義。② 漢初法律規定,禁錮者不能適用償、贖以及赦免等情形,因而成爲事實上的無期徒刑。③ "前令之刑城旦舂歲而非禁錮者"是指此令之前被判刑爲城旦舂同時又不屬於終身禁錮者。可能是由於此表述過於拗口,所以入律之後把後面的幾個字刪掉了。

"完爲城旦舂歲數以免"按照上述令文中完城旦舂的刑期減免方式執行。"草場四律簡"在制詔入律時把這個單獨拎出的一句簡化後揉進了完城旦舂的刑期遞減規定之中,表述更有條理。

〔二〕臣昧死請

"昧死"是"昧犯死罪"的簡稱,意爲冒昧而犯死罪。這是秦漢時官員奏議建言的常用敬語。④

〔三〕制曰:"可。"

秦漢以後,"制"是皇帝詔書的專用詞。"制曰可"意即皇帝批准官員

---

① 李天虹:《漢文帝刑期改革——〈漢書·刑法志〉所載規定刑期文本與胡家草場漢律對讀》。
② 〔日〕滋賀秀三:"前漢文帝の刑制改革をめぐって——漢書刑法志脱文の疑い",載《東方學》第79號,1990年刊;"西漢文帝的刑法改革和曹魏新律十八篇篇目考",姚榮濤譯,載劉俊文主編:《日本學者研究中國史論著選譯》第8卷,中華書局1992年版。張建國也支持此說(張建國:《帝制時代的中國法》,第222—223頁)。
③ 《二年律令·賊律》簡38:"賊殺傷父母,牧殺父母,毆(敺)詈父母,父母告子不孝,其妻子爲收者,皆錮,令毋得以爵償、免除及贖。"〔張家山二四七號漢墓竹簡整理小組:《張家山漢墓竹簡(二四七號墓)》,第14頁〕
④ 《獨斷》卷上:"漢承秦法,群臣上書皆言'昧死言'。"

的奏請內容,是制詔文書乃至律令中常見的格式化用語,在史書轉述時也常作"制可""奏可"。

大庭脩把漢代制詔分爲三種形式:第一種是皇帝單方面下達具體命令;第二種是官員主動奏請建議,皇帝批准之後正式發布;第三種是皇帝提出意向,要求官員擬出具體方案後上奏,再批准發布。① 此處廢肉刑及配套政策的出臺過程,屬於第三種情形。

第四節

【原文】

是後,外有輕刑之名,內實殺人。斬右止者又當死。斬左止者笞五百,當劓者笞三百,率多死。師古曰:"斬右止者棄市,故入於死。以笞五百代斬左止,笞三百代劓,笞數既多,亦不活也。"

【考釋】

〔一〕外有輕刑之名,內實殺人

"外"即表面上、名義上。"內"即實際上。這句是説,廢肉刑改革雖然以輕緩刑罰爲名,表面上讓許多犯人免除了刻皮膚、斷肢體的肉刑的痛苦,實際上卻造成大量犯人死在新刑名下。

根據"胡家草場漢簡"與"張家山漢簡"《二年律令》相應律文的對讀可以發現,刑制改革確實連帶造成了一系列問題,但更多的問題可能還不在於刑名直接改輕爲重,而是由於刑制改革不合理而帶來的罪名與刑罰對應關係的變動。例如,《二年律令》簡 67:"不當賣而和爲人賣、賣者皆黥爲城旦舂;買者智(知)其請(情),與同罪。"②《荆州胡家草場西漢簡牘選粹》簡 17:"不當賣而和爲人賣、賣者,及智(知)其請(情)而買者,皆棄市。"③在舊刑制中應當被處以"黥爲城旦舂"刑的罪名,其刑罰在新刑制中應該置換爲"髡鉗爲城旦舂"。但似乎立法者覺得如此一來罪重刑輕,所以就通過直接加重該項具體

---

① 參見[日]大庭脩:《秦漢法制史研究》,林劍鳴等譯,第 170—190 頁。
② 張家山二四七號漢墓竹簡整理小組:《張家山漢墓竹簡(二四七號墓)》,第 18 頁。
③ 荆州博物館、武漢大學簡帛研究中心編著:《荆州胡家草場西漢簡牘選粹》,第 191 頁。

罪名刑罰的方式追求其所理解的罪刑相應。通過前後對比可知,班固此處的批評倒也不算冤枉人。

班固主張恢復肉刑,此處的尖銳批評與其主張互爲理據。一方面,"外有輕刑之名,內實殺人"是恢復肉刑主張的支撐理由之一;另一方面,此主張也可能是此批評的立場出發點。

有人認爲班固在《漢志》中對此事件前因後果著重用墨,是爲其恢復肉刑的主張服務。① 其說可從。這個不斷蓄勢的過程,最早可以追溯到《漢志》前文通過"中刑""五刑"宣示肉刑由來已久。在概括漢文帝朝社會法制風貌時,他又先後用"躬脩玄默""化行天下""風流篤厚""刑錯之風"描述廢肉刑之前的一派祥和。到"即位十三年"以下,記載緹縈上書及刑制改革,緊接著就是激烈的批評。細繹史筆,班氏行文至此話鋒一轉,從而爲後文批評"刑本不正"、主張恢復肉刑預備鋪墊。此後數百年間,圍繞肉刑問題熱議不斷,班固此論開後世批判之端緒。②

〔二〕斬右止者又當死。斬左止者笞五百,當劓者笞三百,率多死

"斬右止者又當死"即《漢志》前文"斬右止……皆棄市"。從一般邏輯

---

① 陶安指出,廢肉刑在西漢只被視爲文帝若干德政的普通一項,但到東漢以後其法律史意義得到明顯昇華,成爲西漢法制的一大轉捩點。班固刻意強調文帝"除肉刑"一事是其復活肉刑政治主張的產物(參見〔德〕陶安:《復作考——〈漢書〉刑法志文帝改革詔新解》,載《法制史研究》2013年第24期)。值得注意的是,陶安把恢復肉刑視爲班固的政治主張而非法律主張。這是由於東漢魏晉時期,肉刑復廢問題屬於政治熱點,不僅涉及法律,而且牽涉許多現實的政治利害。

② 孔融:"漢開改惡之路,凡爲此也。"(《後漢書·孔融傳》)夏侯玄:"荀、班論曰:'治則刑重,亂則刑輕。'又曰:'殺人者死,傷人者刑。是百王之所同也。'"(《通典》卷一六八《刑法六》)曹羲:"夫言肉刑之濟治者,荀卿所唱,班固所述。"(《太平御覽》卷六四八引王隱《晉書》載魏曹羲《肉刑論》)鍾繇:"孝文革法,不合古道。"(《三國志·魏書·鍾繇傳》)陳群:"臣父紀以爲漢除肉刑而增加笞,本興仁惻而死者更衆,所謂名輕而實重者也。"(《三國志·魏書·陳群傳》)傅玄:"或曰:'漢太宗除肉刑,可謂仁乎?'傅子曰:'匹夫之仁也,非王天下之仁也。'"(《傅子·問刑》)劉頌:"議者拘孝文之小仁,而輕違聖王之典刑,未詳之甚,莫過於此。"(《晉書·刑法志》)衛展:"古者肉刑,事經前聖,漢天除之,增加大辟。"(《晉書·刑法志》)王導、賀循等:"肉刑之典,由來尚矣……豈是漢文常主所能易者乎!……逮班固深論其事,以爲外有輕刑之名,內實殺人。"(《晉書·刑法志》)袁宏:"《漢書》:'斬右趾及殺人先自言告,吏坐受賕,守官物而即盜之,皆棄市。'此班固所謂當生而令死者也。"(《三國志·魏書·鍾繇傳》裴松之注引袁宏)孔琳之:"漢文發仁惻之意,傷自新之路莫由,革古創制,號稱刑厝,然名輕而實重,反更傷民……棄市之刑,本斬右趾,漢文一謬,承而弗革,所以前賢恨恨,議之而未辯。"(《宋書·孔琳之傳》)

上看這屬於改輕爲重,也是班固批評"内實殺人"的依據之一。但實際情況卻未必如此(説詳前文)。

"率"即大都、大略、大概。① 此處是説,笞五百、笞三百刑罰過重,常常導致受刑者死亡。班固並非法律專家,也不一定瞭解刑獄實務,這個説法可能主要源於下文提到的景帝詔書。《前漢紀·孝成皇帝紀一》作"率不勝笞,多死",意思略同。

---

① 《漢書·宣帝紀》:"率常在下杜。"顔師古注:"率者,總計之言也。"

第十三章
景 帝 元 年

【主旨】

本章主要記録漢景帝在文帝改革的基礎上進一步改進相關刑罰制度。具體可分爲三節：第一節記録景帝元年下詔定律減少笞數的情況。第二節記録景帝中六年下詔再減笞數並指示官員制定《箠令》的情況。第三節是班固對此次刑罰改革方案的批評意見。

第一節

【原文】

景帝元年，下詔曰："加笞與重罪無異，孟康曰："重罪謂死刑。"幸而不死，不可爲人。師古曰："謂不能自起居也。"

【考釋】

〔一〕景帝元年

"景帝"即漢景帝（前 188 年—前 141 年），姓劉，名啓，漢文帝的嫡長子，謚號爲"孝景"。他在位十六年，延續文帝的黄老無爲國策，輕徭薄賦，簡省刑罰，强化中央集權，平定七國之亂，使漢朝國力和社會狀態繼續平穩上升。

此次詔書發布於景帝元年（前 157 年農曆十月—前 156 年農曆九月），具體時間不詳。

〔二〕加笞與重罪無異，幸而不死，不可爲人

"加笞"即本書前文所說的"籍笞"，指附於城旦舂刑之上的笞刑。"重

罪"即"重刑",代指死刑。"與重罪無異"指其行刑效果與死刑差不多。此即班固所說的"外有輕刑之名,内實殺人""斬左止者笞五百,當劓者笞三百,率多死"。

"幸而不死,不可爲人"是說,犯人受笞即便僥幸不死,也有可能因此致殘,生活不能自理,不儘喪失人格尊嚴,而且成爲家庭和社會的負擔。

【原文】

其定律:'笞五百曰三百,笞三百曰二百。'"猶尚不全。

【考釋】

〔一〕其定律:"笞五百曰三百,笞三百曰二百。"

"其定律"即指示官員制定律文。這是皇帝制詔單方面定律的典型例子,屬於大庭脩所總結的第一形態(説詳前文)。

"笞五百曰三百,笞三百曰二百"即把文帝改革時的新刑名"髡鉗城旦舂加笞五百"改爲"髡鉗城旦舂加笞三百","髡鉗城旦舂加笞三百"改爲"髡鉗城旦舂加笞二百"。

〔二〕猶尚不全

"猶尚"即仍然、還是。"全"即保全,這裏是指保全性命。"猶尚不全"意味著,儘管大幅減少了加笞的數量,仍有大量犯人受笞而死。

第二節

【原文】

至中六年,又下詔曰:"加笞者,或至死而笞未畢,朕甚憐之。其減笞三百曰二百,笞二百曰一百。"又曰:"笞者,所以教之也,其定箠令。"師古曰:"箠,策也,所以擊者也,音止藥反。"

【考釋】

〔一〕中六年

漢初年號延續秦朝制度,一位皇帝只有一個連貫的紀年。文帝時開始出現"後元"的紀元方式。景帝時則在常規紀年的七年之後,又有"中元"(共計六年)、"後元"(共計三年)兩個紀元時段。"中六年"即中元六年(前 144 年農曆十月—前 143 年農曆九月)。此次下詔時間爲當年五月。①

〔二〕或至死而笞未畢,朕甚憐之。其減笞三百曰二百,笞二百曰一百

"或"即有的時候、有的情況、有的人。"畢"即完畢、窮盡。"至死而笞未畢"即犯人已經受笞而死,但其應受的加笞數還未打完。

"其減笞三百曰二百,笞二百曰一百"即把景帝元年的新刑名"髡鉗城旦舂加笞三百"改爲"髡鉗城旦舂加笞二百","髡鉗城旦舂加笞二百"改爲"髡鉗城旦舂加笞一百"。

〔三〕笞者,所以教之也

這句是説笞的目的不在於懲戒而在於教化,因此不應動輒奪人性命、傷人軀體。這種觀點以儒家經典爲依據,②説明當時儒家經義已經進入立法領域。《漢志》前文也説"鞭扑不可弛於家"。類似觀點在後世的法典注釋中也有反映。③

〔四〕其定箠令

"箠"也作"棰"或"捶",④本義爲馬鞭,主要以細軟的竹條或荆條製成。據《漢志》前文,"笞"本義爲擊打,起初寫作"治",後來才寫作"笞"。這可能與其從生活用語轉化爲刑法用語後力求精準表達有關。很可能正是由於當時"笞"的刑具是"箠",所以才把其本字改爲竹字頭以作爲刑具專屬用字。"箠令"即規定"加笞"刑具"箠"的令篇名。在後世的法律文本整理

---

① 《漢書·景帝紀》:"(中六年)五月……又惟酷吏奉憲失中,乃詔有司減笞法,定棰令。語在《刑法志》。"長春按:"箠""棰"相通,區别或許只在於材質用竹還是用木。
② 《尚書·舜典》:"扑作教刑。"僞孔傳:"扑,榎楚也。不勤道業則撻之。"而"笞""箠"與"扑""杖"本就含義接近。《漢書·韓延壽傳》:"其始若煩,後吏無追捕之苦,民無箠楚之憂。"顏師古注:"箠,杖也。楚,荆木也,即今之荆子也。"
③ 《唐律疏議·名例》:"笞者,擊也。又訓爲恥,言人有小愆,法須懲誡,故加捶撻以恥之。漢時笞則用竹,今時則用楚。故《書》云'扑作教刑',即其義也……笞擊之刑,刑之薄者也。隨時沿革,輕重不同,俱期無刑,義唯必措。"
④ 《前漢紀·孝成皇帝紀一》:"孝景詔定捶令,笞者乃得全。"

過程中,《箠令》被編入《令丙》中。①

"其定箠令"是景帝指示官員制定具體令文。這屬於大庭脩所總結的制詔的第二形態。修改笞數的用語是"其定律",規範笞刑具的用語是"其定箠令"。前者涉及刑罰制度本身,因此享受一步到位修改律文的待遇。後者只規定刑具的尺寸規格和施用規則,不涉及刑制根本,所以只能享受"定令"的待遇。可見當時律、令之間在效力、地位上有所區別。

【原文】

丞相劉舍、御史大夫衛綰請:"笞者,箠長五尺,其本大一寸,其竹也,末薄半寸,皆平其節。

【考釋】

〔一〕丞相劉舍、御史大夫衛綰

劉舍(? —前141年)是漢初功臣之後。其父項襄原是項氏宗族,後歸附漢高祖,並被賜姓劉氏,封爲桃侯。劉舍在景帝時歷任太僕、御史大夫、丞相。

衛綰(? —前131年)出身賤業,以淳樸謹慎的長者形象在文景兩朝得以升遷,歷任中郎將、太子太傅、御史大夫、丞相。

劉舍、衛綰於景帝中元三年分別擔任丞相、御史大夫。② 二人爲官謹慎,無甚作爲,③正合乎當時無爲而治的時代潮流。

〔二〕箠長五尺,其本大一寸,其竹也,末薄半寸,皆平其節

戰國秦漢銅尺,基本上都是一尺23釐米左右。(説詳前文)"箠長五

---

① 《後漢書·章帝紀》:"又令丙,箠長短有數。"李賢等注:"令丙爲篇之次也。《前書音義》曰:'令有先後,有令甲,令乙,令丙。'又景帝(京師)定箠令,箠長五尺,本大一寸,其竹也,末薄半寸,其平去節,故曰長短有數也。"長春按:原作"京師",應爲"景帝"之訛。
② 《漢書·百官公卿表下》"景帝中元三年"欄:"九月戊戌,丞相亞夫免。御史大夫劉舍爲丞相。"又:"太子太傅衛綰爲御史大夫,四年遷。"
③ 《漢書·申屠嘉傳》:"自嘉死後,開封侯陶青、桃侯劉舍及武帝時柏至侯許昌、平棘侯薛澤、武彊侯莊青翟、商陵侯趙周,皆以列侯繼踵,齰齰廉謹,爲丞相備員而已,無所能發明功名著於世者。"《漢書·衛綰傳》:"衛綰……醇謹無它……文帝且崩時,屬孝景曰:'綰長者,善遇之。'……然自初宦以至相,終無可言。"

尺"约爲115釐米。"本大""末薄"意即"箠"一頭大一頭小。由"薄"字可以推測,"箠"應是破開竹竿刮削而成的竹片,所以"一寸"(大概2.8釐米)、"半寸"(大概1.4釐米)應指寬度。至於其厚度,可能由於實踐中要求更細微的尺寸標準很難執行,所以只能順其自然,只要擊打時與犯人接觸的末端削薄即可。

"其竹也"意思是説刑具"箠"用竹子製成。此三字放在"本""末"兩句之間顯得突兀。如放在"末薄半寸"之後似乎通順一些。但此三字更有可能是無名氏對前面"其"字的注釋,讀爲"其,竹也",後在傳抄過程中竄入正文。因爲有的版本正文中無此三字。①

"節"即竹節。"皆平其節"是説,要把竹節削平,以便減少對犯人的傷害。

1974年,在今内蒙古自治區額濟納旗(當時屬於甘肅省)甲渠侯官遺址出土了簡號爲E.P.T57：108的長木簡,由樹枝削刻而成,長82釐米,一頭粗一頭細,直徑分别是3.1釐米和1.5釐米,正反兩面皆有文字,背面文字下端刻有三道凹槽。其文字内容是甲渠侯官北部侯史張廣德因職務怠慢而被處督杖五十。② 冨谷至認爲這個長木簡本身就是督杖的工具。③ 該推測有一定道理。其在長度與材質方面與《箠令》規定的不同,似可以從地方性的標準變通角度做出解釋。但問題仍然存在,若在笞刑工具上注明具體案情,其也就變成了一次性用具。這種情況是否合理,有待於進一步考察。

---

① 《北堂書鈔》卷四五《刑法部下·杖刑六》："竹箠長五尺。《刑法志》云：'請笞者,箠長五尺,其本大一寸,其末薄半寸,皆平其節。'今案,見《漢書》卷二十二。俞本同。陳本'末'上添'竹也'二字,餘同。"長春按："請"應爲"諸","二十二"應爲"二十三"。根據《北堂書鈔》此處的"其末薄半寸"似乎也可以只把"竹也"二字理解爲注文,注釋"末"字前的"其"字。但問題在於：這一整句中的三個"其"字含義一致,都指"箠"。既然是對"其"字的注釋,爲何不在"其"第一次出現的"本"字前作注呢？而且此處描述"箠"的形制以"本""末"對舉,以古人行文簡略的風格推測,第二個"其"字似應以省略爲宜。基於這兩點考慮,筆者認爲"其竹也"三字爲注文,《北堂書鈔》此處所載也有訛誤嫌疑。
② 中國簡牘集成編輯委員會編：《中國簡牘集成》第11册《甘肅省、内蒙古自治區卷·居延新簡(三)》,敦煌文藝出版社2001年版,第91頁。
③ [日]冨谷至：《笞杖的變遷——從漢的督笞至唐的笞杖刑》,朱騰譯,載周東平、朱騰主編：《法律史譯評》第1卷,北京大學出版社2013年版。

【原文】

當笞者笞臀，如淳曰："然則先時笞背也。"師古曰："臀音徒門反。"毋得更人，師古曰："謂行笞者不更易人也。"畢一罪乃更人。

【考釋】

〔一〕當笞者笞臀

"當笞者笞臀"即被判加笞的只能笞其臀部，不能隨意擴大擊打部位，以免對犯人造成嚴重傷害。如淳注稱"先時笞背"也有史料證據。[①] 此令之後，笞臀成爲漢代施笞的一般規定。[②] 但此規定並未一勞永逸，直到後世，笞杖濫用仍爲司法頑疾。[③]

南陽漢畫像石中有一幅"施笞圖"（見下圖四）。[④] 圖中有前後二人：前面一人受笞，跪伏於地，臀部微翹，似乎半脫褲子；後面一人施笞，前腿弓，後腿蹬，左手執杖，右手揮舞。按照人物比例推算，此杖長約110—120釐米，由於雕刻精度所限没有顯示粗細變化，但整體看仍可與《箠令》的規定相對應。[⑤] 因此可以推斷，施笞人左手所執按其刑名而言應即爲"箠"。這個場景儘管不能確定處於刑訊階段還是刑罰階段，但仍可形象反映出當時以"箠"笞臀的場景。

〔二〕毋得更人，畢一罪乃更人

"毋"即不、勿，也作"無"[⑥]。"毋得"即不許。"畢"即完畢、完成。

"畢一罪乃更人"是說，給犯人加笞刑時，在完成笞二百或笞一百之前

---

① 《奏讞書》第十七個案例記載，"治（笞）"的部位包括肩、背、腰、臀和大腿（張家山二四七號漢墓竹簡整理小組：《張家山漢墓竹簡（二四七號墓）》，第100—102頁）。《漢書·賈誼傳》："請必繫單于之頸而制其命，伏中行說而笞其背，舉匈奴之衆唯上之令。"
② （漢）史游《急就篇》："盜賊繫囚榜笞臀。"顏師古注："榜笞，捶擊之也。臀，脽也。"引者注："臀（tún）即"臀"。
③ 《新唐書·刑法志》："太宗嘗覽明堂針灸圖，見人之五藏皆近背，針灸失所，則其害致死，歎曰：'夫箠者，五刑之輕；死者，人之所重。安得犯至輕之刑而或致死？'遂詔罪人無得鞭背。清周壽昌認爲這裏的"鞭背"與"笞背"不是一回事。（周壽昌：《漢書注校補》卷十六"刑法志第三""當笞者笞臀"條）實際上，二者在刑具和傷害上的差別也不是很大。
④ 參見胡同慶：《敦煌壁畫中的杖具——笞杖、球杖考》，載《敦煌研究》2009年第5期；嵇娟：《漢畫像中漢代笞刑考》，載《黑龍江史志》2014年第24期；王唯實：《淺議漢畫像中的刑罰》，載《大衆文藝》2020年第12期。
⑤ 參見胡同慶：《敦煌壁畫中的杖具——笞杖、球杖考》。
⑥ 《北堂書鈔》卷四五《刑法部下·杖刑六》："笞者無更人。《刑法志》云：'請笞者，無得更人。'今案見《漢書》卷廿三。"長春按："請"應爲"諸"。

圖四：南湯漢畫像施笞圖

不能更換施刑人。擊打過程中，施刑人會由於體力消耗而減弱擊打力度。禁止中間換人，可以變相減輕犯人受笞的烈度，減小對其身體的傷害。這項規定影響深遠。①

第三節

【原文】

自是笞者得全，然酷吏猶以爲威。死刑既重，而生刑又輕，民易犯之。

【考釋】

〔一〕自是笞者得全，然酷吏猶以爲威

"自是笞者得全"是説，從此以後受笞者可以基本保全性命。

"酷吏"即好用嚴刑峻法、以執法酷烈聞名的官吏，最早見於《史記》。司馬遷、班固在正史中爲此群體立傳，實則有貶有褒。②"酷吏猶以爲威"

---

① （清）周壽昌《漢書注校補》卷十六《刑法志》"毋使更人"條："更人則力紓，行笞者重也。北齊刑律，笞者笞臀而不中易人者，皆承漢法也。"
② 《史記·酷吏列傳》"太史公曰"："自郅都、杜周十人者，此皆以酷烈爲聲。然郅都伉直，引是非，爭天下大體。張湯以知陰陽，人主與俱上下，時數辯當否，國家賴其便。趙禹時據法守正。杜周從諛，以少言爲重。自張湯死後，網密，多詆嚴，官事寖以秏廢。九卿碌碌奉其官，救過不贍，何暇論繩墨之外乎！然此十人中，其廉者足以爲儀表，其污者足以爲戒，方略教導，禁姦止邪，一切亦皆彬彬質有其文武焉。雖慘酷，斯稱其位矣。"《漢書·酷吏傳》略同。

是説,苛酷的獄吏仍然把笞刑作爲逞其淫威的手段。① 景帝指示制定《箠令》的理由就是"酷吏奉憲失中"。"然"字表示現實情况違背初衷,没有達到預期效果。但另一方面,《箠令》的制度性規定卻又影響深遠,從漢到唐都可以看到它的痕跡。② 這兩方面情况共同反映出笞刑在司法層面隨意濫用和在立法層面不斷規範之間的矛盾發展關係,也反映出笞刑由於承載罪刑等級過寬、執行力度彈性過大而難以得到有效駕馭。

〔二〕死刑既重,而生刑又輕,民易犯之

"死刑既重"是説,死刑適用範圍過大,有的罪名適用死刑顯得過重。這裹是指《漢志》前文提到的"當斬右止,及殺人先自告,及吏坐受賕枉法,守縣官財物而即盜之,已論命復有笞罪者,皆棄市"。

"生刑又輕"是説,有的罪名適用生刑顯得過輕。

"民易犯之"是説,有的罪名由於刑罰相對較輕而缺乏威懾力,所以百姓容易觸犯。

在這裹,班固的批評聚焦於刑罰體系的畸輕畸重。按其思路,罪名可以分爲重罪、中罪、輕罪,分别對應大、中、薄刑,廢肉刑相當於取消了中刑,於是造成中罪用刑輕重失宜。這個問題的解決,班固以後許多人都寄望於恢復肉刑,但因違背歷史潮流而未能實現,最後依靠創設新的中刑彌補刑等斷檔才得以解決。③

---

① 陳璽:"笞臀是漢時拷掠繫囚的合法途徑,然實踐中違制刑訊之現象乃傳統司法之痼疾,受口供中心主義干擾,刑訊與逼供之間形成無法割裂之天然聯繫。"(陳璽:《唐代刑事訴訟慣例研究》,科學出版社 2017 年版,第 381 頁)

② 《後漢書·章帝紀》:"又令丙,箠長短有數。"《北堂書鈔》卷四五《刑法部下》引《晉令》:"應得法杖者以小杖,過五寸者稍行之,應杖而脾有瘡者,臀也。杖皆用荆,長六尺,制杖,大頭圍一寸,尾三分半。"《隋書·刑法志》載南梁杖制曰:"杖皆用生荆,長六尺。有大杖、法杖、小杖三等之差。大杖,大頭圍一寸三分,小頭圍八分半。法杖,圍一寸三分,小頭五分。小杖,圍一寸一分,小頭極杪。諸督罰,大罪無過五十、三十,小者二十。"又載北齊杖制曰:"笞者笞臀,而不中易人。杖長三尺五寸,大頭徑二分半,小頭徑一分半。决三十已下杖者,長四尺,大頭徑三分,小頭徑二分。"《新唐書·刑法志》:"凡杖,皆長三尺五寸,削去節目。訊杖,大頭徑三分二釐,小頭二分二釐。常行杖,大頭二分七釐,小頭一分七釐。笞杖,大頭二分,小頭一分有半。"(唐開元《獄官令》略同。參見天一閣博物館等編:《天一閣藏明鈔本天聖令校證(附:唐令復原研究)》,中華書局 2006 年版,第 648 頁)

③ 參見黄海:《由"笞"至"笞刑"——東周秦漢時期"笞刑"的產生與流變》,載《社會科學》2019 年第 4 期。

第十四章
及至孝武即位

【主旨】

本章主要記録漢武帝時的法制變化。具體可分爲兩節：第一節記録武帝時特殊國内外形勢帶來的大規模立法設禁活動。第二節記録法制文本數量膨脹和内容駁雜的情況及其在司法領域帶來的嚴重後果。

第一節

【原文】

及至孝武即位，外事四夷之功，内盛耳目之好，徵發煩數，百姓貧耗，師古曰："耗，損也，音呼到反。"窮民犯法，酷吏擊斷，姦軌不勝。

【考釋】

〔一〕外事四夷之功，内盛耳目之好

"事"即從事、經營，①這裏可以解釋爲致力於、熱衷追求。"四夷之功"即征討四夷的戰争功績，强調對外不對内。②"盛"（shèng）即窮盡、窮極、竭盡。③"耳目之好"即對耳、目等感官刺激的愛好，引申爲追求奢侈生活

---

① 《漢書·曹參傳》："卿大夫以下吏及賓客見參不事事。"如淳注："不事丞相之事。"
② 《左傳·莊公三十一年》："凡諸侯有四夷之功，則獻於王，王以警於夷。"
③ 《莊子·德充符》："平者，水停之盛也。"郭慶藩注："天下之平，莫盛於停水。"

的物質欲望。①

"好四夷之功"和"窮奢極欲"都是漢武帝的主要歷史標籤。② 對其是非歷來都有爭議（説詳前文）。但不爭的事實是，他的内外政策確實導致了漢朝法律秩序的大破壞。

〔二〕徵發煩數，百姓貧耗

"徵"主要指對財物的徵收、聚斂，③有時也指對人力的徵用。"發"即對人力的調集、使用，主要用於徭役和兵役。④ "煩數（shuò）"即頻繁、屢次。據《漢書·武帝紀》載，武帝在位期間，出於軍事或工程需要而進行的大規模徵發達到 31 次（詳見下表）。其中有些徵發是正當且必要的，有些不僅完全没必要，而且消耗民力，傷及民生，動摇國本，危害極大。

表六：《漢書·武帝紀》載徵發事件一覽

序號	時　間	徵　發　内　容
1	建元三年秋七月	遣中大夫嚴助持節發會稽兵。
2	建元六年秋八月	遣大行王恢將兵出豫章，大司農韓安國出會稽。
3	元光二年夏六月	將三十萬衆屯馬邑谷中。
4	元光三年夏五月	發卒十萬救決河。

---

① 《管子·五輔》："耳目之所好諂心，心之所好傷民，民傷而身不危者，未之嘗聞也。"《史記·李斯列傳》："吾既已臨天下矣，欲悉耳目之所好，窮心志之所樂"《漢書·東方朔傳》："盡狗馬之樂，極耳目之欲。"
② 《史記·萬石張叔列傳》："是時漢方南誅兩越，東擊朝鮮，北逐匈奴，西伐大宛，中國多事。"《資治通鑑》卷二二《漢紀十四》"臣光曰"："武帝好四夷之功。"又曰："孝武窮奢極欲。"
③ 《周禮·地官司徒·敘官》："閭師，中士二人，史二人，徒二十人。"鄭玄注："主徵六鄉賦貢之税者。"
④ 《説文解字·弓部》："發，䠶發也。"段玉裁注："引申爲凡作起之稱。"《史記·滑稽列傳》"褚先生曰"："西門豹即發民鑿十二渠，引河水灌民田，田皆溉。"《史記·陳涉世家》："二世元年七月，發閭左適戍漁陽，九百人屯大澤鄉。"

續表

序號	時間	徵發内容
5	元光五年夏	發巴蜀治南夷道,又發卒萬人治雁門阻險。
6	元光五年秋八月	徵吏民有明當時之務習先聖之術者,縣次續食,令與計偕。
7	元光六年春	遣車騎將軍衛青出上谷,騎將軍公孫敖出代,輕車將軍公孫賀出雲中,驍騎將軍李廣出雁門。
8	元光六年秋	遣將軍韓安國屯漁陽。
9	元朔元年秋	遣將軍衛青出雁門,將軍李息出代。
10	元朔二年春	遣將軍衛青、李息出雲中,至高闕。
11	元朔二年夏	徙郡國豪傑及訾三百萬以上於茂陵。
12	元朔五年春	大將軍衛青將六將軍兵十餘萬人出朔方、高闕。
13	元朔六年春二月	大將軍衛青將六將軍兵十餘萬騎出定襄。
14	元朔六年夏四月	衛青復將六將軍絶幕。
15	元狩二年春三月	遣驃騎將軍霍去病出隴西。
16	元狩二年夏	將軍去病、公孫敖出北地二千餘里,過居延。
17	元狩三年秋	發謫吏穿昆明池。
18	元狩四年夏	大將軍衛青將四將軍出定襄,將軍去病出代,各將五萬騎。步兵踵軍後數十萬人。
19	元狩四年冬	有司言關東貧民徙隴西、北地、西河、上郡、會稽凡七十二萬五千口。
20	元狩五年春	徙天下姦猾吏民於邊。
21	元鼎五年秋	遣伏波將軍路博德出桂陽,下湟水;樓船將軍楊僕出豫章,下湞水;歸義越侯嚴爲戈船將軍,出零陵,下離水;甲爲下瀨將軍,下蒼梧……發夜郎兵,下牂柯江,咸會番禺。

續 表

序號	時間	徵發內容
22	元鼎六年秋	遣横海將軍韓説、中尉王温舒出會稽,樓船將軍楊僕出豫章……又遣浮沮將軍公孫賀出九原,匈河將軍趙破奴出令居。
23	元鼎六年冬十月	發隴西、天水、安定騎士及中尉,河南、河内卒十萬人,遣將軍李息、郎中令自爲征西羌。
24	元封二年秋	遣樓船將軍楊僕、左將軍荀彘將應募罪人擊朝鮮。又遣將軍郭昌、中郎將衛廣發巴蜀兵平西南夷未服者。
25	太初元年秋八月	遣貳師將軍李廣利發天下謫民西征大宛。
26	天漢元年秋	發謫戍屯五原。
27	天漢二年夏五月	貳師將軍三萬騎出酒泉……又遣因杅將軍出西河,騎都尉李陵將步兵五千人出居延北。
28	天漢四年春正月	發天下七科謫及勇敢士,遣貳師將軍李廣利將六萬騎、步兵七萬人出朔方,因杅將軍公孫敖萬騎、步兵三萬人出雁門,游擊將軍韓説步兵三萬人出五原,强弩都尉路博德步兵萬餘人與貳師會。
29	太始元年春正月	徙郡國吏民豪桀於茂陵、雲陵。
30	征和元年冬十一月	發三輔騎士大搜上林,閉長安城門索,十一日乃解。
31	征和三年春三月	遣貳師將軍廣利將七萬人出五原,御史大夫商丘成二萬人出西河,重合侯馬通四萬騎出酒泉。

"貧"即經濟貧困,難以爲繼。"耗"即身心損耗,疲敝不堪。"百姓貧耗"是"徵發煩數"的後果。"貧耗",敦煌抄本殘卷"法藏 P.3669"作"資耗",①堀毅認爲在上下文中意思也可成立。②但此説似可商榷。如果是

---

① 上海古籍出版社、法國國家圖書館編:《法國國家圖書館藏敦煌西域文獻》(第 26 册),上海古籍出版社 2002 年版,第 278 頁。
② [日]堀毅:《秦漢法制史論考》,第 68 頁。

"貧耗",則"貧"與"耗"是並列關係,從兩個方面説明民衆的艱難處境,分别對應"徵"和"發"。如果是"資耗",則應爲偏正結構,即"家資消耗",無法顯示民衆身心俱疲的狀態。所以此處還應以"貧耗"爲勝。另有版本作"貧窮",但文意表達也不如此處。①

〔三〕窮民犯法,酷吏擊斷,姦軌不勝

"窮"即極度困頓、走投無路。②"窮民犯法"是説,絶望的民衆迫於生存壓力而違犯法律,或避役逃亡而淪爲流民,③或挺身犯險而淪爲盗賊。

"擊斷"即專斷、蠻橫。④"酷吏擊斷"是説,面對窮民犯法的情況,酷吏只知依靠嚴刑峻法一味彈壓,不能有效紓解社會危機。

"姦軌"又作"姦宄",泛指違法作亂的人或事(説詳前文)。"不(shēng)勝"即不能窮盡、無窮無盡。⑤"姦軌不勝"是説,國家徵發頻繁不給民衆活路,酷吏又純任刑罰鎮壓民衆的抗争,從而導致法律秩序進一步崩壞。

對於漢武帝時從國家政策到社會法制的這種惡性演變邏輯,古人多有論及,或引秦爲喻,或直言批判,⑥都與班固此處所言相合。另外,《漢書·循吏傳》載:"孝武之世,外攘四夷,内改法度,民用彫敝,姦軌不禁。"也與此處表述類似。

---

① 《太平御覽》卷六三五《刑法部一·敘刑上》引《漢書·刑法志》曰:"孝武即位,徵發煩數,百姓貧竄,民被酷吏,擊姦斷宄不勝。於是招進張湯、趙禹之屬,修定法令。"長春按:《太平御覽》所引此條應該是有别於顔師古注的另一個版本《漢書》,從整體行文表述而言不如顔注本,下文也不再討論。
② 《説文解字·穴部》:"窮,極也。"《荀子·大略》:"多有之者富,少有之者貧,至無有者窮。"
③ 《史記·萬石張叔列傳》:"元封四年中,關東流民二百萬口,無名數者四十萬。"
④ 《漢書·楚元王傳》:"大將軍秉事用權,五侯驕奢僭盛,並作威福,擊斷自恣,行汙而寄治,身私而託公。"
⑤ 《史記·項羽本紀》:"夫秦王有虎狼之心,殺人如不能舉,刑人如恐不勝,天下皆叛之。"
⑥ 《漢書·食貨志上》:"是後,外事四夷,内興功利,役費並興,而民去本。董仲舒説上曰:'……至秦則不然……故貧民常衣牛馬之衣,而食犬彘之食。重以貪暴之吏,刑戮妄加,民愁亡聊,亡逃山林,轉爲盗賊,赭衣半道,斷獄歲以千萬數……'仲舒死後,功費愈甚,天下虚耗,人復相食。"《鹽鐵論·西域》載"文學"曰:"當此之時,將卒方赤面而事四夷,師旅相望,郡國並發,黎人困苦,姦僞萌生,盗賊並起,守尉不能禁,城邑不能止。"《後漢書·梁統傳》載梁統曰:"武帝值中國隆盛,財力有餘,征伐遠方,軍役數興,豪桀犯禁,姦吏弄法,故重首匿之科,著知從之律,以破朋黨,以懲隱匿。"(《晉書·刑法志》略同)《資治通鑑》卷二二《漢紀十四》"臣光曰":"孝武窮奢極欲,繁刑重斂,内侈宫室,外事四夷,信惑神怪,巡游無度,使百姓疲敝,起爲盗賊,其所以異於秦始皇者無幾矣。"

第十四章 及至孝武即位

【原文】

於是招進張湯、趙禹之屬,條定法令,作見知故縱、監臨部主之法,師古曰:"見知人犯法不舉告爲故縱,而所監臨部主有罪并連坐也。"緩深故之罪,孟康曰:"孝武欲急刑,吏深害及故入人罪者,皆寬緩。"急縱出之誅。師古曰:"吏釋罪人,疑以爲縱出,則急誅之。亦言尚酷。"

【考釋】

〔一〕招進張湯、趙禹之屬,條定法令

"招"即招攬。"進"即晉升、重用、提拔。"招進",敦煌抄本殘卷"法藏P.3669"作"招延"。① 堀毅在羅列對比例子之後暗示"招延"勝於"招進",② 其説可從。《前漢紀·孝成皇帝紀一》"招進"作"使",意思略同。

張湯(? —前116年)生於獄官家庭,自幼就以審鼠事件展示出斷獄天賦;入仕後靠精擅刑名、逢迎上級、善於處事而得升遷;後屢辦朝廷大案,因善於揣摩上意而出任太中大夫、廷尉、御史大夫,位列三公;後在政治鬥爭中失勢,含冤自殺。張湯是中國歷史上最知名的酷吏之一,在《史記》中入《酷吏列傳》,在《漢書》中則單獨立傳。他一方面精通刑獄,參與立法,有刀筆之才;另一方面曲意逢迎,翻覆無常,甘爲鷹犬爪牙,因而歷來對他褒貶不一。但總體來説,張湯雖負"酷吏"惡名,仍不失爲一位法律風雲人物,其複雜的人生正可謂武帝時代法制風貌的一個縮影。③

趙禹(? —約前100年)早年以"廉平"著稱,在武帝朝憑藉刀筆之能得以升遷,位至御史、太中大夫、廷尉、中尉、少府、燕相,早年用法嚴峻,後來漸趨緩和。

"條"本義爲樹枝,後引申爲條文、逐條、有條理地。"條定"可簡單理

---

① 上海古籍出版社、法國國家圖書館編:《法國國家圖書館藏敦煌西域文獻》(第26册),第278頁。
② [日]堀毅:《秦漢法制史論考》,第68頁。
③ 《漢書·張湯傳》"贊曰":"湯雖酷烈,及身蒙咎,其推賢揚善,固宜有後。"《漢書·杜周傳》"贊曰":"張湯、杜周並起文墨小吏,致位三公,列於酷吏。"西南政法大學秦濤博士曾在央視《法律講堂》欄目録製《酷吏張湯》(5集)節目,對其人其事有中肯評價。至於網傳所謂"司法祖師爺""法學家"之類頭銜則不免誇飾之嫌。張湯墓位於今西北政法大學長安校區内,筆者去年曾親往觀瞻。

解爲"分條制定"。① 在《太平御覽》所引《漢書》佚文和《前漢紀》中,"條定"作"修定"。② "條"與"修"字形接近,語意皆通,未知孰是,但二字中似應有一個爲傳抄訛誤。

張湯、趙禹曾共同制定法律,③但其時間節點有"趙禹任太中大夫時""張湯任太中大夫時""張湯任廷尉時"三種説法。④ 據《史記》《漢書》記載,趙禹任太中大夫時,張湯爲御史;張湯任太中大夫時,趙禹已升爲廷尉;張湯任廷尉時,趙禹已升爲少府卿。三種説法未知孰是,存疑待考。

〔二〕作見知故縱、監臨部主之法,緩深故之罪,急縱出之誅

"作",敦煌抄本殘卷"法藏 P.3669"作"佐",⑤堀毅認爲"佐"是"作"的本字,並從古代碑刻中找到三個實例,⑥其説可從。

"見知"即見到、聽聞。"故縱"即故意放縱犯罪。⑦ "監"與"臨"字義相通,即監察、臨視。"部主"即上級主管官員。"監臨部主"指負有監管責任的官吏。⑧ 按照此處顔注的説法,"作見知故縱、監臨部主之法"的内容是:如果故意放縱罪犯負有監管責任的官員與罪犯連帶治罪。這項規定並非

---

① 辛子牛:《漢書刑法志注釋》,第44頁。
② 《太平御覽》卷六三五《刑法部一·敘刑上》引《漢書·刑法志》曰:"於是招進張湯、趙禹之屬,修定法令。"《前漢紀·孝成皇帝紀一》:"於是使張湯趙禹之屬修定法令。"
③ 《漢書·兒寬傳》"贊曰":"漢之得人,於兹爲盛……定令則趙禹、張湯。"《太平御覽》卷六三八《刑法部四·律令下》引張斐《律序》曰:"張湯制《越官律》,趙禹作《朝會正見律》。"《鹽鐵論·國疾》載"賢良"曰:"楊可告緡,江充禁服,張大夫革令,杜周治獄,罰贖科適,微細並行,不可勝載。"(引者注:"張大夫"即御史大夫張湯)
④ 《史記·酷吏列傳·趙禹》:"上以爲能,至太中大夫。與張湯論定諸律令,作見知,吏傳得相監司。"《漢書·酷吏傳·趙禹》:"上以爲能,至中大夫。與張湯論定律令,作見知,吏傳相監司以法,盡自此始。"《史記·酷吏列傳·張湯》:"於是上以爲能,稍遷至太中大夫。與趙禹共定諸律令,務在深文,拘守職之吏。"《漢書·張湯傳》:"治陳皇后巫蠱獄,深竟黨與,上以爲能,遷太中大夫。與趙禹共定諸律令,務在深文,拘守職之吏。已而禹至少府,湯爲廷尉,兩人交驩,兄事禹。"《漢書·汲黯傳》:"張湯以更定律令爲廷尉。"《漢書·食貨志下》:"自公孫弘以《春秋》之義繩臣下取漢相,張湯以峻文決理爲廷尉,於是見知之法生,而廢格、沮誹窮治之獄用矣。"
⑤ 上海古籍出版社、法國國家圖書館編:《法國國家圖書館藏敦煌西域文獻》(第26册),第278頁。
⑥ [日]堀毅:《秦漢法制史論考》,第68頁。
⑦ 《漢書·食貨志上》:"於是見知之法生。"張晏注:"吏見知不舉劾爲故縱。"
⑧ 《説文解字·臥部》:"監,臨下也。"《唐律疏議·名例》"諸會赦應改正徵收"條注文:"監臨主守之官,私自借貸及借貸人財物、畜産之類,須徵收。""疏議"曰:"監臨,謂於臨統部内。主守,謂躬親保典之所者。"

張湯、趙禹首創，秦朝就有。① 二人只是重拾舊物以迎合君主權威，作爲其驅使群臣、深刻刑法的手段。② 此外，當時還加大對"首匿罪犯"的處罰力度，其宗旨與"見知故縱"一致。③ 到後來，更進一步發展出"沈（chén）命法"④這樣的極端法律。但其施行效果卻適得其反，導致上下欺瞞，盜賊更加猖獗。⑤

"緩"即寬恕、輕緩。⑥ "深"是"深文"的簡稱，意思是文辭深切、苛刻，在制定或適用法律時傾向於嚴苛、嚴格的標準。⑦ 據"深文"推測，此處的"故"是"故不直"的簡稱，又稱"故入"，意思是故意把無人告劾按照有告劾審理，或把輕罪告劾按照重罪審理。在秦朝，故意出、入人罪都稱"不直"；⑧但在漢朝前者稱爲"故縱"，後者稱爲"故不直"。⑨ "緩深故之罪"是說，對於法吏辦案過程中深文、故不直之類罪行一概從寬從緩。

---

① 《史記·秦始皇本紀》："有敢偶語詩書者棄市，以古非今者族，吏見知不舉者與同罪。"《晉書·刑法志》載劉邵曰："張湯、趙禹始作監臨部主、見知故縱之例。"
② 《漢書·食貨志下》："於是見知之法生，而廢格、沮誹窮治之獄用矣。"張晏注："吏見知不舉劾爲故縱，官有所作，廢格沮敗誹謗，則窮治之也。"如淳注："廢格天子文法，使不行也。誹謂非上所行，若顏異反脣之比也。"
③ 《後漢書·梁統傳》："故重首匿之科，著知從之律，以破朋黨，以懲隱匿。"李賢等注："凡首匿者，爲謀首，臧匿罪人。至宣帝時，除子匿父母，妻匿夫，孫匿大父母罪，餘至殊死上請。知縱謂見知故縱，武帝時立見知故縱之罪，使張湯等著律，並見前書也。"
④ 《史記·酷吏列傳·王溫舒》："於是作《沈命法》。"裴駰《集解》引《漢書音義》曰："沈，藏匿也。命，亡逃也。"司馬貞《索隱》："服虔云：'沈匿不發覺之法。'韋昭云：'沈，沒也。'"
⑤ 《漢書·酷吏傳·咸宣》："於是作《沈命法》，曰：'群盜起不發覺，發覺而弗捕滿品者，二千石以下至小吏主者皆死。'其後小吏畏誅，雖有盜弗敢發，恐不能得，坐課累府，府亦使不言。故盜賊寖多，上下相爲匿，以避文法焉。"
⑥ 《漢書·路溫舒傳》："宣帝初即位，溫舒上書，言宜尚德緩刑。"
⑦ 《漢書·汲黯傳》："而刀筆之吏專深文巧詆，陷人於罔，以自爲功。"顏師古注："詆，毀辱也。"《漢書·張湯傳》："與趙禹共定諸律令，務在深文，拘守職之吏。"蘇林注："拘刻於守職之吏。"《漢書·酷吏傳·趙禹》："極知禹無害，然文深，不可以居大府。"應劭注："禹持文法深刻。"
⑧ 《法律答問》簡93："論獄何謂'不直'？可（何）謂'縱囚'？罪當重而端輕之，當輕而端重之，是謂'不直'。當論而端弗論，及傷其獄，端令不致，論出之，是謂'縱囚'。"（睡虎地秦墓竹簡整理小組：《睡虎地秦墓竹簡》，第115頁）
⑨ 《漢書·景武昭宣元成功臣表》"新時侯趙弟"欄："太始三年，坐爲太常鞠獄不實，入錢百萬贖死，而完爲城旦。"晉灼注："《律説》：'出罪爲故縱，入罪爲故不直。'"《二年律令·具律》簡112："其輕罪也而故以重罪劾之，爲不直。"簡113："治獄者，各以其告劾治之。敢放訊杜雅，求其他罪，及人毋告劾而擅覆治之，皆以鞠獄故不直論。"（張家山二四七號漢墓竹簡整理小組：《張家山漢墓竹簡（二四七號墓）》，第24頁）

"急"即峻急、嚴厲。"縱"即秦朝的"縱囚"、漢朝的"故縱"。"出"即故意幫人脫罪。"誅"即懲罰、追究。"急縱出之誅"是説，對於法吏故意放縱囚犯、減輕罪名的行爲一概嚴懲。

根據《二年律令》，漢初"故縱""故不直"兩項罪名的量刑標準相同。① 此處班固所謂一"緩"一"急"未必是指直接修改律令條文，也有可能只是指刑事政策的調整而已。而在後世，唐律至少在文本上似乎更側重於懲治法官的"故入"而非"故出"行爲，② 或正因此而獲譽"出入得古今之平"。③ 當然，其落實程度如何又該另當別論。

第二節

【原文】

其後姦猾巧法，轉相比況，禁罔寖密。師古曰："寖，漸也。其下亦同。"

【考釋】

〔一〕姦猾巧法，轉相比況

"姦猾"即姦詐、狡猾，此處指姦猾的法吏。④ "姦"，敦煌抄本殘卷"法藏P.3669"作"奸"，⑤ 是其異體字。下文同。"巧法"即利用機巧、詭詐的手

---

① 《二年律令·具律》簡93："鞫（鞠）獄故縱、不直，及診、報、辟故弗窮審者，死罪，斬左止（趾）爲城旦舂，它各以其罪論之。"（張家山二四七號漢墓竹簡整理小組：《張家山漢墓竹簡（二四七號墓）》，第22頁）《漢書·昭帝紀》："廷尉李種坐故縱死罪棄市。"這應該是武帝朝的遺風。

② 《唐律疏議·斷獄》："諸主守受囚財物，導令翻異；及與通傳言語，有所增減者：以枉法論，十五疋加役流，三十疋絞。"又："諸鞫獄者，皆須依所告狀鞫之。若於本狀之外，別求他罪者，以故入人罪論。"又："諸官司入人罪者，若入全罪，以全罪論；從輕入重，以所剩論；刑名易者：從笞入杖、從徒入流亦以所剩論，從笞杖入徒流、從徒流入死罪亦以全罪論。其出罪者，各如之。"

③ 此語雖通常認爲出自《四庫全書總目提要》，實則源自元人柳贇之評判。而其"平"的表現除今人所謂的"公平"或"罪責刑相適應"之外，還在於罪名簡當、刑罰寬平，與"深"相對而言，尤其落腳於罪名刑罰的"出""入"方面。參見馬海峰："《唐律得古今之平》再辨"，載《法制史研究》第25期，2014年。

④ 《漢書·武帝紀》："徙天下姦猾吏民於邊。"顏師古注："猾，狡也。"《漢書·武帝紀》："詳問隱處亡位，及冤失職，姦猾爲害，野荒治苛者，舉奏。"

⑤ 上海古籍出版社、法國國家圖書館編：《法國國家圖書館藏敦煌西域文獻》（第26册），第278頁。

段規避法令或利用法令。①"姦猾巧法"是説,司法官員舞文弄法,隨意給人安置罪名,以求升遷或謀私利。

"轉相"即輪轉、互相。"比"即類比、比附。"況"即對比、比擬。②"轉相比況"可作兩解:一是法吏之間競相攀比誰更能巧法;二是法吏根據需要在各種法律條文和已成案件之間進行比附類推,隨意擴大法律解釋。結合上下文意,應以後者爲勝。

〔二〕禁罔寖密

"罔",敦煌抄本殘卷"法藏 P.3669"作"網",③堀毅認爲應從"網"字。④但據本書前文所引陳直依《曹全碑》立説,"罔"在東漢時是"網"的通用假借字,並無問題。

"禁罔寖密"是説,由於姦吏利用法律轉相比附,導致法律條文日益繁密。按照班固的行文邏輯,這一切都導源於張湯、趙禹等人的立法和司法行爲。⑤

【原文】

律令凡三百五十九章,大辟四百九條,千八百八十二事,死罪決事比萬三千四百七十二事,師古曰:"比,以例相比況也。"文書盈於几閣,典者不能徧睹。

---

① 《史記·平準書》:"百姓抏獘以巧法。"司馬貞《索隱》:"按:抏者,耗也,消耗之名。言百姓貧獘,故行巧抵之法也。"《漢書·食貨志下》:"百姓抏敝以巧法,財賂衰耗而不澹。"顏師古注:"抏,訛也,謂摧挫也。巧法,爲巧詐以避法也。抏音五官反。"又:"其後二歲,赤仄錢賤,民巧法用之,不便,又廢。"《漢書·宣帝紀》:"今則不然,用法或持巧心,析律貳端,深淺不平,增辭飾非,以成其罪。"
② 《漢書·高惠高后文功臣表》:"以往況今,甚可悲傷。"《論衡·論死》:"案火滅不能復燃以況之,死人不能復爲鬼,明矣。"
③ 上海古籍出版社、法國國家圖書館編:《法國國家圖書館藏敦煌西域文獻》(第26冊),第278頁。
④ 〔日〕堀毅:《秦漢法制史論考》,第69頁。
⑤ 《漢書·酷吏傳》"贊曰":"張湯死後,罔密事叢,浸以耗廢,九卿奉職,救過不給,何暇論繩墨之外乎!"

【考釋】

〔一〕律令凡三百五十九章,大辟四百九條,千八百八十二事,死罪決事比萬三千四百七十二事

"章"是以特定事項爲内容的法律條文集群(説詳前文)。

"四百九條"即四百零九條。敦煌抄本殘卷"法藏 P.3669"作"四百九十條"。① 堀毅、郭林認爲應以抄本爲準。② 但在中國古籍中,百位數後直接連個位數的表記方法並不少見。例如"《史記》卷一百一《袁盎晁錯列傳》","卷一百一"就不是"一百一十"的簡稱而是"一百零一"的簡稱。況且寫本也未必就一定優於刻本。③ 不能只依據單一寫本殘卷就簡單推翻刻本。此處仍應以"四百九條"爲準。

"事"即文書(説詳前文),這裏放在數字後用作法律文書的計數單位。

"決事"用作動詞指處理文書、決斷案件,用作名詞指已經批示或審斷的文書(説詳前文)。"比"字本義爲二人緊密相從,後引申爲類比、比附。④ 司法上把以現有條文的關聯性和已判案件的相似性爲基礎進行類推處理案件的方式,都稱爲"比"。⑤ "決事比"即決事時作爲比附對象的成案或比

---

① 上海古籍出版社、法國國家圖書館編:《法國國家圖書館藏敦煌西域文獻》(第 26 册),第 278 頁。王重民據此指出:"顔本衍十字。"(王重民:《敦煌古籍敘錄》,第 77 頁)。但據上下文意,王氏應該是説"顔本無十字"。换言之,他只是描述事實,没有做出判斷。
② 堀毅:"在數字的表記法上抄本似乎更爲有利。有人考慮此處的'十'可認爲是刊本脱漏掉的文字,而非衍文。"([日]堀毅:《秦漢法制史論考》,第 69 頁)郭説參見郭林:《敦煌殘卷〈漢書·刑法志〉疑證》,載《語文學刊》2012 年第 11 期。
③ 孫顯斌:"寫本和刻本之間存在顯著差異。寫本更具個性,不僅會改變原書用字,而且還會存在各種抄寫錯誤。刻本不僅可以保證版本一致,而且刻板時也更慎重,選取善本,經過校勘,品質也更有保證。"(孫顯斌:"寫刻之間:《漢書》文本面貌之嬗變淺議",載《濟南大學學報(社會科學版)》2013 年第 5 期)
④ 《説文解字·比部》:"比,密也。"段玉裁注:"今韻平上去入四聲皆錄此字,要密義足以括之,其本義謂相親密也。餘義俌也、及也、次也、校也、例也、類也、頻也、擇善而從之也、阿黨也,皆其所引伸。"
⑤ 陳顧遠認爲,法律意義上的"比"最早是指司法斷獄中的"比附律令",即"奇請";後又出現以成案爲法的"轉相比況",即"它比"(陳顧遠:《漢之決事比及其源流》,載《復旦學報》1947 年第 3 期)。長春按:漢代"比"與"故事"關係極爲密切。《禮記·王制》:"衆疑赦之,必察小大之比以成之。"鄭玄注:"已行故事曰比。"但二者並非一回事。按照古人的語言習慣,作爲比附對象的成案可稱爲故事,從其比附行爲中被提煉出來的規則、範式也可稱爲故事。

附的規則、範式,常用作司法裁判的法律依據,①又稱"法比"②"決事比例"。③ 相對於律令而言,"決事比"靈活簡捷,便於司法實用,因而常有彙編整理。④

〔二〕文書盈於几閣,典者不能徧睹

"盈"即滿。"几(jī)"即擺放器物或供人倚靠的小桌子,這裏是指書案。⑤ "閣"即閣樓,這裏是指藏書閣。⑥

"典"即掌管、負責。⑦ "典者"即"典律令者",指文書法吏。《前漢紀·孝成皇帝紀一》中"典者"作"典掌",應是"典掌者"的簡稱,意思略同。"徧"同"遍",即全部、整個。敦煌抄本殘卷"法藏P.3669"即寫作"徧"。⑧

這句是說,法律文檔數量繁多,堆滿了几案和書閣,負責法律的專業官吏都不能完全瞭解和知曉,更遑論對法律不甚熟悉的普通百姓了。⑨

【原文】

是以郡國承用者駮,師古曰:"不曉其指,用意不同也。"或罪同而論

---

① 徐世虹:"它的實體主要由判例構成,判例來源於重案、要案、疑案。"(徐世虹:《漢代法律載體考述》,載楊一凡總主編:《中國法制史考證》甲編第3卷,中國社會科學出版社2003年版,第180頁)
② 《晉書·刑法志》:"又漢時決事,集為令甲以下三百餘篇,及司徒鮑公撰嫁娶辭訟決為《法比都目》,凡九百六卷。"長春按:這裏,"決事"應理解為名詞。
③ 《後漢書·應奉傳附應劭傳》:"輒撰具律本章句、尚書舊事、廷尉板令、決事比例、司徒都目、五曹詔書及春秋斷獄凡二百五十篇。"(《晉書·刑法志》略同)
④ 《後漢書·陳寵傳附陳忠傳》:"忠略依寵意,奏上二十三條,為決事比,以省請讞之敝。"(《晉書·刑法志》略同)
⑤ 《尚書·顧命》:"相被冕服,憑玉几。"《西京雜記》卷一"几被以錦"條:"漢制:天子玉几,冬則加綈錦其上,謂之綈几……公侯皆以竹木為几,冬則以細屬為橐以憑之,不得加綈錦。"
⑥ 趙增祥、徐世虹、高潮:《〈漢書·刑法志〉注釋》,第52頁。漢朝有天祿閣、石渠閣等知名藏書閣。《漢書·儒林傳·施讎》顏師古注引《三輔故事》:"石渠閣在未央殿北,以藏祕書也。"《後漢書·班彪列傳附班固傳》:"又有天祿石渠,典籍之府。"
⑦ 《史記·太史公自序》:"司馬氏世典周史。"
⑧ 上海古籍出版社、法國國家圖書館編:《法國國家圖書館藏敦煌西域文獻》(第26冊),第278頁。
⑨ 《鹽鐵論·刑德》載"文學"言:"方今律令百有餘篇,文章繁,罪名重,郡國用之疑惑,或淺或深,自吏明習者,不知所處,而況愚民!律令塵蠹於棧閣,吏不能遍睹,而況於愚民乎!此斷獄所以滋衆,而民犯禁滋多也。"

異。**姦吏因緣爲市**,師古曰:"弄法而受財,若市買之交易。"**所欲活則傅生議,所欲陷則予死比**,師古曰:"傅讀曰附。"**議者咸冤傷之**。

【考釋】

〔一〕**郡國承用者駮,或罪同而論異**

"郡國"即郡縣和諸侯封國,泛指各級地方。漢代實行郡國並用體制,郡的長官起初稱"守",後稱"太守";封國事務的實際負責人起初稱"相國""丞相",後稱爲"相",秩二千石。守、相自身都有司法權,同時還有協助處理司法實務的佐官,如郡丞,秩六百石;屬吏如決曹、辭曹、賊曹等,秩百石。①

"承用"即承接、使用,表示中央法律文書在地方的下行傳達和適用過程。"駮"同"駁",即雜亂、矛盾。②《前漢紀·孝成皇帝紀一》中"駮"作"班駮",同"斑駁",意思略同。

"論"即確定罪刑。"或罪同而論異"是説,同樣的罪名在不同法律規範中論罪標準不同。法律義文書衆多,轉相比附,套引轉抄,自然會產生大量矛盾、重複、雜亂的規範內容。這給司法機關適用法律帶來了大麻煩,卻給姦吏從中謀利爲非提供了方便。

〔二〕**姦吏因緣爲市,所欲活則傅生議,所欲陷則予死比**

"因"和"緣"都有依據、順勢的意思。"因緣",敦煌抄本殘卷"法藏P.3669"作"緣",③堀毅認爲"因"與"緣"語義重複,應從抄本。④ 其説似可商榷。"因緣"在《漢書》另有三處類似用例,⑤應爲當時習見的用法,不能根據後人理解強行拆解。大體摘抄《漢書》的《前漢紀·孝成皇帝紀一》此

---

① 參見安作璋、熊鐵基:《秦漢官制史稿》,齊魯書社 2007 年版,第 62—63、77—78、127—129、245—246 頁。
② 《荀子·王霸》:"粹而王,駮而霸。"《後漢書·馬援傳》:"條奏越律與漢律駮者十餘事,與越人申明舊制以約束之。"
③ 上海古籍出版社、法國國家圖書館編:《法國國家圖書館藏敦煌西域文獻》(第 26 册),第 278 頁。
④ [日]堀毅:《秦漢法制史論考》,第 69 頁。
⑤ 《漢書·禮樂志》:"今幸有前聖遺制之威儀,誠可法象而補備之,經紀可因緣而存著也。"《漢書·金日磾傳》:"欽因緣謂當:⋯⋯"《漢書·王莽傳中》:"姦虐之人因緣爲利,至略賣人妻子,逆天心,悖人倫。"

句也作"因緣"。況且此處班固是直接借用桓譚的奏疏，原奏書即寫作"因緣"（詳見下文腳注）。

"市"即市場。"爲市"即進行交易。"姦吏因緣爲市"是說，姦邪法吏利用法律規範矛盾、雜亂的局面謀取私利。"姦"，敦煌抄本殘卷"法藏P.3669"作"奸"，①是其異體字。

"活"與"陷"意思相反，分別指讓人活命和陷人死罪。"生議"與"死比"意思相反，分別指免除死刑和判處死刑的法律依據。"傅"通"附"，即附會、比附。"予"即給與、附加。"則傅生議"，敦煌抄本殘卷"法藏P.3669"作"用傅生議"，②堀毅根據上下文意認爲應從刻本。③ 其說可從。此處"則予死比"和下文腳注所引桓譚奏書可爲例證。

"議者咸冤傷之"即議論者都爲這種情況而怨恨悲傷。議者之一即爲桓譚，此處行文也大體出於其奏書。④"冤"，敦煌抄本殘卷"法藏P.3669"作"惌"（yuān），⑤堀毅認爲兩字皆可講得通。⑥ 其說似可商榷。"惌"同"怨"，通常表示當事人主觀的怨恨態度。此處"議者"則是站在客觀的立場上評判是非曲直，應以"冤"字義爲勝。

---

① 上海古籍出版社、法國國家圖書館編：《法國國家圖書館藏敦煌西域文獻》（第26冊），第278頁。
② 上海古籍出版社、法國國家圖書館編：《法國國家圖書館藏敦煌西域文獻》（第26冊），第278頁。
③ ［日］堀毅：《秦漢法制史論考》，第69頁。
④ 《後漢書·桓譚傳》："又見法令決事，輕重不齊，或一事殊法，同罪異論，姦吏得因緣爲市，所欲活則出生議，所欲陷則與死比，是爲刑開二門也。"長春按：班固此處行文簡練規整，很可能是在桓譚之文的基礎上修改而成（說詳下文）。
⑤ 上海古籍出版社、法國國家圖書館編：《法國國家圖書館藏敦煌西域文獻》（第26冊），第278頁。
⑥ ［日］堀毅：《秦漢法制史論考》，第69頁。

第十五章
宣帝自在閭閻

【主旨】

本章主要記録漢宣帝時討論法制改革問題的情況。具體可分爲兩節：第一節記録路温舒上疏指陳刑獄弊政以及漢宣帝通過設置廷尉平和親自斷獄所作的回應。第二節記録鄭昌上疏建議通過修改法律徹底解除弊端以及漢宣帝未作回應的情況。

第一節

【原文】

宣帝自在閭閻而知其若此，及即尊位，廷史路温舒上疏，言秦有十失，其一尚存，治獄之吏是也。語在《温舒傳》。

【考釋】

〔一〕**宣帝自在閭閻而知其若此**

"宣帝"即漢宣帝劉詢（前91年—前48年），原名劉病已，字次卿，戾太子劉據之孫。劉據在漢武帝末年的巫蠱事件中自殺，家人和門客都被處死，唯獨劉病已由於身在襁褓得以免死，並在廷尉監丙吉、掖庭令張賀的關照下長大，娶平民女許平君爲妻，生子劉奭（即漢元帝）。後來，漢昭帝無嗣駕崩，昌邑王劉賀旬月被廢，劉病已在霍光等人擁戴下即皇帝位。

在位十年後，爲方便民間避諱而更名劉詢。① 漢宣帝在位二十五年，頻發德政，頗有作爲，號稱中興，死後追上廟號"中宗"。②

"閭閻"原指古代基層村民聚落"里"的大門和中門，後代指民間。③ 漢宣帝成長於民間，因此熟悉民間疾苦，瞭解獄政弊端。④

〔二〕廷史路温舒上疏，言秦有十失，其一尚存，治獄之吏是也

"廷史"即廷尉史，是廷尉的屬吏，任輕祿薄，秩二百石，亦即俸月三十斛穀。⑤ 漢代有關廷尉史的記載，最早見於漢武帝時，且都與張湯有關。⑥

路温舒（生卒年不詳），字長君，鉅鹿東里（今河北省廣宗縣）人。他自幼好學，熟習律令，先後擔任縣獄史、郡決曹史、廷尉奏曹掾、守廷尉史。宣帝即位之初，路温舒上疏建言尚德緩刑，指斥獄吏弊政，即此處"上疏"的内容。其本傳所稱"守廷尉史"是指以奏曹掾而兼任或試守。⑦ 這裏徑稱"廷史"，可能是省稱，也可能説明他已轉正。

"上疏"指官員向皇帝呈遞的形式正式、内容豐富而有條理的建議文書，與作爲官民均可上呈、形式靈活、内容單一的"上書"有所不同。

---

① 《漢書·宣帝紀》載元康二年五月詔："聞古天子之名，難知而易諱也。今百姓多上書觸諱以犯罪者，朕甚憐之。其更諱詢。諸觸諱在令前者，赦之。"
② 《漢書·宣帝紀》"贊曰"："孝宣之治，信賞必罰，綜核名實，政事文學法理之士咸精其能，至於技巧工匠器械，自元、成間鮮能及之，亦足以知吏稱其職，民安其業也。遭值匈奴乖亂，推亡固存，信威北夷，單于慕義，稽首稱藩。功光祖宗，業垂後嗣，可謂中興，侔德殷宗、周宣矣。"
③ 《漢書·循吏傳》："及至孝宣，繇仄陋而登至尊，興於閭閻，知民事之囏難。"顔師古注："閭，里門也。閻，里中門也。言從里巷而即大位也。"引者注："囏"同"艱"。
④ 《漢書·宣帝紀》："受詩於東海澓中翁，高材好學，然亦喜游俠，鬥雞走馬，具知閭里姦邪，吏治得失。"《漢書·循吏傳·黄霸》："會宣帝即位，在民間時知百姓苦吏急也。"
⑤ 《後漢書·百官志二》："廷尉，卿一人，中二千石。"李賢等注引《漢官》曰："員吏百四十人，其十一人四科，十六人二百石廷史，文學十六人百石，十三人獄史，二十七人佐，二十六人騎吏，三十人假佐，一人官醫。"《漢書·百官公卿表上》顔師古注："漢制……二百石者三十斛。"
⑥ 《漢書·張湯傳》："是時，上方鄉文學，湯決大獄，欲傅古義，乃請博士弟子治《尚書》《春秋》補廷尉史，平亭疑法。"《漢書·酷吏傳·杜周》："義縱爲南陽太守，以周爲爪牙，薦之張湯，爲廷尉史。"《漢書·酷吏傳·王温舒》："數爲吏，以治獄至廷尉史，事張湯，遷爲御史，督盗賊，殺傷甚多。"
⑦ 有關漢代"守官"的含義，可參見[日]鷹取祐司：《漢代的"守"和"行某事"》，魏永康譯，載周東平、朱騰主編：《法律史譯評》第6卷，中西書局2018年版。

敦煌抄本殘卷"法藏 P.3669""言"字後有"曰"字,①堀毅認爲兩本皆可,無甚區别。② 其説可從。

路溫舒認爲當時仍然延續秦朝重用獄吏的弊政,③獄吏務爲深刻、重獄邀功從而導致刑訊釀冤的行事邏輯,④不僅有違儒家經典義理,而且已成天下大患。西漢時最受重用的文法吏,精通法律,善理文書,但文化水準不高,少有獨立的思想和價值立場,因而通常淪爲輔助政治權力的工具人。該文對此現狀表達不滿,指出重用獄吏的危害,喊出"秦有十失,其一尚存"的金句,卻没有找到這個問題的癥結點,也没有提出切實可行的解决方案,唯一具體的建議就是廢除誹謗罪。

〔三〕語在温舒傳

"温舒傳"即《漢書・路温舒傳》,敦煌抄本殘卷"法藏 P.3669"作"路温舒",⑤堀毅認爲脱漏"傳"字。⑥ 其説可從。

【原文】

上深愍焉,乃下詔曰:"間者吏用法,巧文寖深,是朕之不德也。夫決獄不當,使有罪興邪,不辜蒙戮,晉灼曰:"當重而輕,使有罪者起邪惡之心也。"師古曰:"有罪者更興邪惡,無辜者反陷重刑,是決獄不平故。"父子

---

① 上海古籍出版社、法國國家圖書館編:《法國國家圖書館藏敦煌西域文獻》(第 26 册),第 278 頁。
② [日]堀毅:《秦漢法制史論考》,第 69—70 頁。
③ (清)沈欽韓《漢書疏證》卷五上"獄史"條:"秦代仕宦大抵出於獄吏,漢初亦然。"《漢書・周勃傳》載周勃曰:"吾嘗將百萬軍,安知獄吏之貴也!"《漢書・司馬遷傳》載司馬遷曰:"見獄吏則頭槍地,視徒隸則心惕息。"《漢書・韓安國傳》:"安國坐法抵罪,蒙獄吏田甲辱安國。"《漢書・循吏傳・黄霸》:"自武帝末,用法深。昭帝立,幼,大將軍霍光秉政……遂遵武帝法度,以刑罰痛繩群下,繇是俗吏上嚴酷以爲能。"《大學衍義補》卷一〇一"總論制刑之義(下)":"蘇軾謂罪非己造爲人所累曰及,秦漢間謂之逮,獄吏以不遺支黨爲忠,以多逮廣繫爲利,漢大獄有逮萬人者,國之安危、運祚長短咸寄於此。"
④ 《漢書・路温舒傳》:"今治獄吏則不然,上下相敺,以刻爲明;深者獲公名,平者多後患。故治獄之吏皆欲人死,非憎人也,自安之道在人之死。"引者注:"敺"即"驅"。
⑤ 上海古籍出版社、法國國家圖書館編:《法國國家圖書館藏敦煌西域文獻》(第 26 册),第 278 頁。
⑥ [日]堀毅:《秦漢法制史論考》,第 70 頁。

悲恨,朕甚傷之。

【考釋】

〔一〕上深愍焉,乃下詔

"愍"即憂患、痛心,敦煌抄本殘卷"法藏 P.3669"作"𢘆"。① 其中"民"字的缺筆是爲避唐太宗諱。抄本下文同,不再贅述。《前漢紀·孝成皇帝紀一》"深愍焉"作"深悼之",意思略同。

漢宣帝賞識路溫舒之言,對其官職也有升遷。② 但此處"下詔"的時間存在疑問。據此處所說,宣帝受路溫舒上疏影響而下詔設置廷尉平。所以二事應該前後相繼,大致同時。《漢書·路溫舒傳》載,路溫舒上疏時間是"昭帝崩,昌邑王賀廢,宣帝初即位",應是"本始元年"(前73年)。《漢志》也采此說,緊隨"及即尊位"四字之後。但《漢書·宣帝紀》載,設置廷尉平在宣帝即位六年後的"地節三年十二月"(前67年)。此後,《前漢紀·孝宣皇帝紀一》把路溫舒上疏繫於"本始元年秋七月",把置廷尉平繫於"地節三年十二月",是把兩件事區分看待。《資治通鑑》卷二五則把兩件事都繫於"地節三年",以便於連貫敘述。

這個問題需要結合當時政治局勢的變遷來看。劉病已在大將軍霍光的安排下登上皇位,一切朝政都聽命於霍光。在此期間,他最主要的任務是鞏固皇位,面對大將軍總覺如芒在背,在内外大政方面不敢有所主張。而霍光執政仍然延續武帝時的政策,只是手段有所緩和而已。所以,即便宣帝對路溫舒的上疏心有感觸,也暫時不能有所作爲。地節二年(前68年)霍光去世,宣帝這才開始逐漸掌握朝政,陸續推行一系列改革措施。設置廷尉平的舉措正是在此背景下出現的。所以才會出現路溫舒上疏與宣帝設廷尉平兩件事情之間長達六年的延滯期。

---

① 上海古籍出版社、法國國家圖書館編:《法國國家圖書館藏敦煌西域文獻》(第26册),第278頁。
② 《漢書·路溫舒傳》:"上善其言,遷廣陽私府長。"顏師古注:"藏錢之府,天子曰少府,諸侯曰私府。長者,其官之長也。"

〔二〕間者吏用法,巧文寖深,是朕之不德也

"間者"即一段時間之前,可以是幾個月前,也可以是幾年前。① 前者可以譯爲最近、不久前,後者可以譯爲過去、以往。這裏用後一種含義。

"巧文"本義是巧於文辭,這裏指舞文弄法。② "寖深"指斷獄用刑日益深刻。"寖",敦煌抄本殘卷"法藏 P.3669"作"浸",③堀毅認爲應從刻本。④ 實則,二字相通,兩説皆可(説詳前文)。

"朕之不德"是漢代詔書中常見的自責謙辭,與《漢志》前文"非乃朕德之薄,而教不明與"意思差不多。

〔三〕決獄不當,使有罪興邪,不辜蒙戮,父子悲恨

"決獄不當"即斷罪量刑不恰當,包括"故縱""故不直"兩種情況。由於牽涉百姓的罪刑大事,所以歷來受到重視。⑤

"有罪興邪"即有罪者僥幸逃脱,繼續爲惡。"不辜蒙戮"即無罪者獲罪蒙羞。敦煌抄本殘卷"法藏 P.3669""辜"寫作 ⿱⿻𠂇⿻⿻一丨一手 。⑥ 觀察此字,似乎上半部分寫成了"右",下半部分寫成了"手"。抄本下文都是這種寫法,應該是當時的手寫體。"父子"字面義是父親和兒子,後泛指家人。⑦ "悲恨"即悲傷、怨恨。這些都是決獄不當的嚴重後果。

【原文】

今遣廷史與郡鞫獄,任輕禄薄,如淳曰:"廷史,廷尉史也。以囚辭決獄事爲鞫,謂疑獄也。"李奇曰:"鞫,窮也,獄事窮竟也。"師古曰:"李説是也。"其爲置

---

① 《漢書·文帝紀》:"間者諸吕用事擅權。"顏師古注:"間者,猶言中間之時也。他皆倣此。"《漢書·文帝紀》:"間者累年,匈奴並暴邊境,多殺吏民。"
② 《國語·晉語九》:"巧文辯惠則賢,彊毅果敢則賢。"韋昭注:"巧文,巧於文辭。"
③ 上海古籍出版社、法國國家圖書館編:《法國國家圖書館藏敦煌西域文獻》(第 26 册),第 278 頁。
④ [日]堀毅:《秦漢法制史論考》,第 70 頁。
⑤ 《淮南子·時則訓》:"命有司,申嚴百刑,斬殺必當,無或枉撓。決獄不當,反受其殃。"《淮南子·人間訓》:"越王勾踐一決獄不辜,援龍淵而切其股,血流至足,以自罰也。"
⑥ 上海古籍出版社、法國國家圖書館編:《法國國家圖書館藏敦煌西域文獻》(第 26 册),第 278 頁。
⑦ 《漢書·孔光傳》:"陰陽錯謬,歲比不登,天下空虛,百姓饑饉,父子分散,流離道路,以十萬數。"

廷平，秩六百石，員四人。其務平之，以稱朕意。"

【考釋】

〔一〕遣廷史與郡鞫獄，任輕祿薄

"鞫"通"鞫"，二字本作"𥷚"，意爲在審訊之後面對囚犯確認案情、宣讀罪狀。① 其中，"革"本作"𦍒"，象手銬之形；"勹"象人之形；"言"如開口說話。所以"鞫"又引申爲認定案情的文書。張琮軍指出，"鞫"的内容是法官對案件事實的認定，而非對法律的認定。② 後來，"鞫"也泛指全部訴訟程序。③ 此處即爲其一例。

"鞫獄"可以寬泛理解爲審理案件。"與郡鞫獄"即與郡國官員共同審理案件。漢代遇有大案、疑案，皇帝常直接指派不同部門官員共同審理，是爲"詔獄"，其審理模式稱爲"雜治"。④ 辦案過程中，不同部門所指派的官員級别應大體相當或相差不大。廷尉系統的官員中，廷尉爲主官（秩中二千石），廷尉正爲副官（秩千石），二者可以與丞相長史（秩千石）、御史中丞（秩千石）及二千石官共同審理案件；廷尉監（秩千石）可以與侍御史（秩六百石）、王國中尉（秩二千石）共同逮捕犯人。⑤ 涉及郡國的案件，廷尉官員可以赴魏郡、鉅鹿、洛陽等地詔獄辦案。⑥ 路溫舒原爲鉅鹿郡決曹史，後

---

① 《説文解字・𦍒部》："鞫，窮理罪人也。从𦍒从人从言，竹聲。"段玉裁注："按鞫者，俗字譌作鞫。古言鞫，今言供，語之轉也。今法人犯人口供於前，具勘語擬畢於後，即周之讀書用法，漢之以辭決罪也。"《禮記・文王世子》："亦告於甸人。"鄭玄注："告讀爲鞫，讀書用法曰鞫。"孔穎達疏："讀書，讀囚人之所犯罪狀之書。用法，謂其法律平斷其罪。鞫，盡也，謂推審其罪狀令盡也。"《史記・酷吏列傳・張湯》："湯掘窟得盜鼠及餘肉，劾鼠掠治，傳爰書，訊鞫論報。"裴駰《集解》引蘇林曰："鞫，窮也。"引張晏曰："鞫，一吏爲讀狀，論其報行也。"
② 張琮軍：《漢代簡牘文獻刑事證據材料考析》，載《現代法學》2013年第6期。
③ 參見徐世虹：《西漢末期法制新識——以張勳主守盜案牘爲對象》，載《歷史研究》2018年第5期。
④ 《漢書・楚元王傳》："爲宗正丞，雜治劉澤詔獄。"顔師古注："雜謂以他官共治之也。"
⑤ 《漢書・王嘉傳》："廷尉梁相與丞相長史、御史中丞及五二千石雜治東平王雲獄。"《漢書・李尋傳》："皆下獄，光祿勳平當、光禄大夫毛莫如與御史中丞、廷尉雜治。"《漢書・息夫躬傳》："上遣侍御史、廷尉監逮躬，繋雒陽詔獄。"《漢書・淮南王傳》："上遣廷尉監與淮南中尉逮捕太子。"
⑥ 《漢書・江充傳》："收捕太子丹，移繋魏郡詔獄，與廷尉雜治，法至死。"《漢書・景十三王傳・廣川惠王越》："天子遣大鴻臚、丞相長史、御史丞、廷尉正雜治鉅鹿詔獄。"《漢書・息夫躬傳》："上遣侍御史、廷尉監逮躬，繋雒陽詔獄。"

廷尉解光到此辦理詔獄,請路溫舒擔任廷尉奏曹掾、守廷尉史,參與案件辦理。① 廷尉史以二百石的秩級參與其中,確實可以説是"任輕禄薄"。

此處的"廷史"也有版本作"廷吏",②應爲傳抄訛誤。

〔二〕置廷平,秩六百石,員四人。其務平之,以稱朕意

"廷平"即廷尉平,也作廷尉評,是廷尉的屬官,分爲左平、右平,各二人。

"秩"即官員俸禄或品級,③以穀物多少宣示等級。"石"是秦漢時官俸的計量單位。"秩六百石"即月俸七十斛穀。④

廷尉平的設置始於漢宣帝地節三年的這份詔書。⑤ 陳直認爲武帝時已有此官。⑥ 其依據是,《太平御覽》卷二三一《職官部二十九·廷尉評》引《三輔決録》注曰:"茂陵何比干,漢武時丞相公孫弘舉爲廷尉右平,獄無冤民,號曰何公。"但此條所載有誤,⑦何比干當時所任官職實爲廷尉正。⑧

"其務平之"是對廷尉平職責和宗旨的要求,⑨敦煌抄本殘卷"法藏P.3669"作"其務以平之"。但在衍出的"以"字右下角有一個"√"的符號,似乎抄寫者已經注意到此處衍字,所以做符號以標示之。⑩

───────

① 《漢書·路溫舒傳》:"路溫舒字長君,鉅鹿東里人也……轉爲獄史,縣中疑事皆問焉。太守行縣,見而異之,署決曹史……元鳳中,廷尉光以治詔獄,請溫舒署奏曹掾,守廷尉史。"
② 《太平御覽》卷二三一《職官部二十九·廷尉評》引《漢書》。
③ 《左傳·莊公十九年》:"而收膳夫之秩。"杜預注:"秩,禄也。"
④ 《漢書·百官公卿表上》顔師古注:"漢制……六百石者七十斛。"
⑤ 《漢書·宣帝紀》:"(地節三年)十二月,初置廷平四人,秩六百石。"
⑥ 陳直:《漢書新證》,第91頁。
⑦ 《太平御覽》卷二三一《職官部二十九·廷尉評》引有《漢書》此詔書的内容,並附注文:"宣帝始置左右平。而《三輔決録》注云'何比干漢武時爲廷尉右平',謬矣!"
⑧ 《太平御覽》卷二三一《職官部二十九·廷尉正》引《東觀漢記》:"何敞字比干,遷廷尉正。張湯爲廷尉,以殘酷見任,增飾法律,敞嘗争之,存者千數。"《後漢書·何敞傳》:"何敞字文高……六世祖比干,學《尚書》於朝錯,武帝時爲廷尉正,與張湯同時。"長春按:"何敞字比干"有誤,何比干是何敞的六世祖;"朝錯"應即"晁錯"。
⑨ 《漢書·百官公卿表上》:"宣帝地節三年,初置左右平。"顔師古注:"廷,平也。治獄貴平,故以爲號。"
⑩ 上海古籍出版社、法國國家圖書館編:《法國國家圖書館藏敦煌西域文獻》(第26册),第278頁。

"平"在中國古代法律文化中有兩種含義：一是公平、持平，二是寬平、輕平。① 前者重在強調形式上的平等，通常以"水"爲喻。② 後者重在強調實質上的平等，只因法律通常酷烈、法吏崇尚深刻，所以用輕緩、寬縱的精神追求形式不平等前提下的實質平等。③ 這裏"平"用其第二義項，即恕、寬、輕。④ 詔書中的這句話也可能是對路溫舒上疏中"今治獄吏則不然，上下相敺，以刻爲明，深者獲公名，平者多後患"⑤批評的一種回應。

【原文】

於是選于定國爲廷尉，求明察寬恕黃霸等以爲廷平，季秋後請讞。時上常幸宣室，齋居而決事，如淳曰："宣室，布政教之室也。重用刑，故齋戒以決事。"晉灼曰："未央宫中有宣室殿。"師古曰："晉説是也。賈誼傳亦云受釐坐宣室，蓋其殿在前殿之側也，齋則居之。"獄刑號爲平矣。

【考釋】

〔一〕選于定國爲廷尉

于定國（？—前40年），字曼倩，東海郡郯（tán）縣（今山東省郯城縣）人。其父于公先後擔任縣獄史、郡決曹，以"決獄平"知名。于定國自幼學習法律，先後擔任縣獄史、郡決曹、廷尉史、侍御史、御史中丞等司法或監察官員。漢宣帝時，他出任廷尉長達十八年，以"決疑平"而譽滿天下，⑥後

---

① 參見高明士：《中國中古禮律綜論：法文化的定型》，商務印書館2017年版，第82—95頁。
② 《説文解字·水部》："灋，刑也。平之如水，從水。"《漢書·張釋之傳》："廷尉，天下之平也。"《唐六典·大理寺·大理卿》："以三慮盡其理：一曰明慎以讞疑獄，二曰哀矜以雪冤獄，三曰公平以鞫庶獄。"
③ 霍存福："'斷獄平'的本質指'恕''寬''輕'，皆與'深''刻'相對，同時也指合法處斷。"（霍存福：《"斷獄平"或"持法平"：中國古代司法的價值標準——"聽訟明""斷獄平"系列研究之一》，載《華東政法大學學報》2010年第5期）
④ 《漢書·宣帝紀》載元康二年夏五月詔曰："獄者，萬民之命，所以禁暴止邪，養育群生也。能使生者不怨，死者不恨，則可謂文吏矣。今則不然，用法或持巧心，析律貳端，深淺不平，增辭飾非，以成其罪。奏不如實，上亦亡由知。此朕之不明，吏之不稱，四方黎民將何仰哉！二千石各察官屬，勿用此人。吏務平法。"
⑤ 參見《漢書·路溫舒傳》。
⑥ 《漢書·于定國傳》："其決疑平法，務在哀鰥寡，罪疑從輕，加審慎之心。朝廷稱之曰：'張釋之爲廷尉，天下無冤民；于定國爲廷尉，民自以不冤。'"

又升遷爲御史大夫、丞相。

古籍中有于定國受宣帝之命删定律令的記載，但頗可疑。《唐六典·尚書刑部》注曰："至武帝時，張湯、趙禹增律令科條，大辟四百九條。宣帝時，于定國又删定律令科條。"但作爲年代最近的史料，《漢書·刑法志》只記載漢武帝時"律、令凡三百五十九章，大辟四百九條，千八百八十二事，死罪決事比萬三千四百七十二事"，而且明確説"宣帝未及修正"，也就是説宣帝時並没有進行律令删定工作。

《魏書·刑罰志》記載，于定國整理出法律"凡九百六十卷，大辟四百九十條，千八百八十二事，死罪決比凡三千四百七十二條，諸斷罪當用者，合二萬六千二百七十二條"。如果此説屬實的話，于定國删定後的法律數目較之漢武帝時只有三處不同：一是"三百五十九章"變爲"九百六十卷"；二是"大辟四百九條"變爲"大辟四百九十條"；三是"死罪決事比萬三千四百七十二事"變爲"死罪決比凡三千四百七十二條"。後兩項數字變化粗看起來很像是轉抄訛誤，即"四百九"訛爲"四百九十"，"萬"訛爲"凡"。故筆者推測，《魏書·刑罰志》所載極有可能是對漢武帝時法律數目的誤引誤用。而《唐六典·尚書刑部》注的相關記載則是對《魏書·刑罰志》的簡單援引，也不足爲據。

〔二〕求明察寬恕黄霸等以爲廷平

"明察"即觀察細緻、不受蒙蔽。"寬恕"即用法寬大、仁恕。

黄霸（？—前51年），字次公，淮陽陽夏（今河南省太康縣）人。自幼學習法律，在漢武帝時先後擔任侍郎謁者、左馮翊二百石卒史、河東均輸長、河南太守丞等職。在當時用法深刻、用刑嚴酷的政策環境中，黄霸獨以寬平爲名，因此在宣帝時被選爲廷尉正。① 後來，他又先後遷爲丞相長史、揚州刺史、潁川太守、京兆尹、御史大夫、丞相。任丞相長史時，他曾因

---

① 《漢書·循吏傳·黄霸》："昭帝立……遂遵武帝法度，以刑罰痛繩羣下，繇是俗吏上嚴酷以爲能，而霸獨用寬和爲名。會宣帝即位，在民間時知百姓苦吏急也，聞霸持法平，召以爲廷尉正，數決疑獄，庭中稱平。"顔師古注："此廷中謂廷尉之中。"《太平御覽》卷二三一《職官部二十九·廷尉正》引《後漢書》曰："黄霸字次公。宣帝在人間時，知百姓苦吏。聞霸理法平，召爲廷尉正。"長春按："後漢書"應爲"漢書"。"人間"即"民間"，避唐太宗諱。

夏侯勝案被牽連入獄。身陷囹圄兩年期間，他不在乎生死安危，潛心追隨夏侯勝研習《尚書》，可謂獄中佳話。在潁川太守時，他政績卓著，治爲天下第一。

根據上下文意，此處的"廷平"與上句"廷尉"相對應，應指官職廷尉平。可是據其本傳，説黃霸"明察寬恕"確爲屬實，但説其擔任廷尉平並不準確，應爲班固誤寫。班固在此提及黃霸擔任廷尉平，是爲與設置廷尉平之事相呼應。而他的錯誤印象可能源於黃霸本傳"召以爲廷尉正，數決疑獄，庭中稱平"等語。"庭中"即"中庭"，是指官府内部的辦事大廳或議事大堂。①此處的"庭中稱平"是説廷尉府内的人都稱讚黃霸斷獄崇尚寬平，並非指他擔任廷尉平之職。

〔三〕季秋後請讞

"季秋"即農曆九月。此時所用是漢武帝時頒行的太初曆。

"讞"本作"瀗"，指審判定罪活動。②"請讞"即下級官吏遇到疑難案件時請求上級機關審核定案，又稱"奏讞""報讞"。③"張家山漢簡"有《奏讞書》一册，記載從戰國秦到漢初二十個疑難案件的奏報、批復情況，完整展示出當時請讞活動的司法文書面貌（説詳後文）。

請讞起初並无定期。在"張家山漢簡"《奏讞書》中，請讞有七月、八月、十月等不同時間。"季秋後請讞"是説，請讞時間從宣帝時開始確定，爲每年九月以後。廷尉于定國在冬月處理請讞案件，就是其例。④

---

① （清）周壽昌《漢書注校補》卷一《高祖紀第一上》"廷中吏無所不狎侮"條："顔注曰：'廷中，郡府廷之中。廷音定。'壽昌案：《風俗通》云：'廷，正也。'言縣廷、郡廷、朝廷，皆取平正均直也。《廣韻》引此有'廷，平也'三字。古廷、庭字上下通用。如《洪範五行傳》：'於中庭祀四方。'注：'中庭，明堂之庭。或曰，朝廷之庭也。'則廷亦可作庭。又《釋名·釋宮室篇》云：'廷，停也。人所停集之處也。'"

② 《説文解字·水部》："瀗，議辠也。""張家山漢簡"《奏讞書》中皆作"讞"。

③ 《論衡·定賢》："事之難者莫過於獄，獄疑則有請讞。"《禮記·文王世子》："獄成，有司讞於公。"鄭玄注："成，平也。讞之言白也。"孔穎達疏："謂獄斷既平定其罪狀，有司以此成辭言白於公。"《漢書·景帝紀》："獄疑者讞有司。"《後漢書·襄楷傳》："又欲避請讞之煩。"李賢等注：《廣雅》曰：'讞，疑也。'謂罪有疑者，讞於廷尉也。"

④ 《漢書·于定國傳》："定國食酒至數石不亂，冬月請治讞，飲酒益精明。"

〔四〕上常幸宣室,齋居而決事

"幸"即臨幸、到達,專用於君主。"宣室"指君主召見臣屬、處理大事、舉行集議的正殿。① 傳說中商朝就有宣室。② 西漢時,宣室位於長安城未央宮內,③居於正中,即《周禮》所謂"路寢"。④

"齋"即齋戒,指在重要禮儀活動前沐浴更衣、整潔身心。"居"即居住,指齋戒之後不回寢宮而是住在宣室殿中。⑤ 漢宣帝在審決請讞案件之前"齋居",以示對刑獄之事的虔敬和重視。⑥ 此事在後世傳爲美談。⑦

"齋居而決事",敦煌抄本殘卷"法藏 P.3669"作"齋而居決事",⑧堀毅認爲應從刻本。⑨ 其說可從。

〔五〕獄刑號爲平矣

"號"即號稱、宣稱,有虛張聲勢的意味。⑩ "平"即用刑寬緩。(說詳前文)班固在敘述完設置廷尉平、任用優秀法官、齋居決事這三項值得肯定的做法之後話鋒一轉,委婉地表達出對這種揚湯止沸行爲的明褒暗貶。從而引出下文鄭昌的上疏。

---

① 《漢書·東方朔傳》:"夫宣室者,先帝之正處也,非法度之政不得入焉。"《漢書·何武傳》:"宣帝循武帝故事,求通達茂異士,召見武等於宣室。"《漢書·王嘉傳》:"鴻嘉中,舉敦樸能直言,召見宣室,對政事得失。"
② 《淮南子·本經訓》:"武王甲卒三千,破紂牧野,殺之宣室。"高誘注:"宣室,殷宮名;一曰宣室,獄也。"《史記·龜策列傳》:"自殺宣室,身死不葬。"裴駰《集解》引徐廣曰:"天子之居,名曰宣室。"
③ 《史記·屈原賈生列傳》:"孝文帝方受釐,坐宣室。"司馬貞《索隱》引《三輔故事》云:"宣室在未央殿北。"《漢書·賈誼傳》:"上方受釐,坐宣室。"蘇林注:"宣室,未央前正室也。"《漢書·貢禹傳》:"未央宮……獨有前殿、曲臺、漸臺、宣室、溫室、承明耳。"
④ 參見秦濤:《律令時代的"議事以制":漢代集議制研究》,第35—38頁。
⑤ 《說文解字·示部》:"齋,戒潔也。"《論語·鄉黨》:"齊必變食,居必遷坐。"何晏《集解》引孔安國注:"改常饌,易常處。"
⑥ 《大學衍義補》卷一〇八《謹詳讞之議》:"宣帝於季秋後幸宣室齋居而決之,蓋知獄事乃死生之所繫,不敢輕也。齋居則心清而慮專,燭理明而情僞易見。"
⑦ 《隋書·刑法志》:"每以季秋之後,諸所請讞,(漢宣)帝常幸宣室,齋而決事,明察平恕,號爲寬簡。"
⑧ 上海古籍出版社、法國國家圖書館編:《法國國家圖書館藏敦煌西域文獻》(第26册),第278頁。
⑨ 〔日〕堀毅:《秦漢法制史論考》,第70頁。
⑩ 《困學紀聞》卷十二《考史》:"《刑法志》:'獄刑號爲平矣。'《酷吏傳序》:'號爲罔漏吞舟之魚。'《王溫舒傳》:'廣平聲爲道不拾遺。'曰號,曰聲,謂名然而實否也,書法婉而直。"

這句話有版本作"時上常幸宣室,齋而居,決事刑獄,號平反也",①意思略同。"平反"即本著"平"(即寬平)的精神爲人減輕刑罰,後引申爲伸冤翻案。②

第二節

【原文】

時涿郡太守鄭昌上疏言:"聖王置諫爭之臣者,非以崇德,防逸豫之生也;立法明刑者,非以爲治,救衰亂之起也。

【考釋】

〔一〕涿郡太守鄭昌

鄭昌,字次卿,泰山剛(今山東省寧陽縣)人。他好學明經,精通法律政事,曾經擔任太原、涿郡太守,治跡卓著,爲後世所述。③ 漢宣帝時,他曾任諫大夫,忠直敢言。④ 此次上疏時的官職,《漢志》記載爲涿郡太守,《前漢紀》卻稱爲諫議大夫。⑤ 根據下文的"諫爭之臣"一語可知,當時鄭昌應爲諫大夫。涿郡太守極有可能是鄭昌所任最高官職或最後一個官職。因爲,當時太守秩二千石,諫大夫秩比八百石。⑥ 而同樣作爲郡,涿郡規模大

---

① 《太平御覽》卷六三五《刑法部一·敘刑上》引《漢書·刑法志》。
② 《漢書·楚元王傳》:"德寬厚,好施生,每行京兆尹事,多所平反罪人。"蘇林注:"反音幡,幡罪人辭使從輕也。"《資治通鑑》卷二三《漢紀十五》:"其母輒問不疑:'有所平反?活幾何人?'即不疑多有所平反,母喜笑異於他時。或無所出,母怒,爲不食。故不疑爲吏,嚴而不殘。"胡三省注引毛晃曰:"平反,理正幽枉也。"《晉書·賈充傳》:"遷廷尉,充雅長法理,有平反之稱。"《資治通鑑》卷一九二《唐紀八》:"大理少卿孫伏伽謂仁師曰:'足下平反者多,人情誰不貪生,恐見徒侶得免,未肯甘心,深爲足下憂之。'仁師曰:'凡治獄當以平恕爲本,豈可自規免罪,知其冤而不爲伸邪!'"
③ 《漢書·鄭弘傳》:"兄昌字次卿,亦好學,皆明經,通法律政事。次卿爲太原、涿郡太守,弘爲南陽太守,皆著治跡,條教法度,爲後所述。"
④ 《漢書·蓋寬饒傳》:"諫大夫鄭昌湣傷寬饒忠直憂國,以言事不當意而爲文吏所詆挫,上書頌寬饒。"
⑤ 《太平御覽》卷二三一《職官部二十九·廷尉評》引《漢書》作"涿郡太守"。《前漢紀·孝宣皇帝紀一》:"諫議大夫鄭昌上疏言。"長春按:"諫議大夫"應爲"諫大夫",《前漢紀》誤以東漢官名稱呼西漢官名。
⑥ 《漢書·百官公卿表上》:"郡守,秦官,掌治其郡,秩二千石……景帝中二年更名太守……武帝元狩五年初置諫大夫,秩比八百石。"

於太原郡,守官地位應該更高。①

〔二〕置諫爭之臣者,非以崇德,防逸豫之生也

"諫"即規勸、指正,形式多樣,態度較爲柔和。②"爭"通"諍",即直言他人過錯,形式直接,態度較爲強硬。③"崇德"即推崇道德、助益教化。"逸豫"即閑適、安逸。

這句是說,鄭昌我作爲諫爭之臣,職責不在於促進德禮教化,而在於防範安逸墮落。④

〔三〕立法明刑者,非以爲治,救衰亂之起也

這句是說,制定法律刑罰,目的不在於增進治理效果,而在於避免衰亂之勢的興起。此説在西漢頗爲流行。⑤ 這裏強調刑法的底綫作用,有爲獄吏苛酷辯護的意味,同時也是爲下文删定律令的建議做鋪墊。後來,鄭昌出爲太守,爲政用法崇尚深刻,正與其此處主張相符合。⑥

這裏的"治"在其他史料中也有作"理",⑦應是避唐高宗諱而改。

---

① 據《漢書·地理志下》所載漢平帝元始二年的統計,涿郡二十九縣,户十九萬五千六百七,口七十八萬二千七百六十四;太原郡,二十一縣,户十六萬九千八百六十三,口六十八萬四百八十八。

② 《周禮·地官司徒·敘官》:"司諫,中士二人,史二人,徒二十人。"鄭玄注:"諫,猶正也。以道正人行。"《禮記·曲禮下》:"爲人臣之禮:不顯諫。三諫而不聽,則逃之。子之事親也:三諫而不聽,則號泣而隨之。"《漢書·賈山傳》:"古者聖王之制,史在前書過失,工誦箴諫,瞽誦詩諫,公卿比諫,士傳言諫,庶人謗於道,商旅議於市,然後君得聞其過失也。"

③ 《説文解字·言部》:"諍,止也。"《荀子·臣道》:"大臣父兄,有能進言於君,用則可,不用則去,謂之諫;有能進言於君,用則可,不用則死,謂之爭……故諫爭輔拂之人,社稷之臣也,國君之寳也,明君之所尊厚也,而闇主惑君以爲己賊也。"

④ 《漢書·蓋寬饒傳》:"諫大夫鄭昌湣傷寬饒忠直憂國,以言事不當意而爲文吏所詆挫,上書頌寬饒曰:'……臣幸得從大夫之後,官以諫爲名,不敢不言。'"長春按:鄭昌此處同樣以諫爭之臣自居。

⑤ 《新語·無爲》:"夫法令者,所以誅惡,非所以勸善。"《淮南子·氾論訓》:"法制禮義者,治人之具也,而非所以爲治也。"《史記·酷吏列傳》:"法令者治之具,而非制治清濁之源也。"《鹽鐵論·論菑》載"文學"曰:"法令者,治惡之具也,而非至治之風也。"《法言·問道》:"太上無法而治,法非所以爲治也。"

⑥ 《漢書·鄭弘傳》:"次卿爲太原、涿郡太守,弘爲南陽太守,皆著治跡,條教法度,爲後所述。次卿用刑罰深,不如弘平。"長春按:鄭昌強悍的爲政之風也可能與其所任職的太原等地的民風有關。《漢書·地理志下》:"太原、上黨……漢興,號爲難治,常擇嚴猛之將,或任殺伐爲威。"

⑦ 《太平御覽》卷二三一《職官部二十九·廷尉評》引《漢書》。

【原文】

今明主躬垂明聽，雖不置廷平，獄將自正；若開後嗣，不若刪定律令。師古曰："刪，刊也。有不便者，則刊而除之。"律令一定，愚民知所避，姦吏無所弄矣。

【考釋】

〔一〕明主躬垂明聽，雖不置廷平，獄將自正

"明主"即聖明君主，這裏是對漢宣帝的恭維之詞。"躬"即親自。"垂"表示上級對下級的動作。"聽"即聽訟斷獄、審理案件。①"躬垂明聽"可譯爲：以皇帝的至尊身份親自審理案件並做出聖明的裁斷。這可能是指《漢志》前文的"常幸宣室，齋居而決事"。漢宣帝在霍光死後開始親政，展示出勵精圖治、勤勉有爲的精神狀態，朝政面貌爲之一變。②

這句是說，如果要扭轉司法領域的酷烈之風，只要皇帝親身示範重視刑獄，情況自可回歸正常。換句話說，鄭昌認爲設置廷尉平並非可以改變全局的根本舉措。

〔二〕若開後嗣，不若刪定律令。律令一定，愚民知所避，姦吏無所弄矣

"開"即開創、啓導，③敦煌抄本殘卷"法藏 P.3669"作"關"，④應爲傳抄訛誤。⑤"後嗣"即後世。"刪定"即刪減、刊定。鄭昌認爲法律的弊病在於繁雜，所以應該進行系統的法律刪定。

前半句是說，如果宣帝不僅要解決眼前的獄吏問題，還想開創惠及子孫後代的新局面，那就應該把注意力放到修訂律令上來，從根本上解決

---

① 《論語·顏淵》："子曰：'聽訟，吾猶人也，必也使無訟乎。'"
② 《漢書·宣帝紀》："上始親政事……令群臣得奏封事，以知下情。五日一聽事，〔自丞相〕以下各奉職奏事，以傅奏其言，考試功能。"《漢書·循吏傳》："及至孝宣，由仄陋而登至尊，興於閭閻，知民事之艱難。自霍光薨後始躬萬機，厲精爲治，五日一聽事，自丞相已下各奉職而進。及拜刺史守相，輒親見問，觀其所由，退而考察所行以質其言，有名實不相應，必知其所以然。"
③ 《漢書補注·刑法志》："開，啓導之意。"
④ 上海古籍出版社、法國國家圖書館編：《法國國家圖書館藏敦煌西域文獻》（第 26 冊），第 278 頁。
⑤ ［日］堀毅：《秦漢法制史論考》，第 71 頁。

問題。

"一"即一旦、一經，敦煌抄本殘卷"法藏 P.3669"作"壹"。① "壹"與"一"原本是兩個字，在漢代時常混用。② "愚民"即民衆中較爲愚蠢的人。"民"，敦煌抄本殘卷"法藏 P.3669"作"昬"。③ 這是爲避唐太宗諱而做的缺筆處理。"姦吏"即獄吏中較爲姦猾的人。

后半句是說，只要法律條文形成定本、彼此不矛盾衝突，那麽，即便是愚蠢的民衆也知道如何避免犯罪，姦猾的獄吏也不能隨意舞文弄法。這句話在不同史料中還有不同的表達。④

【原文】

今不正其本，而置廷平以理其末也，政衰聽怠，則廷平將招權而爲亂首矣。"蘇林曰："招音翹。翹，舉也，猶賣弄也。"孟康曰："招，求也，招致權著己也。"師古曰："孟說是也。"宣帝未及修正。

【考釋】

〔一〕今不正其本，而置廷平以理其末也，政衰聽怠，則廷平將招權而爲亂首矣

"政衰聽怠"即政治清明的局面逐漸衰敗、聽訟斷獄的活動逐漸懈怠。敦煌抄本殘卷"法藏 P.3669"作"衰聽怠"，⑤ 應爲傳抄脱落。⑥

"招權"即攬權，指借機擴大手中權力。"亂首"即禍亂的開端。

鄭昌認爲，要解決當前的法律問題，删定律令爲"本"，設置廷尉平是"末"。

---

① 上海古籍出版社、法國國家圖書館編：《法國國家圖書館藏敦煌西域文獻》(第 26 册)，第 278 頁。
② 《容齋五筆》卷九"一二三與壹貳叁同"條："古書及漢人用字，如一之與壹，二之與貳，叁之與三，其義皆同。"
③ 上海古籍出版社、法國國家圖書館編：《法國國家圖書館藏敦煌西域文獻》(第 26 册)，第 278 頁。
④ 《前漢紀·孝宣皇帝紀一》："律令一定，愚民知其所避畏，姦吏無所弄權柄。"《太平御覽》卷二三一《職官部二十九·廷尉評》引《漢書》曰："律令一定，愚人知所避就，姦吏無弄。"長春按：改"民"爲"人"，避唐太宗諱。
⑤ 上海古籍出版社、法國國家圖書館編：《法國國家圖書館藏敦煌西域文獻》(第 26 册)，第 279 頁。
⑥ [日] 堀毅：《秦漢法制史論考》，第 71 頁。

如果本末倒置,不僅不能解決原有問題,而且一旦出現"政衰聽怠"的局面,還會帶來"廷平招權"的新麻煩。此説固然有理,但也難免偏狹。① 就此問題而言,删定律令和整頓吏治是一體兩面、互相輔助的關係,二者不可偏廢。

〔二〕宣帝未及修正

這句是説,漢宣帝雖然認可鄭昌的奏議,但没有精力顧及此事,並未開展相應的改革。之所以説他"未及",是由於當時宣帝在霍光死後正在逐步鞏固自己的權力,並在爲徹底誅滅霍氏家族而暗中布局,所以無暇對龐雜的法律開展系統的清理工作。而他設置廷尉平或許也只是爲了展現良好的政治形象,用"其務平之"來獲得更多的民意擁護。

漢宣帝出自民間,瞭解民間疾苦,所以在其鞏固皇位之後,也確實開展了一系列的法律改革以整頓吏治、減輕民衆負擔,但大都是針對具體事項的小修小補,並不牽涉法律體系的根本問題(詳見下表)。而且在執政後期,他也如漢武帝一樣奉行外儒内法、霸王道雜用的"漢家制度",對於刑法深刻的問題未必真有徹底改革之意。②

表七:漢宣帝修法正獄詔令一覽

序號	時 間	内　　容
1	地節四年五月	詔曰:"父子之親,夫婦之道,天性也。雖有患禍,猶蒙死而存之。誠愛結於心,仁厚之至也,豈能違之哉! 自今子首匿父母,妻匿夫,孫匿大父母,皆勿坐。其父母匿子,夫匿妻,大父母匿孫,罪殊死,皆上請廷尉以聞。"

---

① 《大學衍義補》卷一〇三《定律令之制(下)》:"是乃一偏之見也。夫治國而無律令固不可,有律令而無掌用之人亦不可,人君雖有聰明之資,亦無不用人用法而自垂理之理。"
② 《漢書·元帝紀》:"八歲,立爲太子。壯大,柔仁好儒。見宣帝所用多文法吏,以刑名繩下,大臣楊惲、蓋寬饒等坐刺譏辭語爲罪而誅,嘗侍燕從容言:'陛下持刑太深,宜用儒生。'宣帝作色曰:'漢家自有制度,本以霸王道雜之,奈何純任德教,用周政乎! 且俗儒不達時宜,好是古非今,使人眩於名實,不知所守,何足委任!'"《漢書·禮樂志》:"至宣帝時,琅邪王吉爲諫大夫,又上疏言:'……今俗吏所以牧民者,非有禮義科指可世世通行者也,以意穿鑿,各取一切。是以詐僞萌生,刑罰無極,質樸日消,恩愛浸薄。孔子曰"安上治民,莫善於禮",非空言也。願與大臣延及儒生,述舊禮,明王制,驅一世之民,濟之仁壽之域,則俗何以不若成、康? 壽何以不若高宗?'上不納其言,吉以病去。"《漢書·蘇建傳附蘇武傳》:"自丞相黃霸、廷尉于定國、大司農朱邑、京兆尹張敞、右扶風尹翁歸及儒者夏侯勝等,皆以善終,著名宣帝之世,然不得列於名臣之圖,以此知其選矣。"

續表

序號	時間	内容
2	地節四年九月	詔曰："《令甲》：'死者不可生，刑者不可息。'此先帝之所重，而吏未稱。今繫者或以掠辜若飢寒瘐死獄中，何用心逆人道也！朕甚痛之。其令郡國歲上繫囚以掠笞若瘐死者所坐名、縣、爵、里，丞相御史課殿最以聞。"
3	元康二年正月	詔曰："《書》云：'文王作罰，刑茲無赦。'今吏修身奉法，未有能稱朕意，朕甚愍焉。其赦天下，與士大夫厲精更始。"
4	元康二年五月	詔曰："獄者萬民之命，所以禁暴止邪，養育群生也。能使生者不怨，死者不恨，則可謂文吏矣。今則不然。用法或持巧心，析律貳端，深淺不平，增辭飾非，以成其罪。奏不如實，上亦亡繇知。此朕之不明，吏之不稱，四方黎民將何仰哉！二千石各察官屬，勿用此人。吏務平法。"又曰："聞古天子之名，難知而易諱也。今百姓多上書觸諱以犯罪者，朕甚憐之。其更諱詢。諸觸諱在令前者，赦之。"
5	神爵三年八月	詔曰："吏不廉平則治道衰。今小吏皆勤事，而奉禄薄，欲其毋侵漁百姓，難矣。其益吏百石以下奉十五。"
6	五鳳二年八月	詔曰："夫婚姻之禮，人倫之大者也；酒食之會，所以行禮樂也。今郡國二千石或擅爲苛禁，禁民嫁娶不得具酒食相賀召。由是廢鄉黨之禮，令民亡所樂，非所以導民也。《詩》不云乎，'民之失德，乾餱以愆'？勿行苛政。"
7	五鳳四年四月	詔曰："皇天見異，以戒朕躬，是朕之不逮，吏之不稱也。以前使使者問民所疾苦，復遣丞相、御史掾二十四人循行天下，舉冤獄，察擅爲苛禁深刻不改者。"
8	黄龍元年二月	詔曰："蓋聞上古之治，君臣同心，舉措曲直，各得其所。是以上下和洽，海内康平，其德弗可及已。朕既不明，數申詔公卿大夫務行寬大，順民所疾苦，將欲配三王之隆，明先帝之德也。今吏或以不禁姦邪爲寬大，縱釋有罪爲不苛，或以酷惡爲賢，皆失其中。奉詔宣化如此，豈不謬哉！方今天下少事，繇役省減，兵革不動，而民多貧，盜賊不止，其咎安在？上計簿，具文而已，務爲欺謾，以避其課。三公不以爲意，朕將何任？諸請詔省卒徒自給者皆止。御史察計簿，疑非實者按之，使真僞毋相亂。"

第十六章
元帝初立

【主旨】

本章主要記錄漢元帝、漢成帝時圍繞律令繁多問題展開的改革情況。具體可分爲四節：第一節記錄漢元帝發布的蠲減律令的詔書。第二節記錄漢成帝發布的蠲省律令的詔書。第三節是班固對此過程的評論，對這種"大議不立"的狀況進行批判。第四節一方面駁斥"法難數變"的觀點，另一方面以總括之語引出下文的史實例證，分別以"便今""合古"統攝接下來的兩章。

第一節

【原文】

元帝初立，乃下詔曰："夫法令者，所以抑暴扶弱，欲其難犯而易避也。今律令煩多而不約，自典文者不能分明，而欲羅元元之不逮，_{師古曰："羅，網也。不逮，言意識所不及。"}斯豈刑中之意哉！_{師古曰："中，當也。"}其議律令可蠲除輕減者，條奏，唯在便安萬姓而已。"

【考釋】

〔一〕**元帝初立，乃下詔**

"元帝"即漢元帝劉奭（shì）（前75年—前33年），漢宣帝之子。他承繼"昭宣中興"之業卻痛失好局,由於優柔寡斷的性格弱點和寵信宦官的決策錯誤而導致大權旁落,朝政混亂,豪強坐大,兼併嚴重。但另一方面,他喜好儒術,提拔儒臣,又使儒家思想徹底成爲社會主流意識形態。① 此處這份詔書的頒布時間,疑爲初元五年(前 44 年)前後。②

〔二〕法令者,所以抑暴扶弱,欲其難犯而易避也

"所以"即用來。③ "抑暴扶弱"即压制強暴、扶助弱小。"難犯"即難以冒犯,針對強暴而言。"易避"即容易躲避,針對弱小而言。詔書認爲,法律有打擊犯罪、保護良善兩方面功能。這在當時是官家的共識。④

〔三〕今律令煩多而不約,自典文者不能分明,而欲羅元元之不逮,斯豈刑中之意哉

"煩多"指律令條文數量龐雜。"不約"可以有兩種理解:一是不簡約,與"煩多"放在一起顯得繁複累贅;⑤ 二是不删減、不簡化。兩種理解都可通。

"自"即就算、即使,表示假設的讓步。⑥ "典文者"即掌管律令文法的官吏。"分明"即分明白、搞清楚。⑦

"羅"本義是網,引申爲網羅、約束、防範。另有版本"羅"作"罪",⑧ 即怪罪、懲罰。⑨ 結合下文"刑中"來看,似應以後說爲勝。"元元"爲兩

---

① 《漢書·元帝紀》"贊曰":"少而好儒,及即位,徵用儒生,委之以政,貢、薛、韋、匡迭爲宰相。而上牽制文義,優游不斷,孝宣之業衰焉。然寬弘盡下,出於恭儉,號令温雅,有古之風烈。"《漢書·郊祀志下》:"元帝好儒,貢禹、韋玄成、匡衡等相繼爲公卿。"
② 《漢書·元帝紀》:"(初元五年四月)省刑罰七十餘事。"《後漢書·梁統傳》:"臣竊見元哀二帝輕殊死之刑以一百二十三事。"李賢等注:"《東觀記》曰:'元帝初元五年,輕殊死刑三十四事。'"
③ 《韓非子·五蠹》:"夫仁義辯智,非所以持國也。"
④ 《漢書·宣帝紀》載宣帝詔曰:"獄者,萬民之命,所以禁暴止邪,養育群生也。能使生者不怨,死者不恨,則可謂文吏矣。"
⑤ 《太平御覽》卷六三七《刑法部三·律令上》引《漢書》此句無"而不約"三字。
⑥ 《禮記·檀弓》:"自吾母而不得吾情,吾惡乎用吾情。"
⑦ 《漢書·禮樂志》:"事下公卿,以爲久遠難分明,當議復寢。"《漢書·董仲舒傳》:"前所上對,條貫靡竟,統紀不終,辭不別白,指不分明,此臣淺陋之罪也。"
⑧ 《太平御覽》卷六三七《刑法部三·律令上》引《漢書》:"是欲罪元元之不逮。"
⑨ 《孟子·梁惠王》:"澤梁無禁,罪人不孥。"《韓非子·五蠹》:"有過不罪,無功受賞,雖亡不變亦可乎?"

漢詔書常用語,本義是善良質樸,後成爲"元元之民"的簡稱,意即萬民。① "不逮"從"逮"字"及"的義項而來,意即因思慮不周而導致的過錯,②也可作"不明"。③

"刑中"即刑罰適中,典出《論語》。④ 敦煌抄本殘卷"法藏 P.3669"作"中刑",⑤應爲傳抄訛誤。⑥ 另有傳世版本正文也作"中刑",注釋作"中,常也"。⑦ 根據上下文意,這也應是傳抄訛誤。《前漢紀·孝成皇帝紀一》作"刑之中",意思與此處略同。

這句是說,律令多到連司法官吏都分辨不清的程度,卻要用來懲戒百姓過失,這不符合刑罰適中的精神。

〔四〕其議律令可蠲除輕減者,條奏,唯在便安萬姓而已

"其議"即指示相關官員進行集議(説詳下文)。"律令可蠲除輕減者"意即有的律令應該廢除,有的律令應該減輕刑罰。

"條奏"即擬出具體條文後上奏。"條",敦煌抄本殘卷"法藏 P.3669"作"脩"。⑧ 堀毅將其釋讀爲"條"。⑨ 觀察此字更像"修"字,應爲傳抄訛誤。這種情況也可以幫助理解《漢志》前文"張湯趙禹之屬條定法令"的問題。

---

① 《戰國策·秦策一》:"制海内,子元元,臣諸侯,非兵不可!"高誘注:"元,善也,民之類善故稱元。"《後漢書·光武帝紀上》:"上當天地之心,下爲元元所歸。"李賢等注:"元元,謂黎庶也。元元由言喁喁,可矜怜之辭也。"《容齋五筆》卷九"兩漢用人人元元字"條:"元元二字,考之六經無所見,而《兩漢書》多用之……予謂元元者,民也。而上文又言元元之民、元元黎民、元元萬民,近於複重矣。故顏注或云:'元元,善意也。'"根據《漢書》記載,漢元帝詔書中使用"元元"次數多達七次,遠多於其他皇帝。
② 《漢書·文帝紀》:"以匡朕之不逮。"顏師古注:"匡,正也。逮,及也。不逮者,意慮所不及。"
③ 《漢書·宣帝紀》:"朕既不逮,導民不明,反側晨興,念慮萬方,不忘元元。"《漢書·元帝紀》:"咎在朕之不明,亡以知賢也。"
④ 《論語·子路》:"禮樂不興,則刑罰不中;刑罰不中,則民無所措手足。"
⑤ 上海古籍出版社、法國國家圖書館編:《法國國家圖書館藏敦煌西域文獻》(第 26 冊),第 279 頁。
⑥ [日]堀毅:《秦漢法制史論考》,第 71 頁。
⑦ 《太平御覽》卷六三七《刑法部三·律令上》引《漢書》:"豈中刑之意哉(中,常也)。"
⑧ 上海古籍出版社、法國國家圖書館編:《法國國家圖書館藏敦煌西域文獻》(第 26 冊),第 279 頁。
⑨ [日]堀毅:《秦漢法制史論考》,第 71 頁。在此頁他還曾比較"條奏"與"條奏"的區別。查日語原文和中文譯本都是如此表述,似有筆誤。

"便安"即便利、安穩。① "萬姓"即萬民、百姓,敦煌抄本殘卷"法藏P.3669"作"萬民",且"民"字有缺筆。② 堀毅認爲"萬民"或"百姓"的表述更合理。③ 其説可從。類似的詔書内容早在漢宣帝時就有,但當時詔書下後並無下文。④ 而此次詔書下達之後,則有一些實在的成果。⑤

第二節

【原文】

至成帝河平中,復下詔曰:"《甫刑》云:'五刑之屬三千,大辟之罰其屬二百。'師古曰:"《甫刑》,即《周書·吕刑》。初爲吕侯,號曰《吕刑》,後爲甫侯,又稱《甫刑》。"今大辟之刑千有餘條,律令煩多,百有餘萬言,奇請它比,日以益滋,師古曰:"奇請,謂常文之外,主者别有所請以定罪也。它比,謂引它類以比附之,稍增律條也。奇音居宜反。"自明習者不知所由,師古曰:"由,從也。"欲以曉喻衆庶,不亦難乎!於以羅元元之民,夭絶亡辜,豈不哀哉!

【考釋】

〔一〕成帝河平中,復下詔

"成帝"即漢成帝劉驁(ào)(前51年—前7年),漢元帝之子。成帝在位期間,沉湎酒色,荒於政事,放縱外戚,爲王莽篡政埋下禍根。

"河平"是漢成帝的第二個年號。《前漢紀》將此詔繫於河平元年(前28年)。⑥

---

① 《漢書·成帝紀》:"公卿申敕百寮,深思天誡,有可省減便安百姓者,條奏。"
② 上海古籍出版社、法國國家圖書館編:《法國國家圖書館藏敦煌西域文獻》(第26册),第279頁。
③ [日]堀毅:《秦漢法制史論考》,第71頁。
④ 《漢書·宣帝紀》:"律令有可蠲除以安百姓,條奏。"
⑤ 《漢書·韋賢傳附韋玄成傳》:"初,高后時患臣下妄非議先帝宗廟寢園官,故定著令,敢有擅議者棄市。至元帝改制,蠲除以令。"《後漢紀·光武皇帝紀六》:"元帝法令,少所改更,而天下稱治。"
⑥ 參見《前漢紀·孝成皇帝紀一》。

〔二〕《甫刑》云：五刑之屬三千，大辟之罰其屬二百

《甫刑》即《尚書·吕刑》，"五刑之屬三千，大辟之罰其屬二百"出自其中，但在詔書中順序有所對調（引用詳前文）。

漢初實行黄老無爲的國策，儒學及其學術形態經學也如其他學説一樣獲得持續發展。到武帝時，董仲舒把原始儒學改造爲適應時代需求的新儒學，田蚡、公孫弘等把儒生群體大量吸收進入朝政系統，引領天下崇儒之風。昭宣時期，更多儒生以"賢良""文學"的身份充實朝堂，深度介入國家大政的討論和决策。元成時期，儒學進入學術上繁榮發展、社會上主導觀念、政治上左右朝局的全盛階段。在此發展過程中，儒家的學説理論和學術思想大量滲透法律領域，從司法環節的"春秋决獄""經義决獄"逐步過渡到立法環節的"引經改律""以經定律"。

儒家經典中的相關描述，被漢代人認爲是對聖王法制體系的真實記録，所以成爲儒生批評現行法律、提出改革建議的依據。在鹽鐵會議上，"文學"在批判律令繁多現象時，就曾引用過"五刑之屬三千"。[①] 而在詔書中明確提出以之爲依據改造法律，成帝此詔應是首次，對後世頗有啓發意義。[②]

〔三〕大辟之刑千有餘條，律令煩多，百有餘萬言，奇請它比，日以益滋

"千有餘條"，敦煌抄本殘卷"法藏 P.3669"作"千有餘"。[③] 堀毅據上文"五刑之屬三千，大辟之罰其屬二百"認爲，此處没有"條"字更爲自然。[④] 但此句不應與經典原文類比，而應與下文"百有餘萬言"類比，統計當代法律的數量，在數字後面都加上單位才更顯文從字順。

漢初法律本以簡約著稱，後來逐漸繁複，到漢武帝時數量暴增。其後雖屢有删減律令的活動，卻没有根本改觀。武帝時，"律令凡三百五十九章，大辟四百九條，千八百八十二事，死罪决事比萬三千四百七十二事"；

---

① 《鹽鐵論·刑德》載"文學"曰："五刑之屬三千，上附下附，而罪不過五。"
② 《後漢書·陳寵傳》："寵又鉤校律令條法，溢於《甫刑》者除之。曰：'臣聞禮經三百，威儀三千，故《甫刑》大辟二百，五刑之屬三千。……宜令三公、廷尉平定律令，應經合義者，可使大辟二百，而耐罪、贖罪二千八百，并爲三千，悉删除其餘令，與禮相應，以易萬人視聽，以致刑措之美，傳之無窮。'"
③ 上海古籍出版社、法國國家圖書館編：《法國國家圖書館藏敦煌西域文獻》（第 26 册），第 279 頁。
④ ［日］堀毅：《秦漢法制史論考》，第 72 頁。

漢昭帝時，"律令百有餘篇"；元帝時，也删减了一些罪名。但仍有"大辟之刑千有餘條""百有餘萬言"，較之武帝時不減反增，可見律令困局積重難返。

"奇"即不正規、不合法。① "請"即請示定罪。"它"即別罪、它罪，敦煌抄本殘卷"法藏 P.3669"作"他"。② 堀毅認爲二字相通，並舉睡虎地秦簡爲例證。③ 其説可從。"比"即比附。"奇請它比，日以益滋"是説，尋找各種違規的理由、比附各種牽强的條款給人定罪，這種現象日益增多，且愈演愈烈，不可收拾。④

〔四〕自明習者不知所由，欲以曉喻衆庶，不亦難乎

"明習"即明瞭、熟習。"明習者"，敦煌抄本殘卷"法藏 P.3669"作"明習法"。⑤ 堀毅根據下文"明習律令者"一語認爲應從抄本。⑥ 此説值得商榷。"明習者"可視爲"明習律令者"的省稱，雖有文字省略，但在表意結構上是完整的。"明習法"則在結構上並不完整。要之，"律令"二字省略可根據上下文意補充理解，"者"字卻不能省略。故而此處應從刻本。

"由"即遵從、使用。⑦ "自明習者不知所由"與"自典文者不能分明"意同。"曉""喻"都有告知、使知曉的意思。"曉喻"多用於上級對下級。"衆""庶"都有衆多的意思。"衆庶"代指民衆、百姓。

這句與"自吏明習者不知所處，而況愚民"⑧意思差不多。

---

① 《禮記·曲禮上》："國君不乘奇車。"陸德明《釋文》："奇車，居宜反，奇邪不正之車。何云：'不如法之車。'"
② 上海古籍出版社、法國國家圖書館編：《法國國家圖書館藏敦煌西域文獻》（第 26 册），第 279 頁。
③ 〔日〕堀毅：《秦漢法制史論考》，第 72 頁。
④ 《後漢書·陳寵傳》："今律令死刑六百一十，耐罪千六百九十八，贖罪以下二千六百八十一，溢於《甫刑》者十九百八十九，其四百一十大辟，千五百耐罪，七十九贖罪……漢興以來三百二年，憲令稍增，科條無限。"
⑤ 上海古籍出版社、法國國家圖書館編：《法國國家圖書館藏敦煌西域文獻》（第 26 册），第 279 頁。
⑥ 〔日〕堀毅：《秦漢法制史論考》，第 72 頁。
⑦ 《論語·泰伯》："民可使由之，不可使知之。"何晏《集解》："由，用也。可使用而不可使知者，百姓能日用而不能知。"《詩經·大雅·假樂》："不愆不忘，率由舊章。"
⑧ 《鹽鐵論·刑德》載"文學"曰："方今律令百有餘篇，文章繁，罪名重，郡國用之疑惑，或淺或深，自吏明習者不知所處，而況愚民！"

〔五〕於以羅元元之民,夭絶亡辜

"於以"即乃至、以至、甚至,是帶有更進一層意味的連詞。①

"羅元元之民"即上文的"羅元元"。

"夭絶"即夭折、滅絶。②"亡"通"無"。"辜"即罪。"亡辜"即無罪之人。

【原文】

其與中二千石、二千石、博士及明習律令者議減死刑及可蠲除約省者,令較然易知,條奏。《書》不云乎?'惟刑之恤哉!'師古曰:"《虞書·舜典》之辭。恤,憂也,言當憂刑也。"其審核之,務準古法,師古曰:"核,究其實也。"朕將盡心覽焉。"

【考釋】

〔一〕與中二千石、二千石、博士及明習律令者議,較然易知

根據《漢書·百官公卿表上》正文及顏師古注的記載,西漢時期,三公品級最高,號稱"萬石",實際上月俸350(年俸4 200)斛穀;其次是太常、光禄勳、衛尉、太僕、廷尉、大鴻臚、宗正、大司農、少府、執金吾等,月俸180(年俸2 160)斛穀,稱爲"中二千石",③又稱"卿"或"上卿";其次是太子太傅、少傅、將作大匠、詹事、大長秋、水衡都尉、京兆尹、右扶風、左馮翊、郡太守、王國相等,月俸120(年俸1 440)斛穀,稱爲"二千石";其次是護軍都尉、司隸校尉、城門校尉、奉車都尉、郡尉等,月俸100(年俸1 200)斛穀,稱爲"比二千石"。"二千石"與"比二千石"合稱"上大夫"。

此外,西漢還有"真二千石"的秩位,月俸150(年俸1 800)斛穀,但很

---

① 《漢書·禮樂志》:"修起舊文,放鄭近雅,述而不作,信而好古,於以風示海內,揚名後世。"《漢書·翼奉傳》:"今漢道未終,陛下本而始之,於以永世延祚,不亦優乎!"

② 《漢書·景帝紀》:"間者歲比不登,民多乏食,夭絶天年,朕甚痛之。"

③ "中二千石"最早見於漢文帝初年。"張家山漢簡"《功令》簡15首次提及"中二千石",但在同批出土的《朝律》中卻没有此名,所以其應特指京師的二千石官,而非獨立的一個秩級(參見荆州博物館編、彭浩主編:《張家山漢墓竹簡(三三六號墓)》(上),第98頁)。在年代稍晚的"胡家草場漢簡"的《朝律》中,"中二千石"作爲一個特殊官員群體的代稱開始出現在朝儀中(參見熊佳暉:《胡家草場漢簡〈朝律〉所見文帝時期的朝儀與職官》,載《江漢考古》2023年第2期)。

少見。①

"博士"官始於戰國,在西漢時隸屬於太常,秩比六百石,月俸60(年俸720)斛穀。漢武帝建元五年(前136年)設立專門針對儒生的五經博士,漢宣帝黃龍元年(前49年)增員至十二人。秦漢時,博士雖然秩位不高,但由於博通古今而得以廣泛參與朝廷集議(說詳前文)。

"議"即集議,是漢代討論國家大政的重要方式。根據秦濤考證,漢代集議參與者包括君主、官僚、諸侯宗室、專家顧問及吏民;集議因規格的不同而形成不同參議者組合,其中以公卿議爲主,參加者包括諸公、諸卿(上大夫),且常常擴大範圍吸收二千石、比二千石乃至其他人員加入。② 此處的集議就是典型的公卿議擴大會議,參與者不僅包括丞相、御史大夫、中二千石、二千石等公卿大夫,還包括博士和明習律令者這樣的專家顧問。此處所引只是詔書的節錄,開頭應表述爲"制詔某某"。根據慣例,有中二千石、二千石參與的集議必然有公(至少包括丞相、御史大夫)參與。句中的"與"字正是此意。

"較"即明顯、明白,③敦煌抄本殘卷"法藏 P.3669"作"駮"。④ 堀毅認爲應從刻本。⑤ 其說可從。筆者推測,抄寫者可能是由於受到上文"郡國承用者駮"的影響而抄寫錯誤,把"較"抄成與其字形類似但意思正好相反的"駮"。"較然易知"指法律簡明易懂,正合此處文意。

〔二〕書不云乎?'惟刑之恤哉!'

"恤"即憐憫、顧惜。"惟刑之恤哉"語出《尚書·舜典》,意即慎用刑罰。⑥

〔三〕其審核之,務準古法

"審"即謹慎、慎重。"核"即查對、核實。

---

① 《漢書·外戚傳》:"俗華視真二千石,比大上造。"顏師古注:"真二千石,月得百五十斛,一歲凡得千八百石耳。大上造,第十六爵。"
② 參見秦濤:《律令時代的"議事以制":漢代集議制研究》,第55—107頁。
③ 《漢書·張湯傳附張安世傳》:"明主在上,賢不肖較然。"顏師古注:"較,明貌。"
④ 上海古籍出版社、法國國家圖書館編:《法國國家圖書館藏敦煌西域文獻》(第26冊),第279頁。
⑤ 〔日〕堀毅:《秦漢法制史論考》,第72頁。
⑥ 《尚書·舜典》:"欽哉,欽哉,惟刑之恤哉!"孔穎達疏:"舜慎刑如此,又設言以誡百官曰:'敬之哉!敬之哉!推此刑罰之事最須憂念之哉!'令勤念刑罰,不使枉濫也。"

"準"即比照、效法,敦煌抄本殘卷"法藏 P.3669"作"准"。① 堀毅認爲"准"是"準"的俗字,此處可以通用。② 其説可從。"古法"即《漢志》前文所引《尚書・呂刑》中的五刑學説,當時人將其視爲真實存在的上古聖王之制。

第三節

【原文】

有司無仲山父將明之材,師古曰:"'有司'以下,史家之言也。《大雅・蒸人》之詩曰:'肅肅王命,仲山父將之;邦國若否,仲山父明之。'將,行也。否,不善也。言王有誥命,則仲山父行之;邦國有不善之事,則仲山父明之。故引以爲美,傷今不能然也。"不能因時廣宣主恩,建立明制,爲一代之法,而徒鉤摭微細,毛舉數事,以塞詔而已。師古曰:"毛舉,言舉毫毛之事,輕小之甚者。塞猶當也。"是以大議不立,遂以至今。

【考釋】

〔一〕有司無仲山父將明之材

"有司"即有關部門。古代官職各有分工,各司其職負責某一類事務,故稱有司。根據上下文意,這裏的"有司"是指元、成時期以來受命刪減律令的官員。《前漢紀》只把其理解爲元帝時的官員,③似不準確。

"仲山父"即仲山甫,西周宣王時的名臣,受封樊侯,德行事蹟爲時所稱。④"父",敦煌抄本殘卷"法藏 P.3669"作"甫"。⑤ 堀毅認爲應以"甫"爲準。⑥

---

① 上海古籍出版社、法國國家圖書館編:《法國國家圖書館藏敦煌西域文獻》(第 26 册),第 279 頁。
② [日]堀毅:《秦漢法制史論考》,第 72 頁。
③ 《前漢紀・孝成皇帝紀一》。
④ 《詩經・大雅・蒸民》:"保茲天子,生仲山甫。"毛亨傳:"仲山甫,樊侯也。"又:"仲山甫之德,柔嘉維則。令儀令色,小心翼翼。"鄭玄箋:"嘉,美。令,善也。善威儀,善顔色容貌,翼翼然恭敬。"
⑤ 上海古籍出版社、法國國家圖書館編:《法國國家圖書館藏敦煌西域文獻》(第 26 册),第 279 頁。
⑥ [日]堀毅:《秦漢法制史論考》,第 73 頁。

實際上，在古文中"父""甫"本可通用。① "將"即執行、落實。② "明"即明辨、諫言。③ "將明"即不折不扣地執行王命，直言不諱地指出國家存在的問題，典出《詩經·大雅·蒸民》。顏師古注改稱"蒸人"是避唐太宗諱。"材"即能力、才干。

這句是説，西漢中期以後的朝臣官員既不能指陳法制弊端，也不能有效落實皇帝的改革詔命。根據下文，班固的批評側重於"將"的方面。

〔二〕不能因時廣宣主恩，建立明制，爲一代之法

"因"即順從、趁著，敦煌抄本殘卷"法藏P.3669"寫作㘴，形似"目"。④ 類似情形也見於抄本下文，可能是當時的手寫體。"因時"即順應時代趨勢，回應時代需求。"廣宣主恩"即廣泛宣揚君主的恩德，貫徹落實删削律令、寬緩刑罰的政策精神。⑤

"建立"即設立、制定，常專指法律制度。⑥ "明制"即清明、高明的制度。"爲"即作爲、成爲。"一代之法"又稱"一王之法"，即可作爲後世典範或標準的法律制度模式。⑦ "建立明制，爲一代之法"在《前漢紀·孝成皇帝紀一》中作"建立法度"，意思略同。

〔三〕徒鉤摭微細，毛舉數事，以塞詔而已

"徒"即只是、僅僅。"鉤"即鉤求，"摭"（zhí）即探取，二字都有摘取、挑

---

① 《説文解字·用部》："甫，男子之美稱也。"段玉裁注："《士冠禮》甫作父。他經某甫之甫亦通用父。"
② 《詩經·大雅·蒸民》："肅肅王命，仲山甫將之。邦國若否，仲山甫明之。"毛亨傳："將，行也。"鄭玄箋："肅肅，敬也。言王之政教甚嚴敬也，仲山甫則能奉行之。若，順也。順否，猶臧否，謂善惡也。"
③ 《國語·周語上》載有仲山甫諫宣王料民事。文繁不録。
④ 上海古籍出版社、法國國家圖書館編：《法國國家圖書館藏敦煌西域文獻》（第26册），第279頁。
⑤ 《漢書·循吏傳·黃霸》："時上垂意於治，數下恩澤詔書，吏不奉宣。"顏師古注："不令百姓皆知也。"
⑥ 《史記·秦始皇本紀》："丞相臣斯昧死言：古者天下散亂，莫之能一，是以諸侯並作，語皆道古以害今，飾虛言以亂實，人善其所私學，以非上之所建立。"
⑦ 《漢書·酈陸朱劉叔孫傳》"贊曰"："叔孫通舍枹鼓而立一王之儀。"顏師古注："舍枹鼓者，言新罷戰陣之事，别創漢代之禮，故云一王之儀也。"《漢書·司馬遷傳》："故作《春秋》，垂空文以斷禮義，當一王之法。"《漢書·儒林傳》："綴周之禮，因魯《春秋》，舉十二公行事，繩之以文武之道，成一王法。"沈家本："一代之法，不徒在立法之善，而在用法之得其平。"〔清〕沈家本：《歷代刑法考》，第1369頁）

揀的意思。"鉤",敦煌抄本殘卷"法藏 P.3669"作"鈎"。① 堀毅認爲應以"鈎"爲准。② 實際上,"鈎"是"鉤"的異體字,二字均可。"毛"即粗略、大約。"舉"即提出、列舉。"塞"即搪塞、應付。③

這句是說,只是挑一些細枝末節的問題,提出幾條粗淺的建議,以應付詔書。這樣既不能體察國家治理的是非得失,又不能有效落實王命,系統整頓法制弊端。

〔四〕是以大議不立,遂以至今

"是以"即因此、所以,敦煌抄本殘卷"法藏 P.3669"作"以是"。④ 堀毅認爲應以"是以"爲准。⑤ 其說可從。

"大議"有兩種含義:一是朝廷集議國家大事的組織形式,⑥二是對國家大事的意見、建議。此處用後一種含義,具體是指刪減律令數目、構建律令體系的系統性解決方案,而非上述某份詔書。⑦ "不立"即不能確定、無法實現。這種情況一直延續到班固著《漢書》時,所以他在此處提出批評。

西漢中後期法制弊端日益凸顯,朝廷也屢有改革動議和具體行動。⑧但由於王朝法統思維局限、政治局勢每況愈下、法律體系龐雜難治、獄吏弊政積重難返等時代因素,在當時徹底解決法制困境似乎已不可能。所以有司官員也只能如同糊裱匠一樣敷衍塞責。要想這個情況有根本性改

---

① 上海古籍出版社、法國國家圖書館編:《法國國家圖書館藏敦煌西域文獻》(第 26 册),第 279 頁。
② 〔日〕堀毅:《秦漢法制史論考》,第 73 頁。
③ 《漢書·項籍傳》:"欲以法誅將軍以塞責,使人更代以脫其禍。"
④ 上海古籍出版社、法國國家圖書館編:《法國國家圖書館藏敦煌西域文獻》(第 26 册),第 279 頁。
⑤ 〔日〕堀毅:《秦漢法制史論考》,第 73 頁。
⑥ 《漢書·循吏傳·黃霸》:"坐公卿大議廷中知長信少府夏侯勝非議詔書大不敬,霸阿從不舉劾,皆下廷尉。"顏師古注:"大議,總會議也。此廷中謂朝廷之中。"
⑦ 辛子牛:"大議,這裏指成帝上述刪減律令的詔書。"(辛子牛:《漢書刑法志注釋》,第 50 頁)
⑧ 《後漢紀·光武皇帝紀六》:"元帝法令,少所改更,而天下稱治。至於成帝繼體,哀、平即位日淺,丞相嘉等猥以數年之間,虧除先帝舊律百有餘事,咸不厭人心,尤妨政事。"《後漢書·梁統傳》:"丞相王嘉輕爲穿鑿,虧除先帝舊約成律,數年之間,百有餘事,或不便於理,或不厭民心。"李賢等注:"王嘉字公仲,平陵人。案嘉傳及《刑法志》並無其事,統與嘉時代相接,所引故不妄矣,但班固略而不載也。"

變,還需要改朝換代、人事推動、學術更新、觀念遞進等一系列因素不斷演進成熟。最終完成此歷史使命的是橫空出世的西晉法典體系。①

第四節

【原文】

議者或曰,法難數變,此庸人不達,疑塞治道,聖智之所常患者也。師古曰:"塞謂不通也。"故略舉漢興以來,法令稍定而合古便今者。

【考釋】

〔一〕議者或曰,法難數變

"議者或曰"即有的人議論說。"法難數(shuò)變"即法律制度不能頻繁變動。"或曰"二字表明班固不贊同其說,於是才有下文的反駁。這裏的"議者"有三種可能。

其一,可能是指西漢的黃老末學。戰國秦漢時黃老學說長期盛行,追求"無爲而治"。但實際上,"無爲"内涵極爲豐富,既講"因循",也講"時變",而其精華正在於因時、因勢而變。② 況且其所謂"執一"也主要是就"道"的層面而言,並非指現實的法制。③ 因此說,簡單宣稱"法難數變"至多算作黃老的末學而非正宗。更重要的是,由於時過境遷,到東漢時黃老學說早已成爲往事,不足以影響時事,所以不大可能引起班固的注意。

其二,可能是指董仲舒。董仲舒也曾批評漢初"法制數變"。④ 但其批評

---

① 參見鄧長春:《西晉法典體系研究》。
② 《史記·太史公自序》:"道家無爲,又曰無不爲,其實易行,其辭難知。其術以虛無爲本,以因循爲用。無成執,無常形,故能究萬物之情。不爲物先,不爲物後,故能爲萬物主。有法無法,因時爲業;有度無度,因物與合。故曰:'聖人不朽,時變是守。虛者道之常也,因者君之綱也。'"
③ 《文子·道德》:"執一世之法籍,以非傳代之俗,譬猶膠柱調瑟。聖人者,應時權變,見形施宜,世異則事變,時移則俗易,論世立法,隨時舉事。上古之王,法度不同,非古相返也,時務異也。"引者注:"非古相返"應爲"非故相返"。
④ 《漢書·董仲舒傳》:"《春秋》大一統者,天地之常經,古今之通誼也。今師異道,人異論,百家殊方,指意不同,是以上亡以持一統;法制數變,下不知所守。臣愚以爲諸不在六藝之科孔子之術者,皆絕其道,勿使並進。邪辟之說滅息,然後統紀可一而法度可明,民知所從矣。"

主要著眼於排斥諸家學說、定儒學爲正統的意識形態之爭，與此處的具體法制體系變革與否也不在一個層面上。況且班固服膺儒學，不大可能直接挑戰前代大儒的觀點。

其三，可能是指東漢反對恢復肉刑的群臣。梁統曾在建武年間上疏建議效法先王舊典，恢復肉刑。當時反對者的理由就是現行法制施行已久、不宜輕改。① 而在此問題上，班固所持主張正與梁統相同，所以通過撰寫《刑法志》的方式予以反駁。

〔二〕**此庸人不達，疑塞治道，聖智之所常患者也**

"此"指"法難數變"的觀點。"達"本義爲道路暢通，後引申爲通達。② "不達"與下文的"疑塞""治道"共同構成一組比喻，形容政策轉型思路不順暢，不通透。③ "庸人"即上文"議者"，指班固時代反對肉刑的人。

"疑"通凝，即凝固、阻塞。"塞"(sè)即充塞、填滿。④ "治道"即傳遞民情、民意的通道。⑤ "聖智"即對事物利弊、禍福的準確認知，主要依賴於見聞。⑥ "患"即憂患、禍患。

〔三〕**法令稍定而合古便今者**

"稍"，有人注爲"大體"，⑦有人注爲"削"，⑧實則應爲逐漸、稍微。⑨ "法令稍定"即法律制度逐漸修定。"合古"即合於古代聖王之制。"便今"

---

① 《後漢書·梁統傳》："統在朝廷，數陳便宜。以爲法令既輕，下姦不勝，宜重刑罰，以遵舊典，乃上疏曰：'……'事下二公、廷尉，議者以爲隆刑峻法，非明王急務，施行日久，豈一朝所虀。統今所定，不宜開可。"
② 《説文解字·辵部》："達，行不相遇也。"
③ 《魏書·李彪傳》："前志云：'作法於涼，其弊猶貪。'此言雖略，有達治道。"
④ 《説文解字·土部》："塞，隔也。"《詩經·鄘風·定之方中》："匪直也人，秉心塞淵。"鄭玄箋："塞，充實也。"《禮記·孔子閑居》："志氣塞乎天地。"鄭玄注："塞，滿也。"
⑤ 《禮記·樂記》："禮以道其志，樂以和其聲，政以一其行，刑以防其姦。禮樂刑政，其極一也，所以同民心而出治道也。"《漢書·文帝紀》："古之治天下，朝有進善之旌，誹謗之木，所以通治道而來諫者也。"
⑥ 《文子·道德》："文子問聖智，老子曰：'聞而知之，聖也；見而知之，智也。故聖人常聞禍福所生而擇其道，智者常見禍福成形而擇其行。聖人知天道吉凶，故知禍福所生；智者先見成形，故知禍福之門。聞未生，聖也；先見成形，智也；無聞見者，愚迷。'"
⑦ 趙增祥、徐世虹、高潮：《〈漢書·刑法志〉注釋》，第52頁。
⑧ 辛子牛：《漢書刑法志注釋》，第50頁。
⑨ 《説文解字·禾部》："稍，出物有漸也。"段玉裁注："稍之言小也，少也。"《漢書·郊祀志下》："聖漢興，禮儀稍定，已有官社，未立官稷。"

即便於當今治國理民。下文的内容，先講"便今"，後講"合古"，本書出於體例安排需要分爲兩章。

　　班固在此處只對漢興以來法律逐漸修改完善過程中那些他認爲合古便今的内容進行列舉，是爲了説明法律應該遵照古義、今理適時調整。或許正由於持此標準之故，他才對西漢後期各項法律改革只做整體批判而對其細節則略而不談（見前引《後漢書·梁統傳》李賢等注"王嘉"事）。班固認爲，恢復肉刑正是"合古便今"的"大議"，其意義比"漢興以來"的"法令稍定"更大。所以這裏也可以理解爲對後文恢復肉刑的主張蓄勢鋪墊。

第十七章
漢興之初

【主旨】

本章主要記録西漢前期根據現實需要修定法令的情況,即《漢志》前文所説的"便令"。具體可分爲三節:第一節記録西漢開國到高后時期三族之刑的實行和廢除情況。第二節記録漢文帝時期廢除連坐收孥制度的情況。第三節是班固對以上改革過程的總體評價。

第一節

【原文】

漢興之初,雖有約法三章,網漏吞舟之魚,_{師古曰:"言疏闊。吞舟,謂大魚也。"}然其大辟,尚有夷三族之令。

【考釋】

〔一〕**雖有約法三章,網漏吞舟之魚**

"約法三章"含義見前文,此處當作名詞使用。"吞舟之魚"即大魚,是一種誇張的説法。敦煌抄本殘卷"法藏 P.3669""魚"後有"名"字。① 堀毅認爲是衍文。② 其説可從。

---

① 上海古籍出版社、法國國家圖書館編:《法國國家圖書館藏敦煌西域文獻》(第 26 册),第 279 頁。
② [日]堀毅:《秦漢法制史論考》,第 73 頁。

"網"字一語雙關,既指漁網,又指法網,後者借前者爲喻。"網漏吞舟之魚"即法網疏漏較多,指漢初律令簡約、刑罰輕緩、司法寬縱等情況。① 這種說法最早見於司馬遷《史記》。但班固未拘泥於這種刻板印象。② 這也與《前漢紀》的表述一致。③

〔二〕尚有夷三族之令

"夷三族"即《漢志》前文的"參夷之誅","三族"爲"父母、兄弟、妻子"(説詳前文)。敦煌抄本殘卷"法藏 P.3669""族"後有"者"字。④ 堀毅認爲是衍文。⑤ 其説可從。筆者推測,抄寫者應是與下文"當三族者"的説法搞混而抄寫錯誤的。

"約法三章"在楚漢争霸背景下有其特定的歷史使命和法律內涵,內容上並不具有排他性(説詳前文)。"尚有夷三族之令"即漢高祖時不僅適用夷三族刑,而且有其法律依據。⑥

【原文】

令曰:"當三族者,皆先黥,劓,斬左右止,笞殺之,梟其首,菹其骨肉於市。師古曰:"菹謂醢也。菹音側於反。"其誹謗詈詛者,又先斷舌。"故謂之具五刑。彭越、韓信之屬皆受此誅。

---

① 《鹽鐵論・論菑》載"文學"曰:"是以古者,明王茂其德教,而緩其刑罰也。網漏吞舟之魚,而刑審於繩墨之外,及臻其末,而民莫犯禁也。"《鹽鐵論・詔聖》載"御史"曰:"夫少目之網不可以得魚,三章之法不可以爲治。故令不得不加,法不得不多。"《隋書・酷吏傳》:"昔秦任獄吏,赭衣滿道。漢革其風,矯枉過正,禁網疏闊,遂漏吞舟。"
② 《史記・酷吏列傳》:"漢興,破觚而爲圜,斲雕而爲樸,網漏於吞舟之魚,而吏治烝烝,不至於姦,黎民艾安。"長春按:《漢書・酷吏傳》也幾乎照搬了這句話,只是在"網漏吞舟之魚"之前加了一個"號爲",可見對這種説法並不完全認同。
③ 《前漢紀・孝成皇帝紀一》:"至高祖初入秦,約法三章,號爲寬略。"長春按:"號爲"即有名無實。(説詳前文)
④ 上海古籍出版社、法國國家圖書館編:《法國國家圖書館藏敦煌西域文獻》(第 26 册),第 279 頁。
⑤ [日]堀毅:《秦漢法制史論考》,第 73 頁。
⑥ 《史記・高祖本紀》:"九年,趙相貫高等事發覺,夷三族。"《漢書・季布傳》:"項籍滅,高祖購求布千金,敢有舍匿,罪三族。"《漢書・田叔傳》:"貫高等謀反,天子下明詔:'趙有敢隨張王者,罪三族!'"

【考釋】

〔一〕當三族者，皆先黥，劓，斬左右止，笞殺之，梟其首，菹其骨肉於市。其誹謗詈詛者，又先斷舌

"三族""黥""劓""斬左右止""笞"，皆詳前文。"止"，敦煌抄本殘卷"法藏 P.3669"作"趾"。① 堀毅認爲二字相通，同時又指出《漢書》中作"止"的可能性更大。② 其說可從。"趾"應是抄寫者所處的唐朝時的通常寫法。

"梟"即斬下死囚屍體的頭顱並懸於街市高處，既可用以示衆，又帶有宗教屬性。③ 梟首本身並非死刑，而是對執行死刑後犯人屍體的處理方式，且頭顱懸掛之後禁止擅自收取。④ "菹"(zū)又作"葅"，本義爲醃菜、醬菜，常與作爲肉醬的"醢"(hǎi)連用而成爲"醬"的泛稱。⑤ 此處"菹"即"菹醢"，指把人剁成肉片或肉塊，而且後續應該還有烹煮環節。⑥ "梟"和"菹"是對犯人屍體的處理方式，多刑於街市且禁止收屍以達到示衆效果，常用於謀反大逆等極度嚴重的罪名。⑦ 但嚴格來說，此處這兩個字只是描述過程而非法律意義上的刑名。⑧

"誹謗"即毀人以不實之辭。"詈"即罵。"詛"即詛咒。"斷舌"即割斷

---

① 上海古籍出版社、法國國家圖書館編：《法國國家圖書館藏敦煌西域文獻》（第 26 冊），第 279 頁。
② ［日］堀毅：《秦漢法制史論考》，第 73—74 頁。
③ 《漢書·高帝紀上》："梟故塞王欣頭櫟陽市。"顏師古注："梟，縣首於木上。"《北堂書鈔》卷四五《刑法部下·死刑》引《晉律注》："梟斬棄之於市者，斬頭也。令上不及天，下不及地也。"
④ 《漢書·欒布傳》："漢召彭越責以謀反，夷三族，梟首雒陽，下詔'有收視者輒捕之'。布還，奏事彭越頭下，祠而哭之。吏捕以聞。"
⑤ 《周禮·天官冢宰·醢人》："朝事之豆，其實韭菹、醓醢。"鄭玄注："凡菹醢皆以氣味相成，其狀未聞。"《說文解字·酉部》："醢，肉醬也。"
⑥ 《周禮·天官冢宰·醢人》："以五齊、七醢、七菹、三臡實之。"鄭玄注："凡醢醬所和，細切爲虀，全物若䐑爲菹。"《漢書·敘傳上》："勇如信、布，強如梁、籍，咸如王莽，然卒潤鑊伏質，亨醢分裂。"
⑦ 《漢書·賈誼傳》："欲諸王之皆忠附，則莫若令如長沙王；欲臣子之勿菹醢，則莫若令如樊、酈等。"《晉書·刑法志》："至於謀反大逆，臨時捕之，或汙瀦，或梟菹，夷其三族，不在律令，所以嚴絶惡跡也。"
⑧ 《後漢書·崔駰傳附崔寔傳》："昔高祖令蕭何作九章之律，有夷三族之令，黥、劓、斬趾、斷舌、梟首，故謂之具五刑。"崔寔此說顯繫望文生義。《太平御覽》卷六四六《刑部十二·梟首》引《漢書》："三族：令先黥劓，斬左右趾，梟首菹其骨，謂之具五刑。"此處轉抄似乎也不完整。《太平御覽》卷六四七《刑法部十三·三族刑》引《漢書·刑法志》內容相對完整。只是"殺"作"煞"。

舌頭。這裏的"誹謗詈詛"有可能是指將死之人在受刑期間所做的言語攻擊。考察李斯、彭越、韓信定罪處刑的前因後果，他們都是中計蒙冤而死，必然心懷怨恨，臨死前不吐不快。"誹謗詈詛又先斷舌"所描述的極有可能就是他們受刑時的情形。

"又"，敦煌抄本殘卷"法藏 P.3669"作"又又"。① 堀毅認爲有可能是撰寫人通過這種疊字的方法表達對此刑罰的強烈不滿，但同時又認爲應該暫從刻本。② 其説似可商榷。因爲"又又"這種措辭不符合古文的書寫習慣和簡潔原則。如果一定要説這裏蘊含某種情感因素，那也不大可能是撰述嚴謹如班固者原本的修辭形式，而應是抄寫人感情自然流於筆端的"下意識錯誤"。

〔二〕具五刑

"具"通"俱"，即全都、皆。"具五刑"即犯人在短時間内連續適用五種刑罰，又稱"被五刑""就五刑"。史載最早受此刑的名人是李斯。③ 然而圍繞著其受刑的過程卻產生了嚴重分歧。宋潔考證認爲，此處的"五刑"應指黥、劓、斬左止、斬右止、笞五種肉刑，而不包括死刑；此處"笞殺之"應斷句爲"笞，殺之"；具五刑並非法定刑名，而是源於律令中"黥—劓—斬左止—斬右止—宫（或笞）"④的加罪量刑制度或施以"生戮"⑤刑辱的戰陣之法；特指肉刑的"五刑"與包括死刑的"五刑"原是兩個系統。⑥ 其説可從。其中，關於

---

① 上海古籍出版社、法國國家圖書館編：《法國國家圖書館藏敦煌西域文獻》（第 26 册），第 279 頁。
② ［日］堀毅：《秦漢法制史論考》，第 74 頁。
③ 《漢書·賈誼傳》："斯游遂成，卒被五刑。"《漢書·司馬遷傳》："李斯，相也，具五刑。"《漢書·鄒陽傳》："李斯竭忠，胡亥極刑。"張晏注："李斯諫二世以正，而二世殺之，具五刑。"
④ 《二年律令·具律》簡 88："有罪當黥，故黥者劓之，故劓者斬左止（趾），斬左止（趾）者斬右止（趾），斬右止（趾）者府（腐）之。"簡 122："其有贖罪以下，及老小不當刑、刑盡者，皆笞百。"（張家山二四七號漢墓竹簡整理小組：《張家山漢墓竹簡（二四七號墓）》，第 23、25 頁）
⑤ 《法律答問》簡 51："譽適（敵）以恐衆心者，翏（戮）。翏（戮）者可（何）如？生翏（戮），翏（戮）之已乃斬之之謂殹（也）。"（睡虎地秦墓竹簡整理小組：《睡虎地秦墓竹簡》，第 105 頁）
⑥ 宋潔：《"具五刑"考——兼證漢文帝易刑之前存在兩個"五刑"系統》，載《中國史研究》2014 年第 2 期。

"笞,殺之"的斷句,前引"肩水金關漢簡"中的"加笞八百要斬""笞二百棄市"所采用的"加笞＋死刑"結構,可以作爲出土資料的實證。①

總之,"具五刑"並非嚴格的刑名概念,與"夷三族"結合也非成規定制,因受牽連而被處死的妻子家人也未必都受到"具五刑"的處置。②

〔三〕彭越、韓信之屬皆受此誅

彭越(？—前196年),字仲,碭郡昌邑(今山東省菏澤市巨野縣)人。他是秦末風雲人物之一,起初爲魏國相,後來轉投劉邦集團,漢初受封梁王。漢高祖和吕后對功臣異姓王頗爲猜忌,因而激發諸多叛亂。彭越在此過程中處事不當,先是被漢高祖廢爲平民,後來被吕后設計誣陷謀反而在洛陽被處以夷三族刑。③ 死後,其屍體被剁成數塊,被分別賜予各異姓諸侯。④

韓信(？—前196年),淮陰(今江蘇省淮安市)人。他是漢初三傑之一、著名軍事家。《漢書·藝文志》將其歸類爲"兵權謀家"。在秦末風雲中,他起初追隨項羽集團,後轉投劉邦集團,在夏侯嬰、蕭何推薦下受到劉邦重用,在楚漢之争過程中立下大功,並在漢初先後受封齊王、楚王。但由於政治作爲進退失據,其與漢高祖嫌隙日深,被降爲淮陰侯,最後在高后與蕭何的聯合設計下以謀反的罪名被夷三族。但其是否受"具五刑"以及"梟菹",本傳並無明文記載。

班固此處特地提出彭越、韓信受此刑,可能蘊含著特殊的心情。⑤

【原文】

至高后元年,乃除三族罪、袄言令。

---

① "肩水金關漢簡"73EJT1∶93:"丑命加笞八百要斬……囗月丁未命笞二百弃市(削衣)。"(甘肅簡牘保護研究中心等編:《肩水金關漢簡(壹)》(下册),第7頁)又可參見丁義娟:《肩水金關漢簡法律資料輯録與研究》,第103頁。
② 《漢書·晁錯傳》:"大逆無道。錯當要斬,父母妻子同産無少長皆棄市。"
③ 《漢書·高帝紀下》:"(漢十一年)三月,梁王彭越謀反,夷三族。"事見《漢書·彭越傳》,文繁不録。
④ 《漢書·黥布傳》:"漢誅梁王彭越,盛其醢以遍賜諸侯。"顔師古注:"反者被誅,皆以爲醢,即《刑法志》所云'菹其骨肉'是也。"
⑤ (清)周壽昌《漢書注校補》卷十六《刑法志第三》"故謂之五刑彭越韓信之屬皆受此誅"條:"《志》特提出韓、彭兩人。嗚呼！韓、彭之大功而具五刑,受此誅,漢真寡恩哉！班氏殆深有痛於此也。"

【考釋】

"祅"即"妖",又寫作"訞",①指違反常理或常規的事物。② 陳直引《曹全碑》證明,"妖"在漢時也寫作"訞"。③ 敦煌抄本殘卷"法藏 P.3669""祅"寫作"妖"。④

"妖言"又作"妄言",即不符合客觀事實、攻擊國家政策、以迷信蠱惑人心等錯誤言論。⑤ 秦朝就以法律嚴懲妖言,打擊異端言論,最高可處族刑。⑥ 漢初繼承了相關法律規範。唐宋時期,法律意義上的"妖言"專指鬼神之語或宗教活動,與漢代法律有異。⑦

漢初"三族罪""妖言令"沿用自秦朝,此次廢除的討論過程據稱始於漢惠帝,到呂后元年(前 188 年農曆十月—前 187 年農曆九月)正月才正式宣布廢除。⑧ 漢惠帝崩於前一年的八月戊寅,説明此次討論歷時至少四個月之久,即便其間可能因被惠帝喪事打斷而拖延,但似乎仍嫌周期過長。因此有另一個可能,漢惠帝時或許有此意但並未正式開啓集議,所以史籍也無相關記載。而呂雉以太后身份稱制,必然面臨巨大的政治壓力。所以她執政後迅疾宣布廢除此類酷刑,有緩和壓力、鞏固權勢的用意。⑨

---

① 《漢書·文帝紀》:"今法有誹謗訞言之罪。"顔師古注:"訞與妖同。"
② 《左傳·莊公十四年》:"妖由人興也。人無釁焉,妖不自作。人棄常,則妖興,故有妖。"
③ 陳直:《漢書新證》,第 19 頁。
④ 上海古籍出版社、法國國家圖書館編:《法國國家圖書館藏敦煌西域文獻》(第 26 冊),第 279 頁。
⑤ 《史記·五宗世家》:"而又信巫祝,使人禱祠妄言。"《史記·淮南衡山列傳》:"諸使道從長安來,爲妄妖言,言上無男,漢不治,即喜;即言漢廷治,有男,王怒,以爲妄言,非也。"《史記·淮南衡山列傳》:"淮南王安廢法行邪,懷詐僞心,以亂天下,熒惑百姓,倍畔宗廟,妄作妖言。"
⑥ 《史記·項羽本紀》:"秦始皇帝游會稽,渡浙江,梁與籍俱觀。籍曰:'彼可取而代也。'梁掩其口,曰:'毋妄言,族矣!'"
⑦ 《唐律疏議·盜賊》:"諸造祅書及妖言者,絞。""疏議"曰:"造祅書及祅言者,謂構成怪力之書,詐爲鬼神之語。"《宋刑統》同。但在唐中後期到五代、宋的敕中,妖言進一步指向宗教與社會組織的各種活動。參見喬惠全:《世變與衛道——宋代"造妖書妖言"罪的演變與士大夫的司法應對》,載陳明主編:《原道》第 25 輯,東方出版社 2014 年版。
⑧ 《漢書·高后紀》:"元年春正月,詔曰:'前日孝惠皇帝言欲除三族罪、妖言令,議未決而崩,今除之。'"顔師古注:"罪之重者戮及三族,過誤之語以爲妖言,今謂重酷,皆除之。"
⑨ 高恒指出:吕后執政後急忙宣布廢除三族罪,有明顯的政治用心。此前韓信、彭越之死在異姓諸侯和功臣集團中造成極大恐慌。吕后掌權後更怕大臣和諸侯王反對,所以廢除此刑以安定人心,緩和矛盾,爭取政治支持(參見高恒:《秦漢法制論考》,厦門大學出版社 1994 年版,第 148 頁)。

但這次廢除三族刑似乎並不徹底或者時間很短,下文記載漢文帝時在族刑連坐問題上又曾出現反復。此後夷三族刑不知是否還適用"具五刑"的殘酷行刑方式,但可確定的是家人被殺只用棄市。① 同時,妖言罪也與誹謗罪等言論犯罪一樣,始終不曾徹底廢除。據《漢書・文帝紀》,漢文帝二年五月下詔"除誹謗訞言罪"。② 但直到東漢時期,仍屢見誹謗、妖言之罪。③

第二節

【原文】

孝文二年,又詔丞相、太尉、御史:"法者,治之正,所以禁暴而衛善人也。今犯法者已論,而使無罪之父母妻子同產坐之及收,朕甚弗取。其議。"

【考釋】

〔一〕孝文二年,又詔丞相、太尉、御史

根據《史記・孝文本紀》《漢書・文帝紀》《漢紀・文帝紀上》,此事發生在"孝文元年十二月"而非"孝文二年","二"爲"元"的訛誤。④

"丞相、太尉、御史"即漢初繼承自秦朝的三公,是此詔書的發布對象。此處"御史"應是"御史大夫"的簡稱。"丞",敦煌抄本殘卷"法藏P.3669"作"承"。⑤ 這應是傳抄訛誤,在此抄本下文中也是如此。

---

① 《漢書・景帝紀》:"其赦嘉爲襄平侯,及妻子當坐者復故爵。"如淳注:"律,大逆不道,父母妻子同產皆棄市。"《漢書・孔光傳》:"大逆無道,父母妻子同產無少長皆棄市,欲懲後犯法者也。"
② 《漢書・文帝紀》:"(孝文二年)五月,詔曰:'……今法有誹謗訞言之罪,是使衆臣不敢盡情,而上無由聞過失也。將何以來遠方之賢良?其除之。民或祝詛上,以相約而後相謾,吏以爲大逆,其有他言,吏又以爲誹謗。此細民之愚,無知抵死,朕甚不取。自今以來,有犯此者勿聽治。'"顏師古注:"高后元年詔除妖言之令,今此又有訞言之罪,是則中間曾重複設此條也。"
③ 《漢書・路溫舒傳》:"唯陛下除誹謗以招切言,開天下之口,廣箴諫之路,掃亡秦之失。"《漢書・哀帝紀》:"除任子令及誹謗詆欺法。"《後漢書・章帝紀》:"往者妖言大獄,所及廣遠,一人犯罪,禁至三屬。"
④ (清)周壽昌:《漢書注校補》卷十六《刑法志第三》"孝文二年"條。
⑤ 上海古籍出版社、法國國家圖書館編:《法國國家圖書館藏敦煌西域文獻》(第26册),第279頁。

〔二〕法者,治之正,所以禁暴而衛善人也

"正"即正道、正軌,也有矯正、糾正的意思,此處可理解爲準則、表率。①

這句是説,法律是治理天下的標尺,作用在於打擊殘暴的壞人,保護善良的好人。這種句式和説法在漢代詔書中較爲常見。② 這句話是後面具體指令的鋪墊。

《史記·孝文本紀》"衛"作"率",可解釋爲率領、引導,③於上下文意也可通。

〔三〕今犯法者已論,而使無罪之父母妻子同産坐之及收,朕甚弗取

"犯法者已論"即犯法者本人已經論定罪名(説詳前文)。

"妻子"即妻室、子女。"同産"即兄弟姐妹,通常認爲取其同生於母之義。④ 但有學者指出,"同産"更强調父繫,不應包括同母異父者。⑤ 其説可從。"父母妻子同産"泛指家人,是古代法律常用的血緣連坐範圍(説詳前文)。"張家山漢簡"《二年律令》有《收律》四條,涉及的主要是收妻、子孥的問題。⑥ 張家山 336 號漢墓出土的《漢律十六章》中未見《收律》,而且其他律篇的相關律條皆删去"收"和"收孥相坐"内容。例如,《賊律》簡 1 中"皆要斬"以下爲空白,不見《二年律令》簡 2 的如下文字:"其父母妻子同産,無少長皆棄市。其坐謀反能偏(徧)捕,皆先告吏,皆除坐者罪。"此外,"胡家草場漢律"也不見《收律》的存在。⑦ 這都是漢文帝此次刑制改革的直接反映。⑧

"坐"即因某犯罪獲刑(説詳前文)。這裏指受家人牽連而獲刑,即連坐。

---

① 《老子》第三十九章:"侯王得一而以爲天下正。"第四十五章:"清静爲天下正。"
② 《漢書·景帝紀》載中五年九月詔曰:"法令度量,所以禁暴止邪也。"《漢書·宣帝紀》載元康二年夏五月詔曰:"獄者,萬民之命,所以禁暴止邪,養育群生也。"
③ 《戰國策·齊策四》:"是皆率民而出於孝情者也。"又可參見李文學:《東漢魏晉官印中的"率善"官印研究》,載《民族研究》2013 年第 6 期。
④ 《漢書·景十三王傳·廣川惠王越》:"距怨王,乃上書告齊與同産姦。"顏師古注:"謂其姊妹也。"《漢書·循吏傳·黃霸》:"坐同産有罪劾免。"顏師古注:"同産,謂兄弟也。"
⑤ 孫聞博:《秦漢簡牘中所見特殊類型姦罪研究》。
⑥ 參見張家山二四七號漢墓竹簡整理小組:《張家山漢墓竹簡(二四七號墓)》,第 32 頁。
⑦ 參見陳偉:《胡家草場漢簡律典與漢文帝刑制改革》。
⑧ 參見荆州博物館編、彭浩主編:《張家山漢墓竹簡(三三六號墓)》(上),第 161 頁。

"收"即"收帑"(nú),又作"收孥",意爲家人連坐淪爲官奴婢。① 被"收"之後稱爲"收人",是存續於"告""論"等程序之間的暫時性身份,與出土律簡中的"罪人"類似,後續會面臨恢復庶人身份、被賣爲奴婢、入計爲隸臣妾三種可能。② 但是,由於特殊嚴重犯罪而被"收"的,則只能終身禁錮爲囚徒(説詳前文)。"及"即牽連、連帶,指在收孥的範圍之内。③《史記·孝文本紀》中"及收"作"及爲收帑",於上下文意也可通。

有人認爲,"坐"與"收"處刑原則不同,"坐"者減刑處罰,"收"者"無少長皆棄市",④似無根據。

【原文】

左右丞相周勃、陳平奏言:"父母妻子同産相坐及收,所以累其心,使重犯法也。師古曰:"重,難也。累音力瑞反。"收之之道,所由來久矣。臣之愚計,以爲如其故便。"

【考釋】

〔一〕左右丞相周勃、陳平

漢初設置丞相一人,後更名爲相國。漢惠帝時期設置左、右丞相,同時又設有相國。漢文帝剛即位時以周勃爲右丞相,陳平爲左丞相,後又罷免周勃。漢文帝二年,陳平死後,周勃接任,從此就只有一個丞相。⑤

---

① 《孟子·梁惠王下》:"澤梁無禁,罪人不孥。"趙岐注:"孥,妻子也。《詩》云:'樂爾妻孥。'罪人不孥,惡惡止其身,不及妻子也。"《漢書·文帝紀》:"(元年十二月)盡除收帑相坐律令。"應劭注:"帑,子也。秦法,一人有罪,并其室家。今除此律。"顔師古注:"帑讀與奴同,假借字也。"
② 參見舒哲嵐:《秦漢律中的"收人"》,載《古代文明》2018年第3期。
③ 《尚書·大禹謨》:"罰弗及嗣,賞延於世。"僞孔傳:"嗣亦世,俱謂子。延,及也。父子罪不相及,而及其賞。"《大學衍義補》卷一〇一《總論制刑之義(下)》引蔡沈曰:"及,逮也。漢世詔獄所逮有至數萬人者,審度其所當逮者而後可逮之也。"又引蘇軾曰:"罪非己造爲人所累曰及,秦漢間謂之逮。"
④ (清)沈欽韓:《漢書疏證·刑法志》:"坐者,核其輕重減本人一等、二等也。收者,無少長皆棄市也。"
⑤ 《漢書·百官公卿表上》:"高帝即位,置一丞相,十一年更名相國,綠綬。孝惠、高后置左右丞相,文帝二年復置一丞相。"《漢書·陳平傳》:"惠帝六年,相國曹參薨,安國侯王陵爲右丞相,平爲左丞相……文帝初立……乃以太尉勃爲右丞相,位第一;平徙爲左丞相。"

周勃(？—前169年),泗水郡沛縣(今江蘇省徐州市沛縣)人,早年追隨劉邦起事抗秦,受封爲絳侯,官拜太尉,歷經漢惠帝、高后兩個時期。吕后死後,周勃與陳平等人聯手平定諸吕,擁立漢文帝即位,先後兩度出任丞相。

"勃",敦煌抄本殘卷"法藏 P.3669"作"敖"。① 這應是傳抄訛誤。堀毅把抄本下文的 **敖** 字釋讀爲"數"。② 其説有誤。

陳平(？—前179年),陽武户牖鄉(今河南省新鄉市原陽縣)人,秦末時先入項羽集團,後轉投劉邦集團,足智多謀,屢獻奇計,受封户牖侯。漢惠帝時,陳平先後擔任左丞相、右丞相。吕后爲亂時期,陳平表面逢迎,暗中積聚實力,終於在吕后死後聯合周勃平定諸吕,匡扶社稷。漢文帝即位後,他雖名爲左丞相,卻實際單獨行使相權。

〔二〕**父母妻子同産相坐及收,所以累其心,使重犯法也**

"相坐",敦煌抄本殘卷"法藏 P.3669"作"坐"。③ 亦可通。④

"累"(lěi)字從"系",引申表示牽連、拖累。"累其心"在這裏是指,利用血緣家屬對人進行無形的心理控制和約束。"重犯法"即把犯法看做十分重要的事,因此就會行事謹慎,力求避免犯法。這句表達的是周勃、陳平反對廢除收孥制度的理由之一。

〔三〕**收之之道,所由來久矣。臣之愚計,以爲如其故便**

"收之之道,所由來久矣"即收孥制度由來已久。這是他們反對的理由之二。古人注重歷史傳統,"由來已久"的證明力很強。

"愚計"是謙辭。"如其故便"即保持原來的做法比較合適,比較便利。

【原文】

文帝復曰:"朕聞之,法正則民愨,罪當則民從。師古曰:"愨,謹也,音丘角反。"且夫牧民而道之以善者,吏也;師古曰:"道讀曰導。以善導

---

① 上海古籍出版社、法國國家圖書館編:《法國國家圖書館藏敦煌西域文獻》(第26册),第279頁。
② 〔日〕堀毅:《秦漢法制史論考》,第76頁。
③ 上海古籍出版社、法國國家圖書館編:《法國國家圖書館藏敦煌西域文獻》(第26册),第279頁。
④ 〔日〕堀毅:《秦漢法制史論考》,第74頁。

之也。"既不能道,又以不正之法罪之,是法反害於民,爲暴者也。^{師古曰:"法害於人,是法爲暴。"}朕未見其便,宜孰計之。"

【考釋】

〔一〕法正則民愨,罪當則民從

"愨"(què)即謹慎、良善。① "從"即順從、追隨。② 這句是說,法律規定合理、罪名刑罰適中則民衆就會真心服從、擁護。

〔二〕牧民而道之以善者,吏也

"牧"本義爲放牛,後引申爲管理百姓。③ "道"通"導",敦煌抄本殘卷"法藏P.3669"即作"導"。④ 在古人觀念中,官吏治理百姓,負有導民勸善、道德教化的職責,否則即爲失職。⑤ 文帝此處針對朝臣的反對意見搬出這句話,暗含著對他們未能盡職導民的批評,並藉以抽空他們的立論基礎,增加他們的心理壓力。

〔三〕又以不正之法罪之,是法反害於民,爲暴者也

"不正之法"既指刑法不以教化的正道爲本,也指刑法不合乎罪責刑相應的正當標準,此處是指牽連家屬的收孥之法。⑥

"暴"即生殺不當的暴行。"反害於民,爲暴者也"對應"禁暴而衛善人",含義與其相反。"害於民"正合儒家"棄民""罔民"之說。⑦

〔四〕未見其便,宜孰計之

"未見其便"即認爲收孥制度並不便利,這是針對"如其故便"的回應。

---

① 《說文解字·心部》:"愨,謹也。"段玉裁注:"《廣韵》曰:'謹也、善也、愿也、誠也。'"
② 《說文解字·从部》:"從,隨行也。"段玉裁注:"《釋詁》曰:'從,自也。'其引伸之義也,又引伸訓順。"
③ 《說文解字·攴部》:"牧,養牛人也。"段玉裁注:"引伸爲牧民之牧。"
④ 上海古籍出版社、法國國家圖書館編:《法國國家圖書館藏敦煌西域文獻》(第26册),第279頁。
⑤ 《國語·魯語上》:"夫君也者,將牧民而正其邪者也,若君縱私回而棄民事,民旁有慝無由省之,益邪多矣。若以邪臨民,陷而不振,用善不肯專,則不能使,至於殄滅而莫之恤也,將安用之?"
⑥ 《左傳·昭公二十年》引《康誥》曰:"父子兄弟,罪不相及。"《公羊傳·昭公二十年》:"君子之善善也長,惡惡也短。惡惡止其身,善善及子孫。"
⑦ 《國語·晉語一》:"吾聞事君者,從其義,不阿其惑也。惑則誤民,民誤失德,是棄民也。"《孟子·梁惠王上》:"若民,則無恒產,因無恒心。苟無恒心,放辟邪侈,無不爲已。及陷於罪,然後從而刑之,是罔民也。焉有仁人在位,罔民而可爲也?"

"孰"通"熟",即仔細、審慎。敦煌抄本殘卷"法藏 P.3669"即作"熟"。①

"宜孰計之"是說,這個議題應該進一步周詳考慮。換言之,文帝仍然堅持廢除收孥之法。與《漢志》前文所載文帝十三年廢肉刑之議相比,此次廢收孥之議發生在文帝即位之初,討論對象是功高位尊的周勃、陳平等人,所以君臣往復討論還存在一定的理據交鋒意味,同時也反映出君臣之間圍繞權勢和話語權展開的較量。

【原文】

平、勃乃曰:"陛下幸加大惠於天下,使有罪不收,無罪不相坐,甚盛德,臣等所不及也。臣等謹奉詔,盡除收律相坐法。"

〔一〕**陛下幸加大惠於天下,使有罪不收,無罪不相坐,甚盛德**

"幸"即感到幸運,是臣子對君主的常用敬辭。"加惠"即施予恩惠。"加大惠於天下"是指廢除收孥之法使天下百姓普遍受惠。"惠",敦煌抄本殘卷"法藏 P.3669"作"愚"。② 堀毅認爲是傳抄訛誤。③ 其説可從。

"有罪不收"是指,本人雖然有罪但不牽連其家人。"無罪不相坐"是指,罪犯的家人如果無罪就不因牽連受刑。

"甚盛德"與《漢志》前文"於盛德"義同。《史記·孝文本紀》作"德甚盛",略同。

〔二〕**臣等謹奉詔,盡除收律相坐法**

"臣等",敦煌抄本殘卷"法藏 P.3669"作"臣"。④ 堀毅認爲是傳抄訛誤。⑤ 其説可從。應據上文"臣等所不及也"補上"等"字。

"收律"即律篇名《收律》。此篇見於《二年律令》但不見於《漢律十

---

① 上海古籍出版社、法國國家圖書館編:《法國國家圖書館藏敦煌西域文獻》(第 26 册),第 279 頁。
② 上海古籍出版社、法國國家圖書館編:《法國國家圖書館藏敦煌西域文獻》(第 26 册),第 279 頁。
③ 〔日〕堀毅:《秦漢法制史論考》,第 76 頁。
④ 上海古籍出版社、法國國家圖書館編:《法國國家圖書館藏敦煌西域文獻》(第 26 册),第 279 頁。
⑤ 〔日〕堀毅:《秦漢法制史論考》,第 76 頁。

六章》,應是此次"盡除"的結果。《史記·孝文本紀》作"除收帑諸相坐律令",表述更爲準確。① 意即,相坐制度中與收帑相關的法律條文。② 因爲當時連坐的範圍標準除了血緣家屬之外,可能還有什伍、保任等。這裏"收律相坐法"也當作此解。"相坐法",敦煌抄本殘卷"法藏 P.3669"作"相承坐法"。③ 堀毅認爲"承"是衍文。④ 其説可從。"相坐法",敦煌抄本殘卷"法藏 P.3669"作"相承坐法"。⑤ 堀毅認爲"承"是衍文。⑥ 其説可從。

但此次廢收帑的法律改革並不徹底,後來又恢復使用。⑦ 有人認爲此法最早恢復於漢文帝十六年,並認爲《史記》《漢書》失載此事有維護文帝形象之嫌。⑧

【原文】

其後,新垣平謀爲逆,復行三族之誅。由是言之,風俗移易,人性相近而習相遠,信矣。師古曰:"《論語》云孔子曰'性相近,習相遠'也,言人同稟五常之性,其所取舍本相近也,但所習各異,漸漬而移,則相遠矣。"夫以孝文之仁,平、勃之知,猶有過刑謬論如此甚也,而況庸材溺於末流者乎?

---

① 《漢書·晁錯傳》:"肉刑不用,罪人亡帑。"顔師古注:"謂除收帑相坐律。"《後漢書·楊終傳》:"太宗至仁,除去收帑。"李賢等注:"除去收帑相坐之律也。"
② 高恒:"《刑法志》所記有誤。實際上廢除的是與收帑有關的相坐法令。"(高恒:《秦漢法制論考》,第 150 頁)長春按:《刑法志》記載原本無誤,只是有些人理解有誤而已。
③ 上海古籍出版社、法國國家圖書館編:《法國國家圖書館藏敦煌西域文獻》(第 26 册),第 279 頁。
④ [日]堀毅:《秦漢法制史論考》,第 76 頁。
⑤ 上海古籍出版社、法國國家圖書館編:《法國國家圖書館藏敦煌西域文獻》(第 26 册),第 279 頁。
⑥ [日]堀毅:《秦漢法制史論考》,第 76 頁。
⑦ 《漢書·武帝紀》:"赦吴楚七國帑輸在官者。"應劭注:"吴楚七國反時,其首事者妻子没入爲官奴婢,武帝哀焉,皆赦遣之也。"《鹽鐵論·申韓》載"文學"曰:"今之所謂良吏者,文察則以禍其民,强力則以厲其下,不本法之所由生,而專己之殘心,文誅假法,以陷不辜,累無罪,以子及父,以弟及兄,一人有罪,州里驚駭,十家奔亡,若癰疽之相潰,色淫之相連,一節動而百枝摇。"
⑧ 參見周波:《讀胡家草場西漢律令劄記》,載王沛主編:《出土文獻與法律史研究》第 11 輯,法律出版社 2022 年版。

【考釋】

〔一〕新垣平謀爲逆,復行三族之誅

新垣平(?—前163年),西漢時趙人,方術士。漢文帝十五年(前165年),他以望氣之說和僞造的祥瑞迎合文帝的鬼神之好,一時間頗受恩幸。漢文帝受其蠱惑而立五帝廟,改元。文帝十七年(前163年),新垣平因被人揭發僞行而謀爲逆,最後處以夷三族刑,而其處死方式是腰斬。① 此後,夷三族刑在西漢復活。② 但從"胡家草場漢簡"的相關律文來看,"當時並非簡單地'復行三族之誅',重新啓用《二年律令》中的律條,而是有所推敲、改訂"。③

〔二〕由是言之,風俗移易,人性相近而習相遠,信矣

"是"指西漢初年廢除收孥法和恢復夷三族刑之事。"風俗"即自發形成、影響廣泛的國家形勢或生活習慣,泛指外部環境。④ "移易"即變化、改換。"人性相近而習相遠"化用自《論語》,⑤意即雖然人的本性較爲一致和穩定,但言行表現會隨外部環境的變化而顯現出差異性和流變性的趨勢,不僅人與人之間差別懸遠,而且個人也會前後矛盾,忘卻初心。"信"即真實、確實,表示贊同。

這句是說,儘管人的內在本性一致,但針對具體問題的觀點和做法卻有千差萬別,而且也會隨時變化。這是班固根據族刑、收孥等制度廢立的曲折過程而發出的感慨之辭。

〔三〕以孝文之仁,平、勃之知,猶有過刑謬論如此甚也,而況庸材溺於末流者乎

"孝文之仁"指文帝執政有仁德之風。⑥ "平、勃之知"指陳平、周勃都

---

① 《漢書·五行志上》:"先是,趙人新垣平以望氣得幸,爲上立渭陽五帝廟,欲出周鼎,以夏四月,郊見上帝。歲餘懼誅,謀爲逆,發覺,要斬,夷三族。"
② 《漢書·江充傳》:"後武帝知充有詐,夷充三族。"《漢書·翟方進傳》:"莽盡壞義第宅,污池之。發父方進及先祖塚在汝南者,燒其棺柩,夷滅三族,誅及種嗣,至皆同坑,以棘五毒並葬之。"《漢書·酷吏傳·王溫舒》:"溫舒匿其吏華成,及人有變告溫舒受員騎錢,它姦利事,罪至族,自殺。其時,兩弟及兩婚家亦各自坐它罪而族。"
③ 參見陳偉:《胡家草場漢簡律典與漢文帝刑制改革》。
④ 《史記·樂書》:"移風易俗,天下皆寧。"張守節《正義》:"上行謂之風,下習謂之俗。"
⑤ 《論語·陽貨》:"子曰:'性相近也,習相遠也。'"
⑥ 《史記·孝文本紀》"太史公曰":"漢興,至孝文四十有餘載,德至盛也。廩廩鄉改正服封禪矣,謙讓未成於今。嗚呼,豈不仁哉!"《漢書·文帝紀》"贊曰":"專務以德化民,是以海內殷富,興於禮義,斷獄數百,幾致刑措。嗚呼,仁哉!"《後漢書·楊終傳》:"太宗至仁,除去收孥。"

有過人的智識和能力。① "過刑"指經由新垣平案而恢復的三族刑。"謬論"指陳平、周勃關於收孥之法"累其心,使重犯法"和"由來久矣,如其故便"等説法。

"謬論",敦煌抄本殘卷"法藏 P.3669"作"謬戮"。② 堀毅認爲是傳抄訛誤。③ 其説可從。筆者推測,抄寫者可能由於"論""戮"讀音接近且"戮"與"刑"相對仗而形成想當然的筆誤。實際上,這裏的"過刑""謬論"雖是並列關係,卻各有實指,不能簡單追求字面的整齊對偶。

"末流"即水流的下游,引申爲見識、能力、地位等層次較低。④ 敦煌抄本殘卷"法藏 P.3669"作"未流"。⑤ 堀毅認爲是傳抄訛誤。⑥ 其説可從。"庸材溺於末流"即各方面能力水平處於末流的庸才。"溺"與"流"對應,是一種十分形象而又巧妙的説法。"庸材"與《漢志》前文"庸人"含義相當,所指亦同。

---

① 《漢書·張陳王周傳》"贊曰":"平竟自免,以智終……高祖曰:'陳平智有餘,王陵少戇,可以佐之;安劉氏者必勃也。'"
② 上海古籍出版社、法國國家圖書館編:《法國國家圖書館藏敦煌西域文獻》(第 26 册),第 279 頁。
③ [日]堀毅:《秦漢法制史論考》,第 76 頁。
④ 《漢書·游俠傳》:"惜乎不入於道德,苟放縱於末流,殺身亡宗,非不幸也!"《漢書·外戚傳下》:"奉共養於東宫兮,託長信之末流。"顏師古注:"末流謂恩顧之末也。一曰流謂等列也。"
⑤ 上海古籍出版社、法國國家圖書館編:《法國國家圖書館藏敦煌西域文獻》(第 26 册),第 279 頁。
⑥ [日]堀毅:《秦漢法制史論考》,第 77 頁。

第十八章
《周官》有五聽

【主旨】

本章主要記錄西漢前期根據古經義理改定法令的情況，即《漢志》前文所説的"合古"。具體可分爲三節：第一節揀選《周禮》的幾個司法概念，作爲比附現實法律改革的古制依據。第二節記録漢高祖和漢景帝時改革司法奏讞制度的情況，以比附《周禮》的"五聽""三宥"。第三節記録漢景帝、宣帝、成帝時法律對老幼等特殊人群的優待規定，以比附《周禮》的"三赦"。

第一節

【原文】

《周官》有五聽、八議、三刺、三宥、三赦之法。師古曰："刺，殺也。訊而有罪則殺之也。宥，寬也。赦，舍也，謂釋置也。"

【考釋】

《周官》是《周禮》的原名（説詳前文）。"五聽""八議""三刺""三宥""三赦"都出自《周禮·秋官司寇·小司寇》。

"剌"，敦煌抄本殘卷"法藏 P.3669"皆作"剌"。[①] "剌"是"刺"的異

[①] 上海古籍出版社、法國國家圖書館編：《法國國家圖書館藏敦煌西域文獻》（第 26 册），第 279 頁。

體字。

【原文】

五聽：一曰辭聽，師古曰："觀其出言，不直則煩。"二曰色聽，師古曰："觀其顏色，不直則變。"三曰氣聽，師古曰："觀其氣息，不直則喘。"四曰耳聽，師古曰："觀其聽聆，不直則惑。"五曰目聽。師古曰："觀其瞻視，不直則亂。"

【考釋】

"聽"即審理、裁斷。"五聽"是"以五聲聽獄訟"的簡稱，即通過觀察當事人"辭""色""氣""耳""目"的表現判別真偽，輔助案件審理。字面義上講，只有"辭"可稱爲"聽"。其餘四個也稱爲"聽"，是由於對其觀察建立在言辭基礎上，目的也在於驗證言辭真僞。①

"辭聽"即通過觀察言辭的邏輯性、條理性判斷其真偽。"辭"，敦煌抄本殘卷"法藏 P.3669"作"辝"。② 堀毅認爲"辝"是"辭"的異體字，並舉出傳世碑帖書法作品中的三個例子。③ 其說可從。"色聽""氣聽""耳聽""目聽"即通過觀察其對答時的面部表情、氣息吐納、聽力反應、眼神虛實，推測其心理活動，進而判斷言辭真偽。此處顏師古注都直接引自《周禮》鄭玄注，進一步解釋可參見賈公彥疏。④

"五聽"有一定心理學、生理學的科學依據，具體判斷主要依賴法官的

---

① 《周禮·秋官司寇·小司寇》："以五聲聽獄訟，求民情。"賈公彥疏："案下五事惟辭聽一是聲，而以五聲目之者，四事雖不是聲，亦以聲爲本故也。案《呂刑》云：'惟貌有稽，在獄定之後。'則此五聽，亦在要辭定訖，恐其濫失，更以五聽發之，以求民情也。"
② 上海古籍出版社、法國國家圖書館編：《法國國家圖書館藏敦煌西域文獻》（第 26 冊），第 279 頁。
③ ［日］堀毅：《秦漢法制史論考》，第 77 頁。
④ 《周禮·秋官司寇·小司寇》："一曰辭聽。"鄭玄注："觀其出言，不直則煩。"賈公彥疏："直則言要理深，虛則辭煩義寡，故云'不直則煩'。"又："二曰色聽。"鄭玄注："觀其顏色，不直則赧然。"賈公彥疏："理直則顏色有厲，理曲則顏色愧報。"又："三曰氣聽。"鄭玄注："觀其氣息，不直則喘。"賈公彥疏："虛本心知，氣從內發，理既不直，吐氣則喘。"又："四曰耳聽。"鄭玄注："觀其聽聆，不直則惑。"賈公彥疏："觀其事直，聽物明審，其理不直，聽物致疑。"又："五曰目聽。"鄭玄注："觀其眸子視，不直則眊然。"賈公彥疏："目爲心視，視由心起，理若直實，視眄分明，理若虛陳，視乃眊亂。"

審案乃至生活經驗。① 戰國法家寓言"鄭子産聞婦人哭"即爲其一例。② 儘管其宗旨在於增强"察"③的效果,但其功能卻仍局限於以口供爲中心的制度視角。如果只是單獨使用,對於避免冤假錯案的發生作用有限。到了唐朝,法律規定進一步完備化、系統化,五聽是訊問的首個環節,隨後是物證、人證,最後采用刑訊拷打。④

【原文】

八議:一曰議親,師古曰:"王之親族也。"二曰議故,師古曰:"王之故舊也。"三曰議賢,師古曰:"有德行者也。"四曰議能,師古曰:"有道藝者。"五曰議功,師古曰:"有大勳力者。"六曰議貴,師古曰:"爵位高者也。"七曰議勤,師古曰:"謂盡悴事國者也。"八曰議賓。師古曰:"謂前代之後,王所不臣者也。自五聽以下至此,皆小司寇所職也。"

【考釋】

"一曰議親""五曰議功",敦煌抄本殘卷"法藏 P.3669"分别作"一曰親""功"。⑤ 堀毅認爲是傳抄脱漏。⑥ 其説可從。

"議"即集議,這裏特指司法集議。"八議"指八類特殊人群犯罪之後采取司法集議方式決斷的法律制度,在《周禮》中表述爲"八辟"。⑦ 鑒於

---

① 《晉書·刑法志》載張斐《律序》曰:"心感則情動於中,而形於言,暢於四支,發於事業。是故奸人心愧而面赤,内怖而色奪。論罪者務本其心,審其情,精其事,近取諸身,遠取諸物,然後乃可以正刑……喜怒憂歡,貌在聲色。奸真猛弱,候在視息。"
② 《韓非子·難三》:"鄭子産晨出,過東匠之閭,聞婦人之哭,撫其御之手而聽之。有間,遣吏執而問之,則手絞其夫者也。異日,其御問曰:'夫子何以知之?'子産曰:'其聲懼。凡人於其親愛也,始病而憂,臨死而懼,已死而哀。今哭已死不哀而懼,是以知其有奸也。'"
③ 《太平御覽》卷六三九《刑法部五·聽訟》引《尚書大傳》:"聽訟之術,大略有三:治必寬;寬之術,歸於察;察之術,歸於義。"《周禮·秋官司寇·鄉士》:"聽其獄訟,察其辭。"鄭玄注:"察,審也。"
④ 《唐律疏議·斷獄》:"諸應訊囚者,必先以情,審察辭理,反覆參驗;猶未能決,事須訊問,立案同判,然後拷訊。違者,杖六十。""疏"曰:'依《獄官令》:"察獄之官,先備五聽,又驗諸證信,事狀疑似,猶不首實者,然後拷掠。"'
⑤ 上海古籍出版社、法國國家圖書館編:《法國國家圖書館藏敦煌西域文獻》(第26册),第279頁。
⑥ [日]堀毅:《秦漢法制史論考》,第77頁。
⑦ 《周禮·秋官司寇·小司寇》:"以八辟麗邦法,附刑罰。"鄭玄注:"辟,法也。杜子春讀麗爲羅。玄謂:麗,附也。"賈公彦疏:"案《曲禮》云'刑不上大夫',鄭注云:'其犯(轉下頁)

《周禮》的特殊性質，周代是否存在完整的八辟之法尚難確定，但其主旨確實符合周代"親親""尊尊"的禮法精神，零星表現在具體的政治法律實踐中，並成爲儒家塑造理想君臣關繫的重要素材之一。① 在漢代，"八議"雖無明文立法規定，卻隨著法律儒家化運動的展開而大量進入司法實踐領域，並逐漸形成定制。② 到魏晉時正式寫入律典。相比於具有理想設計性質的《周禮》"八辟"，漢代以後的"八議"更注重"議"的程序性和制度性，更具有源於實踐、便於操作的特點。

這八類人包括"親""故""賢""能""功""貴""勤""賓"，《周禮》的鄭衆注、鄭玄注、賈公彥疏以及唐律注文，都有詳細注釋，兹不贅述。此處顏師古注在前人基礎上又有簡化提煉。

【原文】

三刺：一曰訊群臣，二曰訊群吏，三曰訊萬民。師古曰："訊，問也，音信。"

【考釋】

"刺"即殺，有時候也作爲對君殺臣的隱晦表達。③ "三刺"是"以三刺

（接上頁）法則在八議，輕重不在刑書。'若然，此八辟爲不在刑書，若有罪當議，議得其罪，乃附邦法而附於刑罰也。"《唐律疏議・名例》："《周禮》云：'八辟麗邦法。'今之'八議'，周之'八辟'也。禮云：'刑不上大夫。'犯法則在八議，輕重不在刑書也。其應議之人，或分液天潢，或宿侍旒扆，或多才多藝，或立事立功，簡在帝心，勳書王府。若犯死罪，議定奏裁，皆須取决宸衷，曹司不敢與奪。此謂重親賢，敦故舊，尊賓貴，尚功能也。以此八議之人犯死罪，皆先奏請，議其所犯，故曰'八議'。"

① 孔子提出："君使臣以禮，臣事君以忠。"（《論語・八佾》）孟子提出："君之視臣如手足，則臣視君如腹心。"（《孟子・離婁下》）又指出貴戚之卿與異姓之卿的區別（《孟子・萬章下》）。《白虎通義・諫諍》提出："君待之以禮，臣待放；如不以禮待，遂去。"《史記・五帝本紀》："五流有度。"裴駰《集解》引馬融曰："謂在八議，君不忍刑，宥之以遠。"這些説法中都有"八辟"的影子。參見蘇亦工：《"八議"源流與腹邊文化互動》，載《法學研究》2019年第1期。
② 參見龍大軒：《八議成制於漢論考》，載《法學研究》2012年第2期。
③ 《周禮・秋官司寇・小司寇》："一曰訊群臣，二曰訊群吏，三曰訊萬民。"鄭玄注："刺，殺也，三訊罪定則殺之。訊，言也。"《周禮・秋官司寇・司刺》："司刺掌三刺、三宥、三赦之法，以贊司寇聽獄訟。"鄭玄注："刺，殺也。訊而有罪則殺之。"孫詒讓《正義》："三刺者，問衆以當殺與否，是刑與宥不可豫定。"《説文解字・刀部》："君殺大夫曰刺。"段玉裁注："然則春秋於他國書殺其大夫，於魯國則兩書刺，諱魯之專殺而謂之刺。"《公羊傳・僖公二十八年》："刺之者何？殺之也。殺之，則曷爲謂之刺？内諱殺大夫，謂之刺也。"

表八："八議"含義對比

名目	《周禮》鄭玄注	《周禮》賈公彥疏	唐律注文	顏師古注	唐律"疏議"
親	鄭司農云："若今時宗室有罪，先請是也。"鄭玄云："若今時議親。"	"親"，謂五屬之內及外親有服者皆是，議限親，不假疏，故賢能及功勤若貴亦不假。餘賢能等，各據一邊，則得入議。假令既有親兼有餘事，亦不離議限。	謂皇帝袒免以上親及太皇太后、皇太后緦麻以上親，皇后小功以上親。	王之親族也。	義取內睦九族，外協萬邦，布同姓之恩，篤親親之理，故禮有曰"議親"。相免者，曾祖從父兄弟，祖再從兄弟，父三從兄弟，身之四從兄弟是也。太皇太后者，皇帝祖母也。加"大"者，太之言大也，易稱"大極"者，蓋取尊大之義。"皇"者，因子以明母之義。其二后緦麻以上親，緦麻之親有四：曾祖從兄弟、祖從父兄弟，父再從兄弟，身之三從兄弟是也。皇后陰小功以上親有三：祖姑及父，小功之親者三，身之再從兄弟，父之從父兄弟是也。此外從兄弟是也。此據禮內外諸親有服同者，並準此。

續　表

名目	《周禮》鄭玄注	《周禮》賈公彥疏	唐律注文	顏師古注	唐律疏議
故	故謂舊知也。鄭司農云："若今時故等不遺，則民不偷。"玄謂引《論語》"故舊不遺"。	此"故"注：故舊知也，是以《大宗伯》據王爲朋友，亦謂共在學者。"若《伐木》詩，亦是故友之類。先鄭引《論語》"故舊不遺"，"言民不偷，上行下效，亦據人君而說，故引爲證議故也。	謂故舊。	王之故舊也。	謂宿得侍見，特蒙接遇歷久者。
賢	鄭司農云：若今是時廉吏有罪，先請是也。"玄謂賢有德行者。	先鄭舉漢能廉吏爲賢，後鄭足成，故言"賢有德行"者，謂若鄉大夫興賢者、能者，即有六德六行者也。	謂有大德行。	有德行者也。	謂賢人君子，言行可爲法則者。
能	能謂有道藝者。《春秋傳》曰："夫謀而鮮過，惠訓不倦者，叔向有焉，社稷之固也，猶將十世宥之，以勸能者。今壹不免其身，以棄社稷，不亦惑乎？"	云"能謂有道藝者"，此即"鄉大夫"有道、有藝。而教之六藝，是國子與賢者有道藝者兼有德行也。引《春秋傳》者，《左氏》襄二十一年，叔向彼囚，祁奚作此辭以晉侯，使赦小罪存大能。引之者，證以能議。	謂有大才藝。	有道藝者。	謂能整軍旅，蒞政事，鹽梅帝道，師範人倫者。

續表

名目	《周禮》鄭玄注	《周禮》賈公彥疏	唐律注文	顏師古注	唐律"疏議"
功	謂有大勳力立功者。	此即司勳所掌王功國功之等，皆人此功色，是以彼皆言功首也。	謂有大功勳。	有大勳力者。	謂能斬將搴旗，摧鋒萬里，或卒裹歸化，鑒濟一時，匡救艱難、銘功太常者。
貴	鄭司農云："若今時吏墨綬有罪，先請是也。"	先鄭推引漢法大夫以上皆貴。若據周大夫以上皆貴。墨綬者，漢法，丞相中二千石、金印紫綬；御史大夫二千石，銀印青綬；令六百石，銅印墨綬是也。	謂職事官三品以上，散官二品以上及爵一品者。	爵位高者也。	依令："有執掌者為職事官，無執掌者為散官。"爵，謂國公以上。
勤	謂憔悴以事國。	案《詩》云："或憔悴以事國"，此已上七者，賞以王為主。一國之尊，雖以王制，亦應有此議法。是以鄭引叔向之言，推"八日議賓"，惟據王者而言，不及諸侯也。	謂有大勤勞。	謂盡瘁事國者也。	謂大將吏恪居官次，夙夜在公，若遠使絕域，經涉險難者。
賓	謂所不臣者，三代之後與？	《春秋》襄公二十五年《傳》云："虞閼父為周陶正，而封諸陳，以備三恪"之言，《郊特牲》"有尊賢不	謂承先代之後為國賓者。	謂前代之後，王所不臣者也。	《書》云："虞賓在位，群后德讓。"《詩》曰："有客有客，亦白其馬。"《禮》云："天子存二代之後，猶尊賢也。"

续 表

名目	《周禮》鄭玄注	唐律注文	顏師古注	唐律"疏議"
	過二代"之語，故鄭云"三恪二代之後"。案《樂記》云："武王克殷及薊，封帝堯之後於祝，封帝舜之後於陳。下車，而封夏后氏之後於杞，殷之後於宋。"此皆自行當代禮樂，為賓禮所不臣，常所不及，故爲"賓"者，約後同之，不下所據，故云"與"以疑之也。			之後，猶尊賢也。"昔武王克商，封夏后氏之後於杞，封殷氏之後於宋，若今周後介公，隋後酅公，並爲國賓者。

說明：
1. 顏師古注《漢書》雖然略早於賈公彥作《周禮》疏，但二人大體同時，又都生活在學術強調一統的時代，所以分歧也並不大。
2. 唐律注文原本就附於律文之後，①故顏師古注很有可能見到。
3. 儘管顏師古注《漢書》時（貞觀年間）《永徽律疏》尚未頒行，但仍附於此表以示比較。

① 參見錢大群：《〈唐律疏議〉結構及書名辨析》，載《歷史研究》2000年第4期。

斷庶民獄訟之中"的簡稱,即庶民以上判處死刑要三次徵求各方意見才可執行的司法制度。①

"訊"即訊問、徵詢。三訊的對象分別是群臣、群吏、萬民,地位由高到低,範圍由小到大。② 按照古人的理解,行刑之前徵詢多方意見,意在明察案情,體察民意,慎用刑罰,塑造對案件的共識或輿論。③ 但這種描述頗爲理想化,未必合於先秦的實情。

"二曰訊群吏",敦煌抄本殘卷"法藏 P.3669"作"二曰許群吏"。④ 堀毅認爲是傳抄訛誤。⑤ 其說可從。實際上,抄寫本句的第一個和第三個"訊"字,由於追求書寫速度,字形已經走樣,分別寫作 訐、訐。中間的"訊"字寫作 許,形似"許"字。但通過觀察可以發現,其運筆仍是"訊"字的寫法,只是由於落筆位置偏差才導致形近於"許"。

【原文】

　　三宥:一曰弗識,二曰過失,三曰遺忘。師古曰:"弗識,不審也。過失,非意也。遺忘,忽忘也。"

---

① 《周禮‧秋官司寇‧小司寇》:"以三刺斷庶民獄訟之中。"鄭玄注:"中謂罪正所定。"賈公彥疏:"此經與下文爲目。但'三刺'之言,當是罪定斷訖,乃向外朝始行三刺。庶民已上,皆應有刺。直言'庶民'者,庶民賤,恐不刺。賤者尚刺,已上刺可知。云'中謂罪正所定'者,斷獄終始有三刺,刺則罪正所定,即當行刑,故云罪正所定也。"
② 《周禮‧秋官司寇‧司刺》:"壹刺曰訊群臣,再刺曰訊群吏,三刺曰訊萬民。"鄭玄注:"訊,言。"賈公彥疏:"此三刺之事所施,謂斷獄弊訟之時,先群臣,次群吏,後萬民,先尊後卑之義。"《孔子家語‧刑政》:"大司寇正刑明辟以察獄,獄必三訊焉……王命三公卿士參聽棘木之下,然後乃以獄之成疑於王,王三宥之以聽命,而制刑焉。"
③ 《論語‧衛靈公》:"子曰:'衆惡之,必察焉;衆好之,必察焉。'"《孟子‧梁惠王下》:"左右皆曰可殺,勿聽;諸大夫皆曰可殺,勿聽;國人皆曰可殺,然後察之;見可殺焉,然後殺之,故曰國人殺之也。"趙岐注:"言當慎行大辟之罪,五聽三宥。古者刑人於市,與衆棄之。"《禮記‧王制》:"司寇正刑明辟,以聽獄訟。必三刺。"鄭玄注:"以求民情,斷其獄訟之中。"《周禮‧秋官司寇‧小司寇》:"聽民之所刺宥,以施上服下服之刑。"鄭玄注:"宥,寬也。民言殺,殺之。言寬,寬之。"沈家本:"刑人衆棄之義,即國人殺之之義也,蓋必以天下共之,而不出於一己之私意也。"([清]沈家本:《歷代刑法考》,第1227頁)呂思勉:"《孟子》'左右皆曰可殺',即所謂'訊群臣';'諸大夫皆曰可殺',即所謂'訊群吏';'國人皆曰可殺',即所謂'訊萬民'。蓋古之遺制也。"(呂思勉:《呂思勉讀史劄記》(上冊),上海古籍出版社2005年版,第398頁)
④ 上海古籍出版社、法國國家圖書館編:《法國國家圖書館藏敦煌西域文獻》(第26冊),第279頁。
⑤ [日]堀毅:《秦漢法制史論考》,第77頁。

【考釋】

"宥"即寬宥、減免。① "三宥"即根據三種主觀過錯狀態而減輕刑罰。"弗識"即不了解、不清楚,法律含義類似今天刑法上的對象認識錯誤。"過失"即不小心、没留神,"遺忘"即不細心、没留意。二者在具體情節上或有細微差别,但在法律意義上都可以歸類於今天刑法中"疏忽大意的過失",②亦即張斐《律序》所謂的"不意誤犯謂之過失"。③

出土秦漢法律簡牘中有"三環"一語,有人認爲即爲《周禮》的"三宥"。④ 但錢大群等人認爲"三環"並非"三宥",只是要求告訴者慎思所告的訴訟程序,與唐代"三審"制度有關。⑤ 也有人認爲,"三環"是爲避免"告不審"而設置的反復調查程序。⑥ 綜合來看,"三環"應非"三宥",而是"三次拒絶",在司法實踐中發揮著抵抗家長非理訴訟的制度功能。⑦

---

① 《説文解字・宀部》:"宥,寬也。"《史記・五帝本紀》:"流宥五刑。"裴駰《集解》引馬融曰:"流,放。宥,寬也。一曰幼少,二曰老耄,三曰蠢愚。"張守節《正義》引孔安國云:"以流放之法寬五刑也。"
② 《周禮・秋官司寇・司刺》:"壹宥曰不識,再宥曰過失,三宥曰遺忘。"鄭玄注:"鄭司農云:'不識,謂愚民無所識則宥之。過失,若今律過失殺人不坐死。'玄謂:識,審也。不審,若今仇讎當報甲,見乙,誠以爲甲而殺之者。過失,若舉刃欲斫伐,而軼中人者。遺忘,若間帷薄,忘有在焉,而以兵矢投射之。"賈公彦疏:"先鄭以爲'不識謂愚民無所識則宥之',若如此解,則當入三赦惷愚之中,何得入此三宥之内,故後鄭不從也。云'過失,若今律過失殺人不坐死'者,於義是,故後鄭增成之。云'玄謂識,審也'者,不識即不審。云甲乙者,興喻之義耳。假令兄甲是仇人,見弟乙,誠以爲是兄甲,錯殺之,是不審也。"
③ 參見《晉書・刑法志》。
④ 睡虎地秦墓竹簡整理小組:《睡虎地秦墓竹簡》,第117頁;劉華祝:《關於秦律、漢律中的"三環"問題》,載中國秦漢史研究會編:《秦漢史論叢》第9輯,三秦出版社2004年版。
⑤ 錢大群:《秦律"三環"論》,載《南京大學學報》(哲學・人文・社會科學)1988年第2期;堀毅:《秦漢法制史論考》,第190頁;劉敏:《從〈二年律令〉論漢代"孝親"的法律化》,載《南開學報》(哲學社會科學版)2006年第2期;張家山二四七號漢墓竹簡整理小組:《張家山漢墓竹簡(二四七號墓)》,第13頁。朱紅林:《再論竹簡秦漢律中的"三環"——簡牘中所反映的秦漢司法程序研究之一》,載《當代法學》2007年第1期。
⑥ 徐世虹:《"三環之""刑復城旦舂""繫城旦舂某歲":解——讀〈二年律令〉劄記》,載中國文物研究所主編:《出土文獻研究》第6輯,上海古籍出版社2004年版;徐世虹:《秦漢簡牘中的不孝罪訴訟》,載《華東政法大學學報》2003年第3期;劉洋:《再論秦漢律中的"三環"問題》,載《社會科學》2007年第5期。
⑦ 此觀點及相關論著文獻的梳理分析,參見趙進華、牟瑞瑾:《秦漢法制簡牘中"三環"釋義新探》,載梁安和、徐衛民主編:《秦漢研究》第7輯,陝西人民出版社2013版。

【原文】

三赦：一曰幼弱，二曰老眊，三曰惷愚。師古曰："幼弱，謂七歲以下。老眊，謂八十以上。惷愚，生而癡騃者。自三刺以下至此，皆司刺所職也。眊讀與耄同。惷音丑江反，又音貞巷反。"

【考釋】

"赦"即赦免、寬宥。"三赦"專指根據行爲主體在生理能力方面的缺陷或不足而免除刑罰。其與"三宥"在法律後果方面差別不大，區別主要體現在觸發條件上。①

"幼弱"即七歲以下的幼童。"老眊"即八十以上的老人，"眊"又作"耄""旄"（説詳前文）。"惷愚"即蠢愚，指心智不健全的人。② 對他們寬宥用刑，既是出於人道關懷，也有刑事責任能力方面的考慮。

"老眊"，敦煌抄本殘卷"法藏P.3669"作"老耋"。③ 堀毅認爲"眊""耋""旄"三字含義差别多，但"眊"更接近班固的用法。④ 其説可從。在《漢書》中可以找到許多"老眊"的用法。⑤

"三赦"雖然主要源於《周禮》作者的理論設想或概念總結，但在漢唐時期的法律實踐中，對老、幼、廢疾在定罪量刑上的寬宥原則確有體現。⑥

---

① 《管子·戒》："老弱勿刑，參宥而後弊。"
② 《周禮·秋官司寇·司刺》："壹赦曰幼弱，再赦曰老旄，三赦曰惷愚。"鄭玄注："惷愚，生而癡騃童昏者。鄭司農云：'幼弱、老旄，若今律令年未滿八歲，八十以上，非手殺人，他皆不坐。'"賈公彥疏："三赦與前三宥所以異者，上三宥不識、過失、遺忘，非是故心過誤，所作雖非故爲，比三赦爲重，據今仍使出贖。此三赦之等，比上爲輕，全放無贖。"《禮記·曲禮上》："八十、九十曰耄，七年曰悼。悼與耄，雖有罪不加刑焉。"鄭玄注："愛幼而尊老。"
③ 上海古籍出版社、法國國家圖書館編：《法國國家圖書館藏敦煌西域文獻》（第26册），第279頁。
④ ［日］堀毅：《秦漢法制史論考》，第77頁。
⑤ 《漢書·武帝紀》："朕嘉孝弟、力田，哀夫老眊、孤、寡、鰥、獨或匱於衣食，甚憐湣焉。"《漢書·平帝紀》："及眊掉之人刑罰所不加，聖王之所以制也。"《漢書·彭宣傳》："臣資性淺薄，年齒老眊，數伏疾病，昏亂遺忘。"
⑥ 《漢書·惠帝紀》："民年七十以上若不滿十歲有罪當刑者，皆完之。"《漢書·平帝紀》："其明敕百寮，婦女非身犯法，及男子年八十以上七歲以下，家非坐不道，詔所名捕，它皆無得繫。"其當驗者，即驗問。定著令。"顏師古注："就其所居問。"《後漢書·光武帝紀上》略同。《唐律疏議·名例》："諸年七十以上、十五以下及廢疾，犯流罪以下，收贖。八十以上、十歲以下及篤疾，犯反、逆、殺人應死者，上請；盜及傷人者，亦收贖。九十以上，七歲以下，雖有死罪，不加刑；即有人教令，坐其教令者。"《二年律令·具律》簡（轉下頁）

但瘋癲之人殺人不能免刑。①

此處"三刺""三宥""三赦"的記載都出自《周禮·秋官司寇·司刺》，儘管也都可以在先秦文獻中找到個別例子。班固在此揀出數語，極大提高了《周禮》在法律領域的地位，對後世"刑法志"的撰寫頗有影響。②

【原文】

凡囚，"上罪梏拲而桎，中罪梏桎，下罪梏；王之同族拲，有爵者桎，以待弊。"師古曰："械在手曰梏，兩手同械曰拲，在足曰桎。弊，斷罪也。自此以上掌囚所職也。梏音古篤反。拲即拱字也。桎音之日反。弊音蔽。"

【考釋】

〔一〕凡囚

"囚"即在押犯人。《周禮》的古注家大都認爲"凡囚"與盜賊相對，指輕罪的罪犯。③ 此說屬於以訛傳訛，陳陳相因。按照《周禮》此處原文，掌囚負責看守盜賊，"凡囚"的"囚"所指就是因行盜賊而收監在押的待審或待刑囚犯。"凡"字是發語詞，意即凡是、一切，不能解釋爲平凡、普通。這也符合《周禮》介紹各官職守的一貫體例。此處班固在截取《周禮》原文時，以"凡囚"涵蓋上罪、中罪、下罪，從邏輯上包括盜賊。這種表述更符合

(接上頁)83:"公士、公士妻及□□行年七十以上，若年不盈十七歲，有罪當刑者，皆完之。"簡 86:"吏、民……有罪年不盈十歲，除；其殺人，完爲城旦舂。"(張家山二四七號漢墓竹簡整理小組：《張家山漢墓竹簡[二四七號墓]》，第 20、21 頁)

① 《漢書·王莽傳》："長安狂女子碧呼道中曰：'高皇帝大怒，趣歸我國。不者，九月必殺汝！'莽收捕殺之。"《後漢書·陳寵傳附陳忠傳》："忠略依寵意，奏上二十三條，爲決事比……狂易殺人，得減重論……事皆施行。"《太平御覽》卷六四六《刑法部十二·梟首》引《廷尉決事》曰："河內太守上民張太有狂病。病發，煞母弟，應梟首。遇赦，議不當除之，梟首如故。"《太平御覽》卷七三九《疾病部二·癲》引祖臺之《議錢耿煞妻事》曰："尋建康獄竟囚錢耿，癲疾發作，毆煞妻了，無他變故。荒病之人，不蒙哀矜之施，無知之禮，加以大辟之刑，懼非古原心定罪之義。"參見溫慧輝：《〈周禮·秋官〉與周代法制研究》，法律出版社 2008 年版，第 119—120 頁。

② 《魏書·刑罰志》："以五聽求民情，八議以申之，三刺以審之。"《晉書·刑法志》："周人以三典刑邦國，以五聽察民情……乃置三刺、三宥、三赦之法……"《隋書·刑法志》："周王立三刺以不濫，弘三宥以開物。"

③ 《周禮·秋官司寇·掌囚》："掌囚掌守盜賊，凡囚者……"鄭玄注："凡囚者，謂非盜賊自以他罪拘者也。"賈公彥疏："云'凡囚者，謂非盜賊自以他罪拘者也'者，以其既言盜賊，乃別云凡囚，明凡囚中無盜賊。盜賊重，故爲罪人之首而言之也。"

原文。可見其理解比其後代的禮經注家更準確。

〔二〕上罪梏拲而桎,中罪梏桎,下罪梏

"上罪""中罪""下罪"表示罪名刑罰從重到輕。"梏""桎"分別指戴在手、腳上的木制器械。"拲"(gǒng)即用同一個木械把兩只手固定在一起,束縛的效果更重。① 按照《周禮》的設計,罪名的輕重體現在囚犯佩戴的刑具上,犯重罪者雙手戴一個木械,雙腳各戴木械;犯中罪者雙手、雙腳各戴木械;犯輕罪者雙手各戴木械。如果犯人身份特殊,是王族者只用雙手戴一木械,有爵位的一般貴族只用雙腳各戴木械。值得注意的是,這些戴木械者只是待審囚徒,即"以待弊"。"弊"即審斷。② 等到斷獄判爲死刑後,普通犯人還要戴木械刑於市,貴族則無需戴木械,由甸師氏刑於隱處。③

以上所關桎梏,都只是《周禮》的説法,未必符合史實。先秦秦漢時,桎梏是犯人所戴木制刑械的統稱,又稱"桁(háng)楊""木索",所戴部位是頸部、手、足,並無精細的區別。① 至於經學家們咬文嚼字的注釋則有可能只是後世的推想或設計。②

第二節

【原文】

高皇帝七年,制詔御史:"獄之疑者,吏或不敢決,有罪者久而

---

① 《周禮·秋官司寇·掌囚》:"凡囚者,上罪梏拲而桎,中罪桎梏,下罪梏。"鄭玄注:"鄭司農云:'拲者,兩手共一木也。桎梏者,兩手各一木也。'玄謂在手曰梏,在足曰桎。中罪不拲,手足各一木耳。下罪又去桎。"賈公彥疏:"此謂五刑罪人,古者五刑不入圜土,故使身居三木,掌囚守之。此一經所云五刑之人,三木之囚,輕重著之。極重者三木俱著,次者二,下者一。"《説文解字·手部》:"拲,兩手共械也。"
② 《周禮·秋官司寇·掌囚》:"王之同族拲,有爵者桎,以待弊罪。"鄭玄注:"弊猶斷也。"
③ 《周禮·秋官司寇·掌囚》:"及刑殺,告刑於王,奉而適朝士加明梏,以適市而刑殺之。凡有爵者,與王之同族,奉而適甸師氏,以待刑殺。"《周禮·天官冢宰·甸師》:"王之同姓有罪,則死刑焉。"鄭司農注:"王同姓有罪當刑者,斷其獄於甸師之官也。"
① 《莊子·在宥》:"今世殊死者相枕也,桁楊者相推也,刑戮者相望也。"成玄英疏:"桁楊者,械也。夾腳及頸,皆名桁楊。"《漢書·司馬遷傳》:"其次關木索被箠楚受辱。"又:"魏其,大將也,衣赭關三木。"顏師古注:"三木,在頸及手足。"
② 與前後鄭、賈公彥的注疏類似的還有,《隋書·刑法志》:"流罪已上加杻械,死罪者桁之。"《集韻·平聲·唐韻》:"桁,木在足曰械,大械曰桁。"

不論,無罪者久繫不決。自今以來,縣道官獄疑者,各讞所屬二千石官,二千石官以其罪名當報。師古曰:"當謂處斷也。"所不能決者,皆移廷尉,廷尉亦當報之。廷尉所不能決,謹具爲奏,傅所當比律令以聞。"師古曰:"傅讀曰附。"上恩如此,吏猶不能奉宣。

【考釋】

〔一〕**高皇帝七年,制詔御史**

"高皇帝"即漢高祖。"御史"應指侍御史(説詳前文)。該詔書,《前漢紀》繫於高祖十年(前198年農曆十月—前197年農曆九月)九月。① 此處"七"應是"十"之訛。

〔二〕**獄之疑者,吏或不敢決,有罪者久而不論,無罪者久繫不決**

"獄之疑者,吏或不敢決"是説,對於疑難案件,基層官吏不敢隨意判決。"論"即判定罪名,"決"即審結定案,"繫"即拘禁(説詳前文)。"有罪者久而不論,無罪者久繫不決"是説,有罪者一直無法確定罪名,無罪者長期羈押不能定案出獄。

〔三〕**自今以來,縣道官獄疑者,各讞所屬二千石官,二千石官以其罪名當報**

"自今以來"即自詔書發布之日起,也作"自今已後",②在漢代詔令中較爲常見。有的律令條文中也能見到此語,正可反映詔令轉化爲律令的情況。③

"縣道官"即西漢縣級地方長官。作爲地方行政級別的"縣"最早出現於春秋戰國,商鞅變法時統一了縣制的規格和組織標準。西漢時縣級行政區劃有四種類型:縣、國、邑、道,常統稱爲縣道。④ 縣的長官爲縣令或

---

① 參見《前漢紀·高祖皇帝紀四》。
② 參見《太平御覽》卷六四〇《刑法部六·決獄》引《漢書》。
③ 《漢律十六章·盜律》簡79:"自今以來,主守縣官金錢、它物而即盜之,罪完城旦舂、鬼薪白粲以上,駕(加)罪一等。"整理者注釋曰:"'自今以來'是漢代詔令常見的開頭語,可知本條律文源自詔令。"(荆州博物館編、彭浩主編:《張家山漢墓竹簡(三三六號墓)》(上),第175頁)又可參見歐揚:《嶽麓秦簡〈亡律〉日期起首律條初探》,載周東平、朱騰主編:《法律史譯評》第8卷,中西書局2020年版。
④ 《漢書·百官公卿表上》:"縣令、長,皆秦官,掌治其縣。萬户以上爲令,秩千石至六百石。減萬户爲長,秩五百石至三百石……列侯所食縣曰國,皇太后、皇后、公主所食曰邑,有蠻夷曰道。凡縣、道、國、邑千五百八十七,鄉六千六百二十二,亭二萬九千六百三十五。"此統計數字與《漢書·地理志下》相同,應爲漢平帝時的數據。

縣長,其佐官是縣丞和縣尉。① 其中,處於試用期或代行職權的守縣丞不具斷獄資格,而真縣令、長、丞和守縣令、長都有斷獄權,應即指這裏的"縣道官"。② 在"張家山漢簡"《奏讞書》中,縣道長官在文書中往往省去官職稱呼,直接用"縣道名＋單字人名"方式表示;而縣道丞則顯示爲"縣道名＋丞＋單字人名"或"丞＋單字人名"的表述方式。③

漢初法律規定,縣道官對死罪、過失殺、戲殺案件只有初審權而不具終審權,對涉及官員犯罪、謀反罪等特殊案件都不具審判權,但對非死罪案件有一審終審權。④ "獄疑者"應指在縣道官斷獄權限内的疑難案件。

"讞"即"請讞""奏讞""報讞"(說詳前文)。"所屬二千石官"即縣道官的上級官員郡太守、王國相國(漢惠帝時稱"丞相",景帝以後稱"相"),秩二千石,有功者增秩爲中二千石。⑤ 敦煌抄本殘卷"法藏 P.3669"殘斷處句首有"＝長＝"。⑥ 堀毅認爲是"二＝千＝石＝官＝長＝"的局部,意即"二千石官長,二千石官長",與此處刻本相比"官"字後多一"長"字,也符合當時的行文習慣。⑦ 其說可從。

"當"即根據罪名擬定刑罰,"報"即做出正式判決(說詳前文)。具體而言,先由郡國主管刑獄的官吏提出判決參考意見,然後由郡守、國相根

---

① 安作璋、熊鐵基:"漢代令長的區別以及其本身秩位的高低並不僅僅限於户口的多少,地區的大小,還包括治理的難易和治理的好壞,而後者更爲重要。"(安作璋、熊鐵基:《秦漢官制史稿》(下册),齊魯書社1984年版,第153頁)
② 《二年律令·具律》簡102:"縣道官守丞毋得斷獄及讞(讞)。"簡103-106:"事當治論者,其令、長、丞或行鄉官視它事,不存,及病,而非出縣道界也……其守丞及令、長若真丞存者所獨斷治論有不當者,令真令、長、丞不存及病者皆共坐之,如身斷治論及存者之罪。唯謁屬所二千石官者,乃勿令坐。"(張家山二四七號漢墓竹簡整理小組:《張家山漢墓竹簡(二四七號墓)》,第23頁)
③ 參見張家山二四七號漢墓竹簡整理小組:《張家山漢墓竹簡(二四七號墓)》,第91—94頁。
④ 參見胡仁智:《漢律中的縣道官"斷獄"權探析》,載《現代法學》2009年第2期。
⑤ 《漢書·宣帝紀》:"今膠東相成勞來不怠,流民自占八萬餘口,治有異等。其秩成中二千石,賜爵關内侯。"
⑥ 上海古籍出版社、法國國家圖書館編:《法國國家圖書館藏敦煌西域文獻》(第26册),第279頁。
⑦ [日]堀毅:《秦漢法制史論考》,第78頁。

據建議做出正式判決。①

〔四〕所不能決者,皆移廷尉,廷尉亦當報之

"所不能決者"指郡守、國相不能審結定案的疑難案件。

"移"即"移獄",指同等級別官署之間的案件移交辦理。因爲"讞"具有下級請示上級的意味,而廷尉雖在中央專管刑獄,但秩位與郡守、國相相當,所以不能用"讞",只可用"移"。但在"張家山漢簡"《奏讞書》中,郡守同樣稱"讞"。② 這或許是文書敬辭的用法。

廷尉接受案件之後,也要經過"當""報"的程序,做出正式判決。③

〔五〕廷尉所不能決,謹具爲奏,傅所當比律令以聞

"謹"即謹慎、認真。"具"即撰寫、陳述。"奏"即上奏、進言。"傅"即附上。"當"即應當。"比"即匹配、對應。"聞"即向上級報告。

這句是說,廷尉對於無法裁決的案件,仔細撰寫文書,陳述案情並上奏給皇帝,同時還要把涉及此案的相關法律條文也一併上報。④

這份詔書所涉及的奏讞主要針對疑案而言。當時犯人乞鞠的級別、程序也與此類似。⑤

〔六〕上恩如此,吏猶不能奉宣

"上恩"即皇帝的恩德,指針對疑難案件的審慎態度與合理安排。

---

① 《奏讞書》簡1-7:"十一月八日甲申朔己丑,夷道㓃、丞嘉敢讞(讞)之……它縣論,敢讞(讞)之,謁報。署獄史曹發。・吏當:毋憂當要(腰)斬,或曰不當論。・廷報:當要(腰)斬。"(張家山二四七號漢墓竹簡整理小組:《張家山漢墓竹簡(二四七號墓)》,第23頁)長春按:此《奏讞書》雖然顯示最終由廷尉完成"當""報",但可以推斷郡國"當""報"也應如此,只不過文書記錄省略了這個環節的内容。
② 參見張家山二四七號漢墓竹簡整理小組:《張家山漢墓竹簡(二四七號墓)》,第95—97頁。
③ 《漢書・兒寬傳》:"湯由是鄉學,以寬爲奏讞掾,以古法義決疑獄,甚重之。"《漢書・于定國傳》:"定國食酒至數石不亂,冬月請治讞,飲酒益精明。"《後漢書・百官志二》"廷尉"條本注:"掌平獄,奏當所應。凡郡國讞疑罪,皆處當以報。"
④ 《漢書・湯傳》:"奏讞疑,必奏先爲上分別其原,上所是,受而著讞法廷尉挈令,揚主之明。"《漢書・汲黯傳》:"上分別文法,湯等數奏決讞以幸。"
⑤ 《二年律令・具律》簡114-117:"罪人獄已決,自以罪不當,欲气(乞)鞠者,許之……气(乞)鞠者各辭在所縣道,縣道官令、長、丞謹聽,書其气(乞)鞠,上獄屬所二千石官,二千石官令都吏覆之。都吏所覆治,廷及郡各發旁近郡,御史、丞相所治移廷。"(張家山二四七號漢墓竹簡整理小組:《張家山漢墓竹簡(二四七號墓)》,第24—25頁)

"吏猶不能奉宣"即各級官吏不能把皇帝意旨貫徹落實。這是班固的批評意見,也是客觀事實。古代通訊條件有限,上級命令未必能及時準確地下達落實。例如,1973—1975年在湖北省江陵鳳凰山出土的漢簡顯示,即便在號稱輕徭薄賦的文景時代,縱令詔書中有各種惠民政策,但在地方的基層徭役賦税統計簿上,仍可以看到普通民衆承受著繁重的負擔。① 這種情況説明,國家政策有很多只停留在文書和後世史籍中,所謂惠政未必真正落實到百姓的身上。

【原文】

故孝景中五年復下詔曰:"諸獄疑,雖文致於法而於人心不厭者,輒讞之。"其後獄吏復避微文,遂其愚心。

【考釋】

〔一〕故孝景中五年復下詔

該詔書發布於漢景帝中元五年(前146年農曆十月—前145年農曆九月)九月,主要是針對獄吏用刑深刻、貨賂爲市,從而導致"亡罪者失職""有罪者不伏罪"的嚴重弊端而發。文帝時周勃下獄之事可爲其例。② 此處只截取了該詔書中的一句。③

"故"即所以,"復"即又,二字都可以説明高祖詔書落實效果不好。

〔二〕諸獄疑,雖文致於法而於人心不厭者,輒讞之

"致"本義爲送達,後引申爲極致、窮極。④ "文致於法"起初是指司法

---

① 參見歷史系《中國古代史稿》編寫組:《從江陵鳳凰山出土的漢簡看文景時期的賦役政策》,載《武漢大學學報(人文科學版)》1975年第5期;楊作龍:《從鳳凰山漢簡看漢初的口賦制度》,載《洛陽師專學報(社會科學版)》1988年第4期;李偉:《從鳳凰山漢簡看西漢地方財政税收》,載《南京大學學報(社會科學版)》2010年第3期;朱德貴:《秦漢簡牘所見"算賦""口賦"再探討》,載《中國農史》2019年第2期。
② 《漢書·周勃傳》:"其後人有上書告勃欲反,下廷尉,逮捕勃治之。勃恐,不知置辭。吏稍侵辱。勃以千金與獄吏,獄吏乃書牘背示之,曰'以公主爲證'。"
③ 《漢書·景帝紀》:"九月,詔曰:'法令度量,所以禁暴止邪也。獄,人之大命,死者不可復生。吏或不奉法令,以貨賂爲市,朋黨比周,以苛爲察,以刻爲明,令亡罪者失職,朕甚憐之。有罪者不伏罪,姦法爲暴,甚亡謂也。諸獄疑,若雖文致於法而於人心不厭者,輒讞之。'"顏師古注:"職,常也。失其常理也。"
④ 《禮記·禮器》:"禮也者,物之致也。"鄭玄注:"致之言至也,極也。"

文書嚴格依法達到極致，適用法律嚴整細密；①後來引申爲文法深刻，致人於罪。② 有人將其解釋爲原情定罪，似不準確。③ 結合"雖……而"句式來看，此處應作前一種理解。

"懸泉漢簡"有簡文爲"文致於法"，雷倩博士考證此四字之前的模糊字跡應爲"昭"。④ "昭"即顯示、彰明。若果如此，則其文意也應側重於文法嚴密，而非文法深刻。

"厭"又作"壓"，即符合人心、讓人信服。⑤

這句是說，遇到疑案，即使從法律上講定罪量刑沒有任何問題，只要不能服衆或不符合常識、常理、常情，辦案法官就要奏讞。

〔三〕復避微文，遂其愚心

古代用"微文"描述法律時，有兩種含義：一是苛細、繁密的法律條文，有貶義；二是詳盡、具體的法律條文，無貶義。⑥ 此處代指有關奏讞制度的

---

① 《漢書·路溫舒傳》："蓋奏當之成，雖咎繇聽之，猶以爲死有餘辜。何則？ 成練者衆，文致之罪明也。"《漢書·張湯傳》："即下户羸弱，時口言'雖文致法，上裁察'。"顏師古注："此言下户羸弱，湯欲佐助，雖具文奏之，而又口奏，言雖律令之文合致此罪，聽上裁察，蓋爲此人希恩宥也。"《漢書·酷吏傳·嚴延年》："桉其獄，皆文致不可得反。"顏師古注："致，至密也。言其文案整密也。"
② 《後漢書·陳寵傳》："除文致之請讞五十餘事，定著於令。"李賢等注："文致，謂前人無罪，文飾致於法中也。"（宋）毛晃《增修互注禮部韻略》卷一《上平聲·二十文》："持文法深刻謂之深文法刻，曰文深；以文法致人於罪謂之文致。"
③ 《大學衍義補》卷一〇八《謹詳讞之議》："文致於法，謂原情定罪，本不至於死，而以律文傅致之也。傅致於法而於人心有不服者，則必讞之，使必服於人心而後加之以刑，否則從輕典焉。"
④ 參見雷倩：《懸泉Ⅰ90DXT0111③：10號簡文蠡測》，載"簡帛網"2022年3月14日發布。網址：http://www.bsm.org.cn/? hanjian/8648.html。
⑤ 《國語·周語下》："莫非嘉績，克厭帝心。"韋昭注："厭，合也。"《黃帝內經·素問·舉痛論》："善言人者，必有厭於已。"《漢書·景帝紀》："若雖文致於法而於人心不厭者，輒讞之。"顏師古注："厭，服也。"《周禮·地官司徒·大司徒》："凡萬民之不服教而有獄訟者。"鄭玄注："不服教，不服於十二教，貪冒者也。"孫詒讓《正義》："《說文·厂部》云：'厭，笮也，一曰合也。'字亦作壓。《公羊》文十四年何注云：'壓，服也。'《漢書·刑法志》云：'獄疑，於人心不厭者，輒讞之。'此與許書合義相近。"
⑥ 《漢書·元帝紀》："加以煩擾虐苛吏，拘牽乎微文，不得永終性命。"《漢書·汲黯傳》："後渾邪王至，賈人與市者，坐當死五百餘人……陛下縱不能得匈奴之贏以謝天下，又以微文殺無知者五百餘人。"《漢書·丙吉傳》："吉子顯坐微文奪爵爲關內侯。"《漢書·酷吏傳·咸宣》："稍遷至御史及中丞，使主父偃及淮南反獄，所以微文深詆殺者甚衆，稱爲敢決獄。"《新唐書·食貨志二》："復有'進奉''宣索'之名，改科役曰'召雇'，率配曰'和市'，以巧避微文，比大曆之數再倍。"

法規,應作第二種含義理解。

這句是說,即使奏讞制度規範詳盡,皇帝又下詔提出明確要求,獄吏仍然規避相關法律條文,以滿足其貨賂爲市、避重就輕的愚俗私念。①

【原文】

至後元年,又下詔曰:"獄,重事也。人有愚智,官有上下。獄疑者讞有令,讞者已報讞而後不當,讞者不爲失。"師古曰:"解並在《景紀》。"自此之後,獄刑益詳,近於五聽三宥之意。

【考釋】

〔一〕至後元年,又下詔:獄,重事也

該詔書發布於漢景帝後元元年(前144年農曆十月—前143年農曆九月)正月,此處轉録有文字節略。②

"重事"即重大的事。刑事案件決人生死,刑獄制度牽涉萬民,故稱"重事"。③

〔二〕人有愚智,官有上下。獄疑者讞有令,讞者已報讞而後不當,讞者不爲失

"人有愚智,官有上下"即人的心智水準有高低之別,官員等級有上下之別。

"有令"即前已有令,應指根據高祖、景帝詔書內容制定的令。④ 這兩個字應與"獄疑者讞"組成一句。中華書局點校本在此處和《景帝紀》都把"有令"二字與下文連在一起,恐有不妥。因爲,"獄疑者讞,有令"是對原

---

① 《後漢書·襄楷傳》:"頃數十歲以來,州郡玩習,又欲避請讞之煩,輒托疾病,多死牢獄。"《後漢書·魯恭傳》:"小吏不與國同心者,率入十一月得死罪賊,不問曲直,便即格殺,雖有疑罪,不復讞正。"長春按:這兩條雖是東漢史料,卻可以從側面反映漢代奏讞問題上的通弊。
② 《漢書·景帝紀》載後元年春正月詔曰:"獄,重事也。人有智愚,官有上下。獄疑者讞有司。有司所不能決,移廷尉。有令讞而後不當,讞者不爲失。欲令治獄者務先寬。"顏師古注:"假令讞訖,其理不當,所讞之人不爲譴失。"《太平御覽》卷六四〇《刑法部六·決獄》引《漢書》"治"作"理",應爲避唐高宗諱而改。
③ 《漢書·景帝紀》載中五年九月詔曰:"獄,人之大命,死者不可復生。"《漢書·宣帝紀》載元康二年夏五月詔曰:"獄者,萬民之命,所以禁暴止邪,養育群生也。"《漢書·路温舒傳》:"夫獄者,天下之大命也,死者不可復生,絶者不可復屬。"
④ 《漢書補注·刑法志》:"謂先已著令。"

詔書"獄疑者讞有司。有司所不能決,移廷尉。有令"的簡寫,指的就是高祖以來相關的令。又據原詔書,此處"有令"後的"讞者"疑爲衍字。

"已報讞而後不當"即請讞之後審查發現請讞理由不充分、不恰當。

"讞者不爲失"即就算是不當請讞而請讞的,也不用承擔過錯責任。這是在以能力、官級的局限爲客觀理由,以免責條款爲制度保障鼓勵低級官員積極請讞,爲其減輕心理負擔,免除後顧之憂。

〔三〕獄刑益詳,近於五聽三宥之意

"獄刑"即"刑獄"。倒裝措辭是爲了與後面的"詳"形成組合,比附經典。"詳刑"即"祥刑",指斷獄審慎,用刑寬平,語出《尚書》,對漢唐之際刑獄理念影響巨大。① 在明清時還曾出現多部以"祥刑"爲名的律學論著,堪稱新一輪納法律而入儒家經義的"儒法折衷"運動。②

此處"詳"是名詞動用,中間加"益"表示刑罰日益審慎寬平。班固認爲這種狀況可以比附《周禮》"五聽""三宥"等慎刑制度的精神。

第三節

【原文】

三年復下詔曰:"高年老長,人所尊敬也;鰥寡不屬逮者,人所哀憐也。師古曰:"屬音之欲反。"其著令:年八十以上,八歲以下,及孕者未乳,師古曰:"乳,産也,音人喻反。"師、朱儒如淳曰:"師,樂師盲瞽者。朱儒,短人不能走者。"當鞠繫者,頌繫之。"師古曰:"頌讀曰容。容,寬容之,不桎梏。"

---

① 《尚書·呂刑》:"有邦有土,告爾祥刑。"僞孔傳:"告汝以善用刑之道。"《後漢書·明帝紀》:"詳刑慎罰,明察單辭……刺史、太守詳刑理冤,存恤鰥孤,勉思職焉。"《三國志·魏書·王朗傳》:"易稱赦法,書著祥刑,一人有慶,兆民賴之,慎法獄之謂也。"《晉書·元帝紀》:"布帳練帷,詳刑簡化,抑揚前軌,光啓中興。"《宋書·文帝紀》:"思所以側身克念,議獄詳刑,上答天譴,下恤民瘼。"《舊唐書·職官志三》:"(大理寺)龍朔改爲詳刑寺,光宅爲司刑,神龍復改。"
② 例如:(明)吳訥《祥刑要覽》、(清)汪洋《祥刑經解》、(清)毛逵《祥刑遺範》、(清)蔣廷錫《祥刑典》。參見邱澎生:《祥刑與法天——十七世紀中國法學知識的"信念"問題》,載《"中研院歷史語言研究所"學術講論會》,2002年4月。

【考釋】

〔一〕三年復下詔曰：高年老長，人所尊敬也；鰥寡不屬逮者，人所哀憐也

"三年"即景帝後元三年（前142年農曆十月—前141年農曆九月）。《前漢紀》把該詔書繫於當年正月、景帝崩之前。①

"高年"通常指八十歲以上的高齡老人，是西漢中期以後官方賜物的常見對象。②"老長"又稱"長老"，與"高年"同義，③與之放在一起形成語義重複的四字結構，有補足音節、增強語氣的作用。敬老、養老向爲古禮所重，也爲漢代統治者所提倡。④

"鰥"即無妻或者喪妻的男子。"寡"即喪夫的女子。⑤"屬"本義爲連接、逮及，後引申爲依附、歸屬。"屬"與"逮"意思相通。⑥"不屬"語出《詩經》，形容自幼沒有父母依附。⑦"逮"即"逮事"，語出《禮記》，"不逮事"形

---

① 《前漢紀·孝景皇帝紀一》載三年春正月詔曰："高年者，人所尊敬。鰥寡孤獨者，人所哀憐也。其令八歲以下，八十以上，及孕子未乳，當鞠繫者，無訟繫之。"
② 《漢書·賈山傳》："禮：高年，九十者一子不事，八十者二算不事。"《漢書》各帝紀載，文帝元年三月，"年八十已上，賜米人月一石，肉二十斤，酒五斗。其九十已上，又賜帛人二匹，絮三斤"，開其先河。其後，武帝三次（元狩元年四月、元封元年四月、元封二年四月），宣帝七次（地節三年三月、元康二年三月、元康三年春、神爵元年三月、神爵四年二月、五鳳三年三月辛丑、甘露二年正月），元帝四次（初元四年三月、永光元年正月、永光元年三月、永光二年二月），成帝兩次（鴻嘉元年二月、永始四年正月），平帝一次（元始四年二月丁未）。
③ 《漢書·景帝紀》載漢文帝政績曰："除誹謗，去肉刑，賞賜長老，收恤孤獨，以遂群生。"
④ 《禮記·曲禮上》："五十曰艾，服官政。六十曰耆，指使。七十曰老，而傳。八十九十曰耄。"《禮記·王制》："凡養老，有虞氏以燕禮，夏后氏以饗禮，殷人以食禮，周人修而兼用之。五十養於鄉，六十養於國，七十養於學，達於諸侯。"《禮記·鄉飲酒義》："鄉飲酒之禮：六十者坐，五十者立侍，以聽政役，所以明尊長也。六十者三豆，七十者四豆，八十者五豆，九十者六豆，所以明養老也。民知尊長養老，而后乃能入孝弟。民入孝弟，出尊長養老，而后成教，成教而后國可安也。"《孟子·公孫丑下》："天下有達尊三：爵一，齒一，德一。朝廷莫如爵，鄉黨莫如齒，輔世長民莫如德。"《漢書·武帝紀》載建元元年四月己巳詔曰："古之立孝，鄉里以齒，朝廷以爵，扶世導民，莫善於德。然即於鄉里先耆艾，奉高年，古之道也。"
⑤ 《詩經·小雅·鴻鴈》："爰及矜人，哀此鰥寡。"毛亨傳："老無妻曰鰥，偏喪曰寡。"
⑥ 《尚書·禹貢》："涇屬渭汭。"僞孔傳："屬，逮也。"
⑦ 《説文解字·尾部》："屬，連也。"《詩經·小雅·小弁》："靡瞻匪父，靡依匪母。不屬於毛，不罹於裏。"毛亨傳："毛在外陽，以言父。裏在内陰，以言母。"鄭玄箋："此言人無不瞻仰其父取法則者，無不依恃其母以長大者。今我獨不得父皮膚之氣乎？獨不處母之胞胎乎？何曾無恩於我？"

容自幼失去父母。① "不屬逮"即"不屬"與"不逮"的合稱,代指孤兒。《前漢紀·孝景皇帝紀》作"孤獨",意爲孤寡老人與兒童。鰥、寡、孤、獨四類弱勢群體不僅是儒家主張的重點關愛對象,也是西漢詔書賜物的常見對象。②

〔二〕年八十以上,八歲以下,及孕者未乳,師、朱儒當鞫繫者,頌繫之

"年八十以上"即《漢志》前文的"高年""老眊""老眊""耄"。"八歲以下"比前文的"幼弱""悼"大一歲,但含義差不多。即《漢志》前文所引《周禮》的"未齓者"。根據漢代法律,年八十以上,八歲以下犯罪除親手殺人外不判刑(説詳前文注)。

"孕者未乳"即孕婦尚未生產。"乳"作動詞,意指哺乳、餵奶,代指生養孩子。

"師"即樂師,代指盲人。古代樂師多由盲人擔任,因爲依賴聽覺,不受視覺干擾,所以對音律更爲敏鋭。師曠即爲其代表。③ "朱儒"即侏儒,指身材特別矮小的人,古代常作爲倡優而供權貴取樂。④ 此處,"師"和"朱儒"放在一起,泛指殘疾人。⑤

"鞫"即審訊。"繫"即逮捕、囚禁(説詳前文)。"頌"通"容",即寬容。"頌

---

① 《禮記·曲禮上》:"逮事父母,則諱王父母。不逮事父母,則不諱王父母。"鄭玄注:"逮,及也。謂幼孤不及識父母,恩不至於祖名。"
② 《孟子·梁惠王下》:"老而無妻曰鰥,老而無夫曰寡,老而無子曰獨,幼而無父曰孤。此四者,天下之窮民而無告者。文王發政施仁,必先斯四者。"鰥、寡、孤、獨在西漢受賜物如前文注。《禮記·禮運》:"使老有所終,壯有所用,幼有所長,矜寡孤獨廢疾者,皆有所養。"
③ 《周禮·春官宗伯·敘官》:"大師,下大夫二人;小師,上士四人;瞽矇,上瞽四十人,中瞽百人,下瞽百有六十人;眡瞭三百人。"鄭玄注:"凡樂之歌,必使瞽矇爲焉。命其賢知者以爲大師、小師。晉杜蒯云:'曠也,大師也。'眡讀爲虎眡之眡。了,目明者。鄭司農云:'無目眹謂之瞽,有目眹而無見謂之矇,有目無眸子謂之瞍。'"《逸周書·太子晉解》:"師曠對曰:'瞑臣無見,爲人辯也,唯耳之恃,而耳又寡聞易窮。'"孔晁注:"師曠,晉大夫,無目,故稱瞑。"
④ 《左傳·襄公四年》:"我君小子,朱儒是使。"杜預注:"襄公幼弱,故曰'小子'。臧紇短小,故曰'朱儒'。"《漢書·司馬相如傳上》:"俳優侏儒,狄鞮之倡,所以娛耳目樂心意者。"顏師古注:"俳優侏儒,倡樂者可狎玩者也。"
⑤ 《禮記·王制》:"瘖聾、跛躄、斷者、侏儒、百工,各以其器食之。"鄭玄注:"斷謂支節絶也。侏儒,短人也。器,能也。"孔穎達疏:"此一節論矜恤疾民之事。瘖謂口不能言,聾謂耳不聞聲,跛躄謂足不能行,斷者謂支節斷絶,侏儒謂容貌短小。百工謂有雜技藝,此等既非老無告,不可特與常餼。既有疾病,不可不養,以其病尚輕,不可虛費官物,故各以其器食之。器,能也。因其各有所能,供官役,使以廩餼食之。"

繫"即只拘禁在衙署辦公地點,不戴刑具,不投入監獄與"械繫"相對。① 漢文帝時法律對囚犯桎梏的尺寸有明確規定,老、少、女子犯人所戴刑具相對較輕。② 景帝此次改革在其基礎上更進一步。③

【原文】

至孝宣元康四年,又下詔曰:"朕念夫耆老之人,髮齒墮落,血氣既衰,亦無暴逆之心,今或羅于文法,執于囹圄,不得終其年命,朕甚憐之。自今以來,諸年八十非誣告殺傷人,它皆勿坐。"

【考釋】

〔一〕孝宣元康四年

該詔書發布於漢宣帝元康四年(前62年)正月。④

〔二〕念夫耆老之人,髮齒墮落,血氣既衰,亦無暴逆之心

"念"即惦念、憐憫。"耆老"即年滿六十或七十歲,此處泛指老人。⑤

"髮齒墮落"即頭髮和牙齒脫落。傳統醫學認爲,頭髮、牙齒是身體狀況的

---

① 《漢書·婁敬傳》:"械繫敬廣武。"顏師古注:"械謂桎梏也。"《漢律十六章·囚律》簡152:"有罪自刑以上盜戒(械)毄(繫)之,耐罪頌毄(繫)之。"(荊州博物館編、彭浩主編:《張家山漢墓竹簡[三三六號墓]》(上),第184頁)
② 《漢律十六章·囚律》簡154-157:"諸當盜戒(械),戒(械)者:男子丁壯桎袤二尺六寸、厚三寸、曼六寸,杚袤二尺、厚三寸、曼五寸。男子老、小及丁女子桎袤二尺、厚二寸少半寸、曼五寸半寸,杚袤尺八寸、厚二寸、曼四寸。女子老、小者桎袤尺八寸、厚二寸、曼五寸,杚袤尺六寸、厚二寸、曼三寸大半寸。皆以堅木爲桎杚。"注釋:"桎,足械也。袤,長。曼,寬。杚,手械。"(荊州博物館編、彭浩主編:《張家山漢墓竹簡[三三六號墓]》(上),第185頁)
③ 《漢書·惠帝紀》:"爵五大夫、吏六百石以上及宦皇帝而知名者有罪當盜械者,皆頌繫。"如淳注:"盜者逃也,恐其逃亡,故著械也。頌者容也,言見寬容,但處曹吏舍,不入狴牢也。"顏師古注:"盜械者,凡以罪著械皆得稱焉,不必逃亡也。據《山海經》,貳負之臣、相柳之尸皆云盜械,其義是也。古者頌與容同。"《太平御覽》卷六四三《刑法部九·獄》引《漢書》:"有罪當械者皆頌繫。"應劭曰:"頌者,容也。言見寬容,但處曹吏,不入狴牢。"《太平御覽》卷六四四《刑法部十·械》引《漢書》:"有罪當盜械者皆頌繫。"應劭曰:"智略令各有當。盜但頌繫者,言見寬容,但處曹吏舍,不入監牢。盜,著也。恐亡,故著械,不謂盜竊乃械也。"
④ 《漢書·宣帝紀》:"四年春正月,詔曰:'朕惟耆老之人,髮齒墮落,血氣衰微,亦亡暴虐之心,今或羅文法,拘執囹圄,不終天命,朕甚憐之。自今以來,諸年八十以上,非誣告、殺傷人,佗皆勿坐。'"《前漢紀·孝宣皇帝紀二》同。
⑤ 《說文解字·老部》:"耆,老也。"段玉裁注:"《曲禮》:'六十曰耆。'許不言者,許以耆爲七十已上之通稱也。"

重要表徵,可以反映人的生命周期,而"髮齒墮落"就是衰老的典型標誌。①

"血氣"是傳統醫學描述生命機體功能狀態的兩個重要概念,也常用來概括人的生命周期。"血氣既衰"即人老之後生命機理已經衰弱,體力與精力明顯下降。②

"暴逆"即兇暴、悖逆。③ 人的衰老不僅體現爲生理能力的衰弱,還體現爲心神意志的消退,因此説"無暴逆之心"。

〔三〕或羅于文法,執于囹圄,不得終其年命

"羅"即網羅、收羅。"執"即拘捕、捉拿。"文法"即文書、法律。"囹圄"即監獄。以上是説,有的老人被收入法網,抓進監獄。有版本"羅"作"罹",④意爲遭遇、觸犯。"羅""罹"二字形近,語意也都可通。但若細緻體味,"罹"字似乎與後文"不得終其年命"的慘狀更爲貼合。又結合《漢書·宣帝紀》《前漢紀·孝宣皇帝紀二》"或罹文法"的表述來看,這裏爲"罹"的可能性更大。

"年命"又作天命"天年",即天賦年壽、自然壽命。⑤ "不得終其年命"指死於刑獄。

此處用"于"不用"於",是《漢書》"古、俗並用"特點的體現(説詳前文)。

〔四〕諸年八十非誣告殺傷人,它皆勿坐

"諸年八十"即八十歲以上的人。"誣告殺傷人"即犯有誣告、殺傷人的罪行。"它皆勿坐"即觸犯其他罪名都不追究刑事責任。有學者認爲,漢代中前期常見的"父母妻子同産無少長皆棄市"到宣、成之際逐漸少見

---

① 《黄帝内經·素問·上古天真論》:"(女子)五七,陽明脈衰,面始焦,髮始墮。六七,三陽脈衰於上,面皆焦,髮始白……(男子)五八,腎氣衰,髮墮齒槁。六八,陽氣衰竭於上,面焦,髮鬢斑白。七八,肝氣衰,筋不能動。八八,天癸竭,精少,腎臟衰,形體皆極,則齒髮去。"《漢書·宣元六王傳·淮陽憲王欽》:"今聞陛下春秋未滿四十,髮齒墮落。"
② 《左傳·襄公二十一年》:"而血氣未動。"杜預注:"言無疾。"《論語·季氏》:"君子有三戒,少之時,血氣未定,戒之在色;及其壯也,血氣方剛,戒之在門;及其老也,血氣既衰,戒之在得。"《漢書·貢禹傳》:"臣禹犬馬之齒八十一,血氣衰竭,耳目不聰明,非復能有補益,所謂素餐尸祿洿朝之臣也。"
③ 《黄帝書·經法·四度》:"君臣易位,謂之逆。賢不肖並立,謂之亂。動静不時,謂之逆。生殺不當,謂之暴。"
④ 《漢書補注·刑法志》:"官本'羅'作'罹',是。"
⑤ 《黄帝内經·素問·上古天真論》:"故能形與神俱,盡終其天年,度百歲乃去。"《莊子·山木》:"此木以不材得終其天年。"《古詩十九首·驅車上東門》:"浩浩陰陽移,年命如朝露。"

"無少長"字眼,這可能與當時"矜老憐幼"詔令的出臺直接相關。①

按照此法,誣告者即便八十以上也要治罪。但實際上,誣告罪在漢朝始終沒有得到嚴格執行,甚至人主指示誣告的現象也不乏其事。②

【原文】

至成帝鴻嘉元年,定令:"年未滿七歲,賊鬬殺人及犯殊死者,上請廷尉以聞,得減死。"合於三赦幼弱老眊之人。此皆法令稍定,近古而便民者也。師古曰:"近音其靳反。"

【考釋】

〔一〕成帝鴻嘉元年,定令

"定令"於漢成帝鴻嘉元年(前20年),具體時間不詳。

〔二〕年未滿七歲,賊鬬殺人及犯殊死者,上請廷尉以聞,得減死

"年未滿七歲",《前漢紀》作"年未滿十歲"。③ 根據本書前引《周禮》鄭玄注的內容,"十"應爲"七"的訛誤。漢代法律責任年齡通常以七歲、八歲爲界,此處爲"十歲"的可能性較小。④ 據此可以推測法律年齡記載爲"十

---

① 呂麗:《漢"謀反""大逆""大逆不道"辨析》,載《社會科學戰綫》2003年第6期。
② (清)周壽昌《漢書注校補》卷十六《刑法志第三》"諸年八十非誣告殺傷人它皆勿坐"條:"子曰:'無情者不得盡其辭。''無情'即誣告之類也。漢初誹謗妖言之律雖除而未淨。文帝除收孥相坐之令,而武帝復立見知故縱之法。故周勃,丞相也。人有告其欲反,遂下廷尉捕勃治之。後雖得白,未聞治誣告者之罪。馴至武帝巫蠱甝生,江充造惡誣及皇后、太子,而殃流宗社。若後之祕庭詔獄,冤濫尤多。終漢之世,未聞各大獄有執反坐之律而治之者。蓋立法雖嚴而不行已久矣。且如《彭越傳》,扈輒勸越反,越不聽,而其太僕告之。有司治反形已具,論如法。後呂后令其舍人告越復謀反。遂族越。是上使人爲誣告矣。尚何能治人?《北堂書鈔》引《楚漢春秋》云:'斬告蕭何者。'此或是治誣告一事。"引者注:"甝"即"禍"。
③ 《前漢紀·孝成皇帝紀二》:"(鴻嘉元年)詔民年未滿十歲,賊鬬殺人及犯殊死者,上請廷尉以聞,得減死。"
④ 《禮記·曲禮上》:"八十、九十曰耄,七年曰悼。悼與耄,雖有罪,不加刑焉。"《漢書·平帝紀》:"……及眊掉之人刑罰所不加,聖王之所以制也……及男子年八十以上七歲以下,家非坐不道,詔所名捕,它皆無得繫。其當驗者,即驗問。定著令。"《漢書·藝文志》:"古者八歲入小學,故《周官》保氏掌養國子,教之六書,謂象形、象事、象意、象聲、轉注、假借,造字之本也。"《漢書·貢禹傳》:"宜令兒七歲去齒乃出口錢,年二十乃算……天子下其議,令民產子七歲乃出口錢,自此始。"《周禮·秋官司寇·司刺》:"壹赦曰幼弱,再赦曰老旄,三赦曰蠢愚。"鄭玄注:"鄭司農云:'幼弱、老旄,若今律令年未滿八歲,八十以上,非手殺人,他皆不坐。'"

歲"的史料大體上都應爲訛誤。① 而七歲和八歲的差異,可能是源於男孩、女孩具體換牙時間的差異。② 西漢帝王之子立太子、封爵、入小學也大體在八歲。③

"賊鬬殺人"是"賊殺人"和"鬬殺人"的合稱。④ 漢初法律規定,賊殺、鬬殺人通常處以棄市死刑,嚴重者梟首。⑤

"賊"字廣泛見於傳世文獻,主要有毁壞、主觀故意、殺人行爲、殺人者四種含義。⑥ 秦漢魏晉時期,法律意義上的"賊殺"是指充滿主觀惡性、毫無客觀理由的殺人行爲。⑦ 在唐以前,"賊殺""故殺"並列存在。在唐律中,"賊殺"情形被"故殺"概念吸收。⑧

"鬬"(dòu)即"鬥",這種寫法常見於出土簡牘。在秦漢法律中,"鬬"在主觀意圖上不以致人傷害爲初衷,與"賊"相對;在客觀表現上以雙方勢均力敵的低烈度對抗爲主,與"毆"相對。⑨ 單純的"鬬"本身並不足以殺人,所以"鬬殺"不能局限於字面意思,而應結合生活經驗理解爲因"鬬"而起的殺人行爲。起初的"鬬"通常表現爲雙方勢均力敵的口角爭執,隨後

---

① 《後漢書·光武帝紀上》:"男子八十以上,十歲以下,及婦人從坐者,自非不道,詔所名捕,皆不得繫。當驗問者即就驗。"長春按:此處"十歲"應爲"七歲"。
② 《孔子家語·本命解》:"是以男子八月生齒,八歲而齔。女子七月生齒,七歲而齔,十有四而化。一陽一陰,奇偶相配,然後道合化成。性命之端,形於此也。"
③ 《漢書·武帝紀》:"遂立昭帝爲太子,年八歲。"《漢書·元帝紀》:"八歲,立爲太子。"《漢書·淮南王傳》:"孝文八年,憐淮南王,王有子四人,年皆七八歲,乃封子安爲阜陵侯,子勃爲安陽侯,子賜爲陽周侯,子良爲東城侯。"《漢書·霍光傳》:"帝年八歲,政事一決於光。"《漢書·外戚傳·高祖薄姬》:"年八歲立爲代王。"《漢書·食貨志上》:"八歲入小學,學六甲、五方、書計之事,始知室家長幼之節。"長春按:八歲就是男孩換牙的年紀。
④ 參見劉曉林:《秦漢律與唐律殺人罪立法比較研究》,商務印書館2021年版,第175頁。
⑤ 《二年律令·賊律》簡21:"賊殺人,鬬而殺人,棄市。"簡23:"賊殺人,及與謀者,棄市。"簡34:"子賊殺傷父母,奴婢賊殺主,主父母妻子,皆梟其首市。"(張家山二四七號漢墓竹簡整理小組:《張家山漢墓竹簡(二四七號墓)》,第11、14頁)
⑥ 參見劉曉林:《秦漢律與唐律殺人罪立法比較研究》,第50—61頁。
⑦ 《漢書·淮南王傳》:"及長身自賊殺無罪者一人。"《漢書·魏相傳》:"後人有告相賊殺不辜,事下有司。"《晉書·刑法志》載張斐《律序》曰:"無變斬擊謂之賊。"沈家本:"漢律凡言賊者,並有害心之事,視無心爲重。"([清]沈家本:《歷代刑法考》,第1413頁)
⑧ 蔡樞衡:《中國刑法史》,第149頁。
⑨ 《周禮·地官司徒·調人》:"凡有鬬怒者,成之。"鄭玄注:"鬬怒,辨訟者也。"賈公彦注:"言'鬬怒',則是言語忿争,未至毆擊,故成之。若相毆擊,則當罪之也,故鄭云鬬怒謂辯訟也。"《晉書·刑法志》載張斐《律序》曰:"兩訟相趣謂之鬬。"參見劉曉林:《秦漢律與唐律殺人罪立法比較研究》,第170—179頁。

可能會升級爲拳腳相加、兵杖互毆進而出現一方占優的"毆擊",在此階段才大概率會出現致人死亡的情況。或許正因爲這種不能割裂的自然連貫性,唐律才把其罪名改稱爲"鬥毆殺人"。①

"殊"字本義爲斷絕,後引申爲一種特殊的死刑,即"殊死"。②"殊死"字面意思是通過斷絕人體致人死亡,秦漢時的常見刑罰形式是腰斬;實質上是表示死罪嚴重程度的刑事複合概念,專指律有明文的大逆不道罪,因爲性質嚴重通常不能赦免,不可待時。③

"上請"又稱"先請",指司法官吏不得擅自審理身份特殊的人,要先上奏請求裁決。④ 普通案件的"上請"由廷尉裁決即可,身份特別特殊者犯罪的案件則要由廷尉"上請"皇帝裁決。⑤ 到東漢時,先請制度逐漸系統化,爲曹魏時效法"八辟"創立"八議"奠定了基礎。⑥

"得減死"即七歲以下犯賊鬥殺人或殊死罪的在經過上請程序後,以減死爲處刑原則。這爲後世減死之法的發展奠定了基礎。⑦

〔三〕合於三赦幼弱老眊之人

這句是説,景帝、宣帝、成帝時期對老人和兒童的法律優待,符合《周禮》"三赦"中"幼弱""老眊"等内容的精神。

---

① 《唐律疏議·鬥訟》:"諸鬥毆殺人者,絞。""疏議"曰:"鬥毆者,元無殺心,因相鬥毆而殺人者,絞。"
② 《漢書·高帝紀下》:"今天下事畢,其赦天下殊死以下。"如淳注:"死罪之明白也。"韋昭注:"殊死,斬刑也。"顔師古注:"殊,絶也,異也,言其身首離絕而異處也。"《説文解字·歺部》:"殊,死也。"段玉裁注:"凡漢詔云殊死者,皆謂死罪也。死罪者首身分離,故曰殊死。"
③ 參見[德]陶安:《殊死考》,載張中秋主編:《中華法系國際學術研討會文集》,中國政法大學出版社 2007 年版;魏道明:《漢代"殊死"考》,載《青海民族大學學報》(社會科學版)2018 年第 1 期。
④ 《漢書·宣帝紀》載地節四年五月詔:"其父母匿子、夫匿妻、大父母匿孫,罪殊死,皆上請廷尉以聞。"又載黃龍元年四月詔:"吏六百石位大夫,有罪先請。"《後漢書·光武帝紀》建武三年七月庚辰詔:"吏不滿六百石,下至墨綬長、相,有罪先請。"李賢等注引《續漢志》曰:"縣大者置令一人,千石;其次置長,四百石;小者三百石。侯國之相亦如之。"
⑤ 《漢書·東方朔傳》:"以公主子,廷尉上請請論。"
⑥ 《周禮·秋官司寇·小司寇》:"一曰議親之辟。"鄭司農云:"若今時宗室有罪,先請是也。""三曰議賢之辟。"鄭司農云:"若今時廉吏有罪,先請是也。""六曰議貴之辟。"鄭司農云:"若今時吏墨綬有罪,先請是也。"
⑦ 《後漢書·襄楷傳》:"永平舊典,諸當重論皆須冬獄,先請後刑,所以重人命也。"《三國志·魏書·王朗傳》:"夫五刑之屬,著在科律,科律自有減死一等之法,不死即爲減。"

〔四〕**此皆法令稍定，近古而便民者也**

"便民"即安民。① "近古而便民"與《漢志》前文"合古便今"意思接近。本章對西漢法律"合古"內容的梳理，大體遵循東漢梁統所論而來。②

這句是對以上兩章的收束，與《漢志》前文"略舉漢興以來法令稍定而合古便今者"相呼應。

---

① 《説文解字·人部》："便，安也。人有不便，更之。"《漢書·文帝紀》："因各敕以職任，務省繇費以便民。"
② 《後漢書·梁統傳》："竊謂高帝以後，至乎孝宣，其所施行，多合經傳，宜比方今事，驗之往古，聿遵前典，事無難改，不勝至願。"

第十九章
孔子曰如有王者

【主旨】

本章對有漢一代法制狀況進行以批評爲主的總體性評價,並重點分析刑獄繁多的原因。具體包括四節:第一節借用孔子的話描述國家由亂轉治一般周期規律在法律層面的體現。第二節以死刑爲例描述和評價漢興二百年以來的法制狀況。第三節分析犯罪率居高不下的五大原因,即"五疾"。第四節描述和評價東漢初年的法制狀況。

第一節

【原文】

孔子曰:"如有王者,必世而後仁;善人爲國百年,可以勝殘去殺矣。"師古曰:"《論語》載孔子之言。此謂若有受命之王,必三十年仁政乃成也。勝殘,謂勝殘暴之人,使不爲惡。去殺,不行殺戮也。"

【考釋】

"世"本義是三十年,後引申爲世代、年代。① "仁"是孔子所推崇的一種道德修養狀態(説詳前文),此處可以理解爲通過教化使國家和社會普遍進入"仁"的境界。② 這句是説,王者治理天下,需要三十年才能達成

---

① 《説文解字·卅部》:"世,三十年爲一世。"
② 《論語·子路》朱熹《集注》:"王者謂聖人受命而興也。三十年爲一世。仁,謂教化浹也。程子曰:'周自文武至於成王,而後禮樂興,即其效也。'"

"仁"的爲政目標。①

"善人"即道德高尚、有志於仁的君子。② "爲國"即治理國家。"國",《論語》原文作"邦",此處應爲避漢高祖諱而改。"勝"即克制、制服。"殘"即殘暴之人。"殺"即殺伐刑戮。③ 這句是説,善人君子治理國家,需要一百年才能做到不用刑殺而消滅暴惡。如同《漢志》前文"刑錯兵寢"一樣,儘管當時人或許認爲曾經真實存在或可以在現實中實現,但這終究只是儒家用以引領現實努力方向的目標與理想而已。此外,在《論語》原文中,這句後面還有"誠哉是言"等語,有人據此認爲這句話是孔子引用的前人觀點。④

此處引孔子言是對《論語·子路》中臨近兩章的合用,而且出於行文需要把兩章順序對調。⑤ 班固裁剪綴合孔子之言,藉以説明治國理政需要循序漸進、久久爲功,並且附會於漢代法制二百年的發展歷程。這反映出班固的思想立場和文筆功力。

【原文】

言聖王承衰撥亂而起,被民以德教,師古曰:"被,加也,音皮義反。"變而化之,必世然後仁道成焉;至於善人,不入於室,然猶百年勝殘去殺矣。師古曰:"《論語》稱子張問善人之道,子曰:'不踐跡,亦不入於室也。'言善人不但修踐舊跡而已,固少自創制,然亦不能入聖人之室。"此爲國者之程式也。

【考釋】

〔一〕言聖王承衰撥亂而起,被民以德教,變而化之,必世然後仁道成

"聖王"即"王者"。"承衰撥亂"即承接衰敗之世,平定禍亂之政。⑥

---

① 《論語·子路》何晏《集解》引孔安國注:"如有受命王者,必三十年仁政乃成。"
② 《論語·述而》:"善人,吾不得而見之矣,得見有恒者,斯可矣。"邢昺疏:"善人,即君子也。"朱熹《集注》引張載曰:"善人者,志於仁而無惡。"
③ 《論語·子路》:"善人爲邦百年,亦可以勝殘去殺矣。"何晏《集解》引王肅注:"勝殘,殘暴之人使不爲惡也。去殺,不用刑殺也。"
④ 《論語·子路》:"誠哉是言也!"何晏《集解》引孔安國注:"古有此言,孔子信之。"
⑤ 《論語·子路》第十一章:"子曰:'善人爲邦百年,亦可以勝殘去殺矣。誠哉是言也!'"第十二章:"子曰:'如有王者,必世而後仁。'"
⑥ 《詩經·大雅·江漢》毛亨傳:"《江漢》,尹吉甫美宣王也。能興衰撥亂,命召公平淮夷。"孔穎達疏:"以宣王承屬王衰亂之後,能興起此衰,撥治此亂。"

"被"(pī)通"披",即覆蓋、施加。① "被民以德教"即以德禮教化對待民衆。

"變"即外在有形、過程性的量變,此處可理解爲對民衆言行的改變。"化"即内在無形、終端性的質變,此處可理解爲對民衆思想的改變,即教化。② 從"變"到"化",描述的是聖王效法天地運行規律而漸進改造人類社會的過程,其中蘊含著對生身立命之本的道德思考和理想追求。③

"仁道"即以"仁"爲核心要義的社會運行規則或狀態,與後來孟子提出的"仁政"不可等同。"仁政"即德政,是"仁道"在爲政層面的體現,也是實現"仁道"的現實手段之一。相比而言,"仁道"範疇更大,境界更高,意蘊更深,内涵更爲複雜。④ 況且漢代人對孔子所説的"仁"至爲推崇,卻不大重視孟子學説,所以不能以"仁政"來解釋這裏的"仁道",只能從孔子的"仁"出發並結合班固的措辭用意來理解。此處在"仁"後面加上"道"字,似乎還有與下文"漢道"對比的意思,用以表明漢代法制與聖王理想之間的巨大差距。

〔二〕至於善人,不入於室,然猶百年勝殘去殺

"不入於室"字面義即没有進入内室,此處用《論語》"登堂入室"的典故,意思是雖然已經找到正確的道路,但仍未達到較高的境界。⑤ 善人雖

---

① 《尚書·堯典》:"允恭克讓,光被四表,格於上下。"
② 《説文解字·攴部》:"變,更也。"《説文解字·匕部》"化,教行也。"段玉裁注:"教行於上。則化成於下。賈生曰:'此五學者既成於上,則百姓黎民化輯於下矣。'老子曰:'我無爲而民自化。'"《禮記·學記》:"君子如欲化民成俗,其必由學乎。"朱熹《周易本義·彖卦》:"變者,化之漸。化者,變之成。"
③ 《周易·乾傳·彖》"乾道變化,各正性命。"孔穎達疏:"'變'謂後來改前,以漸移改,謂之變也。'化'謂一有一無,忽然而改,謂之爲化。言乾之爲道,使物漸變者,使物卒化者,各能正定物之性命。"《周易·繫辭上》:"天地變化,聖人效之。"《漢書·禮樂志》載董仲舒言:"王者承天意以從事,故務德教而省刑罰……教化已明,習俗已成,天下嘗無一人之獄矣。"
④ 《禮記·中庸》:"成己,仁也。"鄭玄注:"以至誠成己,則仁道立。"《禮記·表記》:"子曰:'無欲而好仁者,無畏而惡不仁者,天下一人而已矣。是故君子議道自己,而置法以民。'子曰:'仁有三,與仁同功而異情。與仁同功,其仁未可知也;與仁同過,然後其仁可知也。仁者安仁,知者利仁,畏罪者强仁。仁者右也,道者左也。仁者人也,道者義也。厚於仁者薄於義,親而不尊;厚於義者薄於仁,尊而不親。道有至,義有考。至道以王,義道以霸,考道以爲無失。"孔穎達疏:"'子曰無欲而好仁'者,自此以下,廣明仁道。凡仁道有三,一是安仁,二是利仁,三是强仁。此明安仁之事。安仁者,無所畏惡,而自安仁道。凡人好仁,皆有所欲。今無有所求欲而自好仁道。"
⑤ 《論語·先進》:"子曰:'由也升堂矣,未入於室也。'"邢昺疏:"言子路之學識深淺,譬如自外入内,得其門者。入室爲深,顔淵是也。升堂次之,子路是也。"朱熹《集注》:"升堂入室,喻入道之次第。言子路之學,已造乎正大高明之域,特未深入精微之奥耳,未可以一事之失而遽忽之也。"

然仁善樸美、有志於仁,但與聖王相比,智慧、能力仍嫌不足。① 與《漢志》前文"入其域而有節制"有異曲同工之妙。

"然"表轉折。"猶"即仍然。這句是對善人"百年勝殘去殺"功業否定中的肯定,也爲下文對漢道二百年法制進行批判而預先鋪墊。按照班固的意思,漢家天下已經延續二百餘年,仍然無法做到"勝殘去殺",就連"善人"的標準都達不到,更遑論"聖王"之治了!

〔三〕**此爲國者之程式也**

"爲國"即治國。"程式"即標準的程序、範式。有學者將"程式"歸類於先秦法家專屬的法律用語,以與先秦儒家的"次序"相對立,並將二者分別視爲法家工具理性與儒家倫理價值的關鍵字眼。② 此說似乎值得商榷。

第二節

【原文】

今漢道至盛,歷世二百餘載,_{師古曰:"今謂撰志時。"}考自昭、宣、元、成、哀、平六世之間,斷獄,殊死率歲千餘口而一人,_{如淳曰:"率天下犯罪者千口而有一人死。"}耐罪上至右止三倍有餘。_{李奇曰:"耐從司寇以上至右止,爲千口三人刑。"}

【考釋】

〔一〕**今漢道至盛,歷世二百餘載**

"今"即班固撰寫《刑法志》的時間,結合後文出現"永平"年號的情況來看,應不早於永平元年(公元 58 年)。從漢高祖元年開始算起,至少已

---

① 《論語·先進》:"子張問善人之道。子曰:'不踐跡,亦不入於室。'"何晏《集解》引孔安國注:"踐,循也。言善人不但循追舊跡而已,亦少能創業,然亦不入於聖人之奧室。"朱熹《集注》:"善人,質美而未學者也。程子曰:'踐跡,如言循途守轍。善人雖不必踐舊跡而自不爲惡,然亦不能入聖人之室也。'張子曰:'善人欲仁而未志於學者也。欲仁,故雖不踐成法,亦不蹈於惡,有諸己也。由不學,故無自而入聖人之室也。'"
② 塗明君:《程序化與中國現代化進程的互動》,載《工程研究:跨學科視野中的工程》2008 年第 4 期。

過 260 年,即所謂"歷世二百餘載"。"歷世"即歷經各代,此處的"世"以皇帝在位時間爲單元。①

"漢道至盛"即漢朝治道昌隆,與《漢志》前文"周道既衰"遥相呼應。

〔二〕**考自昭、宣、元、成、哀、平六世之間**

"考"即考察。"自"即從、由。

"哀"指漢哀帝劉欣(前 25 年—前 1 年),在位六年。"平"指漢平帝劉衎(kàn)(前 9 年—公元 6 年),在位七年。哀、平二帝在位期間短促,無甚作爲,是西漢王朝的崩潰階段。王莽從漢成帝時開始受到重用,到哀、平時期完全控制朝政,爲最終篡漢做足了準備。②

"昭、宣、元、成、哀、平六世"即西漢後期六位君主在位的時期。類似表述還見於《漢書·食貨志》。③ 按照班固的敘事思路,從漢朝建立(前 206 年)到昭帝即位(前 87 年),歷經高、惠、吕、文、景、武六朝,歷時已滿百年,仍未實現勝殘去殺。因而較之"不入於室"的"善人爲國"還有差距。依據就是下文所載的昭帝以後六世的斷獄數據。

〔三〕**斷獄,殊死率歲千餘口而一人,耐罪上至右止三倍有餘**

"斷獄"即審斷刑事案件,在邏輯上統攝"殊死"和"耐罪上至右止"兩種情況。漢代每年決獄數據由廷尉負責統計。④ 當時的案數據件整理活動稱爲"獄計"。⑤ 相關數據到東漢時仍有保存。⑥

"殊死"原指罪名嚴重的死刑犯罪(說詳前文),這裏指"真死刑"。因

---

① 《漢書·王莽傳中》:"昔皇天右乃太祖,歷世十二,享國二百一十載。"
② 《漢書·成帝紀》"贊曰":"建始以來,王氏始執國命,哀、平短祚,莽遂篡位,蓋其威福所由來者漸矣。"《漢書·佞幸傳》"贊曰":"漢世衰於元、成,壞於哀、平。"
③ 《漢書·食貨志下》:"昭帝即位六年……宣、元、成、哀、平五世,無所變改。"
④ 《漢書·陳平傳》:"居頃之,上益明習國家事,朝而問右丞相勃曰:'天下一歲決獄幾何?'勃謝不知。問:'天下錢穀一歲出入幾何?'勃又謝不知。汗出洽背,愧不能對。上亦問左丞相平。平曰:'有主者。'上曰:'主者爲誰乎?'平曰:'陛下即問決獄,責廷尉;問錢穀,責治粟内史。'"
⑤ 丁義娟:"獄計,裁判機關用於上報的對一定時期案件的登統、匯總。"(丁義娟:《肩水金關漢簡法律資料輯錄與研究》,第 145 頁)又可參見彭浩:《河西漢簡中的"獄計"及相關文書》,載鄔文玲、戴衛紅主編:《簡帛研究》(二〇一八春夏卷),廣西師範大學出版社 2018 年版。
⑥ 《後漢書·梁統傳》:"至初元、建平,所减刑罰百有餘條,而盜賊浸多,歲以萬數。"引者注:"初元"是漢元帝年號,"建平"是漢哀帝年號。

爲當時普通死刑可以別的方式代死,遇逢大赦也可免死。而"殊死"通常不在赦免之列,也不適用秋冬行刑,更沒有變通執行的渠道。① 這裏就是事後統計的最終執行死刑數目。

"率"(shuài)即大約、大概。"歲"即每年。"千餘口而一人"即執行死刑的占總人口的千分之一。這裏的人口當指官府掌控、登記造册的編户齊民,不包括奴婢。漢平帝元始二年(公元 2 年)時全國人口 59 594 978 人(或 57 671 401、59 194 978),②折算一下每年執行死刑人數將近六萬。③

在東漢的刑制系統中,死刑之下就是耐刑。因此,"耐罪"即死刑以下的各種勞役刑。"上至右止"即"右止以下"。"右止"也作"右趾",漢文帝廢除肉刑前指斬右趾刑,廢除肉刑後指欽右趾髡鉗爲城旦春加答二百,從屬於耐刑,在其中刑等最高。④ 耐刑最低是耐爲司寇,所以李奇注説"耐從司寇以上……"。這句是説,每年執行非死刑刑罰的囚犯數目是執行死刑者數目的三倍多,將近十八萬。

【原文】

古人有言曰:"滿堂而飲酒,有一人鄉隅而悲泣,師古曰:"鄉讀曰嚮。"則一堂皆爲之不樂。"王者之於天下,譬猶一堂之上也,故一人不得其平,爲之悽愴於心。

【考釋】

〔一〕古人有言曰:滿堂而飲酒,有一人鄉隅而悲泣,則一堂皆爲之不樂

"滿堂而飲酒"即一屋子人飲酒行樂,氣氛原本應該熱烈歡快。"鄉"

---

① 《漢書·高帝紀》:"今天下事畢,其赦天下殊死以下……前有罪殊死以下皆赦之。"《漢書·宣帝紀》:"赦殊死以下。"《後漢書·明帝紀》:"天下亡命殊死以下,聽得贖論:死罪人縑二十匹,右趾至髡鉗城旦春十匹,完城旦春至司寇作三匹……其令天下自殊死已下,謀反大逆,皆赦除之。"《後漢書·章帝紀》:"罪非殊死,須立秋案驗。"
② 《漢書·地理志下》:"訖於孝平……民户千二百二十三萬三千六十二,口五千九百五十九萬四千九百七十八。漢極盛矣。"但對《地理志》所載各郡國人口數字的累初卻比這個數據少了 1 923 574。《後漢書·郡國志一》李賢等注:"元始二年……口五千九百一十九萬四千九百七十八人。"
③ 《風俗通義·正失》"漢文帝"條:"(漢宣帝)地節元年,天下斷獄四萬七千餘人。"長春按:這個數字與此處"斷獄殊死"的數量較爲接近,故引文中"斷獄"應指死刑獄。
④ 參見張建國:《帝制時代的中國法》,第 180—190 頁。

即"向"。"隅"即屋子一角。"有一人鄉隅而悲泣"即有一個人在角落獨自悲傷哭泣。這會影響一屋子的氛圍,讓人們都因感傷其事而没心情飲酒。

班固引用的這句話,更早見於《韓詩外傳》《説苑》。①

〔二〕王者之於天下,譬猶一堂之上也,故一人不得其平,爲之悽愴於心

"平",《韓詩外傳》作"所"。班固此處改爲"平",更爲恰切。"不得其所"指没有得到好的安頓或没有受到好的對待。班固此處改爲"平",與刑獄之事配合,在刑獄寬平方面著眼,與上下文銜接更貼切。

這句是説,對王者來説,天下就如同一間屋子一樣,如果有一個人没有得到法律的公平對待,王者都會爲之悲痛傷心。這是在前引古語基礎上結合王者治理天下和司法刑獄問題而進行的發揮。這種誇張的説法,體現出對刑獄"平""恕"精神的極端強調。②

【原文】

今郡國被刑而死者歲以萬數,天下獄二千餘所,其冤死者多少相覆,獄不減一人,此和氣所以未洽者也。

【考釋】

〔一〕郡國被刑而死者歲以萬數

"被刑而死者"即被執行死刑的人。"歲以萬數"即每年都以"萬"爲單位計算,多達數萬。這與《漢志》前文的折算相合。

自從漢文帝號稱"斷獄四百"以後,歷代批評刑獄繁多的言論自漢武

---

① 《文選‧賦壬‧音樂下‧潘安仁〈笙賦〉》:"衆滿堂而飲酒,獨向隅以掩淚。"李善注引《説苑》曰:"古人於天下,譬一堂之上。今有滿堂飲酒,有一人獨索然向隅泣,則一堂之人皆不樂。"又引《韓詩外傳》曰:"衆或滿堂而飲酒,有人向而悲泣,則一堂爲之不樂。王者之於天下也,有一物不得其所,則爲之悽愴心傷,盡祭不舉樂焉。"今本《説苑‧貴德》([宋]曾鞏輯):"今有滿堂飲酒者,有一人獨索然向隅而泣,則一堂之人皆不樂矣。聖人之於天下也,譬猶一堂之上也,有一人不得其所,則孝子不敢以其物薦進。"又查四部叢刊本《韓詩外傳》無此句。
② 《漢書‧嚴助傳》:"陛下德配天地,明象日月,恩至禽獸,澤及草木,一人有饑寒不終其天年而死者,爲之悽愴於心。"《説苑‧貴德》:"夫仁者,必恕然後行。行一不義,殺一無罪,雖以得高官大位,仁者不爲也。"

帝直到漢末。① 儒家的理想是"天下常亡一人之獄",現實卻是"被刑而死者歲以萬數"。② 班固此處的批判態度溢於言表。

〔二〕天下獄二千餘所,其冤死者多少相覆,獄不減一人

"獄"即監獄。"天下獄二千餘所"應指班固所在的東漢明帝、章帝時天下監獄的數量。姑且以漢章帝時爲準,當時天下郡、王國、縣、道、侯國共計1280個。③ 即便加上中央的廷尉獄和各種特殊監獄,總數也遠不及"二千餘"。④ 因此"二千餘"可能是"一千餘"的訛誤。⑤

"其冤死者多少相覆,獄不減一人"一句多有歧説,先對幾種觀點略作分析如下。

其一,内田智雄等人把這句斷爲"其冤死者多,少相覆獄,不減一人"。⑥ 按照他的意思,"多"是形容冤死者數量,"少"是形容"覆獄"的數量。他把"覆獄"視爲一個詞語,解爲"重新判決案件",固然有其用例,⑦但直接放在這裏顯得生硬,不僅與下文"不減一人"無法連貫銜接,而且把"獄"解釋爲刑獄案件也與此處語境不符合。此外,"少相"的用法在《史

---

① 《漢書·禮樂志》載董仲舒言:"今漢繼秦之後,雖欲治之,無可柰何。法出而姦生,令下而詐起,一歲之獄以萬千數,如以湯止沸,沸俞甚而無益。"《漢書·食貨志上》載董仲舒言:"重以貪暴之吏,刑戮妄加,民愁亡聊,亡逃山林,轉爲盜賊,赭衣半道,斷獄歲以千萬數。"《漢書·董仲舒傳》載董仲舒言:"今世廢而不修,亡以化民,民以故棄行誼而死財利,是以犯法而罪多,一歲之獄以萬千數。"《鹽鐵論·申韓》載"文學"曰:"今斷獄歲以萬計,犯法兹多。"《潛夫論·斷訟》:"今一歲斷獄,雖以萬計,然辭訟之辯,鬥賊之發,鄉部之治,獄官之治者,其狀一也。本皆起民不誠信,而數相欺紿也。"
② 《漢書·董仲舒傳》載董仲舒言:"古者修教訓之官,務以德善化民,民已大化之後,天下常亡一人之獄矣。今世廢而不修,亡以化民,民以故棄行誼而死財利,是以犯法而罪多,一歲之獄以萬千數。"《後漢書·魯恭傳》:"小吏不與國同心者,率入十一月得死罪賊,不問曲直,便即格殺,雖有疑罪,不復讞正。一夫籲嗟,王道爲虧,況於衆乎?"
③ 《漢書·地理志下》:"訖於孝平,凡郡國一百三,縣邑千三百一十四,道三十二,侯國二百四十一。"《後漢書·郡國志五》:"世祖中興,惟官多役煩,乃命并合,省郡、國十,縣、邑、道、侯國四百餘所。至明帝置郡一,章帝置郡、國二。"
④ 《後漢書·百官志二》"右屬廷尉"條本注曰:"孝武帝以下,置中都官獄二十六所,各令長名。"東漢前期,京師有廷尉獄和洛陽獄兩個監獄,後期又出現黄門北寺獄、若盧獄、掖庭獄等。
⑤ 《漢書補注·刑法志》:"'二'蓋'一'字之誤。"長春按:其結論雖然可從,但他根據西漢的郡國縣道數目立論卻有不妥。
⑥ [日]内田智雄編:《譯注中國歷代刑法志》,第50頁。
⑦ 《漢書·王嘉傳》:"張敞爲京兆尹,有罪當免,黜吏知而犯敞,敞收殺之,其家自冤,使者覆獄,劾敞賊殺人。"《資治通鑑》卷七《秦紀二》:"謫治獄吏不直及覆獄故失者,築長城及處南越地。"胡三省注:"覆獄者,奏當已成而覆按之也。"

記》《漢書》《後漢書》中也無他例。

其二，王繼如所持觀點與内田智雄等人類似，只是把"覆獄"解釋爲"復審或復查已判案件"。① 揣摩班固此處文意似乎只是單純描述冤死者很多，並不涉及刑獄程序的問題。如果把"覆獄"單拎出來詳加詮釋，就把問題搞複雜了。

其三，趙增祥、徐世虹、高潮、辛子牛、施丁等認同中華書局點校本的句讀，把"多少"解爲偏義複合詞，表示"多"，把"覆"解爲"蓋"，譯爲"迭壓"或"相枕"。② 但幾位學者都沒有給出有力的旁證。

其四，張春雷認爲，"少"應爲"屍"，這句應表述爲"其冤死者多，屍相覆，獄不減一人"。③ 在無直接證據支撐的情況下，隨意改字似乎不妥。

其五，王一義認爲，"多少"表示"數量大小"，把"覆"解作"上報"。④ 按照她的解釋，漢代應該存在把監獄中冤死者數目上報的制度，但這既不具有現實可行性，也沒有直接的史料依據。

上述各家觀點可謂各有特色，但要正確理解此句，仍要回歸文本，結合班固的字句、行文、史筆綜合參驗。筆者觀點如下。

首先，點校本句讀無誤。

其次，"冤死"不僅是指因錯判刑而死，還應包括獄中被逼自殺的情況。⑤

其三，"多少"不應做抽象的"數量"理解，而應按照字面理解爲"多"＋

---

① 王繼如：《漢書今注》，鳳凰出版社 2013 年版，第 604 頁。轉引自王一義：《〈漢書・刑法志〉劄記一則》，載王沛主編：《出土文獻與法律史研究》第 8 輯，法律出版社 2020 年版，第 338 頁。
② 趙增祥、徐世虹、高潮："冤死者多少相覆：含冤而死的人多得互相迭壓。多少：偏義複合詞，取其'多'意。覆：蓋。"（趙增祥、徐世虹、高潮：《〈漢書・刑法志〉注釋》，第 70 頁）辛子牛："多少相覆：冤死者多得縱橫相枕。"（辛子牛：《漢書刑法志注釋》，第 58 頁）施丁等："多少相覆：多得互相迭壓。"（施丁主編：《漢書新注》，三秦出版社 1994 年版，第 775 頁）
③ 張春雷：《〈漢書〉校釋劄記兩則》，載《南陽理工學院學報》2014 年第 1 期。
④ 王一義：《〈漢書・刑法志〉劄記一則》，載王沛主編：《出土文獻與法律史研究》第 8 輯，法律出版社 2020 年版。該文對内田智雄等、張春雷觀點的剖析具體詳實，可茲參閲。
⑤ 《後漢書・章帝紀》載建初五年三月甲寅詔曰："今吏多不良，擅行喜怒，或案不以罪，迫脅無辜，致令自殺者，一歲且多於斷獄，甚非爲人父母之意也。有司其議糾舉之。"長春按：此處"斷獄"當作"斷獄殊死"理解。

"少",即"或多或少""有的多,有的少"。此句中,"其"指郡國監獄,"其冤死者"指各監獄中的冤死者,具體到某個監獄自然是有多有少。班固此處並無確切的數據,只是以經驗推斷,憑直覺説話。而他之所以敢於指斥當時冤獄繁多,是由於這種看法不僅是普遍共識,而且也已得到官方承認。①

其四,"覆"即覆蓋,引申爲交錯。《漢書·地理志下》:"初,雒邑與宗周通封畿,東西長而南北短,短長相覆爲千里。""短長相覆"與"多少相覆"都是"一對反義詞＋相覆"的結構,所以"相覆"的用法和含義應該一致,解釋爲相互交織應該不錯。"多少相覆"即各監獄冤死者的數目有的多,有的少,錯雜不一。因爲沒有統計,所以班固在此只能模糊處理。

最後且最關鍵的是對"獄不減"的理解,"獄"在此句中的含義應與上文保持一致,指"監獄"而非"刑獄",這裏應特指每一個監獄。"不減"即不少於。②"獄不減一人"是説,當時一千多個監獄中,每個監獄的冤死者都不少於一人。這當然也是個概數,是爲"多少相覆"兜底,再次強調冤死者衆多。理想的法制狀態是"天下有一人不得其平則爲之悽愴",現實的情況卻是"天下獄一千餘所冤死者獄不減一人",對比效果極爲强烈。這體現出班固高超的文字駕馭功夫和細密的史筆文風。

〔三〕和氣所以未洽

"和氣"即陰氣與陽氣調和而成之氣,後引申爲祥瑞之氣。③"洽"即和諧、協調。

---

① 《後漢書·光武帝紀上》載,建武二年三月乙未詔曰:"頃獄多冤人,用刑深刻,朕甚愍之。"建武五年五月丙子詔曰:"將殘吏未勝,獄多冤結,元元愁恨,感動天氣乎?"二十九年春二月丁巳朔,"日有食之。遣使者舉冤獄,出繫囚。"《後漢書·鮑永傳附鮑昱傳》:"先帝詔言,大獄一起,冤者過半。"《後漢書·襄楷傳》:"長吏殺生自己,死者多非其罪,魂神冤結,無所歸訴,淫厲疾疫,自此而起。"
② 《漢書·杜周傳》:"至周爲廷尉,詔獄亦益多矣。二千石繫者新故相因,不減百餘人。"《史記·貨殖列傳》:"上不過八十,下不減三十,則農末俱利,平糶齊物,關市不乏,治國之道也。"
③ 《淮南子·氾論訓》:"天地之氣,莫大於和。和者陰陽調、日夜分而生物,春分而生,秋分而成,生之與成,必得和之精。"《漢書·成帝紀》:"一人有辜,舉宗拘繫,農民失業,怨恨者衆,傷害和氣。"《漢書·薛宣傳》:"夫人道不通,則陰陽否隔,和氣不興,未必不由此也。"《漢書·楚元王傳》:"和氣致祥,乖氣致異;祥多者其國安,異衆者其國危,天地之常經,古今之通義也。"《論衡·講瑞》:"瑞物皆起和氣而生,生於常類之中,而有詭異之性,則爲瑞矣。"

班固這一理論應是受董仲舒和路溫舒的啓發而來。①

第三節

【原文】

原獄刑所以蕃若此者，師古曰："蕃，多也，音扶元反。"禮教不立，刑法不明，民多貧窮，豪桀務私，姦不輒得，獄豻不平之所致也。服虔曰："鄉亭之獄曰豻。"臣瓚曰："獄豻，獄訟也。"師古曰："《小雅·小宛》之詩云'宜岸宜獄'。瓚說是也。"

【考釋】

〔一〕原獄刑所以蕃若此者

"原"即推究、探求。② "獄刑"與"刑獄"不同，側重於刑罰。"蕃"即衆多、繁多。③

以下是班固認爲刑罰泛濫的原因，先總體概述，再逐一闡釋。

〔二〕禮教不立

"禮教"即禮制教化。"不立"即不確立、不施行。"禮教不立"是指，直到東漢初年尚未制定完備的禮制，以禮制教化民衆的目的也遠未達到。對此，班固在《漢書·禮樂志》中頗多論及。④

---

① 《漢書·董仲舒傳》："刑罰不中，則生邪氣。邪氣積於下，怨惡畜於上。上下不和，則陰陽繆盭而妖孽生矣。"《漢書·路溫舒傳》："死人之血流離於市，被刑之徒比肩而立，大辟之計歲以萬數，此仁聖之所以傷也。太平之未洽，凡以此也。"引者注："盭"即"戾"。
② 《漢書·薛宣傳》："春秋之義，原心定罪。"顏師古注："原謂尋其本也。"
③ 《漢書·董仲舒傳》："此刑罰之所以蕃而姦邪不可勝者也。"顏師古注："蕃，多也。"《漢書·禮樂志》："故婚姻之禮廢，則夫婦之道苦，而淫辟之罪多；鄉飲之禮廢，則長幼之序亂，而爭鬥之獄蕃。"
④ 《漢書·禮樂志》記載：漢高祖命叔孫通"定儀法，未盡備而通終"。文帝時，賈誼提出："漢興至今二十餘年，宜定制度，興禮樂，然後諸侯軌道，百姓素樸，獄訟衰息。"武帝時，董仲舒指出："故漢得天下以來，常欲善治，而至今不能勝殘去殺者，失之當更化而不能更化也。"宣帝時，王吉指出："今俗吏所以牧民者，非有禮義科指可世世通行者也，以意穿鑿，各取一切。是以詐僞萌生，刑罰無極，質樸日消，恩愛寖薄。"成帝時，劉向指出："夫承千歲之衰周，繼暴秦之餘敝，民漸漬惡俗，貪饕險詖，不閑義理，不示以大化，而獨歐以刑罰，終已不改。"東漢光武帝、明帝時，雖然政教清明，"然德化未流洽者，禮樂未具，群下無所誦說，而庠序尚未設之故也。"

東漢章帝時，博士曹襃響應皇帝號召，積極推動制定"漢禮"，但因遭群臣反對而未能施行。反對的原因有二：一是政治原因，曹襃僅爲秩比六百石的博士官，①難以擔當編撰禮典這樣責任重大、使命光榮的大事業。②二是學術原因，曹襃所傳慶氏禮在漢代禮學三家（戴德、戴聖、慶普）之中不占主流，他強推"士禮"作爲國家典制，③既無法讓當時的禮學家們滿意，也不符合國家政治運作的現實需求。④

禮學以"三禮"（《儀禮》《禮記》《周禮》）爲研究對象。起初，漢代經師視《儀禮》爲禮經，視《禮記》爲禮經的傳。高堂生所傳《士禮》、⑤叔孫通所定"朝儀"，都屬於《儀禮》範疇。《周禮》後出，既不屬於孔子所傳六經範疇，⑥也與漢人強調"恭儉莊敬"⑦的禮制觀念不合，又加上來歷不明，所以長期不受重視。

漢代禮學有古今文之別。高堂生、大戴、小戴、慶氏所傳的《士禮》都屬於今文《儀禮》，在孔府舊宅發現的《逸禮》則屬於古文《儀禮》。漢末鄭玄把二者合爲一書，消弭了其古今文之別。⑧較之《儀禮》而言，《周禮》則是純粹的古文經。"修學好古"⑨的河間獻王劉德，率先搜集到用古文撰寫的先秦舊書《周官》。西漢後期，《周官》列爲官學。劉向、劉歆父子整理典

---

① 《後漢書·百官志二》："博士十四人，比六百石。"
② 《後漢書·曹襃傳》："章下太常，太常巢堪以爲一世大典，非襃所定，不可許……後太尉張酺、尚書張敏等奏襃擅制漢禮，破亂聖術，宜加刑誅。"
③ 《後漢書·曹襃傳》："襃既受命，乃次序禮事，依準舊典，雜以五經讖記之文，撰次天子至於庶人冠婚吉凶終始制度，以爲百五十篇，寫以二尺四寸簡。"
④ 筆者曾經提出，曹襃定"漢禮"是中國古代按照"五禮"體系制定禮典的開始。（鄧長春：《西晉法典體系研究》，第 161 頁）然而細繹史料，此說恐有誤。所謂"冠婚吉凶終始制度"不能簡單等同於"吉、凶、賓、軍、嘉"的五禮體系，仍應屬於《禮記》"冠、婚、喪、祭、鄉、相見"的六禮體系。參見梁滿倉：《論魏晉南北朝時期的五禮制度化》，載《中國史研究》2001 年第 4 期；《魏晉南北朝五禮制度考論》，社會科學文獻出版社 2009 年版，第 128 頁。
⑤ 《史記·儒林列傳》："諸學者多言禮，而魯高堂生最本。禮固自孔子時而其經不具，及至秦焚書，書散亡益多，於今獨有《士禮》，高堂生能言之。"
⑥ 皮錫瑞："傳言《禮》，止有《儀禮》，而無《周官》。"（皮錫瑞：《經學歷史》，中華書局 2004 年版，第 41 頁）
⑦ 《孝經·廣要道章》："禮者，敬而已矣。"《禮記·經解》："恭儉莊敬，《禮》教也。"《禮記·曲禮》"毋不敬"鄭玄注："禮主於敬。"
⑧ 楊天宇：《〈儀禮〉的來源、編纂及其在漢代的流傳》，載《史學月刊》1998 年第 6 期。當然，這主要是由於"《儀禮》在古文今文，只爲文字上的差別"（章太炎講演，曹聚仁整理：《國學概論》，中華書局 2003 年版，第 23 頁）所以才可能被合爲一書。
⑨ 《漢書·景十三王傳·河間獻王德》。

籍,改稱《周禮》。新莽時,《周禮》開始被冠以"禮經"的名號。① 東漢以後,《周禮》雖曾一度退出官學,地位卻日益尊隆,一躍成爲"三禮"之首。

曹褒所撰"漢禮"仍以其所傳慶氏禮爲本,不出《儀禮》《士禮》的範疇。《士禮》以規範"士"的行爲爲主,相對而言更接近舊封建貴族的宗權意識,並不能涵蓋所有社會階層。"推《士禮》而致於天子",②落實到治國的政治實踐,必然會出現種種不適。所以只有跨越"士禮"藩籬,才能建立宏大的"國禮"。相比而言,《周禮》體大思精的禮制系統更有成爲"國禮"的潛質,更能滿足政治治理和道德教化的需求。

班固雖非禮學或經學名家,但也有其立場。他不認同曹褒定禮,主要是由於學術原因。③ 班固擁護古文經學,所以《漢志》前文可見其大段摘引《周禮》《左傳》原文。就制禮一事來看,他肯定更傾向於以《周禮》爲藍本。然而現實卻並不如人意,一代禮典没有確立,禮制教化更成爲空談。④

按照儒家的"罔民""棄民"理論,禮制缺位、教化不行會使百姓精神墮落,從而走上犯罪的道路(説詳前文)。《荀子》對此論述甚多。⑤ 這也成爲漢朝人分析犯罪率居高不下狀況的常見視角之一。⑥

---

① 《前漢紀·孝成皇帝紀二》:"(劉)歆以《周官》十六篇爲《周禮》。王莽時,歆奏以爲禮經,置博士。"
② 《漢書·藝文志》:"及《明堂陰陽》《王史氏記》所見,多天子、諸侯、卿、大夫之制,雖不能備,猶瘉倉等推《士禮》而致於天子之説。"
③ 《漢書·禮樂志》:"今叔孫通所撰禮儀,與律令同録,臧於理官,法家又復不傳……又通没之後,河間獻王采禮樂古事,稍稍增輯,至五百餘篇。今學者不能昭見,但推士禮以及天子,説義又頗謬異,故君臣長幼交接之道濅以不章。"《後漢書·曹褒傳》:"詔召玄武司馬班固,問改定禮制之宜。固曰:'京師諸儒,多能説禮,宜廣招集,共議得失。'"
④ 《漢書·禮樂志》:"今大漢繼周,久曠大儀,未有立禮成樂,此賈誼、仲舒、王吉、劉向之徒所爲發憤而增嘆也。"
⑤ 《荀子·富國》:"故不教而誅,則刑繁而邪不勝。"《荀子·大略》:"先王以禮義表天下之亂。今廢禮者,是棄表也,故民迷惑而陷禍患,此刑罰之所以繁也……多積財而羞無有,重民任而誅不能,此姦行之所以起,刑罰之所以多也。"《荀子·宥坐》:"今之世則不然:亂其教,繁其刑,其民迷惑而墮焉,則從而制之,是以刑彌繁而邪不勝。"
⑥ 《漢書·董仲舒傳》載董仲舒言:"古者修教訓之官,務以德善化民,民已大化之後,天下常亡一人之獄矣。今世廢而不脩,亡以化民,民以故棄行誼而死財利,是以犯法而罪多,一歲之獄以萬千數。"《漢書·嚴安傳》載嚴安言:"臣愿爲民制度以防其淫,使貧富不相耀以和其心。心既和平,其性恬安。恬安不營,則盜賊銷。盜賊銷,則刑罰少。"《漢書·元帝紀》載永光元年三月詔:"重以周、秦之弊,民漸薄俗,去禮義,觸刑法,豈不哀哉!"

〔三〕刑法不明

"刑法不明"即刑法制度不明確、不合理。根據上下文總結一下,班固認爲當時刑事立法的問題主要有三方面表現。一是律令條文繁多雜亂,導致司法適用中出現各種弊端。二是重刑尤其是死刑的罪名條款太多,導致每年殺人數量巨大,其中自然包括大量冤死者。三是廢除肉刑導致刑罰體系失衡,畸輕畸重,"中罪"無法匹配對應的刑罰。下文著重從第三個角度進行了強調,即"死刑過制,生刑易犯",但此處不能拘泥於孤立文句,還要聯合上下文進行綜合考察。

〔四〕民多貧窮

"民多貧窮"即百姓大多生活困苦,沒有出路。正常生活難以爲繼,自然就會有人以身犯險,走上違法犯罪的道路。

儒家在討論犯罪現象時歷來注重結合社會環境探其根源,很少局限於純粹的法律視角。① 對犯罪百姓他們通常報以理解的同情,把官方的橫徵暴斂和肆意壓榨視爲培養犯罪的土壤。② 漢代儒者、官員乃至皇帝也大都持此意見。③

〔五〕豪桀務私,姦不輒得

"桀"通"傑"。《漢書》中的"豪傑"主要有兩種含義:一是英雄人物、傑

---

① 《孟子·梁惠王上》:"無恒産而有恒心者,惟士爲能。若民則無恒産,因無恒心。苟無恒心,放僻邪侈,無不爲已,及陷乎罪,然後從而刑之,是罔民也。焉有仁人在位,罔民而可爲也?"趙岐注:"凡民迫於饑寒,則不能守其常善之心也。"(《孟子·滕文公上》略同)
② 《論語·顔淵》:"季康子患盗,問於孔子。孔子對曰:'苟子之不欲,雖賞之不竊。'"另可參見本書前文對"如得其情,則哀矜而勿喜"的解釋。
③ 《漢書·食貨志上》載董仲舒曰:"故貧民常衣牛馬之衣,而食犬彘之食。重以貪暴之吏,刑戮妄加,民愁亡聊,亡逃山林,轉爲盗賊,赭衣半道,斷獄歲以千萬數。漢興,循而未改。"《漢書·董仲舒傳》:"身寵而載高位,家溫而食厚禄,因乘富貴之資力,以與民爭利於下,民安能如之哉!是故衆其奴婢,多其牛羊,廣其田宅,博其産業,畜其積委,務此而亡已,以迫蹙民,日削月朘,寖以大窮。富者奢侈羨溢,貧者窮急愁苦;窮急愁苦而上不救,則民不樂生;民不樂生,尚不避死,安能避罪!此刑罰之所以蕃而姦邪不可勝者也。"《漢書·萬石君傳》:"官曠民愁,盗賊公行。"《漢書·賈山傳》:"刑輕於它時而犯法者寡,衣食多於前年而盗賊少。"《漢書·鮑胜傳》:"勝居諫官,數上書求見,言百姓貧,盗賊多,吏不良,風俗薄,災異數見,不可不憂。"《漢書·宣帝紀》載詔曰:"方今天下少事,徭役省減,兵革不動,而民多貧,盗賊不止,其咎安在?"《漢書·元帝紀》載詔曰:"元元大困,流散道路,盗賊並興。"

出人物；二是豪俠，即游離於國家政法秩序之外的勇武俠士。後者在鄉里社會中以宗族關係和莊園經濟爲依託，進而發展爲横行一方的豪强大户。① 又稱豪族、豪右、豪姓、豪猾。

秦漢時代的豪强，一方面符合民間的血緣倫理觀念，對普通百姓也有一定團結和保護的作用，因而擁有相當的號召力和深厚的滋生土壤；另一方面也常有大量兼併土地、欺壓良善、勾結官吏、走私行賄等惡性行爲。爲更好控制包括人口在内的各種社會資源，樹立政治權威，國家勢必施行抑制豪强的政策。漢朝主要采取三種手段：一是招納，②二是遷徙，③三是打壓。④ 但這些手段效果有限，無法從根源上改變豪强的生長環境，解除豪强對國家的威脅。這個問題到東漢時更爲嚴重，地方豪强逐步完成儒學化、官僚化，勢力日益坐大，從而爲漢末地方割據以及大分裂時代的到來埋下伏筆。

"務"即追求、謀求。"務私"即只圖私利，不顧公義、國法。

"姦"即作姦犯科之人。"輒"即每次、總是。"得"即抓到、捕獲。"姦不輒得"是説，姦人往往處在豪强的庇佑之下，即使犯罪官府也常無法順利逮捕。⑤

〔六〕獄豻不平

"豻"(àn)通"犴"，又作"岸"，本義是胡地野狗，後引申指地方監獄、刑獄訴訟。⑥ "獄豻不平"即司法斷獄有失公平，側重指持法過於嚴苛。

---

① 《漢書·食貨志上》："豪黨之徒以武斷於鄉曲。"《漢書·地理志下》："(秦地)其世家則好禮文，富人則商賈爲利，豪桀則游俠通姦。"又："(河内)俗剛彊，多豪桀侵奪，薄恩禮，好生分。"《漢書·田儋傳》："儋從弟榮，榮弟横，皆豪桀，宗强，能得人。"
② 《漢書·循吏傳·黄霸》："黄霸字次公，淮陽陽夏人也，以豪傑役使徙雲陵。"
③ 《漢書·武帝紀》："又徙郡國豪傑及訾三百萬以上於茂陵。"《漢書·成帝紀》："夏，徙郡國豪傑訾五百萬以上五千户於昌陵。"
④ 《漢書·趙廣漢傳》："先是，潁川豪傑大姓相與爲婚姻，吏俗朋黨。廣漢患之，厲使其中可用者受記，出有案問，既得罪名，行法罰之，廣漢故漏泄其語，令相怨咎。"《漢書·酷吏傳·嚴延年》："三歲，遷河南太守，賜黄金二十斤。豪强脅息，野無行盜，威震旁郡。其治務在摧折豪强，扶助貧弱。貧弱雖陷法，曲文以出之；其豪傑侵小民者，以文内之。"
⑤ 《後漢書·章帝紀》載元和二年詔："間敕二千石各尚寬明，而今富姦行賂於下，貪吏枉法於上，使有罪不論而無過被刑，甚大逆也。"
⑥ 《説文解字·豸部》："豻，胡地野狗。"《周禮·春官宗伯·御史》："犴褥，雀飾。"鄭玄注："犴，胡犬。"《詩經·小雅·小宛》："哀我填寡，宜岸宜獄。"毛亨傳："岸，訟也。"陸德明《釋文》："《韓詩》作'犴'，音同，云：'鄉亭之繫曰犴，朝廷曰獄。'"

【原文】

《書》云"伯夷降典，悊民惟刑"，師古曰："《周書·甫刑》之辭也。悊，知也。言伯夷下禮法以道人，人習知禮，然後用刑也。"言制禮以止刑，猶隄之防溢水也。

【考釋】

〔一〕《書》云"伯夷降典，悊民惟刑"

"伯夷"指堯舜時代主管教化的官員，與後世不食周粟的孤竹國王子伯夷不是一個人。① "典"即禮典。"刑"即刑法。"悊"即"哲"，本義是明智，引申爲教化（説詳前文）。

"伯夷降典，悊民惟刑"出自《尚書·吕刑》，"悊"作"折"，②意即帝堯命令伯夷教化百姓熟習禮制，然後再施行刑法。③ 這也就是儒家歷來提倡的"先教後刑"。

〔二〕言制禮以止刑，猶隄之防溢水也

"言"即意思是。"隄"即"堤"，指河岸堤壩。"溢"指水溢出堤岸。

"制禮以止刑"意思是説，通過良好的道德教化，可以使人遵禮守法，因而不必動用刑罰。班固以用堤防水來比喻用禮法教化防止人們犯罪。此類比喻更早見於董仲舒和《鹽鐵論》。④

【原文】

今隄防凌遲，禮制未立；死刑過制，生刑易犯；饑寒並至，窮斯濫溢；豪桀擅私，爲之囊橐，師古曰："有底曰囊，無底曰橐。言容隱姦邪，若囊

---

① 《尚書·舜典》："帝曰：'咨！四嶽，有能典朕三禮？'僉曰：'伯夷。'帝曰：'俞，咨！伯，汝作秩宗。夙夜惟寅，直哉惟清。'"僞孔傳："三禮，天地人之禮。伯夷，臣名，姜姓。"
② 《漢書補注·刑法志》："《大傳》引《書》曰：'折民以刑。'則今本作'折'，班用今文。據下文意，志文作'折'無疑。後人用馬本改'悊'，顏注未審。"此外，今本《尚書·吕刑》也作"折"。
③ 《尚書·吕刑》："伯夷降典，折民惟刑。"僞孔傳："伯夷下典禮教民而斷以法。"又："士制百姓於刑之中，以教祇德。"僞孔傳："言伯夷道典禮，斷之以法。皋陶作士，制百官於刑之中，助成道化，以教民爲敬德。"孔穎達疏："此經先言'伯夷'者，以民爲國之本，禮是民之所急，將言制刑，先言用禮，刑禮相須，重禮，故先言之也。"
④ 《漢書·董仲舒傳》："夫萬民之從利也，如水之走下，不以教化隄防之，不能止也。是故教化立而姦邪皆止者，其隄防完也；教化廢而姦邪並出，刑罰不能勝者，其隄防壞也。"《鹽鐵論·申韓》載"文學"言："河決若甕口，而破千里，況禮決乎？其所害亦多矣！今斷獄歲以萬計，犯法茲多，其爲蕭豈特曹、衛哉！"

橐之盛物。"姦有所隱,則狃而寖廣,師古曰:"狃,串習也。寖,漸也。狃音女救反。"此刑之所以蕃也。

【考釋】

〔一〕隄防凌遲,禮制未立;死刑過制,生刑易犯

"隄防凌遲"即河岸堤壩逐漸敗壞,指禮義教化而言。

"禮制未立"即《漢志》前文的"禮教不立"。

"死刑過制,生刑易犯"即《漢志》前文"刑法不明",與梁統的說法一致。①

〔二〕饑寒並至,窮斯濫溢

"饑寒並至"即《漢志》前文"民多貧窮"。

"窮斯濫溢"化用自《論語》,意即民衆面臨窮困境地就會做事不講原則。②"溢"即河水泛濫。班固此處巧妙地把"濫矣"改爲"濫溢",正好切合"隄防"的比喻。

〔三〕豪桀擅私,爲之囊橐,姦有所隱,則狃而寖廣,

"豪桀擅私"即《漢志》前文的"豪桀務私"。"囊"和"橐"(tuó)都指口袋。③"囊橐"即窩藏、包庇。"隱"即隱瞞、包庇。"狃"即習慣於、習以爲常。(説詳前文)"廣"即擴大、增加。"寖",敦煌抄本殘卷"法藏 P.3557"作"浸"。④"浸"與"寖"同(説詳前文)。

這句是說,壞人得到豪强的包庇隱瞞,就會繼續爲惡,對社會造成更大的傷害。

以上,班固把刑獄泛濫五大原因的前四個又簡單重述了一遍,接下來就要著重對第五個原因進行詳細闡發。可見在他看來,第五個因素分量最重,情況也最嚴重。

---

① 《後漢書·梁統傳》:"至初元、建平,所減刑罰百有餘條,而盜賊浸多,歲以萬數……是時以天下無難,百姓安平,而狂狡之執,猶至於此,皆刑罰不衷,愚人易犯之所致也。由此觀之,則刑輕之作,反生大患;惠加姦軌,而害及良善也。"
② 《論語·衛靈公》:"子曰:'君子固窮,小人窮斯濫矣。'"何晏《集解》:"濫,溢也。君子固亦有窮時,但不如小人窮則濫溢爲非。"
③ 《說文解字·橐部》:"橐,囊也。"段玉裁注:"按許云'橐,囊也''囊,橐也',渾言之也。《大雅》毛傳曰:'小曰橐。大曰囊。'高誘注《戰國策》曰:'無底曰囊,有底曰橐。'"
④ 上海古籍出版社、法國國家圖書館編:《法國國家圖書館藏敦煌西域文獻》(第25册),第262頁。

【原文】

孔子曰："古之知法者能省刑，本也；今之知法者不失有罪，末矣。"師古曰："省謂減除之，絕於未然，故曰本也。不失有罪，事止聽訟，所以爲末。"又曰："今之聽獄者，求所以殺之；古之聽獄者，求所以生之。"與其殺不辜，寧失有罪。

【考釋】

〔一〕古之知法者能省刑，本也；今之知法者不失有罪，末矣

"古"和"今"對稱，分別代表理想和現實，並非"古""今"真實如此。"知"即主持、掌控。"知法者"即司法者。"省刑"即減省刑罰、儘量不用刑罰。"不失有罪"即不放過任何一個給人定罪的機會。孔子肯定前者，否定後者。

這句是說，古代的司法者能夠盡可能地少用刑罰，這抓住了用刑的根本；現在的司法者盡可能不錯過每一個罪犯，這只是用刑的末節。在孔子看來，用刑最應遵循的原則是盡可能少用或不用刑罰，如果一味追求把犯罪繩之以法則有可能刑及無辜。類似的話更早見於《尚書大傳》和《孔叢子》。①

"不失有罪"，敦煌抄本殘卷"法藏 P.3557"作"不失其罪"。② 堀毅認爲應從刻本。③ 其説可從。前引《孔叢子》可爲例證。

〔二〕今之聽獄者，求所以殺之；古之聽獄者，求所以生之

"聽獄者"與"知法者"同。"所以"即渠道、方法。"殺之"即判處死刑。"生之"即免除死刑。

"今之聽獄者"，敦煌抄本殘卷"法藏 P.3557"作"今之聽者獄"。④ 堀毅

---

① 《太平御覽》卷六三五《刑法部一·敘刑上》引《尚書大傳》："孔子曰：'古之刑者省之，今之刑者繁之。其教，古者有禮然後有刑，是以刑省也。今也反是，無禮而齊之以刑，是以繁也。'"《孔叢子·刑論》："孔子曰：'古之刑省今之刑繁。其爲教，古有禮然後有刑，是以刑省。今無禮以教，而齊之以刑，刑是以繁。'"又："孔子曰：'古之知法者能遠。能遠者止其源而以禮教先之。今之知法者不失有罪。不失有罪其於怨寡矣，能遠則於獄其防深矣。'"
② 上海古籍出版社、法國國家圖書館編：《法國國家圖書館藏敦煌西域文獻》（第25冊），第262頁。
③ ［日］堀毅：《秦漢法制史論考》，第78頁。
④ 上海古籍出版社、法國國家圖書館編：《法國國家圖書館藏敦煌西域文獻》（第25冊），第262頁。

認爲應從抄本。① 其説似可商榷。結合下一句"古之聽獄者"來看,抄本顯係抄寫訛誤。"求所以殺之",敦煌抄本殘卷"法藏 P.3557"作"求以殺之"。② 堀毅認爲是傳抄訛誤。③ 其説可從。

這句是說,現在的司法者審判刑獄時,主觀上追求判處被告死罪;古代的司法者審判刑獄時,主觀上追求不判處被告死罪。此司法理念與上一句類似。而這句話也有可能化用自《孔叢子》。④

〔三〕**與其殺不辜,寧失有罪**

"不辜"即無辜,指無罪之人。"失"即放縱。

這句是說,在裁斷刑獄時,與其錯判無辜之人死刑,不如錯放有罪之人。在無法保證定罪量刑絕對準確公平的前提下,寧可把司法錯誤導向有利於被告的方向。這與上面兩句話一樣,都是司法仁恕精神的體現,與《漢志》前文"緩深故之罪,急縱出之誅"的原則宗旨正相反。這句話化用自《尚書》載皋陶之語。⑤ "有罪"原文作"不經",意略同。而班固此處引用此語,與接下來的幾句話一樣,都轉錄自路溫舒的《尚德緩刑書》。⑥

【原文】

今之獄吏,上下相驅,以刻爲明,深者獲功名,平者多後患。

【考釋】

〔一〕**今之獄吏,上下相驅,以刻爲明**

"獄吏"與"聽獄者""知法者"同。

"今之獄吏",敦煌抄本殘卷"法藏 P.3557"作"今獄吏"。⑦ 堀毅認爲是

---

① [日]堀毅:《秦漢法制史論考》,第 78 頁。
② 上海古籍出版社、法國國家圖書館編:《法國國家圖書館藏敦煌西域文獻》(第 25 册),第 262 頁。
③ [日]堀毅:《秦漢法制史論考》,第 79 頁。
④ 《孔叢子·刑論》:"孔子曰:'可哉。古之聽訟者,惡其意不惡其人,求所以生之。不得其所以生乃刑之,君必與眾共焉。今之聽訟者,不惡其意而惡其人,求所以殺,是反古之道也。'"
⑤ 《尚書·大禹謨》:"與其殺不辜,寧失不經。"僞孔傳:"辜,罪。經,常……寧失不常之罪,不枉不辜之善,仁愛之道。"
⑥ 詳見《漢書·路溫舒傳》。
⑦ 上海古籍出版社、法國國家圖書館編:《法國國家圖書館藏敦煌西域文獻》(第 25 册),第 262 頁。

傳抄脫落。① 其説可從。"今"在原文中是指路温舒上書之時,即漢宣帝登位之初。而在班固借用後也指東漢初期。在班固看來,同樣的獄政弊端在漢代長期存在,是與"理想"相對的"現實"。這從某種程度上繼承了孔子以"古"非"今"、根據理想批判現實的法文化傳統。

"驅"本義爲使馬奔馳,引申爲快跑、飛奔,在原文中也作"敺"。"相驅"即相互競逐,形容具有濃厚的氛圍。"上下"即上級下級、上上下下,是對某個群體的總稱,這裏指獄吏。"刻"即定罪用刑深刻、嚴苛。這句是説,獄吏之間競相攀比,都以多判、重判刑罰爲能。類似批評不僅見於路温舒的奏書,也見於漢代皇帝詔書,但情况也没因此而有所改變。② 所以到班固時仍爲顯見的弊政。

〔二〕深者獲功名,平者多後患

"深者"與"平者"相對,分别指用刑深刻和平緩。這句是説,在獄吏同行看來,用刑深刻者有能力,職位晉升快;用刑平緩者不僅無法獲得功名,而且還有因此受罰的後患。

自"孔子曰"至此都出自《尚德緩刑書》。

【原文】

諺曰:"鬻棺者欲歲之疫。"師古曰:"鬻,賣也。疫,癘病也。鬻音育。疫音役。"非憎人欲殺之,利在於人死也。今治獄吏欲陷害人,亦猶此矣。

【考釋】

"鬻"即賣。"欲"即要求、期待。"歲"即年歲。"疫"即瘟疫。

這句是説賣棺材的商人都希望發生瘟疫。這個比喻由來已久,早

---

① 〔日〕堀毅:《秦漢法制史論考》,第79頁。
② 《漢書·景帝紀》:"獄,人之大命,死者不可復生。吏或不奉法令,以貨賂爲市,朋黨比周,以苛爲察,以刻爲明,令亡罪者失職,朕甚憐之。"《漢書·宣帝紀》:"今吏或以不禁姦邪爲寬大,縱釋有罪爲不苛,或以酷惡爲賢,皆失其中。"《後漢書·章帝紀》:"夫以苛爲察,以刻爲明,以輕爲德,以重爲威,四者或興,則下有怨心。吾詔書數下,冠蓋接道,而吏不加理,人或失職,其咎安在?勉思舊令,稱朕意焉。"

在先秦時代就被法家拿來證明人性好利的性惡論。① 班固在這裏引用這句話是爲與下文對應,分析獄吏用刑深刻、陷害無辜的行爲心理。

這不是因爲這些商人心腸壞、希望人死,而是因爲只有死人多棺材需求量大,他們才能多賺錢。此即"非憎人欲殺之,利在於人死也"。這句話化用自《尚德緩刑書》的"治獄之吏皆欲人死,非憎人也,自安之道在人之死"。② 班固在這裏的表述方式,又被後世所轉用。③

【原文】

凡此五疾,獄刑所以尤多者也。

【考釋】

"獄刑所以尤多"即《漢志》前文"獄刑所以蕃若此"。"五疾"即班固總結的刑獄繁多的五種原因,包括國家的政治文化政策(禮義教化)、刑事法律政策(刑法不明)、經濟財稅政策(民多貧窮)、基層社會生態(豪強包庇)、司法官吏的群體心理(以刻爲明)。其中,他認爲最後一個問題最嚴重,所以著墨最多。

班固的總結既受到前人的啓發,也有自己的思考,行文措辭和事理剖析可謂精妙、通透。④ 班固的"五疾"與鮑宣的"七亡七死"⑤遙相呼應,揭

---

① 《韓非子·備內》:"故輿人成輿,欲人富貴,匠人成棺,欲人夭死,非輿人仁而匠人賊也,人不貴則輿不售,人不死則棺不買,情非憎人也,利在人之死也。"《淮南子·說林訓》:"鬻棺者欲民之疾病也。畜粟者欲歲之荒饑也。"
② 對其解讀,參見戚文闖:《論〈尚德緩刑書〉中所見"自安之道在人之死"》,載《職大學報》2016年第1期。
③ 《貞觀政要·刑法》:"貞觀元年,太宗謂侍臣曰:'死者不可再生,用法務在寬簡。古人云,鬻棺者欲歲之疫,非疾於人,利在棺售故耳。今法司核理一獄,必求深刻,欲成其考課。今作何法,得使平允?'"
④ 《大學衍義補》卷一〇一《總論制刑之義(下)》:"班固此言非獨漢世治獄之失,後世之獄類此亦多矣。所謂'伯夷降典,悊民惟刑,言制禮以止刑,猶堤之防溢水',深得帝王爲治禮刑先後之序,其間向隅悲泣之喻、鬻棺利死之譬,皆痛切人情,深中事理。"
⑤ 《漢書·鮑宣傳》:"凡民有七亡:陰陽不和,水旱爲災,一亡也;縣官重責更賦租稅,二亡也;貪吏並公,受取不已,三亡也;豪強大姓蠶食亡厭,四亡也;苛吏繇役,失農桑時,五亡也;部落鼓鳴,男女遮迣,六亡也;盜賊劫略,取民財物,七亡也。七亡尚可,又有七死:酷吏毆殺,一死也;治獄深刻,二死也;冤陷亡辜,三死也;盜賊橫發,四死也;怨讎相殘,五死也;歲惡飢餓,六死也;時氣疾疫,七死也。民有七亡而無一得,欲望國安,誠難;民有七死而無一生,欲望刑措,誠難。"

示出當時社會生活各方面的弊政，表達出對民衆悲慘生活的同情，是儒家"民本"思想在法律問題上的現實運用。而在當時，還有人總結的其他原因，儘管不爲班固所取，但也各有道理。①

第四節

【原文】

自建武、永平，民亦新免兵革之禍，人有樂生之慮，與高、惠之間同，而政在抑彊扶弱，朝無威福之臣，邑無豪桀之俠。

【考釋】

〔一〕自建武、永平，民亦新免兵革之禍，人有樂生之慮，與高、惠之間同

"建武"即漢光武帝劉秀的年號，時間跨度長達三十餘年（公元25—56年）。"永平"即漢明帝劉莊的年號，時間跨度近二十年（公元58—75年）。"建武、永平之政"常爲東漢人所稱讚。②

"新免"即剛剛免於。"兵革之禍"即戰亂動盪的災禍。"樂生"即以生爲樂，享受到生活的快樂。③ 生活安定康樂，自然不願冒險犯罪。

"高、惠之間"即高帝、惠帝之時，班固以之比擬光武帝、明帝之時。兩者分別指西漢和東漢的建國初期。"民亦新免兵革之禍，人有樂生之慮"與《漢志》前文"百姓新免毒蠚，人欲長幼養老"類似。

---

① 《漢書·食貨志上》："今農事棄捐而采銅者日蕃，釋其耒耨，冶鎔炊炭，姦錢日多，五穀不爲多。善人怵而爲姦邪，愿民陷而之刑戮，刑戮將甚不詳，奈何而忽！"《漢書·吾丘壽王傳》："盜賊不輒伏辜，免脫者衆，害寡而利多，此盜賊所以蕃也。"《淮南子·氾論訓》："今之所以犯囹圄之罪而陷於刑戮之患者，由嗜欲無厭，不循度量之故也。何以知其然？天下縣官法曰：'發墓者誅，竊盜者刑。'此執政之所司也。夫法令網其姦邪，勒率隨其蹤跡，無愚夫意婦皆知爲姦之無脫也，犯禁之不得免也。然而不材子不勝其欲，蒙死亡之罪，而被刑戮之羞，然而立秋之後，司寇之徒繼踵於門，而死市之人血流於路。何則？惑於財利之得而蔽於死亡之患也。"

② 《後漢書·明帝紀》："後之言事者，莫不先建武、永平之政。"《文選·賦甲·京都上·班孟堅〈兩都賦〉二首·東都賦》："今將語子以建武之治、永平之事，監於太清，以變子之惑志。"

③ 《漢書·董仲舒傳》："窮急愁苦而上不救，則民不樂生；民不樂生，尚不避死，安能避罪。"《漢書·路溫舒傳》："人情安則樂生，痛則思死。"《漢書·王莽傳下》："是以四海之內，囂然喪其樂生之心，中外憤怨。"

這句是説,建武、永平年間,東漢王朝建立初期,天下無事,民衆得享太平,對未來生活充滿期待,所以很少犯罪。①

〔二〕政在抑彊扶弱,朝無威福之臣,邑無豪桀之俠

"抑",敦煌抄本殘卷"法藏 P.3557"作 ,② 堀毅認爲是傳抄訛誤。③ 其説可從。

"政在抑彊扶弱"即爲政策略重在抑制豪强、扶助弱民。東漢初期,光武帝劉秀爲緩和社會矛盾,采取一系列措施改善弱勢群體生活條件,壓制豪强大姓和勳舊功臣。建武十一年,光武帝連下三道詔書提高奴婢法律地位,儘量維護奴婢人身安全。④ 建武十五年六月開始,光武帝下詔檢覈田地數目,河南尹及諸郡守共計十餘人以"度田不實""優饒豪右,侵刻羸弱"等罪名被處死。⑤ 以往史學界認爲光武帝度田以失敗告終,近年來學者逐漸認識到度田確實取得了一定效果。⑥ 此外,光武帝還重用抑强扶弱的官員。⑦ 漢明帝在位期間繼續推行抑强扶弱政策。⑧

"威福"即作威作福、專攬權勢,語出《尚書》。⑨ "威福之臣"即權臣。由於光武帝勤政有爲,不任功臣,嚴防外戚,雖置三公,事歸臺閣,所以東漢初期没有出現權勢重臣。

---

① 《後漢書·荀淑傳附荀悦傳》:"人不畏死,不可懼以罪。人不樂生,不可勸以善。"
② 上海古籍出版社、法國國家圖書館編:《法國國家圖書館藏敦煌西域文獻》(第 25 册),第 262 頁。
③ 〔日〕堀毅:《秦漢法制史論考》,第 79 頁。
④ 《後漢書·光武帝紀下》載建武十一年二月己卯,詔曰:"天地之性人爲貴。其殺奴婢,不得減罪。"八月癸亥詔曰:"敢灸灼奴婢,論如律,免所灸灼者爲庶人。"十月壬午詔曰:"除奴婢射傷人棄市律。"
⑤ 《後漢書·光武帝紀下》:"十五年六月詔下州郡檢覈墾田頃畝及户口年紀,又考實二千石長吏阿枉不平者……十六年秋九月,河南尹張伋及諸郡守十餘人,坐度田不實,皆下獄死。"又可參見《後漢書·劉隆傳》《後漢書·五行志》《後漢書·鮑永傳》。
⑥ 參見袁延勝:《東漢光武帝"度田"再論》,載《史學月刊》2010 年第 8 期。
⑦ 《後漢書·酷吏傳·董宣》:"由是搏擊豪强,莫不震慄。京師號爲'臥虎'。"
⑧ 《後漢書·明帝紀》:"帝遵奉建武制度,無敢違者。""論曰:'明帝善刑理,法令分明。'"《後漢書·章帝紀》"論曰":"魏文帝稱'明帝察察,章帝長者'。"長春按:"察察"即苛察、煩細。《後漢書·鍾離意傳》:"帝性褊察,好以耳目隱發爲明,故公卿大臣數被詆毁,近臣尚書以下至見提拽。"
⑨ 《尚書·洪範》:"惟辟作福,惟辟作威。"僞孔傳:"言惟君得專威福。"

"桀",敦煌抄本殘卷"法藏 P.3557"作"傑"。① 二字古多通用。"俠"指憑藉勇武、義氣而在民間社會擁有巨大影響的人,是國家政治秩序的挑戰者。② "豪桀之俠"即依附豪強勢力或具有豪強性質的俠士。西漢時期,承襲戰國游俠遺風,强力輕死的游俠比較受到推崇。所以,司馬遷著《游俠列傳》,貶中有褒,以褒爲主。③ 東漢初年社會風氣發生轉變,俠風逐漸萎縮。所以,班固撰《游俠傳》,褒中有貶,以貶爲主。④ 這種時代風氣的變化,也可以從馬援的書信中窺其一斑。⑤ 班固在此宣稱"邑無豪桀之俠"是爲了説明社會秩序良好。

【原文】

以口率計,斷獄少於成、哀之間什八,可謂清矣。_{師古曰:"十少其八也。"}然而未能稱意比隆於古者,以其疾未盡除,而刑本不正。

【考釋】

〔一〕**以口率計,斷獄少於成、哀之間什八,可謂清矣**

"口率"即人口比例。"什八"即十分之八。"清"即清明、清平。"成、哀",敦煌抄本殘卷"法藏 P.3557"作"哀、成"。⑥ 堀毅認爲抄本前後顛倒。⑦ 其説可從。

---

① 上海古籍出版社、法國國家圖書館編:《法國國家圖書館藏敦煌西域文獻》(第 25 册),第 262 頁。
② 《史記·游俠列傳》裴駰《集解》引荀悦曰:"立氣齊,作威福,結私交,以立彊於世者,謂之游俠。"《韓非子·五蠹》:"儒以文亂法,而俠以武犯禁。"
③ 《史記·游俠列傳》:"今游俠,其行雖不軌於正義,然其言必信,其行必果,已諾必誠,不愛其軀,赴士之阸困,既已存亡死生矣,而不矜其能,羞伐其德,蓋亦有足多者焉。"
④ 《漢書·游俠傳》:"況於郭解之倫,以匹夫之細,竊殺生之權,其罪已不容於誅矣。觀其温良泛愛,振窮周急,謙退不伐,亦皆有絶異之姿。惜乎不入於道德,苟放縱於末流,殺身亡宗,非不幸也!"
⑤ 《後漢書·馬援傳》:"杜季良豪俠好義,憂人之憂,樂人之樂,清濁無所失,父喪致客,數郡畢至,吾愛之重之,不願汝曹效也……效季良不得,陷爲天下輕薄子,所謂畫虎不成反類狗者也。訖今季良尚未可知,郡將下車輒切齒,州郡以爲言,吾常爲寒心,是以不願子孫效也。"
⑥ 上海古籍出版社、法國國家圖書館編:《法國國家圖書館藏敦煌西域文獻》(第 25 册),第 262 頁。
⑦ [日]堀毅:《秦漢法制史論考》,第 79 頁。

這句是説，東漢建武、永平年間裁斷刑獄案件的數目按照人口比例計算相當於西漢成帝、哀帝時期數目的十分之二，與《後漢書·明帝紀》"斷獄居前代十二"之説相合。① 按《漢志》前文的數據計算，此時犯罪率是萬分之八，即每萬人有八人涉及犯罪。若以漢明帝永平十八年的人口統計數據折算，受刑者大概就是 27 300 人左右。② 這個數字相當於西漢中後期的九分之一。詳見下表：

表九：西漢中後期與東漢初期用刑情況對比

所處朝代	具體時間	人口	受刑者比例		受刑者人數	
西漢中後期	漢平帝元始二年	59 594 978	死刑：千分之一	59 594	合計：238 376	
			非死刑：千分之三	178 782		
東漢初期	漢明帝永平十八年	34 125 021	万分之八		27 300	

〔二〕未能稱意比隆於古者，以其疾未盡除，而刑本不正

"稱意"即令人滿意。"比隆"即"如……一樣興盛"。"古"指勝殘去殺的刑措盛世。

"疾"即頑疾，指《漢志》前文所説導致刑獄繁多的"五疾"。"刑本"即刑罰的根本宗旨、基本制度。"刑本不正"即作爲"五疾"之一的"刑法不明"。

接下來，班固將著重圍繞刑制問題進行發揮，表達個人主張。

---

① 《後漢書·明帝紀》"論曰"："明帝善刑理，法令分明。日晏坐朝，幽枉必達。内外無幸曲之私，在上無矜大之色。斷獄得情，號居前代十二。"李賢等注："十斷其二，言少刑也。"
② 《後漢書·郡國志五》李賢等注："光武中元二年，户四百二十七萬九千六百三十四，口二千一百萬七千八百二十。明帝永平十八年，户五百八十六萬五百七十三，口三千四百一十二萬五千二十一。"

第二十章
善乎孫卿之論刑

【主旨】

本章大段引用荀子對肉刑、象刑問題的論述,作爲下一章正面表達作者觀點的過渡。因文字較少不再分節,具體意思可分爲五層:第一層和第五層是總觀點,首尾呼應;第二、三、四層是具體理由,分別從犯罪的情况、刑罰的作用、罪刑適應原則三個方面駁斥象刑之説。

【原文】

善乎!孫卿之論刑也,曰:"世俗之爲説者,以爲治古者無肉刑,師古曰:"治古,謂上古至治之時也。治音丈吏反。"有象刑墨黥之屬,菲履赭衣而不純,師古曰:"菲,草履也。純,緣也。衣不加緣,示有恥也。菲音扶味反。純音之允反。"是不然矣。

【考釋】

〔一〕**善乎!孫卿之論刑也**

"善乎"即説得好。"孫卿之論刑"即荀子對象刑、肉刑問題的討論。

此句以下至"此之謂也"的文字出自《荀子·正論》。

〔二〕**世俗之爲説者以爲,治古者無肉刑有象刑,墨黥之屬,菲履赭衣而不純**

"世",敦煌抄本殘卷"法藏 P.3557"作 世。① "世"字缺筆,是爲了避

---

① 上海古籍出版社、法國國家圖書館編:《法國國家圖書館藏敦煌西域文獻》(第 25 册),第 262 頁。

唐太宗諱，抄本下文亦同此例。又，"治古者""菲履"作"治古""菲屨"。① 堀毅依據《荀子》原文認爲應從抄本。② 其説可從。

《荀子·正論》的主要内容是對各種錯誤説法進行反駁，"世俗之爲説者曰"是每一段錯誤説法的引出語，意即"世俗的説法認爲"。"以爲"相當於原文的"曰"，所以應該斷爲前一句，而非後一句。

"治"即社會安定，與"亂"相對，用作形容詞。"治古"即天下大治、安定祥和的古代社會。"治古者無肉刑有象刑"應斷爲一句，指先秦儒學中流傳甚廣的一種説法，認爲堯舜時代没有實打實的肉刑只有衣服形制的象徵性刑罰，與《漢志》前文的"畫衣冠異章服以爲戮"所指爲一事。③ 荀子認爲這種説法既非事實也不合邏輯。

"墨黥之屬"即墨刑、黥刑之類，代指肉刑。此句點校本斷句有誤。"治古者無肉刑有象刑"應該連讀，是"世俗之爲説者"的核心觀點。"墨黥之屬"應與"菲履赭衣而不純"合爲一句。前四字表示肉刑，後七字表示象刑，十一個字合在一起共同描述肉刑與象刑之間的對應轉化關係。

"菲"通"剕"，即剕刑。"履"即鞋子，也作"屨"（jù）。④ 在《荀子·正論》中，"菲履"的完整寫法是"菲，對屨"，意即：讓犯人穿麻鞋象徵砍腳的剕刑。"對"（běng）即麻鞋。⑤

"純"（zhǔn）通"緣"，原義是衣服的鑲邊或邊緣，引申爲衣領。⑥ "赭衣"即赤褐色的衣服。在《荀子·正論》中，"赭衣而不純"的完整寫法是

---

① 上海古籍出版社、法國國家圖書館編：《法國國家圖書館藏敦煌西域文獻》（第 25 册），第 262 頁。
② ［日］堀毅：《秦漢法制史論考》，第 79—80 頁。
③ 參見《太平御覽》卷六四五《刑法部十一·象刑》引《尚書大傳》以及《白虎通》、《太平御覽》卷六四五《刑法部十一·誅》引《慎子》、《公羊傳·襄公二十九年》何休注引孔子、《史記·五帝本紀》裴駰《集解》引馬融以及張守節《正義》引孔安國、《漢書·武帝紀》顏師古注以及《漢書·元帝紀》《晉書·刑法志》等。文繁不録。
④ 《左傳·襄公十七年》："齊晏桓子卒，晏嬰粗縗斬，苴絰帶，杖，菅屨，食鬻，居倚廬，寢苫，枕草。"杜預注："菅屨，草屨也。"
⑤ 《説文解字·糸部》："對，枲履也。"段玉裁注："枲者，麻也。"
⑥ 《儀禮·既夕禮》："緇純。"鄭玄注："飾衣曰純，謂領與袂。"《韓非子·難二》："賓胥無善削縫，隰朋善純緣。"

"殺,赭衣而不純",意即:讓犯人穿去掉衣領的赭衣象徵砍頭的死刑。

"象刑"是一個歧說各異的概念,歷史上主要有三種解釋路徑:一是把"象"解釋爲衣服上的畫像,用以象徵某種肉刑。這種說法最早見於《荀子》的批評意見,後又通過《尚書大傳》流傳後世。二是把"象"解釋爲公布刑罰的圖像。三是把"象"解釋爲"效法",進而發展出"垂法說",即效法天象之治。具體到刑罰內容上,歷代又有不少人把"象刑"比附於鞭扑、贖刑等具體刑種。衆說紛紜,莫衷一是。① 或許正是由於看到各種世俗說法的荒誕不經,荀子才專門撰文進行批駁,指出不存在所謂"畫衣冠異章服"的象刑。班固此處也贊同他。但可惜,這仍不能阻止後世歧說繆論的流行。當然,象刑所以能成爲戰國時期的"世俗之說",似乎也有其現實根源。②

【原文】

以爲治古,則人莫觸罪邪,豈獨無肉刑哉,亦不待象刑矣。師古曰:"人不犯法,則象刑無所施也。"

【考釋】

"莫"即沒有、不會。"觸罪"即觸犯罪名。"邪"(yé)是表示疑問或感歎的語氣助詞,敦煌抄本殘卷"法藏 P.3557"作"耶"。③ 堀毅認爲兩字皆可。④ "以爲治古,則人莫觸罪邪",在《荀子·正論》中作"以爲治邪,則人固莫觸罪",意同。

這句是說,既然說是"治古",天下安定、社會和諧,自然就不會有人犯罪,因此不僅不需要肉刑,就連所謂象刑也沒有必要存在。這是用"治古"的前提,反對"有象刑"的結論,邏輯歸謬簡潔有力。

---

① 參見尤韶華:《象刑歧義考》,載楊一凡總主編:《中國法制史考證》甲編第一卷,中國社會科學出版社 2003 年版,第 29—64 頁;張海峰:《"象刑"辨疑》,載《西南政法大學學報》2010 年第 3 期。
② 參見周東平編:《〈晉書·刑法志〉譯注》,第 32 頁。
③ 上海古籍出版社、法國國家圖書館編:《法國國家圖書館藏敦煌西域文獻》(第 25 册),第 262 頁。
④ [日]堀毅:《秦漢法制史論考》,第 80 頁。

【原文】

以爲人或觸罪矣，而直輕其刑，是殺人者不死，而傷人者不刑也。罪至重而刑至輕，民無所畏，亂莫大焉。

【考釋】

"直"即徑直。"直輕其刑"是指對於犯罪不處實刑，只加象刑，是罪重而刑輕，罪刑不相適應。此即所謂"殺人者不死，傷人者不刑"。"民無所畏"，在《荀子·正論》原文中作"庸人不知惡"，意略同。

這句是說，退一步講，即便不糾結於治世是否有人犯罪，就算有人犯罪也應處以相應的刑罰，采取所謂象刑只會造成刑罰畸輕，不僅無法懲治和預防犯罪，反而會使罪犯肆無忌憚，導致天下大亂。這與上一句構成邏輯上的遞進關係，用罪刑相適應的法理進行批駁，通過犯罪現象的視角論證象刑之說的不合理之處，思路嚴謹而又清晰。

【原文】

凡制刑之本，將以禁暴惡，且懲其未也。師古曰："懲，止也。"殺人者不死，傷人者不刑，是惠暴而寬惡也。

【考釋】

〔一〕凡制刑之本，將以禁暴惡，且懲其未也

"制刑之本"即制定刑罰的根本目的或宗旨。"將以"即將要、爲了。"禁暴惡"即禁絕殘暴邪惡。"懲"即克制、制止，在《荀子·正論》中作"徵"，二字相通。① "未"即未來，指可能發生的犯罪行爲。② 概括來說，荀子認爲刑罰的作用有兩方面：一是懲罰犯罪，即報應；二是預防犯罪。這是從刑罰目的的角度分析象刑之說的不合理之處。

"未"，敦煌抄本殘卷"法藏 P.3557"作"木"。③ 堀毅認爲應是傳抄訛

---

① 《漢書補注·刑法志》："'徵'，古'懲'字。"
② 《荀子·正論》："且徵其未也。"楊倞注："徵，讀爲懲。未，謂將來。"
③ 上海古籍出版社、法國國家圖書館編：《法國國家圖書館藏敦煌西域文獻》（第25册），第262頁。

誤,且指出刻本作"末"字也不准確,應爲"未"。① 其説可從。中華書局點校本亦作"未"。②

〔二〕殺人者不死,傷人者不刑,是惠暴而寬惡也

"殺人者不死,傷人者不刑"即重罪輕刑、刑不當罪。這種情況是對殘暴邪惡行徑的寬惠,有違刑罰的初衷。這也點中了象刑之説的要害。

"惡",敦煌抄本殘卷"法藏 P.3557"作 。③ 堀毅認爲其也屬於"惡"的一種書寫體。④ 其説可從。

【原文】

故象刑非生於治古,方起於亂今也。如淳曰:"古無象刑也,所有象刑之言者,近起今人惡刑之重,故遂推言古之聖君但以象刑,天下自治。"

【考釋】

刻本"生治古",敦煌抄本殘卷"法藏 P.3557"作"生於治古"。⑤ 堀毅依據《荀子》原文和各傳世版本指出應有"於"字。⑥ 其説可從。

"方"即卻、反而,表示語氣轉折,在《荀子・正論》中作"竝",意略同。"亂今"與"治古"相對,即昏亂的當今時代。荀子在前面指出象刑不可能產生於古之治世,這裏又進一步指出這種説法的起源,認爲其是當今混亂年代的人們面對重刑酷濫現象的一種不切實際的幻想。⑦

【原文】

凡爵列官職,賞慶刑罰,皆以類相從者也。一物失稱,亂之端也。師古曰:"稱,宜也,音尺孕反。"德不稱位,能不稱官,賞不當功,刑不

---

① 〔日〕堀毅:《秦漢法制史論考》,第 80 頁。
② (漢)班固《漢書》,第 1111、1115 頁。
③ 上海古籍出版社、法國國家圖書館編:《法國國家圖書館藏敦煌西域文獻》(第 25 册),第 262 頁。
④ 〔日〕堀毅:《秦漢法制史論考》,第 80 頁。
⑤ 上海古籍出版社、法國國家圖書館編:《法國國家圖書館藏敦煌西域文獻》(第 25 册),第 262 頁。
⑥ 〔日〕堀毅:《秦漢法制史論考》,第 80—81 頁。
⑦ 《荀子・正論》:"竝起於亂今也。"楊倞注:"今之亂世妄爲此説。"

當罪,不祥莫大矣焉。

【考釋】

〔一〕凡爵列官職,賞慶刑罰,皆以類相從者也。一物失稱,亂之端也

"爵列"即爵位次序。① "官職",敦煌抄本殘卷"法藏 P.3557"作"職官"。② 堀毅依據《荀子》原文指出應以刻本爲准。③ 其説可從。"賞慶"即獎賞,④又作"慶賞",在《荀子》書中常與刑罰並提。⑤ "以類相從"即各得其類,此處指官爵、賞罰都與其言行相匹配,各得其所。⑥ "稱"即相稱、相當。⑦ "一物失稱,亂之端也"意思是,如果賞罰不當,就會引起禍亂。⑧

〔二〕德不稱位,能不稱官,賞不當功,刑不當罪,不祥莫大矣焉

爲進一步説明上述道理,荀子先後列舉"德-位""能-官""賞-功""刑-罪"等四對概念,逐步引導到罪刑相適應的問題上來。作爲這一系列推論的起點,"德不稱位,不祥莫大"出自《周易》。⑨

"罪",敦煌抄本殘卷"法藏 P.3557"作 ⸺。⑩ 應是抄寫訛誤。"不祥莫大矣焉",敦煌抄本殘卷"法藏 P.3557"作"不祥莫大焉"。⑪ 堀毅依據《荀子》原文及各傳世版本指出"矣"應爲衍文。⑫ 其説可從。錢大昭《漢書辨疑》及中華書局點校本《漢書》也早已糾正。⑬

---

① 《禮記·表記》:"其賞罰用爵列,親而不尊。"鄭玄注:"'賞罰用爵列',以尊卑爲差。"
② 上海古籍出版社、法國國家圖書館編:《法國國家圖書館藏敦煌西域文獻》(第 25 册),第 262 頁。
③ [日] 堀毅:《秦漢法制史論考》,第 81 頁。
④ 《左傳·昭公二十八年》:"教誨不倦曰長,賞慶刑威曰君。"
⑤ 《荀子·王制》:"勉之以慶賞,懲之以刑罰。"又:"然後漸慶賞以先之,嚴刑罰以糾之。"又:"然後漸賞慶以先之,嚴刑罰以防之。"又見《荀子》的《富國》《議兵》《大略》等篇。
⑥ 《荀子·正論》:"以類相從者也。"楊倞注:"各以類相從,謂善者得其善,惡者得其惡也。"
⑦ 《漢書補注·刑法志》:"稱,權稱也。失稱,謂失其平。"
⑧ 《荀子·正論》:"一物失稱,亂之端也。"楊倞注:"失稱,謂失其所稱類,不相從也。"王先謙《集解》:"稱,權稱也。失稱,謂失其平。楊注非。"
⑨ 《周易·繫辭下》:"德不配位,必有災殃。德薄而位尊,智小而謀大,力小而任重,鮮不及矣!"
⑩ 上海古籍出版社、法國國家圖書館編:《法國國家圖書館藏敦煌西域文獻》(第 25 册),第 262 頁。
⑪ 上海古籍出版社、法國國家圖書館編:《法國國家圖書館藏敦煌西域文獻》(第 25 册),第 262 頁。
⑫ [日] 堀毅:《秦漢法制史論考》,第 81 頁。
⑬ (漢) 班固:《漢書》,第 1111、1115 頁。

【原文】

夫征暴誅悖，治之威也。殺人者死，傷人者刑，是百王之所同也，未有知其所由來者也。

【考釋】

〔一〕征暴誅悖，治之威也

"征"即征討，"誅"即誅殺，二字意思相通，互文現義。

"暴"即殘暴、暴虐。"悖"即悖逆、悖虐，常指嚴重的犯罪。① 二字合用表示重罪暴行或社會動盪。② "悖"在《荀子·正論》中作"悍"。"悍"即強悍、兇狠。"暴悍"是《荀子》書中常用語。③ 用"悖"字，重在強調行為違背忠孝等倫理大節。用"悍"字，重在強調好勇鬥狠、殘暴没有節制。由於二字字形相似，疑為傳抄訛誤。然而二字在各自語境中都可講得通，没有必要對孰是孰非強加定奪。

"治之威"，在《荀子·正論》中作"治之盛"。"威"與"盛"字形相似，也應是傳抄訛誤所致。④ 用來描述"治"，似乎應以"盛"字為好。這句是說，征討和消滅殘暴悖逆的人，正足以體現治世的盛大光輝與顯赫業績。在原文中此句之前還有一句"昔者武王伐有商，誅紂，斷其首，縣之赤斾"。武王伐紂歷來被視為正義、光輝、偉大的歷史業績，正好和"治之盛"相對應。

敦煌抄本殘卷"法藏 P.3557""悖"作 ![悍], "威"作 ![盛]。⑤ 堀毅認為前者是傳抄訛誤，又將後者釋讀為"盛"。⑥ 其說可從。

〔二〕殺人者死，傷人者刑，是百王之所同也，未有知其所由來者也

"殺人者死"即殺人者判處死刑。"傷人者刑"即傷人者判處肉刑（說

---

① 《禮記·月令》："毋悖於時。"鄭玄注："悖，猶逆也。"《漢書·高五王傳·濟北王志》："而終古禽獸行，亂君臣夫婦之別，悖逆人倫，請逮捕。"《漢書·賈誼傳》："淮南王之悖逆亡道，天下孰不知其罪？"
② 《史記·秦始皇本紀》："義威誅之，殄熄暴悖，亂賊滅亡。"《漢書·文三王傳·梁平王襄》："王背策戒，悖暴妄行，連犯大辟，毒流吏民。"
③ 《荀子·王制》："抃急禁悍，防淫除邪，戮之以五刑，使暴悍以變，姦邪不作，司寇之事也。"《荀子·議兵》："暴悍勇力之屬為之化而願。"
④ 《漢書補注·刑法志》："《荀子》'悖'作'悍'，'威'作'盛'，並形近字。"
⑤ 上海古籍出版社、法國國家圖書館編：《法國國家圖書館藏敦煌西域文獻》（第 25 册），第 262 頁。
⑥ ［日］堀毅：《秦漢法制史論考》，第 81 頁。

詳前文）。這是"以類相從"和"刑當其罪"精神的體現，也與漢初約法三章所體現出的樸素正義觀念合拍。

"百王"即自古以來的歷代君王。"百王之所同"即歷來君王都如此，這種説法在注重歷史傳統的古人那裏有強大的合理性自證力。敦煌抄本殘卷"法藏 P.3557""同"後無"也"字。① 堀毅認爲是傳抄脱落。② 其説可從。

"未有知其所由來者"即不知從什麼時候開始，同樣是强調歷史悠久、從來如此。其含義和作用，與《漢志》前文的"其所繇來者上矣"類似，都是通過由來已久來强調其合理性與正當性。荀子行文好用"百王之所同""百王之法""百王之道""未有知其所由來者也"等語來强調某種制度、原則、精神或具體做法具有合理性。③ 漢代人常表述爲"百王不易""百王同之"等。④

【原文】

故治則刑重，亂則刑輕，李奇曰："世所以治者，乃刑重也；所以亂者，乃刑輕也。"犯治之罪固重，犯亂之罪固輕也。《書》云'刑罰世重世輕'，此之謂也。師古曰："《周書・甫刑》之辭也。言刑罰輕重，各隨其時。"

【考釋】

〔一〕治則刑重，亂則刑輕

這句有兩種解釋。一是李奇注，認爲：由於刑罰重所以天下進入治

---

① 上海古籍出版社、法國國家圖書館編：《法國國家圖書館藏敦煌西域文獻》（第 25 册），第 262 頁。
② ［日］堀毅：《秦漢法制史論考》，第 82 頁。
③ 《荀子・儒效》："脩百王之法，若辨白黑……如是，則可謂聖人矣。"又："聖人也者，道之管也：天下之道管是矣，百王之道一是矣。"《荀子・王霸》："出若入若，天下莫不平均，莫不治辨，是百王之所同也，而禮法之大分也。"又："故百王之法不同，若是所歸者一也。"《荀子・彊國》："古者百王之一天下，臣諸侯也，未有過封内千里者也。"《荀子・正論》："以人之情爲欲多而不欲寡，故賞以富厚而罰以殺損也。是百王之所同也。"《荀子・禮論》："凡禮，事生，飾歡也；送死，飾哀也；祭祀，飾敬也；師旅，飾威也。是百王之所同，古今之所一也，未有知其所由來者也。"又："故三年之喪，人道之至文者也，夫是之謂至隆。是百王之所同也，古今之所一也。"
④ 《漢書・哀帝紀》："制節謹度以防奢淫，爲政所先，百王不易之道也。"《漢書・董仲舒傳》："蓋聞五帝三王之道，改制作樂而天下洽和，百王同之。"《漢書・谷永傳》："夫去惡奪弱，遷命賢聖，天地之常經，百王之所同也。"《鹽鐵論・刑德》載"文學"曰："夫爲君者法三王，爲相者法周公，爲術者法孔子，此百世不易之道也。"

世，由於刑罰輕所以天下進入亂世。二是楊倞注，認爲：治世刑罰執行效果好，所以人們都不敢犯罪，把犯罪的事看得很重；亂世刑罰執行效果差，所以人們都很容易犯罪，把犯罪的事看得很輕。① 結合下句來看，楊倞的解釋似乎更爲合理。因爲在《荀子·正論》中，此句之前還有"刑稱罪則治，不稱罪則亂"。"刑稱罪"即刑罰得當，與楊倞注的"刑必行"對應。

〔二〕犯治之罪固重，犯亂之罪固輕也

"犯治之罪"即在治世犯罪。"犯亂之罪"即在亂世犯罪。"固"即必定、當然。

因爲治世秩序安定合理，可以通過正常途徑獲得穩定的生活，所以犯罪行爲就少有發生，在這種情況下犯罪也會受到衆人的嫌棄和厭惡，所以處刑應該從重。而在亂世，饑寒交迫使人生活沒有出路，許多人迫於生計只得走上違法犯罪的道路，所以犯罪現象就比較多，此時不能一味采用重典，應該體諒人們生活的不易，以輕刑爲主。②

敦煌抄本殘卷"法藏 P.3557""亂則刑輕"與"犯亂之罪"中的"亂"分別寫作"乱""亂"。③ 可見當時兩種寫法並存。

〔三〕《書》云刑罰世重世輕，此之謂也

"刑罰世重世輕"出自《尚書·吕刑》，意思是刑罰輕重的尺度隨著社會秩序狀況變化進行調整。調整的原則，通常都如《漢志》前文那樣，采用《周禮》的"刑新邦用輕典，刑平邦用中典，刑亂邦用重典"之説。④ 但荀子

---

① 《荀子·正論》："故治則刑重，亂則刑輕。"楊倞注："治世刑必行，則不敢犯，故重；亂世刑不行，則人易犯，故輕。李奇注《漢書》曰：'世所以治，乃刑重也；所以亂，乃刑輕也。'"
② 《荀子·正論》："犯治之罪固重，犯亂之罪固輕也。"楊倞注："治世家給人足，犯法者少，有犯則衆惡之，罪固當重也。亂世人迫於饑寒，犯法者多，不可盡用重典，當輕也。"王先謙《集解》："郝懿行曰：'治期無刑，故重；亂用哀矜，故輕。'注兩説，前義較長。"《漢書補注·刑法志》同。
③ 上海古籍出版社、法國國家圖書館編：《法國國家圖書館藏敦煌西域文獻》（第25册），第262頁。
④ 《尚書·吕刑》："刑罰世輕世重，惟齊非齊，有倫有要。"僞孔傳："言刑罰隨世輕重也。刑新國用輕典，刑亂國用重典，刑平國用中典。凡刑所以齊非齊，各有倫理，有要善。"《荀子·正論》："書云'刑罰世重世輕'，此之謂也。"楊倞注："以言世有治亂，故法有輕重也。"

此處用意卻正相反，主張治世刑重，亂世刑輕。二者的關鍵區別在於立場不同。這種對犯罪者的體諒和同情，可與《漢志》前文引用曾子的"上失其道，民散久矣。如得其情，則哀矜而勿喜"對照理解。

《荀子·正論》的內容是駁斥各種世俗說法，由七個結構類似的主題單元組成。每一個主題單元都以"世俗之爲說者曰"作爲開頭引出錯誤觀點，然後用"是不然"三字引出對這些觀點的批駁。其中有三個主題單元最後在引用"書曰""詩曰""語曰"之後加上"此之謂也"四字作爲收束。在《荀子》的其他篇章中，這種引用經典語錄作爲觀點佐證的表述方式也很常見。可見，此處荀子反駁象刑說的論證到"此之謂也"四字時就已經完成。《漢志》此後的文字很有可能是班固對荀子觀點的總結和發揮，或者乾脆就是假借荀子之名表達的個人看法。

【原文】

所謂'象刑惟明'者，言象天道而作刑，師古曰："《虞書·益稷》曰'咎繇方祗厥敘，方施象刑惟明'，言敬其次敘，施其法刑皆明白也。"安有菲履赭衣者哉？"

【考釋】

〔一〕所謂"象刑惟明"者

敦煌抄本殘卷"法藏 P.3557""所謂"前有"書"字，"惟"作"維"。① 堀毅認爲"維"應是傳抄訛誤所致，但有無"書"字區別重大。② 其說可從。此處這句是班固接續荀子原文所說，有順著前文話茬即"書云刑罰世重世輕"進一步發揮的意思。如果此處加"書"字，可與上一句形成明顯的呼應關係。作爲善於文字裁剪的辭賦大家，班固作此處理的可能性更大一些。當然，此句畢竟是班固在荀子基礎上針對時說而進行的發揮，所以話題內容與前文雖有關聯但貼合度不高。這就導致此處行文無論如何都與前文銜接不夠自然順暢，難免顯得有些彆扭。

---

① 上海古籍出版社、法國國家圖書館編：《法國國家圖書館藏敦煌西域文獻》（第 25 冊），第 263 頁。
② ［日］堀毅：《秦漢法制史論考》，第 82 頁。

"象刑惟明"語出《尚書》,但古注家並未明示"象刑"的特殊含義。① 戰國後期,開始流行唐堯、虞舜用畫衣冠進行象徵性刑罰的説法。到漢代時,有人把象刑附會於《尚書》中的"象刑惟明"。《尚書大傳》《法言》等都倡言此説,並被官方采信。(説詳前文)所以班固這裏順荀子之意或借用荀子之名對這種觀點進行反駁。

〔二〕言象天道而作刑

"言"即"意思是"。這種先引用經典文句後進行解釋的句式結構,與後文"《詩》云……《書》曰……言……"一致。這也可以反過來證明上文"所謂"前應該有"書"字。

"象"字本義是大象,後引申爲形象、肖像,這裏意爲效法、仿效。② "象天道"即效法天道。此處"象天道而作刑"與《漢志》前文"制禮作教,立法設刑,動緣民情,而則天象地"是一個意思。可見這是班固的看法。

這句是說,《尚書》中的"象刑惟明"四字的意思是效法天地運行的規律制定刑法。這應該是班固的看法。與其同時代的王充在使用"象刑"一詞時把其理解爲肉刑以外的真實存在的刑罰。③ 總之,二人都認爲不存在作爲象徵性刑罰的"象刑",或許都是受荀子啓發的結果。在東漢迷信盛行的時代思潮中,能有此質疑精神和獨立判斷,實屬難得。

〔三〕安有菲屨赭衣者哉

這句是說,不存在畫衣冠、異章服的所謂象徵性刑罰。這是班固在荀子基礎上的發揮,或對荀子論述的提煉總結。

---

① 《尚書·益稷》:"皋陶方祇厥敘,方施象刑惟明。"這句話原本在"今文尚書"的《皋陶謨》篇。"僞古文尚書"把《皋陶謨》的後半部分單獨成篇命名《益稷》。唐代《尚書正義》兼采古今文,保留《益稷》篇。
② 《説文解字·象部》:"象,南越大獸,長鼻牙,三年一乳,象耳牙四足之形。凡象之屬皆從象。"《韓非子·解老》:"人希見生象也,而得死象之骨,案其圖以想其生也。故諸人之所以意想者,皆謂之象也。"
③ 《論衡·謝短》:"案今《九章》象刑,非肉刑也。"《論衡·四諱》:"古者用刑,形毀不全,乃不可耳。方今象刑。象刑重者,髡鉗之法也。"

第二十一章
孫卿之言既然

【主旨】

本章主要表達班固本人對法律尤其是刑罰制度的改革主張。具體可分爲三節：第一節順著荀子對"有象刑無肉刑"説法的反駁意見，進一步闡明在當時風俗浮薄背景下恢復肉刑的必要性。第二節指出廢除肉刑造成刑罰體系畸輕畸重，引發一系列法律問題。第三節介紹恢復肉刑、完善刑制的具體主張，並對改革前景進行樂觀的展望。

第一節

【原文】

孫卿之言既然，又因俗説而論之曰：

【考釋】

"孫卿之言既然"是説，接下來的文字是班固對荀子觀點思路的延續。

"又因俗説"既是呼應荀子的"世俗之爲説者"，也針對東漢時反對肉刑的主張。①

【原文】

禹承堯舜之後，自以德衰而制肉刑，湯武順而行之者，以俗

---

① 《後漢書·梁統傳》："統在朝廷，數陳便宜。以爲法令既輕，下姦不勝，宜重刑罰，以遵舊典，乃上疏曰：'……'事下三公、廷尉，議者以爲隆刑峻法，非明王急務，施行日久，豈一朝所釐。統今所定，不宜開可。"

薄於唐虞故也。今漢承衰周暴秦極敝之流，俗已薄於三代，而行堯舜之刑，是猶以羈而御駻突，_{孟康曰："以繩縛馬口之謂羈。"晉灼曰："羈，古羈字也。"如淳曰："駻音捍。突，惡馬也。"師古曰："馬絡頭曰羈也。"}違救時之宜矣。

【考釋】

〔一〕**禹承堯舜之後，自以德衰而制肉刑**

"承"即承接、繼續。"德"即爲政者的德行和能力，後引申爲王朝或政權的運勢。按照先秦以來的古史傳説，堯舜時代天下安寧，政治清明，風俗篤厚，雖然不用刑罰卻少有人違法犯罪。① 但到禹時，爲政者不能以德服人、以德化民，導致民俗澆薄，社會風氣敗壞，違法犯罪的事情越來越多，只能靠刑罰加以控制。此即所謂"德衰"。② "德衰"之説的思想根源，或許來自先秦時期南方道家的退化史觀。③ 不過，到班固時其已融匯於儒家的聖王敘事體系之中。

肉刑由來久遠，並不始於傳説中的大禹時。此處稱禹制肉刑一方面是爲了附會當時"夏禹德衰"的説法，另一方面也可能受《尚書大傳》《法言》的影響。④

〔二〕**湯武順而行之者，以俗薄於唐虞故也**

"湯武"即商湯王、周武王。"順而行之"即沿用夏禹的肉刑。敦煌抄

---

① 上博楚簡《容成氏》簡6："昔帝堯尻（處）於丹府與藋陵之間……不勸而民力，不型（刑）殺而無頪（盜）惻（賊），甚緩而民備（服）。"（馬承源主編：《上海博物館藏戰國楚竹書（二）》，上海古籍出版社2002年版，第254頁）
② 《孟子·萬章上》載萬章問曰："人有言'至於禹而德衰，不傳於賢而傳於子'，有諸?"《莊子·天地》載伯成子高對禹説："昔者堯治天下，不賞而民勸，不罰而民畏。今子賞罰而民且不仁，德自此衰，刑自此立，後世之亂，自此始矣！"
③ 《莊子·繕性》："古之人在混芒之中，與一世而得澹漠焉。當是時也，陰陽和静，鬼神不擾，四時得節，萬物不傷，群生不夭，人雖有知，無所用之，此之謂至一。當是時也，莫之爲而常自然。逮德下衰，及燧人、伏羲始爲天下，是故順而不一。德又下衰，及神農、黄帝始爲天下，是故安而不順。德又下衰，及唐、虞始爲天下，興治化之流，澆淳散樸，離道以善，險德以行，然後去性而從於心。"對其理論解讀，參見周秦漢：《諸子所傳"遠古社會"的三方地域異辭——兼論〈容成氏〉的性質特徵》，載《北京社會科學》2022年第11期。
④ 《周禮·秋官司寇·司刑》鄭玄注引《尚書大傳》曰："夏刑大辟二百，臏辟三百，宫辟五百，劓墨各千。"《唐律疏議·序》引《尚書大傳》曰："夏刑三千條。"《法言·先知》："唐虞象刑惟明，法度彰也。夏后肉辟三千，不膠者卓矣。"

本殘卷"法藏 P.3557"無"之"字。① 堀毅認爲應是傳抄訛誤,但對文意影響不大。② 其説可從。夏禹、商湯、周武王合稱"三王"。③ 三王用肉刑在漢代是普遍共識,也爲班固所認可。④

"俗薄於唐虞"意思是,商、周時社會風氣不如唐堯、虞舜時期淳厚。敦煌抄本殘卷"法藏 P.3557""虞"後無"故"字。⑤ 堀毅認爲抄本語意不通。⑥ 其説可從。

〔三〕漢承衰周暴秦極敝之流,俗已薄於三代

"極敝"即破敗、凋敝達到極點。"流"即支流、末流,引申爲餘緒、遺業。"三代"即三王所創立的夏、商、周。

按照漢代人的歷史觀念,春秋戰國之時周道衰微,其後的秦朝又以殘暴著稱,所以稱爲"衰周暴秦"。漢朝人常用類似説法顯示漢朝創立的時代背景極爲艱難。⑦ 在班固的敘事邏輯中,從唐、虞時期到夏、商、周三代,再到漢朝,風俗日漸浮薄。

〔四〕而行堯舜之刑,是猶以轡而御駻突,違救時之宜

"堯舜之刑"即唐堯、虞舜時期的刑罰制度或用刑方式。班固雖不承認堯舜時期存在象刑,但也與同時代人一樣認爲堯舜時期社會風氣淳厚,人們極少犯罪,所以雖有刑罰卻不使用。⑧

---

① 上海古籍出版社、法國國家圖書館編:《法國國家圖書館藏敦煌西域文獻》(第 25 册),第 263 頁。
② [日]堀毅:《秦漢法制史論考》,第 82 頁。
③ 《穀梁傳·隱公八年》:"盟詛不及三王。"范甯注:"三王,謂夏、殷、周也。"
④ 《公羊傳·襄公二十九年》:"刑人也。"何休注引孔子曰:"三皇設言民不違,五帝畫象世順機,三王肉刑揆而加,應世黠巧姦僞多。"《太平御覽》卷六四五《刑法部十一·象刑》引《白虎通》曰:"《傳》曰:'三王肉刑,應世以立。'"《史記·扁鵲倉公列傳》:"此歲中亦除肉刑法。"張守節《正義》引班固詩曰:"三王德彌薄,惟後用肉刑。"
⑤ 上海古籍出版社、法國國家圖書館編:《法國國家圖書館藏敦煌西域文獻》(第 25 册),第 263 頁。
⑥ [日]堀毅:《秦漢法制史論考》,第 82 頁。
⑦ 《漢書·景帝紀》:"周、秦之敝,罔密文峻,而姦軌不勝。漢興,掃除煩苛,與民休息。"《漢書·禮樂志》:"夫承千歲之衰周,繼秦之餘敝,民漸漬惡俗,貪饕險詖,不閑義理,不示以大化,而獨敺以刑罰,終已不改。"《漢書·食貨志上》:"孝文皇帝承亡周亂秦兵革之後。"《漢書·杜周傳》:"今漢家承周、秦之敝,宜抑文尚質,廢奢長儉,表實去僞。"
⑧ 《漢書·公孫弘傳》:"臣聞上古堯、舜之時,不貴爵賞而民勸善,不重刑罰而民不犯,躬率以正而遇民信也。"《淮南子·氾論訓》:"昔者,神農無制令而民從,唐虞有制令而無刑罰。"

"羈"(jī),孟康、晉灼等古注家有馬韁繩、馬籠頭兩種解釋,實際上混淆了"羈"與"羈"的區别。① 敦煌抄本殘卷"法藏 P.3557""羈"後有"羈"字。② 堀毅認爲應從抄本,並引用《楚辭·離騷》文句爲旁證。③ 結合此處注家混淆"羈""羈"的情況來看,其説可從。

"御"即駕馭車馬。"駻(hàn)"通"馯",又寫作"捍",特指馬突然沖出時兇悍、駭人的樣子。"突"本義是犬從洞穴中突然竄出,後引申爲急速沖出或沖向前。"駻突"在此處代指狂奔的馬。④ 敦煌抄本殘卷"法藏 P.3557""駻突"作"駻馬",注文引如淳曰"駻突之馬"。⑤ 堀毅認爲應從抄本,並引用《韓非子》《鹽鐵論》文句爲旁證。⑥ 其説可從。

"以羈羈而御駻突"是一個比喻,指用堯舜時期寬緩刑罰的策略應對當今德衰俗薄的社會現實,就像用韁繩和馬籠頭駕馭狂奔的馬一樣,不僅無法控制,而且十分危險。有效的辦法應該是鞭策、銜橛,象徵重刑。這個精妙的比喻更早見於《韓非子》《淮南子》《鹽鐵論》等書。⑦

"違救時之宜"是説,針對社會風俗敗壞,寬緩用刑不是拯救時弊的正確選擇。

---

① 《楚辭·離騷》:"余雖好脩姱以鞿羈兮,謇朝誶而夕替。"王逸注:"韁在口曰鞿,革絡頭曰羈。"《孔子家語·致思》:"子貢問治民於孔子。子曰:'懍懍焉! 若持腐索之捍馬。'"王肅注:"捍馬,突馬。"長春按:"腐索"即腐朽的繩索,與"鞿"字的馬韁繩之義相合。
② 上海古籍出版社、法國國家圖書館編:《法國國家圖書館藏敦煌西域文獻》(第 25 册),第 263 頁。
③ [日]堀毅:《秦漢法制史論考》,第 82 頁。
④ 《説文解字·馬部》:"駻,馬突也。"段玉裁注:"駻之言悍也。《淮南書》作'馯'。高曰:'馯馬,突馬也。'"《説文解字·穴部》:"突,犬從穴中暫出也。"段玉裁注:"引伸爲凡猝乍之稱。"《韓非子·外儲説右下》:"馬退而卻,策不能進前也;馬駻而走,轡不能正也。"
⑤ 上海古籍出版社、法國國家圖書館編:《法國國家圖書館藏敦煌西域文獻》(第 25 册),第 263 頁。
⑥ [日]堀毅:《秦漢法制史論考》,第 82—83 頁。
⑦ 《韓非子·五蠹》:"如欲以寬緩之政,治急世之民,猶無轡策而御駻馬,此不知之患也。"《韓非子·姦劫弑臣》:"無棰策之威,銜橛之備,雖造父不能以服馬。"《淮南子·氾論訓》:"古者人醇工龐,商樸女重,是以政教易化,風俗易移也。今世德益衰,民俗益薄,欲以樸重之法,治既弊之民,是猶無鉤銜䊀鍱而御馯馬也。"《鹽鐵論·刑德》載"御史"曰:"韓子疾有國者不能明其法勢,御其臣下,富國强兵,以制敵禦難,惑於愚儒之文詞,以疑賢士之謀,舉浮淫之蠹,加之功實之上,而欲國之治,猶釋階而欲登高,無銜橛而御捍馬也。"

第二節

【原文】

且除肉刑者,本欲以全民也,今去髠鉗一等,轉而入於大辟。以死罔民,失本惠矣。師古曰:"罔,謂羅網也。"故死者歲以萬數,刑重之所致也。

【考釋】

〔一〕除肉刑者,本欲以全民也,今去髠鉗一等,轉而入於大辟

"全民"即保全犯罪民衆的身體和性命。據《漢志》前文所載文帝故事可知,廢除肉刑本是爲了使犯罪者免受刻肌膚、斷肢體的傷害,即保全肌膚和肢體,保留改過自新的機會。

"去"即距離。"去髠鉗一等"即與髠鉗城旦舂刑相差一等,此處是指在髠鉗城旦舂刑基礎上增加一等。敦煌抄本殘卷"法藏 P.3557""髠"字寫作󰀀,下文亦同。① 這應是當時的手寫體。"轉而"即反而。"轉而入於大辟"是説,原本比髠鉗城旦舂刑重一等的刑罰還可以處於肉刑而得以免死,但在廢除肉刑的情況下歸入死刑,使得罪犯連性命都無法保全。這指的應該是《漢志》前文所謂的"斬右止者又當死"。但班固的看法實際上存在一定的誤解(説詳前文)。

〔二〕以死罔民,失本惠矣

"罔"即蒙蔽、陷害。"以死罔民"即通過改部分肉刑爲死刑的方式而陷害民衆。② 敦煌抄本殘卷"法藏 P.3557"無"以"字,"罔"寫作󰀁。③ 堀

---

① 上海古籍出版社、法國國家圖書館編:《法國國家圖書館藏敦煌西域文獻》(第25册),第263頁。
② 《孟子·梁惠王上》:"苟無恒心,放辟邪侈,無不爲已。及陷於罪,然後從而刑之,是罔民也。"趙岐注:"民誠無恒心,放溢辟邪,侈於姦利,犯罪觸刑,無所不爲,乃就刑之,是由張羅罔以罔民者也。"
③ 上海古籍出版社、法國國家圖書館編:《法國國家圖書館藏敦煌西域文獻》(第25册),第263頁。

毅認爲應從刻本。① 其説可從。

"本惠"應作"本意",②指廢除肉刑、免除罪犯身心痛苦的初衷。這句的意思與《漢志》前文的"外有輕刑之名,内實殺人"一致。此處"以死罔民,失其本惠"的評價,後世影響也很深遠。③

〔三〕死者歲以萬數,刑重之所致也

"死者歲以萬數"即每年判處死刑的人達到數萬之多。"刑重"即刑罰過重,指廢肉刑時改生爲死、改輕爲重(説詳前文)。

班固在分析西漢中後期刑獄繁多的原因時,把"刑法不明"作爲"五疾"之一;在評價東漢前期刑獄狀況時,仍極力強調"刑本不正"的影響。其具體表現分爲兩個方面:一是"死刑過制",二是"生刑易犯"。此處"刑重"指前者,下文"刑輕"指後者。

【原文】

至乎穿窬之盜,忿怒傷人,男女淫佚,吏爲姦臧,師古曰:"佚讀與逸同。"若此之惡,髡鉗之罰又不足以懲也。故刑者歲十萬數,民既不畏,又曾不恥,刑輕之所生也。

【考釋】

〔一〕至乎穿窬之盜,忿怒傷人,男女淫佚,吏爲姦臧

"至乎",敦煌抄本殘卷"法藏 P.3557"作"至于"。④ 堀毅認爲應從抄本。⑤

---

① 〔日〕堀毅:《秦漢法制史論考》,第83頁。
② 《前漢紀·孝成帝紀一》:"今去髡鉗一等,轉而入於大辟,以死罔民,失其本意矣。"(清)王念孫《讀書雜誌·漢書第四》"失本惠矣"條:"'本惠'當爲'本意'。字之誤也。除肉刑以全民,文帝之本意也。今以死罔民,則失其本意。'本意'二字,承上本欲以全民而言。若作'本惠',則非其指矣。《漢紀·孝成紀》作'非其本意矣',是其證。唐魏徵《群書治要》所引已誤。"
③ (宋)葛立方《韻語陽秋》卷五:"漢文欲輕刑而反重,議者以謂失本惠而傷吾仁,固也……而王荆公詩云:'輕刑死人衆,短喪生者偷。仁孝自此薄,哀哉不能謀。'輕刑死人衆則固然矣,短喪生者偷則是誣文帝也。"
④ 上海古籍出版社、法國國家圖書館編:《法國國家圖書館藏敦煌西域文獻》(第25册),第263頁。
⑤ 〔日〕堀毅:《秦漢法制史論考》,第83頁。

其說似可商榷。《漢書》中"至乎"有很多用例,①此處作"至乎"的可能性更大。筆者推測,抄寫者可能是由於形近而把"乎"錯寫爲"于"。

"穿"即打洞、鑽孔,引申爲貫穿、穿透。"窬"(yú)本義是鑿空,引申爲門旁墻壁的小洞。② 有人認爲"窬"通"逾"或"踰",意爲翻墻。但此説需要假借於別的字,與其本字的"穴"部失去關聯。③ 實際上,"穿窬之盜"就是用穿過牆壁門洞的方法入户盜竊。④

"忿"即急躁、怨怒,側重表示情緒激動下頭腦空白、喪失理智的狀態。⑤ "忿怒傷人"即由於怒火中燒、情緒失控而出手傷人。按照現代刑法理論這屬於激情犯罪,雖大體仍屬主觀故意,但其惡性較之蓄謀已久爲輕。

"男女淫佚"即男女之間發生不正當的性關係。

"臧"即"贓",指來路不正或不合法的財物。"吏爲姦臧"即官吏通過姦邪、獧巧的方式獲得贓物,相當於《漢志》前文的"吏坐受賕枉法,守縣官財物而即盜之"。《前漢紀·孝成皇帝紀一》"臧"作"賊",與此處上下文意不合,應爲傳抄訛誤。

〔二〕**若此之惡,髡鉗之罰又不足以懲也**

"髡鉗之罰"即附加笞刑的有期勞役刑,指西漢中期以後僅次於死刑的"髡鉗爲城旦舂"。

這句是説,以上四項罪名都很嚴重,如果只是處以髡鉗城旦舂的刑罰

---

① 《漢書·外戚恩澤侯表》:"至乎孝武,元功宿將略盡。"《漢書·楚元王傳》:"至乎平王末年,魯隱之始即位也。"《漢書·貨殖傳》:"其流至乎士庶人,莫不離制而棄本。"
② 《説文解字·穴部》:"穿,通也。從牙在穴中。"又,"窬,穿木户也。"《淮南子·氾論訓》:"乃爲窬木方版以爲舟航。"高誘注:"窬,空也。"《禮記·儒行》:"篳門圭窬。"鄭玄注:"圭窬,門旁窬也,穿牆爲之如圭矣。"(晉)郭璞《三蒼解詁》:"窬,門旁小竇也。"《漢書·胡建傳》:"壁壘已定,穿窬不繇路,是謂姦人。"顏師古注:"窬,小竇也。"(引者注:"竇"即孔穴、洞)
③ 《論語·陽貨》:"色厲而内荏,譬諸小人,其猶穿窬之盜也與?"何晏《集解》引孔安國注:"爲人如此,猶小人之有盜心。穿,穿壁。窬,窬牆。"《韓非子·姦劫弒臣》:"公乃走,窬於北牆。"《説文解字·穴部》:"窬,穿木户也。"段玉裁注:"若《論語》本作穿踰,釋爲穿壁踰牆。似無煩與此牽混。"
④ 《荀子·賦》:"不盜不竊,穿窬而行。"《淮南子·齊俗訓》:"有大路龍旂,羽蓋垂緌,結駟連騎,則必有穿窬、拊楗、逾備之姦。"引者注:"拊楗"即擊斷門户的插閂。
⑤ 《説文解字·心部》:"忿,悁也。"段玉裁注:"忿與憤義不同。憤以气盈爲義,忿以狷急爲義。"

就會出現罪重刑輕的情況。因爲按照西漢中期以後的刑罰制度，死刑之下就是髡鉗城旦舂即一定年限（通常不超過五年）的勞役刑，此外最多就是再附加笞刑而已。然而這種刑罰處罰上述這些中等罪名，就顯得刑罰過輕了。

根據"約法三章"，傷人與盜相當，是僅次於殺人的重要罪行。按照荀子"殺人者死，傷人者刑"的古老說法，傷人與盜應處以肉刑。按照儒家經典的反映刑理論，男女淫佚應處宮刑（說詳前文）。按照漢文帝時張蒼等人的刑罰改革方案，"吏坐受賕枉法，守縣官財物而即盜之"加上"已論命復有笞罪"的條件就可處以死刑。換言之，若無此附加條件就應處以次死之刑。班固這裏列舉的四項罪名，雖非死罪，卻也不屬於輕罪，因此可以歸類爲"中罪"。在原本存在肉刑的刑罰體系中，重罪對應死刑，中罪對應附加肉刑的勞役刑，輕罪對應附加剃髮須的勞役刑。然而廢除肉刑卻改變了這種穩定的對應關係，中罪的一小部分歸入重罪，對應死刑；其餘大部分歸入輕罪，對應一定年限的勞役刑。刑罰因此顯得畸輕畸重。

〔三〕刑者歲十萬數，民既不畏，又曾不恥，刑輕之所生也

由於肉刑已廢，此處的"刑"就指與死刑相對應的各種勞役刑，即兩《漢書》中常見的"罪耐以上"。"刑者歲十萬數"即每年判處勞役刑（非死刑）的有十幾萬人，與《漢志》前文的"耐罪上至右止，三倍有餘"正相符合（說詳前文）。此處意在批評由於刑制不合理而導致的刑罰氾濫現象，與《漢志》前文的"生刑又輕，民易犯之""生刑易犯"正相符合。

"民既不畏，又曾不恥"是指百姓一方面對於附年限的勞役刑並不畏懼，另一方面又由於刑罰氾濫而喪失了對違法犯罪的恥辱心。這正與《漢志》前文所引《論語》的"民免而無恥"相呼應。在班固看來，造成這種情況的根本原因在於中罪對應勞役刑的刑罰畸輕現象。

【原文】

故俗之能吏，公以殺盜爲威，專殺者勝任，奉法者不治，亂名傷制，不可勝條。是以罔密而姦不塞，刑蕃而民愈嫚。師古曰："塞，

止也。蕃,多也,音扶元反。嫚與慢同。"必世而未仁,百年而不勝殘,誠以禮樂闕而刑不正也。

【考釋】

〔一〕俗之能吏,公以殺盜爲威,專殺者勝任,奉法者不治

"俗"即世俗,與上文"俗說"對應。"公"即公然、明目張膽。"威"即威風、威嚴。這句是說,世俗所謂"能吏",公然以殺戮盜賊爲能。而所謂"盜賊"又是可以隨意亂扣的罪名,實際上是以殺盜之名行擅殺無辜之實。這種情況在漢代的地方治理中較爲常見。①

"專"即專斷。"專殺者"即擅自殺人的官吏。② "勝任"即能够合格履行職責。"不勝任"是漢代罷免官員的重要罪名之一,而且會附加終身不能出仕的處罰,又稱"下官不職"。③ "奉法者"即遵守法令的官吏。"不治"也作"不治事",即擔任官職卻不履行職責。④ 此句表述存在省略,補充完整應是"專殺者謂之勝任,奉法者謂之不治"。這也是當時流行的世俗之見。受這種世俗觀念的影響,官吏專殺的法律責任較輕,正是東漢梁統批判的"人輕犯法,吏易殺人"的原因所在。⑤

〔二〕亂名傷制,不可勝條

"亂名"即混淆名詞、偷換概念。按照荀子的正名理論,上述有關"能

---

① 《漢書·地理志下》:"(太原、上黨)漢興,號爲難治,常擇嚴猛之將,或任殺伐爲威。"又:"(衛地)漢興,二千石治者亦以殺戮爲威。"《漢書·匡衡傳》:"今俗吏之治,皆不本禮讓,而上克暴,或忮害好陷人於罪,貪財而慕勢,故犯法者衆,姦邪不止,雖嚴刑峻法,猶不爲變。"《漢書·王吉傳》:"今俗吏所以牧民者,非有禮義科指可世世通行者也,獨設刑法以守之……詐僞萌生,刑罰亡極,質樸日銷,恩愛浸薄。"(《漢書·禮樂志》略同)《漢書·循吏傳·黃霸》:"自武帝末,用法深。昭帝立……遂遵武帝法度,以刑罰痛繩群下,由是俗吏上嚴酷以爲能,而霸獨用寬和爲名。"
② 《漢書·食貨志上》:"去奴婢,除專殺之威。"服虔注:"不得專殺奴婢也。"
③ 《漢書·武帝紀》:"不察廉,不勝任也,當免。"《漢書·王尊傳》:"尊子伯亦坐爲京兆尹,坐耎弱不勝任免。"《漢書·尹賞傳》:"一坐軟弱不勝任免,終身廢棄無有赦時,其羞辱甚於貪污坐臧。"《漢書·賈誼傳》:"古者大臣……坐罷軟不勝任者,不謂罷軟,曰'下官不職'。"
④ 《漢書·曹參傳》:"惠帝怪相國不治事。"《漢書·王陵傳》:"及爲相,不治,監宮中,如郎中令,公卿百官皆因決事。"《漢書·酈商傳》:"吕后崩,商疾不治事。"《漢書·京房傳》:"但言丞相、中書令任事久而不治,可休丞相,以御史大夫鄭弘代之。"
⑤ 《後漢書·梁統傳》:"臣竊見元哀二帝輕殊死之刑以一百二十三事,手殺人者減死一等,自是以後,著爲常準,故人輕犯法,吏易殺人。"

吏"的世俗標準就是"用名以亂名"。① "傷制"即破壞有關名的制度。《前漢紀·孝成皇帝紀一》作"傷治",意爲破壞治國事業,也可以講得通。

"條"即逐條羅列。"不可勝條"指"亂名傷制"所帶來的問題多到無法列舉。②

〔三〕罔密而姦不塞,刑蕃而民愈嫚

"罔",敦煌抄本殘卷"法藏 P.3557"作"網"。③ "塞"即遏止、禁止。④ "罔密而姦不塞"即法網繁密卻不能阻止姦邪的產生。

"嫚"通"慢",⑤ 即怠慢、懈怠。(説詳前文)敦煌抄本殘卷"法藏 P.3557"作"㷊"。⑥ 堀毅認爲應是"嫚"的異體字。⑦ 其説可從。"刑蕃而民愈嫚"即刑罰濫用導致民衆更不在乎法律威嚴。

〔四〕必世而未仁,百年而不勝殘,誠以禮樂闕而刑不正也

"必世而未仁,百年而不勝殘"是對《漢志》前文所引孔子"如有王者,必世而後仁;善人爲國百年,可以勝殘去殺矣"的反用。班固這裏指出,之所以不能實現聖賢的法制理想,主要原因有兩點:一是"禮樂闕",即禮儀制度和禮樂教化没有實現;二是"刑不正",即刑罰制度畸重畸輕、俗吏用刑公然專殺的問題。

敦煌抄本殘卷"法藏 P.3557""年"後有"百"。⑧ 堀毅認爲是衍字。⑨ 其説可從。觀察此字,介乎於"百""而"之間,應是抄寫者之誤寫。

---

① 《荀子·正名》:"'見侮不辱''聖人不愛己''殺盜非殺人也',此惑於用名以亂名者也。"
② 《荀子·正名》:"今聖王没,名守慢,奇辭起,名實亂,是非之形不明,則雖守法之吏,誦數之儒,亦皆亂也。"
③ 上海古籍出版社、法國國家圖書館編:《法國國家圖書館藏敦煌西域文獻》(第 25 册),第 263 頁。
④ 《國語·晉語八》:"若襲我,是自背其信而塞其忠也。"韋昭注:"塞,絶也。"《商君書·畫策》:"善治者塞民以法。"
⑤ 《前漢紀·孝成皇帝紀一》:"刑繁而民愈慢。"
⑥ 上海古籍出版社、法國國家圖書館編:《法國國家圖書館藏敦煌西域文獻》(第 25 册),第 263 頁。
⑦ [日]堀毅:《秦漢法制史論考》,第 83 頁。
⑧ 上海古籍出版社、法國國家圖書館編:《法國國家圖書館藏敦煌西域文獻》(第 25 册),第 263 頁。
⑨ [日]堀毅:《秦漢法制史論考》,第 83 頁。

第三節

【原文】

豈宜惟思所以清原正本之論，刪定律令，篡二百章，以應大辟。孟康曰："篡音撰。"其餘罪次，於古當生，今觸死者，皆可募行肉刑。李奇曰："欲死邪，欲腐邪？"及傷人與盜，吏受賕枉法，男女淫亂，皆復古刑，爲三千章。詆欺文致微細之法，悉蠲除。師古曰："詆謂誣也，音丁禮反。"

【考釋】

〔一〕豈宜惟思所以清原正本之論

"豈"即難道，表示反問語氣，這裏應是"豈不"的簡稱。"豈宜"即"宜"，可以翻譯爲"難道不應該……嗎？"[1]其所引領的是直到"悉蠲除"爲止的一個長句，即班固針對刑制提出的具體建議。

"惟思"即思考、思慮，"惟"補足音節，無實際含義。"所以"即可以、用來。"清原正本"字面意思是清理水源、扶正樹根，引申爲從根本上解決問題。班固所謂"清原正本之論"就是改革刑罰制度。

這句話中，敦煌抄本殘卷"法藏 P.3557""宜"作"冝"、"論"作"議"。[2]堀毅認爲對語意没有影响。[3] 其説可從。"冝"是"宜"的異體字，常見於手寫本中。

〔二〕刪定律令，篡二百章，以應大辟

"刪"，敦煌抄本殘卷"法藏 P.3557"作 ![字]。[4] 堀毅將其釋讀爲"剛"。[5] 仔細觀察此字，其運筆應是"刪"，釋讀爲"剛"似有不妥。

---

[1] 《漢書補注·刑法志》："豈宜，宜也。"
[2] 上海古籍出版社、法國國家圖書館編：《法國國家圖書館藏敦煌西域文獻》（第 25 册），第 263 頁。
[3] ［日］堀毅：《秦漢法制史論考》，第 83 頁。
[4] 上海古籍出版社、法國國家圖書館編：《法國國家圖書館藏敦煌西域文獻》（第 25 册），第 263 頁。
[5] ［日］堀毅：《秦漢法制史論考》，第 84 頁。

"篹"同"撰",即編纂。敦煌抄本殘卷"法藏 P.3557"作 篹,上部的"𥫗"寫作"艹"。① 堀毅認爲是"篹"的訛誤。② 其説可從。"章"與"條"相通。"二百章"即規定死刑的法律條文二百條。"以應大辟"即對應《尚書·呂刑》"大辟之罰其屬二百"的説法。

這句是説,以儒家經典《尚書》爲依據把現實中的死刑條文删減爲二百條。根據《漢志》前文,漢武帝時"大辟四百九條",漢成帝時"大辟之刑千有餘條",也是在漢成帝時開始提出依據《呂刑》"大辟二百"的説法删定死刑條款。這一方面説明當時法律繁多、刑罰繁重的問題已經造成嚴重後果,引起朝廷高度關注;另一方面也説明儒家思想日益深入到國家法律政策内部,儒家經典義理開始向現實法律制度滲透,而且是把《呂刑》的"大辟之罰其屬二百"當作上古的真實歷史加以看待。班固此處也仍然站在史學家的立場把其視爲"古刑"。

在班固以後,律學家陳寵再次提出根據《呂刑》删定刑法條文的主張時,不僅方案更爲系統,涵蓋整個刑罰體系,而且明確提出"應經合義""與禮相應"的口號,即把"大辟二百條""禮經三千條"的文獻記載當作指導現實法制完善工作的經典原則,使其徹底超越了"古制"的身份。這説明,儒家法律理念向現實法律的滲透日益深入,在理論上日益成熟、自覺。更有意思的是,陳寵爲增强説服力還引用緯書"王者三百年一蠲法"的説法作爲立論依據。這又是其時代思想文化特色的一種反映。

〔三〕**其餘罪次,於古當生,今觸死者,皆可募行肉刑**

"次"即次序、等級。"其餘罪次"指大辟二百條以下的罪名,尤其特指删減現實法律死罪條文之後釋放出來的罪名。

"於古當生"即根據古法不應判死刑。"今觸死者"即根據現行法應判死刑的罪名,指原本處斬右趾後改爲棄市刑。

"募"即募捐款物。此字用作官方政策時實爲一種交易行爲,或者表現

---

① 上海古籍出版社、法國國家圖書館編:《法國國家圖書館藏敦煌西域文獻》(第 25 册),第 263 頁。
② 〔日〕堀毅:《秦漢法制史論考》,第 84 頁。

爲官方出錢換取民衆遷徙,①或者表現爲官方通過減刑換取囚徒從軍或徙邊,②或者表現爲囚犯通過交財物換取減刑。③"募行肉刑"屬於第三種情況,即通過主動交錢或物的方式免除死刑,改爲肉刑。因爲是"皆可",所以這項規定具有開放性,可由罪犯本人自選。如此一來,則此類條款在法律上就不再屬於必死的範疇,也就有助於實現删減死罪條款、達成二百條指標的目的。

〔四〕及傷人與盜,吏受賕枉法,男女淫亂,皆復古刑,爲三千章

"及"即至於。"傷人與盜,吏受賕枉法,男女淫亂"即上文提及的四項罪名。這幾項罪名,按照現行法律不能判處死刑,但是判處勞役刑又過輕,所以應該恢復肉刑與之形成對應關係。所謂"古刑"特指肉刑。

"復",敦煌抄本殘卷"法藏P.3557"作"傷"。④ 堀毅認爲是抄本的筆誤。⑤ 其説可從。筆者推測,抄寫者可能是受前一個"傷"字影響而有此誤。

"爲三千章"即把肉刑條款與二百條死刑條款凑到一起滿足《尚書·吕刑》"三千條"的數字指標。換句話説,班固把肉刑條款定爲二千八百條。在班固心目中,廢肉刑所導致的刑罰體系不合理是導致法制秩序混亂的罪魁禍首,必欲復肉刑而後快。

與其相對而言,陳寵雖然主張根據《尚書·吕刑》"三千條"的數字改造現行法律,但他並不拘泥於經文,也没有恢復肉刑的執念,而是主張把死罪條款定爲二百條,把耐罪與贖罪條款凑出二千八百條。⑥ 這個方案對

---

① 《漢書·景帝紀》:"(前元五年)夏,募民徙陽陵,賜錢二十萬。"
② 《漢書·武帝紀》:"(元封二年四月)朝鮮王攻殺遼東都尉,乃募天下死罪擊朝鮮。"《漢書·昭帝紀》:"(元鳳)六年春正月,募郡國徒築遼東玄菟城。"《後漢書·明帝紀》:"詔三公募郡國中都官死罪繫囚,減罪一等,勿笞,詣度遼將軍營,屯朔方、五原之邊縣……其大逆無道殊死者,一切募下蠶室。"
③ 《漢書·武帝紀》:"(太始二年)九月,募死罪人贖錢五十萬減死一等。"《漢書·食貨志上》:"今募天下入粟縣官,得以拜爵,得以除罪。"
④ 上海古籍出版社、法國國家圖書館編:《法國國家圖書館藏敦煌西域文獻》(第25册),第263頁。
⑤ 〔日〕堀毅:《秦漢法制史論考》,第84頁。
⑥ 《後漢書·陳寵傳》:"臣聞禮經三百,威儀三千,故刑大辟二百,五刑之屬三千。禮之所去,刑之所取,失禮則入刑,相爲表裏也。今律令死刑六百一十,耐罪千六百九十八,贖罪以下二千六百八十一,溢於甫刑者千九百八十九,其四百一十大辟,千五百耐罪,七十九贖罪。《春秋保乾圖》曰:'王者三百年一蠲法。'漢興,三百二年,憲令稍增,科條無限。又律有三家,其説各異。宜令三公、廷尉平定律令,應經合義者,可使大辟二百,而耐罪、贖罪二千八百,并爲三千,悉删除其餘令,與禮相應,以易萬人視聽,以致刑措之美,傳之無窮。"

現有刑罰體系的改動更小，更有現實操作性。

〔五〕詆欺文致微細之法

"詆欺文致微細之法"是三個詞組的合稱：詆欺之法、文致之法、微細之法。

"詆欺"本義是詆毀、污蔑，①用在法律領域引申爲誣陷有罪、增加罪名。②"詆欺之法"即方便給人羅織罪名的法律條文，亦作"詆欺之文"。③"詆"，敦煌抄本殘卷"法藏 P.3557"作 ![字形]。④ 堀毅認爲是"詆"的書寫體之一。⑤ 其説可從。此字右半邊，雖然乍看上去形似於"巫"或"工"，但仔細觀察可以感覺到抄寫者的運筆仍是"氐"的簡化處理，只不過筆畫連接過於草率，最後一點拖得過長而已。所以此字不宜釋讀爲"誣"或"訌"。而且這兩個字放在這裏語意也解釋不通。

"文致"即"文致於法"，本義是指司法嚴格依照法律，適用法律嚴整細密，後引申爲文法深刻、致人於罪（説詳前文）。"文致之法"指不近人情、不尚寬宥的法律條文。東漢陳寵就曾推動刪減文致之法，⑥其意與此處同。

"微細"即微小、細碎。"微細之法"又作"微文"，有兩種含義：一是苛細、繁密的法律條文，有貶義；二是詳盡、具體的法律條文，無貶義（説詳前文）。《漢志》前文的"微文"用其中性義。此處用其貶義，即管得過寬、規定過細的法律條文，亦即漢人批評秦法的"繁於秋荼，密於凝脂"。⑦

---

① 《漢書·哀帝紀》："除任子令及誹謗詆欺法。"
② 《史記·魯仲連鄒陽列傳》"太史公曰"："鄒子遇讒，見詆獄吏。"
③ 《漢書·王尊傳》："今一旦無辜制於仇人之手，傷於詆欺之文，上不得以功除罪，下不得蒙棘木之聽，獨掩怨仇之偏奏，被共工之大惡，無所陳怨訴罪。"《漢書·薛宣傳》："詔書無以詆欺成罪……加詆欺，輒小過成大辟，陷死刑，違明詔，恐非法意，不可施行。"
④ 上海古籍出版社、法國國家圖書館編：《法國國家圖書館藏敦煌西域文獻》（第 25 册），第 263 頁。
⑤ ［日］堀毅：《秦漢法制史論考》，第 84 頁。
⑥ 《後漢書·陳寵傳》："除文致之請讞五十餘事，定著于令。是後獄法和平。"李賢等注："文致，謂前人無罪，文飾致于法中也。"
⑦ 《鹽鐵論·刑德》載"文學"言。

【原文】

　　如此,則刑可畏而禁易避,吏不專殺,法無二門,輕重當罪,民命得全,合刑罰之中,殷天人之和,李奇曰:"殷亦中。"順稽古之制,成時雍之化。成康刑錯,雖未可致,孝文斷獄,庶幾可及。

【考釋】

〔一〕刑可畏而禁易避,吏不專殺,法無二門,輕重當罪,民命得全

　　"刑可畏"即恢復肉刑可以使刑罰恢復威懾力,讓民衆產生畏懼,不敢怠慢。"禁易避"即法律禁令由於刑罰等級合理(一方面"皆可募行肉刑",另一方面"皆復古刑")、規範内容粗疏("詆欺文致微細之法,悉蠲除"),從而使民衆謹言慎行,所以不太容易觸犯刑網。"刑可畏而禁易避"是針對《漢志》前文"生刑又輕,民易犯之""生刑易犯"而言的。

　　"吏不專殺"即官吏由於失去"詆欺文致微細之法"的工具而不能再擅自適用死刑。這是針對《漢志》前文"俗吏專殺"而言的。

　　"二門"是"法開二門"或"刑開二門"的簡稱。"法無二門"是針對《漢志》前文"罪同而論異。姦吏因緣爲市,所欲活則傅生議,所欲陷則予死比"而言的。此說源自桓譚。① 但桓譚認爲解決方案是"校定科比,一其法度",而班固認爲解決方案是恢復肉刑、完善刑罰制度。

〔二〕合刑罰之中,殷天人之和,順稽古之制,成時雍之化

　　"合刑罰之中"即符合刑罰"中"的精神。此處是指恢復肉刑後,刑罰畸重畸輕的問題得以解決。

　　"殷"即居於中位、正位。② "天人之和"可能是指《漢志》前文的"和氣",也可能是指天人之間"和"的狀態。③ 如做前解,應指刑制恢復合理之

---

① 《後漢書·桓譚傳》:"又見法令決事,輕重不齊,或一事殊法,同罪異論,姦吏得因緣爲市,所欲活則出生議,所欲陷則與死比,是爲刑開二門也。今可令通義理明習法律者,校定科比,一其法度,班下郡國,蠲除故條。如此,天下知方,而獄無怨濫矣。"
② 《尚書·堯典》:"日中星鳥,以殷仲春。"僞孔傳:"殷,正也。春分之昏,鳥星畢見,以正仲春之氣節,轉以推季孟則可知。"
③ 《詩經·周頌·酌》:"我龍受之,蹻蹻王之造,載用有嗣。"毛亨傳:"龍,和也。蹻蹻,武貌。造,爲也。"孔穎達疏:"王肅云:'我周家以天人之和而受殷,用武德嗣文之功。'傳意或然。天人之和,謂天助人從,和同與周也。"

後刑獄漸少，所以和氣得以回歸正位。如做後解，則應指刑罰制度歸於合理，符合天下"中和"的正道。①

"稽古"即考察古事、遵循古法，②這裏特指效法古制恢復肉刑。"順稽古之制"，敦煌抄本殘卷"法藏 P.3557"作"順古之制"。③ 堀毅認為應從抄本。④ 其說似可商榷。從此處行文風格來看，"順稽古之制"與上下文短句結構一致，尤其與下文"成時雍之化"形成駢偶，雖有湊足音節之嫌，卻更有可能是班固原文。

"時雍"即和諧，尤其強調通過教化民眾而達成的社會風俗的和諧。⑤"成時雍之化"即通過完善刑罰制度有助於實現禮儀教化的目的。因為刑罰輕重與罪名對應，使人不敢心存僥幸，所以重視犯法，自然民風日漸醇厚敦樸。這與廢肉刑後"民既不畏，又曾不恥""刑蕃而民愈嫚"形成邏輯對應關係。

〔三〕成康刑錯，雖未可致，孝文斷獄，庶幾可及

"成康刑錯"即周成王、康王時刑措不用。"孝文斷獄"即漢文帝時斷獄四百（說並詳前文）。"未"即未必。"庶幾"即或許、近似。

這句是說，如果按照班固的意見改革刑罰制度，恢復肉刑，雖未必能實現成康時期的刑措狀態，但是達到漢文帝時期斷獄四百的狀態還是很有可能的。

【原文】

《詩》云"宜民宜人，受祿于天"。師古曰："《大雅·假樂》之詩也。蓋嘉成王之德云。"《書》曰"立功立事，可以永年"。師古曰："今文《泰誓》之辭也。永，長也。"言為政而宜於民者，功成事立，則受天祿而永年命，所謂

---

① 《禮記·中庸》："喜怒哀樂之未發謂之中，發而皆中節謂之和。中也者，天下之大本也。和也者，天下之達道也。"
② 《尚書·堯典》："曰若稽古。"偽孔傳："稽，考也。能順考古道而行之者帝堯。"
③ 上海古籍出版社、法國國家圖書館編：《法國國家圖書館藏敦煌西域文獻》（第 25 冊），第 263 頁。
④ ［日］堀毅：《秦漢法制史論考》，第 84 頁。
⑤ 《尚書·堯典》："黎民於變時雍。"偽孔傳："時，是。雍，和也。言天下眾民皆變化化上，是以風俗大和。"

"一人有慶，萬民賴之"者也。師古曰："《吕刑》之辭也。一人，天子也。言天子用刑詳審，有福慶之惠，則衆庶咸賴之也。"

【考釋】

〔一〕《詩》云"宜民宜人，受禄于天"

《詩》即《詩經》。"宜民宜人，受禄于天"是説，擁有美好德行的君子，以充滿光輝的德政造福於民，必定可以受福禄於天。① "于"字顯示今本《漢書》古俗混用的特點。

敦煌抄本殘卷"法藏 P.3557""云"作"曰"。② 堀毅認爲無實質區别。③ 其説可從。

〔二〕《書》曰"立功立事，可以永年"

《書》即《尚書》。據顔師古説，此語出自今文《泰誓》。《泰誓》又作《太誓》《大誓》，是先秦"書"類文獻之一，曾廣爲古籍引用。④ 但在漢初伏勝口傳的二十八篇"今文尚書"中，並無《泰誓》。漢武帝時，河内女子獻上一篇《泰誓》，被合併到"今文尚書"中傳授儒生。後來，這篇《泰誓》被馬融、王肅質疑爲僞作，被稱爲"僞泰誓"，後來逐漸失傳。⑤ 但在此之前，漢代儒生所讀"今文尚書"二十九篇中就有這篇《泰誓》。漢元帝時博士平當，漢成

---

① 《詩經·大雅·假樂》："假樂君子，顯顯令德。宜民宜人，受禄于天。"毛亨傳："假，嘉也。宜民宜人，宜安民，宜官人也。"鄭玄箋："顯，光也。天嘉樂成王，有光光之善德，安民官人皆得其宜，以受福禄于天。"
② 上海古籍出版社、法國國家圖書館編：《法國國家圖書館藏敦煌西域文獻》（第 25 册），第 263 頁。
③ ［日］堀毅：《秦漢法制史論考》，第 84 頁。
④ 《左傳·襄公三十一年》引《泰誓》曰："民之所欲，天必從之。"《國語·周語下》引《泰誓》曰："朕夢協朕卜，襲於休祥，戎商必克。"《孟子·滕文公下》引《泰誓》曰："我武惟揚，侵於之疆，則取於殘。我伐用張，於湯有光。"《荀子·議兵》引《泰誓》曰："獨夫紂。"《禮記·坊記》引《泰誓》曰："予克紂，非予武，惟朕文考無罪。紂克予，非朕文考有罪，惟予小子無良。"
⑤ 《左傳·襄公三十一年》："《大誓》云：'民之所欲，天必從之。'"杜預注："今《尚書·大誓》亦無此文，故諸儒疑之。"孔穎達疏："今《尚書·大誓》，謂漢、魏諸儒馬融、鄭玄、王肅等所注者也。自秦焚《詩》、《書》，漢初求之，《尚書》唯得二十八篇。故大常孔臧《與孔安國書》云：'《尚書》二十八篇，前杜以爲放二十八宿，都不知《尚書》有百篇也。'在後又得《僞大誓》一篇，通爲二十九篇。漢、魏以來，未立於學官。馬融《尚書傳序》云：'《大誓》後得。案其文似若淺露……'王肅亦云：'《大誓》近非本經。'是諸儒疑之也。杜氏在晉之初，亦未見眞本。及江東晉元帝時，其豫章内史梅賾，始獻孔安國所注《古文尚書》，其内有《泰誓》三篇。記傳所引《大誓》，其文悉皆有之。"

帝時丞相匡衡、御史大夫張譚，以及班固此處所引用的《泰誓》都是這篇"僞泰誓"，即顏師古所說"今文《泰誓》"。

東晉時豫章內史梅賾獻上據稱是孔安國所注的"古文尚書"，其中有《泰誓》三篇，即"古文《泰誓》"。唐代兼采今、古文編訂《尚書正義》，形成五十八篇的體例，流傳至今。"古文《泰誓》"三篇位於《周書》之首。宋代以後學者逐漸懷疑"古文尚書"的真實性。到清代，閻若璩《尚書古文疏證》定讞其說，指出梅賾所獻"古文尚書"及"孔安國注"皆爲偽作。後遂稱之爲"偽古文尚書"和"偽孔傳"。今本《泰誓》也就變成了"偽古文《泰誓》"。而此處班固所引又是閻氏立論的重要證據之一。①

儘管"立功立事，可以永年"既非真實《泰誓》的原文，也不見於今人所見的"偽古文《泰誓》"，但其含義卻較爲簡單明瞭。意即，效法古人立功立事，可以長享國運。②

〔三〕言爲政而宜於民者，功成事立，則受天禄而永年命

"言"即解釋前引《詩經》《尚書》語句的意思，說詳前文。"爲政而宜於民"即前文所引"宜民宜人"。"功成事立"即前文所引"立功立事"。"受天禄而永年命"即前文所引"受禄于天"和"可以永年"的合體。"天禄"即天賜的福禄，常代指帝位。③

這句是說，恢復肉刑、改革刑罰制度，是利於民衆的大功業，可以獲得

---

① 《尚書古文疏證》卷五十五："余向謂作偽書譬如說謊，雖極意彌縫，信人之聽聞，然苟精心察之，亦未有不露出破綻處。不獨《墨子》所引三語也。今且見《漢書》矣。漢《刑法志》引《書》曰：'立功立事，可以永年。'魏晉間作書者似以此爲逸書之文，於《泰誓》中篇微易其文竄入之曰：'立定厥功，惟克永世。'不知《郊祀志》明云《太誓》曰：'正稽古立功立事，可以永年，丕天之大律。'顏注：'今文《泰誓》，《周書》也。'蓋偽泰誓唐代尚存，故師古得以知之。今將以偽泰誓爲足信乎，不應爲晚出書遂廢。以偽泰誓不足信乎，又不應晚出書復與之同。蓋魏晉間此人正以鄙薄偽泰誓不加熟習，故不覺己之所撰釐革之未盡耳。"
② 《漢書·郊祀志下》："《太誓》曰：'正稽古立功立事，可以永年，丕天之大律。'"顏師古注："今文《泰誓》，《周書》也。稽，考也。永，長也。丕，奉也。律，法也。言正考古道而立事，則可長年享有天下，是則奉天之大法也。"《漢書·平當傳》："《書》云：'正稽古建功立事，可以永年，傳於亡窮。'"顏師古注："今文《泰誓》之辭。言能正考古道以立功立事，則可長年享國。"
③ 《尚書·大禹謨》："慎乃有位，敬修其可願，四海困窮，天禄永終。"偽孔傳："有位，天子位。可原謂道德之美。困窮謂天民之無告者。言爲天子勤此三者，則天之禄籍長終汝身。"

上天護佑，保證國運長久。這正與《漢志》前文"今漢道至盛"相呼應。班固在這裏一方面是在頌贊當朝，另一方面也是在以光明前景勸導統治者接受他的刑罰改革方案。

"爲政而宜於民者"，敦煌抄本殘卷"法藏 P.3557"作"爲政宜而於民者"。① 堀毅認爲抄本順序顛倒。② 其説可從。

〔四〕所謂"一人有慶，萬民賴之"者也

"一人"指國君。"萬民"又作"兆民"，指百姓。"慶"即喜慶、吉慶，引申爲福澤。③ "賴"即享受利好。④

"一人有慶，萬民賴之"出自《尚書·吕刑》，意思是國君治國時能廣施善政，普羅大衆都跟著受益。⑤ 引文最後省略的"其寧惟永"也很重要，可與前文"受天禄而永年命"相呼應。班固這裏再次强調法制改革事關萬民福祉、天下後世，勸導統治者要倍加重視。

---

① 上海古籍出版社、法國國家圖書館編：《法國國家圖書館藏敦煌西域文獻》（第 25 册），第 263 頁。
② ［日］堀毅：《秦漢法制史論考》，第 85 頁。
③ 《國語·周語下》："有慶未嘗不怡。"韋昭注"慶，福也。怡，悦也。"
④ 《國語·周語中》："先王豈有賴焉。"韋昭注："賴，利也。言無所利，皆均分諸侯也。"
⑤ 《尚書·吕刑》："一人有慶，兆民賴之，其寧惟永。"僞孔傳："天子有善，則兆民賴之，其乃安寧長久之道。"《左傳·襄公十三年》："《書》曰：'一人有慶，兆民賴之，其寧惟永。'其是之謂乎！"杜預注："《周書·吕刑》也。一人，天子也。寧，安也。永，長也。義取上有好善之慶，則下賴其福。"

附錄一：

《漢書・刑法志》相關文獻書影

法 Pel.chin.3556V⁶　9.沙州諸寺尼修習禪定記錄

法 Pel.chin.3557　漢書刑法志第三

法 Pel.chin.3557　漢書刑法志第三

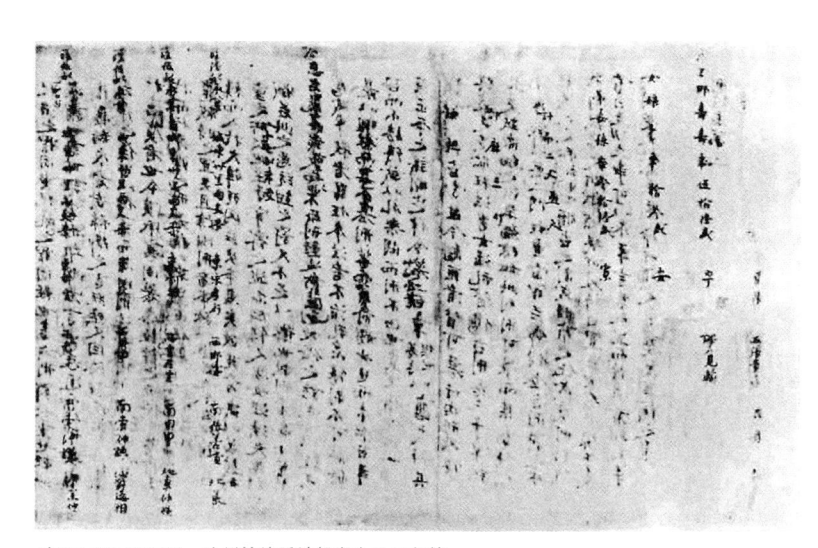

法 Pel.chin.3557V⁶　沙州敦煌縣効穀鄉大足元年籍

圖 1. 以上四圖爲敦煌抄本《漢書‧刑法志》殘卷"法藏 P.3557"

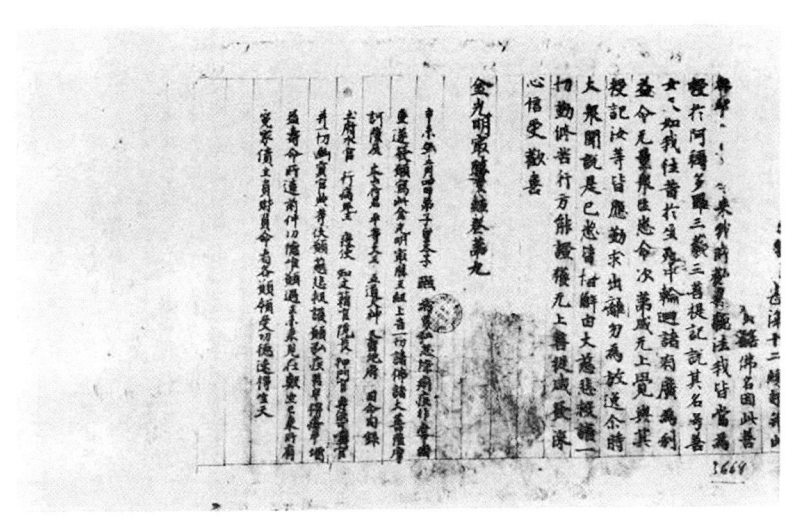

法 Pel.chin.3668　金光明最勝王經卷第九

法 Pel.chin.3669　漢書刑法志

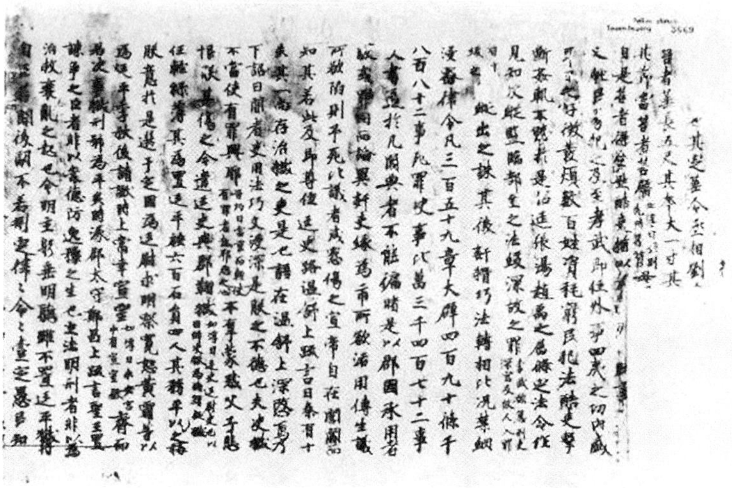

法 Pel.chin.3669　漢書刑法志

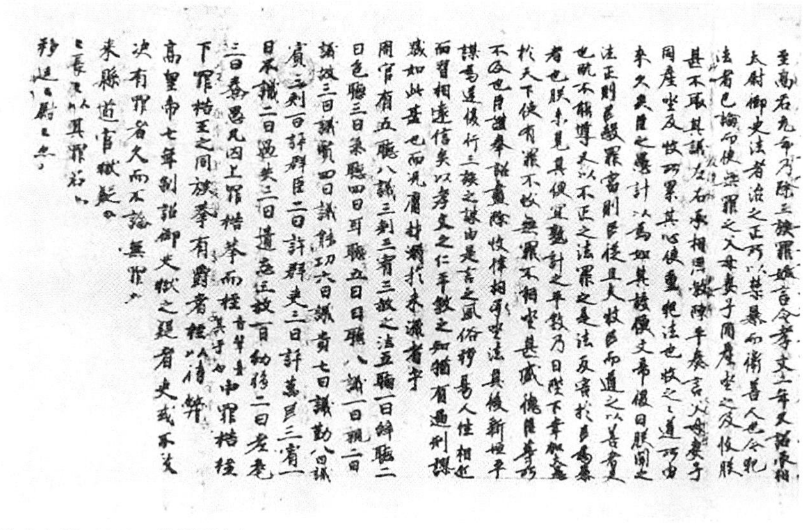

法 Pel.chin.3669　漢書刑法志

圖 2. 以上四圖爲敦煌抄本《漢書・刑法志》殘卷"法藏 P.3669"

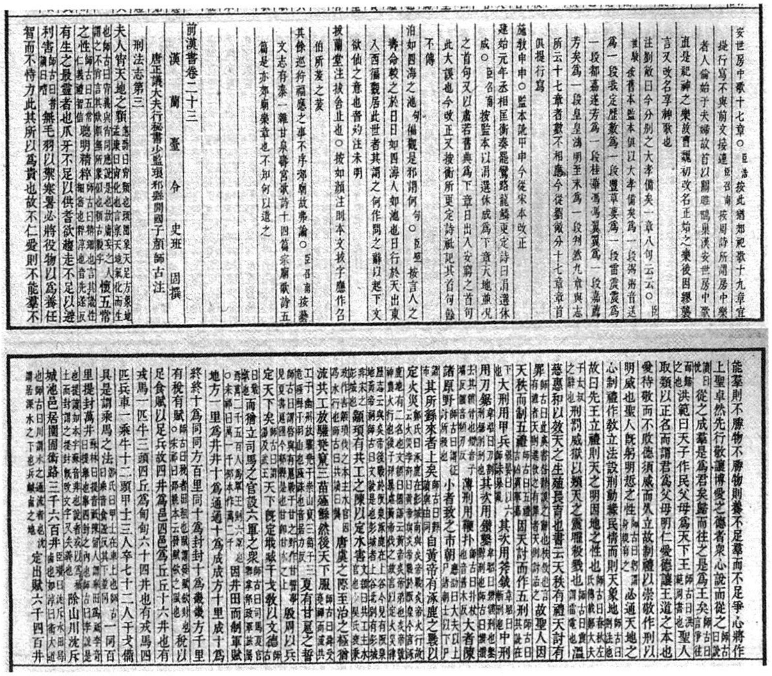

安世房中歌十七章○臣浩按此猶郊祀歌十九章宜提行寫不與前文接連 臣召南按周詩所謂房中樂者人倫始于夫婦故首以關雎鵲巢漢安世房中歌直是祀神之樂故書魏初改名正始之樂後因繆襲言又改名享神歌也

注劉敞曰今分別之大孝備矣一章八句云云○臣浩按宋書本監本俱以大孝備矣爲一段髣髴音送爲一段我定歷數爲一段豐草葽爲一段雷震震爲一段都荔遂芳爲一段桂華爲一段馮馮翼翼爲一段嘉薦芳矣爲一段皇皇鴻明至承爲一段冽然九章與志所云十七章者數不相應今從劉敞分十七章章首俱提行寫

施教申申○監本訛甲中今從宋本改正

建始元年丞相匡衡奏罷鸞路龍鱗更定詩曰涓選休成○臣召南按監本以涓選休成爲下章天地並況之首句又以盧若書典爲下章日出入安窮之首句此大誤也今改正又按衡所更定詩祇記其首句餘不傳

泊如四海之池句徧觀是邪謂何句○臣浩按言人之壽命較之於日日如四海人如池也日行於天出東入西循環居此世者其謂之何作問之辭以起下文欲仙之意也音灼注未明

拔蘭堂注拔舍止也○按如顏注則本文拔字應作召伯所茇之茇

其餘巡狩福應之事不序郊廟故弗論○臣召南按藝文志有泰一雜甘泉壽宮歌詩十四篇宗廟歌詩五篇是亦郊廟樂章也不知何以遺之

前漢書卷二十三

漢　蘭　臺　令　史班　固撰

唐正議大夫行秘書少監琅邪縣開國子顏師古注

刑法志第三

夫人宵天地之額懷五常之性聰明精粹有生之最靈者也爪牙不足以供耆欲趨走不足以避利害 師古曰耆讀曰嗜 無毛羽以禦寒暑必將役物以爲養任智而不恃力此其所以爲貴也故不仁愛則不能羣不能羣則不勝物不勝物則養不足羣而不足爭心將作上聖卓然先行敬讓博愛之德者衆心說而從之從之成羣是爲君矣歸而往之是爲王矣洪範曰天子作民父母爲天下王 師古曰洪範周書也聖人取類以正名而謂君爲父母明仁愛德讓王道之本也愛待敬而不敗德須威而久立故制禮以崇敬作刑以明威也聖人既躬明悊之性必通天地之心制禮作教立法設刑動緣民情而則天象地故曰先王立禮則天之明因地之性也刑罰威獄以類天之震曜殺戮也溫慈惠和以效天之生殖長育也書云天秩有禮天討有罪故聖人因天秩而制五禮因天討而作五刑大刑用甲兵其次用斧鉞中刑用刀鋸其次用鑽鑿薄刑用鞭扑大者陳諸原野小者致之市朝其所繇來者上矣自黃帝有涿鹿之戰以定火災顓頊有共工之陳以定水害唐虞之際至治之極猶流共工放驩兜竄三苗殛鯀然後天下服夏有甘扈之誓殷周以兵定天下矣天下既定戢臧干戈教以文德而猶立司馬之官設六軍之衆因井田而制軍賦地方一里爲井井十爲通通十爲成成方十里成十爲終終十爲同同方百里同十爲封封十爲畿畿方千里有稅有賦稅以足食賦以足兵故四井爲邑四邑爲丘丘十六井也有戎馬一匹牛三頭四丘爲甸甸六十四井也有戎馬四匹兵車一乘牛十二頭甲士三人卒七十二人干戈備具是謂乘馬之法一同百里提封萬井除山川沈斥城池邑居園囿術路三千六百井定出賦六千四百井

圖 3. 清武英殿刻本《漢書·刑法志》

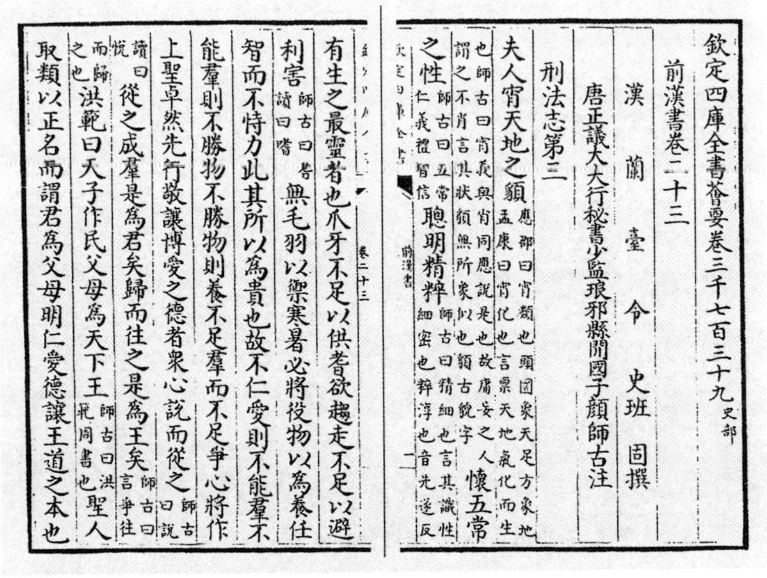

欽定四庫全書薈要卷三千七百三十九 史部

前漢書卷二十三

漢　蘭　臺　令　史班　固撰

唐正議大夫行秘書少監琅邪縣開國子顏師古注

刑法志第三

夫人宵天地之額 應劭曰宵類也頭圜象天足方象地 孟康曰宵化也言稟天地氣化而生也 師古曰宵義與肖同應說是也故庸妄之人謂之不肖言其狀貌無所象似也額古貌字 懷五常之性 師古曰五常仁義禮智信 聰明精粹 師古曰精細密也粹淳也音先遂反

欽定四庫全書　前漢書

欽定四庫全書　卷二十三

有生之最靈者也爪牙不足以供耆欲趨走不足以避利害 師古曰耆讀曰嗜 無毛羽以禦寒暑必將役物以爲養任智而不恃力此其所以爲貴也故不仁愛則不能羣不能羣則不勝物不勝物則養不足羣而不足爭心將作上聖卓然先行敬讓博愛之德者衆心說而從之 師古曰說讀曰悅 從之成羣是爲君矣歸而往之是爲王矣 師古曰言爭往歸之 洪範曰天子作民父母爲天下王 師古曰洪範周書也聖人取類以正名而謂君爲父母明仁愛德讓王道之本也

圖 4. 清欽定四庫全書薈要本《漢書·刑法志》

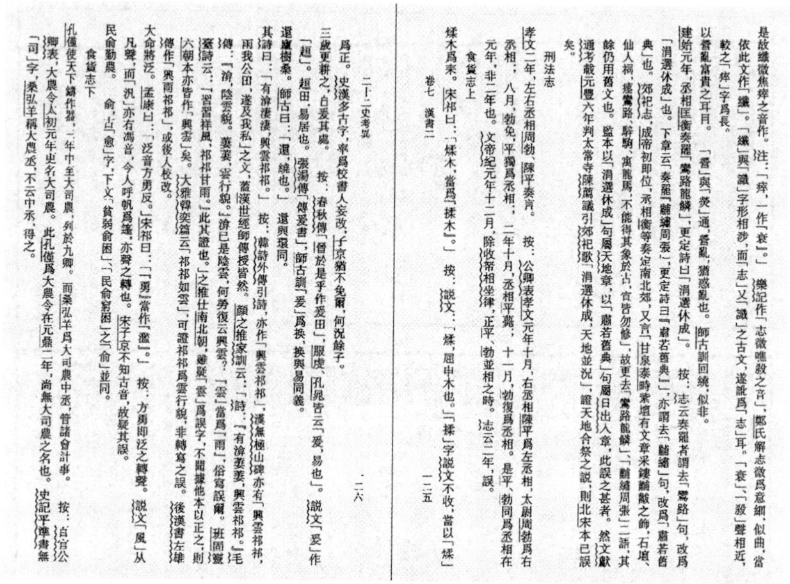

是故纖微焦瘁之音作。注：「瘁，一作『衰』。」樂記作「志微噍殺之音」，鄭氏解志微爲意細，似曲，當依此文作「纖」。「纖」與「識」字形相涉，而「志」又「識」之古文，遂訛爲「志」耳。「衰」、「殺」聲相近，較之「瘁」字爲長。

以昏亂富貴之耳目。「昏」與「焱」通，昏亂，猶惑亂也。師古訓回繞，似非。

建始元年，丞相匡衡奏罷「鸞路龍鱗」，更定詩曰「涓選休成」。按：志云奏罷者謂去「鸞路」句，改爲「涓選休成」也。下章云「奏罷『黼繡周張』」，更定詩曰『肅若舊典』」，亦謂去「黼繡」句，改爲「肅若舊典」也。郊祀志，成帝初即位，丞相衡等奏定南北郊，又言「甘泉泰畤紫壇有文章采鏤黼黻之飾，石壇、仙人祠，瘞鸞路、騂駒，寓龍馬，不能得其象於古，宜皆勿修」，故更去「鸞路龍鱗」、「黼繡周張」二語，其餘仍用舊文也。監本以「涓選休成」句屬天地章，以「肅若舊典」句屬日出入章，此誤之甚者。然文獻通考載元豐六年判太常寺陳薦議引郊祀歌「涓選休成，天地並況」，證天地合祭之說，則北宋本已誤矣。

刑法志

孝文二年，左右丞相周勃、陳平奏言。按：公卿表孝文元年十月，右丞相陳平爲左丞相，太尉周勃爲右丞相；八月，勃免，平獨爲丞相；二年十月，丞相平薨；十一月，勃復爲丞相。是平、勃同爲丞相在元年，非二年也。文帝紀元年十二月，除收帑相坐律，正平、勃並相之時。志云二年，誤。

食貨志上

煣木爲耒。宋祁曰：「煣木，當爲『揉木』。」按：說文：「煣，屈申木也。」「揉」字說文不收，當以「煣」

卷七　漢書二　一二五

二十二史考異　一二六

爲正。史漢多古字，率爲校書人妄改，子京猶不免爾，何況餘子。

三歲更耕之，自爰其處。按：春秋傳「晉於是乎作爰田」，服虔、孔晁皆云「爰，易也」。說文「爰」作「趄」。趄田，易居也。張湯傳「傳爰書」，師古訓「爰」爲換，換與易同義。

還廬樹桑。師古曰：「還，繞也。」還與環同。

其詩曰：「有渰淒淒，興雲祁祁。」按：韓詩外傳引詩，亦作「興雲祁祁」，漢無極山碑亦有「興雲祁祁，雨我公田，遂及我私」之文，蓋漢世經師傳授皆然。顏之推家訓云：「詩：『有渰萋萋，興雲祁祁。』毛傳：『渰，陰雲貌。萋萋，雲行貌。』渰已是陰雲，何勞復云興雲？『雲』當爲『雨』，俗寫誤爾。班固靈臺詩云：『習習祥風，祁祁甘雨。』此其證也。」之推仕南北朝，遽疑「雲」爲誤字，不聞據他本以正之，則六朝本亦皆作「興雲」矣。大雅韓奕篇云「祁祁如雲」，可證祁祁爲雲行貌，非轉寫之誤。後漢書左雄傳作「興雨祁祁」，或後人校改。

大命將泛。孟康曰：「泛音方勇反。」宋祁曰：「『勇』當作『濫』。」按：方勇即泛之轉聲。說文「風」从凡聲，而「汎」亦有馮音，今人呼帆爲篷，亦聲之轉也。宋子京不知古音，故疑其誤。

民俞勤農。俞，古「愈」字，下文「貧弱俞困」、「民俞窮困」之「俞」並同。

食貨志下

孔僅使天下鑄作器，三年中至大司農，列於九卿。而桑弘羊爲大司農中丞，管諸會計事。按：百官公卿表，大農令太初元年更名大司農。此孔僅爲大農令在元鼎二年，尚無大司農之名也。史記平準書無「司」字，桑弘羊稱大農丞，不云中丞，得之。

圖 5. 錢大昕《二十二史考異》的《漢書・刑法志》部分

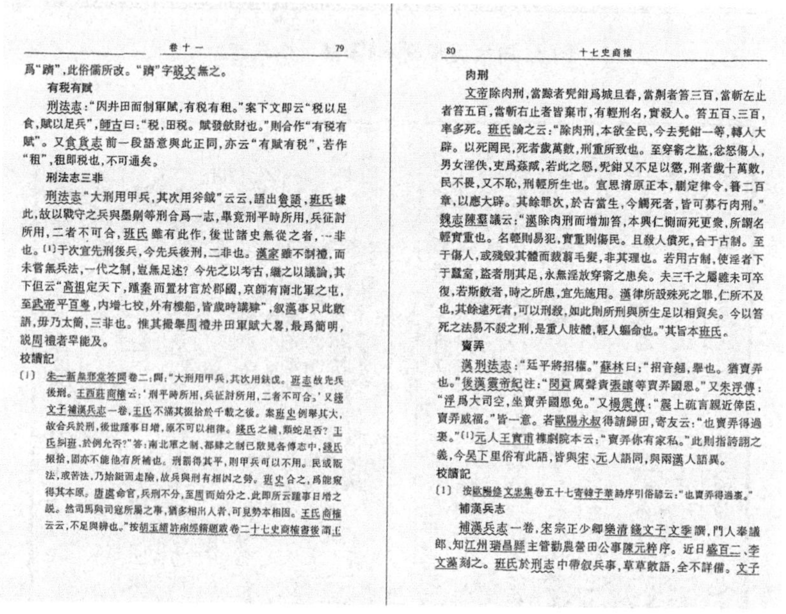

卷十一　79

爲"蹢"，此俗儒所改。"蹢"字說文無之。

有稅有賦

刑法志："因井田而制軍賦，有稅有租。"案下文即云"稅以足食，賦以足兵"，師古曰："稅，田稅。賦發斂財也。"則合作"有稅有賦"。又食貨志前一段語意與此正同，亦云"有賦有稅"，若作"租"，租即稅也，不可通矣。

刑法志三非

刑法志"大刑用甲兵，其次用斧鉞"云云，語出魯語，班氏據此，故以戰守之兵與墨劓等刑合爲一志，畢竟刑平時所用，兵征討所用，二者不可合，班氏雖有此作，後世諸史無從之者，一非也。〔1〕于次宜先刑後兵，今先兵後刑，二非也。漢家雖不制禮，而未嘗無兵法，一代之制，豈無足述？今先之以考古，繼之以議論，其下但云"高祖定天下，踵秦而置材官於郡國，京師有南北軍之屯，至武帝平百粵，內增七校，外有樓船，皆歲時講肄"，叙漢事只此數語，毋乃太簡，三非也。惟其撮舉周禮井田軍賦大畧，最爲簡明，說周禮者罕能及。

校讀記

〔1〕朱一新無邪堂答問卷二：問："大刑用甲兵，其次用鈇戉。班志故先兵後刑。王西莊商榷云：'刑平時所用，兵征討所用，二者不可合。'又錢文子補漢兵志一卷，王氏不滿其掇拾於千載之後。案班史例舉其大，故合兵於刑，後世踵事日增，原不可以相律。錢氏之補，類蛇足否？王氏糾班，於例允否？"答：南北軍之制、都肄之制已散見各傳志中，錢氏掇拾，固亦不能他有所補也。刑罰得其平，則甲兵可以不用。民或厭法，或苦法，乃始鋌而走險，故兵與刑有相因之勢。班史合之，爲能窺得其本原。唐虞命官，兵刑不分，至周而始分之，此即所云踵事日增之說。然司馬與司寇所屬之事，猶多相出入者，可見勢本相因。王氏商榷云云，不足與辨也。"按胡玉縉許廎經籍題跋卷二十七史商榷書後謂王

80　十七史商榷

肉刑

文帝除肉刑，當黥者髡鉗爲城旦舂，當劓者笞三百，當斬左止者笞五百，當斬右止者皆棄市，有輕刑名，實殺人。笞五百、三百，率多死。班氏論之云："除肉刑，本欲全民，今去髡鉗一等，轉人大辟。以死罔民，死者歲萬數，刑重所致也。至穿窬之盜，忿怒傷人，男女淫佚，吏爲姦臧，若此之惡，髡鉗又不足以懲，刑者歲十萬數，民不畏，又不恥，刑輕所生也。宜思清原正本，删定律令，籑二百章，以應大辟。其餘罪次，於古當生，今觸死者，皆可募行肉刑。"魏志陳羣議云："漢除肉刑而增加笞，本興仁惻而死更衆，所謂名輕實重也。名輕則易犯，實重則傷民。且殺人償死，合于古制。至于傷人，或殘毀其體而裁翦毛髮，非其理也。若用古制，使淫者下于蠶室，盜者刖其足，永無淫放穿窬之患矣。夫三千之屬雖未可卒復，若斯數者，時之所患，宜先施用。漢律所設殊死之罪，仁所不及也，其餘逮死者，可以刑殺，如此則所刑與所生足以相貿矣。今以笞死之法易不殺之刑，是重人肢體，輕人軀命也。"其旨本班氏。

賣弄

漢刑法志："廷平將招權。"蘇林曰："招音翹，舉也。猶賣弄也。"後漢靈帝紀注："閔貢鳳聲責張讓等賣弄國恩。"又朱浮傳："浮爲大司空，坐賣弄國恩免。"又楊震傳："震上疏言親近倖臣，賣弄威福。"皆一意。若歐陽永叔得請歸田，寄友云："也賣弄得過裏。"〔1〕元人王實甫襍劇院本云："賣弄你有家私。"此則指誇詡之義，今吳下里俗有此語，皆與宋、元人語同，與兩漢人語異。

校讀記

〔1〕按歐陽修文忠集卷五十七寄韓子華詩序引俗諺云："也賣弄得過裏。"

補漢兵志

補漢兵志一卷，宋宗正少卿樂清錢文子文季譔，門人奉議郎、知江州瑞昌縣主管勸農營田公事陳元粹序。近日盛百二、李文藻刻之。班氏於刑志中帶叙兵事，草草數語，全不詳備。文子

圖 6. 王鳴盛《十七史商榷》的《漢書・刑法志》部分

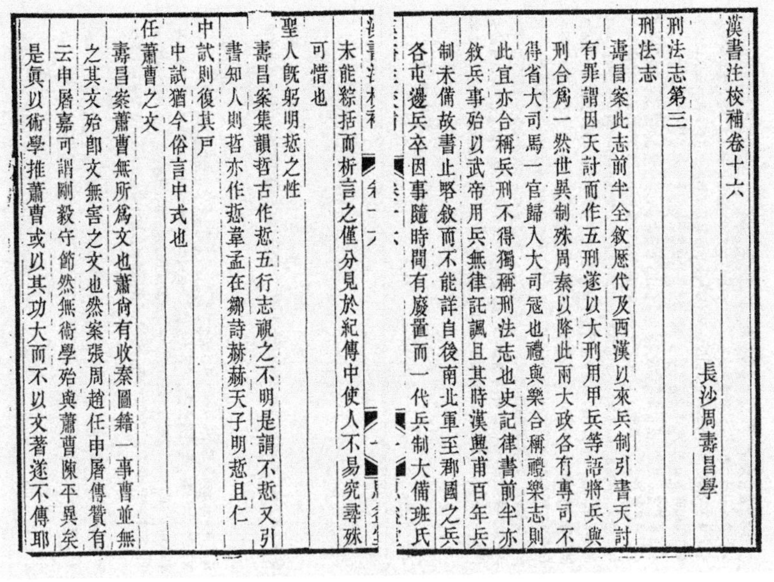
漢書注校補卷十六
長沙周壽昌學
刑法志第三
壽昌案此志前半全敘歷代及西漢以來兵制引書天討
有罪謂因天討而作五刑遂以大刑用甲兵等語將兵與
刑合爲一然世異制殊周秦以降此兩大政各有專司不
得省大司馬一官歸入大司寇也禮與樂合稱禮樂志則
此宜亦合稱兵刑不得獨稱刑法志也史記律書前半亦
敘兵事殆以武帝用兵無律託諷且其時漢興甫百年兵
制未備故書止畧敘而不能詳自後南北軍至郡國之兵
各屯邊兵卒因事隨時間有廢置而一代兵制大備班氏
未能綜括而析言之僅分見於紀傳中使人不易究尋殊
可惜也
聖人既躬明悊之性
壽昌案集韻哲古作悊五行志視之不明是謂不悊又引
書知人則哲亦作悊韋孟在鄒詩赫赫天子明悊且仁
中試則復其戶
中試猶今俗言中式也
任蕭曹之文
壽昌案蕭曹無所爲文也蕭何有收秦圖籍一事曹並無
之其文殆即文無害之文也然案張周趙任申屠傳贊有
云申屠嘉可謂剛毅守節然無術學殆與蕭曹陳平異矣
是眞以術學推蕭曹或以其功大而不以文著遂不傳耶

圖 7. 周壽昌《漢書注校補》的《刑法志》部分
（光緒十年長沙周氏小對竹軒本）

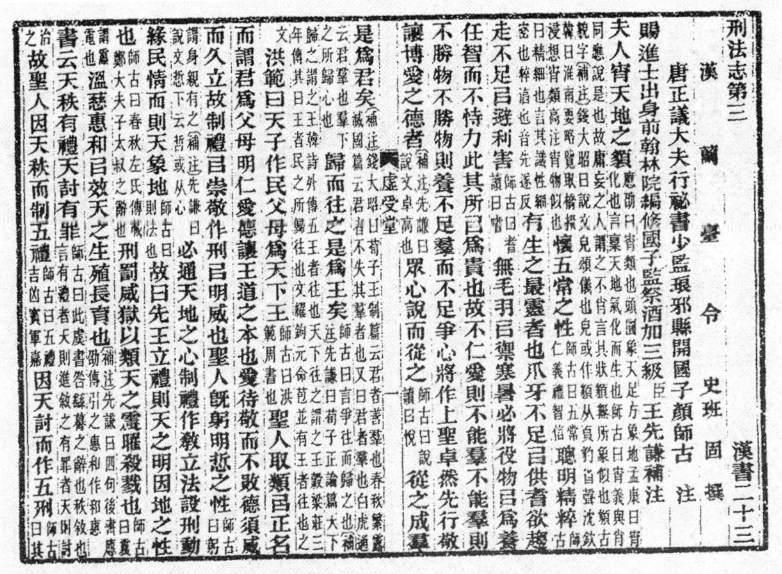
刑法志第三　漢書二十三
漢　蘭臺令史班固撰
唐正議大夫行祕書少監瑯邪縣開國子顏師古注
賜進士出身前翰林院編修國子監祭酒加三級臣王先謙補注
夫人宵天地之類應劭曰宵類也頭圜象天足方象地孟康曰宵化也言稟天地氣化而生也師古曰宵義與肖同應說是也故庸妄之人謂之不肖言其狀類無所象似也類古貌字補注錢大昭曰說文皃頌儀也皃或作貌从頁豹省聲沈欽韓曰淮南要略覽取橋掇浸想宵類高注宵物似也懷五常之性師古曰五常仁義禮智信聰明精粹師古曰精細也言其識性細密也粹淳也音先遂反有生之最靈者也爪牙不足以供耆欲趨走不足以避利害師古曰耆讀曰嗜無毛羽以禦寒暑必將役物以爲養任智而不恃力此其所以爲貴也故不仁愛則不能羣不能羣則不勝物不勝物則養不足羣而不足爭心將作上聖卓然先行敬讓博愛之德者補注先謙曰說文卓高也衆心說而從之師古曰說讀曰悅從之成羣
虛受堂　一
是爲君矣補注錢大昭曰荀子王制篇云君者善羣也春秋繁露滅國篇云君者不失其羣者也又曰君者羣也白虎通云君羣也羣下之所歸心也歸而往之是爲王矣師古曰言爭往而歸之也補注先謙曰荀子正論篇天下歸之之謂王韓詩外傳五王者往也天下往之謂之王穀梁莊三年傳其曰王者民之所歸往也文耀鉤元命苞並有王者往也之文洪範曰天子作民父母爲天下王師古曰洪範周書也聖人取類以正名而謂君爲父母明仁愛德讓王道之本也愛待敬而不敗德須威而久立故制禮以崇敬作刑以明威也聖人既躬明悊之性師古曰躬謂身親有之補注先謙曰說文悊下云哲或从心必通天地之心制禮作教立法設刑動緣民情而則天象地師古曰則法也故曰先王立禮則天之明因地之性也師古曰春秋左氏傳載鄭大夫子太叔之辭也刑罰威獄以類天之震曜殺戮也師古曰震謂雷電也溫慈惠和以效天之生殖長育也補注先謙曰四句後書應劭傳引之惠和作和惠書云天秩有禮天討有罪師古曰此虞書咎繇謨之辭也秩敘也言有禮者天則進敘之有罪者天則討治之故聖人因天秩而制五禮師古曰五禮吉凶賓軍嘉因天討而作五刑師古曰其
493

圖 8. 王先謙《漢書補注》的《刑法志》部分
（光緒二十六年長沙王氏虛受堂本）

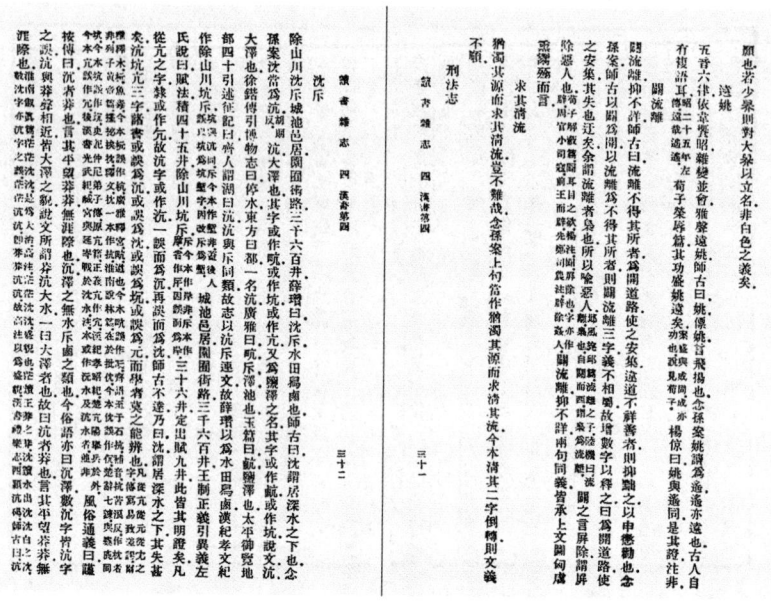

圖 9. 王念孫《讀書雜誌》的《漢書・刑法志》部分

圖 10. 楊樹達《漢書窺管》的《刑法志》部分

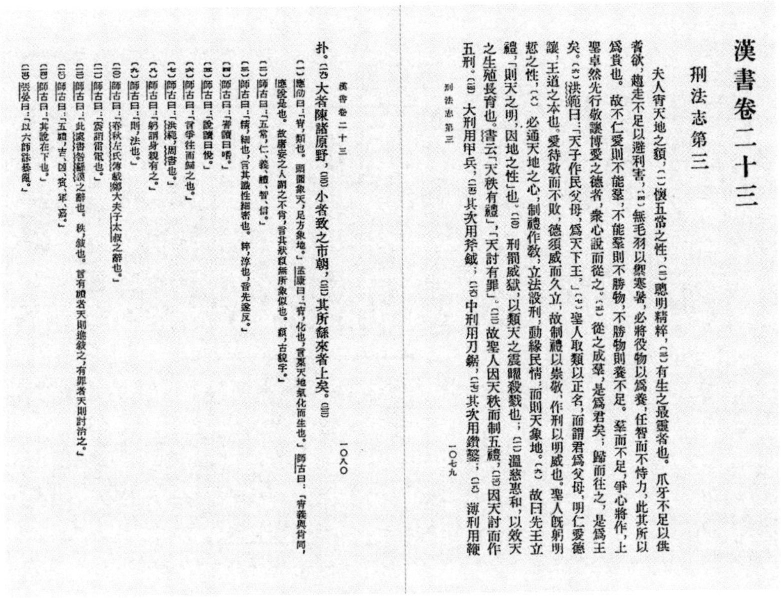

圖 11. 中華書局點校本《漢書·刑法志》

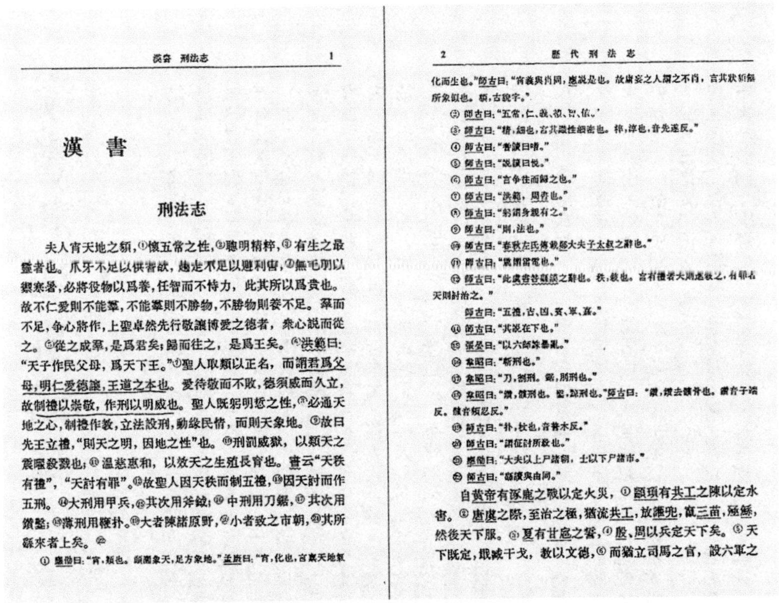

圖 12. 丘漢平《歷代刑法志》的《漢書·刑法志》部分

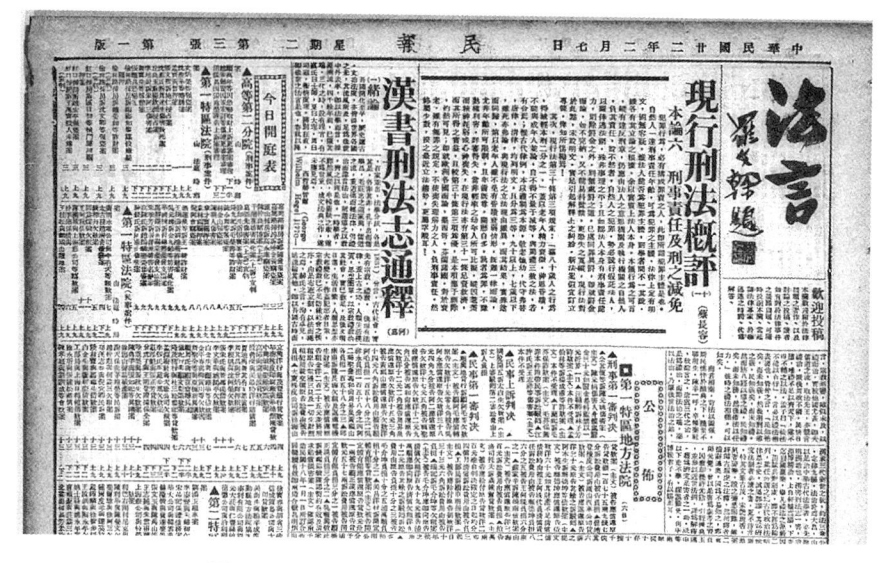

圖 13. 何嘉《漢書刑法志通釋》連載之一《緒論》
（《民報》1933 年 2 月 7 日第 1 版）

圖 14. 曹辛漢《漢書刑法志講疏》（具體刊印信息不詳）

圖 15. ［荷］何四維《漢法譯叢》（"萊頓漢學叢書"第 9 卷，布雷爾出版社 1955 年版）

圖 16. ［荷］何四維《漢法譯叢》的《漢書・刑法志》部分內容

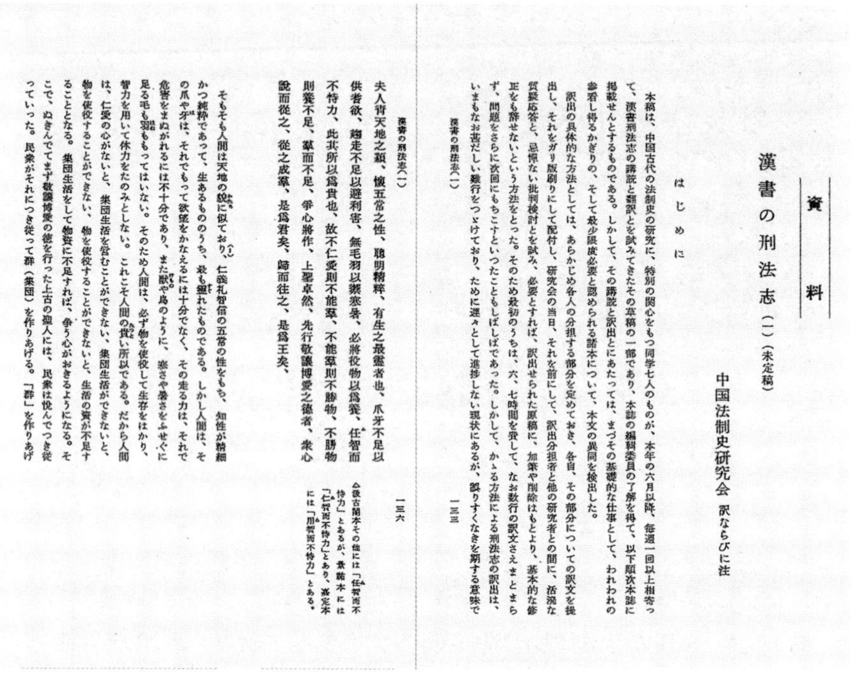

資料

漢書の刑法志(一)(未定稿)

中国法制史研究会 訳ならびに注

はじめに

本稿は、中国古代の法制史の研究に、特別の関心をもつ同学七人のものが、本年の六月以降、毎週一回以上相寄って、漢書刑法志の講読と翻訳とを試みてきたその草稿の一部であり、本誌の編輯委員の了解を得て、以下順次本誌に掲載せんとするものである。しかして、その講読と訳出とにあたっては、まづその基礎的な仕事として、われわれの参看し得るかぎりの、そして最少限度必要と認められる諸本について、本文の異同を検出した。

訳出の具体的な方法としては、あらかじめ各人の分担する部分を定めておき、各自、その部分についての訳文を提出し、それをガリ版刷りにして配付し、研究会の当日、それを前にして、訳出分担者と他の研究者との間に、活潑な質疑応答と、忌憚ない批判検討とを試み、必要とすれば、訳出せられた原稿に、加筆や削除はもとより、基本的な修正をも辞せないという方法をとった。そのため最初のうちは、六、七時間を費して、なお数行の訳文さえまとまらず、問題をさらに次回にもちこすといったこともしばしばであった。しかして、かゝる方法による刑法志の訳出は、いまもなお甚だしい難行をつゞけており、ために遅々として進捗しない現状にあるが、誤りすくなきを期する意味で

漢書の刑法志(一) 一三三

漢書の刑法志(一) 一三六

夫人宵天地之類、懐五常之性、聰明精粹、有生之最靈者也、爪牙不足以供耆欲、趨走不足以避利害、無毛羽以禦寒暑、必將役物以爲養、任智而不恃力、此其所以爲貴也、故不仁愛則不能羣、不能羣則不勝物、不勝物則養不足、羣而不足、爭心將作、上聖卓然、先行敬讓博愛之德者、衆心說而從之、從之成羣、是爲君矣、歸而往之、是爲王矣、

△汲古閣本その他には「任智而不恃力」とあるが、景祐本には「仁智而不恃力」とあり、殿定本には「用智而不恃力」とある。

そもそも人間は天地の貌に似ており、(一)仁義礼智信の五常の性をもち、知性が精細かつ純粋であって、生あるもののうち、最も靈れたものである。しかし人間は、その爪や牙は、それでもって欲望をかなえるには十分でなく、その走る力は、それで危害をまぬがれるには不十分であり、また獣や鳥のように、寒さや暑さをふせぐに足る毛も羽ももってはいない。そのため人間は、必ず物を使役して生存をはかり、智力を用いて体力をたのみとしない。これこそ人間の貴い所以である。だから人間は、仁愛の心がないと、集団生活を営むことができない、集団生活ができないと、物を使役することができない、物を使役することができないと、生活の資が不足することとなる。集団生活をして物資に不足すれば、争う心がおきるようになる。そこで、ぬきんでてまず敬讓博愛の徳を行った上古の聖人には、民衆は悦んでつき従っていった。民衆がそれにつき従って群(集団)を作りあげる。「群」を作りあげ

圖 17.［日］內田智雄等:《譯注漢書刑法志》
(哈佛燕京同志社東方文化講座委員會 1958 年刊)

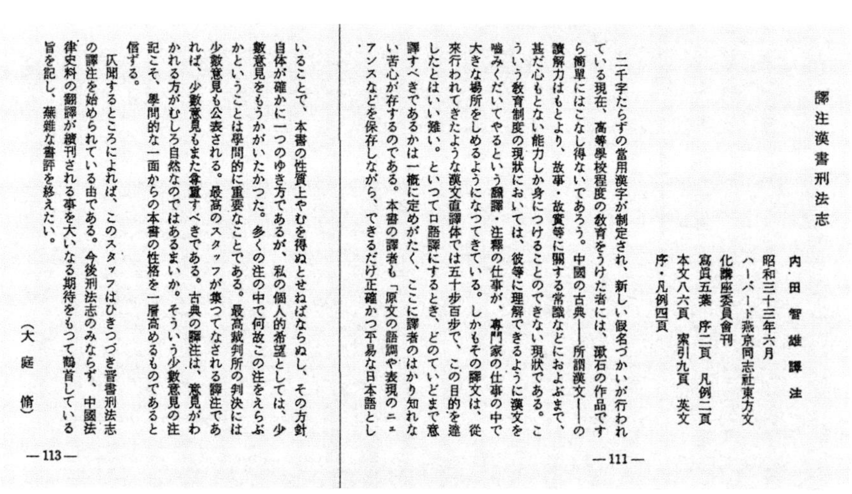

譯注漢書刑法志

內田智雄 譯注

昭和三十三年六月
ハーバード燕京同志社東方文化講座委員會刊
寫眞五葉 序二頁 凡例二頁
本文八六頁 索引九頁 英文
序・凡例四頁

二千字たらずの當用漢字が制定され、新しい假名づかいが行われている現在、高等學校程度の教育をうけた者には、漱石の作品ですら簡單にはこなし得ないであろう。中國の古典——所謂漢文——の讀解力はもとより、故事・故實等に關する常識などにおよぶまで、甚だ心もとない能力しか身につけることのできない現狀である。こういう教育制度の現狀においては、彼等に理解できるように漢文を嚙みくだいてやるという飜譯・注釋の仕事が、專門家の仕事の中で大きな場所をしめるようになつてきている。しかもその譯文は、從來行われてきたような漢文直譯体では五十歩百歩で、この目的を達したとはいい難い。といつて口語譯にするとき、どのていどまで意譯すべきであるかは一概に定めがたく、ここに譯者のはかり知れない苦心が存するのである。本書の譯者も「原文の語調や表現のニュアンスなどを保存しながら、できるだけ正確かつ平易な日本語とし

—111—

いることで、本書の性質上やむを得ぬとせねばならぬし、その方針自体が確かに一つのゆき方であるが、私の個人的希望としては、少數意見をもうかがいたかつた。多くの注の中で何故この注をえらぶかということは學問的に重要なことである。最高裁判所の判決には少數意見も公表される。最高のスタッフが集つてなされる譯注であれば、少數意見もまた尊重すべきである。古典の譯注は、意見がわかれる方がむしろ自然なのではあるまいか。そういう少數意見の注記こそ、學問的な一面からの本書の性格を一層高めるものであると信ずる。

仄聞するところによれば、このスタッフはひきつづき晉書刑法志の譯注を始められている由である。今後刑法志のみならず、中國法律史料の翻譯が續刊される事を大いなる期待をもつて鶴首している旨を記し、蕪雜な書評を終えたい。

(大庭脩)

—113—

圖 18.［日］大庭脩對《譯注漢書刑法志》的評介
(《東洋史研究》1959 年刊)

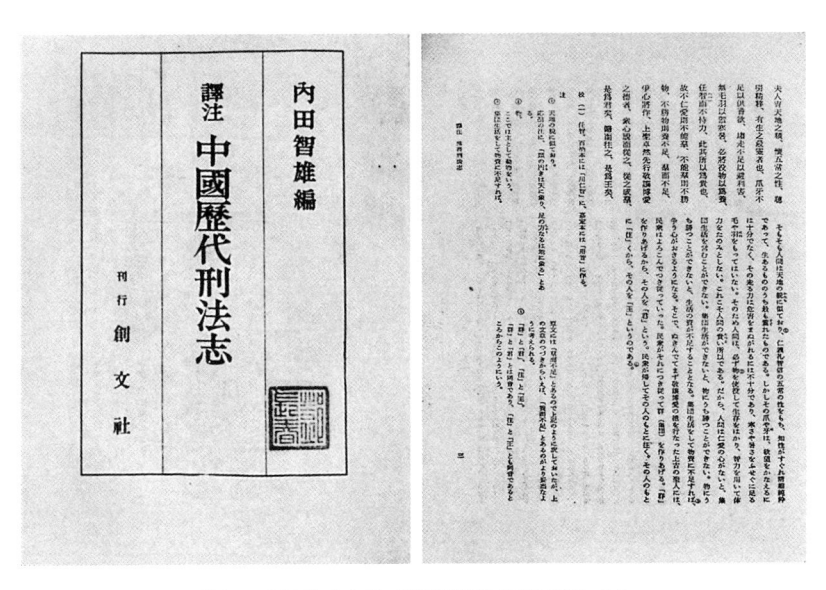

圖 19. ［日］內田智雄等《譯注歷代刑法志》
（1977 年（昭和五十二年）第二次印刷）

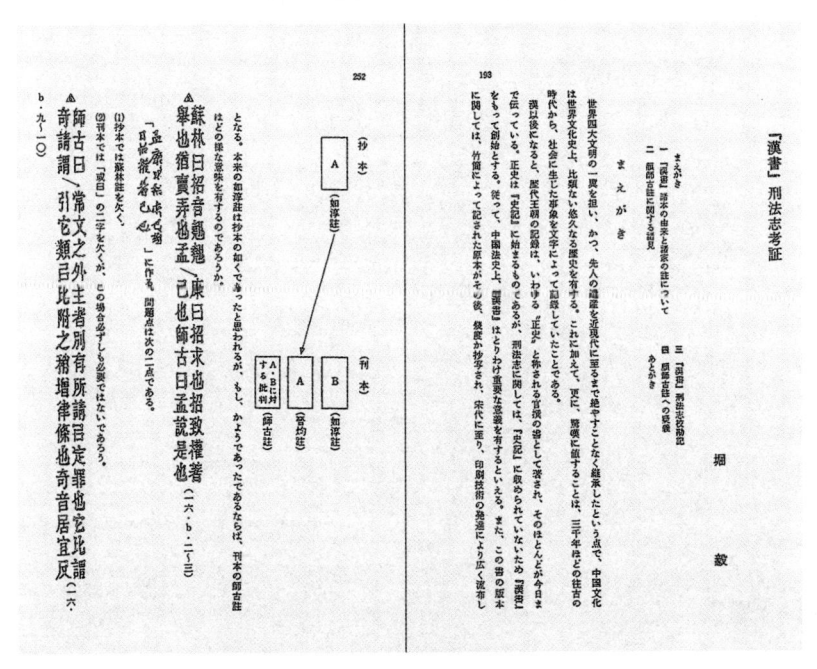

圖 20. ［日］堀毅《〈漢書〉刑法志考證》
（載《法學論叢》（中央學院大學）1988 年創刊號）

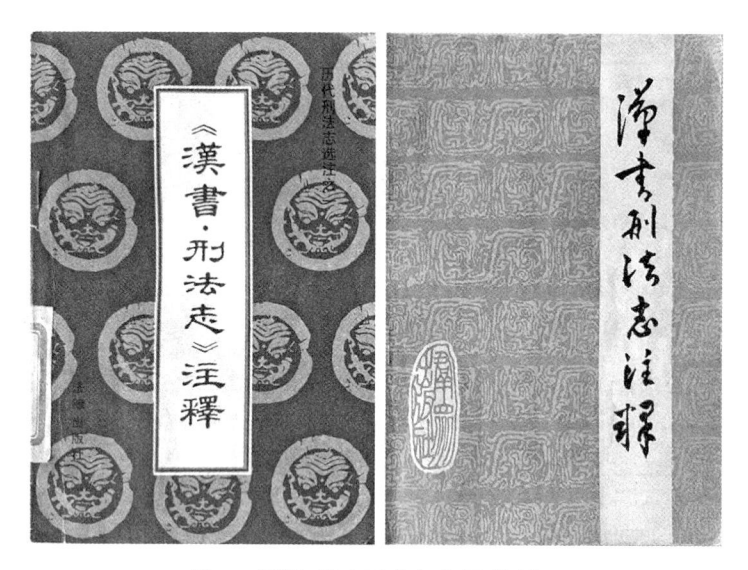

圖 21. 兩版《漢書刑法志注釋》的封面

左：趙增祥、徐世虹注釋，高潮審訂，法律出版社 1983 年版；右：辛子牛注釋，群衆出版社 1984 年版。

圖 22. 兩版《漢書刑法志注釋》的内文

左：趙增祥、徐世虹注釋，高潮審訂版；右：辛子牛注釋版。

圖 23. 施丁主編《漢書新注》的《刑法志》部分

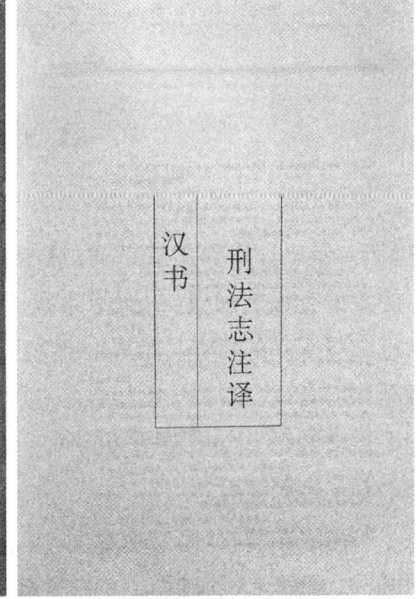

圖 24. 高潮、馬建石主編《中國歷代刑法志注譯》的《漢書·刑法志》部分

附錄二：

君 子 仁 風
——俞榮根先生側記

　　俞老是我導師的導師,按照學緣行輩來說是我的師爺。讀博期間,俞老曾親自授課,在其榮退之前的最後一個學期帶我們研讀《論語》《中庸》《晉書・刑法志》等傳世文獻,算是我的老師。博士畢業以後,俞老在我父母無法親臨的情況下現場主持我在貴州的婚禮,算是我的家長。任教洛陽師範學院之後,俞老又推掉重要的國際學術會議,不遠千里來給我"扎場子",算是我的靠山。

　　俞老不僅於我有恩,也是我心目中理想的古之君子。我對俞老言行事蹟的瞭解,有見,有聞,有傳聞。本文並非嚴謹的學術譜表,也不足以表彰先生高尚人格之一二,只做個人視角的漫談,聊寄心弦泛過的餘音。

君 子 三 變

　　書生對知名學者的瞭解,往往始於其著述。我初識俞老也不例外。本科時,偶一日我讀到俞老的《道統與法統》。這個書名對於當時學識不多的我來說很是驚豔,一下子讓我產生了閱讀的興趣。封面印製的作者像也吸引了我的目光。這是一個標準的學者形象：髮型雖無修飾卻不顯凌亂,眼睛眯成縫卻透出力量,一副茶色眼鏡既顯出學識又顯得時髦,再配上標準的微笑口型和精神的西裝領帶,整個人顯出通達的氣質,一看就知不是呆板的學究。

　　讀碩期間,我研修法史專業,離俞老更近了。不僅聽聞了更多俞老的事蹟,進一步深入研讀俞老的代表作《儒家法思想通論》,還有幸在學術講座中領略俞老的卓絕風采,在同門聚會的宴席上體會俞老的謙和寬懷。

時至今日我都還記得，第一次被介紹給俞老時我很緊張，不知所措。他老人家卻異常親切，毫無知名學者和學界前輩的架子。由於學識廣博，閱歷豐富，又很健談，俞老總能找到最妥帖的話題，節奏輕鬆地營造自然、熱鬧的談話氛圍。真是一絕！

讀博期間，我正式進入俞老的課堂。起初對俞老的印象還停留在宴席上的輕鬆隨和，殊不知課堂上的俞老是另外一個樣子！即便當時只是把辦公室作爲臨時課堂，十來個人圍坐一圈，那個氛圍卻仍不失學術殿堂的端莊肅穆、激情澎湃。記憶最深刻的一次是，由於懈怠情緒作祟，我竟然斗膽臨時向他老人家請假早退去參加一個無足輕重的會議。剛好當天也有一位同學因故缺席，人本來就不多，我又貿然臨時請假。儘管他沒有現場發作，但我能明顯感覺氣到了俞老。原本不怒自威的俞老生起氣來，足足令我內心不安和內疚了好些日子。這次事件深刻地教育了我，讓我後來更加敬重俞老，更加注重尊師的禮節和規矩。我這一屆博士時已是俞老最後一次給學生上課，卻幸運地因此獲得受益終身的教誨。

子夏曾説："君子有三變：望之儼然，即之也溫，聽其言也厲。"有人據此批評子夏過於重儀容，儒而不純。實際上，所謂"君子之變"不僅來自從遠到近的體驗，也有其自內而外的根由，實是君子人格魅力的層層展現，既非故作深沉，也非暗藏心機。我起初看到子夏這句話時不甚了了，直到經歷對俞老的認知過程，纔深有體會。

君子喻於義

古人重義，有禮義，有忠義，有孝義，師徒、夫妻、朋友，莫不講義。仲尼弟子因之入傳，梁鴻、關羽以之留名。孔子曰："君子義以爲質，禮以行之，孫以出之，信以成之。"在我有限的人生閱歷中，俞老的言行可謂這句話最恰切的注腳。

《道統與法統》是一部論文集。本科時我讀書還很隨意，只不過由著性子讀了幾篇，説實話很多精義都沒有消化吸收。但是一頭一尾兩篇——《五十自述》和《"法先王"新議》——的筆記至今仍在。

俞老在《"法先王"新議》中對周公大德的禮贊,被我大段抄錄在筆記本上。他對"大儒"概念的強調也讓我開始注意《荀子》的思想價值。後來經過碩博期間的就近問學,我日益感受到儒家"禮法"的要義,這對我今後學術觀念的塑造有極大影響。而在《五十自述》中,俞老表達了對人間情義的珍重,還説和妻子相約一輩子過清貧、清白、清静的"三清"日子。這句話當時給我極大震撼,那種感覺直到今天仍然記憶猶新。感觸更深的是,俞老不僅踐行"君子憂道不憂貧"的理念,還是和夫人一起踐行。夫妻同心,可謂靈魂上的伴侣。

俞老的夫人名叫喻玲玲,也就是弟子門人口中親切的"喻師母""喻阿姨"。後來我也入門了,算起來是徒孫輩,也稱其爲"師母",只不過這個"母"字當解爲"祖母"。師母爲人爽快大氣,熱情達觀,性格開朗,意志强健,説話從不彎彎繞繞,頗受門人敬重。她與俞老五十年金婚伉儷,風雨同舟,情深意篤,令人稱羨。她也和俞老一樣不計較金錢富貴,對待學生質樸真誠。每次與二老在一起,我總能感受到濃濃暖意。在重慶的時候,我就帶妻子見識了師母的風采。她對師母也是誇讚有加,到現在也常以師母爲榜樣。2016年10月,二位老人來洛陽看望我們一家。我帶他們到洛陽周邊的景點參觀。這屬實是一項體力活。師母雖然腿腳不好,爬坡上坎、徒步跋涉略顯吃力,卻仍然堅持跟著我們。其精神意志讓我們晚輩大爲嘆服!

俞老對恩師楊景凡先生恩義的感念也令人動容。楊老是西政法史學科創始人,被稱爲"西政一人"。俞老對這位有二十二年師生情誼的導師非常尊重,在各種場合與人分享當年的點滴記憶,讚頌楊老一生的光輝事蹟和高尚人格,尤其是在西政"護校"和"復辦"等重大歷史事件中的特殊貢獻。2001年楊老過世,俞老組織整理楊老的舊稿,編成《景凡文存》。2016年5月,俞老在楊老百歲冥誕之際出面組織"楊景凡學術思想座談會",一時間學者雲集,共同追思楊老的學術風範和品格風骨。俞老還自掏腰包定制了楊老的半身銅像。我雖由於妻子待產而未到會,但也聽人描述了現場盛況。據説俞老尊師重道、持節守義的精神,受到與會專家的讚譽和肯定,被稱爲西政重要的精神遺產。這份精神遺產,與其憑藉學術成就爲西政贏得的名譽，正相表裏。①

除了楊老之外，俞老常念恩義的師友還有很多。在其近年出版的《風骨法苑幾多人》一書中，俞老不顧年邁，鈎沉往事，涉及人物多達 148 位。他爲這些有風骨的法苑奇人立傳，筆端更是飽含眞摯情義。這雖只是一本隨筆漫談式的文集，卻不啻爲一部表彰大義的小史、滌蕩心靈的教諭、嘉惠學林的奇作。

在喻於義方面，俞老對待領導、同事、同學、朋友和晚輩也絲毫不打折扣。尤其是對學界同仁中的好友，俞老更是引爲知己、惺惺相惜。他與段秋關教授等"法史四代半"學友的情誼也令我這樣的晚輩後學動容。在 2018 年常州會議結束前的最後一個環節，俞老作爲前輩即席發言，深情回憶他年輕時參加學術會議與同輩學人相識相知、共倡公議的經歷和感受，並當場賦詩，勉勵晚輩學者們眞誠結交，坦蕩會友，摒棄功利、門戶之見，共輔敦學、正道之風。當時我在臺下，也暗下決心，以此爲志。

君子坦蕩蕩

孔子説："仁者無憂，智者不惑，勇者不懼。"仁、智、勇的美德，君子兼而有之，所以能够做到無憂、不惑、不懼。要歸其本，君子内心坦蕩，自然超凡脱俗，無所困束。

記得讀博期間的某一日，突然收到俞老一封郵件。在郵件中，俞老痛心疾首地自我檢省，説是因爲虛榮心作祟而誤信於人。事情原委是這樣的：江蘇常州的一位汪先生寄信給俞老，先是一番故作清醒之姿，指斥時下物欲橫流，然後是一頓肉麻的誇譽之辭，以所寄俞老專著請求作者簽名。若無江湖受騙的經歷，任誰都會被這番言辭打動。謙虛隨和如俞老，

---

① 俞老不僅在學界有較高的個人聲望，也在社會上爲西政贏得了榮譽。偶爾讀到楊永純回憶季羨林先生的文章，發現其中竟也有涉及俞老和西政的文字："他在電話中談起曾讀過一位叫俞榮根的北大校友的文章，對中國傳統和法律有很獨到的見解，並認爲政治和法學符合我的性格，因此建議我去俞教授所在的歌樂山下的西南政法大學認眞讀幾年，並特别建議學習法律要以登堂入室的儀式感，從本科開始。事實上，他的信息已滯後，待我進入西南政法大學，俞榮根教授已不在學校，而西南政法大學也早已遷離歌樂山，但這一選擇改變了此後迄今我的全部生活，這是後話。"（楊永純：《季風不寂憶羨林》，載《中國教育報》2019 年 10 月 25 日第 4 版）

自然也是欣然提筆，簽名回贈。此情不關風與月，也無所謂名利心。然而誰能料到，汪某卻是小人懷惠，假借思想交流之名，利用學者誠敬之心，收集簽名著作轉而售賣獲利。收到俞老郵件後，我立馬在網上搜索這位汪先生的大名，果然頗有斬獲。他竟用同樣的信件內容給不少知名學者寫過類似的信，除了更換作者和書名外，其餘文字完全雷同。

俞老知道此事後，沒有選擇文過飾非或隱晦敷衍，而是本著反求諸己的精神進行檢討。他老人家專門撰寫《"五穀雜糧"與榮譽欲》一文，不僅曉諭我等門人，還在"中國法學創新網"等平臺公開發表。這種真誠、坦蕩的君子胸懷，頗令人欽佩。記得當時我還給他回了郵件，用"宰我問井有仁"和"校人欺子產"兩個典故寬慰俞老。按照孟子的說法，"君子可欺以方，難罔以非其道"。君子坦誠，不慎而遭小人欺騙，對君子並無損毁，只能説明小人的卑劣無賴。

不過話說回來，汪某之流看中的是簽名著作的商業價值，這也正説明俞老在學界的顯赫聲望，換作我等無名小輩還不值得他們使用如此伎倆呢！再換個角度想一想，也不知還有多少"知名學者"發現被騙之後選擇默不作聲，三緘其口呢！如此看來，用"君子坦蕩蕩"來描述俞老，恰如其分，毫不爲過。

君子厚德載物

《易傳》説："天行健，君子以自強不息。地勢坤，君子以厚德載物。"俞老早年入學北大，中遭十年困厄，後來在西南政法獲得學術新生，以儒家法思想研究名家，榮退之後仍舊筆耕不輟，孜孜不倦進行理論探索，其自強不息的精神毋須多言。這里著重談談我親身體驗到的俞老的"厚德載物"。

俞老是學界知名的大學者，門下學生弟子也都來自五湖四海，各有性格。對於學生失禮違意、唐突不周之處，俞老很少耿耿於懷，常常一笑而過。前文提到，我讀博期間任性翹課的事情，俞老雖然當時也有點生氣，讓我異常懊悔，但事後他也沒有放在心上，對我仍是一如既往地愛護和關照。在課堂上，俞老多次提到《天下體系》一書，推薦我們閱讀。但我很愚鈍，不懂得趁熱打鐵、學便近人的道理。在我大言不慚地回答"還沒看呢"之後，俞老只是淡然一笑，然後又找機會詢問督促。直到半年之後，我讀過該書纔明白他熱心推薦的良苦用心。這書確實有很多思想閃光之處。

2012 年，俞老讓我給他寫一篇訪談錄，説是有期刊約稿。這其實是學習俞老論著的難得機會，但他好似覺得給我添了麻煩一樣，還説要發的不是什麽核心期刊，口氣中透出怕我因此耽誤工夫又没得到什麽實際好處的意思。我當即表示，這是我的莫大榮幸。我寫完初稿，交給他看。他一方面表示很滿意，誇我一定下了不少功夫，另一方面又非常誠懇地指導我訪談錄的語言風格該如何把握，資料該怎麽充實。最讓我意想不到的是，俞老認爲文章出於我手，署名時堅持把我作爲第一作者。而實際上，訪談錄的文字都來自俞老的論著，我只是做了一點剪裁拼凑的工作而已。俞老無微不至的體貼關愛，讓我如坐春風，如得至寶，獲益甚豐。提攜後進，甘爲人梯，這就是俞老的君子風範。

在撰寫訪談錄期間，我認真學習了俞老的系列論著，除了具體的學術觀點之外，尤其對俞老的治學思路有了較爲深入的領會。例如，做學術要始終佔據主流領域逐鹿中原，思想史與制度史的研究要緊密結合，學術討論要避免基礎概念内涵的混淆，撰寫論著要避免新見淹没於陳説，學術選題要有可持續性，等等，都對我現在的學術研究産生了切實的指導作用。此外，俞老的文字氣韻舒暢，自然真切，不拘泥，不做作，既適合連貫閱讀，也值得細細回味。這又是我在吸收其具體理論觀點之外，在精神情感層面的一種享受與收穫。

2016 年，俞老帶師母來到洛陽我的新單位講學，純粹是爲了給我"扎場子"。但當時，我也才到這裏不久，無論是單位的人事還是本地的情況，都不熟悉。我不善於接待，又無熟人指引，食、宿、行、游，一切安排都倉促不周，甚至可以説簡陋寒酸，疏漏百出。兩位古稀老人、尊長貴客，坐著一輛破舊的五菱宏光面包車穿梭在洛陽大街小巷之間，我心裏很不舒服卻又無計可施。但俞老的興致似乎並未受此影響，不僅毫不介意物質條件的低端，而且還有説有笑，甚至與司機師傅也相談甚歡。這一切的一切，讓我和妻子内心生出不少歉疚之情、敬佩之意。

君子成人之美

俞老不僅是學術上的名師、課堂上的嚴師，也是生活上的慈師、愛師，對待學生可謂關懷備至，不遺餘力。我清晰記得，讀研期間有一次被叫去東山大樓幫俞老幹活，把許多圖書資料從一樓搬到四樓辦公室去。一同搬書的某位博士口中喃喃："這，這，這……這老師，去哪里找？……"因爲這些有關《左傳》的研究資料都是俞老託臺灣的朋友購置回來給這位博士同學作爲研究之用的。俞老的辦公室也基本上爲學生所用。足足幾十大本論文著作，堆放在辦公室一角，摞起來到我肩膀那麼高！當時的場景，讓我印象十分深刻！

2015年，我的婚禮在貴州的小縣城舉行。俞老不僅不辭勞苦提前幾天趕到，而且還按照當地風俗，以我方家長的身份全程參與成婚的各種程序，並在最後的婚禮現場給我們夫妻證婚。我們也是規規矩矩地跪在地上給他老人家磕了三個響頭。當時跪在地上的我，內心飽含諸多複雜的情感。眼前這位老人，既是師爺，也是導師，更是家長。

2016年我到洛陽時，學校正在籌辦"百年校慶"，領導在會上呼籲我們邀請名師來校講學，助陣造勢。作爲單位新人，我也不知深淺地給俞老發出了邀請。沒想到俞老十分爽快地答應了。後來纔知道，爲了此次洛陽之行，俞老還推掉了重要的國際儒學會議。我到機場去接二位老人，俞老一見面就拉著我的手，熱情地詢問我入職和安家的情況。那種親切的感覺如同家人一般。見到我家半歲不到的兒子，兩位老人都異常喜歡，輪流抱過來抱過去。

自我就職洛陽之後，內心一度對學術生涯消極悲觀，有不求上進、混日子的想法。俞老似乎看出我的心病，時不時地提點我，讓我堅持努力，堅定方向，開闊胸襟，志存高遠，還鼓勵我多參加學術會議，多與學界同仁交流。正是在俞老的提攜鼓勵之下，我纔得以有機會陪在他身邊參加學術會議，就近體味他做學問、會學友的理念，每次都收穫豐富。後來，我自己出去參加學術會議或者發表論文、有所撰述，也都會及時向俞老匯報。他總是熱情地鼓勵我，一如既往支持我的學術研究，並且時時提供指導建議，分享學術新得。

我的第一本專著《光宗耀祖：禮法傳統中的繼承制度》就在俞老主編的"禮法叢書"中。儘管我心裏知道這書寫得倉促，內容品質很是一般，俞老卻能從中挑出不少優點，對我進行鼓勵。今年我嘗試把博士論文修改出版，在此過程中切身感受到獨自出書的不易，纔明白當年俞老給我提供的機會和平臺，讓我省了多少力，得了多大的便宜！

孔子説："君子之德風，小人之德草，草上之風必偃。"在生命旅途之中有幸遇到俞老這樣的大德君子，切身感受其君子仁風，我這無所依歸的小草也逐漸找到了學習的目標、前進的方向。孔子曾教導子夏要做君子儒。俞老的學問、道德、品行如此充實而有光輝，正是我真心敬服的君子大儒。

在俞老八十大壽即將到來之際，我別無厚禮敬奉，只能以本書與區區回憶文字表達拳拳敬意：恭祝俞老與師母笑口常開，萬福安康！

鄧長春於洛陽
2022 年 1 月 1 日初稿
2022 年 5 月 15 日修改

圖書在版編目(CIP)數據

漢書刑法志考釋 / 鄧長春著. —上海：上海古籍出版社，2023.11
ISBN 978-7-5732-0869-9

Ⅰ.①漢… Ⅱ.①鄧… Ⅲ.①刑法－法制史－中國－漢代 Ⅳ.①D924.02

中國國家版本館 CIP 數據核字(2023)第 177902 號

漢書刑法志考釋
鄧長春　著
上海古籍出版社出版發行

（上海市閔行區號景路 159 弄 1-5 號 A 座 5F　郵政編碼 201101）

　　（1）網址：www.guji.com.cn
　　（2）E-mail：guji1@guji.com.cn
　　（3）易文網網址：www.ewen.co

常熟市文化印刷有限公司印刷

開本 635×965　1/16　印張 31.5　插頁 3　字數 454,000
2023 年 11 月第 1 版　2023 年 11 月第 1 次印刷
印數：1-1,100
ISBN 978-7-5732-0869-9
K・3462　定價：128.00 元

如有質量問題，請與承印公司聯繫